ज्ञान गरिमा के
72 वर्ष

भारतीय
ज्ञानपीठ



णाणं
पयासयं

वीर नि. सं.
2470

भारतीय ज्ञानपीठ

ई. सन्
1944

# जैन दर्शन में ज्ञान का स्वरूप

डॉ. राज कुमारी जैन
विभागाध्यक्ष, दर्शन शास्त्र

भारतीय ज्ञानपीठ

मूर्तिदेवी ग्रन्थमाला : हिन्दी ग्रन्थांक 056

**ISBN 978-93-263-5432-5**

प्रकाशक : **भारतीय ज्ञानपीठ**
18, इन्स्टीट्यूशनल एरिया, लोदी रोड, नयी दिल्ली-110 003

मुद्रक : भारतीय ज्ञानपीठ, नयी दिल्ली-110003

आवरण सज्जा: चन्द्रकान्त शर्मा



JAIN DARSHAN MEIN GYAN KA SWARUP
by Dr. Raj Kumari Jain

Published by
**Bharatiya Jnanpith**
18, Institutional Area, Lodi Road, New Delhi-110 003
Ph. : 011-24698417, 24626467; 23241619 (Daryaganj)
Mob. : 9350536020; e-mail : bjnanpith@gmail.com
sales@jnanpith.net; website : www.jnanpith.net

**Second Edition : 2019**
**Price : Rs. 450**

मेरे प्रथम गुरु, पूज्य पिताजी

स्व. श्री ज्ञानचन्द्र जी विल्टीवाला

तथा

मेरे शोधनिर्देशक पूज्य गुरुवर

डॉ. नन्दकिशोर जी शर्मा

को

सादर समर्पित

# आभार

यह पुस्तक मेरे पीएच.डी. शोध प्रबन्ध **"जैन दर्शन में ज्ञान का स्वरूप"** का परिवर्धित और परिष्कृत संस्करण है। अगस्त 1980 में पीएच.डी. उपाधि के लिये शोध प्रबन्ध के लेखन हेतु मेरा यह अनुसन्धान कार्य प्रारम्भ हुआ था तथा मुझे इस शोध प्रबन्ध पर राजस्थान विश्वविद्यालय, जयपुर द्वारा मार्च, 1989 में पीएच. डी. की उपाधि प्रदान की गयी थी। उसके बाद भी मेरा अनुसन्धान कार्य निरन्तर जारी रहा तथा पीएच. डी. शोध प्रबन्ध निरन्तर अधिक परिष्कृत और समृद्ध होता रहा। इस अन्वेषणात्मक कृति के लेखन का सम्पूर्ण श्रेय मेरे प्रथम गुरु, पूज्य पिताजी स्व. श्री ज्ञान चन्द्र जी बिल्टीवाला तथा मेरे पीएच.डी. शोध प्रबन्ध के निर्देशक पूज्य गुरुवर स्व. डॉ. नन्दकिशोरजी शर्मा को है। मेरे पिताजी ने बचपन में हमें बहुत उत्कृष्ट बौद्धिक वातावरण दिया। उन्होंने हमसे प्रतिदिन विभिन्न विषयों पर चर्चा करके हममें जैन दर्शन के आधारभूत सिद्धान्तों की समझ और तर्कणा शक्ति का विकास किया तथा इसके द्वारा उन्होंने मुझमें जैन दर्शन के क्षेत्र में अनुसन्धान करने की योग्यता विकसित की। डॉ. नन्दकिशोरजी शर्मा साहब ने मेरी इस योग्यता को पहचाना तथा उन्होंने मुझे जैन दर्शन में अनुसंधान हेतु प्रेरित किया। मुझमें इस क्षेत्र में अनुसन्धान हेतु आधार तैयार करने के उद्देश्य से उन्होंने मुझे एम.ए. उत्तरार्द्ध में 'जैन ज्ञान मीमांसा' नामक पत्र पढ़ाया। अवग्रह, ईहा, प्रमाण, नय आदि किसी भी विषय का अध्यापन करते समय वे मेरे समक्ष अनेक प्रश्न रखते हुए यह कहते थे कि तुम इन प्रश्नों को नोट करो। जैन दर्शन के क्षेत्र में कोई अच्छा शोधकार्य नहीं हुआ है। तुम्हें इस क्षेत्र में शोधकार्य करना है। यह पिताजी द्वारा घर में दिये गये बौद्धिक वातावरण और शर्मा साहब द्वारा शोध कार्य हेतु उत्पन्न की गयी तीव्र इच्छा शक्ति और उनके द्वारा इस कार्य के लिये दिये गये प्रशिक्षण का ही परिणाम था कि पीएच.डी. उपाधि के प्राप्त होने के पश्चात भी मेरा अनुसंधान कार्य जारी रहा। एम.ए. में आप्तमीमांसा पढ़ते समय इस समस्या का अनुभव हुआ था कि एक द्रव्य अनेक गुण स्वरूप और अनेक गुण एक द्रव्य कैसे हैं। इस जैसे अनेक प्रश्न सन् 1997 तक ईहा या अन्वेषणात्मक प्रयत्न का विषय बने रहे। 1997 में एम.ए. के अध्यापन हेतु हीगल पढ़ते समय "परमसत्ता की अनेक कोटियों में व्याप्त एक अस्तित्वरूपता" सिद्धान्त को समझा तो जैन दर्शन में द्रव्य गुण सम्बन्ध को समझने के लिये

एक दिशा मिली। उस दिशा में मूल ग्रन्थों से उद्धारणों का संकलन करते हुए पुस्तक का ''द्रव्य और गुण में भेदाभेद सम्बन्ध'' अंश लिखा गया है। उसके बाद ही द्रव्य और पर्याय में भेदाभेद सम्बन्ध, ज्ञान और आत्मा में भेदाभेद सम्बन्ध, ज्ञानावरणीय कर्म के क्षय की प्रक्रिया और सर्वज्ञता आदि अंश लिखे जा सके हैं। वस्तुतः मूल पीएच.डी. शोध प्रबन्ध का 20 प्रतिशत भाग ही यथावत है तथा शेष 80 प्रतिशत भाग सन् 1997 से प्रारम्भ हुए लेखन कार्य का परिणाम है। पुस्तक प्रकाशन के इस अवसर पर मैं पूज्य पिताजी तथा पूज्य गुरुवर डॉ. नन्दकिशोर जी शर्मा साहब को श्रद्धासुमन समर्पित करती हूँ।

इस पुस्तक में जैन दर्शन के सिद्धान्तों का जिस रूप में निरुपण किया गया है उसमें स्व. प्रोफेसर दयाकृष्ण द्वारा दर्शन विभाग, राजस्थान विश्वविद्यालय, जयपुर में निर्मित अत्यन्त जीवन्त और विचारोत्तेजक वातावरण का भी महत्वपूर्ण योगदान है। डॉ. दयाकृष्ण की एम. फिल् की कक्षाओं और दार्शनिक तर्कणा पर आयोजित साप्ताहिक संगोष्टियों में किसी भी विषय को लेकर गहन विचार-विमर्श किया जाता था तथा इस विधि से विद्यार्थियों को दार्शनिक चिन्तन की प्रक्रिया का प्रशिक्षण दिया जाता था। इन कक्षाओं और संगोष्टियों में हुए विचार-विमर्श के मध्य ही मुझे 'सत्ता के सामान्यविशेषात्मक स्वरूप', 'ज्ञानार्जन की प्रक्रिया में संशय, समस्या या जिज्ञासा का महत्व', 'श्रुतज्ञान की मतिपूर्वकता और उसका तर्कणात्मक स्वरूप' आदि सिद्धान्तों का अर्थ और महत्व समझ में आया। मैं स्व. प्रोफेसर दयाकृष्ण तथा दर्शन विभाग, राजस्थान विश्वविद्यालय के मेरे समस्त गुरुजनों, जिनके साथ की गयी चर्चाएं मुझे निरन्तर नया प्रकाश देती थीं, को नमन करते हुए उनके प्रति कृतज्ञता ज्ञापित करती हूँ।

मूल शोध प्रबन्ध का पुनर्लेखन कर इस पुस्तक को तैयार करने में मुझे श्रीमती कुसुम पालीवाल, सेवानिवृत उपाचार्य, राजकीय महाविद्यालय, अजमेर का बहुत सहयोग प्राप्त हुआ है। उनके साथ निरन्तर होने वाले विचार-विमर्श ने मुझे अजमेर में जीवन्त बौद्धिक वातावरण प्रदान किया है। उनके साथ ही मेरे अनुज, डॉ. राजकुमार छाबड़ा, सहायक प्रोफेसर, जय नारायण व्यास विश्वविद्यालय, जोधपुर के साथ होने वाली चर्चाओं ने मुझे अनेक दार्शनिक समस्याओं का समाधान प्राप्त करने में सहायता प्रदान की है।

मुझे इस पुस्तक को पूरा करने हेतु परम पूजनीय आचार्य श्री वर्धमानसागर जी महाराज, आचार्यश्री विरागसागरजी महाराज, मुनिवर श्री सुधासागरजी महाराज,

स्व. आर्यिका श्री सुपार्श्वमति माताजी, स्व. आर्यिका श्री स्याद्वादमतिमाताजी, क्षुल्लकजी श्री गम्भीरसागरजी महाराज और क्षुल्लकजी श्री धैर्यसागरजी महाराज का प्रेरणास्पद आशीर्वाद प्राप्त हुआ है। मैं इन सभी तपस्वी जनों की श्रद्धापूर्वक वन्दना करती हूँ। साथ ही सदैव मेरे प्रेरणा स्त्रोत रहे वैद्य श्री सुशील कुमार जी (आरोग्य भारती, जयपुर) को भी मैं पुस्तक प्रकाशन के अवसर पर नमन करती हूँ।

मुझे राजस्थान विश्वविद्यालय पुस्तकालय, जयपुर लाल भवन पुस्तकालय, जयपुर, सन्मति पुस्तकालय जयपुर तथा सरस्वती भवन पुस्तकालय, सोनीजी की नसियाँ, अजमेर के संचालकों द्वारा उदारता पूर्वक पुस्तकें प्रदान की गयी हैं। मैं इन सभी के प्रति हृदय से आभारी हूँ।

विश्वविद्यालय अनुदान आयोग ने मुझे लघुशोधछात्रवृत्ति, टीचरफैलोशिप तथा लघुशोधपरियोजना प्रदान कर अध्ययन और अनुसंधान कार्य हेतु स्वर्णिम अवसर प्रदान किया। इसके लिये मैं आयोग का हृदय से धन्यवाद ज्ञापित करती हूँ। इस पुस्तक की प्रेस कॉपी तैयार करने के लिये मैं श्री वेंकटेश शर्मा, श्रीनिवास प्रिन्टोग्राफिक्स, अजमेर के प्रति तथा इसे प्रकाशित कर पाठकों तक पहुँचाने के लिये भारतीय ज्ञानपीठ, नई दिल्ली के प्रति कृतज्ञता ज्ञापित करती हूँ।

मानवीय ज्ञान एक सामूहिक प्रक्रिया है। यह पुस्तक स्व. पण्डित श्री महेन्द्र कुमार जैन की "जैन दर्शन" और स्व. प. श्री कैलाशचन्द्र जी शास्त्री की "जैन धर्म" पुस्तकों के अध्ययन से उत्पन्न समझ के धरातल पर लिखी गयी है तथा यह ज्ञान के अनन्तधर्मात्मक स्वरूप के थोड़े से धर्मों की झलक पाने का लघु प्रयास है। यह प्रयास पूर्व के विद्वानों द्वारा जैन दर्शन के मूल ग्रन्थों को समझने के लिये तैयार किये गये धरातल पर एक ईंट का काम कर सके तथा जैन दर्शन के क्षेत्र में अधिक उत्कृष्ट शोधकार्यों का आधार बन सके; इसी भावना के साथ मैं यह पुस्तक पाठकों के समक्ष प्रस्तुत कर रही हूँ।

31 जुलाई 2015

डॉ. राज कुमारी जैन
द्वारा श्री नवीन जैन,
24 मंगल विहार विस्तार
गोपालपुरा बाईपास रोड़,
जयपुर, राजस्थान

# विषय सूची

# पुस्तक में प्रतिपादित प्रमुख सिद्धान्तों का मूल्यमीमांसीय परिचय

प्राणी मात्र के लिये ज्ञान जगत के विभिन्न पदार्थों को जानने, अपने अभीष्ट पदार्थों को प्राप्त करने तथा अनिष्ट पदार्थों से बचने का अनिवार्य साधन है। लौकिक और आध्यात्मिक सभी प्रकार के लक्ष्यों की प्राप्ति ज्ञान पूर्वक ही सम्भव है। प्राणी मात्र के लिये सुपरिचित ज्ञान का वास्तविक स्वरूप क्या है, वह द्रव्य है, गुण है या क्रिया; शरीर का गुण है या आत्मा का ..........; ज्ञान कहते किसे हैं, ज्ञानार्जन की सम्यक् विधि क्या है आदि प्रश्न हजारौं वर्षों से भारतीय दार्शनिकों के चिन्तन और परस्पर वादविवाद का विषय रहे हैं। प्रस्तुत पुस्तक में इस वादविवाद को जीवन्त रूप से प्रस्तुत करने का प्रयास करते हुए जैन दर्शन द्वारा प्रतिपादित ज्ञान के स्वरूप से सम्बन्धित सत्तामीमांसीय, ज्ञानमीमांसीय और मूल्यमीमांसीय सिद्धान्तों का विवेचन किया गया है। प्रथम अध्याय में द्रव्य, गुण, और पर्याय के स्वरूप और इनके मध्य भेदाभेद सम्बन्ध का विवेचन करने के उपरान्त द्वितीय अध्याय में ज्ञान और आत्मा में भेदाभेद सम्बन्ध का विवेचन किया गया है। अध्याय तीन में विभिन्न जैनेत्तर दार्शनिकों के मतों का निराकरण करते हुए जैन सिद्धान्त "ज्ञान आत्मा का गुण" का प्रतिपादन किया गया है। अध्याय सात में ज्ञेय पदार्थ के अनेकान्तात्मक स्वरूप का प्रतिपादन, अध्याय आठ, नौ और दस में ज्ञान के प्रकार, ज्ञानार्जन की सम्यक् विधि और ज्ञान की प्रामाणिकता के स्वरूप की चर्चा की गयी है।

जैन दर्शन एक जटिल दर्शन है। इस दर्शन में एक ही तकनीकी पद, जैसे – द्रव्य का दो अर्थों में प्रयोग किया जा रहा है, एक ही वस्तु के लिये परस्पर विरोधी कथन किये जा रहे हैं। बीसवीं शताब्दी का दर्शन तत्त्वमीमांसा के निराकरण और विज्ञान के महत्त्व के प्रतिपादन का दर्शन है। इस दर्शन के अनुसार किसी

भी पदार्थ के वास्तविक स्वरूप का अध्ययन दर्शन का कार्य न होकर विज्ञान का कार्य है और समस्त तत्त्वमीमांसीय चिन्तन फालतू की बकवास हैं। इस दृष्टि के साथ हम 21वीं शताब्दी में प्रविष्ट हुए हैं। इसलिये हमें "ज्ञान शरीर का गुण है या आत्मा का" ......... आदि प्रश्नों पर विभिन्न दार्शनिकों द्वारा प्रतिपादित सिद्धान्त फालतू की बकवास लगते हैं। साथ ही हमें यह जिज्ञासा भी होती है कि जैन दर्शन जैसे जटिल दर्शन का अध्ययन हम क्यों करें? इस संदर्भ में यह दृष्टव्य है कि प्राचीनकाल से ही भारतीय संस्कृति में इस बात पर जोर दिया जाता रहा है कि व्यक्ति की सत्तामीमांसीय दृष्टि उसकी मूल्यमीमांसा को बहुत गहराई से प्रभावित करती है तथा उसकी मूल्यमीमांसा उसके तथा प्रकृति, अन्य मानवों, पशु पक्षियों और सूक्ष्म प्राणीजगत के प्रति दृष्टिकोण को बहुत गहराई से प्रभावित करती है और उसका यह दृष्टिकोण उसके समस्त निर्णयों और कार्यशैली के विशिष्ट स्वरूप को निर्धारित करता है।

भारतीय संस्कृति में ज्ञान के विषय को 'अर्थ' कहा गया है। इस शब्द का व्युत्पत्तिलभ्य अर्थ है 'अर्थ्यते, अभिलष्यते इति अर्थः' अर्थात जिसकी अर्थना की जाती है, जिसे चाहा जाता है उस प्रयोजनभूत पदार्थ को अर्थ कहा जाता है। जैन आचार्यों द्वारा प्रतिपादित ज्ञान के स्वरूप से सम्बन्धित तत्त्वमीमांसीय, ज्ञानमीमांसीय आदि सभी दार्शनिक सिद्धान्त किस प्रकार अर्थपूर्ण, प्रयोजनभूत या उपयोगी हैं, ये हमारे जीवनमूल्यों को किस प्रकार रूपान्तरित और प्रभावित करते हैं तथा ये व्यक्ति के आध्यात्मिक उत्थान के साथ ही साथ स्वस्थ समाज के निर्माण की दृष्टि से कितने महत्वपूर्ण हैं; इसे स्पष्ट करने के लिये हम पुस्तक में वर्णित प्रमुख सिद्धान्तों का मूल्यमीमांसीय महत्त्व स्पष्ट करते हुए उनका संक्षिप्त विवरण प्रस्तुत कर रहें हैं।

जैन दर्शन के अनुसार प्रत्येक आत्मा स्वरूपतः शरीर से भिन्न तथा ज्ञान, दर्शन, सुख, वीर्य गुणों से सम्पन्न चेतन द्रव्य है। इस दर्शन के अनुसार प्रत्येक आत्मा में स्वाभाविक रूप से अनन्तदर्शनज्ञानसुखवीर्य शक्ति विद्यमान है। इसके साथ ही वह एक उपयोगमय द्रव्य है और इसलिये सदैव पदार्थों को विषय बनाकर उन्हें जानने देखने हेतु प्रवृत्त होना और जानना देखना उसका स्वभाव है। अपनी इन स्वाभाविक विशेषताओं के कारण एक मुक्तात्मा विश्व के समस्त पदार्थों को एक साथ विषय बनाकर उन्हें जानता देखता हुआ सर्वज्ञ और सर्वदर्शी होता है तथा वह अपने इस अनन्त दर्शनज्ञानवीर्यमय स्वभाव को भोगता हुआ अनन्त आनन्दमय सत्ता है। संसारी अवस्था में जीव की ये अनन्तज्ञानादि शक्तियाँ अनादिकालीन मिथ्याज्ञान, राग, द्वेष, क्रोध, लोभ आदि विकारी भावों और इनके कारण बँधे

हुए ज्ञानावरणीय, दर्शनावरणीय, मोहनीय और अन्तराय कर्मों से आवृत होकर मन्द हो रही हैं। एक संसारी प्राणी अनादिकाल से शरीर से संयुक्त आत्मा है; भ्रमवश स्वयं को शरीर तथा जगत के विभिन्न पदार्थों को सुखात्मक दुखात्मक समझता है। सुखात्मक प्रतीत होने वाले पदार्थों से उसे राग और दुखात्मक प्रतीत होने वाले पदार्थों से उसे द्वेष होता है। इस राग द्वेष के वशीभूत होकर वह अपनी प्रकट ज्ञानदर्शनवीर्यशक्तियों का उपयोग स्वयं के लिये, अपने परिवार जनों और इष्ट मित्रों के लिये इष्ट प्राप्ति और अनिष्ट परिहार हेतु ही करता है तथा उसमें अन्य मानवों आदि के सुख दुख को समझने, अपने कार्यों के अन्य प्राणियों पर पड़ने वाले प्रभावों को जानने तथा उन्हें नुकसान पहुँचाये बिना अपने कार्यों को सम्पादित करने के प्रति उपेक्षा भाव विद्यमान होता है। व्यक्ति का राग द्वेष जितना प्रबल होता है, उसमें यह उपेक्षा भाव उतना ही सघन होता जाता है। इस प्रकार ये राग द्वेषादि भाव व्यक्ति की ज्ञानादि शक्तियों के आन्तरिक प्रतिबन्धक हैं तथा इनकी तीव्रता की मात्रा के अनुसार व्यक्ति के इन शक्तियों को आवृत्त करने वाले ज्ञानावरणीयादि कर्मों का आस्रव और बंध होता है। राग द्वेष के समान ही व्यक्ति में विभिन्न परिस्थितियों में उत्पन्न होने वाले क्रोध, लोभ, अभिमान, स्वार्थपरता आदि दुर्गुण भी भावकर्म स्वरूप हैं तथा ज्ञानावरणीयादि कर्मों के बंध के कारण हैं। इन कर्मों के उदय के परिणामस्वरूप एक संसारी प्राणी अपने आपको अल्पज्ञानी, शक्तिहीन और दुखी अनुभव करता है तथा बार-बार जन्ममरण करते हुए संसार में परिभ्रमण करता रहता है।

इस संसार चक्र की समाप्ति और मोक्ष प्राप्ति का उपाय गुरुपदेश पूर्वक अपने शरीर से भिन्न तथा अनन्तज्ञानादि शक्तियों से सम्पन्न शुद्धात्मस्वरूप का ज्ञान प्राप्त करके उस ज्ञान को निरन्तर अधिक उत्कृष्ट सम्यग्दर्शनज्ञानचारित्रमय बनाने हेतु पुरुषार्थ करना है। इसके लिए एक मुमुक्षू श्रावक प्रतिदिन कुछ समय के लिये समस्त बाह्य क्रियाओं से निवृत होकर सामायिक करता है। सामायिक करते समय वह निरन्तर यह भावना करता है कि मैं शरीर से भिन्न तथा अनन्तज्ञानादि शक्तियों से सम्पन्न शुद्ध चैतन्यस्वरूप आत्मा हूँ। इस भावना द्वारा वह अपने अनन्त आत्मबल और पूर्ण स्वतन्त्रता से सम्पन्न, विश्व के समस्त जड़ पदार्थों की समस्त अवस्थाओं और प्राणी मात्र की अनुभूतियों के ज्ञानदर्शन की सामर्थ्य से सम्पन्न, अनन्तआनन्दमय अशुद्धात्म स्वरूप के ज्ञान को गहन अनुभूति से सम्पन्न बनाने तथा इस दर्शनज्ञान में निमग्नता रूप चारित्ररूपता का विकास करने हेतु प्रयत्न करता है। सामायिक द्वारा आत्मस्वरूप की अनुभूति तथा इस स्वरूप को प्राप्त करने के लक्ष्य से युक्त होकर जब वह बाहरी जगत में अर्थोपार्जन और विभिन्न आवश्यकताओं की पूर्ति

हेतु प्रवृत्त होता है तो उसके लिये उसकी प्रत्येक क्रिया उसके नैतिक और आध्यात्मिक रूपान्तरण का साधन मात्र होती है।

भारतीय संस्कृति में चार पुरुषार्थों – धर्म, अर्थ, काम और मोक्ष का प्रतिपादन किया गया है। जब एक मुमुक्षू श्रावक अर्थ और काम पुरुषार्थ करता है तो उसका धर्म पुरुषार्थ पूर्वक किया गया अर्थ और काम पुरुषार्थ उसमें मोक्ष पुरुषार्थ की योग्यता का विकास करता है। जिस वस्तु का जो स्वभाव है वह उस वस्तु का धर्म है। आत्मा का स्वभाव उसके ज्ञान, दर्शन, सुख और वीर्य गुण हैं। अपने इस ज्ञानदर्शनमय स्वभाव की साधना करते हुए अर्थ और काम पुरुषार्थ व्यक्ति में मैत्री आदि भावनाओं के विकास पूर्वक अहिंसादि व्रतों, क्षमादि अकषायभावों, निर्भयता आदि चारित्रिक भावों की साधना का मार्ग है। एक व्यक्ति सामायिक काल में अर्जित अपनी आध्यात्मिक शक्तियों की अनुभूति से सम्पन्न होकर जब बाहरी जगत में विभिन्न कार्यों के सम्पादन हेतु प्रवृत्त होता है तो वह निरन्तर यह ध्यान रखता है कि मैं ज्ञानदर्शनस्वभावी आत्मा हूँ। मुझे अपनी प्रत्येक क्रिया का सम्पादन अपने इस स्वभाव के अनुरूप पूर्ण सजगता, सम्वेदनशीलता और स्वपरकल्याण की भावना से युक्त होकर करना है। इस ज्ञानदर्शन और संकल्प से युक्त आत्मज्ञानी जब चलता है तो नीचे देखकर और मार्ग में आ रहे चींटी आदि जीवों की रक्षा करते हुए चलता है, यदि कभी वह प्रमादवश बिना देखे चलता है तो अपने इस असावधानी पूर्वक किये गये कार्य की आलोचना करते हुए यह भावना करता है कि मैं ज्ञानदर्शनस्वभावी आत्मा हूँ। इस प्रकार असावधानी पूर्वक कार्य करना मेरा स्वभाव नहीं है। इसलिये मैं अपनी इस अनादिकालीन प्रमादमय प्रवृत्ति से किये गये कार्य के लिये प्रायश्चित करता हूँ तथा भविष्य में पूर्ण सावधानी से कार्य करने का संकल्प लेता हूँ। इस प्रकार एक आत्मज्ञानी व्यक्ति सतत आत्मावलोकन करते हुए जब विभिन्न शारीरिक, वाचसिक क्रियाओं का सम्पादन अन्य प्राणियों के कष्टों के प्रति सम्वेदनशील होकर तथा उन्हें नुकसान पहुँचाए बिना कार्य करने के प्रयत्न पूर्वक पूर्ण सावधानी से करता है तो वह अपनी अनादिकालीन हिंसा की प्रवृति को अहिंसा में रूपान्तरित करने हेतु प्रयत्न करता हुआ आध्यात्मिक विकास की यात्रा में गतिमान रहता है।

एक आत्मज्ञानी व्यक्ति की अहिंसा व्रत की साधना अपने जगत सम्बन्धी ज्ञान को निरन्तर अधिक सम्वेदनशीलता रूप दर्शन, आत्मबल और कर्तृत्वशक्ति रूप वीर्यरूपता और आनन्द से सम्पन्न बनाते हुए इस ज्ञान के निरन्तर विकास की यात्रा है। एक व्यक्ति उतनी ही मात्रा में अहिंसक हो सकता है जितनी मात्रा में वह यह जानता हो कि उसके कार्यों का अन्य प्राणियों पर क्या प्रभाव पड़

रहा है तथा उसमें अन्य प्राणियों की रक्षा करते हुए अपने कार्यों को सम्पादित करने की सामर्थ्य हो। इसलिये एक आत्मज्ञानी व्यक्ति अपने प्रत्येक कार्य को सम्पादित करते समय मात्र अपने अभीष्ट लौकिक लक्ष्यों पर ही दृष्टि नहीं रखता बल्कि वह यह जानने के लिये भी प्रयत्नशील रहता है कि उसके कार्य के उस पर स्वयं पर, अन्य मानवों, पशु पक्षियों और सूक्ष्म प्राणी जगत पर क्या क्या तात्कालिक और दूरगामी इष्ट अनिष्ट प्रभाव पड़ेंगे और इन अभीष्ट प्रभावों की वृद्धि तथा अनिष्ट प्रभावों की निवृत्ति को किस प्रकार सम्भव बनाया जा सकता है। इस ज्ञान को अर्जित करते हुए व्यक्ति जितना जितना अधिक सम्वेदनशील होता जाता है और अन्य प्राणियों के हितों की रक्षा करते हुए कार्य करता है, उतना उतना ही वह अहिंसा व्रत की पूर्णता की ओर अग्रसर होता जाता है।

जैन संस्कृति का लक्ष्य है कि व्यक्ति की जो चेतना स्वयं के पंचेन्द्रियों के भोगों की प्राप्ति, स्वयं के शारीरिक कष्टों की निवृत्ति, स्वयं की इच्छाओं, आवश्यकताओं, महत्वाकांक्षाओं की पूर्ति के लक्ष्य पर केन्द्रित है, वह चेतना प्राणी मात्र की अनुभूतियों के ज्ञानदर्शन तक विस्तारित हो। आत्मरूपान्तरण की यह यात्रा प्राणी मात्र के प्रति मैत्रीभाव, दुखी प्राणियों के प्रति करूणा, गुणी जनों के प्रति प्रमोद तथा दुष्ट जनों के प्रति माध्यस्थ भाव के विकास पूर्वक होती है। मैत्रीभाव एक प्रेममय भाव है। इस भाव के विकास हेतु आत्मज्ञानी व्यक्ति सामायिक करते समय यह भावना करता है कि संसार के सभी प्राणी सुखी हों तथा बाहरी जगत में कार्य करते समय अपनी सामर्थ्य के अनुसार अन्य व्यक्तियों के सुख में वृद्धि और कष्टों की निवृत्ति हेतु प्रयास करते हुए कार्य करता है। आत्मरूपान्तरण की यह प्रक्रिया परिवार से प्रारम्भ होती है। एक आत्मज्ञानी श्रावक परिवार के सभी सदस्यों से स्नेह से सम्पन्न मैत्रीभाव को प्रगाढ़ बनाता हुआ इस भाव का विस्तार क्रमशः समाज, राष्ट्र और विश्व के सभी मानवों और अन्त में प्राणी मात्र तक विस्तारित करने के लिये प्रयत्नशील रहता है। जो मानव इस पुरुषार्थ की पराकाष्ठा को प्राप्त कर लेता है उसके लिये सम्पूर्ण वसुधा ही कुटुम्ब तथा वसुधा का प्रत्येक सदस्य कुटुम्बी हो जाता है। जो मुनिराज अपनी चेतना को इतनी विस्तृततम बना लेते हैं वही समाधि की अवस्था में अपने विश्व के समस्त दृश्य और ज्ञेय पदार्थों के ज्ञानदर्शन की सामर्थ्य से सम्पन्न आत्मस्वरूप का साक्षात्कार करके समस्त कर्मों की निर्जरा करते हुए मुक्तावस्था को प्राप्त कर सकते हैं।

विश्व के सभी प्राणियों के प्रति मैत्रीभाव की साधना चेतना के भावनात्मक पक्ष का ही परिष्कार नहीं है बल्कि यह उसके संज्ञानात्मक और क्रियात्मक पक्ष

का भी परिष्कार है। आध्यात्मिक व्यक्ति मात्र ''सर्वे भवन्तु सुखिनः'' की भावना ही नहीं करता बल्कि वह अपनी सामर्थ्य के अनुसार इसे साकार करने के उपायों को जानने तथा इसे साकार करने के लिये भी प्रयत्नशील रहता है। जैसे एक छोटा सा दुकानदार अपने सभी ग्राहकों के प्रति मैत्रीभाव की साधना करता हुआ उनके प्रति साम्यभाव का विकास करता है तथा 2 रुपये की चीज खरीदने वाले और 200 रुपये की चीज खरीदने वाले–दोनों ग्राहकों को समान महत्व देता है। वह अपने ग्राहकों के स्वास्थ्य को हानि पहुँचाने वाली नकली चीजें नहीं बेचता ...........। अपने इस मैत्री भाव की साधना पूर्वक किये गये अर्थ पुरुषार्थ से वह अपने में अहिंसा, सत्य, परोपकार आदि सद्गुणों का विकास करता है। जो आत्मज्ञानी व्यक्ति जितनी उत्कृष्ट ज्ञानदर्शन से सम्पन्न वीर्यरूपता या कर्तृत्व शक्ति से सम्पन्न होता है, वह बाहरी जगत में कार्य करते हुए जब मैत्री भाव की साधना करता है तो वह उतने ही ऊँचे स्तर के लोककल्याणकारी कार्यों का सम्पादन करता है। भारत में ''सर्वे भवन्तु सुखिनः'' की भावना करने वाले आत्माज्ञानी ऋषि मुनियों द्वारा ही आयुर्वेदादि लोककल्याणकारी विज्ञानों के क्षेत्र में अनुसंधान करके ग्रन्थ रचना की गयी है। इन आध्यात्मिक महापुरुषों द्वारा ही बच्चों को नैतिक और आध्यात्मिक मूल्यों से संस्कारित करते हुए विभिन्न लौकिक विज्ञानों की शिक्षा दी जाती थी। उनके इस प्रवृत्तिमय जीवन से ही भारतीय समाज नैतिक और आध्यत्मिक दृष्टियों से उत्कृष्ट समाज होने के साथ ही साथ बौद्धिक, आर्थिक, राजनीतिक आदि सभी दृष्टियों में विकसित समाज था। इस प्रकार एक आत्मज्ञानी मुमुक्षू जब बाहरी जगत में मन, वचन या शरीर से विभिन्न कार्यों को सम्पादित करता है तो उसके समस्त कार्य मैत्री, करूणा, अहिंसा, क्षमा, निर्भयता आदि के विकास रूप सम्यग्चारित्र की साधना हैं। ऐसे व्यक्ति के लिये समन्तभद्रस्वामी कहते हैं :

**''अपने सम्यक्त्व को निर्मल करने में संलग्न व्यक्ति निरन्तर अधिक ओज, तेज, विद्या, वीर्य, यशस्वी और महान कार्यों को करने वाला होता है और इसलिये वह मानवों में श्रेष्ठ होता है।''**

**रत्नकरण्डक श्रावकाचार; पद– 36**

व्यक्ति सामायिक काल और बाहरी जगत में प्रवृति स्वरूप होते समय, दोनों ही स्तरों पर जब गुरुमुख से प्राप्त शुद्धात्मस्वरूप के ज्ञान को गहन अनुभूति से सम्पन्न बनाते हुए तथा इसके द्वारा रागद्वेषादि की समाप्ति हेतु पुरुषार्थ करते हुए विद्यमान होता है तभी वह अपनी चेतना की निर्मलता के उस स्तर को प्राप्त करता है जबकि वह अहिंसादि महाव्रतों आदि से सम्पन्न मुनिपद को धारण

करके अपने शरीर से भिन्न, अजर, अमर, अविनाशी, अनन्तदर्शनज्ञानसुखवीर्यमय आत्मस्वरूप के ध्यान में लीन हो सके तथा इस ध्यानाग्नि द्वारा अपने समस्त द्रव्यभाव कर्मों को सम्पूर्णतः समाप्त करके अपनी अनन्त चतुष्टयमय मुक्तावस्था को प्राप्त कर सके। इस संदर्भ में आचार्य अमृतचन्द्र की ये पंक्तियाँ दृष्टव्य हैं :

**आत्मवस्तुनो हि ज्ञानमात्रत्वेऽप्युपायोपेयभावो विद्यत एव। तस्यैकस्यापि स्वयं साधकसिद्धरूपोभयपरिणामित्वात्। तत्र यत्साधकं रूपं स उपायः, यत्सिद्धं रूपं स उपेयः। अतोऽस्यात्मनोऽनादिमिथ्यादर्शनज्ञानचारित्रैः स्वरूपप्रच्यवनात् संसरतः सुनिश्चलपरिगृहीतव्यवहारसम्यग्दर्शनज्ञानचारित्रपाकप्रकर्षपरम्परया क्रमेण स्वरूपमारोप्यमाणस्यांतर्मग्ननिश्चयसम्यग्दर्शनज्ञानचारित्रविशेषतया साधकरूपेण तथा परमप्रकर्षमकरिकाधिरूढरत्नत्रयातिशयप्रवृत्तसकलकर्मक्षयप्रज्वलितास्खलितस्वभावतया सिद्धरूपेण च स्वयं परिणममानं ज्ञानमात्रमेकमेवोपायोपेयभावं साधयति।**

**समयसार आत्मख्याति टीका; स्याद्वाद अधिकार।।**

## II

आज के इस सूचना क्रान्ति के युग में मानव अखबार, टी.वी., इन्टरनेट आदि के माध्यम से जगत के पदार्थों और घटनाओं से सम्बन्धित सूचनाओं के संग्रह में लगा हुआ है। उसके इस नैतिक और आध्यात्मिक मूल्यों से रहित और शुद्ध तथ्यपरक जानकारियों के संग्रह रूप ज्ञान का कोई मूल्य नहीं है। इसके विपरीत जो ज्ञान संवेदनशीलता रूप दर्शन, कर्त्तृत्वशक्ति और आत्मबल रूप वीर्यरूपता तथा आनन्द से सम्पन्न हो वह ज्ञान परम मूल्य और साध्य रूप में शुभ है। ऐसे अनेक श्रेष्ठ गुणों से सम्पन्न ज्ञान की पूजनीयता जैन और वैदिक दोनों ही संस्कृतियों को समान रूप से स्वीकार्य है। वेद शब्द का तो अर्थ ही ज्ञान है। वैदिक संस्कृति द्वारा स्वीकृत सरस्वती का स्वरूप अनेक श्रेष्ठ गुणों से सम्पन्न ज्ञान की पूर्णता का परिचायक है। सरस्वती का वाहन हंस है जो नीरक्षीर विवेक की क्षमता से सम्पन्न है। यह इस बात का प्रतीक है कि जिस प्रकार हंस नीर मिश्रित क्षीर में से नीर को छोड़ देता है और क्षीर को ग्रहण करता है; उसी प्रकार व्यक्ति का ज्ञान भी उचित और अनुचित के विवेक से सम्पन्न होना चाहिये और उसे अनुचित का त्याग और उचित का चयन करना चाहिये। सरस्वती के एक हाथ में पुस्तक और दूसरे हाथ में वीणा है जो यह संदेश देती है कि ज्ञानार्जन की प्रक्रिया में विद्यमान व्यक्ति का जीवन शुष्क और नीरस न होकर सरस हो, संगीत की लहरियों के समान चारों तरफ सुख शान्ति विस्तारित करने

वाला हो। इस प्रकार सरस्वती की प्रतिमा मूल्य चेतना से सम्पन्न, स्व पर के लिये कल्याणकारी और आनन्दमय ज्ञान की पूर्णता का प्रतीक है तथा यह अपने उपासक को इन गुणों से सम्पन्न ज्ञान के पूर्ण विकास हेतु पुरुषार्थ करने की प्रेरणा देती है। एक अनन्तदर्शनज्ञानसुखवीर्यमय आत्मस्वरूप के उपासक व्यक्ति के लिये ऐसा ज्ञान उसका स्वभाव होने के कारण परम मूल्य और साध्य रूप से शुभ है।

वर्तमान समय में एक आध्यात्मिक व्यक्ति के लिये उत्कृष्टतम दर्शन, वीर्य और आनन्द से सम्पन्न ज्ञान के पूर्ण विकास को परम मूल्य और साध्य रूप में शुभ स्वीकार करने वाली मूल्य चेतना का अभाव भारतीय समाज का सम्प्रदायातीत सत्य है। इसके अनेक कारणों में से एक प्रमुख कारण है वर्तमान में ज्ञान के अनेक गुणात्मक स्वरूप की समझ का अभाव। वर्तमान समय में जैन और वैदिक- दोनों परम्पराओं में द्रव्य-गुण सम्बन्ध सम्बन्धी समझ क्रमशः तत्वार्थसूत्र के सूत्र ''द्रव्याश्रया निर्गुणा गुणा'' तथा वैशेषिक सूत्र के सूत्र ''द्रव्याश्रय्यगुणवान् संयोगविभागेष्वनपेक्ष इति गुणलक्षणम्'' तक ही सीमित है। इन सूत्रों के अनुसार ज्ञान गुण आत्मा नामक द्रव्य में रहता है तथा यह स्वयं निर्गुण है अर्थात् ज्ञान में कोई अन्य गुण नहीं रहता।

ज्ञान को पूर्णतया निर्गुण मानने वाली यह तत्त्वमीमांसीय दृष्टि मिथ्या ज्ञान है। इस दृष्टि के अनुसार ज्ञान मात्र 'यह पट है' आदि रूप ज्ञेय पदार्थ की निश्चयात्मक अनुभूति स्वरूप होता है। यह ज्ञेय पदार्थ के स्वरूप की सूचना मात्र ही देता है तथा इसके अतिरिक्त ज्ञान में कोई विशेषता नहीं है। इस दृष्टि को स्वीकार करने वाला व्यक्ति ज्ञान को साधन रूप में शुभ और पारमार्थिक रूप से त्याज्य ही स्वीकार कर सकता है, लेकिन वह ज्ञान को परम मूल्य और साध्य रूप में शुभ स्वीकार नहीं कर सकता। वर्तमान समय में दर्शन, वीर्य और आनन्द से सम्पन्न ज्ञानमय आत्मा की आराधना के आन्तरिक और बाह्य पक्षों की सम्यक् समझ की पुनर्स्थापना हो सके इस उद्देश्य से पुस्तक के प्रथम अध्याय ''द्रव्य का स्वरूप'' में द्रव्य और उसके समस्त गुणों में विद्यमान भेदाभेद सम्बन्ध को गहराई से समझने का प्रयास किया गया है तथा इसके आधार पर द्वितीय अध्याय ''ज्ञान और आत्मा में भेदाभेद सम्बन्ध'' में ज्ञान के दर्शन, वीर्य और सुख गुणों में तादात्म्य सम्बन्ध को स्पष्ट करते हुए यह प्रतिपादित किया गया है कि तात्त्विक रूप से सम्पूर्ण आत्मा-आत्मा के दर्शन, वीर्य, सुखादि समस्त गुण ज्ञान का स्वरूप हैं और इस अपेक्षा से ज्ञान और आत्मा पर्यायवाची शब्द हैं। (यह बात आत्मा के दर्शन, वीर्यादि प्रत्येक गुण के लिये सत्य है।) एक द्रव्य के समस्त

गुण परस्पर गुणगुणी भाव, धर्मधर्मिभाव अथवा विशेषणविशेष्यभाव से सम्बन्धित होते हुए एक सत्ता हैं, एक द्रव्य हैं। उनमें नाम, लक्षण, प्रयोजनादि की अपेक्षा भेद होते हुए भी अशक्य विवेचनत्व है। इस संदर्भ में आचार्य देवसेन की ये पंक्तियां दृष्टव्य हैं :-

**स्वद्रव्यचतुष्टयापेक्षया परस्पर गुणाः स्वभावा भवन्ति।**
**द्रव्याण्यपि भवन्ति** आलाप पद्धति; सूत्र 119-120

**अर्थ - एक द्रव्य के समस्त गुण स्वद्रव्य, स्वक्षेत्र, स्वकाल और स्वभाव की अपेक्षा परस्पर एक-दूसरे का स्वभाव होते हैं तथा इस प्रकार ये अनेक गुण ही एक द्रव्य हैं तथा**

**गुणगुण्यादि संज्ञादि भेदात् भेदस्वभावः।** **अलाप पद्धति 112**

अर्थ - गुण गुणी आदि में नामादि की अपेक्षा भेद है।

पुस्तक के प्रथम अध्याय "द्रव्य का स्वरूप" में पंचास्तिकाय, प्रवचनसार, न्यायकुमुदचन्द्र आदि ग्रन्थों से ऐसे अनेक उद्धरणों का संकलन किया गया है तथा इसके द्वारा एक द्रव्य के समस्त गुणों में विद्यमान भेदाभेद सम्बन्ध तथा इन गुणों के निर्गुण-सगुण स्वरूप को सामने लाने का प्रयास किया गया है। मूल ग्रन्थों के उद्धरणों का विशाल संकलन होने के कारण यह पुस्तक का क्लिष्टतम अंश है। लेकिन इस अंश के लेखन के उपरान्त ही पुस्तक के द्वितीय अध्याय - ज्ञान और आत्मा में भेदाभेद सम्बन्ध का लेखन कार्य सम्भव हुआ है। पुस्तक के ये अंश जैन आचार्यों के द्वारा आध्यात्मिक अनुभूतियों के स्वरूप के प्रतिपादक कथनों :-

**अत्र त्वात्मवस्तुनि ज्ञानमात्रतया अनुशास्यमानेऽपि न तत्परिकोपः; ज्ञानमात्रस्यात्मवस्तुनः स्वयमेवानेकान्तत्वात्। ........... ननु क्रमाक्रमप्रवृतानन्तधर्ममयस्यात्मन कथं ज्ञानमात्रत्वं? परस्परव्यतिरिक्तानन्तधर्मसमुदायपरिणतैकज्ञप्तिमात्रभावरूपेण स्वयमेव भवनात्। अत एवास्य ज्ञानमात्रैकभावान्तःपातिन्योऽनन्ता शक्तया उत्प्लवन्ते।**

**समयसार स्याद्वाद अधिकार**

**अनन्तधर्मणस्तत्वं पश्यन्ति प्रत्यगात्मनः।**
**अनेकान्तमयी मूर्ति नित्यमेव प्रकाशताम्।** **समयसार कलश-1**

की सम्यक् समझ को अर्जित करने की दृष्टि से महत्वपूर्ण हैं।

## III

व्यक्ति की द्रव्य-गुण सम्बन्ध सम्बन्धी समझ द्रव्याश्रया निर्गुणाः गुणा तक ही सीमित रहती है या वह एक द्रव्य के विभिन्न गुणों में विद्यमान गुणगुणीभाव को समझ पाता है यह उसकी ज्ञानार्जन की विधि पर निर्भर करता है। यदि व्यक्ति की ज्ञानार्जन की विधि संग्रहात्मक है; वह यह मानता है कि इन्द्रियार्थ सन्निकर्ष, आप्त पुरुष के वचन आदि बाह्य कारण सामग्री प्रमाण अर्थात ज्ञानार्जन के साधकतम कारण हैं। जब पदार्थ का इन्द्रिय से, मन का इन्द्रिय और आत्मा से संयोग होता है तो आत्मा को पदार्थ का प्रत्यक्ष ज्ञान अनिवार्य रूप से होता है। जब व्यक्ति आप्त पुरुष के वचन सुनता है तो उसे वर्णित पदार्थ का ज्ञान अनिवार्यतया होता है। इस प्रकार निष्क्रिय भाव से जब व्यक्ति विभिन्न स्त्रोतों से एक वस्तु की विभिन्न विशेषताओं के ज्ञान का संग्रह करता है तो उसे उस वस्तु की विभिन्न विशेषताएं परस्पर निरपेक्ष और एक स्वभावी स्वरूप में ही ज्ञात होती हैं। उसके ज्ञान का आकार ''आत्मा में अस्तित्व है, वस्तुत्व है, ज्ञान है, सुख है ........'' रूप ही होता है। उसके अनुसार आत्मा एक ऐसा आश्रय है जिसमें ये गुण रहकर आत्मा को अपना अपना स्वरूप प्रदान करते हैं। आत्मा में रहने वाला ज्ञान गुण आत्मा को ज्ञानवान और सुख गुण उसे सुखी बनाता है लेकिन ज्ञान में सुख नहीं रहता। इसके विपरीत यदि व्यक्ति अन्वेषणात्मक, विचारात्मक और परीक्षाप्रवण विधि से ज्ञानार्जन करता है तो वह न केवल एक द्रव्य के अनेक गुणों को जानता है बल्कि वह उन गुणों में विद्यमान गुणगुणीभाव को भी जानता है। उसे द्रव्य के विभिन्न गुण परस्पर एक-दूसरे की विशेषता होते हुए, एक दूसरे में रहते हुए एक सत्ता, एक द्रव्य के रूप में ज्ञात होते हैं। उदाहरण के लिये जब व्यक्ति इस सूत्र ''सत् होना द्रव्य का लक्षण है'' को समझते हुए पढ़ता है तो उसे सामान्य रूप से यह तो समझ में आ जाता है कि जगत में जो भी अस्तित्व रखता है उसे द्रव्य कहा जाता है। लेकिन उसे इस वाक्य में विद्यमान धर्म 'सत्व' के विशिष्ट स्वरूप के प्रति यह जिज्ञासा होती है कि द्रव्य की सत्स्वरूपता किस प्रकार की सत्स्वरूपता है; वह नित्य रूप से सत् है, क्षणिक है, अथवा परिणामीनित्य? इस जिज्ञासा का समाधान उसे इस सूत्र ''जो उत्पादव्ययध्रौव्ययुक्त है, वह सत् है'' के अध्ययन से प्राप्त होता है, उत्पादव्ययध्रौव्ययुक्तता को द्रव्यत्व गुण कहा जाता है। विचारवान व्यक्ति इन सूत्रों द्वारा सत्व और द्रव्यत्व धर्म को परस्पर निरपेक्ष रूप से नहीं जानता बल्कि वह इन गुणों को परस्पर गुणगुणीभाव से युक्त 'द्रव्यत्वमय सत्ता' या 'सत्तात्मक द्रव्य' रूप एक तत्त्व के रूप में जानता है। इसके प्रति पुनः उसे यह जिज्ञासा होती

है कि यह द्रव्यत्वमय सत्ता सामान्य रूप से सत् है, विशेष स्वरूप है या सामान्यविशेषतात्मक; इस प्रश्न से युक्त व्यक्ति को जब आप्त पुरुष के वचनों से सत्ता का वस्तुत्व गुण ज्ञात होता है तो वह न केवल धर्मी के ज्ञान में वृद्धि करता है बल्कि समस्त पूर्वज्ञात धर्मों के ज्ञान को भी समृद्ध और परिष्कृत करता है। इस प्रकार ज्ञानार्जन की विचारात्मक और अन्वेषणात्मक प्रक्रिया अपनाये जाने पर व्यक्ति को एक द्रव्य के अस्तित्व, वस्तुत्व, द्रव्यत्व, प्रमेयत्व आदि सभी गुण परस्पर विशेषणविशेष्य भाव से युक्त एक सत्ता के रूप में ज्ञात होते हैं। इनमें से जिसे भी धर्मी या विशेष्य बनाया जाय, शेष सभी गुण उसके धर्म या विशेषण बन जाते हैं। इस प्रकार प्रत्येक द्रव्य अनेकान्तात्मक - एकानेकात्मक, भेदाभेदात्मक सत्ता है। जैन दार्शनिक इस अनेकान्तात्मक वस्तु के ज्ञान को प्रमाण ज्ञान कहते हैं। इस अनेकान्तात्मक वस्तु के एक अंश का ज्ञान नय कहलाता है। ज्ञेय पदार्थ के अनेकान्तात्मक स्वरूप का प्रतिपादन अध्याय सात में किया गया है तथा अध्याय नौ में ज्ञानार्जन के साधन प्रमाण और नय का विवेचन किया गया है।

## IV

वर्तमान समय में दर्शन, वीर्य और आनन्द से सम्पन्न ज्ञानमय आत्मा की आराधना को परम मूल्य स्वीकार करने वाली मूल्य चेतना के अभाव का एक अन्य बड़ा कारण है कि आज के समय में शास्त्राध्ययन की स्याद्वादनयसंस्कृत विधि की सम्यक् समझ का प्रायः अभाव है। वर्तमान समय में जैन धर्म-दर्शन का अध्ययन करते हुए प्रायः यह तो स्वीकार किया जाता है कि प्रत्येक वाक्य वस्तु की एक विशेषता का ज्ञापक होने के कारण वस्तु का आंशिक ज्ञान और इसलिये एक नय है। उसके पूर्व स्यात् पद विद्यमान है जो यह बता रहा है कि यह वाक्य सर्वथा सत्य न होकर कथंचित् अर्थात् एक निश्चित अपेक्षा से ही सत्य है। 'स्यात्' और 'नय' पदों की यह समझ अधुरी समझ है। स्यात् पद के लक्षण :-

**अत्र सर्वथात्वनिषेधकोऽनेकान्तद्योतकः कथंचिदर्थे स्याच्छद्वो निपातः।**

**पंचास्तिकाय समयव्याख्या टीका - 14**

**में 'अनेकान्त का द्योतक' पद भी विद्यमान है तथा नय की परिभाषाओं:-**

**प्रमाणप्रकाशितार्थविशेषप्ररूपको नयः। तत्वार्थवार्तिक; 1/33**

**स्याद्वादप्रविभक्तार्थविशेषव्यंजको नयः। आप्तमीमांसा; गाथा -105 उत्तरार्द्ध**

में 'प्रमाण से प्रकाशित' और 'स्याद्वाद से प्रविभक्त' पद भी विद्यमान हैं।

इन विशेषणों का अर्थ और महत्व आज के समय में जैन दर्शन के अध्येताओं की दृष्टि से लगभग ओझल है। शास्त्राध्ययन की विधि की इस आधी -अधूरी और मिथ्या समझ के कारण प्रायः विभिन्न नयों के विषय को परस्पर निरपेक्ष रूप से ही ग्रहण किया जाता है। अनेक व्यक्ति ऐसे हैं जो तत्त्वार्थसूत्र, श्रावकाचार, मूलाचार आदि चरणानुयोग के ग्रन्थों का अध्ययन करके शास्त्रोक्त विधि से अपनी मन, वचन, काय की क्रियाओं को उन ग्रन्थों के अनुसार सम्पादित करते हैं तथा व्रत, समिति, गुप्ति आदि बहिरंग चारित्र की साधना पूरी निष्ठा से करते हैं लेकिन उनकी यह साधना ज्ञानदर्शनसुखवीर्यमय आत्मस्वरूप के दर्शनज्ञान को निरन्तर अधिक गहन बनाने और अपने इस स्वरूप के अनुरूप आचरण के संकल्प रूप आध्यात्मिक साधनाा से रहित होती है। इसके विपरीत कुछ व्यक्ति ऐसे भी हैं जो यह मानते हैं कि द्रव्य दृष्टि से आत्मा नित्य शुद्ध है। इस शुद्ध स्वरूप की अनुभूति और ध्यान ही निश्चय सम्यग्दर्शनज्ञानचारित्र और मोक्ष मार्ग है। अशुद्धि तो पर्यायगत और व्यवहार नय का विषय है और इसलिये वह अभूतार्थ या असत्यार्थ है। इस दृष्टि से युक्त होकर वे व्रत, समिति आदि की साधना के प्रति उदासीन हो जाते हैं और अपने आप को नित्य शुद्ध मानते हुए प्रमादग्रस्त जीवन जीते हैं।

साधना पद्धति की इस अधुरी समझ को ही पूर्ण मान लेने का कारण अनेकान्तवाद, स्याद्वाद और नय सिद्धान्त की अधूरी समझ है। एक वस्तु में उसकी वस्तुरूपता के निष्पादक एक-अनेक, भेद-अभेद, सामान्य-विशेष आदि सप्रतिपक्षी प्रतीत होने वाले धर्म युगलों का युगपत् सद्भाव अनेकान्तवाद कहलाता है। अनेकान्तवाद मात्र यही प्रतिपादित नहीं करता कि एक वस्तु का स्वरूप उसकी अनेक विशेषताएं हैं, बल्कि वह यह भी प्रतिपादित करता है कि वस्तु की अनेक विशेषताएं परस्पर स्वतन्त्र और एकस्वभावी नहीं हैं। इसके विपरीत वे अनेक विशेषताएं ही परस्पर सम्बन्धित होते हुए तथा एक-दूसरे के विशिष्ट स्वरूप से प्रभावित होते हुए एक सत्ता हैं। उदाहरण के लिये शरीर का स्वरूप उसके हाथ, पैर आदि समस्त अंग हैं। इन अंगों के ज्ञानपूर्वक ही शरीर ज्ञात होता है लेकिन शरीर इन अंगों का समूह मात्र न होकर इनमें व्याप्त एक जटिल तत्त्व है। शरीर के प्रत्येक अंग का अपना निश्चित विशिष्ट स्वरूप है। इस स्वरूप में उस अंग का सद्भाव शरीर में रहते हुए ही, शरीर के अन्य अंगों के विशिष्ट स्वरूप और उनके कार्यों से प्रभावित होते हुए ही होता है। जैसे हाथ का अपना निश्चित स्वरूप है, शक्तियाँ हैं, उपयोगिता है; लेकिन इस विशिष्ट स्वरूप में हाथ का सद्भाव पेट की पाचन क्रिया सही होने पर, हृदय द्वारा रक्त को शुद्ध किये जाने पर, मस्तिष्क से हाथ का सम्बन्ध होने पर ...... ही हो सकता है; इसलिये हाथ के विशिष्ट

स्वरूप को समग्र शरीर के संदर्भ में ही समझा जा सकता है। एक विशेषता वस्तु के एक अंश के रूप में ही अपना विशिष्ट स्वरूप रखती है। इसलिये वस्तु की एक विशेषता के विशिष्ट स्वरूप का ज्ञान उस विशेषता को समग्र वस्तु के संदर्भ में समझने पर ही प्राप्त किया जा सकता है। इस तथ्य का ध्यान रखने के लिये वाक्य में वस्तु के अनेकान्तात्मक स्वरूप के द्योतक के रूप में स्यात् पद का प्रयोग किया जाता है।

सम्यग्चारित्र भी व्यक्ति की मन, वचन, काय की क्रिया रूप बहिरंग पक्ष और इन क्रियाओं को सम्पादित करते समय अपनी आत्मा के शुद्ध स्वरूप के ज्ञान को गहन अनुभूति से सम्पन्न बनाते हुए तथा इसके द्वारा अपने हिंसा, क्रोध, लोभ आदि को समाप्त करके उन्हें अहिंसा, क्षमा, शुचिता आदि भावों में रूपान्तरित करने हेतु पुरुषार्थ रूप अन्तरंग पक्ष में व्याप्त एक अखण्ड सम्यग्चारित्र है। ये दोनों पक्ष परस्पर साधनसाध्य रूप से सम्बन्धित हैं तथा ये अनेक अन्य विशेषताओं से सम्पन्न हैं। भाषा में इसके इस अनेक पक्षों और विशेषताओं में व्याप्त अखण्ड स्वरूप को अभिव्यक्त करने की सामर्थ्य नहीं है। इसलिये इसके अनेकान्तात्मक स्वरूप की ओर स्यात् शब्द से संकेत करने के उपरान्त उसकी एक-एक विशेषता का क्रमिक रूप से वर्णन किया जाता है।

गुरू के वचन व्यक्ति को ज्ञान नहीं, ज्ञान की सामग्री प्रदान करते हैं। जिस प्रकार अलग-अलग रखी हुई ईंट, सीमेण्ट, बजरी, पानी आदि भवन निर्माण की सामग्री स्वयं भवनरूपता प्राप्त नहीं करती बल्कि एक कुशल कारीगर इस सामग्री को विशेष प्रकार से संयोजित करके इसे भवनरूपता प्रदान करता है; अथवा जिस प्रकार तन्तुओं का ढेर स्वयं वस्त्र नहीं होता, उनसे ओड़ने, बिछाने आदि कार्यों को नहीं किया जा सकता; लेकिन जब वे ही तन्तू मानव द्वारा विभिन्न उपकरणों की सहायता से संयुक्त किये जाकर वस्त्ररूपता प्राप्त कर लेते हैं तो उनमें ओड़ने बिछाने की जरूरतों को पूरा करने की सामर्थ्य विकसित हो जाती है। इसी प्रकार शास्त्रों के पृथक्-पृथक् वाक्यों को पढ़कर वस्तु की विभिन्न विशेषताओं को परस्पर निरपेक्ष रूप से जानना श्रुतज्ञान नहीं है बल्कि उन अनेक विशेषताओं में विद्यमान आन्तरिक सम्बन्धों को समझते हुए उन्हें एक वस्तु रूप में जानना श्रुतज्ञान है। स्याद्वादनयसंस्कृत विधि ज्ञानार्जन की अन्वेषणात्मक, विचारात्मक और परीक्षाप्रवण विधि है। इस विधि द्वारा प्रारम्भ में स्यात् पद के प्रयोग पूर्वक वस्तु के अनेकान्तात्मक स्वरूप की ओर संकेत किया जाता है। तदुपरान्त उसकी एक-एक विशेषता का क्रमिक रूप से वर्णन किया जाता है। जब व्यक्ति इस विधि से वस्तु की समस्त विशेषताओं को सामान्य रूप से जान लेता है तो उसके

पश्चात् वह वस्तु की एक-एक विशेषता के अन्य धर्म सापेक्ष स्वरूप को समझने के लिये प्रयत्नशील होता है। यह कार्य वही व्यक्ति कर सकता है जो विचारवान और परीक्षक हो और जिसमें वस्तु की ज्ञात हो रही विशेषता के विशिष्ट स्वरूप के प्रति अनेक प्रश्न और जिज्ञासाएं हों। वह इन जिज्ञासाओं का समाधान पक्ष और विपक्ष में विभिन्न प्रमाणों से परीक्षा करते हुए तथा विभिन्न युक्तियों से विचार करते हुए करे। जैसे विचारवान व्यक्ति यह वाक्य पढ़ता है कि ''मोह, राग, द्वेष छोड़ो'' तो उसे यह जिज्ञासा होती है कि यह राग द्वेष का परित्याग करना या वीतरागता भावनाशून्यता है या चेतना के भावनात्मक पक्ष का परिष्कार है। यदि यह भावनाशून्यता है तो यह स्वरूप तो पत्थर का भी है जो जड़ है; तो क्या इस प्रकार अन्यों के सुख दुख के प्रति पूर्णरूपेण उदासीन होकर जड़ हो जाना चाहिये। इस उहापोहात्मक चिन्तन से युक्त होकर जब वह इन प्रश्नों का उत्तर शास्त्रों के अन्य कथनों में तलाश करता है तो उसे यह ज्ञात होता है कि वीतरागता की साधना चेतना के भावनात्मक पक्ष के परिष्कार पूर्वक होती है। इसकी साधना के लिये अपने सम्यग्दर्शन को निशंकितादि गुणों से सम्पन्न बनाया जाता है; प्राणी मात्र के प्रति मैत्री भाव आदि का विकास किया जाता है। जैसा कि हम पूर्व में देख चुके हैं, यह मैत्री भाव की साधना अपने पराये के भेद से ऊपर उठकर सभी के प्रति साम्यभाव के विकास की साधना है और यह साम्यभाव ही वीतरागता है। वीतरागता के स्वरूप को यथार्थतया समझने के प्रति तत्पर विचारवान व्यक्ति शास्त्राध्ययन पूर्वक जब सम्यग्दर्शन के वात्सल्य अंग का ज्ञान प्राप्त करता है तो वह वीतरागता की समझ को इस विशेषता से सम्पन्न बनाता हुआ यह निश्चय करता है कि एक वीतरागता का साधक मोक्षमार्ग के पथिक, जो उसके सहयात्री हैं, उनके प्रति वात्सल्य भाव से सम्पन्न होता है। जिस प्रकार एक माँ अपने पुत्र के प्रति असीम अनुराग से सम्पन्न होकर उसके पूर्ण विकास के लिये सजग रहती है; उसी प्रकार मोक्षमार्ग के सभी सहयात्री परस्पर वात्सल्य भाव से सम्पन्न होकर एक-दूसरे को इस मार्ग में गतिमान रहने के लिये प्रोत्साहित करते हैं, एक दूसरे का सम्बल बनते हैं, एक-दूसरे का सहयोग करते हुए इस मार्ग में गतिमान रहते हैं। इस प्रकार यदि व्यक्ति विचारपूर्वक वीतरागता का स्वरूप समझना चाहता है तो सम्यग्चारित्र के वैयावृत्य आदि सभी भेद प्रभेद उसे वीतरागता के विशेषण के रूप में ज्ञात होते हैं। जब व्यक्ति वीतरागता के समान ही सम्यग्चारित्र के विभिन्न विशेषताओं और पक्षों को विचार पूर्वक अन्य धर्म सापेक्ष विशिष्ट स्वरूप में समझता है तभी उसका ज्ञान परस्पर सापेक्ष अनेक धर्मों में व्याप्त एक सम्यग्चारित्र का प्रमाण ज्ञान बनता है और तभी वह इस

ज्ञान के अनुरूप आचरण करके आत्मकल्याण कर सकता है। नयात्मक विधि के अन्वेषणात्मक, विचारात्मक और परीक्षाप्रवण स्वरूप के प्रतिपादक निम्नलिखित कथन दृष्टव्य हैंः-

**एकेनाकर्षन्ती श्लथयन्ती वस्तुतत्त्वमितरेण।**
**अन्तेन जयति जैनी नीतिर्मन्थाननेत्रमिव गोपी।। पुरुषार्थसिध्युपाय - 225**

**स्यात् प्रमाणात्मके प्रमाणप्रभवो नयः।**
**विचारो निर्णयोपायः परीक्षेत्यवगम्यताम्। सिद्धिविनिश्चय 10/3**

**नयो ज्ञातुरभिप्रायो युक्तितोऽर्थपरिग्रहः। लघीयस्त्रय - 52 उत्तरार्द्ध**

## V

न केवल जैन, बल्कि सम्पूर्ण भारतीय संस्कृति आध्यात्मिक संस्कृति है। जैन, बौद्ध और वैदिक तीनों ही परम्पराओं के अनुसार एक आध्यात्मिक व्यक्ति का लक्ष्य है कि उसकी जो चेतना 'मैं' और 'मेरा' की सीमा में कैद है वह 'सर्व' की चेतना बने। तीनों के ही अनुसार एक आध्यात्मिक व्यक्ति सदैव ''सर्वे भवन्तु सुखिनः'' यह भावना करता है तथा ''वसुधैव कुटुम्बकम्'' के आदर्श को साकार करने के लिये प्रयत्नशील रहता है। जैन, बौद्ध आदि बहुआत्मवादी दर्शनों के अनुसार इस लक्ष्य की प्राप्ति हेतु पुरुषार्थ प्राणी मात्र के प्रति मैत्री भाव की साधना करते हुए किया जाता है तथा उपनिषदों के अद्वैतवादी दर्शन के अनुसार इस लक्ष्य की प्राप्ति प्राणी मात्र से एकात्मता की अनुभूति के विकास के माध्यम से होती है। मैत्रीभाव और एकात्मता भाव की साधना द्वारा अपनी चेतना को प्राणीमात्र तक विस्तारित करने के आदर्श का प्रतिपादन करने वाले कथन दृष्टव्य है :-

**अभयं यच्छ भूतेषु कुरू मैत्रीमनिन्दिताम्।**
**पश्यात्मसदृशं विश्वं जीवलोकं चराचरम्। ज्ञानार्णव; 8-52**

**यस्तु सर्वाणि भूतान्यात्मन्येवानुपश्यति।**
**सर्वभूतेषु चात्मानं ततो न विजुगुप्सते।। ईशावास्योपनिषद् पद - 6**

एक आध्यात्मिक व्यक्ति इस मैत्री भाव या एकात्मता के भाव की साधना मात्र एकान्त में बैठकर मनन करते हुए नहीं करता बल्कि जीवन में प्रत्येक कार्य को करते हुए अपने इन भावों को विस्तारित करने के लिये प्रयत्नशील रहता है। दोनों ही मार्गों से आध्यात्मिक व्यक्ति अन्य प्राणियों के प्रति सम्वेदनशील होकर, उनके सुख दुख को समझते हुए तथा उनके हितों की रक्षा करते हुए

कार्य करता है। व्यक्ति की यह कार्यशैली उसकी ज्ञान, दर्शन, सुख, वीर्य शक्तियों के विकास का मार्ग है। इस जीवन शैली के द्वारा ही व्यक्ति अपने आध्यात्मिक विकास के उस स्तर को प्राप्त कर सकता है जब वह सन्यासाश्रम को प्राप्त करके समाधि में लीन हो तथा अन्त में अपनी चेतना के उस विस्तार को प्राप्त करे जिसके लिये आचार्य कुन्दकुन्द कहते हैं, ''आत्मा ज्ञान प्रमाण है, ज्ञान ज्ञेय प्रमाण है। ज्ञान के ज्ञेय लोकालोक के समस्त पदार्थ हैं, अतः आत्मा सर्वगत है।''

प्रवचनसार; पद - 23

दर्शन, वीर्य और आनन्द से सम्पन्न ज्ञान आत्मा का स्वभाव है। इस स्वभाव की साधना ही परम मूल्य है, साध्य रूप में शुभ है। अहिंसा, करूणा, क्षमा, विनम्रता, साहस, शान्ति आदि समस्त सद्गुणों का विकास जीवन में किसी भी कार्य को करते हुए आन्तरिक रूप से इस स्वरूप की साधना पूर्वक ही सम्भव होता है। भारत में विभिन्न दार्शनिकों द्वारा आत्मा को स्वरूपतः ज्ञानरहित तत्त्व मानने, ज्ञान को आत्मा का आगन्तुक गुण स्वीकार करने, ज्ञान को मात्र स्वप्रकाशक अथवा मात्र पर प्रकाशक स्वीकार करने जैसे सत्तामीमांसीय और ज्ञानमीमांसीय सिद्धान्त स्वीकार किये गये है। ये सिद्धान्त अहिंसादि सद्गुणों के विकास में बाधक तथा व्यक्ति की ज्ञानादि शक्तियों के ह्रास का मार्ग हैं। प्रत्येक दर्शन के अनुसार मोक्ष की प्राप्ति के लिये अपनी आत्मा के गुरूमुख से प्राप्त शुद्ध स्वरूप के ज्ञान का निरन्तर मनन अनिवार्य है। इस मनन द्वारा जब व्यक्ति अपनी ज्ञानरहित आत्मस्वरूप सम्बन्धी सत्तामीमांसीय दृष्टि को गहन अनुभूति से सम्पन्न बनाता है तो उसमें सहज रूप से अन्य को जानने के प्रति गहरा उपेक्षा भाव विकसित हो जाता है। इसके कारण जब वह बाहरी जगत में अपनी आवश्यकताओं की पूर्ति और समस्याओं के समाधान हेतु प्रवृत्त होता है तो अपनी ज्ञानदर्शनवीर्य शक्ति का उपयोग मात्र अपने अभीष्ट लौकिक लक्ष्यों की सिद्धि पर ही केन्द्रित रखता है तथा वह अन्य के सुख दुख को समझने तथा उन्हें नुकसान पहुँचाये बिना कार्य करने हेतु सावधानी नहीं रख पाता। व्यक्ति की यह दृष्टि उसे स्वार्थी बनाती है और यह उसके बौद्धिक, नैतिक और आध्यात्मिक पतन का मार्ग है। व्यक्ति का नैतिक और आध्यात्मिक विकास ज्ञान, दर्शन, सुख, वीर्यमय आत्मा की आराधना पूर्वक ही सम्भव है। व्यक्ति अपने वास्तविक स्वरूप को पहचाने; जो वह वास्तव में है, वह बनने के लिये निरन्तर गतिशील रहे तथा अन्त में अपनी अनन्तदर्शन, अनन्तज्ञान, अनन्तसुख और अनन्तवीर्य से सम्पन्न मुक्तावस्था को प्राप्त करे; यही जैन दार्शनिक सिद्धान्तों के प्रतिपादन का एकमात्र लक्ष्य है।

# अध्याय-एक

# द्रव्य का स्वरूप

जैन दर्शन एक निरीश्वरवादी, बहुतत्त्ववादी और वस्तुवादी दर्शन है। द्रव्य की अवधारणा इस दर्शन का आधारभूत सिद्धान्त है। जैन दर्शन के अनेकान्तवाद, स्याद्वाद, प्रमाण, नय आदि सभी महत्त्वपूर्ण सिद्धान्त इसकी द्रव्य की अवधारणा की तार्किक निष्पत्ति हैं। ज्ञान के स्वरूप से सम्बंधित प्रश्नों ''ज्ञान किस प्रकार की सत्ता है, यह द्रव्य है, गुण है या पर्याय'', ''यह सदैव विशेषण विशेष्यभाव से युक्त सविकल्पक ज्ञानस्वरूप ही क्यों होता है'' आदि के सन्दर्भ में जैन दार्शनिकों द्वारा प्रस्तुत किये गये सिद्धान्तों को समझने के लिये इसके द्रव्य के सम्प्रत्यय को समझना आवश्यक है।

जैन दर्शन के अनुसार जो भी अस्तित्ववान है उसकी अपनी स्वतन्त्र सत्ता है और इसलिये वह द्रव्य है। द्रव्य को परिभाषित करते हुए कुन्दकुन्दाचार्य कहते हैं, ''जो सत् लक्षण वाला है, उत्पादव्ययध्रौव्य युक्त है और गुणपर्यायात्मक है उसे सर्वज्ञ द्रव्य कहते हैं।''[1] द्रव्य की इस परिभाषा में दिये गये तीन लक्षण सत् होना, उत्पादव्ययध्रौव्य युक्त होना और गुणपर्यायात्मक होना पूर्णतया पृथक पृथक लक्षण न होकर एक ही स्वरूप को अभिव्यक्त करने के तीन प्रकार हैं। जो भी सत् है वह गुणपर्यायात्मक है तथा उसकी गुणपर्यायात्मकता ही उसकी उत्पादव्ययध्रौव्ययुक्तता है।[2] द्रव्य की ऐसी अनेक विशेषताएँ, जो उसका सामान्य

---

1. दव्वं सल्लक्खणयं उप्पादव्वयधुवत्तसंजुत्तं।
गुणपज्जयासयं वा जं तं भण्णंति सव्वण्हू।। पंचास्तिकाय संग्रह, गाथा-10
2. त्रयाणामप्यमीषां द्रव्यलक्षणानामेकस्मिन्नभिहितेऽन्यदुभयमर्थादेवापद्यते। सच्चेदुत्पादव्ययध्रौव्यवच्च गुणपर्यायवच्च। उत्पादव्ययध्रौव्यवच्चेत्सच्च गुणपर्यायवच्च। गुणपर्यायवच्चेत्सच्चोत्पादव्ययध्रौव्यवच्चेति।
पंचास्तिकाय समयव्याख्याटीका, गाथा-10

और शाश्वत अर्थात ध्रुव स्वरूप हैं, गुण कहलाती हैं तथा पर्याय उस ध्रुव स्वरूप की कालक्रम से होने वाली उत्पत्तिविनाशवान विशेष अभिव्यक्तियाँ हैं। द्रव्य अपने अनेक गुणात्मक सामान्य स्वरूप से सदैव वही रहते हुए प्रतिक्षण पूर्ववर्ती पर्याय रूप से नष्ट होकर उत्तरवर्ती पर्याय रूप से उत्पन्न होता है। इसलिये वह उत्पादव्ययध्रौव्य स्वरूप है । द्रव्य, गुण और पर्याय तीन पृथक पृथक सत्ताएँ नहीं हैं बल्कि गुण और पर्याय द्रव्य की आत्मा हैं, स्वभाव हैं तथा गुणपर्यायात्मक द्रव्य एक सत्ता है। आचार्य अमृतचन्द्र कहते हैं "यह अस्तित्व, जो कि द्रव्य का स्वभाव है, जिस प्रकार प्रत्येक द्रव्य में परिसमाप्त हो जाता है, उसी प्रकार द्रव्य, गुण और पर्याय प्रत्येक में परिसमाप्त नहीं होता, क्योंकि इनकी सिद्धि परस्पर होती है (द्रव्य की सिद्धि गुण और पर्यायों से, गुण की सिद्धि द्रव्य और पर्याय से तथा पर्याय की सिद्धि द्रव्य और गुण से होती है)। इसलिये ये एक सत्ता हैं।"[3] अब हम प्रारम्भ में द्रव्य, गुण और पर्याय शब्दों के अर्थ का पृथक पृथक अध्ययन करेंगे; तत्पश्चात् इनके पारस्परिक सम्बन्धों पर विचार करते हुए यह देखने का प्रयास करेंगे कि जैन दार्शनिक किस प्रकार गुणपर्यायात्मक द्रव्य की ही सत्ता को स्वीकार करते हैं।

## द्रव्य, गुण और पर्याय

द्रव्य एक परिणामीनित्य सत्ता है। द्रव्य शब्द 'द्रु' धातु से बना है जिसका अर्थ है द्रवित होना, गमन करना।[4] इस मूल धातु से व्युत्पत्ति के अनुसार द्रव्य को परिभाषित करते हुए कुन्दकुन्दाचार्य कहते हैं, "जो उन उन सद्भाव पर्यायों रूप से द्रवित होता है, गमन करता है उसे द्रव्य कहते हैं तथा यह सत्ता से अभिन्न है।"[5] जैनेन्द्र व्याकरणकार कहते हैं "द्रव्यं भव्ये"[6] अर्थात् जो निरन्तर नये स्वरूप में बनने, स्वरूपलाभ करने की योग्यता से सम्पन्न हो, निरन्तर भवनशील हो वह द्रव्य है। इस प्रकार जैन आचार्यों के अनुसार द्रव्य एक ऐसी ध्रुव सत्ता है जो निरन्तर द्रवणशील, परिणमनशील, परिवर्तनशील है। वह सामान्य रूप से सदैव वही रहते हुए प्रतिक्षण पूर्ववर्ती विशेष स्वरूप का परित्याग कर उत्तरवर्ती विशेष स्वरूप को प्राप्त करने की प्रक्रिया में विद्यमान शाश्वत सत्ता है और इसलिये

3. अस्तित्वं हि किल द्रव्यस्य स्वभावः,....। तत्तु द्रव्यान्तराणामिव द्रव्यगुणपर्यायाणां न प्रत्येकं परिसमाप्यते। यतो हि परस्परसाधितसिद्धि युक्तत्वात्तेषामस्तित्वमेकमेव....।

प्रवचनसार तत्त्वप्रदीपिका : गाथा–96

4. Apte's Sansrkrit English Dictionary; Page-576
5. दवियदि गच्छदि ताइं ताइं सब्भावपज्ज्याइं जं।
दवियं तं भण्णंते अणण्णभूदं तु सत्तादो।। पंचास्तिकाय संग्रह; गाथा–9
6. जैनेन्द्र व्याकरण 4/1/158 से तत्त्वार्थवार्तिक; पृष्ठ–436 पर उद्धृत

सदैव उत्पादव्ययध्रौव्य स्वरूप है। जो नहीं है उसकी उत्पत्ति उत्पाद, जो है उसका अभाव व्यय और निरन्तर अवस्थिति ध्रौव्य कहलाता है।[7] द्रव्य के समय विशेष में विद्यमान उत्पत्ति-विनाशवान विशेष स्वरूप को पर्याय[8] तथा निरन्तर नयी पर्याय की प्राप्ति रूप से घटित हो रही परिवर्तन की प्रक्रिया के आधार रूप में विद्यमान अन्वयी (सदैव वही रहने वाले) और परिणमनशील सामान्य स्वरूप को द्रव्य कहा जाता है।[9] इस प्रकार द्रव्य काल क्रम से निरन्तर नयी पर्याय रूप से परिणमित हो रहा शाश्वत तत्त्व है और पर्याय उस शाश्वत तत्त्व का समय विशेष में विद्यमान विशिष्ट स्वरूप है।

द्रव्य का विशेष पर्यायों रूप से परिणमन कारणात्मक नियमों के अनुसार होता है। इसे स्पष्ट करते हुए अकलंक देव कहते हैं, "जो स्व प्रत्यय (उपादान योग्यता) और पर प्रत्यय (निमित्त कारण) के सद्भावानुसार उत्पत्तिविनाशवान पर्यायों को प्राप्त होता है, पर्यायों से प्राप्त होता है उसे द्रव्य कहा जाता है।[10] इसकी व्याख्या करते हुए वे कहते हैं कि जिस प्रकार उड़द अपनी सीझ सकने की उपादान योग्यता तथा उन्हें खोलते हुए पानी में देर तक डाले जाने रूप बाह्य परिस्थितियों के सद्भाव पूर्वक ही अपने 'कच्चे उड़द' रूप पूर्ववर्ती अवस्था का परित्याग कर 'सीझे हुए उड़द' रूप उत्तरवर्ती अवस्था को प्राप्त कर सकते हैं, यदि उनमें सीझने की उपादान योग्यता का अभाव हो अथवा उन्हें खोलते हुए पानी में देर तक डाले जाने रूप बाह्य कारण की प्राप्ति नहीं हो तो कच्चे उड़द कभी सीझे हुए उड़द रूप पर्याय को प्राप्त नहीं कर सकते। इसी प्रकार एक द्रव्य का समय विशेष में एक विशेष पर्याय रूप से परिणमन उसकी उपादान योग्यता और निमित्त कारणों के सद्भावानुसार होता है।

जैसा कि हम आगे देखेंगे द्रव्य की प्रतिसमय एक विशेष पर्याय रूप से उत्पत्ति की उपादान योग्यता द्रव्य का गुणपर्यायात्मक स्वरूप है। उसके इस स्वरूप को स्पष्ट करते हुए अकलंकदेव कहते हैं, "द्रव्य गुणपर्यायवान होता है। ये विज्ञानादि गुण और पर्याय द्रव्य में सहवर्ती और क्रमवर्ती रूप से विद्यमान हैं। ये शक्तिव्यक्ति स्वरूप हैं तथा इनमें रसादि के समान भेदाभेद सम्बन्ध है।"[11] इसकी व्याख्या

---

7. प्रागसत् आत्मलाभ : उत्पादः; सतो विनाशो व्ययः, कथंचित् अवस्थानं ध्रौव्यम्...।
   न्यायविनिश्चयविवरण; भाग-1, पृष्ठ-434
8. परीक्षामुखसूत्र-4/9
9. परीक्षामुखसूत्र 4/6
10. स्वपरप्रत्ययोत्पादविगमपर्यायैः द्रूयन्ते द्रवन्ति वा तानीति द्रव्याणि। तत्त्वार्थवार्तिक; पृष्ठ-436
11. गुणपर्ययवद्द्रव्यं ते सहक्रमवृत्तयः।
    विज्ञान व्यक्तिशक्त्याद्या भेदाभेदौरसादिवत्।। – न्यायविनिश्चय; 1/115

करते हुए वादिराज कहते हैं, "द्रव्य की सहवर्ती (द्रव्य में सदैव युगपत् विद्यमान) विशेषताएँ, यथा–आत्मा में युगपत् विद्यमान ज्ञान, दर्शन, सुख, वीर्यादि तथा पुद्गल में युगपत् विद्यमान रूप, रस, गन्ध,स्पर्शादि गुण हैं। आत्मा में क्रमवर्ती रूप से विद्यमान हर्ष, विषाद आदि अथवा पुद्गल में क्रमवर्ती रूप से विद्यमान कोश, कुशूल आदि विशेषताएँ पर्याय हैं।"[12] 'ये विज्ञानादि गुण–पर्याय शक्ति–व्यक्ति स्वरूप हैं' के अर्थ को स्पष्ट करते हुए वे कहते हैं, "जो व्यंजित होता है, अभिव्यक्त होता है वह व्यक्ति है। गुणों का वर्तमानकालीन व्यक्त स्वरूप ही व्यक्ति है। कार्योत्पादन की सामर्थ्य को शक्ति कहा जाता है।"[13] वादिदेव कहते हैं कि वर्तमान समय में घटज्ञानादि रूप से जो ज्ञान विद्यमान है वह ज्ञान का व्यक्तिरूप है तथा उत्तरवर्ती ज्ञान पर्याय की योग्यता को ज्ञान का शक्ति रूप कहा जाता है।[14]

गुण द्रव्य की अनिवार्य विशेषताएँ हैं। ये द्रव्य को गुणती हैं अर्थात् विशेषित करती हैं, उसे अन्य द्रव्यों से पृथक एक निश्चित विशिष्ट स्वरूप प्रदान करती हैं।[15] ये द्रव्य का यावत् द्रव्यभावी और सम्पूर्ण पर्यायों में विद्यमान स्वरूप हैं।[16] वस्तुतः गुण द्रव्य का ऐसा शाश्वत और सामान्य स्वरूप हैं जिसमें अनन्त विशेष स्वरूपों में अभिव्यक्त होने की सामर्थ्य तथा कारणात्मक नियमों के अनुसार सदैव किसी विशेष स्वरूप को प्राप्त करने की प्रवृत्ति विद्यमान है। अपनी इस सामर्थ्य और प्रवृत्ति के कारण गुण सामान्य रूप से सदैव वही रहते हुए एक विशेष स्वरूप से नष्ट होकर दूसरे विशेष स्वरूप से उत्पन्न होते हुए प्रतिक्षण उत्पादव्ययध्रौव्य स्वरूप हैं।[17] गुण के ही समय विशेष में विद्यमान व्यक्त स्वरूप को पर्याय कहा जाता है।[18] तथा विशेष पर्याय रूप से उत्पत्तिविनाशवान होते हुए भी सामान्य रूप से उत्पत्तिविनाशरहित होने के कारण ये द्रव्य का परिणामीनित्य स्वरूप हैं।

---

12. न्यायविनिश्चयविवरण; भाग–1, पृष्ठ–428
13. तस्य व्यक्तिश्च दृश्यमानं रूपं 'व्यज्यत इति व्यक्तिः' इति व्युत्पत्तेः शक्तिश्च कार्योपजनन सामर्थ्यम्। न्यायविनिश्चयविवरण; भाग–1, पृष्ठ–429
14. स्याद्वादरत्नाकर; पृष्ठ–735
15. गुण्यते पृथक्क्रियते द्रव्यं द्रव्याद्यैस्ते गुणाः। आलापपद्धतिः सूत्र–93
16. यावद्द्रव्यभाविनः सकलपर्यायानुवर्तिनो गुणाः। न्यायदीपिका; पृष्ठ–121
17. गुणवत् द्रव्यं उत्पादव्ययध्रौव्यादयो गुणाः। न्यायविनिश्चय; 1/117 पूर्वार्द्ध
18. तेषां गुणानां विकाराः विशेषत्वेन भिद्यमानाः पर्याया उच्यन्ते। तत्त्वार्थवृत्ति 5/38
    गुणा एव पर्याया इति वा निर्देशः। अथवा, उत्पादव्ययध्रौव्याणि पर्यायाः, न तेभ्योऽन्ये गुणाः सन्ति, ततो गुणा एव पर्याया.... तत्त्वार्थवार्तिक; पृष्ठ–501
    इह गुणा बुध्यादयः, ते च पर्याया एव क्रमभावात्, तद्वत्वं च पर्यायवत्वमेव। न्यायविनिश्चयविवरण; भाग–1, पृष्ठ–433

उदाहरण के लिये आम पर्याय में अवस्थित रंगगन्धरसस्पर्शमय पुद्गल द्रव्य का रंग गुण रंगत्व सामान्य रूप से निरन्तर विद्यमान रहता हुआ हरित रंग रूप पूर्ववर्ती पर्याय रूप से नष्ट होकर पीत रंग रूप उत्तरवर्ती पर्याय को प्राप्त करता है, कुछ समय पश्चात् वही रंगत्व सामान्य पीत रूपता का परित्याग कर कृष्णरूपता को प्राप्त करता है। उत्पाद, व्यय और ध्रौव्य तीन अलग अलग घटनाएँ न होकर द्रव्य का एक ही समय में विद्यमान स्वरूप हैं। 'पीत रंग' रूप नवीन पर्याय की उत्पत्ति ही 'हरित रंग' रूप पूर्ववर्ती पर्याय का विनाश है तथा यही इन दोनों पर्यायों के आधार रूप में निरन्तर अवस्थित रंगत्व सामान्य की ध्रुवता है। इस प्रकार पुद्गल द्रव्य का रंग गुण सदैव हरित रंग, पीत रंग, कृष्ण रंग आदि क्रमवर्ती पर्यायों रूप से परिणमित होता हुआ ही विद्यमान होता है, तथा वह अपनी प्रत्येक पर्याय में सामान्यविशेषात्मक और उत्पादव्ययध्रौव्य स्वरूप है। पुद्गल द्रव्य के रंग गुण के समान ही एक द्रव्य के समस्त गुण सदैव सामान्यविशेषात्मक और उत्पादव्ययध्रौव्यात्मक स्वरूप से युक्त होते हैं।

गुण का स्वरूप सामान्य और विशेष, उत्पाद-व्यय और ध्रौव्य, शक्ति और व्यक्ति, अन्वय और व्यतिरेक रूप सप्रतिपक्षी धर्मों से युक्त है। इन सप्रतिपक्षी धर्मों में तात्विक रूप से अभेद होने पर भी स्वभावगत अन्तर है। इसलिये इनका पृथक पृथक ज्ञान कराने के उद्देश्य से इनमें शाब्दिक और लाक्षणिक दृष्टि से भेद किया जाता है। गुण के ही सामान्य, शक्तिमय, ध्रुव और अन्वयी स्वरूप को गुण तथा उसके विशेष, व्यक्त, उत्पत्तिविनाशवान और व्यतिरेकी स्वरूप को पर्याय कहा जाता है।[19] इस भेदात्मक अर्थ में गुण और पर्याय शब्दों का प्रयोग करते हुए आचार्य अमृतचन्द्र कहते हैं: अनेकान्तात्मक वस्तु के अन्वयी विशेष गुण और व्यतिरेकी विशेष पर्याय कहलाते हैं।..... सत्ता नित्यानित्य स्वभावी होने के कारण उत्पादव्ययध्रौव्य स्वरूप है। गुण उसका ध्रुव स्वरूप तथा पर्यायें उसका उत्पादव्ययात्मक स्वरूप हैं। यह पूर्व पर्याय रूप से विनाश को प्राप्त होती हुई, उत्तर पर्याय रूप से उत्पाद को प्राप्त होती हुई तथा गुण रूप से ध्रुव होती हुई सदैव उत्पादव्ययध्रौव्य स्वरूप है।[20] द्रव्य, गुण और पर्याय में संज्ञा, सँख्या, लक्षण,

19. द्रव्यस्य द्वावात्मानौ सामान्यं विशेषश्चेति। तत्र सामान्यमुत्सर्गोऽन्वयः गुणः इत्यनर्थान्तरम्। विशेषो भेदः पर्याय इति पर्यायशब्दः। तत्त्वार्थवार्तिक; पृष्ठ-501

20. अनेकान्तात्मकस्य वस्तुनोऽन्वयिनो विशेषा गुणाः व्यतिरेकिणः पर्यायास्ते द्रव्ये यौगपद्येन क्रमेण च प्रवर्त्तमानाः कथंचिद्भिन्नाः कथंचिदभिन्नाः स्वभावभूताः द्रव्यलक्षणतामापद्यन्ते।.... सद्धि नित्यानित्यस्वभावत्वाद् ध्रुवत्वमुत्पादव्ययात्मकतां च प्रथयति, ध्रुवत्वात्मकैर्गुणैरुत्पादव्ययात्मकैः पर्यायैश्च सहैकत्वं चाख्याति। पंचास्तिकाय समयव्याख्या टीका; गाथा-10

प्रयोजन आदि की अपेक्षा भेद होते हुए भी तात्विक रूप से अभेद है। ये तीन पृथक पृथक सत्तायें नहीं हैं। इसके विपरीत गुणपर्यायात्मक द्रव्य एक सत्ता है।

## द्रव्य और गुण में भेदाभेद संबंध

एक द्रव्य अनेक गुणात्मक सत्ता है। गुण द्रव्य की आत्मा हैं, स्वभाव हैं तथा द्रव्य अपने गुणों के अतिरिक्त कुछ नहीं है। लेकिन वह परस्पर निरपेक्ष अनेक गुणों का समूह मात्र या उनसे भिन्न उनका आश्रय मात्र न होकर उनमें व्याप्त एक अखण्ड सत्ता है। वस्तुतः एक द्रव्य के नाम, लक्षण, प्रयोजनादि की अपेक्षा परस्पर भिन्न भिन्न अनेक स्वभाव गुण हैं तथा ये अनेक गुण ही परस्पर तादात्म्य सम्बन्ध से सम्बन्धित होने के कारण एक दूसरे की आत्मा या स्वभाव होते हुए एक द्रव्यरूपता को प्राप्त कर रहे हैं।[21] अनेक गुणों के ही परस्पर एक दूसरे का स्वरूप होते हुए एक द्रव्य होने तथा द्रव्य और गुण के एक सत्ता होने के कारण ये अन्योन्यवृत्ति स्वरूप हैं अर्थात् एक दूसरे में रहते हैं। एक द्रव्य अपने समस्त गुणों में तथा एक गुण अपने आश्रयभूत सम्पूर्ण द्रव्य में, अर्थात् द्रव्य के समस्त गुणों में रहता है। इस प्रकार द्रव्य और गुण दो पृथक पृथक सत्ता न होकर एक वस्तु हैं। कुन्दकुन्दाचार्य कहते हैं, ''द्रव्य के बिना गुण नहीं होते तथा गुण के बिना द्रव्य नहीं होता। इसलिये द्रव्य और गुण परस्पर अभिन्न हैं।''[22] इसे स्पष्ट करते हुए वे कहते हैं, ''रूपरसगन्धस्पर्श ही पुद्गल परमाणु कहलाते हैं। ये रूपरसादि अपने विशेष स्वरूप में परस्पर भिन्न भिन्न होते हुए भी द्रव्य रूप से अभिन्न हैं।''[23] इसी प्रकार, ''जीव में निबद्ध ज्ञान दर्शन भी परस्पर अभिन्न हैं। इन्हें भाषा द्वारा ही अलग किया जा सकता है, स्वभावतः नहीं।''[24] इन पदों की व्याख्या करते हुए अमृतचन्द्राचार्य कहते हैं, ''जिस प्रकार पुद्गल से पृथक रूप, रस, गन्ध, स्पर्श नहीं होते उसी प्रकार द्रव्य से पृथक गुण नहीं होते तथा जिस प्रकार रूपरसगन्धस्पर्श से पृथक पुद्गल नहीं होता उसी प्रकार गुणों से पृथक द्रव्य नहीं होता। इस प्रकार द्रव्य और गुण में आदेशवशात् कथंचित् भेद है तथापि ये एक अस्तित्व में नियत

---

21. स्वद्रव्यचतुष्टयापेक्षया परस्परं गुणाः स्वभावा भवन्ति। सूत्र–119
    द्रव्याण्यपि भवन्ति। सूत्र–120 आलापपद्धति
22. पंचास्तिकाय संग्रह; गाथा–13
23. पंचास्तिकाय संग्रह; गाथा–51
24. पंचास्तिकाय संग्रह; गाथा–52

होने के कारण अन्योन्यवृत्ति नहीं छोड़ते इसलिये इनमें वस्तु रूप से अभेद भी है।''[25] द्रव्य और गुण की एक अस्तित्वरूपता को और अधिक स्पष्ट करते हुए जयसेनाचार्य कहते हैं, ''द्रव्य और गुण अभिन्न सत्ता रूप से निष्पन्न होने के कारण अभिन्न द्रव्य हैं, अभिन्न प्रदेशों रूप से निष्पन्न होने के कारण इनका क्षेत्र अभिन्न है, इनके परस्पर अविनाभावी होने के कारण इनका उत्पादव्यय एक काल में होता है इसलिये इनका काल अभिन्न है। इनका एक स्वरूप होने के कारण ये भाव की अपेक्षा अभिन्न हैं। इस प्रकार द्रव्य और गुण में द्रव्य, क्षेत्र, काल, भाव की अपेक्षा अभेद होने के कारण ये परस्पर अपृथक हैं और इसलिये ये अभिन्न सत्ता हैं। इस प्रकार द्रव्य और गुण एक द्रव्यगुणात्मक सत्ता हैं।[26] द्रव्य और गुण में संज्ञा, संख्या, लक्षण और प्रयोजन की अपेक्षा भेद होता है।[27] द्रव्य एक होता है जबकि गुण अनेक होते हैं, द्रव्य का नाम, यथा-पुद्गल भिन्न होता है तथा गुणों का नाम, यथा रूप, रस आदि भिन्न होते हैं, इनके लक्षण भिन्न भिन्न होते हैं। इन नाम, लक्षणादि की अपेक्षा भेद होने पर भी द्रव्य और गुण में तात्त्विक रूप से अभेद है।

द्रव्य और गुण में भेदाभेद सम्बन्ध को हम निम्न दृष्टान्त द्वारा समझ सकते हैं। जिस प्रकार रंग और आकार पुद्गल स्कंध के ऐसे दो स्वभाव हैं जो नाम, लक्षणादि की अपेक्षा भिन्न तथा तात्त्विक रूप से अभिन्न हैं; रंग हरा, नीला, आदि रूप तथा आकार गोल, चोकोर आदि रूप होता है। रंग के हरे, नीले आदि विशिष्ट स्वरूप से उसके आकार का विशिष्ट स्वरूप निर्धारित नहीं होता तथा आकार के गोल, चोकोर आदि विशिष्ट स्वरूप से स्कंध के रंग का विशिष्ट स्वरूप निर्धारित नहीं होता। इस स्वरूप भेद और इसके कारण नाम, लक्षणादि की अपेक्षा भेद होने पर भी रंग और आकार अपृथक हैं तथा ये एक दूसरे का स्वरूप होते हुए रंग-आकारमय एक सत्ता हैं। आकार सदैव किसी विशेष

---

25. पुद्गलपृथग्भूतस्पर्शरसगन्धवर्णवद् द्रव्येण बिना न गुणाः संभवन्ति। स्पर्शरसगन्धवर्णपृथग्भूतपुद्गलवद् गुणैर्विना द्रव्यं न संभवति। ततो द्रव्यगुणानामप्यादेशवशात् कथंचिद्भेदेऽप्येकास्तित्वनियतत्वात् अन्योन्याजहद्वृत्तीनां वस्तुत्वेनाभेदः इति। पंचास्तिकाय समयव्याख्या टीका; गाथा-13
26. द्रव्यगुणयोरभिन्नसत्तानिष्पन्नत्वेनाभिन्नद्रव्यत्वात् अभिन्नप्रदेशनिष्पन्नत्वेनाभिन्नक्षेत्रत्वात् एककालोत्पादव्ययाविनाभावित्वेनाभिन्नकालत्वात् एकस्वरूपत्वेनाभिन्नभावत्वादिति यस्मात् द्रव्यक्षेत्रकालभावैरभेदस्तस्मात् अव्यतिरिक्तो भवत्यभिन्नो भवतिः।.... इत्यनेन द्रव्यगुणात्मकः पदार्थ इत्युक्तं भवति। पंचास्तिकाय तात्पर्यवृत्ति; गाथा-13
27. गुणगुण्यादिसंज्ञादि भेदात् भेदस्वभावः।। आलापपद्धति; सूत्र-112

रंगमय होकर ही तथा रंग विशेष आकार में अवस्थित होकर ही विद्यमान होता है तथा रंग रहित आकार तथा आकार रहित रंग की सत्ता कभी नहीं होती। जिस प्रकार रंग और आकार रूप दो भिन्न भिन्न स्वभाव रंग-आकारमय एक अभिन्न सत्ता हैं उसी प्रकार एक वस्तु के परस्पर भिन्न भिन्न अनेक सहवर्ती स्वभाव-गुण ही परस्पर एक दूसरे का स्वरूप होते हुए एक अभिन्न सत्ता-एक द्रव्य हैं।

## न्याय वैशेषिक मत-द्रव्य और गुण में तात्त्विक भेद

न्याय वैशेषिक दार्शनिक उपर्युक्त मत को अस्वीकार करते हुए कहते हैं कि द्रव्य गुणात्मक न होकर उनसे भिन्न उनका आधार मात्र है।[28] द्रव्य और गुण के संज्ञा, संख्या, लक्षण और प्रयोजन भिन्न भिन्न हैं इसलिये वे एक वस्तु न होकर पृथक पृथक सत्ता हैं। उद्योतकर कहते हैं कि रूप, रस आदि गुण अनेक हैं तथा पृथ्वी एक द्रव्य है। जिनकी संख्याएँ भिन्न भिन्न होती हैं वे भिन्न भिन्न पदार्थ हैं :- जैसे अनेक नक्षत्र और एक चन्द्रमा। यदि रूपादि गुण और पृथ्वी आदि द्रव्य में तादात्म्य सम्बन्ध स्वीकार किया जाय तो इसका अर्थ होगा कि रूप ही पृथ्वी तथा पृथ्वी ही रूप है। ऐसी स्थिति में पृथ्वी मात्र एक गुण स्वरूप ही हो जायेगी तथा अन्य गुणों की उसमें सत्ता नहीं रहेगी।[29] श्रीधर कहते हैं कि जो पदार्थ परस्पर भिन्न भिन्न स्वरूप में ज्ञात होते हैं वे एक सत्ता न होकर परस्पर पृथक् पृथक् सत्ताएँ हैं।[30] द्रव्य उसे कहा जाता है जो गुण और कर्म का आश्रय है तथा कार्य का समवायी कारण है।[31] जो स्वयं निर्गुण और निष्क्रिय होता है तथा संयोग और विभाग के निरपेक्ष कारण से भिन्न होता है उसे गुण कहते हैं।[32] द्रव्य और गुण अयुतसिद्ध पदार्थ हैं और इनमें समवाय सम्बन्ध है। आधार-आधेय रूप से अवस्थित अयुतसिद्ध पदार्थों में जो ''इसमें यह है'' इस ज्ञान का कारण होता है उसे समवाय सम्बन्ध कहा जाता है।[33] अयुतसिद्ध शब्द

---

28. तदात्मकं धर्माणां उच्यते चेत्यसंगतम्।
देशभेदस्तु धर्माणामस्माभिरपि नेष्यते।
धर्मी हि तेषामाधारो न पुनः स तदात्मकः ।। न्यायमंजरी; भाग-1 पृष्ठ-92
29. न्यायवार्तिक; पृष्ठ-173-174
30. न्यायकन्दली; पृष्ठ-39
31. क्रियागुणवत् समवायिकारणमिति द्रव्यलक्षणम्। वैशेषिक सूत्र 1/1/15
32. द्रव्याश्रय्यगुणवान् संयोगविभागेष्वकारणमनपेक्ष इति गुणलक्षणम्। वही 1/1/16
33. अयुतसिद्धानामाधार्याधारभूतानां यः सम्बन्ध इह प्रत्ययहेतुः स समवायः। प्रशस्तपादभाष्य; पृष्ठ - 6

के अर्थ को स्पष्ट करते हुए श्रीधर कहते हैं, ''युतसिद्धि का अर्थ है पृथक अवस्थिति। जिन पदार्थों की परस्पर पृथक पृथक आश्रय में अवस्थिति असम्भव हो वे अयुतसिद्ध पदार्थ हैं।[34] उदाहरण के लिये ''कुण्डे में दही है'' यहाँ कुण्डा और दही युतसिद्ध पदार्थ हैं क्योंकि भौतिक रूप से इनमें आश्रय-आश्रयीभाव दृष्टिगोचर होते हुए भी तात्त्विक रूप से इनके आश्रय पृथक पृथक हैं। कुण्डे का आश्रय उसके अपने अवयव और दही का आश्रय उसके अवयव हैं। इसके विपरीत ''इन तन्तुओं में पट है'' यहाँ पट के तन्तुओं से स्वतन्त्र आश्रय में उपलब्ध नहीं होने या दोनों में एक आश्रयवृत्तित्व होने के कारण ये अयुतसिद्ध पदार्थ हैं। जयन्त कहते हैं कि अयुतसिद्ध पदार्थों में प्रदेश भेद का अभाव होता है।[35]

प्रश्न उठता है कि ''वस्त्र में श्वेत रंग है'' ज्ञान के इस आकार द्वारा द्रव्य और गुण में भेद और उनके मध्य समवाय सम्बन्ध को सिद्ध किया जाता है, लेकिन ज्ञान का आकार तो ''श्वेत वस्त्र'' भी होता है जो इनके तादात्म्य सम्बन्ध को सिद्ध करता है। इस आपत्ति को अस्वीकार करते हुए वाचस्पति मिश्र कहते हैं कि 'श्वेत वस्त्र' द्रव्य और गुण का यह समानाधिकरण्य ज्ञान दो अभिन्न पदार्थों का ज्ञान न होकर भिन्न तथा परस्पर सम्बद्ध पदार्थों का ज्ञान है। यदि ऐसा न मानकर श्वेत और वस्त्र में तादात्म्य सम्बन्ध ही माना जाय तो ''श्वेत'' के ज्ञान से ही ''वस्त्र'' भी ज्ञात हो जाना चाहिये तथा ''श्वेत'' और ''वस्त्र'' के पृथक पृथक उच्चारण की कोई आवश्यकता नहीं होनी चाहिए।[36]

सदैव धर्मी या द्रव्य गुण, कर्म, सामान्यादि धर्मों के ज्ञान पूर्वक ज्ञात होता है। सत्ता जाति के ज्ञान पूर्वक द्रव्य सत् रूप से, द्रव्यत्व जाति के ज्ञान पूर्वक द्रव्य रूप से, गन्धादि गुणों के ज्ञान पूर्वक पृथ्वी रूप से ज्ञात होता है। प्रश्न उठता है कि यदि ये गुणादि धर्म द्रव्य का स्वरूप न होकर उससे भिन्न हैं तो

---

34. अयुतसिद्धानामिति। युतसिद्धिः पृथक्सिद्धिः। पृथगपरिणतिरुभयोरपि सम्बन्धिनोः परस्परपरिहारेण पृथगाश्रयाश्रयित्वम्, सा ययोर्नास्ति तावयुतसिद्धौ, तयोः सम्बन्धः समवायः। यथा तन्तुपटयोः।
न्यायकन्दली; पृष्ठ–37

35. न्यायमंजरी; भाग–1, पृष्ठ–110

36. अवयवायविनौ गुणगुणिनौ क्रियाक्रियावन्तो जातिजातिमन्तौ च मिथः संबद्धावनुभूयेते नान्यथा तन्तुषु पट इति शुक्लः पट इति पटः स्पन्दत इति च पटो द्रव्यमिति च बुद्धिव्यपदेशों स्याताम्। शुक्लः पट इत्यादिसामानाधिकरण्यज्ञानं न हि सम्बन्धज्ञानमिति चेत्? किं पुनरिदं सामानाधिकरण्यम्। तादात्म्यमिति चेत्; न, द्वितीयबुद्धिव्यपदेशयोः पौनरुक्त्यात्। अपौनरुक्त्यं चाभिमन्यन्ते प्रतिपत्तारः येनान्यतरदुपलभ्यान्यद्बुभुत्सन्ते।नचैक वस्तुद्वयात्मकमिति युक्तं भेदाधिष्ठानस्य तन्नान्तरीयकस्य द्वित्वस्यैकात्मनि विरोधेनासम्भवात्। तस्मात् भिन्न एव वस्तुनि सम्बद्धे सामानाधिकरण्येन प्रतीयेते।
न्यायवार्तिकतात्पर्यटीका; पृष्ठ – 110

इनके ज्ञान पूर्वक द्रव्य किस प्रकार ज्ञात हो सकता है ? इस प्रश्न के उत्तर में श्रीधर कहते हैं, "जिस प्रकार अग्नि और लौहपिण्ड में संयोग होने पर लौहपिण्ड अग्नि से संश्लिष्ट होकर अग्नि रूप या उष्ण हो जाता है उसी प्रकार धर्म और धर्मी में समवाय सम्बन्ध होने पर धर्म धर्मी में विशेषता उत्पन्न कर देता है तथा इसके कारण ही धर्म धर्मी के प्रति आत्मानुरूप प्रत्यय उत्पन्न करता है।[37] जैसे सत्ता जाति द्रव्य, गुण और कर्म में समवेत होकर उनके प्रति आत्मानुरूप प्रत्यय उत्पन्न करती है, यथा, "द्रव्य सत् है," "गुण सत् है", "कर्म सत् है।" इस प्रकार द्रव्य, गुण और कर्म के प्रति सत् होने का ज्ञान उनमें सत्ता जाति का समवाय होने के कारण ही होता है।[38] वस्तुतः विशेषण (धर्म) विशेष्य (धर्मी) का स्वभाव है, विशेष्य का अनुरंजक है, स्वयं को विशेष्य के प्रति उत्सर्जित करता है। इसलिये वह (धर्म) विशेष्य (धर्मी) के प्रति विशिष्ट बुद्धि का कारण है।[39] इतना होने पर भी द्रव्य गुणादि को एक नहीं माना जा सकता क्योंकि ये परस्पर विलक्षण रूप से ज्ञात होते हैं और जो भिन्न भिन्न स्वरूप में ज्ञात होते हैं वे भिन्न भिन्न सत्ताएँ हैं। यदि इस बात को स्वीकार नहीं किया जाय तो जगत् में पदार्थों के भेद और अभेद का कोई आधार ही नहीं रहेगा।[40]

### जैन मत : सत्ता का द्रव्यगुणात्मक स्वरूप

जैन दार्शनिक कहते हैं कि द्रव्य परस्पर असम्बन्धित और अपने से भिन्न गुणों का निर्विशेष आश्रय मात्र न होकर अपने समस्त गुणों में व्याप्त एक अखण्ड सत्ता है। गुण द्रव्य का आत्मा या स्वभाव हैं। यदि ऐसा नहीं माना जाय तो द्रव्य निस्वभाव हो जायेगा तथा उसकी सत्ता ही सिद्ध नहीं होगी।[41] जैसा कि हम देख चुके हैं न्याय वैशेषिक दर्शन के अनुसार द्रव्य या धर्मी न तो स्वभावतः सत् है, न द्रव्य। उससे भिन्न सत्ता जाति उसमें समवेत होकर उसे सत् रूपता और द्रव्यत्व जाति उसे द्रव्य रूपता प्रदान करती है। उनकी इस मान्यता की आलोचना करते हुए कुन्दकुन्द कहते हैं, "यदि द्रव्य स्वरूपतः सत् नहीं हैं तो वह स्वरूपतः असत् होगा और जिसकी सत्ता ही नहीं है वह द्रव्य किस प्रकार हो सकता है? द्रव्यत्व से भिन्न होने पर भी वह द्रव्य किस प्रकार हो सकता है? अतः द्रव्य स्वयं सत्ता है।[42] जयसेन कहते हैं, "सत्ता जाति के समवाय

37. न्यायकन्दली; पृष्ठ–39
38. वही; पृष्ठ–777
39. वही; पृष्ठ–289
40. वही; पृष्ठ–39
41. न्यायविनिश्चयविवरण; भाग–2, पृष्ठ–96
42. प्रवचनसार; गाथा–105

से पूर्व द्रव्य सत् है या असत्? यदि सत् है तो उसमें सत्ता का समवाय व्यर्थ है क्योंकि वह पहले से ही अस्तित्व स्वरूप में अवस्थित है, यदि असत् है तो आकाशकुसुम के समान अविद्यमान द्रव्य में सत्ता का समवाय किस प्रकार हो सकता है?[43] जैन दर्शन के अनुसार अस्तित्व, वस्तुत्व, द्रव्यत्व आदि द्रव्य मात्र का सामान्य रूप से शाश्वत स्वरूप होने के कारण गुण कहलाते हैं।

नैयायिकों की यह मान्यता कि गुण द्रव्य में समवेत होकर उसे अपना स्वरूप प्रदान करता है, तभी सत्य हो सकती है जब कि द्रव्य और गुण एकात्मता को प्राप्त करें, एक सत्ता हों। ऐसी स्थिति में समवाय सम्बन्ध तादात्म्य सम्बन्ध ही होगा। समवाय शब्द का विश्लेषण करते हुए कुन्दकुन्द कहते हैं, ''दो पदार्थों का समवर्तित्व ही समवाय है; यही उनकी अपृथकता और अयुतसिद्धत्व है। इस समवर्तित्व रूप समवाय से युक्त होने के कारण ही द्रव्य और गुण को अयुतसिद्ध कहा जाता है।''[44] इसकी व्याख्या करते हुए अमृतचन्द्र कहते हैं, ''द्रव्य और गुण एक अस्तित्व से रचित हैं। इसलिये उनकी जो अनादि अनन्त सहवृत्ति (एक साथ रहना) है वही वास्तव में समवर्तिपना है, वही जैनों के मत में समवाय है, वही उनमें संज्ञादि भेद होने पर भी वस्तुरूप से अपृथकपना है, वही युतसिद्धि (युत = पृथक + सिद्धि = अस्तित्व) के कारणभूत अस्तित्वान्तर का अभाव होने के कारण अयुतसिद्धपना है। इस प्रकार समवर्तित्व रूप समवाय वाले द्रव्य और गुण में अपृथक अस्तित्व रूप अयुतसिद्धि ही है, उनकी पृथक पृथक सत्ता नहीं है।[45]

नैयायिक उपर्युक्त विवेचन पर आपत्ति करते हुए कहते हैं कि अयुतसिद्ध का अर्थ अपृथक अस्तित्व नहीं हो सकता; क्योंकि जो पदार्थ एकात्मक हैं वे द्विरूपता से युक्त होकर दो किस प्रकार हो सकते हैं? द्रव्य और गुण में स्वरूप भेद है; जो द्रव्य है वह गुण नहीं है, तथा जो गुण है वह द्रव्य नहीं है। यह स्वरूप भेद ही द्रव्य और गुण के पृथक पृथक अस्तित्व का आधार है। यदि यह स्वीकार नहीं किया जाय तो जगत में भेद और अभेद की व्यवस्था सम्भव

---

43. प्रवचनसार तात्पर्यवृत्ति; गाथा–105
44. पंचास्तिकाय संग्रह; गाथा–50
45. द्रव्यगुणानामेकास्तित्वनिर्वृत्तित्वादनादिरनिधना सहवृत्तिर्हि समवर्तित्वम्। स एव समवायो जैनानाम्; तदेव संज्ञादिभ्यो भेदेऽपि वस्तुत्वेनाभेदादपृथग्भूतत्वम्; तदेव युतसिद्धिनिवंधनस्यास्तित्वान्तरस्याभावादयुतसिद्धत्वम्। ततो द्रव्यगुणानां समवर्तित्वलक्षणसमवायभाजामयुतसिद्धिरेव, न पृथग्भूतत्वमिति। पंचास्तिकाय समयव्याख्या टीका; गाथा–50

नहीं है। इसलिए अयुतसिद्धि का अर्थ दो पदार्थों की एकात्मकता न होकर उनमें पृथक पृथक आश्रयों में आश्रितता का अभाव या एकाश्रयवृत्तित्व है।[46] अयुतसिद्ध पदार्थों में प्रदेश भेद का अभाव होता है।[47]

जैन दार्शनिक इस आपत्ति को अस्वीकार करते हुए कहते हैं कि द्रव्य और गुण पृथक पृथक सत्ता न होकर एक ही सत्ता के दो परस्पर अपरिहार्य पक्ष हैं। जो भी अस्तित्ववान है वह एक-अनेक स्वभावी है। एक वस्तु के अनेक सहवर्ती स्वभाव ही उसके विभिन्न गुण हैं तथा उन गुणों की एक वस्तु रूपता ही द्रव्य है। इसलिये द्रव्य और गुण संख्या, संज्ञा, लक्षणादि की अपेक्षा भिन्न होने पर भी एक सत्ता हैं। उनमें एकाश्रयवृत्तित्व या प्रदेश अभेद उनके इसी तादात्म्य सम्बन्ध का परिचायक है। जो पृथक पृथक सत्ता होते हैं उनके प्रदेश भी दण्ड और दण्डी के समान पृथक पृथक ही होते हैं।[48] जिस प्रकार कुण्डे और दही के पृथक पृथक पदार्थ होने के कारण उनके आश्रय भी भिन्न भिन्न हैं, कुण्डा अपने अवयवों में और दही अपने अवयवों में रहता है, उसी प्रकार यदि कुण्डा और उसके गुण भी पृथक पृथक सत्ता हों तो उनके आश्रय भी भिन्न होंगे, कुण्डे के गुणों का आश्रय कुण्डा होगा और कुण्डे का आश्रय उसके अवयव होंगे।[49] विभिन्न पदार्थों में प्रदेश अभेद होने का अर्थ यह नहीं है कि वे आकाश के समान अंश में अवस्थित हैं। आकाश के समान अंश में तो वैशेषिक दर्शन के अनुसार आत्मा, दिक्, काल और आकाश भी अवस्थित हैं; लेकिन उनमें समानाधिकरण्य या प्रदेश अभेद स्वीकार नहीं किया जाता। वह स्थान, जिसमें कोई पदार्थ रहता है या पदार्थ का विस्तार उसके प्रदेश कहलाते हैं। तात्त्विक रूप से कोई भी पदार्थ आकाश में न रहकर अपने आप में, अपने स्वरूप में रहता है।[50] द्रव्य का आत्मा या स्वभाव उसके समस्त गुण हैं। और गुण का

---

46. अयुतौ सिद्धाविति, एकात्मकत्वे हि एकमेव वस्तु स्यान्नोभयम्, परस्परात्मकत्वाभाव-लक्षणत्वादुभयरूपतायाः। न च तदेकं वस्तुपरमार्थतः, परस्पर विलक्षणेन रूपेण तयोराकारयोः प्रतिभासनात्। विलक्षणाकारबुद्धिवेद्यत्वस्यैव भेदलक्षणत्वात्, अन्यथा भेदाभेदव्यवस्थानुपपत्तेः। तस्मान्न स्वरूपाभेदोऽप्ययुतसिद्धिः, किन्तु अयुतसिद्धानामिति परस्परपरिहारेणपृथगाश्रयानाश्रितानामित्यर्थः।
न्यायकन्दली; पृष्ठ-39
47. देशभेदश्च तयोर्नास्तीति विस्पष्टमयुतसिद्धत्वम्। न्यायमंजरी, भाग-1, पृष्ठ-285
48. प्रवचनसार तात्पर्यवृत्ति; गाथा-108
49. न्यायकुमुदचन्द्र; पृष्ठ-297-98
50. जीवपुद्गलधर्माधर्मकालवस्तूनां तु निश्चयनयात् स्वात्मा व्यवहारनयादाकाशं क्षेत्रं...
तत्त्वार्थश्लोकवार्तिक; पृष्ठ-131

स्वभाव उसका आश्रयभूत सम्पूर्ण द्रव्य है।[51] इसलिए एक द्रव्य अपने समस्त गुणों में और एक गुण अपने आश्रय भूत सम्पूर्ण द्रव्य में रहता है। द्रव्य और गुण की यह परस्पराश्रयता या अन्योन्यवृत्ति ही उनका एकाश्रयवृत्तित्व या प्रदेश अभेद है जो उनके तादात्म्य सम्बन्ध को सिद्ध करता है।

द्रव्य और गुण में प्रदेश अभेद गुण के गुणात्मक स्वरूप पर निर्भर करता है। वैशेषिक दर्शन के समान ही जैन दार्शनिक भी गुण को परिभाषित करते हुए कहते हैं, "जो द्रव्य के आश्रय में रहता है और स्वयं निर्गुण है उसे गुण कहा जाता है।"[52] लेकिन साथ ही वे यह भी कहते हैं कि गुण भेदापेक्षया ही निर्गुण होते हैं, अभेदापेक्षया वे गुणात्मक ही हैं। द्रव्य और गुण में तादात्म्य सम्बन्ध होने के कारण अभेदापेक्षया द्रव्य का कोई भी गुण अपने आश्रयभूत द्रव्य के समान ही उस द्रव्य के समस्त गुणों का आश्रय है।[53] प्रभाचन्द्र आश्रय-आश्रयीभाव का अर्थ और गुणों की परस्पराश्रयता को स्पष्ट करते हुए कहते हैं कि 'उस रूप परिणति ही आश्रय-आश्रयीभाव है' क्योंकि एक द्रव्य के अनेक गुण ही परस्पर एक दूसरे का स्वभाव होते हुए एक द्रव्य रूप से अवस्थित है। इसलिये जो स्वभाव द्रव्य का है, वही स्वभाव उसके प्रत्येक गुण का भी है और इसलिये द्रव्य और उसके गुण भिन्न भिन्न सत्ता न होकर एक अभिन्न सत्ता हैं। यह आश्रय-आश्रयी भाव मात्र द्रव्य और गुण में ही नहीं है, अपितु एक द्रव्य के समस्त गुण परस्पर एक दूसरे के आश्रय में रहते हैं। पुद्गल द्रव्य के रूप, रस, गन्ध, स्पर्श गुण परस्पर आश्रित होकर एकलोलीभाव से आत्मलाभ करते हुए या परस्पर तन्मयता को प्राप्त होकर एक पुद्गल द्रव्यरूपता को प्राप्त कर रहे हैं।[54] प्रभाचन्द्र के इन कथनों का आशय यह है कि गुण की द्रव्याश्रयता का अर्थ है कि एक गुण सम्पूर्ण द्रव्य अर्थात् द्रव्य, उसके समस्त गुणों और उसकी वर्तमानकालीन

---

51. दव्वाणि गुणा तेसिं पज्जाया अट्ठसण्णया भणिया।
तेसु गुणपज्जयाणं अप्पा दव्व त्ति उवदेसो।। प्रवचनसार, गाथा-87
52. द्रव्याश्रया: निर्गुणा: गुणा:। तत्त्वार्थसूत्र-5/41
53. गुणद्रव्ययोः कथचिदप्यभेदे द्रव्यवद् गुणस्यापि गुणवत्वप्रसंगः तद्धर्मानुपाते सत्येव तदभेदोपपत्तेरिति चेत्, न; अभेदार्पणया तथेष्टत्वात्। न चैवम् "द्रव्याश्रया निर्गुणाः गुणाः" इति सूत्र विरोधः; तस्यभेदाभिसन्धिनिबन्धनत्वात्। न्यायविनिश्चयविवरण; भाग-2, पृष्ठ-97
54. तथापरिणतिरेव अर्थानामयुतसिद्धत्वम्.....। एकद्रव्याश्रयाणां रूपरसादीनामपि च एवंविधाऽयुतसिद्धिसंभवाद् अन्योन्यं समवायप्रसंगः। तेषां आश्रयाश्रयीभावाऽभावात् न तत्प्रसंगः, इत्यप्यचारू; तथापरिणतिव्यतिरेकेण अन्यस्य आश्रयाश्रयिभावस्य तन्तुपटादावप्यसंभवात् तदन्यस्य अस्य पृथक् सिद्धेषु कुण्डवदरादिष्वेव संभवात्। न्यायकुमुदचन्द्र; पृष्ठ-299

पर्याय तीनों से तन्मयता को प्राप्त करता हुआ, तीनों का स्वरूप होता हुआ उनमें रहता है। इसे सोदाहरण स्पष्ट करते हुए अमृतचन्द्र कहते हैं, जिस प्रकार एक मोतियों के हार का शुक्ल गुण शुक्ल हार, शुक्ल मोती, शुक्ल धागा, इन तीन प्रकार से विस्तारित किया जाता है; उसी प्रकार एक द्रव्य के अस्तित्व गुण का विस्तार सत् द्रव्य, सत् गुण, सत् पर्याय इन तीन प्रकार से किया जाता है।[55] जयसेन इसे और अधिक स्पष्ट करते हुए कहते हैं कि शुद्धात्म द्रव्य का अस्तित्व गुण उसके केवलज्ञानादि अन्य गुणों और उसकी सिद्ध पर्याय से संज्ञा, लक्षण, प्रयोजन आदि की अपेक्षा भिन्न होते हुए भी प्रदेशात्मक तन्मयता से युक्त होने के कारण अभिन्न है। इसलिये शुद्धात्म द्रव्य के अस्तित्व गुण द्वारा शुद्धात्म द्रव्य, उसके केवलज्ञानादि गुण और उसकी सिद्ध पर्याय तीनों सत् लक्षणता प्राप्त कर रहे हैं।[56] 'अस्तित्व' का अर्थ है सद्भाव या होना। इस लक्षण की अपेक्षा से यह गुण निर्गुण है क्योंकि द्रव्य का अस्तित्व गुण मात्र उसके सद्भाव का ही ज्ञान कराता है। इस गुण को जानने से यह ज्ञात नहीं होता कि द्रव्य नित्य है या अनित्य, ज्ञानमय है या ज्ञान रहित। इस प्रकार संज्ञा, लक्षण, प्रयोजन आदि की अपेक्षा अस्तित्व गुण के निर्गुण होने पर भी सत्तापेक्षया वह गुणात्मक ही है। शुद्ध सद्भाव या निर्विशेष अस्तित्व अपने आप में कुछ नहीं होता बल्कि सत्ता सदैव विशेष गुणपर्यायात्मक स्वरूप लिये हुए ही होती है। ज्ञानदर्शनसुखवीर्यात्मक आत्मा सत् होता है, रूपरसगन्धस्पर्शात्मक पुद्गल सत् होता है। जिस प्रकार एक द्रव्य का अस्तित्व गुण उस द्रव्य के अन्य गुणों से संज्ञा, लक्षण आदि की अपेक्षा भिन्न होते हुए भी उनका स्वरूप होकर और उनसे अपने स्वरूप को प्राप्त करता हुआ उन सभी में रहता है, उसी प्रकार द्रव्य के सभी गुण एक दूसरे का स्वभाव होकर, एक दूसरे के आश्रय में अर्थात एक आश्रय में रहते हैं। अपनी इस परस्पराश्रयता रूप प्रदेशात्मक एकता के कारण वे सभी गुण एक-अनेक स्वभावता रूप एक स्वभावता में[57] तथा एक द्रव्यरूपता में अवस्थित हैं। एक द्रव्य के सभी गुण परस्पर अविनाभावी हैं। उनमें से किसी भी एक गुण का अभाव होने पर अन्य गुणों का सद्भाव असम्भव है। इस कारण एक द्रव्य के सभी गुण एक कालवर्ती हैं। इसलिए माइल्ल धवल कहते हैं, "स्वद्रव्य चतुष्टयापेक्षया (स्वद्रव्य, स्वक्षेत्र, स्वकाल और स्वभाव की अपेक्षा) एक द्रव्य के सभी गुण परस्पर एक दूसरे

---

55. प्रवधमसार तत्वप्रदीपिका; गाथा-107
56. प्रवचनसार तात्त्पर्यवृत्ति; गाथा-107
57. स्वभावानामेकाधारत्वादेकस्वभावः। आलापपद्धति; सूत्र-110

का स्वभाव होते हैं। और इसलिए वे सभी एक द्रव्य हैं।[58]

जैन आचार्य उद्योतकर के इस कथन से कि द्रव्य और गुण में अभेद स्वीकार करने पर द्रव्य एक गुण रूप हो जायेगा, पूर्णतया सहमत हैं। वे कहते हैं, ''समगुणपर्ययवत् द्रव्यम्'' अर्थात एक द्रव्य अपने एक गुण और वर्तमानकालीन पर्याय के समान विस्तार वाला है।[59] उदाहरण के लिए आत्मा और ज्ञान समान विस्तार से युक्त हैं। न तो आत्मा का विस्तार ज्ञान से कम है और न ही वह ज्ञान से अधिक विस्तारवाला है।[60] इसीलिए आत्मा ही ज्ञान और ज्ञान ही आत्मा है।[61] द्रव्य और गुण में इस एकता को स्वीकार करते हुए भी जैन दार्शनिक नैयायिकों के इस आक्षेप को स्वीकार नहीं करते कि द्रव्य और गुण में एकात्मता होने पर द्रव्य भी गुण के समान ही पूर्णतया सरल और एकरूप हो जायेगा तथा उसमें अन्य गुणों की सत्ता नहीं रहेगी। इसके विपरीत द्रव्य के एक गुण रूप होने का अर्थ यह है कि सत्तापेक्षया द्रव्य का कोई भी गुण द्रव्य के समान ही अनेक गुणात्मक जटिल स्वरूप से युक्त है। ''ज्ञान ही आत्मा और आत्मा ही ज्ञान है'' इसका यह अर्थ नहीं है कि आत्मा में दर्शन, सुख आदि अन्य गुणों का अभाव है, बल्कि इसका अर्थ यह है कि जिस प्रकार दर्शन, वीर्यादि समस्त गुण आत्मा का स्वभाव हैं उसी प्रकार ये ज्ञान के भी स्वभाव हैं। आत्मा एक चेतन तत्त्व है। चेतना का लक्षण है अनुभूति और सक्रियता।[62] ''चेतन आत्मा परस्पर अविनाभावी अनेक स्वभावों से युक्त है। उसके अनुभूत्यात्मक स्वभाव का नाम दर्शन, निश्चयात्मक स्वभाव का नाम ज्ञान, आल्हादात्मक स्वभाव का नाम सुख और प्रयत्नात्मक स्वभाव का नाम वीर्य है।[63] आत्मा के ये विभिन्न स्वभाव तात्त्विक रूप से पृथक पृथक न होकर एक अभिन्न सत्ता हैं। जो सत्ता

---

58. स्वद्रव्यचतुष्टयापेक्षया परस्परं गुणाः स्वभावा भवन्ति। सूत्र-119
द्रव्याण्यपि भवन्ति। सूत्र-120 आलापपद्धति
59. आत्मा हि ''समगुणपर्यायं द्रव्यम्'' इति वचनात् ज्ञानेन सह हीनाधिकत्वरहितत्वेन परिणतत्वात्तत्परिमाणः, प्रवचनसार तत्त्वप्रदीपिका; गाथा -23
ज्ञानेन सह हीनाधिकत्वाभावादात्मा ज्ञानप्रमाणो भवति। प्रवचनसार तात्पर्यवृत्ति; गाथा-23
60. प्रवचनसार; गाथा-24, 25
61. णाणं अप्प त्ति मदं वट्टदि णाणं विणा ण अप्पाणं।
तम्हा णाणं अप्पा अप्पा णाणं व अण्णं वा।। प्रवचनसार; गाथा-27
62. चैतन्यमनुभूति स्यात् सा क्रियारूपमेव च। आलापपद्धति; पृष्ठ-18
63. सुखं आल्हादनाकारं विज्ञानं मेय बोधनम्।
शक्तिक्रियानुमेया स्याद्यूनः कान्तासमागमे।। अष्टसहस्री; पृष्ठ-78

ज्ञान है, वही दर्शन है, वही सुख है, वही वीर्य है----। तात्त्विक रूप से इनमें विभाजन असम्भव होने पर भी इन विभिन्न स्वरूपों के नाम, लक्षण और प्रयोजन भिन्न भिन्न हैं। इस अपेक्षा से जो ज्ञान है, वह दर्शन नहीं है, वीर्य नहीं है....। ज्ञानादि विभिन्न गुणों के अभेदात्मक पक्ष को एक नाम ''आत्मा'' तथा भेदात्मक पक्ष को ज्ञान, दर्शन आदि विभिन्न नाम दिये गये हैं। ज्ञान और आत्मा में शाब्दिक और लाक्षणिक अन्तर होते हुए भी तात्त्विक अन्तर नहीं है। तात्त्विक रूप से जो आत्मा है वही ज्ञान है क्योंकि सम्पूर्ण आत्मा अर्थात् आत्मा के समस्त गुण ज्ञान का स्वभाव हैं । ज्ञान दर्शनात्मक है क्योंकि यदि वह दर्शन या अनुभूति रहित हो तो जड़ होगा और ज्ञान कभी जड़ नहीं हो सकता,[64] ज्ञान वीर्यात्मक है क्योंकि वह यान्त्रिक प्रक्रिया द्वारा उत्पन्न नहीं होता। इसके विपरीत वह परिणामी नित्य और उपयोगमय होने के कारण प्रयत्न पूर्वक पदार्थों को जानता है।[65] मोह, राग, द्वेष से युक्त होने पर ज्ञान दुखात्मक और इनसे रहित होने पर सुखात्मक होता है।[66] यदि ज्ञान को अस्तित्वात्मक न माना जाय तो ज्ञान का अभाव होगा। इस प्रकार सम्पूर्ण आत्मा ही ज्ञान का स्वभाव है। न केवल ज्ञान ही दर्शनात्मक, सुखात्मक, वीर्यात्मक है बल्कि वह आत्मा के समस्त गुणों को ज्ञानमयता भी प्रदान कर रहा है। इस प्रकार सम्पूर्ण आत्मा के ज्ञान का स्वभाव होने और ज्ञान के सम्पूर्ण आत्मा का स्वभाव होने के कारण सत्तापेक्षया ज्ञान और आत्मा के अभेद को प्रतिपादित करते हुए अमृतचन्द्र कहते हैं, ''ज्ञानी ज्ञान से पृथक नहीं है क्योंकि दोनों एक अस्तित्व से रचित होने के कारण एक द्रव्य रूप हैं, दोनों के प्रदेश अभिन्न होने के कारण दोनों एकक्षेत्रवर्ती हैं। दोनों के एक समयवर्ती होने के कारण दोनों के एक कालपना है। दोनों के एक स्वभावी होने के कारण दोनों के एक स्वभावपना है।''[67]

जिस प्रकार ज्ञान आत्मा के समस्त गुणों का तथा आत्मा के समस्त गुण ज्ञान का स्वरूप हैं; उसी प्रकार दर्शन, वीर्य आदि किसी भी गुण का सम्पूर्ण स्वरूप सम्पूर्ण आत्मा है तथा ये गुण भी आत्मा के समस्त गुणों को दर्शन रूपता आदि प्रदान कर रहे हैं। इस प्रकार एक वस्तु सम्पूर्णतः एक-अनेक स्वभावी है। इसके विभिन्न स्वभावों को अमूर्तीकरण द्वारा ज्ञान और भाषा में ही अलग

---

64. नियमसार; गाथा-162 पर टीका तथा धवला; पुस्तक-15; पृष्ठ-6
65. तत्त्वार्थवार्तिक; पृष्ठ-118
66. प्रवचनसार, गाथा-59, 60 तथा उस पर तत्त्वप्रदीपिका और तात्पर्यवृत्ति
67. पंचास्तिकाय संग्रह समयव्याख्याटीका; गाथा-43

किया जा सकता है लेकिन तात्त्विक रूप से उन्हें अलग किया जा सकना सम्भव नहीं है।

जैसा कि हम अध्याय छः में विस्तार से देखेंगे नैयायिकों के समान ही बौद्ध और अद्वैत वेदान्ती भी सत्ता के एकानेकात्मक, भेदाभेदात्मक स्वरूप को विरोध दोष से युक्त मानकर अस्वीकार करते हैं। वे कहते हैं कि जो वस्तु एक स्वभावी है वह अनेक स्वभावमय किस प्रकार हो सकती है तथा परस्पर भिन्न भिन्न अनेक स्वभाव एक स्वभावी सत्ता किस प्रकार हो सकते हैं? अत: उनके अनुसार सत्ता पूर्णतया निरंश और एक स्वभावी होती है। निर्विकल्पक ज्ञान द्वारा सत्ता के इस अखण्ड स्वरूप का ही ज्ञान होता है। उसके पश्चात् उत्पन्न होने वाला सविकल्पक ज्ञान अनादि वासना या अविद्या के कारण उस एक अखण्ड सत्ता में अनेक गुण रूप भेद का आरोप करके उसे अनेक रूपों में जानता है। इसलिये एक वस्तु में अनेक गुण रूप भेद वास्तविक न होकर मानसिक कल्पना मात्र होने के कारण मिथ्या हैं।

जैन दार्शनिक उपर्युक्त मत को अस्वीकार करते हुए कहते हैं कि किसी भी पूर्णतया सरल और एकरूप पदार्थ का अस्तित्व असम्भव है। ब्रह्म या विज्ञान स्वलक्षण, जिसे भी सत् स्वीकार किया जाय वह अनिवार्यतया एक–अनेक स्वभावी तत्त्व है। जैसे ब्रह्म सत्, चित्, आनन्द, नित्य, सर्वव्यापक स्वरूपमय सत्ता है। सत्, चित् आदि तात्त्विक रूप से पृथक पृथक न होकर एक सत्ता हैं। सत्ता ही चैतन्य रूप है। उसकी चैतन्यरूपता ही उसकी आनन्दमयता है। आनन्दमय चेतनसत्ता ही नित्य है। सत्, चित् आदि तात्विक रूप से एक होने पर भी भिन्न भिन्न स्वभाव हैं और इसलिये इनमें नाम, लक्षण, प्रयोजन आदि की अपेक्षा भेद है। चेतना का लक्षण अनुभूति रूपता और नित्यता का लक्षण त्रैकालिक एकरूपता है। इन विशेषताओं में तात्त्विक अभेद होते हुए भी स्वरूपगत अनेकता होने के कारण ब्रह्म की चैतन्यरूपता का ज्ञान होने पर भी उसके नित्यता, सर्वव्यापकता आदि स्वभाव अज्ञात रहते हैं और उनके ज्ञान के लिये अनुमान, शब्द प्रमाण आदि का सहारा लिया जाता है। यदि वस्तु पूर्णतया एक रूप हो तो वह प्रथम प्रत्यक्ष द्वारा ही सम्पूर्णत: ज्ञात हो जानी चाहिये तथा उसके स्वरूप के निश्चय के लिये विभिन्न प्रमाणों की कोई आवश्यकता नहीं होनी चाहिये।

अन्य दर्शनों द्वारा मान्य सत्ता के स्वरूप का खण्डन तथा स्वयं द्वारा स्वीकृत सत्ता के स्वरूप का प्रतिपादन एक वस्तु में अनेक वास्तविक विशेषताओं की स्वीकृति पूर्वक ही सम्भव है। यदि एक वस्तु पूर्णतया एक स्वभावी ही हो तथा

उसमें अनेक गुण रूप भेद मानसिक कल्पना मात्र हों तो अद्वैत वेदान्त के ब्रह्म ओर योगाचार दर्शन के विज्ञान स्वलक्षण में कोई अन्तर नहीं रहेगा क्योंकि चेतन रूप से दोनों समान हैं। विज्ञान स्वलक्षण के खण्डन पूर्वक ब्रह्म के अस्तित्व का प्रतिपादन सच्चिदानन्द सत्ता में नित्यता, सर्वव्यापकता, सामान्यरूपता आदि अनेक वास्तविक स्वभावों की स्वीकृति पूर्वक ही सम्भव है। इस प्रकार जिसे भी सत् स्वीकार किया जाय वह अनिवार्यतया एक-अनेकात्मक, भेद-अभेदात्मक तत्त्व है। उसका एकात्मक और अभेदात्मक पक्ष ही उसकी द्रव्यरूपता और उसका भेदात्मक और अनेकात्मक पक्ष ही उसकी गुणरूपता है। सर्वत्र एक द्रव्य की आत्मा या स्वभाव उसके समस्त गुण होने और एक गुण की आत्मा सम्पूर्ण द्रव्य होने के कारण द्रव्य की सिद्धि गुणों से और गुण की सिद्धि द्रव्य से होती है और इसलिये द्रव्य और उसके गुण दो पृथक पृथक तत्त्व न होकर एक द्रव्यगुणात्मक सत्ता हैं।[68]

## सत्ता का द्रव्यपर्यायात्मक स्वरूप

एक द्रव्य का अनेक गुणात्मक सामान्य स्वरूप अनादि अनन्त और कारणात्मक नियमों से परे है। यह द्रव्य का स्वतः सिद्ध स्वभाव है जो अपने शक्तिव्यक्तिमय स्वरूप के कारण द्रव्य की समस्त पर्यायों में व्याप्त होकर उन पर्यायों की एक द्रव्यरूपता को स्थापित कर रहा है। सत्ता के इस विशेष पर्यायों रूप से निरन्तर परिणमनशील शाश्वत और सामान्य स्वरूप को द्रव्य या उर्ध्वता सामान्य भी कहा जाता है। जैसा कि हम देख चुके हैं, द्रव्य शब्द का व्युत्पत्तिलब्ध अर्थ है जो काल क्रम से होने वाली पर्यायों रूप से द्रवित होता है, गमन करता है वह द्रव्य है। इस व्युत्पति के अनुसार निरन्तर नयी पर्याय रूप से द्रवणशील, परिणमनशील त्रैकालिक वस्तु अंश को द्रव्य कहा जाता है। यह उन सभी पर्यायों का अन्वयी और सामान्य स्वरूप होने के कारण उनका उर्ध्वता सामान्य स्वरूप भी है।[69] इस शाश्वत, सामान्य और परिणमनशील सत्ता के कालक्रम से हो रहे परस्पर विलक्षण उत्पत्तिविनाशवान अनेक परिणाम पर्याय कहलाते हैं।[70] परिवर्तन, परिणमन,

---

68. पंचास्तिकाय तात्पर्यवृत्ति; गाथा-13

69. पूर्वापरपरिणामसाधारणं द्रव्यमूर्ध्वतासामान्यं कटककङ्कणाद्यनुगामिकाञ्चनवदिति।

प्रमाणनयतत्त्वालोकालंकार 5/5

पूर्वापरपर्याययोः साधारणमेकं द्रव्यम्। द्रवति तांस्तान्पर्यायान्गच्छतीति व्युत्पत्या त्रिकालानुयायी यो वस्त्वंशस्तदूर्ध्वतासामान्यमित्यभिधीयते। स्याद्वादरत्नाकर, पृष्ठ-732

70. एकस्मिन् द्रव्ये क्रमभाविनः परिणामाः पर्यायाः आत्मनि हर्षविषादादिवत्। परीक्षामुखसूत्र-4/8

परिणाम, पर्याय ये सब पर्यायवाची शब्द हैं। इस प्रकार एक परिणामीनित्य सत्ता के सामान्य, ध्रुव, अन्वयी और शक्तिमय स्वरूप को द्रव्य कहा जाता है तथा उसके विशेष, उत्पत्तिविनाशवान, व्यतिरेकी और व्यक्त स्वरूप पर्याय कहलाते हैं।[71]

द्रव्य और पर्याय में शाब्दिक और लाक्षणिक दृष्टि से भेद होते हुए भी तात्त्विक रूप से अभेद है। ये परस्पर एक दूसरे की आत्मा या स्वभाव होते हुए एक द्रव्यपर्यायात्मक सत्ता हैं। अनेक गुणात्मक द्रव्य अपने अनन्तशक्तिसम्पन्न, परिणमनशील सामान्य स्वभाव के कारण सदैव विशेष पर्याय स्वरूप होकर ही विद्यमान होता है तथा पर्याय रहित द्रव्य की सत्ता कभी नहीं होती। साथ ही द्रव्य रहित पर्याय की सत्ता भी नहीं होती। एक पर्याय परतन्त्र होती है। कुछ होता है जो रूपान्तरित होता है, परिणमित होता है। इसलिये एक पर्याय की उत्पत्ति द्रव्य में ही, द्रव्य से ही होती है तथा द्रव्य रहित पर्याय की सत्ता नहीं होती।[72] एक द्रव्य भी सदैव किसी विशेष पर्याय में ही, विशेष पर्याय रूप से ही प्राप्त होता है। इसलिये एक पर्याय ही अनिवार्यतया द्रव्यात्मक होती है। द्रव्य शक्ति रूप, सम्भाव्यता रूप होता है तथा शक्ति अपने आप में न रहकर शक्तिवान व्यक्ति में ही रहती है।[73] इसलिये एक समय विशेष में विद्यमान सामान्यविशेषात्मक व्यक्ति ही वास्तविक सत्ता है। यह अपने सामान्य स्वरूप की एक विशेष अभिव्यक्ति, एक पर्याय मात्र ही नहीं है; बल्कि उसका अनेक गुणात्मक सामान्य स्वरूप अपनी समस्त सम्भावनाओं और परिणमनशील प्रवृत्ति के साथ उस पर्याय का स्वरूप है। इसलिये वह पर्याय एक क्षणिक व्यक्ति मात्र न होकर उत्तरवर्ती पर्यायों रूप से परिवर्तन की सामर्थ्य और प्रवृत्तिमय द्रव्य भी है। अपने इसी द्रव्यपर्यायात्मक स्वरूप के कारण वस्तु प्रतिसमय उत्पादव्ययध्रौव्य स्वरूप है। वह उत्तरवर्ती क्षण में द्रव्य रूप से वही रहते हुए पूर्वपर्याय रूप से नष्ट होकर नयी पर्याय रूप से उत्पन्न हो रही है। उदाहरण के लिये एक समय विशेष में विद्यमान मृतिकाकण अपने मृतिकात्व सामान्य की एक विशेष अभिव्यक्ति होने के साथ ही साथ उत्तरवर्ती पर्याय रूप से परिणमनशील द्रव्य भी हैं। अपने इस द्रव्यपर्यायात्मक स्वरूप के कारण वे मृतिकाकण उत्तरवर्ती क्षण में जल का संयोग होने पर अपने मृतिकात्व सामान्य को नहीं छोड़ते हुए

---

71. द्रव्यं सामान्यमुत्सर्ग अनुवृत्तिरिति यावत्, पर्यायो विशेषः व्यावृतिरिति यावत्। तत्त्वार्थवृत्ति। 1/33
पूर्वोत्तरपरिणामयोःसाधारणःस्वभावः सामान्यात्मा द्रव्यात्मा। अष्टसहस्री; पृष्ठ-207
पर्यायशव्देन पर्यायसामान्यस्य स्वव्यक्तिव्यापिनोभिधानात्। द्रव्यशव्देन च द्रव्यसामान्यस्य स्वशक्तिव्यापिनः कथनात्। तत्त्वार्थश्लोकवार्तिक; पृष्ठ-268
72. तत्त्वार्थश्लोकवार्तिक; पृष्ठ-394
73. न्यायविनिश्चयविवरण; भाग-1, पृष्ठ-430

कण रूप से नष्ट होकर पिण्ड रूप से उत्पन्न होते हैं। कालान्तर में यह पिण्ड पर्याय विशिष्ट मृतिका द्रव्य अग्नि, दण्ड, चक्र, कुम्हार आदि निमित्त कारणों की सहायता से पिण्ड रूप से नष्ट होकर क्रमशः स्थास, कोश, कुशूल रूप से परिवर्तित होता हुआ घटरूपता को प्राप्त करता है। इस प्रकार एक स्थायी मृतिका द्रव्य अपने परिवर्तनशील स्वभाव के कारण अनेक क्रमवर्ती पर्यायों स्वरूप होता है। ये कण, पिण्डादि पर्यायें मृतिका द्रव्य के कालक्रम से हो रहे परस्पर विलक्षण, उत्पत्तिविनाशवान अनेक स्वभाव हैं जो परस्पर स्वतन्त्र सत्ताएं न होकर एक स्थायी मृतिका द्रव्य-एक सत्ता हैं। मिट्टी की कण, पिण्डादि पर्यायें मृतिकामय ही हैं। मृतिकात्व सामान्य स्वरूप की अपेक्षा ये पर्यायें ही ध्रुव हैं, क्योंकि इस स्वरूप की अपेक्षा ये निरन्तर विद्यमान हैं। साथ ही कण, पिण्डादि पर्यायों की अपेक्षा मिट्टी ही उत्पत्ति विनाशवान है।[74] वह जिस समय जिस पर्याय में अवस्थित है, उसी रूप है तथा उस रूप से नष्ट होकर ही नवीन विशेष स्वभाव को प्राप्त करती है। जो मिट्टी कण रूप में अवस्थित है उसमें मिट्टी मात्र में समान रूप से पायी जाने वाली विशेषताओं का सद्भाव होने के साथ ही साथ कण रूप विशेष स्वरूप के अनुरूप सामर्थ्य भी है। जैसे उसमें अपने में बोये गये बीज को हवा, पानी, धूप आदि की सहायता से अंकुरित करने की सामर्थ्य है, लेकिन जब वही मिट्टी कण रूप से नष्ट होकर घटरूपता को प्राप्त कर लेती है तो उसकी यह सामर्थ्य समाप्त हो जाती है तथा उसमें जल धारण करने की सामर्थ्य रूप नवीन क्षमता की उत्पत्ति होती है।

मिट्टी अपने आप में मूल द्रव्य न होकर अनेक पुद्गल परमाणुओं के संयोग से निर्मित दीर्घकालिक व्यंजन पर्याय है। जिस प्रकार यह कण, पिण्डादि अनेक क्रमवर्ती पर्यायों रूप से भवनशील एक अन्वयी तत्त्व है, साथ ही वह उन सभी पर्यायों का उर्ध्वता सामान्य स्वरूप है तथा कण, पिण्डादि उस सामान्य स्वरूप के कालक्रम से उत्पन्न नष्ट हो रहे अनेक विलक्षण स्वभाव हैं। उसी प्रकार जीव, पुद्गलादि सभी द्रव्य प्रतिसमय सामान्यविशेषात्मक, उत्पादव्ययध्रौव्यात्मक सत्ता हैं। सामान्य स्वरूप की अपेक्षा वे ध्रुव या अविनाशी हैं क्योंकि इस स्वरूप की अपेक्षा न ही उनकी कभी उत्पत्ति हुई है और न ही कभी विनाश होगा; तथा विशेष

74. द्रव्यमेव नश्यति पर्यायनाशात्, पर्याया एव तिष्ठन्ति द्रव्याविनाशात् इति प्रतीतिबलेन अभ्यनुज्ञानात्।
न्यायविनिश्चयविवरणय; भाग-1, पृष्ठ-448

द्रव्यपर्यायद्वयात्मकं तत्त्वं द्रव्यपदेन पर्यायपदेन वा तस्यैवाभिधानात् सर्वत्रापर्यायात्मकस्य द्रव्यस्यासंभवात् सकलपर्यायशून्यस्य च द्रव्यस्याप्रतीति........

युक्त्यानुशासन टीका; पृष्ठ-112

स्वरूप की अपेक्षा वे प्रतिसमय उत्पत्तिविनाशवान हैं।[75] इस अपेक्षा से उनमें प्रति समय पूर्व स्वरूप का व्यय तथा नवीन स्वरूप की उत्पत्ति हो रही है। (द्रव्य की एक समयवर्ती सूक्ष्म पर्याय को अर्थ पर्याय कहा जाता है।) एक उत्पतिविनाश रहित सामान्य स्वभावी द्रव्य में प्रतिक्षण घटित हो रही इस उत्पतिविनाश की प्रक्रिया के कारण वह शाश्वत द्रव्य अनन्त पर्यायात्मक सत्ता है तथा उसकी प्रत्येक पर्याय उत्पादव्ययध्रौव्य स्वरूप है।[76]

## बौद्ध मत : सत्ता का उत्पादव्ययात्मक स्वरूप

बौद्ध उपर्युक्त सिद्धान्त की आलोचना करते हुए कहते हैं कि अविनाशिता और विनाशवानता परस्पर विरोधी धर्म होने के कारण एक ही सत्ता का स्वरूप नहीं हो सकते। जैन दार्शनिक द्रव्य को सामान्य रूप से अविनाशी और विशेष रूप से विनाशवान कहते हैं; लेकिन जब द्रव्य और पर्याय को अन्योन्यात्मक कहा जाता है तो द्रव्य से अभिन्न होने के कारण द्रव्य के समान ही पर्याय भी अविनाशी होगी अथवा पर्याय के विनाशवान होने के कारण उससे अभिन्न द्रव्य की विनाशवानता भी सिद्ध होगी। इस प्रकार द्रव्य और पर्याय में अभेद होने पर या तो वस्तु सम्पूर्णतः विनाशवान ही होगी या अविनश्वर ही होगी। यदि इनमें भेद स्वीकार किया जाय तो द्रव्य और पर्याय एक सत्ता के परस्पर निरपेक्ष दो अंश होंगे तथा पर्याय मात्र उत्पाद व्यय स्वरूप और द्रव्य मात्र ध्रुव ही होगा। ऐसी स्थिति में वस्तु सम्पूर्णतः उत्पादव्ययध्रौव्य स्वरूप नहीं हो सकेगी।[77] इस प्रकार जो क्रमवर्ती पर्यायें अन्योन्याभाव रूप हैं उनमें एक द्रव्यरूपता नहीं है क्योंकि एक ही वस्तु भेद-अभेद, एक-अनेक आदि द्विरूपता से युक्त नहीं हो सकती।[78]

वस्तुतः क्षणिक पदार्थ की ही सत्ता है। जो भी सत् है वह मात्र एक क्षणस्थायी है तथा अगले क्षण उसका अनिवार्यतया विनाश हो जाता है। यदि ऐसा न मानकर पदार्थ को अनेक क्षणस्थायी या शाश्वत स्वीकार किया जाय तो प्रश्न उठता है कि नष्ट होना वस्तु का स्वभाव है अथवा नहीं ? यदि है तो अगले क्षण उसका विनाश अवश्यम्भावी है, यदि नहीं है तो फिर उसे कोई भी नष्ट नहीं कर सकता।

---

75. न सामान्यात्मनोदेति न व्येति व्यक्तमन्वयात्।
व्येत्युदेति विशेषात्ते सहैकत्रोदयादि सत्। आप्तमीमांसा-57

76. तस्या (द्रव्या) अनन्तपर्यायात्मकत्वात्। पर्यायाणां च उत्पादव्ययध्रौव्यात्मकत्वात्।
तत्त्वार्थश्लोकवार्तिक; पृष्ठ-434

77. हेतुबिन्दुटीका; पृष्ठ-106 से न्यायविनिश्चयविवरण; भाग-1, पृष्ठ-448 पर उद्धृत

78. वही; पृष्ठ-447

ऐसी स्थिति में वस्तु सदैव अविनाशी ही रहनी चाहिये तथा उसका विनाश असम्भव होना चाहिये।[79] सत्ता नित्य नहीं हो सकती क्योंकि सत् वही होता है जो अर्थकियाकारी अर्थात् कार्योत्पादन की सामर्थ्य से सम्पन्न हो।[80] कार्योत्पत्ति उपादान कारण के विनाश पूर्वक होती है। जैसे बीज से अंकुर की उत्पत्ति बीज के विनाश पूर्वक होती है। नित्य पदार्थ की सत्ता नहीं है क्योंकि वह परिवर्तन रहित होने के कारण अर्थक्रियाकारी नहीं हो सकता। यह सामर्थ्य क्षणिक पदार्थ में ही विद्यमान है और इसलिये क्षणिक पदार्थ की ही सत्ता है।[81]

प्रत्यक्ष द्वारा हमें पूर्णरूपेण विलक्षण क्षणिक पदार्थों का ही ज्ञान होता है। स्वसंवेदन प्रत्यक्ष द्वारा हम घट ज्ञान, पट ज्ञान आदि प्रतिक्षणवर्ती तथा परस्पर विलक्षण ज्ञानों को ही जानते हैं तथा इन क्षणिक ज्ञानों में व्याप्त एक अन्वयी आत्मा नामक हमें कभी ज्ञात नहीं होता। इन्द्रिय प्रत्यक्ष द्वारा हमें जगत की प्रत्येक वस्तु परिवर्तनशील स्वरूप में ज्ञात होती है तथा हमें कभी किसी नित्य सत्ता की उपलब्धि नहीं होती। परिवर्तन पूर्वक्षणवर्ती पदार्थ के विनाशपूर्वक उत्तरक्षणवर्ती पदार्थ की उत्पत्ति होती है। उपादान कारण रूप पूर्वक्षणवर्ती पदार्थ और कार्य रूप उत्तरक्षणवर्ती पदार्थ परस्पर पूर्णरूपेण विलक्षण और स्वतन्त्र सत्ताएं हैं तथा कारण के निरन्वय विनाश पूर्वक कार्य की उत्पत्ति होती है। जिस प्रकार तेल की नयी बूँद के जलने से उत्पन्न हो रही दीपक की प्रत्येक लौ नयी लौ है, नदी में प्रतिक्षण नया जल है, उसी प्रकार कारण कार्य रूप से सम्बन्धित क्षणिक पदार्थों की शृंखला में उत्पन्न हो रहा प्रत्येक पदार्थ पूर्णरूपेण नवीन और स्वतन्त्र सत्ता है। इन क्षणिक पदार्थों में सादृश्य के कारण इन्हें एक अन्वयी द्रव्य समझ लिया जाता है जो अनादि वासना जनित भ्रम मात्र है।[82]

## जैन मत– उत्पादव्ययात्मक सत्ता का ध्रुवस्वरूप

जैन दार्शनिक बौद्धों की आपत्तियों को अस्वीकार करते हुए कहते हैं कि केवल मात्र विरोध दोष की कल्पना के आधार पर एक ही वस्तु में सामान्य और विशेष, विनाशवान और अविनाशी धर्मों के युगपत् सद्भाव का निषेध नहीं किया जा सकता। ज्ञान ही वस्तु व्यवस्था का नियामक है। उसके द्वारा अनुगत–ब्यावृत्त, परिवर्तनशील–स्थायी वस्तु ही ज्ञात होती है। हम देखते हैं कि जो तन्तु

---

79. प्रमाणवार्तिक; 1/72–74
80. वही; 2/3
81. प्रमाणवार्तिक; 1/62–63
82. सौगत सिद्धान्त सार संग्रह; पृष्ठ–111

पहले पृथक पृथक तन्तु रूप अवस्था में विद्यमान थे वे ही तन्तु अव आतानवितान रूप से संयुक्त तन्तु-वस्त्र रूपता को प्राप्त कर रहे हैं। 'पृथक पृथक तन्तु' तथा 'परस्पर संयुक्त तन्तु' रूप दो परस्पर विलक्षण और उत्पतिविनाशवान पर्यायों के प्रत्यक्ष पूर्वक हो रहा यह प्रत्यभिज्ञान ''ये वही तन्तु हैं' उन पर्यायों की एक अन्वयी तन्तु द्रव्यरूपता को सिद्ध करता है।[83] इसी प्रकार ''जिसका मैंने पूर्व में प्रत्यक्ष किया था उसी का मैं अब स्मरण कर रहा हूँ'' रूप अनुभव अनेक ज्ञान पर्यायों रूप से परिणमनशील एक अन्वयी आत्मद्रव्य को सिद्ध करता है।[84]

अनेक क्रमवर्ती पर्यायों के एक द्रव्यरूपता के ज्ञान की भ्रमात्मकता पूर्णरूपेण क्षणिक पदार्थ के ज्ञात होने पर ही सिद्ध हो सकती है। लेकिन क्षणिक पदार्थ की सत्ता को सिद्ध करने वाला कोई प्रमाण नहीं है। प्रत्यक्ष द्वारा सत्ता की क्षणभंगुरता की सिद्धि तभी सम्भव है जबकि वह मध्य क्षण में पदार्थ के सद्भाव को जानने के साथ ही साथ पूर्वापर क्षणों में उसके अभाव को भी जाने। इसके लिये प्रत्यक्ष का कम से कम तीन क्षण स्थायी होना आवश्यक है। लेकिन यदि प्रत्यक्ष स्वयं अनेक क्षणवर्ती एक ज्ञान है तो उसके द्वारा सत्ता मात्र की क्षणिकता की सिद्धि नहीं की जा सकती।[85]

बौद्ध विनश्वर स्वभावता और अर्थक्रियाकारित्व हेतु के आधार पर सत्ता के क्षणिक स्वरूप को सिद्ध करना चाहते हैं, लेकिन इन हेतुओं के द्वारा क्षणिकवाद की सिद्धि न होकर सत्ता के परिणामीनित्य स्वरूप की ही सिद्धि होती है। विनाशवानता क्षणिक पदार्थ का धर्म न होकर उत्पत्तिवान ध्रुव सत्ता का ही स्वभाव होता है। विनाश उसी का हो सकता है जिसकी पहले उत्पत्ति हुई हो तथा उत्पन्न वही हो सकता है जिसका उत्पन्न होना स्वभाव हो। ये उत्पत्ति और विनाश दोनों ही निरन्तर नयी पर्याय रूप से परिणमनशील अनन्तशक्तिसम्पन्न ध्रुव सत्ता का स्वभाव हैं। जो वस्तु आकाश कुसुम के समान पूर्णतया असत् है उसकी न तो कभी उत्पत्ति हो सकती है और न ही उसका विनाश सम्भव है। वस्तुतः सत्ता का स्वभाव विनश्वरता न होकर सत् स्वरूपता या सद्भाव है और उसका यह सद्भाव उत्पादव्ययध्रौव्य स्वरूप और गुणपर्यायात्मक है।[86] स्वभाव अन्य निरपेक्ष, अकारण

---

83. न्यायकुमुदचन्द्र; पृष्ठ-363
84. अष्टसहस्री; पृष्ठ-203
85. युक्त्यानुशासन टीका; पृष्ठ-117-18
86. सब्भावो हि सहावो गुणेहिं सगपज्जएहिं चित्तेहिं।
    दव्वस्स सव्वकालं उप्पादव्वयधुवत्तेहिं।। प्रवचनसार; गाथा-96

और उत्पत्तिविनाश से रहित होता है। इसलिये उत्पादादि स्वभावमय सत्ता अनादि अनन्त सत्ता है।[87]

बौद्ध पूर्वक्षणवर्ती पदार्थ के स्वतन्त्र और निरन्वय रूप से विनाश पूर्वक उत्तरक्षणवर्ती पदार्थ की उत्पत्ति स्वीकार करते हैं। इस प्रकार उनके अनुसार विनाश निर्हेतुक और उत्पत्ति सहेतुक होती है। जैन दार्शनिक इस मत को अस्वीकार करते हुए कहते हैं कि उत्पत्ति और विनाश दो अलग अलग घटनाएं न होकर एक समयवर्ती घटना के दो अभिन्न स्वभाव हैं। अत: दोनों ही स्व-पर हेतुक होते हैं। पूर्ववर्ती पदार्थ का विनाश ही उत्तरवर्ती पदार्थ की उत्पत्ति है। अत: जो उत्तरवर्ती पदार्थ की उत्पत्ति के कारण हैं वे ही पूर्ववर्ती पदार्थ के विनाश के भी कारण हैं। जैसे कपाल की उत्पत्ति ही घट का विनाश है। अत: यदि मिट्टी के घट पर मुद्गर के प्रहार से कपाल की उत्पत्ति हो रही है तो मुद्गर का प्रहार कपाल की उत्पत्ति का ही नहीं, घट के विनाश का कारण भी है। विनाश शुद्ध निर्विशेष विनाश स्वरूप नहीं होता; विनष्ट वस्तु शून्यता को प्राप्त नहीं होती; बल्कि वस्तु का विनाश विशेष स्वरूपमय विनाश है। घड़े को मुद्गर के प्रहार पूर्वक दो टुकड़ों में विभाजित करते हुए भी नष्ट किया जा सकता है; वह बहुत भारी वस्तु से दबाये जाने पर चूरा चूरा होते हुए भी नष्ट हो सकता है और ऊपर से गिरने पर वह छोटे छोटे टुकड़े होते हुए भी नष्ट हो सकता है। वस्तु का यह एक विशेष प्रकार से हो रहा विनाश ही उसकी नये स्वरूप में उत्पत्ति है। उत्पत्ति और विनाश में विद्यमान यह अभेद पूर्ववर्ती पदार्थ के निरन्वय विनाश पूर्वक उससे पूर्णत: नवीन पदार्थ की उत्पत्ति सिद्ध नहीं करता बल्कि इसके द्वारा पूर्वोत्तर पर्यायों रूप से परिणमनशील एक अन्वयी द्रव्य की सिद्धि होती है। यह अन्वयी द्रव्य उत्तरवर्ती क्षण में पूर्णरूपेण विलक्षण स्वरूप से उत्पन्न नहीं होता बल्कि वह अपने सामान्य रूप से निरन्तर विद्यमान स्वरूप की नयी विशेष पर्याय को प्राप्त करता है। मृतिका घट रूप से नष्ट हो रही वस्तु मृतिका कपाल रूप से उत्पन्न होती है जो मृतिकात्व सामान्य रूप से सत् तथा कपाल रूप से असत् पर्याय की उत्पत्ति हैं।[88]

यदि सत्ता को उत्पादव्ययध्रौव्य स्वरूप स्वीकार न करके पूर्णरूपेण क्षणिक ही स्वीकार किया जाय तथा उसके निरन्वय विनाश पूर्वक उससे उत्तरक्षणवर्ती

---

87. प्रवचनसार तत्त्वप्रदीपिका; गाथा-96

88. अष्टसहस्री; पृष्ठ-200

पदार्थ की उत्पत्ति मानी जाय तो प्रश्न उठता है कि एक पूर्णरूपेण क्षणिक पदार्थ की कार्योत्पत्ति के समय सत्ता नहीं होने के कारण उसे अर्थक्रियाकारी किस प्रकार कहा जा सकता है? कारण वही होता है जिसके होने पर ही कार्य की उत्पत्ति हो तथा जिसके अभाव में कार्योत्पत्ति कभी नहीं हो। एक क्षणिक पदार्थ अपने सद्भाव काल में तो कार्य को उत्पन्न कर नहीं सकता क्योंकि इस समय वह स्वयं स्वरूप लाभ कर रहा है, यदि उसी समय कार्योत्पत्ति स्वीकार कर ली जाय तो सभी कार्य एक क्षणवर्ती हो जायेंगे तथा अगले क्षण शून्यता की प्राप्ति होगी; अगले क्षण में भी क्षणिक पदार्थ द्वारा कार्योत्पत्ति सम्भव नहीं है क्योंकि उस समय उसका निरन्वय विनाश हो जाने से पूर्णतया अभाव है। कार्योत्पत्ति की सामर्थ्य एक विद्यमान पदार्थ में ही होती है। जो पदार्थ कार्योत्पत्ति के समय विद्यमान ही नहीं है, वह कार्योत्पादक किस प्रकार हो सकता है? यदि कहा जाय कि पूर्वक्षणवर्ती पदार्थ के निरन्वय विनाशपूर्वक उससे ही उत्तर क्षण में कार्योत्पत्ति होती है तो जब असत् कारण से अनन्तरवर्ती क्षण में कार्योत्पति हो सकती है तो उससे सुदूरवर्ती क्षण में भी कार्योत्पत्ति हो जानी चाहिये; जैसे चिरविनष्ट पति से भी विधवा को गर्भ की प्राप्ति हो जानी चाहिये क्योंकि अनन्तरवर्ती और सुदूरवर्ती दोनों ही क्षणों में कारण का अभाव समान रूप से विद्यमान है।[89]

वस्तुतः कार्योत्पत्ति की प्रक्रिया शून्य में घटित नहीं होती बल्कि कार्योत्पत्ति के समय विद्यमान उपादान कारण ही कार्य रूप में परिवर्तित होता है। इसलिये पूर्व पर्याय युक्त द्रव्य ही उपादान कारण होता है जो अपनी उपादान योग्यता और निमित्त कारणों के सद्भावानुसार द्रव्य रूप से वही रहते हुए पूर्व पर्याय रूप से नष्ट होकर उत्तर पर्याय रूप से उत्पन्न होता है।

पर्यायशक्ति विशिष्ट द्रव्यशक्ति को द्रव्य की उपादान योग्यता कहा जाता है। एक द्रव्य में अपने सामान्य स्वरूप के अनन्त विशेष स्वरूपों में अभिव्यक्ति की शाश्वत सामर्थ्य विद्यमान है जिसे द्रव्य शक्ति कहा जाता है। इस द्रव्य शक्ति के द्रव्य में सदैव विद्यमान होने पर भी द्रव्य किसी भी समय किसी भी पर्याय को प्राप्त नहीं कर सकता। इसके विपरीत अव्यवहित उत्तर क्षण में द्रव्य के परिणमन की सम्भावनाएँ उसके पूर्ववर्ती पर्याय के विशिष्ट स्वरूप के अनुसार निर्धारित होती हैं । इन सम्भावनाओं में से जिस पर्याय की प्राप्ति के लिये अनिवार्य निमित्त कारणों का सद्भाव होता है, द्रव्य उस पर्याय रूप से परिणमित हो जाता

89. अष्टसहस्त्री; पृष्ठ–89–90

है।[90] उदाहरण के लिये मृतिका कण रूप में अवस्थित पुद्गल द्रव्य में अपने रूपरसगन्धस्पर्शमय सामान्य स्वरूप की समस्त विशिष्ट अभिव्यक्तियों को प्राप्त करने की द्रव्यशक्ति विद्यमान है। इस शाश्वत द्रव्य शक्ति से सम्पन्न होने पर भी वह द्रव्य अपने वर्तमान कालीन मृतिका कण रूप विशेष स्वरूप के कारण अव्यवहित उत्तर क्षण में कुछ विशेष पर्यायों रूप से ही परिणमन की योग्यता रखता है। यदि उसका जल से संयोग हो जाय तो वह पिण्ड रूपता को प्राप्त कर लेगा; यदि उसका अग्नि से संयोग हो जाय तो उसका पीलापन लाल या काले रंग में रूपान्तरित हो जायेगा; उसकी कोमलता कठोरता में बदल जायेगी; यदि...। इन सीमित सम्भावनाओं में से जिस विशिष्ट स्वरूप की प्राप्ति के लिये अनिवार्य निमित्त कारणों का सद्भाव होता है, द्रव्य उत्तरवर्ती क्षण में अपनी पूर्ववर्ती पर्याय का परित्याग कर उस विशेष पर्याय रूप से रूपान्तरित हो जाता है।

एक वस्तु मात्र द्रव्य या मात्र पर्याय न होकर द्रव्यपर्यायात्मक सत्ता है। द्रव्य की प्रत्येक पर्याय द्रव्य ही होती है और इसलिये वह अपनी प्रत्येक पर्याय में अपने सामान्य स्वरूप की समस्त विशिष्ट अभिव्यक्तियों को प्राप्त करने की सामर्थ्य से परिपूर्ण है। लेकिन द्रव्य की विशेष पर्याय रूप से परिणमन की सामर्थ्य उसकी द्रव्यरूपता के कारण न होकर उसके पर्यायात्मक स्वरूप के कारण है। द्रव्य अपनी अनन्त सम्भावनाओं में से किस पर्याय को कब और किस प्रकार प्राप्त कर सकता है यह उसकी वर्तमानकालीन पर्याय के विशिष्ट स्वरूप द्वारा निर्धारित होता है। मृतिका कण रूप से अवस्थित पुद्गल द्रव्य में घट रूपता को प्राप्त करने की सामर्थ्य है लेकिन इस सामर्थ्य की अभिव्यक्ति अव्यवहित उत्तर क्षण में न होकर निमित्त कारणों के सद्भाव पूर्वक उनमें पिण्ड, स्थास, कोश, कुशूलादि पर्यायों रूप से घटित होने वाली परिवर्तन की लघु प्रक्रिया द्वारा ही सम्भव है। मृतिका कणों में मिट्टी की अनेक पर्यायों को प्राप्त करने की सामर्थ्य ही नहीं

---

90. भावानां द्रव्यपर्यायशक्त्यात्मकत्वात्। तत्र द्रव्यशक्तिर्नित्यैव अनादिनिधनस्वभावत्वात् द्रव्यस्य। पर्यायशक्तिस्त्वनित्यैव सादिपर्यवसानत्वात् पर्यायाणाम्। न च शक्तेर्नित्यत्वे सहकारिकारणानपेक्षयैवार्थस्य कार्यकारित्वानुषंग:; द्रव्यशक्तेः केवलाया: कार्यकारित्वानभ्युपगमात्। पर्यायशक्तिसमन्विता हि द्रव्यशक्ति: कार्यकारिणी, विशिष्टपर्यायपरिणतस्यैव द्रव्यस्य कार्यकारित्वप्रतीते:। तत्परिणतिश्चास्य सहकारिकारणापेक्षया इति पर्यायशक्तेस्तदैव भावान्न सर्वदा कार्योत्पत्तिप्रसंग: सहकारिकारणापेक्षावैयर्थ्ये वा।
प्रमेयकमलमार्तण्ड; पृष्ठ–200
भावस्यैकस्य यावंति कार्याणि कालत्रयेपि साक्षात्पारम्पर्येण वा तावंत्य: शक्तय: संभाव्यंत इत्यभिदध्महे.....।
तत्त्वार्थश्लोकवार्तिक; पृष्ठ–158

है बल्कि ये पुद्गल द्रव्य की समस्त पर्यायों की सम्भाव्यता स्वरूप भी हैं। वे खनिज तेल बन सकते हैं, जल बन सकते हैं, स्वर्णाभूषण बन सकते हैं, लेकिन उनका इन रूपों में परिवर्तन अव्यवहित उत्तर क्षण में सम्भव न होकर निमित्त कारणों के सद्भाव में घटित होने वाली परिवर्तन की दीर्घ कालिक प्रक्रिया द्वारा ही सम्भव है। किसी भी पर्याय में विद्यमान पुद्गल द्रव्य निकटवर्ती या सुदूरवर्त्ती किसी भी क्षण में अपने रूपरसगन्धस्पर्शमय सामान्य स्वरूप की किसी भी विशेष पर्याय को प्राप्त करने की शाश्वत सामर्थ्य से परिपूर्ण है। लेकिन पुद्गल द्रव्य में ज्ञानदर्शनसुखवीर्यमय चेतन स्वरूप की प्राप्ति की क्षमता का अत्यन्ताभाव होने के कारण पुद्गल द्रव्य कभी भी जीव द्रव्य रूप से परिणमित नहीं हो सकता।

द्रव्य का सदैव किसी न किसी पर्याय रूप से परिणमित होते रहना अनिवार्य स्वभाव होते हुए भी उसका एक विशेष पर्याय रूप से परिणमन एक आकस्मिक घटना है। द्रव्य की वर्तमान कालीन पर्याय के अनित्य होने तथा उसका उत्तरवर्ती पर्याय रूप से परिणमन निमित्त कारणों के सद्भावानुसार होने के कारण द्रव्य का विशेष पर्यायों रूप से परिणमन अनियत या अनवस्थित होता है। यदि मृतिका कणों का जल से संयोग हो तो ही वे पिण्ड रूपता को प्राप्त कर सकते हैं तथा उनमें परिवर्तन की लघु प्रक्रिया द्वारा घट रूपता की प्राप्ति की सम्भावना होती है; लेकिन यदि वे अग्नि में तप जायें तो उनकी यह सम्भावना समाप्त हो जाती है तथा वे परिवर्तन की दीर्घ प्रक्रिया द्वारा ही घट रूपता को प्राप्त कर सकते हैं। यदि मृतिका कण पिण्ड रूप में परिवर्तित हो जाते हैं तो उस पर्याय में अवस्थित होने पर उनकी पर्याय शक्ति का स्वरूप बदल जाता है। इनमें इस पर्याय के अनुरूप अव्यवहित उत्तर क्षण में तथा तदनुसार परवर्ती क्षणों में परिवर्तन की सम्भावनाएँ बदल जाती हैं। उनमें से जिस पर्याय के अनुकूल निमित्त कारणों का सद्भाव होता है, मृतिकापिण्ड उस पर्याय रूप से रूपान्तरित हो जाता है। यदि इस स्तर पर उसे स्थास रूपता की प्राप्ति हेतु अनिवार्य निमित्त कारणों का संयोग प्राप्त हो तब ही वह स्थास रूपता को प्राप्त करते हुए घट पर्याय की ओर अग्रसर हो सकता है, लेकिन यदि ऐसा न होकर वह किसी अन्य पर्याय को प्राप्त करता है तो उसकी परिवर्तन की दिशाएं बदल जाती हैं। इस प्रकार एक द्रव्य की द्रव्यशक्ति के नित्य और कारण निरपेक्ष होने के कारण उसका द्रव्यात्मक स्वरूप भी नित्य और अवस्थित है, लेकिन उसकी पर्याय शक्ति के अनित्य और कारण सापेक्ष होने के कारण उसकी पर्यायें अनियत या अनवस्थित

हैं।[91] इस प्रकार द्रव्य के विशेष पर्यायों रूप से परिणमन में नियतिवाद का अभाव है।

पुद्‌गल द्रव्य का परिणमन कारणात्मक नियमों के अनुसार अनिवार्यतया होने वाला परिणमन है। पर्यायशक्ति विशिष्ट द्रव्यशक्ति तथा एक विशेष पर्याय रूप से परिणमन के लिये अनिवार्य निमित्त कारणों का सद्‌भाव होने पर पुद्‌गल द्रव्य अनिवार्यतया उस विशेष पर्याय रूप से रूपान्तरित होता है। उदाहरण के लिये मृतिका घट में मुद्‌गर का प्रहार होने पर टूटने की उपादान योग्यता होने तथा मुद्‌गर के प्रहार रूप निमित्त कारण की प्राप्ति होने पर घट अनिवार्यतया टूटता है। पुद्‌गल द्रव्य के विपरीत उपादान निमित्त कारणों के सद्‌भावानुसार परिवर्तन की अनिवार्यता जीव के स्वभाव में नहीं है। जीव एक चेतन द्रव्य है। ज्ञानदर्शनोपयोग रूप होने के कारण सदैव किसी न किसी पदार्थ की ओर उन्मुख होना, उसे विषय बनाना तथा उसे जानने के लिये प्रवृत्त होना जीव का स्वभाव है। इस उपयोगात्मक स्वरूप के कारण जीव के परिणमन में स्वतन्त्रता विद्यमान है। निश्चित रूप से जीव का परिवर्तन भी स्वपरप्रत्यय हेतुक होता है; लेकिन उपादान योग्यता और निमित्त कारणों का सद्‌भाव जीव के परिणमन का पर्याप्त कारण न होकर मात्र अनिवार्य कारण है। इन कारणों के सद्‌भावानुसार जीव के परिणमन की सम्भावनाएँ सीमित हो जाती हैं। इन सीमित सम्भावनाओं में से जीव चयन पूर्वक जिस पर्याय की प्राप्ति हेतु प्रवृत्त होता है उस रूप परिणमित होता है। उदाहरण के लिये जिस जीव ने मनुष्य पर्याय प्राप्त की है, जो आठ वर्ष से अधिक आयु का हो चुका है उसमें प्रथमोपशम सम्यक्त्व की उपादान योग्यता विद्यमान होने तथा गुरु के उपदेश रूप निमित्त कारण का सद्‌भाव होने पर भी वह सम्यग्‌दर्शन रूप पर्याय को अनिवार्यतया प्राप्त नहीं करता। इन अनिवार्य कारणों का सद्‌भाव होने पर यदि वह अपनी चेतना को तत्त्व चिंतन पर केन्द्रित करता है तो ही उसे सम्यग्दर्शन की प्राप्ति हो सकती है, लेकिन यदि वह भोगों में लीन हो जाय तो उसे सम्यग्दर्शन होना सम्भव नहीं है। अथवा, एक समय में जीव में पाँचों इन्द्रियों के विषयों को जानने की उपादान योग्यता होने तथा इन सभी इन्द्रियों तथा इनके विषय रूप बाह्य सामग्री का सद्‌भाव होने मात्र से व्यक्ति की अनन्तर क्षणवर्ती ज्ञान पर्याय का स्वरूप निर्धारित नहीं होता। इसके विपरीत जीव जिस

---

91. प्रमेयकमलमार्तण्ड; पृष्ठ–200–201

शक्तिपर्यायाणामपरशक्तिपर्यायोपनिबन्धनत्वं यदि नास्ति व्यक्तिपर्यायाणामपि न भवेत्। अस्ति चेत्; अनवस्थानमिति चेत्; सत्यम्; अनवस्थिता एव तत्पर्याया अनन्तशक्तित्वात् भावस्य।

न्यायविनिश्चयविवरण; भाग–1, पृष्ठ–433

इन्द्रिय के विषय को जानने हेतु प्रवृत्त होता है उसी इन्द्रिय के विषय को जानता है। कारण सामग्री अनन्तरवर्ती क्षण में जीव के परिणमन की सम्भावनाओं को सीमित तो कर सकती है लेकिन उसमें उसके परिणमन को निर्धारित करने की सामर्थ्य नहीं है। यद्यपि संसारी अवस्था में जीव के ज्ञानादि गुणों का परिणमन इन्द्रिय आदि निमित्त कारणों के अवलम्बन पूर्वक होता है, लेकिन मुक्तावस्था में जीव के इन गुणों की अभिव्यक्ति इन्द्रियादि पर पदार्थों से निरपेक्ष रूप से ही होती है। इस अवस्था में जीव किसी भी अन्य द्रव्य की सहायता लिये बिना अनन्तदर्शन, अनन्त ज्ञान, अनन्त सुख और अनन्त वीर्य से सम्पन्न होता है।

जीव की मुक्त पर्याय, पुद्गल द्रव्य की परमाणु रूप पर्याय तथा धर्म, अधर्म आकाश और काल द्रव्य की पर्यायें अन्य द्रव्य के संयोग से रहित शुद्ध द्रव्य की पर्याय हैं, इसलिये ये स्वभाव पर्याय कहलाती हैं। इन पर्यायों की उत्पत्ति में एक अनिवार्य निमित्त कारण काल द्रव्य है जो उदासीन निमित्त कारण है। इसके विपरीत जीव की पुद्गल के संयोग जन्य संसारी अवस्था और उसमें भी मनुष्य, पशु आदि अवस्थाएं तथा विभिन्न पुद्गल परमाणुओं के संयोग से उत्पन्न स्कंध रूप अवस्था विभाव पर्याय हैं। इनकी उत्पति में जीव, पुद्गल आदि अन्य द्रव्यों की सहकारी कारण रूपता प्रेरक निमित्त कारण है। इस प्रकार किसी भी द्रव्य का परिणमन स्वपर प्रत्यय हेतुक ही होता है।

उपर्युक्त विवेचन से स्पष्ट है कि जैन दर्शन के अनुसार जो भी अस्तित्ववान है वह परिणामीनित्य सत्ता है। जगत में विद्यमान कोई भी पदार्थ अपने मूलस्वरूप को कभी नहीं छोड़ता। ज्ञान, दर्शन, सुख, वीर्य आत्मा का शाश्वत स्वभाव हैं तथा आत्मा न तो कभी अपने इस चेतनामय स्वरूप का परित्याग करता है और न ही उसमें रूपादि गुणों से युक्त जड़ स्वरूप की कभी उत्पत्ति हो सकती है। इस प्रकार द्रव्य का मूल स्वभाव सदैव वही रहता है, ध्रुव है। द्रव्य का यह अनादि अनन्त शाश्वत स्वरूप ही निरन्तर नये विशेष स्वरूप रूप से परिणमित होता हुआ विद्यमान है। इसलिये सत्ता सदैव सामान्यविशेषात्मक, द्रव्यपर्यायात्मक स्वरूप में अवस्थित है।

## अद्वैत वेदान्त मत-सत्ता का ध्रुव (नित्य) स्वरूप

अद्वैत वेदान्त के अनुसार सत्ता पूर्णरूपेण सामान्य स्वरूप और कूटस्थ नित्य होती है। उस सामान्य और शाश्वत सत्ता का अनेक विशेष रूपों में दृष्टिगोचर हो रहा परिवर्तन वास्तविक परिवर्तन न होकर परिवर्तन का आभास मात्र है। परिवर्तन

सौपाधिक या अन्य कारण सापेक्ष होता है और इसलिये वह सत्ता का स्वरूप नहीं हो सकता। स्वभाव तो अन्य निरपेक्ष, अकारण और इसलिये कूटस्थ नित्य होता है। बाहरी कारण सत्ता के मूल स्वरूप को परिवर्तित करने में असमर्थ हैं। इनके द्वारा जो है उसके संस्थान या आकृति को परिवर्तित किया जा सकता है तथा इसके आधार पर उसे भिन्न नाम दिया जा सकता है। लेकिन नाम रूप के परिवर्तन से सत्ता का मूल स्वरूप परिवर्तित नहीं होता इसलिये वह परिवर्तन का आभास मात्र है। उदाहरण के लिये चूर्ण, पिण्ड, घट, कपाल आदि क्रमवर्ती विकारों रूप से विद्यमान मिट्टी मिट्टी ही रहती है। परिवर्तन की इस प्रक्रिया में उसकी आकृति बदलती है, नाम बदलता है लेकिन इसके द्वारा मिट्टी अपनी मिट्टीरूपता को छोड़कर लोहा या सोना नहीं हो जाती। अतः नाम रूप का परिवर्तन वस्तु का वास्तविक परिवर्तन नहीं है।[92]

मिट्टीरूपता भी सत्ता का मूल स्वभाव नहीं है क्योंकि जो सत्ता आज मिट्टी रूप में अवस्थित है वही कल वृक्ष बन सकती है, लकड़ी बन सकती है। वस्तुतः सभी विशेषणों से रहित शुद्ध सत् स्वरूपता या सद्भाव ही सत्ता का मूल स्वभाव है। सत् वही है जो अबाधित है, जिसका कभी किसी अन्य ज्ञान द्वारा खण्डन नहीं होता। वस्तु की मिट्टी, वृक्ष आदि विशेष स्वरूप में सत्ता नहीं है क्योंकि इसका अन्य ज्ञान द्वारा खण्डन हो जाता है। जिस पदार्थ के प्रति हमें अभी 'यह वृक्ष है' रूप ज्ञान हो रहा है उसी पदार्थ के प्रति कालान्तर में हमें होने वाला 'यह वृक्ष नहीं है' रूप निश्चय उस पदार्थ के वृक्ष रूप विशेष स्वरूप का खण्डन कर देता है। लकड़ी, वृक्ष आदि विभिन्न विशेष स्वरूपों के आधार रूप में अवस्थित शुद्ध सत्ता सामान्य या सत् स्वरूपता ही उन पदार्थों का वास्तविक स्वरूप है क्योंकि उनके विशेष रूपों के ज्ञान का अन्य ज्ञान द्वारा खण्डन होने पर भी उनकी सत्ता का खण्डन किसी भी ज्ञान द्वारा कभी नहीं होता। पदार्थ की सत्ता पहले भी थी, अभी भी है और भविष्य में भी रहेगी। अतः सत्ता सामान्य-विशेषात्मक न होकर शुद्ध निर्विशेष सामान्य सत्ता है।[93] यह स्वयं प्रकाश होने के कारण चैतन्य स्वरूप और आनन्दमय है। यह सच्चिदानन्दसत्ता-ब्रह्म अनेक जड़ चेतन पदार्थों रूप से दृष्टिगोचर हो रहे नामरूपात्मक जगत के आधार रूप में विद्यमान उनका मूल उपादान कारण है।[94]

---

92. छान्दोग्य उपनिषद् शांकर भाष्य; 6/2/2
93. वही 6/2/2
94. वही 3/14/8

प्रश्न उठता है कि यदि ब्रह्म जगत के सभी पदार्थों का मूल उपादान कारण है तथा वह निरवयव, अनिर्वचनीय, चेतन सत्ता होने के कारण नाम और आकृति से रहित तत्त्व है, तो ऐसी स्थिति में ब्रह्म का जगत रूप में रूपान्तरण वास्तविक परिवर्तन क्यों नहीं होगा; इस रूपान्तरण को मात्र नाम और रूप का परिवर्तन और इसलिये परिवर्तन का आभास मात्र किस प्रकार कहा जा सकता है? इस प्रश्न के उत्तर में शंकराचार्य कहते हैं कि ब्रह्म जगत रूप में परिवर्तित नहीं होता बल्कि ईश्वर अपनी माया द्वारा सत्ता के मूल अद्वैत स्वरूप को आवृत करके उस पर अनेक भेदों से परिपूर्ण जगतरूपता को आरोपित कर देता है। जिस प्रकार अज्ञानी व्यक्ति को सीप में चाँदी का भ्रम हो जाता है उसी प्रकार अनादि अविद्याग्रस्त जीवात्मा ईश्वर की माया के छलावे में आ जाता है। वह माया द्वारा आरोपित नामरूपात्मक जगत को यथार्थ समझ लेता है तथा उसके अधिष्ठान रूप में विद्यमान सच्चिदानन्द ब्रह्म के यथार्थ स्वरूप को नहीं जान पाता। ईश्वर, माया, जीव, जगत आदि व्यावहारिक सत्ताएँ हैं। पारमार्थिक दृष्टि से इनकी सत्ता न होकर पूर्ण रूपेण निर्विकार सच्चिदानन्द ब्रह्म की ही सता है।

## जैन मत-ध्रुव सत्ता का उत्पादव्ययात्मक स्वरूप

जैन दार्शनिक उपर्युक्त मत को अस्वीकार करते हुए कहते हैं कि सत्ता सदैव द्रव्यपर्यायात्मक स्वरूप में ही अवस्थित होती है। वह प्रतिसमय वर्तमान पर्याय विशिष्ट द्रव्य है तथा इस द्रव्य का वर्तमान समय में इस रूप में सद्भाव होने के साथ ही साथ भूत, भविष्यकालीन पर्यायों रूप से अभाव भी है। उसका शाश्वत अस्तित्व उसकी प्रतिक्षणवर्ती पर्याय रूप से परिणमन पूर्वक ही सम्भव है। इस परिणमनशील स्वभाव के कारण ही उसके प्रति-वह सत्ता भूतकाल में भी थी, वर्तमान समय में भी है और भविष्य में भी रहेगी, रूप नित्यता की स्थापना होती है। यदि एक शाश्वत सत्ता की क्रमवर्ती समस्त पर्यायों को द्रव्यापेक्षया अभिन्न स्वीकार करने के साथ ही साथ पर्यायापेक्षया भी अभिन्न स्वीकार किया जाय तथा उसे वर्तमान पर्याय विशिष्ट रूप से सत् स्वीकार करने के साथ ही साथ भूत, भविष्य कालीन पर्यायों रूप से वर्तमान समय में असत् स्वीकार नहीं किया जाय तो पदार्थ की सभी पर्यायों के एक ही समय में अवस्थित हो जाने के कारण सत्ता मात्र एक समयवर्ती हो जायेगी तथा उसकी नित्यता की स्थापना असम्भव होगी।[95]

---

95. अष्टसहस्री: पृष्ठ-206

एक द्रव्य अपनी समस्त पर्यायों में पूर्णरूपेण एक रूप से विद्यमान है अथवा वह अनेक विशेष स्वभावों रूप से परिणमनशील एक सामान्य सत्ता है, इसका निर्णय प्रमाण द्वारा ही हो सकता है। प्रत्यक्ष, अनुमानादि प्रमाणों द्वारा शुद्ध निर्विशेष सामान्य सत्ता की उपलब्धि नहीं होती बल्कि सामान्यविशेषात्मक सत्ता ही ज्ञात होती है। जैसे प्रत्यक्ष द्वारा हमें कण, पिण्डादि किसी विशेष स्वरूप में अवस्थित मिट्टी ही ज्ञात होती है तथा इन विशेष स्वरूपों से रहित शुद्ध सामान्य रूप मृतिका द्रव्य की उपलब्धि हमें कभी नहीं होती।[96]

अद्वैत वेदान्ती प्रत्यक्ष की प्रामाणिकता को स्वीकार नहीं करते। मण्डन मिश्र कहते हैं कि प्रत्यक्ष की प्रामाणिकता व्यावहारिक दृष्टि से ही है। पारमार्थिक दृष्टि से प्रत्यक्ष प्रामाणिक नहीं है क्योंकि शब्द प्रमाण द्वारा इसका खण्डन हो जाता है। शब्द प्रमाण सत्ता के परिवर्तनरहित अद्वैत स्वरूप का प्रतिपादन करता है। प्रत्यक्ष से विरोध होने के कारण इसे मिथ्या नहीं कहा जा सकता क्योंकि यह प्रत्यक्ष से अधिक शक्तिशाली है। वस्तु स्वरूप के प्रतिपादन की क्षमता शब्द प्रमाण में ही है। अतः इसके द्वारा प्रत्यक्ष की भ्रमात्मकता की सिद्धि होती है।[97]

प्रश्न उठता है कि क्या सत्ता के उत्पादव्ययध्रौव्यात्मक, सामान्यविशेषात्मक स्वरूप की यथार्थता को स्वीकार किये बिना उसके प्रति गुरुपदेश, शास्त्र रचना आदि रूप शब्द प्रमाण की प्रवृत्ति सम्भव है? जो जीवात्मा अनादि अविद्या के वशीभूत होकर इस दृश्यजगत को यथार्थ समझ रहे हैं उनके प्रति इस ज्ञान की भ्रमात्मकता तथा सत्ता के यथार्थ स्वरूप की सिद्धि के लिये गुरु द्वारा उपदेशादि कार्यों का सम्पादन होता है। इन कार्यों की सार्थकता जीवात्मा के अनादि अविद्या ग्रस्त अवस्था के विनाश पूर्वक उसके तत्त्वज्ञान रूप नवीन विशेष स्वरूप में परिवर्तित होने पर ही है। यदि कहा जाय कि चेतना का अविद्या और विद्या रूप भेद व्यावहारिक सत्य ही है; पारमार्थिक दृष्टि से उसमें इन भेदों का पूर्णतया अभाव है तो यह मान्यता भी एक अन्वयी ज्ञाता में अनेक स्तरभेदों की स्थापना करती है। जो चेतना व्यावहारिक सत्य की अनुभूति स्वरूप है वह सविषयक है; एक वस्तु के युगपत् और क्रमवर्ती अनेक स्वभावों का अनुभव कर रही है तथा वही चेतना शब्द प्रमाण की सहायता से कालान्तर में व्यावहारिक सत्य के स्तर से ऊपर उठकर पारमार्थिक सत्य की अनुभूति रूप से परिणमित होती है। यदि चेतना का व्यावहारिक और पारमार्थिक सत्य की अनुभूति रूप अवस्था भेद भी आभास

96. प्रमेयकमलमार्तण्ड; पृष्ठ–68

97. ब्रह्मसिद्धि; पृष्ठ–40 से न्यायविनिश्चयविवरण; भाग–1, पृष्ठ–463 पर उद्धृत

मात्र माना जाय तो ऐसी स्थिति में दृश्य जगत के ज्ञान के मिथ्यात्व तथा सच्चिदानन्दब्रह्म की सता की सिद्धि का कोई आधार शेष नहीं रहेगा।[98]

संसारी जीव और पुद्गल द्रव्य का परिणमन अन्य द्रव्य सापेक्ष और कारणात्मक नियमों से नियन्त्रित होता है। संसारी जीव पुद्गल कर्मों से संयुक्त होकर तथा अनेक पुद्गल परमाणु परस्पर संयुक्त होकर अपने सामान्य स्वरूप की अनेक विशेष अवस्थाओं को प्राप्त करते हैं। ये अवस्थाएं अन्य द्रव्य सापेक्ष पर्याय होने के कारण इन द्रव्यों की विभाव पर्याय कहलाती हैं। लेकिन इन द्रव्यों की यह विभाव पर्याय भिन्न भिन्न परिस्थितियों में भिन्न भिन्न रूप से परिणमन की आन्तरिक योग्यता के कारण ही उत्पन्न होती है। यदि उनमें इस आन्तरिक सामर्थ्य का सद्भाव नहीं हो तो किसी भी बाहरी शक्ति द्वारा उनमें किसी भी प्रकार का परिवर्तन किया जा सकना सम्भव नहीं है।

संसारी जीव के विपरीत मुक्तात्मा का परिणमन निरूपाधिक होता है। मुक्तात्मा अपने अन्य निरपेक्ष शुद्ध स्वभाव में अवस्थित होता है तथा इस अवस्था की प्राप्ति ही प्रत्येक व्यक्ति के लिये परम मूल्य है। लेकिन इस अवस्था की प्राप्ति एक परिणामीनित्य चेतन सत्ता को ही हो सकती है। जिस बन्धन ग्रस्त जीवात्मा ने गुरुमुख से 'तत्त्वमसि' जैसे महावाक्यों का श्रवण किया है, तत्पश्चात् जो 'अहं ब्रह्मास्मि' रूप से निरन्तर मनन कर रहा है उसे ही कालान्तर में ब्रह्म स्वरूप के साक्षात्कार पूर्वक अपने मुक्त स्वरूप का बोध होता है। इस प्रकार तत्त्वज्ञानियों द्वारा बंधन ग्रस्त अज्ञानी जीवों को अज्ञान की निवृति हेतु उपदेश देना, शास्त्रों की रचना करना तथा अज्ञानी श्रोता द्वारा उपदेश का अनुसरण कर मोक्ष प्राप्ति हेतु पुरुषार्थ करना ये सभी कार्य चेतन सत्ता के द्रव्यपर्यायात्मक स्वरूप को यथार्थ स्वीकार करने पर ही सम्भव हैं।

उपर्युक्त विवेचन से स्पष्ट है कि सत्ता न तो पूर्णतया सामान्य रूप और कूटस्थ नित्य है और न ही यह सर्वथा क्षणिक और विशेष रूप है। इसके विपरीत जो भी अस्तित्ववान है वह सामान्यविशेषात्मक, उत्पादव्ययध्रौव्यात्मक तत्त्व है। जगत में विद्यमान प्रत्येक जड़ चेतन पदार्थ अनन्त सम्भावनाओं से परिपूर्ण परिणमनशील द्रव्य है तथा उसकी विभिन्न सम्भावनाओं की अभिव्यक्ति उसमें निश्चित कारणात्मक नियमों के अनुसार घटित होने वाली परिवर्तन की प्रक्रिया द्वारा होती है। सत्ता

---

98. अद्वैतैकान्तपक्षेपि दृष्टो भेदो विरूध्यते। कारकाणां क्रियायाश्च नैकं स्वस्मात्प्रजायते ।।24।।
कर्मद्वैतं फलद्वैतं लोकद्वैतं च नो भवेत्। विद्याऽविद्याद्वयं न स्याद्बन्धमोक्षद्वयं तथा ।।25।। आप्तमीमांसा

के इस शक्तिव्यक्तिमय द्रव्यगुणपर्यायात्मक स्वरूप के ज्ञान पूर्वक ही समस्त लोक व्यवहार और आध्यात्मिक लक्ष्यों की प्राप्ति हेतु पुरुषार्थ सम्भव है। आज विज्ञान द्वारा पुद्गल द्रव्य में अन्तर्निहित असीम सम्भावनाओं को पहचानने तथा उन सम्भावनाओं की अभिव्यक्ति की प्रक्रिया को समझ कर प्रकृति पर नियन्त्रण स्थापित करने का प्रयास किया जा रहा है। प्राचीन काल में भारतीय मनीषियों ने आत्मा के अनन्त शक्तिसम्पन्न परिणमनशील स्वरूप को समझने हेतु गहन अनुसंधान कार्य किया है। उन्होंने न केवल विभिन्न संसारी जीवों के ज्ञानादि गुणों में घटित हो रही उत्थान पतन की प्रक्रिया की व्याख्या हेतु कर्म सिद्धान्त का विस्तृत विवेचन किया है, बल्कि उन्होंने इस सत्य का भी प्रतिपादन किया है कि जिस आत्मा में शक्ति रूप से अनन्तदर्शनज्ञानसुखवीर्यमय परमात्म स्वरूप विद्यमान है वह वर्तमान समय में अपने आप को अज्ञानी, शक्तिहीन और दुःखी क्यों अनुभव कर रहा है। साथ ही वह अपने इस वर्तमानकालीन व्यक्त स्वरूप का परित्याग कर अपने में शक्ति रूप से सदैव विद्यमान परमात्म स्वरूप को किस प्रकार प्राप्त कर सकता है। इस प्रकार प्राचीन काल से ही मानव जीव, पुद्गल आदि द्रव्यों के अनन्त सम्भावनाओं से परिपूर्ण परिणमनशील स्वभाव को निरन्तर और अधिक जानने हेतु प्रयत्नरत है। ज्ञानार्जन की यह प्रक्रिया तथा इसके द्वारा वस्तु स्वरूप को समझ कर लौकिक और आध्यात्मिक सभी प्रकार के लक्ष्यों की प्राप्ति हेतु किया जाने वाला पुरुषार्थ, दोनों ही कार्य गुणपर्यायात्मक द्रव्य की सत्ता को सिद्ध करते हैं।

□□□

# अध्याय-दो

# ज्ञान और आत्मा में भेदाभेद सम्बन्ध

जैन दर्शन के अनुसार आत्मा एक ऐसा शाश्वत चेतन द्रव्य है जो ज्ञान, दर्शन, सुख, वीर्य गुण स्वरूप है।[1] आत्मा और उसके ज्ञानादि गुण पृथक पृथक सत्ता नहीं हैं। जिस प्रकार एक टोकरी में उस टोकरी से भिन्न तथा परस्पर निरपेक्ष अनेक पदार्थ रखे हुए होते हैं, उसी प्रकार आत्मा अपने से भिन्न तथा परस्पर निरपेक्ष ज्ञान, दर्शनादि अनेक गुणों का आश्रय मात्र नहीं है। इसके विपरीत आत्मा और उसके ज्ञानादि गुण एक अभिन्न सत्ता हैं। इनमें विद्यमान इन तात्त्विक अभेद को दृष्टि में रखते हुए कुन्दकुन्दाचार्य कहते हैं, ''ज्ञान ही आत्मा है और आत्मा ही ज्ञान है।''[2] अमृतचन्द्र कहते हैं, ''आत्मा ज्ञान है, वह स्वयं ज्ञान ही है तथा वह जानने के अतिरिक्त करता ही क्या है।''[3] जैन दार्शनिकों के द्वारा आत्मा को ज्ञानमय द्रव्य स्वीकार करने का अर्थ यह नहीं है कि आत्मा पूर्णतः संवेदनशीलता से रहित, निष्क्रिय, नीरस, शुद्ध बौद्धिक तत्त्व मात्र है। इसके विपरीत उनके अनुसार आत्मा दर्शन, वीर्य और आनन्द से सम्पन्न ज्ञानमय द्रव्य है। वस्तुतः ज्ञान, दर्शन, सुख, वीर्यादि अनेक गुण आत्मा के ऐसे शाश्वत स्वभाव हैं जो परस्पर एक दूसरे का स्वरूप होते हुए, एक दूसरे में अन्तर्व्याप्त होते हुए एक अस्तित्त्व से रचित हैं, एक सत्ता हैं। ये ज्ञान, दर्शनादि अनेक गुण ही स्वद्रव्य, स्वक्षेत्र, स्वकाल और स्वभाव की अपेक्षा परस्पर एक दूसरे का स्वभाव होते हुए आत्मा नामक एक द्रव्य हैं।[4] आत्मा और उसके समस्त गुणों में विद्यमान इस तात्त्विक अभेद

---

1. ज्ञानदर्शनसुखवीर्यचेतनत्वामूर्तत्वानि षट् जीवस्य। आलापपद्धति, पृष्ठ-3
2. णाणं अप्प त्ति मदं वट्टदि णाणं विणा ण अप्पाणं। प्रवचनसार-27, पूर्वार्द्ध
3. आत्मा ज्ञानं स्वयं ज्ञानं ज्ञानादन्यत्करोति किम्। समयसार कलश-62, पूर्वार्द्ध
4. स्वद्रव्यचतुष्टयापेक्षया परस्परं गुणाः स्वभावा भवन्ति। द्रव्याण्यपि भवन्ति। आलापपद्धति; सूत्र-119-120

के होने पर भी उनमें नयात्मक बुद्धि से भेद किया जाता है तथा उनमें से एक गुण को प्रमुखता से लेते हुए तथा अन्य गुणों को गौण करते हुए उन्हें पृथक पृथक नाम और लक्षण दिये जाते हैं।[5] जैसे आत्मा का लक्षण है – ज्ञानदर्शनसुखवीर्यमय चेतन द्रव्य रूपता। इस सत्ता के 'यह घट है,' 'मैं जीव हूँ' आदि रूप निश्चयात्मक अनुभूतिमय पक्ष को ज्ञान कहा जाता है, इसके किसी पदार्थ की सम्वेदनात्मक अनुभूतिमय पक्ष को दर्शन कहा जाता है, आल्हादात्मक अनुभूति सुख है, आत्मा की क्रियात्मिका शक्ति वीर्य कहलाती है और जीव के सक्रिय स्वरूप से इसका अनुमान किया जाता है।[6] इस प्रकार आत्मा और उसके ज्ञानादि गुणों में नाम, लक्षण, प्रयोजनादि की अपेक्षा भेद होते हुए भी तात्त्विक रूप से अभेद है।

आत्मा एक एकानेकात्मक, भेदाभेदात्मक तत्त्व है। जिस प्रकार रंग और आकार एक पुद्गल स्कंध के ऐसे दो स्वभाव हैं जो नाम, लक्षण, प्रयोजन आदि की अपेक्षा पस्पर भिन्न और तात्त्विक रूप से परस्पर अभिन्न हैं; रंग हरा, नीला आदि रूप तथा आकार गोल, चोकोर आदि रूप होता है। पुद्गल स्कंध के हरे, नीले आदि किसी विशिष्ट रंग से युक्त होने से उसके आकार का और आकार के गोल, चोकोर आदि विशिष्ट स्वरूप से पुद्गल स्कंध के रंग का विशिष्ट स्वरूप निर्धारित नहीं होता। इस स्वरूप भेद और इसके कारण नाम, लक्षणादि की अपेक्षा भेद होने पर भी पुद्गल स्कंध के रंग और आकार गुण परस्पर अपृथक हैं तथा ये परस्पर एक दूसरे का स्वरूप होते हुए रंगआकारमय एक सत्ता-एक पुद्गल स्कंध हैं। पुद्गल स्कंध का आकार सदैव किसी विशेष रंगमय होकर ही तथा रंग किसी विशेष आकारमय होकर ही विद्यमान होता है तथा रंग रहित आकार और आकार रहित रंग की सत्ता कभी नहीं होती। इसी प्रकार ज्ञान, दर्शन, सुख, वीर्य भी आत्मा के ऐसे अनेक स्वभाव हैं जो नाम, लक्षणादि की अपेक्षा परस्पर भिन्न भिन्न हैं; ज्ञान गुण की उत्कृष्ट या अपकृष्ट पर्याय से दर्शनादि गुणों की तथा दर्शनादि गुणों की पर्याय के विशिष्ट स्वरूप से ज्ञान गुण की पर्याय का विशिष्ट स्वरूप निर्धारित नहीं होता। इसके बावजूद इन गुणों में परस्पर विशेषणविशेष्य भाव से युक्त एक अस्तित्त्वरूपता विद्यमान है। ज्ञान सदैव किसी न किसी विशेष प्रकार के दर्शन, वीर्यादि से युक्त होकर ही, दर्शन सदैव किसी विशेष प्रकार के ज्ञान, वीर्यादि से सम्पन्न होकर ही विद्यमान होता है तथा ज्ञान रहित दर्शन, वीर्यादि

5. न्यायविनिश्चयविवरण, भाग–2, पृष्ठ–95

6. सुखमाल्हादनाकारं विज्ञानं मेयबोधनम्।
शक्ति क्रियानुमेया स्याद्यून: कान्तासमागमे। अष्टसहस्री; पृष्ठ–78

की और दर्शनादि से रहित ज्ञान की सत्ता कभी नहीं होती।[7] पिछले अध्याय में हम आत्मा के अस्तित्व, वस्तुत्वादि गुणों और ज्ञान के मध्य भेदाभेद सम्बन्ध पर विचार कर चुके हैं। इस अध्याय में हम प्ररम्भ में आत्मा के उपयोगात्मक स्वरूप पर विचार करेंगे। उसके पश्चात क्रमशः ज्ञान के दर्शन, वीर्य और सुख से भेदाभेद सम्बन्ध को समझते हुए अन्त में ज्ञान और आत्मा में भेदाभेद सम्बन्ध को समझने का प्रयास करेंगें।

## आत्मा का उपयोगात्मक स्वरूप और ज्ञान

ज्ञानदर्शनसुखवीर्यमय आत्मा एक उपयोगमय चेतन द्रव्य है। कुन्दकुन्द कहते हैं, ''आत्मा उपयोगात्मक तत्त्व है तथा उसका यह उपयोगात्मक स्वरूप ज्ञानदर्शन रूप है।''[8] उमास्वामी कहते हैं, ''जीव का लक्षण उपयोग है।'' उपयोग शब्द उपयुज् धातु से बना है जिसका शाब्दिक अर्थ है किसी की ओर उन्मुख होना, किसी से सम्बद्ध होना।[10] इस व्युत्पत्तिलभ्य अर्थ में उपयोग को परिभाषित करते हुए श्रुतसागर सूरि कहते हैं, ''जो वस्तु के स्वरूप को जानने के लिए उसके प्रति उपयोजित होता है, उसके प्रति प्रेरित होता है उसे उपयोग कहते हैं।''[11] अन्यत्र वे कहते हैं, ''आत्मा का पदार्थ को ग्रहण करने (जानने देखने) हेतु उद्यम, पदार्थ को ग्रहण करने हेतु प्रवृत्ति तथा पदार्थ को ग्रहण करने रूप व्यापार उपयोग कहलाता है।''[12] नेमिचन्द्र सिद्धान्तचक्रवर्ती कहते हैं, ''वस्तु के निमित्त से आत्मा का जो भाव होता है उसे उपयोग कहा जाता है । यह उपयोग दो प्रकार का है- साकार (ज्ञान) और अनाकार (दर्शन)।'' इसकी व्याख्या करते हुए टीकाकार कहते हैं, ''जिसमें गुणपर्याय बसते हैं वह वस्तु ज्ञेय पदार्थ है। उसे जानने के लिये प्रवृत्त होने वाला ज्ञान जीव का वस्तु के निमित्त से होने वाला भाव है और इस विषयबोध रूप व्यापार स्वरूप भाव को उपयोग कहा

---

7. चित्रज्ञानवत् कथंचित् असंकीर्णविशेषैकात्मनः सुखादि चैतन्यस्य वर्णसंस्थानादि स्कंधस्य च प्रेक्षणात्।
अष्टसहस्री; पृष्ठ–76

8. अप्पा उवओगप्पा उवओगो णाणदंसणं भणिदो। प्रवचनसार; गाथा–155, पूर्वार्द्ध

9. उपयोगो लक्षणम्। तत्त्वार्थसूत्र–2/8

10. "To devote or attach oneself to".
The Practical Sanskrit - English Dictionary by V.S. apte; Page-290

11. उपयुज्यते वस्तु प्रति प्रेर्यते यः वस्तुस्वरूपपरिज्ञानार्थम् इत्युपयोगः। तत्त्वार्थवृत्ति 2/8

12. आत्मनोऽर्थग्रहण उद्यमोऽर्थग्रहणे प्रवर्त्तनमर्थग्रहणे व्यापरणमुपयोग उच्यते। वही 2/18

जाता है।''[13]

इन परिभाषाओं के अनुसार उपयोग शब्द के अर्थ में दो विशेषताएं निहित हैं -(1) किसी पदार्थ को विषय बनाकर उसे जानने देखने हेतु उद्यम रूप वीर्यरूपता तथा (2) उसे जानने देखने की क्रिया रुप ज्ञानदर्शनरूपता। उपयोगात्मक आत्मा अपनी इन दो स्वाभाविक विशेषताओं के कारण सदैव किसी न किसी पदार्थ को विषय बना कर उसे जानता देखता हुआ ही विद्यमान होता है तथा ज्ञानदर्शनरहित आत्मा की सत्ता कभी नहीं होती। वह जब जिस पदार्थ को, पदार्थ के जिस पक्ष को जानने के लिये प्रयत्नशील होता है तब अपनी ज्ञानशक्ति के सद्भाव की मात्रा के अनुसार उस पदार्थ को, पदार्थ के उस पक्ष को न्युनाधिक रूप से जानता है। व्यक्ति पदार्थ के स्वरूप का कितना उत्कृष्ट ज्ञान प्राप्त कर सकता है यह उसके ज्ञानार्जन की क्षमता तथा ज्ञानार्जन हेतु किये गये पुरूषार्थ के स्तर पर निर्भर करता है।

जैसा कि हम अगले अध्याय में विस्तार से देखेंगे, न्यायवैशेषिक दार्शनिक आत्मा के ज्ञानोपयोगमय स्वरूप को अस्वीकार करते हैं। उनके अनुसार आत्मा को किसी भी पदार्थ का ज्ञान इन्द्रियार्थ सन्निकर्ष, आप्त पुरुष के वचन आदि बाह्य कारण सामग्री का सद्भाव होने पर अनिवार्यतया होता है तथा इन कारणों का अभाव होने पर वह पदार्थ को नहीं जान सकता। इसलिये आत्मा स्वरूपतः अचेतन है तथा ज्ञान उसका आगन्तुक गुण है। न्यायवैशेषिक दर्शन का यह मत उचित नहीं है। निश्चित रूप से अनेक बार इन्द्रिय विशेष से सम्बद्ध पदार्थ व्यक्ति की चेतना को अनिवार्यतया अपनी ओर आकर्षित कर लेता है, जैसे बाहर हो रहे शोर के व्यक्ति के कानों से टकराने पर व्यक्ति का ध्यान अनिवार्यतया उसकी ओर आकर्षित हो जाता है और उसे 'बाहर शोर हो रहा है' रूप ज्ञान हो जाता है। लेकिन इस दृष्टान्त के आधार पर आत्मा के उपयोगात्मक स्वरूप का निषेध नहीं किया जा सकता। इस स्थिति में भी व्यक्ति पदार्थ को अपनी योग्यता के अनुसार उतना ही अधिक जान पाता है जितना वह उसे जानने के लिये प्रयत्नशील होता है। व्यक्ति बाहर के शोर को सामान्य रूप से जानकर उसके प्रति उपेक्षा भाव भी धारण कर सकता है तथा वह इन जिज्ञासाओं से युक्त होकर कि यह शोर कौन कर रहा है, क्यों कर रहा है -----, उस शोर के विविध पक्षों

13. वस्तुनिमित्तं भावो जातो जीवस्य यस्तूपयोगः। सः द्विविधो ज्ञातव्यः साकारश्चैवानाकारः।
वसतो गुणपर्य्यायावस्मिन्निति वस्तु-ज्ञेय पदार्थस्तद्ग्रहणाय प्रवृत्तं ज्ञानं वस्तु निमित्तं भावः अर्थग्रहणव्यापारः इत्यर्थः। गोम्मटसार जीवकाण्ड; भाग-2, पृष्ठ-900

को ओर अधिक जानने के लिये भी प्रवृत्त हो सकता है।

आत्मा अनन्तदर्शनज्ञानसुखवीर्य से सम्पन्न उपयोगात्मक सत्ता है। अपने इस स्वभाव के कारण मुक्तावस्था में वह इन्द्रिय, मन आदि बाह्य साधनों से निरपेक्ष रूप से विश्व के समस्त पदार्थों को विषय बना कर उन्हें जानता और देखता है तथा इस अवस्था में वह सर्वज्ञ और सर्वदर्शी होता है। संसारी अवस्था में जीव की ज्ञानादि शक्तियाँ ज्ञानावरणीयादि कर्मों से आवृत्त होकर मन्द हो जाती हैं। इसलिये इस अवस्था में वह स्वयं के चयन पूर्वक पदार्थों को थोड़ा थोड़ा जान पाता है। इस तथ्य को दृष्टि में रखते हुए अकलंकदेव कहते हैं, "अन्तरंग और बहिरंग कारणों के यथासम्भव सन्निधान में होने वाला चेतना का अनुविधायी परिणाम उपयोग कहलाता है।"[14] इसकी व्याख्या करते हुए वे कहते हैं कि संसारी जीवों के उपयोग के अन्तरंग कारण हैं- ज्ञानावरणीय और वीर्यान्तराय कर्म का क्षयोपशम तथा बहिरंग कारण हैं इन्द्रिय, मन, प्रकाशादि। इनके यथासम्भव सन्निधान से आशय है जीव की आन्तरिक ज्ञान शक्ति के सद्भाव के अनुसार बाह्य कारणों का सद्भाव। विभिन्न संसारी जीवों की आन्तरिक ज्ञानसामर्थ्य की अभिव्यक्ति का स्वरुप भिन्न भिन्न होता है। इसलिये उन्हें ज्ञानार्जन हेतु निमित्त कारणों की आवश्यकता भी भिन्न भिन्न रूप में होती है। मनुष्य को किसी पदार्थ का चाक्षुष मतिज्ञान चक्षुरिन्द्रिय ज्ञानावरण और वीर्यान्तराय कर्म के क्षयोपशम रुप अन्तरंग कारण तथा चक्षुरिन्द्रिय, मन, प्रकाशादि बहिरंग कारणों के सद्भाव पूर्वक ही हो सकता है, लेकिन बिल्ली को किसी पदार्थ के चाक्षुष प्रत्यक्ष के लिये प्रकाश की कोई आवश्यकता नहीं है। इस प्रकार विभिन्न संसारी जीवों की आन्तरिक योग्यता के सद्भावानुसार निमित्त कारणों का सद्भाव होने पर ही उनका किसी पदार्थ विषयक ज्ञानोपयोग सम्भव हो सकता है। मुक्तात्माओं के ज्ञानावरणीय और वीर्यान्तराय कर्म का सम्पूर्ण क्षय हो जाने के फलस्वरूप प्रकट हुई अनन्त ज्ञान शक्ति और अनन्तवीर्य शक्ति के कारण उनके ज्ञानोपयोग स्वभाव की अभिव्यक्ति के लिये इन्द्रिय, मन आदि बहिरंग कारणों के अवलम्बन की कोई आवश्यकता नहीं है। इस अवस्था में वे अपने उपयोगमय स्वभाव के कारण अन्य निरपेक्ष रूप से सर्वज्ञ होते हैं।[15]

व्यक्ति को किसी पदार्थ का ज्ञान तभी हो सकता है जबकि उसमें उस

---

14. बाह्याभ्यन्तरहेतुद्वयसन्निधाने यथासम्भवमुपलव्धुश्चैतन्यानुविधायी परिणाम उपयोगः।
तत्त्वार्थवार्त्तिक; 2/8

15. तत्त्वार्थवार्त्तिक; 2/8

पदार्थ को जानने की स्वाभाविक क्षमता विद्यमान हो तथा वह उस पदार्थ को जानने के लिये पुरुषार्थ करे। जिस प्रकार व्यक्ति चलने की क्रिया तभी कर सकता है जबकि उसमें चलने की क्षमता हो तथा वह चलने की क्रिया में प्रवृत्त हो, उसी प्रकार किसी भी जीव को जानने की क्षमता के सद्भाव मात्र से पदार्थ ज्ञात नहीं होता बल्कि वह इस क्षमता का सद्भाव होने पर ज्ञानार्जन हेतु प्रयत्न पूर्वक किसी पदार्थ को जानता है।जो कर्म जीव की ज्ञान शक्ति को आवृत्त करता है उसे ज्ञानावरणीय कर्म कहा जाता है।[16] इस कर्म का उदय होने पर जीव की ज्ञान सामर्थ्य मन्द हो जाती है। जो कर्म जीव की ज्ञानार्जन या किसी अन्य कार्य के सम्पादन हेतु पुरुषार्थ की क्षमता को आवृत्त करता है उसे वीर्यान्तराय कर्म कहा जाता है। इस कर्म का उदय होने पर व्यक्ति में इच्छा होने पर भी कार्य सम्पादन हेतु उत्साह नहीं होता।[17] आत्मा द्वारा कर्मों के फल भोग की अवस्था को कर्म का उदय कहा जाता है। कर्मों के फल देने की शक्ति का आंशिक रूप से सद्भाव और आंशिक अभाव क्षयोपशम कहलाता है[18] तथा कर्मों का सम्पूर्ण विनाश क्षय कहलाता है।

संसारी जीव के ज्ञानावरणीय और वीर्यान्तराय कर्म का क्षयोपशम तथा मुक्तात्मा के इन कर्मों का क्षय ज्ञान का अन्तरंग कारण है।[19] संसारी जीव के ज्ञानावरणीय तथा वीर्यान्तराय कर्म का प्रबल उदय होता है। इसके परिणाम स्वरूप उसकी ज्ञान शक्ति और ज्ञानार्जन हेतु पुरुषार्थ की सामर्थ्य मन्द हो जाती है। उसके इन कर्मों का जितने अंशों में अभाव (क्षयोपशम) होता है, उतनी ही आत्मा की ज्ञान शक्ति और पुरुषार्थ की क्षमता प्रकट हो पाती है। इसके फलस्वरूप वह स्वयं के चयन और प्रयत्न पूर्वक पदार्थों को क्रमिक रूप से थोड़ा थोड़ा जान पाता है। अमृतचन्द्र क्षायोपशमिक ज्ञान के स्वरूप को स्पष्ट करते हुए कहते

---

16. तत्त्वार्थवार्त्तिक; पृष्ठ–472

17. गोम्मटसार कर्मकाण्ड; पृष्ठ–33

18. अथवा देशघातिस्पर्धकोदये सति जीव एकदेशेन ज्ञानादि गुणं लभते यत्र स क्षायोपशमिका भावः।

सर्वप्रकारेणात्मगुणप्रच्छादिकाः कर्मशक्तयः सर्वघातिस्पर्धकानि भण्यन्ते, विवक्षितैकदेशेनात्मगुण प्रच्छादिकाः शक्तयो देशघातिस्पर्धकानि भण्यन्ते, सर्वघातिस्पर्धकानामुदयाभाव एव क्षयस्तेषामेवास्तित्वमुपशम उच्यते सर्वघात्युदयाभावलक्षणक्षयेण सहित उपशमः तेषामेकदेशघातिस्पर्द्धकानामुदयश्चेति समुदायेन क्षयोपशमो भण्यते। वृहद्द्रव्यसंग्रह; गाथा–34

19. किञ्च छद्मस्थानां वीर्यान्तरायक्षयोपशमः केवलिनां तु निरवशेषक्षयो ज्ञानचारित्राद्युत्पत्तौ सहकारी सर्वत्र ज्ञातव्यः। वृहद्द्रव्यसंग्रह1/5 पर ब्रह्मदेवसूरि कृत वृत्ति

हैं कि संसारी जीव में ज्ञानावरणीयादि कर्मों के क्षयोपशम रूप जो अन्तरंग शक्ति है वह कौवे के आँख की पुतली की भाँति क्रमिक प्रवृत्ति वाली होने से समस्त ज्ञेय पदार्थों को युगपत् जानने में असमर्थ है। इसलिये त्वचा, जिह्वा, चक्षु आदि द्रव्येन्द्रिय द्वारों के विद्यमान होने पर भी इन समस्त इन्द्रियों के विषयों का युगपत् ज्ञान नहीं हो पाता।[20] इसके विपरीत केवलज्ञान ज्ञानावरणीय, दर्शनावरणीय और वीर्यान्तराय कर्मों के क्षय पूर्वक होने वाला ज्ञान होने के कारण विश्व के समस्त पदार्थों की त्रैकालिक अवस्थाओं को युगपत् जानता देखता है। ज्ञानावरणीय और दर्शनावरणीय कर्म के सम्पूर्ण क्षय से आत्मा में समस्त द्रव्यों की त्रैकालिक पर्यायों को युगपत् जानने देखने की सामर्थ्य प्रकट हो जाती है। वीर्यान्तराय कर्म के सम्पूर्ण क्षय से आत्मा में क्षायिक वीर्य प्रकट होता है जिसके बल से आत्मा का ज्ञानदर्शन हेतु उद्यम अत्यन्त शक्तिशाली होता है। इसके फलस्वरूप वह विश्व के समस्त द्रव्यों की त्रैकालिक पर्यायों को एक साथ विषय बनाकर उन्हें जानने देखने हेतु प्रवृत्त होता हुआ केवलज्ञान, केवलदर्शन रूपता को प्राप्त करता है। इस प्रकार अनन्त ज्ञान सामर्थ्य से युक्त मुक्तात्मा अपने अनन्त वीर्यमय स्वभाव के कारण सर्वज्ञ और सर्वदर्शी होता है तथा उसका यह अनन्तवीर्यात्मक स्वरूप ही उसके अव्याबाध अनन्त सुख का कारण भी है।[21]

आत्मा ज्ञान, दर्शन, सुख और वीर्य गुणों से सम्पन्न उपयोगात्मक चेतन सत्ता होने के कारण अपने उत्थान और पतन, बंधन और मोक्ष का नियामक स्वयं है। वह अपनी ज्ञानार्जन और कार्यसम्पादन हेतु समस्त प्रवृत्ति के विशिष्ट स्वरूप को अपनी सत्तामीमांसीय और मूल्यमीमांसीय दृष्टि और समझ के अनुसार स्वतन्त्रतया निर्धारित करता है। जैसा कि हम आगे विस्तार से देखेंगे, एक मिथ्यादृष्टि व्यक्ति यदि देहात्मवादी और स्वार्थवादी सुखवादी है, उसके लिये स्वयं के पंचेन्द्रियों के विषयों की प्राप्ति ही परम मूल्य है तो वह भोग्य पदार्थों को जानने, प्राप्त करने और भोगने के लिये अपनी ज्ञानदर्शन शक्ति का प्रयोग करता है। उसे जब ये भोग्य पदार्थ प्राप्त हो जाते हैं तो वह उनके भोगपरक पक्ष को जानने, देखने और भोगने में लीन हो जाता है तथा पदार्थ के शेष पक्षों को जानने, अपने

---

20. प्रवचनसार तत्त्वप्रदीपिका; गाथा–56

21. यद्बलात् केवलज्ञानेन केवलदर्शनेन च कृत्वा सर्वद्रव्याणि सर्वपर्यायांश्च ज्ञातुं द्रष्टुं च केवली शक्नोति।...... अनन्तवीर्याव्याबाधसुखरूपेणैव तेषां तत्र प्रवृत्तिः केवलज्ञानरूपेण अनन्तवीर्यप्रवृत्तिवत्।

तत्त्वार्थवृत्ति 2/4

कार्यों के अन्य मानवों, पशु पक्षियों आदि पर पड़ने वाले प्रभावों को जानने के प्रति उसमें उपेक्षा भाव होता है। इस प्रकार जब व्यक्ति अपनी ज्ञान, दर्शन, वीर्य शक्तियों को अल्प मात्रा में काम में लेता हुआ ज्ञानार्जन हेतु प्रवृत्त होता है तो इस प्रवृत्ति द्वारा उसके इन शक्तियों को लुप्त करने वाले ज्ञानावरणीय, दर्शनावरणीय और वीर्यान्तराय कर्मों का तथा असातावेदनीयादि अन्य अशुभ कर्म प्रकृतियों का बंध होता है। इसलिये उपयोग का यह प्रकार अशुभोपयोग कहलाता है।[22] व्यक्ति की भोगासक्ति जितनी प्रबल होती है, उसमें विषय बन रहे पदार्थ को व्यापक परिप्रेक्ष्य में देखने के प्रति उदासीनता भी उतनी ही सघन हो जाती है तथा इस उदासीनता की मात्रा के अनुसार उसके ज्ञानावरणीयादि कर्मों का उतना ही तीव्र बन्ध होता है। इसके विपरीत यदि एक मिथ्यादृष्टि व्यक्ति सर्वार्थवादी सुखवादी है तो वह व्यापक हित को दृष्टि में रखते हुए ज्ञानार्जन की प्रक्रिया में प्रवृत्त होता है तथा विषय बन रहे पदार्थ को व्यापक परिप्रेक्ष्य में देखता है; उसकी इस दृष्टि से युक्त होकर किये गये प्रयत्नों से उसके ज्ञानावरणीयादि कर्मों के क्षयोपशम में वृद्धि होती है जिससे उसकी ज्ञानादि शक्तियाँ प्रखर होती हैं। साथ ही इन प्रयत्नों से उसके सातावेदनीयादि शुभ कर्म प्रकृतियों का बंध होता है। इसलिये इसे शुभोपयोग कहा जाता है।[23] देहात्मवादी व्यक्ति के समस्त लक्ष्य बाहरी जगत की विभिन्न उपलब्धियों तक ही सीमित होते हैं। इसके विपरीत एक अध्यात्मवादी सम्यग्दृष्टि व्यक्ति के लिये अपने ज्ञानदर्शनसुखवीर्य गुणों की उत्कृष्टतम पर्यायों को प्राप्त करना ही परम मूल्य है। इस मूल्य को साकार करने के लिये वह न केवल बाहरी जगत में विषय बन रहे पदार्थ को व्यापकतम परिप्रेक्ष्य में जानने देखने हेतु प्रयत्न करता है; बल्कि इसके साथ ही वह प्रतिक्षण अपने आत्मपरिणामों का भी ज्ञाता दृष्टा होता है तथा अपने अन्दर अनादि कालीन संस्कारों के फलस्वरूप उत्पन्न हो रही स्वार्थ, हिंसा, क्रोधादि दुष्प्रवृत्तियों से संघर्ष करता हुआ उन्हें परोपकार, अहिंसा, क्षमा आदि उत्कृष्ट चारित्रिक भावों में रुपान्तरित करता है। अपने इस पुरुषार्थ द्वारा वह अपनी चेतना की विशुद्धि के उस स्तर को प्राप्त करता है जब वह अपने अन्दर शक्ति रूप से सदैव विद्यमान अनन्त दर्शनज्ञानसुखवीर्यमय शुद्ध चैतन्य स्वरुप के ध्यान में लीन होकर अपने समस्त कर्मो को सम्पूर्णतः नष्ट करता है। ध्यान की इस अवस्था को शुद्धोपयोग कहा

22. प्रवचनसार; गाथा –156 उत्तरार्द्ध

23. उवओगो जदि हि सुहो पुण्णं जीवस्य संचय जादि। प्रवचनसार; गाथा –156 पूर्वार्द्ध

जाता है।[24] इस प्रकार एक संसारी प्राणी का उपयोग तीन प्रकार का होता है। ये प्रकार हैं – अशुभोपयोग, शुभोपयोग और शुद्धोपयोग। इसके विपरीत एक मुक्तात्मा सदैव शुद्धोपयोग स्वरुप होकर ही विद्यमान होता है। वह सहज रुप से प्रतिक्षण विश्व के समस्त पदार्थों की त्रैकालिक पर्यायों को एक साथ विषय बनाकर उन्हें जानता देखता हुआ सर्वज्ञ और सर्वदर्शी होता है।[25]

## दर्शन और ज्ञान

### दर्शन की परिभाषा तथा दर्शन और ज्ञान में अन्तर

जैन दार्शनिकों के अनुसार आत्मा को समस्त ज्ञान दर्शन पूर्वक होता है।[26] दर्शन शब्द का अर्थ है देखना, अवलोकन, अवभास (महसूस करना)।[27] यह पदार्थ के साक्षात्कार पूर्वक होने वाली पदार्थ की सम्बेदना है। दर्शन को परिभाषित करते हुए जैन दार्शनिक कहते हैं कि विषय (पदार्थ) और विषयी (ज्ञाता) का सन्निपात (योग्यता लक्षण सम्बन्ध) होने पर जो पदार्थ की सत्ता का साक्षात्कारात्मक अवलोकन होता है उसे दर्शन कहा जाता है।[28] यह दर्शन दृश्य पदार्थ और दृष्टा आत्मा की पृथक पृथक अनुभूति स्वरूप न होकर एक अखण्ड दृश्यानुभूति स्वरूप होता है। इसलिये इसे निराकार या निर्विकल्पक अनुभूति कहा जाता है।[29] जैसे,

---

24. ज्ञानाद्यनन्तचतुष्टयस्वरूपपरमात्मद्रव्यभावनालक्षणशुद्धोपयोगबलेन प्रक्षीणघातिकर्मा सन्।
प्रवचनसार; तात्पर्यवृत्ति; गाथा –19
शुद्धोपयोगे शुद्धबुद्धैकस्वभावो निजात्मा ध्येयस्तिष्ठति तेन कारणेन शुद्धध्येयत्वाच्छुद्धावलम्वनत्वाच्छुद्धात्म-स्वरूपसाधकत्वाच्च शुद्धोपयोगो घटते। वृहद्द्रव्यसंग्रह ब्रह्मदेवसूरि वृत्ति; गाथा–34
25. उवओगविसुद्धो जो विगदावरणंतरायमोहरओ।
भूदो सयमेवादा जादि परं णेयभूदाणं। प्रवचनसार; गाथा –15
26. दंसंणपुव्वं णाणं, ण णाणपुव्वं तु दंसंणमत्थि। धवला, पुस्तक–3;
27. पश्यति, दृश्यते अनेन, दर्शनमात्रं वा दर्शनम्।
गोम्मटसार जीवकाण्ड जीवतत्त्वप्रदीपिका टीका; गाथा–483
28. विषयविषयी सन्निपाते सति दर्शनं भवति। सर्वार्थसिद्धि–1/15
सत्तालोचनमात्रमित्यपि निराकारं मतं दर्शनम्। तत्त्वार्थवृत्ति 2/9
29. 'अणायारे'–पमाणदो पुधभूदं कम्ममायारो तं जम्मि णत्थि सो उवजोगो अणायारो णाम, 'दंसणुवजोगो' त्ति भणिदं होदि। जयधवला; पुस्तक–1; पृष्ठ–302
अणायारुपजोगो दंसणं। को अणागारुवजोगो णाम ? सागारूवजोगादो अण्णो। कम्म–कत्तारभावो आगारो, तेण आगारेण सह वट्टमाणो उवजोगो सागारो त्ति। धवला; पुस्तक–13, पृष्ठ–207
भावानां बाह्यार्थानामाकारं प्रतिकर्मण्यवस्थामकृत्वा यद् ग्रहणं तद्दर्शनम्।
धवला; पुस्तक–1, पृष्ठ–148

त्वचा से अग्नि का स्पर्श होने पर दृष्टा-चेतन आत्मा और दृश्य-उष्ण पदार्थ की पृथक पृथक सम्वेदना नहीं होती बल्कि एक अखण्ड उष्णानुभूति को महसूस किया जाता है। यह महसूस करने की प्रक्रिया सामान्यविशेषात्मक पदार्थ के यथावस्थित स्वरूप का ऐसा ग्रहण है जो अपने आप में वर्णनातीत है; नाम, जाति, द्रव्यादि विकल्पों से रहित है तथा विषय और विषयी के द्वैत से रहित है। इसलिये इसे पदार्थ की सत्ता का सामान्य ग्रहण भी कहा जाता है।[30] इसके विपरीत ज्ञान पदार्थ की विषय-विषयी भाव से युक्त साकार या सविकल्पक चेतना है। ज्ञान का आकार ''मैं उष्ण पदार्थ को जान रहा हूँ'' रूप निश्चयात्मक बुद्धि स्वरूप होता है जिसमें मैं- ज्ञाता, उष्ण पदार्थ-ज्ञेय तथा जान रहा हूँ - ज्ञान, ये तीनों अपने अपने विशिष्ट स्वरूप में ज्ञात होते हैं।[31] इस प्रकार पदार्थ से सम्बद्ध अन्तर्चित प्रकाश को दर्शन कहा जाता है तथा ज्ञान पदार्थ से सम्बद्ध बहिर्चित प्रकाश है।[32] दर्शन चार प्रकार का होता हैह्न-चक्षुदर्शन, अचक्षुदर्शन, अवधिदर्शन और केवलदर्शन।[33] इन्हें परिभाषित करते हुए नेमिचन्द सिद्धान्तचक्रवर्ती कहते हैं, ''चक्षु के द्वारा जो प्रकाशित होता है, दिखायी देता है उसे चक्षुदर्शन कहा जाता है। चक्षु के अतिरिक्त शेष इन्द्रियों से होने वाला प्रकाश अचक्षुदर्शन कहलाता है। परमाणु से लेकर महास्कंध पर्यन्त जो पुद्गल द्रव्य हैं, उन्हें जो आत्म मात्र सापेक्ष रूप से देखता है वह अवधिदर्शन कहलाता है। विविध प्रकार के दर्शन सीमित क्षेत्र को ही प्रकाशित करते हैं; जो लोकालोक के समस्त पदार्थों सम्बन्धी अन्धकार को दूर करने वाला प्रकाश है उसे केवलदर्शन कहा जाता है।''[34]

---

30. भावानां सामान्यविशेषात्मकबाह्य पदार्थानां आकारं-भेदग्रहणं, अकृत्वा यत्सामान्यग्रहणं स्वरूपमात्रावभासनं तद् दर्शनमिति परमागमे भण्यते। वस्तुस्वरूपमात्रग्रहणं कथम्? बाह्यपदार्थान् अविशेष्यजातिक्रियाग्रहणविकारैरविकल्प्य स्वपरसत्तावभासनं दर्शनमित्यर्थः।

गोम्मटसार जीवकाण्ड; गाथा-482 पर जीवतत्त्व प्रदीपिका टीका

भावाणं सामण्णविसेसयाणं सरूवमेत्तं जं।
वण्णणहीणग्गहण जीवेण य दंसणं होदि।। गोम्मटसार जीवकाण्ड; गाथा-483

31. घटमहमात्मना वेद्मीति। कर्मवत्कर्तृकरणक्रियाप्रतीतेः।

परीक्षामुख सूत्र, अध्याय-1, सूत्र-8 तथा 9

32. अन्तर्बहिर्मुखयोचित्प्रकाशयोदर्शनज्ञानव्यपदेशभाजोरेकत्वविरोधात्।धवला; पुस्तक-1, पृष्ठ-146
ततः सामान्यविशेषात्मकबाह्यार्थग्रहण ज्ञानं, तथात्मकस्वरूपग्रहणं दर्शनमिति सिद्धम्।

धवला; पुस्तक-1, पृष्ठ-148

33. दर्शनोपयोगश्चतुर्विधः-चक्षुदर्शनमचक्षुदर्शनमवधिदर्शनं केवलदर्शनमिति। सर्वार्थसिद्धि 2/9
34. गोम्मटसार जीवकाण्ड; गाथा-484-486

## दर्शन और ज्ञान में तादात्म्य सम्बन्ध

दर्शन और ज्ञान में नाम, लक्षण, प्रयोजनादि की अपेक्षा भेद होते हुए भी तात्त्विक रूप से अभेद है। ये आत्मा के ऐसे दो गुण हैं जो एक दूसरे का स्वभाव या विशेषता होते हुए, एक दूसरे में अन्तर्व्याप्त होते हुए एक अखण्ड सत्ता हैं। ज्ञान की ज्ञानरूपता उसके दर्शन से सम्पन्न होने पर ही तथा दर्शन की दर्शनरूपता उसके ज्ञानरूपता से युक्त होने पर ही सम्भव है और ज्ञान रहित दर्शन तथा दर्शन रहित ज्ञान की सत्ता कभी नहीं होती। उदाहरण के लिये ''यह उष्ण है'' यह स्पर्शन मतिज्ञान (इन्द्रिय प्रत्यक्ष) त्वचा से उष्ण पदार्थ के दर्शन से सम्पन्न निश्चयात्मक अनुभूति है। त्वचा से उष्ण पदार्थ का दर्शन अर्थात सम्वेदन, अवभास या महसूस करते हुए ही व्यक्ति उस पदार्थ को शीतल स्पर्श, गंध, रस आदि अन्य गुणों से विलक्षण उष्ण स्पर्श रूप विशिष्ट स्वरूप में जानता है। इस दर्शन के अभाव में यह समझ पाना पूर्णतया असम्भव है कि उष्णपना क्या होता है, शीतलता आदि से विलक्षण किस विशिष्ट स्वरूप से युक्त गुण को उष्ण कहा जाता है। इसी प्रकार व्यक्ति को किसी पदार्थ के इन्द्रिय प्रत्यक्ष पूर्वक ''मैं अग्नि को जान रहा हूँ'' रूप निश्चयात्मक बोध तभी हो सकता है जबकि उसे विभिन्न इन्द्रियों से पदार्थ के भासुर रूप, उष्ण स्पर्श आदि विभिन्न गुणों की सम्वेदनाएं प्राप्त हों तथा वह इन सम्वेदनाओं के अवलम्बन पूर्वक पदार्थ को पृथ्वी, जलादि से विलक्षण अग्नि रूप विशिष्ट स्वरूप में पहचाने। ज्ञान निश्चयात्मक होता है। उसमें अपने विषय के प्रति ''वस्तुस्थिति ऐसी ही है'' रूप निश्चयात्मक अनुभूतिरूपता विषय के दर्शन से सम्पन्न होने पर ही उत्पन्न होती है तथा इस दर्शन से रहित होने पर ''यह उष्ण है'' रूप बुध्याकार कुछ शब्दों और सम्प्रत्ययों का संयोजन मात्र होने के कारण ज्ञान न होकर मानसिक कल्पना मात्र है।

न केवल ज्ञान ही दर्शनरूपता से सम्पन्न होकर विद्यमान होता है बल्कि दर्शन भी सदैव ज्ञानरूपता से युक्त होकर ही विद्यमान होता है। निश्चित रूप से इन्द्रियार्थसन्निकर्ष के प्रारम्भिक क्षणों में व्यक्ति को पदार्थ की बहुत अस्पष्ट सम्वेदनाएं प्राप्त होती हैं। इसलिये इस स्तर पर उसे दृश्य पदार्थ का निश्चयात्मक बोध नहीं हो पाता। व्यक्ति सम्वेद्य काल में दृश्य पदार्थ के विशिष्ट स्वरूप को पहचान सके अथवा नहीं; लेकिन उस समय वह अपने दर्शन को विषय की सम्वेदना रूप विशिष्ट स्वरूप में अनिवार्यतया जानता है तथा अज्ञात दर्शन की

सत्ता कभी नहीं होती।[35] ये अस्पष्ट सम्वेदनाएं ही कालान्तर में पदार्थ के स्पष्ट और अधिक स्पष्ट दर्शन और ज्ञानरूपता को प्राप्त करती हैं।[36] एक संसारी प्राणी के किसी पदार्थ विषयक प्रथम क्षणवर्ती साक्षात्कार में उस पदार्थ के स्वरूप के प्रति किसी प्रकार के निश्चय का अभाव होने के कारण जैन विद्वत् जगत में यह मिथ्या धारणा विद्यमान है कि एक संसारी प्राणी के दर्शनोपयोग और ज्ञानोपयोग एक साथ नहीं होते। एक पदार्थ विषयक दर्शनोपयोग के काल में उसके प्रति ज्ञानोपयोग का तथा ज्ञानोपयोग काल में दर्शनोपयोग का अभाव होता है। इस धारणा की पुष्टि वीरसेनस्वामी की इन पंक्तियों द्वारा की जाती है, ''उत्तरवर्ती ज्ञान की उत्पत्ति के निमित्तभूत प्रयत्न विशिष्ट स्वसम्वेदन को दर्शन कहा जाता है। केवली के ज्ञान और दर्शन की उत्पत्ति युगपत् होती है तथा उसको पहले दर्शन हो और फिर ज्ञान हो, इस क्रम का अभाव होता है। इसके विपरीत संसारी जीव के इस क्रम का सद्भाव होता है तथा उसके दोनों उपयोग एक साथ नहीं होते।''[37] दृष्टव्य है कि इन कथनों द्वारा वीरसेनस्वामी संसारी प्राणी के किसी नये पदार्थ के ज्ञानार्जन हेतु प्रयत्न के प्रथमक्षणवर्ती चेतना के स्वरूप का ही प्रतिपादन कर रहे हैं लेकिन इसके द्वारा वे परवर्ती क्षणों में विद्यमान मतिज्ञान और अवधिज्ञान की दर्शनज्ञानमय अनुभूतिरूपता का निषेध नहीं कर रहे। वस्तुतः यदि दर्शन और ज्ञान को पूर्णतया भिन्न भिन्न समयवर्ती चेतना स्वीकार किया जाय तो दर्शन काल में पदार्थ के अज्ञात होने और ज्ञान काल में पदार्थ के अदृश्य होने के कारण कभी कोई पदार्थ ज्ञात ही नहीं हो सकेगा। जैसे–जिस समय त्वचा से अग्नि के सन्निकर्ष पूर्वक उसके उष्ण स्पर्श की सम्वेदना प्राप्त

---

35. सत्येवमनध्यवसायो दर्शनं स्यादिति चेन्न, स्वाध्यवसायस्यानध्यवसितबाह्यार्थस्य दर्शनत्वात्। दर्शनं प्रमाणमेव, अविसंवादित्वात्, प्रतिभासः प्रमाणञ्चाप्रमाणञ्च, विसंवादाविसंवादोभयरूपस्य तत्रोपलम्भात्।

धवला, पुस्तक–1; पृष्ठ–149

36. अक्षार्थयोगे सत्तालोकोऽर्थाकारविकल्पधीः।

अक्षाणां चक्षुरादीन्द्रियाणां अर्थानां घटादीनां योगे सम्बन्धे ... सत्तालोकः सकलहेयोपादेयसाधारणसत्वमात्रस्य आलोको। दर्शनम् आत्मन प्रथमतः प्रादुर्भवति, तदनु स एवाऽऽलोकः अर्थाकारविकल्पधीः भवति। लघीयस्त्रय –1/5 और उस पर स्ववृत्ति

37. उत्तरज्ञानोत्पत्तिनिमित्तप्रयत्नविशिष्टस्वसंवेदनस्य दर्शनत्वात्।

ण च केवलिम्हि ऐसो कमो, तत्थ अक्कमेण णाण–दंसणपउत्तीदो। ण च छदुमत्थेसु दोण्हमक्कमेण वुत्ती अत्थि ''हंदि दुवे णत्थि उवजोगा।'' त्ति पडिसिद्धत्तादो। धवला; पुस्तक–3, पृष्ठ –457

हो रही है, यदि उस समय वह उष्ण गुण शीतलता आदि से विलक्षण उष्ण स्पर्श रूप विशिष्ट स्वरूप में नहीं पहचाना जा रहा हो तथा अपने सद्भाव काल में इस दर्शन का विषय पूर्णतया अज्ञात हो तो कालान्तर में इस दर्शन का अभाव होने तथा भविष्य में इस अज्ञात दर्शन की स्मृति नहीं हो पाने के कारण यह समझ पाना पूर्णतया असम्भव होगा कि उष्णपना क्या होता है; शीतल स्पर्श आदि से विलक्षण अग्नि का उष्ण स्पर्श किस विशिष्ट स्वरूप से युक्त है। वास्तव में इन्द्रियार्थसन्निकर्ष पूर्वक उत्पन्न होने वाली "यह उष्ण है" रूप निश्चयात्मक अनुभूति मात्र दर्शन या मात्र ज्ञान न होकर दर्शनज्ञानमय अनुभूति है तथा मतिज्ञान का यह दर्शनज्ञानमय स्वरूप ही स्मृति, प्रत्यभिज्ञान, तर्क, अनुमान और शब्द प्रमाण जैसे परोक्ष ज्ञानों के विषय को समझने का आधार है। इस तथ्य को दृष्टि में रखते हुए आचार्य विद्यानन्दि कहते हैं, "पूर्वाचार्यों द्वारा जो यह कहा गया है कि "दो उपयोग एक साथ नहीं होते" इस कथन का अर्थ संसारी प्राणी के दर्शनोपयोग और ज्ञानोपयोग के युगपत् सद्भाव का निषेध न होकर उसके मतिज्ञान, श्रुतज्ञान आदि दो ज्ञानोपयोग के युगपत् सद्भाव का निषेध है।"[38] वीरसेनस्वामी कहते हैं, "समस्त ज्ञान (साक्षात या परम्परा से) दर्शन पूर्वक होता है।[39] मतिज्ञान चक्षु या अचक्षुदर्शन पूर्वक, अवधिज्ञान अवधिदर्शन पूर्वक होता है तथा केवलदर्शन और केवलज्ञान युगपत् होते हैं।[40] श्रुतज्ञान और मन:पर्ययज्ञान अपने विषय को मतिज्ञान के अवलम्बन पूर्वक जानते हैं। इसलिये परम्परा से ये भी चक्षुदर्शन या अचक्षुदर्शन पूर्वक उत्पन्न होते हैं।"[41]

दर्शन को पदार्थ की निर्विकल्पक अनुभूति कहा जाता है। इसका अर्थ यह नहीं है कि वह पदार्थ की समस्त विशेषताओं से रहित, सदैव एकरूप, शुद्ध सत्ता मात्र की अनुभूति है। इसके विपरीत दर्शन पदार्थ के सामान्यविशेषात्मक

---

38. नोपयोगौ सह स्यातामित्यार्या: खयापयन्ति ये।
दर्शनज्ञानरूपौ न तु ज्ञानात्मकाविति।।
ज्ञानानां सहभावाय तेषामेतद्विरूद्ध्यते। तत्त्वार्थश्लोकवार्तिक; अध्याय-1, सूत्र-30

39. दंसणपुव्वं णाणं, ण णाणपुव्वं तु दंसणमत्थि। धवला; पुस्तक-3, पृष्ठ -457

40 धवला; पुस्तक-3, पृष्ठ -455-457

41. ण ताव सुदणाणस्स दंसणमत्थि, तस्स मदिणाणपुव्वत्तादो। ण मणपज्जवणाणस्स वि दंसणमत्थि, तस्स वि तथाविधत्तादो। धवला; पुस्तक-3, पृष्ठ-456-7

स्वरूप का व्यक्ति के दर्शनावरणीय और वीर्यान्तराय कर्म के क्षयोपशम की मात्रा या क्षय के सद्भावानुसार होने वाला विशद, विशदतर या विशदतम अवभास है। वस्तुतः समस्त ज्ञान दर्शन पूर्वक होता है। इसलिये व्यक्ति को पदार्थ के स्वरूप का जितना अधिक उत्कृष्ट ज्ञान होता है, वह उसके उतने ही उत्कृष्ट दर्शन से सम्पन्न होकर उत्पन्न होता है। यदि व्यक्ति को एक लम्बी और पतली वस्तु का चाक्षुष दर्शन होता है तो उसके चाक्षुष मतिज्ञान का स्वरूप ''यह वस्तु लम्बी और पतली है'' रूप होता है तथा यदि उसे पुनः उसी वस्तु के हाथ, पैर, सिर आदि अंगों से युक्त स्वरूप का चाक्षुष दर्शन होता है तो वह उस पदार्थ को ''यह मनुष्य है'' रूप में जानता है। इस प्रकार प्रत्येक ज्ञान की दर्शनपूर्वकता को स्थापित करते हुए वीरसेनस्वामी कहते हैं, ''मतिज्ञानावरणीय कर्म की प्रकृतियाँ और चक्षु-अचक्षु दर्शनावरणीय कर्म की प्रकृतियाँ पृथक पृथक असंख्यात लोक प्रमाण होने पर भी परस्पर की अपेक्षा समान हैं; क्योंकि समस्त मतिज्ञान को दर्शनपूर्वक स्वीकार किया गया है। अवधि ज्ञानावरणीय और अवधि दर्शनावरणीय कर्म की प्रकृतियाँ भी पृथक पृथक असंख्यात लोक प्रमाण होने पर भी परस्पर की अपेक्षा समान हैं, क्योंकि अवधिज्ञान के समस्त भेद अवधि दर्शन पूर्वक उपलब्ध होते हैं।''[42] जैसा कि हम पूर्व में देख चुके हैं, श्रुतज्ञान और मनःपर्ययज्ञान साक्षात रूप से दर्शन पूर्वक उत्पन्न न होकर मतिज्ञान के अवलम्बन पूर्वक उत्पन्न होते हैं और इसलिये वे भी परम्परा से दर्शन पूर्वक उत्पन्न होते हैं। व्यक्ति के दर्शनावरणीय और ज्ञानावरणीय कर्म का जितना उत्कृष्ट क्षयोपशम होता है उसे पदार्थ के स्वरूप का उतना ही उत्कृष्ट दर्शन और ज्ञान हो सकता है। इन कर्म प्रकृतियों के सम्पूर्णतः क्षय हो जाने पर वह सर्वज्ञ और सर्वदर्शी होता है।

दर्शन जड़ पदार्थों के ही प्रत्यक्ष और परोक्ष ज्ञान का आधार नहीं है, बल्कि यह अन्य चेतन प्राणियों की अनुभूतियों को भी समझने का आधार है। अन्य व्यक्ति की चेतना हमारे प्रत्यक्ष का विषय न होकर अनुमान, शब्द प्रमाण आदि का विषय होती है। हम इन प्रमाणों द्वारा अन्य मानवों और प्राणी जगत की अनुभूतियों को तभी समझ सकते हैं जबकि हम उन्हें आत्मवत स्वीकार करें तथा अपनी चेतन अवस्थाओं के दर्शन के अवलम्बन पूर्वक उनके प्रति सम्वेदनशील

42. ओहिणाणावरणीयपयडीओ ओहिदंसणावरणीयपयडीओ च पुध पुध असंखेज्जलोगमेत्ता होदूण अण्णोण्णं पेक्खिदूण समाणाओ, सव्वोहिणाणवियप्पाणं ओहिदंसणपुरंगमत्तुपलंभादो। मदिणाणावरणपयडीओ चक्खु-अचक्खुदंसणावरणीयपयडीओ च पुध पुध असंखेज्जलोगमेत्ताओ होदूण अण्णोण्णं पेक्खिदूणसमाणाओ सव्वस्स मदिणाणस्स दंसणपुरंगममत्तब्भुवगमादो। धवला; पुस्तक-12, पृष्ठ -501-2

हों। व्यक्ति के स्वयं के कष्ट, सुख आदि के दर्शन के धरातल पर विकसित सम्वेदनशीलता का तत्त्व ही उसे अन्य प्राणियों की अनुभूतियों, परिस्थितियों और समस्याओं को समझने की क्षमता प्रदान करता है। इस सम्वेदनशीलता के अभाव में उनके प्रति विभिन्न प्रमाणों से एकत्रित की गयी समस्त जानकारी उनकी अनुभूतियों की समझ न होकर मात्र शाब्दिक ज्ञान और इसलिये मिथ्या ज्ञान है। एक संसारी प्राणी अन्य आत्माओं की चेतना को स्वयं की अनुभूतियों के धरातल पर ही समझ पाता है, लेकिन एक मुक्तात्मा जगत के सभी प्राणियों की त्रैकालिक अनुभूतियों का साक्षात रूप से ज्ञाता दृष्टा होता है।

दर्शन और ज्ञान पदार्थ के तथ्यात्मक स्वरूप की अनुभूति और निश्चय स्वरूप ही नहीं हैं बल्कि ये मूल्य चेतना स्वरूप भी हैं। प्रत्येक ज्ञेय पदार्थ या तो त्याज्य होता है या ग्राह्य होता है या उपेक्षणीय होता है। इन तीनों में से किसी न किसी एक मूल्य से युक्त स्वरूप में ही पदार्थ ज्ञात होता है। यह मूल्यचेतना पदार्थ के मूल्यपरक पक्ष का शुद्ध वर्णन या जानकारी मात्र नहीं है, बल्कि यह अपने अन्दर भावनात्मक और क्रियात्मक स्वरूप भी लिये हुए है। व्यक्ति की मूल्यचेतना उसकी स्वानुभूति के स्वरूप से निर्धारित होती है। जो व्यक्ति स्वयं का देहात्मरूप स्वरूप में अनुभव करता है उसकी मूल्यचेतना बाह्य वस्तुओं के प्रति हेय उपादेय बुद्धि स्वरूप होती है; तथा यदि वही व्यक्ति निरन्तर अपने शुद्धात्मस्वरूप की भावना पूर्वक अपने आप का शरीर से भिन्न चेतन सत्ता के रूप में साक्षात्कार करता है तो उसकी मूल्यचेतना का स्वरूप बदल जाता है। उसमें बाह्य पदार्थों के प्रति हेय उपादेय बुद्धि समाप्त हो जाती है तथा वह उनके प्रति उपेक्षा भाव धारण कर लेता है। जो कर्म व्यक्ति को जगत की वस्तुओं के तथ्यात्मक स्वरूप का साक्षात्कार नहीं होने देता, उसे दर्शनावरणीय कर्म कहा जाता है तथा जो कर्म व्यक्ति को स्वयं के तात्त्विक स्वरूप की अनुभूति और उसकी मूल्यचेतना को विकृत करता है, उसे दर्शनमोहनीय कर्म कहा जाता है।

जैन दर्शन के अनुसार चेतना उपयोगमय तत्त्व होने के कारण सदैव सविषयक और इसलिये विषयविषयीभाव से युक्त होती है। जैसा कि हम देख चुके हैं, ज्ञान अपने विषय के स्वरूप की निश्चयात्मक अनुभूति रूप होता है। उसके इस स्वरूप में अपने विषय की दर्शनात्मकता गर्भित है तथा दर्शन रहित ज्ञान की सत्ता नहीं होती। न केवल ज्ञान का विषय ही सम्वेद्य स्वरूप से युक्त होकर ज्ञात होता है बल्कि ज्ञान की ज्ञानरूपता भी उसके स्वयं के दर्शन स्वभावी

होने पर ही सम्भव है। दर्शन विषय बन रहे पदार्थों की ही साक्षात्कारात्मक अनुभूति स्वरूप नहीं है बल्कि वह विषयी या आत्मा के ज्ञान, सुख, वीर्यादि गुणों की सम्वेदना स्वरूप भी है। दर्शन के इस ज्ञानादि स्वभावमय आत्मा की अनुभूति रूप पक्ष को उद्घाटित करते हुए वीरसेन स्वामी कहते हैं, "पदार्थ से सम्बद्ध आत्मस्वरूप का सम्वेदन दर्शन है। आत्मा का स्वरूप उसके ज्ञान, सुखादि गुण हैं जो सभी सविषयक हैं तथा इन सविषयक ज्ञान, सुखादि से सम्पन्न आत्म स्वरूप का वेदन दर्शन है।"[43] वे दर्शन के विषयीपरक पक्ष को दृष्टि में रखते हुए चक्षुदर्शन, अचक्षुदर्शन, अवधिदर्शन और केवलदर्शन की पुनर्व्याख्या करते हैं।[44] प्रस्तुत सन्दर्भ में यह कथन दृष्टव्य है, "अनन्त सम्यक्त्व, ज्ञान, सुखादि से परिपूर्ण आत्म स्वरूप का वेदन केवलदर्शन है।"[45] वस्तुतः आत्मा का दर्शन गुण आत्मा के ज्ञान, सुखादि समस्त गुणों का स्वरूप होता हुआ उन्हें चैतन्यरूपता प्रदान करता है। यदि इन गुणों को दर्शन रहित स्वीकार किया जाय तो ये स्वानुभूति शून्य होने के कारण जड़ होंगे तथा इनका ज्ञानादिरूप विशिष्ट स्वरूप में सद्भाव असम्भव होगा। इस प्रकार बाह्य पदार्थ की साक्षात्कारात्मक चेतना के सद्भाव पूर्वक ही ज्ञान की ज्ञानरूपता निर्धारित नहीं होती बल्कि ज्ञान स्वयं के स्वरूप के दर्शन रूप होकर, अपने स्वरूप का वेदन करते हुए, उसे महसूस करते हुए ही स्वपर प्रकाशक होता है। इस प्रकार ज्ञान सदैव दर्शनात्मक होकर ही विद्यमान होता है तथा दर्शन रहित ज्ञान की सत्ता कभी नहीं होती।

न केवल ज्ञान ही दर्शनस्वभावी होकर अपने स्वपरव्यवसायात्मक रूप विशिष्ट स्वरूप में अवस्थित होता है बल्कि दर्शन की दर्शनरूपता भी उसमें स्वयं के स्वरूप के निश्चयरूप ज्ञानात्मकता का सद्भाव होने पर ही सम्भव है। वस्तुतः जिस प्रकार दर्शन पदार्थ की सम्वेदना स्वरूप होने के साथ ही साथ पदार्थ से सम्बद्ध आत्म स्वरूप की सम्वेदना स्वरूप भी है उसी प्रकार ज्ञान भी विषयपरक और विषयीपरक दोनों ही अर्थों में स्वपर प्रकाशक होता है। पद्मप्रभमलधारिदेव कहते हैं कि ज्ञान घटादि वस्तुओं की निर्णीति स्वरूप है तथा यह दीपक के समान स्वपर प्रकाशक होता है। व्यवहार नय से ज्ञान लोक के विभिन्न पदार्थों

---

43. सरुवस्स बज्झत्थपडिबद्धस्स संवेयणं दंसणं णाम। ण च वज्झत्थेण असंबद्धं सरूवमत्थि, णाण–सुह–दुक्रवाणं सव्वेसिं पि बज्झत्थावट्टंभबलेणेव तेसिं पवुत्तिदंसणादो।धवला; पुस्तक–15, पृष्ठ–6

44. धवला; पुस्तक–1, पृष्ठ–384

45. अणंत सम्मत्त–णाण–चरण–सुहादिसत्तीणं केवलदंसणविसयाणं बज्झत्थं चेव अस्सिदूण अवट्ठाणुवलंभादो। धवला; पुस्तक–15, पृष्ठ–11

को जानता है। इस अपेक्षा से ज्ञान पदार्थ को जानते समय ही स्वयं के पदार्थ बोध रूप स्वरूप को भी जानता है। इसलिये वह स्वपर के स्वरूप के प्रति निश्चयात्मक बुद्धि स्वरूप है। निश्चय नय से ज्ञान अपनी आत्मा को ही जानता है। इस अपेक्षा से भी ज्ञान स्वपर प्रकाशक ही है क्योंकि ज्ञान का आत्मा के दर्शन, सुख, चारित्रादि गुणों से वस्तुभूत रूप से अभेद होने पर भी संज्ञा, लक्षण, प्रयोजनादि की अपेक्षा भेद है।[46] इस अपेक्षा से ज्ञान, दर्शनादि में भेद होने के कारण "मैं इस पदार्थ के दर्शन स्वरूप हूँ", "मैं सुख स्वरूप हूँ " आदि रूप से ज्ञान आत्मगत दर्शन, सुखादि गुणों को जानते हुए भी स्वपर प्रकाशक ही होता है। इस प्रकार ज्ञान और दर्शन आत्मा के ऐसे दो धर्म हैं जो परस्पर उभयात्मक होते हुए ज्ञानदर्शनमय एक अखण्ड धर्मी हैं। इन्हें नयात्मक बुद्धि द्वारा ज्ञान में और भाषा में ही अलग किया जा सकता है लेकिन तात्त्विक रूप से इनमें अशक्यविवेचनत्व है।[47]

यहाँ यह आपत्ति की जा सकती है कि ज्ञान और दर्शन दो विरोधी धर्म हैं; दर्शन विषयविषयीभेद से रहित अनुभूति है जबकि ज्ञान विषय और विषयी के द्वैत से युक्त अनुभूति है; दर्शन वर्णनातीत और विकल्पातीत अनुभूति है जबकि ज्ञान वर्णन योग्य और सविकल्पक अनुभूति है। ये विरोधी स्वरूप वाले दो धर्म परस्पर अन्योन्यवृत्ति स्वरूप एक धर्मी किस प्रकार हो सकते हैं ? यदि इस आपत्ति के आधार पर ज्ञान और दर्शन को पूर्णतया पृथक पृथक तत्त्व माना जाय तथा ज्ञान को तो मात्र विषय प्रकाशक तथा दर्शन को मात्र विषय से सम्बद्ध आत्मानुभूति रूप स्वीकार किया जाय तो अज्ञात दर्शन और अननुभूत ज्ञानद्ध दोनों के ही अचेतन होने के कारण दोनों की ही सत्ता नहीं होगी। ज्ञान और दर्शन के तादात्म्य सम्बन्ध और उनकी एक अस्तित्वरूपता के प्रतिपादन के सन्दर्भ में नियमसार और उसकी टीका की निम्नलिखित पंक्तियाँ द्रष्टव्य हैं, "यदि ज्ञान को मात्र परप्रकाशक और दर्शन को मात्र आत्मप्रकाशक स्वीकार किया जाय तथा आत्मा स्वपरप्रकाशक है, ऐसा माना जाय तो जिस प्रकार ज्ञान के परप्रकाशक होने के कारण ज्ञान से दर्शन भिन्न है, उसी प्रकार आत्मा के भी परप्रकाशक होने के कारण दर्शन उससे भी भिन्न हो जायेगा। ऐसी स्थिति में दर्शन की सत्ता भी सिद्ध नहीं होगी। इसी प्रकार ज्ञान भी दर्शन से भिन्न होने पर निराश्रय हो जायेगा और तब उसका

---

46. नियमसार, गाथा–159 पर तात्पर्यवृत्ति टीका
47. दंसणणाणाणि तहा जीवणिबद्धाणि णण्णभूदाणि।
वववदेसदो पुधत्तं कुव्वंति हि णो सभावादो।। पंचास्तिकाय संग्रह; गाथा–52

भी सद्भाव सिद्ध नहीं हो सकेगा।''[48] ''इसलिये हे शिष्य, यदि तू ऐसा कहता है कि ज्ञान मात्र परप्रकाशक नहीं है तो तू यह भी स्वीकार कर कि दर्शन भी मात्र स्वप्रकाशक नहीं है। इसलिये यही समाधान सिद्धान्त का हृदय है कि ज्ञान और दर्शन दोनों ही कथंचित् स्वपरप्रकाशक हैं। आत्मा न तो मात्र ज्ञान रूप है और न ही मात्र दर्शन रूप है। बल्कि वह दोनों से युक्त होकर स्वपर को अवश्य ही जानता और देखता है। अघसमूह के नाशक आत्मा में और ज्ञानदर्शन में संज्ञाभेद से भेद किया जाता है लेकिन परमार्थ से अग्नि और उष्णता की भांति इनमें वास्तव में भेद नहीं है।[49] ये पंक्तियाँ ज्ञान और दर्शन के तात्त्विक रूप से उभयात्मक स्वरूप और उनकी एक आत्मद्रव्य रूपता को स्थापित करती हैं।

## ज्ञान और वीर्य

### वीर्य का स्वरूप तथा ज्ञान और वीर्य में अन्तर

ज्ञानमय आत्मा दर्शनात्मक होने के साथ ही साथ वीर्यात्मक द्रव्य भी है। वीर्य शब्द का अर्थ है शक्ति।[50] यह गुण आत्मा की कर्तृत्व शक्ति का परिचायक है तथा व्यक्ति द्वारा किये जा रहे विभिन्न कार्यों को देखकर उसमें इस शक्ति का अनुमान किया जाता है।[51] वास्तव में वीर्य ज्ञानदर्शनोपयोगमय आत्मा का आन्तरिक बल, आन्तरिक शक्ति है। यह आत्मा में विद्यमान उद्यमशीलता की असीम सामर्थ्य है। उपयोगमय आत्मा मुक्तावस्था में अपनी इस सामर्थ्य के द्वारा विश्व के समस्त पदार्थों की त्रैकालिक अवस्थाओं को एक साथ विषय बनाकर उन्हें जानता देखता हुआ सर्वज्ञ और सर्वदर्शी होता है। साथ ही वह अपने इस अनन्तदर्शनज्ञानवीर्यमय स्वरूप को भोगता हुआ अनन्तआनन्द का अनुभव करता है।[52] संसारी जीव की

---

48. नियमसार; गाथा–161–163

49. तदेव ज्ञानं केवलं न परप्रकाशकम् इत्युच्यसे हे शिष्य तर्हि दर्शनमपि न केवलमात्मगतमित्यभिहितम्। ततः खल्विदमेव समाधानं सिद्धान्तहृदयं ज्ञानदर्शनयोः कथंचित् स्वपरप्रकाशत्वमस्त्येवेति। तथा हि्ह आत्मा ज्ञानं भवति न हि वा दर्शनं चैव तद्वत्, ताभ्यां युक्तः स्वपरविषयं वेत्ति पश्यत्यवश्यम्। संज्ञाभेदादघकुलहरे चात्मनि ज्ञानदृष्टयोः, भेदो जातो न खलु परमार्थेन वह्न्युष्णवत्सः ॥ 278 ॥
नियमसार; गाथा–162 पर तात्पर्यवृत्ति टीका

50. वीर्य: शक्तिरित्यर्थ:। धवला; पुस्तक,13; पृष्ठ–390

51. शक्तिक्रियानुमेया ....। अष्टसहस्री; पृष्ठ–78

52. वीर्यान्तरायक्षयात् क्षायिकमनन्तवीर्यम्। किं तत् क्षायिकं वीर्यम्? यद्बलात् केवलज्ञानेन केवलदर्शनेन च कृत्वा सर्वद्रव्याणि सर्वपर्यायाश्च ज्ञातुं द्रष्टुं च केवली शक्नोति। ...... अनन्तवीर्याव्यावाधसुखरूपेणैव तेषां तत्र प्रवृत्तिः....। तत्त्वार्थवृत्ति 2/4

यह वीर्यशक्ति मोह, राग, द्वेषादि विकारी भावों और उसके कारण बंधे हुए वीर्यान्तरायादि कर्मों से आवृत्त होकर मन्द हो जाती है। इस अवस्था में वह शरीर से सम्बद्ध आत्मा होता है तथा वह इन्द्रिय और मन का अवलम्बन लेकर ही ज्ञानार्जन और विभिन्न कार्यों के सम्पादन हेतु उद्यम कर पाता है। इस अवस्था में आत्मा में जितने अंशों में वीर्यान्तराय कर्म का अभाव होता है उतने ही अंशों में उसकी वीर्य शक्ति अभिव्यक्त हो पाती है। संसारी जीव के वीर्य गुण की अभिव्यक्ति की मात्रा के अनुसार उसमें मनोबल, वचन बल और कायबल का सद्भाव होता है।[53] व्यक्ति के ज्ञानावरणीय और वीर्यान्तराय कर्म का क्षयोपशम जितना उत्कृष्ट होता है उसमें ये बल उतनी ही अधिक मात्रा में होते हैं। इसके परिणामस्वरूप व्यक्ति उतनी ही उत्कृष्ट शारीरिक, मानसिक, बौद्धिक या आध्यात्मिक क्रियाओं को सम्पादित करने की सामर्थ्य से सम्पन्न होता है। जैसे पृथ्वीकायिक, जलकायिक आदि एकेन्द्रिय जीवों के ज्ञानावरणीय और वीर्यान्तराय कर्म का बहुत प्रबल उदय होने के कारण उनकी वीर्यशक्ति बहुत अल्प मात्रा में प्रकट हो पाती है। इसके परिणाम स्वरूप इस अवस्था में उनमें मात्र  कर्मोदयजनित सुख दुख को भोगने की सामर्थ्य ही विद्यमान होती है। इस स्तर पर विद्यमान जीव की चेतना को कर्मफलचेतना कहा जाता है।[54] इसके विपरीत द्विइन्द्रिय से लेकर समनस्क पंचेन्द्रिय प्राणियों में वीर्यान्तरायादि कर्मों का अपेक्षाकृत उत्कृष्ट क्षयोपशम विद्यमान होता है। इस स्तर पर आत्मा के वीर्य गुण की अभिव्यक्ति अभीष्ट  वस्तु की प्राप्ति और अनिष्ट वस्तु के परिहार की सामर्थ्य के रूप में होती है। जिस प्राणी की वीर्यशक्ति की अभिव्यक्ति जितनी उत्कृष्ट होती है वह उतना ही अधिक ऊर्जावान, पराक्रमी और संघर्षशील होता है तथा उसमें परेशानियों का सामना करने, विपरीत परिस्थितियों में धैर्य बनाये रखने और इन परिस्थितियों को अपने अनुकूल बनाने हेतु संघर्ष करने की सामर्थ्य उतनी ही अधिक होती है।[55] मन, वचन या शरीर से विभिन्न कार्यों के सम्पादन में संलग्न जीव की चेतना को कर्मचेतना कहा

---

53. अनन्तवीर्यलक्षणबलप्राणादनन्तैकभागप्रमिता मनोवचनकायबलप्राणाः।

वृहद्द्रव्यसंग्रह; गाथा–3 पर ब्रह्मदेवसूरिवृत्ति

54. एके हि चेतयितारः प्रकृष्टतरमोहमलीमसेन प्रकृष्टतरज्ञानावरणमुद्रितानुभावेन चेतकस्वभावेन प्रकृष्टतरवीर्यान्तरायासादितकार्यकारणसामर्थ्याः सुखदुखरूपं कर्मफलमेव प्राधान्येन चेतयंते।

पंचास्तिकाय समयव्याख्या टीका; गाथा–38

55. वीरियं त्ति वा बलंति वा सामत्थं ति वा परक्कमो ति वा थामो ति वा एगट्ठा।

एकार्थक कोष; पृष्ठ–137

जाता है।[56] व्यक्ति में विभिन्न इच्छाओं और आवश्यकताओं का सद्भाव तथा उसके समक्ष विभिन्न समस्याओं का होना उसकी शक्तिहीनता और पराधीनता का परिचायक है। इसलिये इच्छाओं तथा आवश्यकताओं की तृप्ति तथा समस्याओं की निवृत्ति हेतु किया जाने वाला पुरुषार्थ आत्मा के वीर्य गुण की अपेक्षाकृत निम्नस्तरीय पर्याय है। इस गुण की सर्वोत्कृष्ट पर्याय आत्मा का ज्ञानचेतना के रूप में परिणमन है।[57] जब आत्मा के वीर्यान्तरायादि धातिया कर्मों का सम्पूर्णतः क्षय हो जाता है तो वह असीम आत्मबल से सम्पन्न, पूर्णतः स्वाधीन और अपने आप में पूर्ण होता है। इस स्तर पर उसकी कोई इच्छा, कोई आवश्यकता शेष नहीं रहती; विश्व का कोई भी पदार्थ, कोई भी घटना उसके लिये समस्या नहीं बन सकती, उसे दुखी नहीं कर सकती। अपने इस अजेय स्वभाव के कारण ज्ञानचेतना स्वरूप मुक्तात्मा पूर्णतः निर्विकार और कृतकृत्यबुद्धि स्वरूप होता है।[58] साथ ही वह अपने अनन्तवीर्य से सम्पन्न उपयोगमय स्वभाव के कारण विश्व के समस्त पदार्थों को जानता देखता हुआ तथा अपने अनन्तज्ञानादि गुणों से युक्त परमवैभव सम्पन्न स्वरूप को भोगत हुआ अनन्तआनन्दमय सत्ता है।

---

56. अन्ये तु प्रकृष्टतरमोहमलीमसेनापि प्रकृष्टज्ञानावरणमुद्रितानुभावेन चेतकस्वभावेन मनाग्वीर्यान्तरायक्षयोपशमासादितकार्यकारणसामर्थ्याःसुखदुखरूपकर्मफलानुभवनसबलितमपि कार्यमेव प्राधान्येन चेतयंते। पंचस्तिकाय समयव्याख्या टीमा; गाथा–38

वीर्भान्तराय कर्म केवलज्ञानवरणा के समान अनन्तद्रव्यों में निबद्ध है।.....जिस प्रकार केवलज्ञानावरणीय कर्म की अनन्तद्रव्यों में निबद्धता की प्ररूपणाा की गयी है उसी प्रकार वीर्यान्तराय कर्म की भी करनी चाहिये क्योंकि जीव से भिन्न द्रव्य का आश्रय करके वीर्य की प्रवृत्ति देखी जाती है।

धवला; पुस्तक–15, पृष्ठ–14

कस्मिन्चित्स्वरूपचलनकारणे जाते सति घोरपरिषहोपसर्गादौनिजनिरंजनपरमात्मध्याने पूर्वं धैर्यमवलम्वितं तस्यैव फलभूतमनन्तपदार्थपरिच्छितिविषये खेदरहितं अनन्तवीर्यम्।

वृहद्द्रव्यसंग्रह 14 पर ब्रह्मदेवसूरी वृत्ति

किञ्च छद्मस्थानां वीर्यान्तरायक्षयोपशमः केवलिनां तु निरवशेषक्षये ज्ञानं चारित्राद्युत्पतौ सहकारी सर्वत्र ज्ञातव्यः। वृहद्द्रव्यसंग्रह 1/5 पर ब्रह्मदेवसूरि वृत्ति

57. अन्यतरे तु प्रक्षालितसकलमोहकलंकेन समुच्छिन्नकृत्स्नज्ञानावरणतयात्यंतमुन्मुद्रितसमस्तानुभावेन चेतकस्वभावेन समस्तवीर्यान्तरायक्षयासादितानंतवीर्या अपि निर्जीणकर्मफलत्वादत्यन्तकृतकृत्यत्वाच्च स्वतोऽव्यतिरिक्तस्वाभाविकसुखं ज्ञानमेव चेतयंत इति।

पंचास्तिकाय समयव्याख्या टीका; गाथा–38

58. आत्मनो निर्विकारस्य कृतकृत्यधीश्च वा उत्साहो वीर्यमिति यत्कीर्तितः मुनिपुंगवः।

जैनलक्षणावली; पृष्ठ–1021

वीर्य आत्मा की कर्तृत्व शक्ति है। इस शक्ति की अभिव्यक्ति आत्मा द्वारा बाहरी जगत में विभिन्न कार्यों के सम्पादन के रूप में हो अथवा नहीं हो; लेकिन आन्तरिक रूप से वीर्यवान आत्मा अपनी इस शक्ति के द्वारा प्रतिक्षण अपने ज्ञानादि गुणों की उत्कृष्ट या निकृष्ट पर्यायों की रचना करता हुआ विद्यमान होता है। यदि आत्मा अपनी वीर्यशक्ति का उपयोग इन्द्रियों के विषयों को जानने, प्राप्त करने और भोगने हेतु ही करता है तो वह अपने ज्ञान, दर्शन, सुख वीर्य गुणों की निकृष्ट पर्यायों की रचना करता है तथा यदि वह अपनी इन्द्रियों और मन को जीतने तथा कर्म निर्जरा हेतु पुरुषार्थ करता है तो वह अपने ज्ञानादि गुणों की उत्कृष्टतर पर्यायों को उत्पन्न करता हुआ अन्त में अपनी अनन्तचतुष्टयमय पर्याय को प्राप्त करता है। इसलिये आचार्य अमृतचन्द्र वीर्य को परिभाषित करते हुए कहते हैं, ''स्वरूपनिर्वर्तनसामर्थ्यरूपा वीर्यशक्ति'', अर्थात आत्मा द्वारा अपने (विशिष्ट) स्वरूप के निर्वर्तन, अर्थात रचना करने की सामर्थ्य को वीर्य शक्ति कहा जाता है।[59]

प्रत्येक आत्मा में स्वाभाविक रूप से अनन्तवीर्यशक्ति विद्यमान है। विश्व में गायन, वादन, लेखन, आर्थिक सुधारों को सम्भव बनाना, सामाजिक कुरीतियों से संघर्ष आदि जितने सम्भव कार्य हो सकते हैं; उन सभी को उत्कृष्टतम रूप से सम्पादित करने की सामर्थ्य प्रत्येक आत्मा में स्वाभाविक रूप से सदा से विद्यमान है।[60] एक संसारी प्राणी ने अपनी इस सामर्थ्य के प्रति अज्ञान और अविश्वास से युक्त होकर, संसार के भोगों में लीन होकर, अपने आप को सुविधाओं के अधीन बना कर इसे लुप्त कर रखा है। जिन क्षेत्रों में व्यक्ति दृढ संकल्प से युक्त होकर निरन्तर पुरुषार्थ करता है, उन क्षेत्रों में उसकी ज्ञानात्मक और क्रियात्मक शक्तियाँ प्रखर हो जाती हैं। इस अवस्था में आत्मा में सम्भाव्यता रूप से सदा से विद्यमान तथा कर्मों से आवृत्त होकर वर्तमान में अप्रकट सामर्थ्य ही प्रकट होती है। जिस प्रकार तालाब के ऊपर आयी हुई काई को जब प्रयत्न पूर्वक हटाया जाता है तो उस काई के नीचे विद्यमान अपेक्षाकृत निर्मल जल प्रकट होता है लेकिन यदि तालाब का पानी स्वाभाविक रूप से पूर्णतया स्वच्छ हो तो वह सहज रूप से स्वच्छ दृष्टिगोचर होता है। इसी प्रकार संकल्प पूर्वक आत्मा के ज्ञान, दर्शन, सुख, वीर्य गुणों का उत्कृष्ट अथवा निकृष्ट परिणमन अल्पवीर्यमय

59. स्वरूपनिर्वर्तनसामर्थ्यरूपा वीर्यशक्तिः। समयसार आत्मख्यातिटीका–स्याद्वादअधिकार

60. जहा केवलणाणावरणीयं परूविदं अणंतदव्वेसु णिबद्धमिदि तहा विरियंतराइयं पि परूवेयव्वं, जीवादो पुद्यभूददव्वं अस्सिऊण विरियस्य पवुत्तिदंसणादो। धवला; पुस्तक–15, पृष्ठ–14

आत्मा की विशेषता है। मुक्तात्मा की ज्ञान, दर्शन और वीर्य शक्ति के सम्पूर्णत: प्रकट हो जाने के कारण उस अवस्था में आत्मा का उद्यम सहज रूप से अत्यन्त शक्तिशाली होता है और इसलिये मुक्तात्मा विश्व के समस्त पदार्थों को एक साथ जानने देखने हेतु प्रवृत्ति स्वरूप होता हुआ सर्वज्ञ और सर्वदर्शी होता है।

आत्मा की कर्तृत्व शक्ति रूप वीर्यरूपता में ज्ञानदर्शनरूपता अनिवार्यतया विद्यमान होती है तथा ज्ञानदर्शन रहित वीर्य की सत्ता कभी नहीं होती। जैसे खतरों का सामना करने रूप वीर्यरूपता में यह संज्ञानात्मक और भावनात्मक पक्ष अनिवार्यत: विद्यमान होता है कि यह परिस्थिति हमारे जीवन और सुख शान्ति के लिये खतरा होने के कारण अवांछनीय है, इसका इस विधि से निराकरण किया जा सकता है तथा मुझमें इस विधि से इस खतरे का सामना करने की सामर्थ्य विद्यमान है। इस एक अखण्ड ज्ञानदर्शनवीर्यमय अनुभूति में नयात्मक बुद्धि द्वारा विश्लेषण पूर्वक भेद स्थापित किया जाता है तथा इसके संज्ञानात्मक, भावनात्मक और क्रियात्मक पक्ष को क्रमश: ज्ञान, दर्शन और वीर्य नाम दिये जाते हैं। ज्ञान का लक्षण स्वपरप्रकाशक रूप से, दर्शन का लक्षण स्वपरसम्वेदक रूप से और वीर्य का लक्षण क्रियात्मिका शक्ति रूप से दिया जाता है। ज्ञान, दर्शन और वीर्य में नाम और लक्षण की अपेक्षा ही भेद नहीं है बल्कि इनके कारण भी भिन्न भिन्न हैं। जीव में ज्ञानशक्ति का सद्भाव ज्ञानावरणीय कर्म के, दर्शनशक्ति का सद्भाव दर्शनावरणीय कर्म के तथा वीर्यशक्ति का सद्भाव वीर्यान्तराय कर्म के क्षयोपशम या क्षय पूर्वक होता है। जैसे एक व्यक्ति बुद्धिमान हो सकता है; उसके विभिन्न कार्यों के सम्पादन विषयक ज्ञानावरणीय कर्म का उत्कृष्ट क्षयोपशम हो सकता है और इसलिये वह इन क्रियाओं के संज्ञानात्मक पक्ष से सुपरिचित हो सकता है। इसके बावजूद उसके वीर्यान्तराय कर्म का प्रबल उदय हो सकता है और इसलिये वह अपने आप को इन कार्यों को करने में असमर्थ महसूस करता है।[61] उपर्युक्त अन्तरों के साथ ही साथ ये गुण स्वसंवेदन प्रत्यक्ष द्वारा परस्पर भिन्न भिन्न स्वरूप में ज्ञात होते हैं। इस प्रत्यक्ष द्वारा आत्मा का ज्ञान गुण "मैं इस पदार्थ या क्रिया को जान रहा हूँ", दर्शन गुण "मैं इस पदार्थ को देख रहा हूँ" और वीर्य गुण "मैं इस कार्य के सम्पादन की सामर्थ्य से सम्पन्न हूँ"। रूप से ज्ञात होते हैं। ये भेद

61 वीर्यान्तराये उत्साहमुद्यमं चिकीर्षुरपि नोत्सहते। तत्त्वार्थवृत्ति 7/13
तथा यदुदयात् सत्यपि नीरूजि शरीरे यौवनिकायामपि वर्तमानोऽल्पप्राणो भवति यद्वा बलवत्यपि शरीरे साध्येऽपि प्रयोजने हीनसत्वतया न प्रवर्तते तद्वीर्यान्तरायम्।

जैनलक्षणावली; पृष्ठ–1022

यह सिद्ध करते हैं कि ज्ञान, दर्शन और वीर्य आत्मा के तीन अलग अलग गुण हैं।

## ज्ञान और वीर्य में तादात्म्य सम्बन्ध

ज्ञान और वीर्य में नाम, लक्षण, प्रयोजनादि की अपेक्षा भेद होते हुए भी तात्त्विक रूप से अभेद है। ये आत्मा के ऐसे दो गुण हैं जो परस्पर गुण-गुणी भाव से अवस्थित होते हुए आत्मा नामक एक द्रव्य हैं। वीर्य आत्मा की कर्तृत्व शक्ति है। इस शक्ति की अभिव्यक्ति संसारी अवस्था में शारीरिक, मानसिक क्रियाओं के रूप में, ज्ञानार्जन हेतु उद्यम के रूप में, खतरों का सामना करने रूप साहस पूर्ण क्रिया के रूप में अथवा कर्म निर्जरा हेतु उद्यम रूप मोक्ष पुरुषार्थ के रूप में भी हो सकती है; तथा मुक्तावस्था में आत्मा के इस गुण की अभिव्यक्ति केवलज्ञानदर्शनोपयोग रूप और अनन्त आनन्दानुभूति रूप में होती है। आत्मा के वीर्य गुण की अभिव्यक्ति का स्वरूप कुछ भी हो उसमें संज्ञानात्मक, सम्वेदनात्मक और क्रियात्मक पक्ष अनिवार्यतया विद्यमान रहते हैं। ये पक्ष उसमें परस्पर निरपेक्ष तीन धाराओं के रूप में विद्यमान नहीं होते; बल्कि ये एक दूसरे में व्याप्त होकर, एक दूसरे की विशेषता होते हुए एक अखण्ड सत्ता के रूप में अवस्थित रहते हैं। ज्ञान सदैव उत्कृष्ट या हीन वीर्य से सम्पन्न होकर तथा वीर्य सदैव यथार्थ या मिथ्या, निम्नस्तरीय या उच्चस्तरीय ज्ञान से सम्पन्न होकर ही विद्यमान होता है तथा ज्ञानरहित वीर्य और वीर्य रहित ज्ञान की सत्ता कभी नहीं होती।

## बौद्धिक क्रिया के स्तर पर ज्ञान और वीर्य में तादात्म्य सम्बन्ध

जैसा कि हम पहले देख चुके हैं, आत्मा ज्ञानदर्शनोपयोगमय चेतन द्रव्य है। उसके इस उपयोगात्मक स्वभाव में सदैव किसी न किसी पदार्थ को विषय बनाकर उसे जानने देखने हेतु उद्यम रूप वीर्यरूपता शाश्वत रूप से विद्यमान है। अपने इस वीर्य से सम्पन्न उपयोगमय स्वभाव के कारण आत्मा सदैव किसी न किसी पदार्थ पर ध्यान केन्द्रित करके उसे जानता देखता हुआ ही विद्यमान होता है तथा ज्ञानदर्शन रहित आत्मा की सत्ता कभी नहीं होती। ज्ञानार्जन हेतु उद्यम ज्ञानरहित क्रिया न होकर ज्ञानमय क्रिया है। ज्ञानमय आत्मा इस क्रिया के विशिष्ट स्वरूप को स्वयं के बौद्धिक स्तर और मूल्यचेतना के अनुसार स्वतन्त्रतया निर्धारित करता है। एक संसारी प्राणी, विशेष रूप से मानव के जीवन में अनेक समस्याएं होती हैं, उसके अनेक लक्षय होते हैं। वह इन समस्याओं से निवृत्ति और अभीष्ट लक्ष्यों की प्राप्ति के उपायों को जानने हेतु ज्ञानार्जन की सक्रिय, अन्वेषणात्मक

और विचारात्मक विधि को भी अपना सकता है तथा वह इनके सम्बन्ध में विभिन्न प्रमाणों द्वारा सामान्य जानकारी एकत्रित करके भी सन्तुष्ट हो सकता है।[62] ज्ञानार्जन की प्रथम विधि मानवीय ज्ञान की विकासात्मक प्रक्रिया है। इसके द्वारा मानव इन्द्रिय प्रत्यक्ष, शब्द प्रमाण आदि के द्वारा प्रारम्भ में सामान्य रूप से जाने गये पदार्थ को निरन्तर उद्यम पूर्वक और अधिक, और अधिक विशिष्ट स्वरूप में जानता है। मानवीय ज्ञान के विकास की यह प्रक्रिया इन्द्रिय, मन, प्रकाश, उपदेशादि बाह्य सामग्री द्वारा स्वतः घटित नहीं होती बल्कि यह प्रक्रिया वीर्यवान आत्मा द्वारा स्वयं के चयन और प्रयत्न पूर्वक स्वतन्त्रतया सम्पादित की जाती है। उदाहरण के लिये मानव के मतिज्ञान (इन्द्रिय प्रत्यक्ष) का विकास अवग्रह, ईहा, अवाय और धारणा के क्रम से होता है। व्यक्ति जब इन्द्रियों के माध्यम से किसी पदार्थ पर ध्यान केन्द्रित करता है तब उसे उस पदार्थ के सामान्य स्वरूप के निश्चय रूप अवग्रह ज्ञान होता है। यदि मानव उस अवगृहीत पदार्थ के विशेष स्वरूप को जानने के प्रति जिज्ञासु होता है तो ही उसका ज्ञान ''यह ऐसा है अथवा अन्य प्रकार का है'' रूप संशयरूपता प्राप्त करता है; अन्यथा उसका ज्ञान अवग्रह के स्तर पर ही रह जाता है। यदि व्यक्ति अवगृहीत पदार्थ के प्रति प्रश्नों और संशयों के निराकरण हेतु उद्यत होता है तो ही उसका ज्ञान ईहारूपता प्राप्त करता है, अन्यथा---। इस प्रकार ज्ञानार्जन की प्रक्रिया ज्ञानमयआत्मा के स्वयं के चयन और प्रयत्न पूर्वक सम्पादित होने वाली प्रक्रिया है जो इसके वीर्यात्मक स्वरूप की परिचायक है।

ज्ञानार्जन की प्रक्रिया में स्वयं के चयन और संकल्क पूर्वक ज्ञानार्जन हेतु उद्यम रूप वीर्यरूपता ही समाहित नहीं है अपितु इस प्रक्रिया में संज्ञानात्मकता का तत्त्व भी विद्यमान है। उदाहरण के लिये जब व्यक्ति को इन्द्रियार्थसन्निकर्ष पूर्वक पदार्थ का ''यह वस्तु लम्बी और पतली है'' रूप अवग्रह ज्ञान होता है तो इसके पश्चात उसे इस पदार्थ के प्रति ''यह रस्सी है या साँप'' रूप से संशय तभी हो सकता है जबकि उसने भूतकाल में रस्सी और साँप दोनों का प्रत्यक्ष किया हो तथा वह अपने इस पूर्वार्जित ज्ञान के अवलम्बन पूर्वक पदार्थ के विशिष्ट स्वरूप को जानने के लिये उत्सुक हो। व्यक्ति को इस संशय के निराकरण पूर्वक पदार्थ के विशिष्ट स्वरूप का निश्चय तभी हो सकता है जबकि वह ऊहापोहात्मक चिन्तन (यदि ऐसा है तो यह भी होना चाहिये तथा यदि ऐसा नहीं है तो .....)

62. मानव की ज्ञानार्जन की विधि के प्रकार और उनके गुण–दोष विवेचन के लिये देखें–अध्याय–8 : ज्ञानार्जन के साधनः प्रमाण और नय

द्वारा विभिन्न सम्भावनाओं पर विचार करता है तथा इन सम्भावनाओं की दिशा में योजनाबद्ध रूप से तथ्यों की खोज हेतु प्रवृत्त होता है। जैसे-व्यक्ति यह विचार करता है कि यदि यह साँप है तो इसे लकड़ी से छूने पर इसमें हलन चलन होना चाहिये, इसके फण होना चाहिये...। इन विभिन्न सम्भावनाओं को दृष्टि में रखते हुए व्यक्ति लकड़ी, टार्च आदि की सहायता से पदार्थ के हलन चलन, फण आदि विशेषताओं के सद्भाव-अभाव को जानने के लिये प्रवृत्त होता है तथा इन विशेषताओं का अभाव ज्ञात होने पर वह पदार्थ को ''यह रस्सी है'' रूप विशिष्ट स्वरूप में जानता है। इस प्रकार ज्ञानार्जन हेतु प्रयत्न ज्ञानरहित प्रयत्न न होकर ज्ञानमय प्रयत्न हैं। जो व्यक्ति जितना अधिक बुद्धिमान होता है, जिसकी जिज्ञासाएं जितने उच्च स्तर की होती हैं; उसे अपनी जिज्ञासाओं की तृप्ति हेतु उतने ही उत्कृष्ट बुद्धिमतापूर्ण प्रयत्नों की आवश्यकता होती है। व्यक्ति के ये प्रयत्न जितने उच्च स्तर के होते हैं वह विषय बन रहे पदार्थ का उतना ही उच्चस्तरीय ज्ञान प्राप्त कर सकता है।

प्रत्यक्ष, अनुमानादि विभिन्न प्रमाणों द्वारा ज्ञात हुए तथ्यों के विशेष स्वरूप के प्रति अनेक प्रश्नों और जिज्ञासाओं का सद्भाव तथा इनके निराकरण हेतु अन्वेषणात्मक प्रयत्न ज्ञानार्जन की विकासात्मक प्रक्रिया है। इस प्रक्रिया के अवलम्बन पूर्वक एक बुद्धिमान और विचारवान व्यक्ति ज्ञेय पदार्थ के स्वरूप का निरन्तर और अधिक उत्कृष्ट ज्ञान प्राप्त कर सकता है। लेकिन एक सामान्य व्यक्ति प्रायः ज्ञानार्जन की इस विधि को नहीं अपनाता। प्रायः उसके ज्ञानार्जन की प्रक्रिया का स्वरूप विभिन्न प्रमाणों से पदार्थ की विभिन्न विशेषताओं की सामान्य जानकारी का संग्रह करना मात्र होता है। जैसे जब एक सामान्य व्यक्ति शब्द प्रमाण द्वारा आत्मा के स्वरूप को जानना चाहता है तो वह इसके लिये विभिन्न ग्रन्थों का अध्ययन करके आत्मा की विभिन्न विशेषताओं की जानकारी एकत्रित करता है। उसका यह ज्ञान आत्मा की ज्ञात हो रही विशेषताओं के प्रति प्रश्नों और जिज्ञासाओं तथा इनके समाधान हेतु अन्वेषणात्मक प्रयत्नों से रहित ज्ञान होने के कारण बहुत निम्नस्तरीय ज्ञान है। अपने इस पुरुषार्थ द्वारा व्यक्ति आत्मा की विभिन्न विशेषताओं को परस्पर निरपेक्ष रूप से ही जान पाता है तथा वह इन विशेषताओं की परस्पर धर्मधर्मीभाव से युक्त एक आत्मद्रव्यरूपता को नहीं जान पाता। इस समय आत्मा के वीर्यात्मक स्वरूप की अभिव्यक्ति ''मुझे शब्द प्रमाण द्वारा आत्मा के स्वरूप को जानना है तथा इसके लिये मुझे इन शास्त्रों का अध्ययन करना हैं'' रूप संकल्प और इस संकल्प की क्रियान्विति हेतु योजना पूर्वक शास्त्रों के अध्ययन

के रूप में होती है। ज्ञप्ति क्रिया का यह संकल्प, योजना और तदनुरूप प्रयत्न से युक्त स्वरूप आत्मा के ज्ञान गुण के वीर्य से सम्पन्न स्वरूप को और वीर्य गुण के ज्ञान से सम्पन्न स्वरूप को सिद्ध करता है।

आत्मा एक ज्ञानदर्शनमय चेतन द्रव्य है। उसकी इस चैतन्यरूपता में ही चयनात्मकता और प्रवृत्तिरूपता विद्यमान होने के कारण यह ज्ञानदर्शनमय चेतना ही वीर्यात्मक तत्त्व भी है। उसकी इस वीर्यरूपता की अभिव्यक्ति संसारी अवस्था में जिज्ञासा पूर्वक और इन्द्रियादि की सहायता से किसी पदार्थ विशेष को तथा मुक्तावस्था में सहज रूप से तथा इन्द्रियादि से निरपेक्ष रूप से विश्व के समस्त पदार्थों को युगपत् जानने हेतु पुरुषार्थ के रूप में होती हैं। एक मुक्तात्मा अपनी अनन्तज्ञानसामर्थ्य, क्षायिक सम्यक्त्व, क्षायिक चारित्रादि विशेषताओं और अनन्तवीर्य से सम्पन्न उपयोगमय स्वभाव के कारण विश्व के समस्त पदार्थों की त्रैकालिक एक साथ विषय बनाकर उन्हें जानने हेतु प्रवृत्त होता है तथा इसके द्वारा वह केवलज्ञान-रूपता प्राप्त करता है।[63]

## शारीरिक, वाचसिक क्रियाओं के स्तर पर ज्ञान और वीर्य में तादात्म्य सम्बन्ध

एक संसारी प्राणी के वीर्य गुण की अभिव्यक्ति मात्र बौद्धिक क्रिया के सम्पादन स्वरूप ही नहीं होती, बल्कि इसकी अभिव्यक्ति दैनिक जीवन की सामाम्य शारीरिक, वाचसिक, मानसिक क्रियाओं के सम्पादन के रूप में भी होती है। एक संसारी जीव के वीर्यान्तराय कर्म के क्षयोपशम के अनुसार मनोबल, वचनबल और कायबल का सद्भाव होता है। इस शक्ति के सद्भावानुसार वह शरीर, वाणी और मन से विभिन्न क्रियाओं का सम्पादन कर सकता है। व्यक्ति की इन क्रियाओं के सम्पादन का मात्र शारीरिक, मानसिक पक्ष ही नहीं है, चेतनापरक पक्ष भी है। इस पक्ष के स्तर पर ज्ञान और वीर्य परस्पर एक दूसरे की विशेषता होते हुए, एक दूसरे में व्याप्त होते हुए एक सत्ता के रूप में विद्यमान हैं। जब कोई व्यक्ति साइकिल चलाने, भोजन बनाने आदि कार्यों को करता है तो वह इस

---

63. जाणंतो पस्संतो ईहापुव्वं ण होई केवलिणो। नियमसार, गाथा-172 पूर्वार्द्ध

जानन् सर्वं भुवनभवनाभ्यन्तरस्थं पदार्थं, पश्यन् तद्वत् सहज महिमा देवदेवो जिनेशः।।
मोहाभावादपरमखिलं नैव गृह्णाति नित्यं ज्ञानज्योतिर्हतमलकलिः सर्वलोकैकसाक्षी।।

नियमसार, पृष्ठ-347

दृग्बोध द्रडिमोपगूडविततत्रैलोक्यभारोन्मुखः व्यायामार्पितचण्डवीर्यरभसस्फारीभवज्ज्योतिषः।
उच्चण्डोत्कलिकाकलापबहुलाः संभूय मुञ्चन्ति ते स्पष्टोद्योतविकाशमांसलरूचश्चैतन्यनीराजनाः।।

लघुतत्त्वस्फोट 24/5

ज्ञान पूर्वक कि, इन कार्यों को कैसे किया जाता है, इन कार्यों को करता है। जैसे जो व्यक्ति यह जानता है कि सब्जी बनाते समय पहले सब्जी को काटकर धोया जाता है, फिर अग्नि पर कड़ाई रख कर उसमें तेल डाला जाता है, तेल के गर्म हो जाने पर ....; वही व्यक्ति जब अपने इस ज्ञान के अनुसार योजनाबद्ध रूप से सब्जी बनाने हेतु प्रवृत्त होता है तो वह इस क्रिया के विभिन्न चरणों के प्रति निर्णय लेता हुआ उन्हें सम्पादित करता है तथा सम्पन्न हो रहे चरणों को ध्यान से देखता हुआ आगे के चरणों के प्रति निर्णय लेता है। कार्य सम्पादन की इस प्रक्रिया में वह अपने सब्जी बनाने की प्रक्रिया के वर्णनात्मक ज्ञान को ही क्रियात्मक ज्ञानरूपता प्रदान करता है। इस प्रकार किसी भी शारीरिक क्रिया के सम्पादन हेतु पुरुषार्थ ज्ञान से सम्पन्न पुरुषार्थ है जो आत्मा के ज्ञान और वीर्य गुण के तादात्म्य सम्बन्ध का परिचायक है।

**साहस पूर्ण क्रियाएं तथा ज्ञान और वीर्य में तादात्म्य सम्बन्ध**

आत्मा का वीर्य गुण शारीरिक, मानसिक, बौद्धिक क्रियाओं के सम्पादन की सामर्थ्य स्वरूप ही नहीं है अपितु इस गुण की अभिव्यक्ति व्यक्ति के साहसी, पराक्रमी, ओज तेज से सम्पन्न व्यक्तित्व के रूप में भी होती है।[64] जिस व्यक्ति के वीर्यान्तराय कर्म का क्षयोपशम जितना प्रखर होता है उसमें ये विशेषताएं उतने ही उत्कृष्ट रूप से विद्यमान होती हैं। इन विशेषताओं के स्तर पर भी ज्ञान सदैव वीर्यमय होकर ही तथा वीर्य ज्ञान से सम्पन्न होकर ही विद्यमान होता है तथा ज्ञान रहित वीर्य और वीर्य रहित ज्ञान की सत्ता नहीं होती। इन गुणों में इस अभेद का सद्भाव होने पर भी ज्ञान के विशेष स्वरूप से वीर्य का और वीर्य के विशेष स्वरूप से ज्ञान का विशेष स्वरूप निर्धारित नहीं होता। जैसे एक बुद्धिमान और विद्वान व्यक्ति आलसी और कायर भी हो सकता है तथा कर्मठ और साहसी भी हो सकता है। वह विपरीत परिस्थितियों में धैर्य बनाये रखकर उनका सामना भी कर सकता है तथा उनसे भयभीत होकर पलायन भी कर सकता है। दोनों ही स्थितियों में उसका वीर्य गुण ज्ञान की ही विशेषता है। प्रथम स्थिति में व्यक्ति इन परिस्थितियों का सामना करके इन पर नियन्त्रण स्थापित करने की विधि को भली प्रकार जानता है; लेकिन साथ ही वह यह भी जानता और महसूस करता है कि उसमें ऐसा करने की सामर्थ्य नहीं है। उसका यह शक्तिहीनता

---

64. वीर्य-(1) शूरवीरता, पराक्रम, बहादुरी; (2) बल, सामर्थ्य (3) उर्जा, दृढ़ता, साहस, (4) शक्ति, क्षमता आप्टे कृत संस्कृत हिन्दी कोष; पृष्ठ-937

की अनुभूति से युक्त ज्ञान मन्दवीर्यमय ज्ञान है। इसके विपरीत दूसरा व्यक्ति, जो समस्या विशेष का सामना करने की प्रक्रिया को वर्णनात्मक रूप से जानने के साथ ही साथ अपने में इस ज्ञान के अनुसार कार्य कर सकने की सामर्थ्य का भी अनुभव करता है, उसका यह ज्ञान शक्तिसम्पन्न या वीर्यमय ज्ञान है। जिस प्रकार व्यक्ति के वीर्य गुण की अभिव्यक्ति का विशेष स्तर उसके ज्ञान की ही विशेषता होता हुआ विद्यमान होता है; उसी प्रकार उसके ज्ञान का विशेष स्वरूप उसकी क्रियाशीलता के वैशिष्ट्य को निर्धारित करता है। जैसे एक मन्दबुद्धि और बुद्धिमान दोनों ही व्यक्ति समान शारीरिक और मानसिक बल से सम्पन्न हो सकते हैं। उनमें विभिन्न कार्यों को सम्पादित करने का, खतरों का सामना करने का हौसला समान रूप से विद्यमान हो सकता है; लेकिन उनके ज्ञान का वैशिष्ट्य उनकी कार्यशैली के वैशिष्ट्य को निर्धारित करता है। यदि व्यक्ति का ज्ञान मिथ्या या निम्नस्तरीय होता है तो वह उसके अनुसार कार्य करके समस्याओं को समाप्त करने के स्थान पर और उलझा देता है तथा यदि उसका ज्ञान यथार्थ और उच्चस्तरीय होता है तो वह परिस्थितियों पर नियन्त्रण स्थापित करने और अभीष्ट लक्ष्यों को प्राप्त करने में सक्षम होता है। आत्मा के वीर्य गुण में मात्र बौद्धिक पक्ष ही गर्भित नहीं है अपितु इसमें भावनात्मक पक्ष भी विद्यमान है। व्यक्ति मात्र इस जानकारी से युक्त होकर कि इस कार्य का सम्पादन इस प्रकार किया जाता है और मुझमें इस कार्य को करने की सामर्थ्य है, किसी कार्य को करने के लिये तत्पर नहीं होता। इसके विपरीत वह अपनी भावनाओं के विशिष्ट स्वरूप के अनुसार किसी कार्य को करने के लिये प्रवृत्त होता है। यदि एक बुद्धिमान और वीर्यवान व्यक्ति स्वार्थी और क्रूर होता है तो वह अपनी ज्ञानात्मक और क्रियात्मक शक्तियों का ध्वंसात्मक प्रयोग करता है; तथा यदि वह दयालु और परोपकारी होता है तो वह अपनी इन शक्तियों के द्वारा सृजनात्मक और लोककल्याणकारी कार्यों का सम्पादन करता है। उदाहरण के लिये महमूद गजनवी स्वार्थी और क्रूर था। उसे भारत की अपार सम्पत्ति आकर्षित कर रही थी। इसे प्राप्त करने के लिये उसने पहले भारत की आन्तरिक परिस्थितियों का व्यापक अध्ययन किया। इस जानकारी के आधार पर उसने भारत पर योजनाबद्ध रूप से अनेक बार आक्रमण किये; हर बार उसने व्यापक जनहानि की, मन्दिर तोडे. और भारत से अपार सम्पत्ति लूट कर ले गया। उसे अपने इस ध्वंसात्मक लक्ष्य में सफलता इसलिये मिली क्योंकि उसका पुरुषार्थ प्रतिद्वन्दी की स्थिति की यथार्थ जानकारी तथा तदनुरूप योजना पूर्वक किया गया पुरुषार्थ था। इसके विपरीत भारतीय

शासकों के वीर्य गुण की पर्याय अज्ञान से सम्पन्न थी। भारत के राजाओं में पराक्रम और शौर्य की कोई कभी नहीं थी लेकिन वे अपनी इस शक्ति का उपयोग एक दूसरे को नीचा दिखाने की भावना से युक्त होकर आपसी संघर्ष हेतु ही कर रहे थे। उन्हें भारत के बाहर हो रही राजनीतिक, आर्थिक और बौद्धिक गतिविधियों और उन गतिविधियों के भारत पर पड़ने वाले तात्कालिक और दूरगामी प्रभावों को जानने में कोई रूचि नहीं थी। अपने वीर्य गुण की इस अज्ञान और ईर्ष्या द्वेष से युक्त अभिव्यक्ति के कारण भारतीय शासकों को इस विदेशी आक्रान्ता से बार बार पराजित होना पड़ा।

वीरता के भाव को वीर्य कहा जाता है।[65] एक वीर व्यक्ति विजेता होता है। शस्त्रबल, बाहूबल आदि बाह्य साधनों के अवलम्बन पूर्वक बाह्य जगत में स्थित शत्रुओं से संघर्ष करना और उन पर विजय प्राप्त करना आत्मा के वीर्य गुण की अपेक्षाकृत निम्नस्तरीय अभिव्यक्ति है। इसके विपरीत प्रेम, क्षमा, मैत्री, अहिंसा आदि सद्गुणों के द्वारा अपने शत्रुओं पर विजय प्राप्त करना अधिक उत्कृष्ट आत्मबल से सम्पन्न आत्मा का कार्य है। व्यक्ति का यह पुरुषार्थ भी ज्ञानदर्शन से सम्पन्न पुरुषार्थ है तथा इस पुरुषार्थ के स्तर पर भी ज्ञानदर्शन से रहित वीर्य और वीर्य से रहित ज्ञानदर्शन की सत्ता नहीं होती। उदाहरण के लिये गांधीजी ने अहिंसक विधि से भारत के स्वतन्त्रता आन्दोलन का संचालन किया तथा देश को ब्रिटिश शासन से मुक्त कराने में सफलता प्राप्त की। गांधीजी ने देखा कि मुठ्ठीभर अंग्रेज करोडों भारतीयों पर इसलिये शासन कर पा रहे हैं कि शासन व्यवस्था में भारतीयों का सहयोग है। यदि भारतीय शासन व्यवस्था में अंग्रेजों को सहयोग देना बन्द कर दें, सरकारी नौकरियों का पूरी तरह से परित्याग कर दें, विदेशी सामान को काम में लेना बन्द कर दें तथा अन्यायपूर्ण कानूनों का पालन करना बन्द कर दें तो ब्रिटिश सरकार का भारत पर शासन करना और उसे गुलाम बनाये रखना असम्भव है। इस ज्ञान के अनुसार योजना पूर्वक गांधीजी ने सत्याग्रह, असहयोग आन्दोलन, स्वदेशी आदि अहिंसक विधियों से स्वतन्त्रता आन्दोलन का नेतृत्व किया। इसके लिये उन्होंने देशवासियों में सुप्त रूप से विद्यमान आत्मबल को जागृत किया तथा उनमें सभी प्रकार की कठिनाइयों और अत्याचारों का शान्तिपूर्ण विधि से सामना करते हुए देश को स्वतन्त्र कराने

65. वीर्य = वीर–यत्, वीरस्य भावे यत् वा। Apte's Sansk rit English Dictionary; Page -883

हेतु तीव्र इच्छा शक्ति विकसित की। अहिंसक संघर्ष की यह विधि अपने अन्दर सुप्त रूप से विद्यमान आत्मबल को जागृत कर निरन्तर अधिक प्रखर बनाते हुए संघर्ष करने की विधि है। पुरुषार्थ की इस विधि में परिस्थितियों की समझ तथा उन पर नियन्त्रण स्थापित करने हेतु योजना पूर्वक कार्य करने की विशेषता विद्यमान है। यह विशेषता इस स्तर पर भी आत्मा के ज्ञान और वीर्य गुणों में तादात्म्य सम्बन्ध से युक्त एक अस्तित्वरूपता की परिचायक है।

## आध्यात्मिक क्रिया के स्तर पर ज्ञान और वीर्य में तादात्म्य सम्बन्ध

एक संसारी आत्मा के वीर्य गुण की सर्वोत्कृष्ट अभिव्यक्ति मोक्ष प्राप्ति हेतु पुरुषार्थ के रूप में होती है। लौकिक समस्याओं के समाधान और लौकिक शत्रुओं पर विजय प्राप्त करने हेतु पुरुषार्थ संसारी जीव के वीर्य गुण की अपेक्षाकृत निम्नस्तरीय अभिव्यक्ति है। इस अवस्था में वीर्य गुण की सर्वोत्कृष्ट अभिव्यक्ति अपनी आत्मा के आन्तरिक शत्रु, जिन्होंने उसकी अनन्तज्ञानादि शक्तियों को लुप्त करके उसे अल्पज्ञानी, शक्तिहीन और पराधीन बना रखा है, जिनके कारण वह अनादि काल से शरीर से संयुक्त होकर बार बार जन्म मरण कर रहा है और जन्म, वृद्धावस्था, रोग आदि से होने वाले असह्य कष्टों को भोग रहा है; उन आन्तरिक शत्रुओं से संघर्ष करके उन पर विजय प्राप्त करने हेतु पुरुषार्थ के रूप में होती है। आत्मा के आन्तरिक शत्रु हैं–अनादिकालीन मिथ्याज्ञान, राग, द्वेष आदि भाव कर्म तथा इनके कारण बंधने वाले ज्ञानावरणीयादि पुद्गल कर्म। पद्मप्रभमलधारिदेव कहते हैं, ''एक वीर व्यक्ति विक्रान्त होता है। (जो निरन्तर उद्यम पूर्वक अपने लक्ष्य तक जाता है उसे विक्रान्त कहा जाता है।) जो व्यक्ति अपनी वीरता के द्वारा, शौर्य के द्वारा, निरन्तर उद्यम पूर्वक कर्म शत्रुओं पर विजय प्राप्त करता है वही व्यक्ति वास्तविक वीर है। ऐसा व्यक्ति ही संसार परिभ्रमण के कारणभूत मोह, राग, द्वेषादि पर विजय प्राप्त करके जिनरूपता (या मुक्तावस्था) को प्राप्त करता है।''[66] अपने आध्यात्मिक शत्रुओं को सदा के लिये समाप्त करके मुक्तावस्था को प्राप्त करने हेतु किया जाने वाला यह पुरुषार्थ तत्त्वदर्शनज्ञानमय पुरुषार्थ है। इसकी तत्त्वदर्शनज्ञानमय पुरुषार्थरूपता को स्पष्ट करते हुए ब्रह्मदेव सूरि कहते हैं, ''अपनी आत्मा के शुद्ध स्वरूप के अभिमुख होकर उसकी निरन्तर भावना करने के फलस्वरूप प्रकट हो रही निर्मल आत्मानुभूति रूपी खड्ग से कर्म शत्रुओं को

66. अनेकजन्माटवीप्रापणहेतून् समस्तमोहरागद्वेषादीन् जयतीति जिनः। वीरो विक्रान्तः, वीरयते शूरयते विक्रामति कर्मारातीन् विजयत इति वीरः। नियमसार टीका; गाथा–1

नष्ट किया जाता है।''[67] एक उत्कृष्ट वीर्य से सम्पन्न मुमूक्षू शुद्धात्मस्वरूप की भावना से युक्त होकर अपने भूख, प्यास, सर्दी,गर्मी आदि से होने वाले कष्टों को, इन्द्रियों और मन को, क्रोधादि कषायों को जीतता हुआ निरन्तर कर्मों का क्षय करता है तथा अन्त में समस्त कर्मों को नष्ट करके अनन्तदर्शनज्ञानसुखवीर्यमय मुक्तावस्था को प्राप्त करता है।[68] एक मुमुक्षू द्वारा किये जाने वाले मोक्ष पुरूषार्थ के इस ज्ञानदर्शनमय स्वरूप का विस्तृत विवेचन हम अगले अध्याय में करेंगे।

वीर्य आत्मा की कर्तृत्व शक्ति है। इस शक्ति द्वारा आत्मा विभिन्न शारीरिक, वाचसिक क्रियाओं के सम्पादन में संलग्न हो अथवा नहीं हो, लेकिन अपनी इस शक्ति द्वारा वह प्रतिक्षण अपने ज्ञानादि गुणों की उत्कृष्ट अथवा निकृष्ट पर्यायों को उत्पन्न करता हुआ विद्यमान होता है।[69] वीर्यवान आत्मा एक ज्ञानदर्शनोपयोगमय द्रव्य है। वह अपनी समस्त प्रवृत्ति के विशिष्ट स्वरुप को अपने सत्तामीमांसीय और मूल्यमीमांसीय दर्शन और ज्ञान के अनुसार स्वतन्त्रतया निर्धारित करता है। व्यक्ति का अपने वास्तविक स्वरुप, जगत और जीवन के स्वरुप औ जीवन के चरम लक्ष्य के प्रति बौद्धिक निर्णय सत्तामीमांसीय और मूल्यमीमांसीय ज्ञान कहलाता है। इस बौद्धिक निर्णय की गहन अनुभूति, अपनी अन्तरंगता से इसके प्रति भावनात्मक समर्पण और श्रद्धा को सत्तामीमांसीय और मूल्यमीमांसीय दर्शन कहा जाता है। एक मिथ्यादृष्टि व्यक्ति, चाहे वह देहात्मवादी हो अथवा अध्यात्मवादी, अपने आप को स्वरूपतः ज्ञान, वीर्य आदि गुणों से रहित सत्ता मानता है। उसके लिये अपनी ज्ञानादि शक्तियों का विकास साध्य रुप में शुभ न होकर बाह्य जगत की विभिन्न

---

67. निजशुद्धात्माभिमुखपरिणामसंज्ञेन च निर्मलभावनाविशेषखड्गेन पौरूषं कृत्वा कर्मशत्रुं हन्तीति।

वृहद्द्रव्यसंग्रह ब्रह्मदेवसूरिवृत्ति, गाथा–37

68. शूरवीरः विक्रान्तो वीरयति स्म कषायोपसर्गपरिषहेन्द्रियशत्रुगणजयं प्रति विक्रामति स्मेति वीरः। विदारयति यत्कर्मः तपसा च विराजते। तपोवीर्येण युक्तश्च तस्मात् वीरः इति स्मृतः।

जैन लक्षणावली; पृष्ठ–1021

वहिरङ्गेन्द्रियसंयमप्राणसंयमबलेनाभ्यन्तरे स्वशुद्धात्मनि यत्नपरत्वं संयमः। बहिरङ्गानशनादितपोबलेनाभ्यन्तरे परद्रव्येच्छानिरोधेन च स्वस्वरूपे प्रतपनं विजयनं तपः।

प्रवचनसार तात्त्पर्यवृत्ति; गाथा–263

... तेषां क्षुधादिवेदनानां तीव्रोदयेऽपि सुखदुखजीवितमरणलाभा-लाभनिन्दाप्रंशसादिसमतारूपपरमसामयिकेन...निजपरमात्मभावनासंजातनिर्विकारनित्यानन्द-लक्षणसुखामृतसंवितेरचलनं स परीषहजय इति।

वृहद्द्रव्यसंग्रह ब्रह्मदेवसूरिवृत्ति; गाथा–35

69. स्वरूपनिर्वर्तनसामर्थ्यरूपा वीर्यशक्ति। समयसार आत्मख्याति टीका; स्याद्वाद अधिकार

उपलब्धियों और भौतिक सुखों की प्राप्ति का साधन मात्र है।[70] यह मिथ्यादर्शनज्ञानरूपता प्रत्येक संसारी प्राणी में अनादिकाल से विद्यमान होती है। जब व्यक्ति गुरुपदेश पूर्वक अपने वास्तविक स्वरुप को जानकर उस ज्ञान का निरन्तर मनन करता है तो वह इस सम्यग्दर्शनज्ञान से सम्पन्न होता है कि वह स्वभावत: ज्ञानदर्शनसुखवीर्यस्वभावी चेतन आत्मा है। उसकी ज्ञानादि शक्तियों का विकास विभिन्न लौकिक लक्ष्यों की प्राप्ति का साधन मात्र न होकर साध्य रूप में शुभ है तथा अपनी इन शक्तियों का पूर्ण विकास ही उसके जीवन का चरम लक्ष्य है।[71] एक मिथ्यादृष्टि और सम्यग्दृष्टि व्यक्ति बाहरी जगत में समान कार्यों को करते हुए और समान पदार्थों को भोगते हुए दृष्टिगोचर हो सकते हैं लेकिन अपनी आध्यात्मिक क्रिया के स्तर पर वे अपने तत्त्वज्ञानमय भावों से तत्त्वज्ञानमय भावों को उत्पन्न करते हुए तथा इसके द्वारा अपने ज्ञानादि गुणों की उत्कृष्ट अथवा निकृष्ट पर्यायों के कर्ता होते हुए विद्यमान होते हैं।[72]

एक मिथ्यादृष्टि व्यक्ति और आत्मविकास की यात्रा के प्रारम्भिक चरण में अवस्थित सम्यग्दृष्टि व्यक्ति-दोनों में ही समान रुप से अनेक इच्छाएं, आवश्यकताएं, महत्वाकांक्षाएं विद्यमान होती हैं। दोनों ही इन इच्छाओं आदि की पूर्ति के उपायों को जानने और तदनुरुप कार्य करने हेतु प्रवृत्त होते हैं। इसके लिये दोनों ही सर्दी, गर्मी, भूख, प्यास आदि के कष्टों पर विजय प्राप्त करते हुए तथा अपने लक्ष्य प्राप्ति के मार्ग में आ रहे विघ्नों से संघर्ष करते हुए प्रयत्नशील रहते हैं। जिन क्षेत्रों मे वे जितना अधिक संघर्ष करते हैं उन क्षेत्रों में उनकी ज्ञानात्मक और क्रियात्मक शक्तियाँ उतनी ही अधिक प्रखर हो जाती हैं। इसके फलस्वरुप उन क्षेत्रों में वे उतने ही अधिक बुद्धिमान और कार्यकुशल हो जाते हैं। एक मिथ्यादृष्टि और सम्यग्दृष्टि व्यक्ति के आचरण में इतने अंशों में समानता होने

---

70. मिथ्यात्वस्योदयो भवति जीवानामनन्तज्ञानादिचतुष्टयरूपं शुद्धात्मतत्त्वमुपादेयं विहायान्यत्रयचछ्रद्धानं रूचिरूपमुपादेय बुद्धि.. समयसार तात्त्पर्यवृत्ति; गाथा-132-36

71. विशुद्धज्ञानदर्शनस्वभावेनिजपरमात्मनि यद्रूचिरूपं सम्यग्दर्शनम्। वही; गाथा-2
केवलज्ञानाद्यनन्तगुणसहितपरमात्मोपादेयत्वे सति वीतपगसर्वज्ञ-प्रणीतषट्द्रव्यपंचास्तिकायसप्ततत्त्वनवपदार्थरूचिरूपस्य मूढत्रया-दिपंचविंशतिदोषरहितस्य...चतुर्थगुणस्थानवर्तिसरागसम्यक्त्वस्य....
समयसार तात्त्पर्यवृत्ति; गाथा-177-8

72. कुणदि भावमादा कत्ता सो होदि तस्स कम्भस्स।
णाणिस्स स णाणमओ अण्णाणमओ अणाणिस्स।। समयसार; गाथा-126

पर भी इनकी चेतना के धरातल पर घटित हो रही तत्त्वदर्शनज्ञानमय क्रिया का स्वरूप पूर्णतया भिन्न होता है। एक मिथ्यादृष्टि व्यक्ति का समस्त पुरूषार्थ इस मूल्यानुभूति, इसे साकार करने हेतु संकल्प और योजना से युक्त होता है कि धन, भवन आदि भोग्य पदार्थ मेरे लिये उपादेय हैं। इनकी प्राप्ति पूर्वक ही मैं सुखी हो सकता हूँ और इसलिये मुझे ये प्राप्त करने हैं। व्यक्ति की उत्कृष्ट वीर्य से सम्पन्न यह मूल्यानुभूति ही वह क्रियात्मिक। शक्ति है जो उसे अपने अभीष्ट लक्ष्यों की प्राप्ति के मार्ग में आ रहे विघ्नों और कष्टों से संघर्ष कर उन पर विजय प्राप्त करने हेतु पुरूषार्थी बनाती है। इस मूल्यानुभूति से सम्पन्न आचरण द्वारा जब व्यक्ति अपने अभीष्ट लौकिक लक्ष्यों और भौतिक सुख के साधनों को प्राप्त कर लेता है तो वह अपनी उद्यमशीलता की प्रवृत्ति का परित्याग कर पंचेन्द्रियों के भोगों में लीन हो जाता है। इसके फलस्वरूप उसकी ज्ञानात्मक और क्रियात्मक शक्तियों का ह्रास प्रारम्भ हो जाता है जो उसके जीवन को कष्टमय बना देता है। इन कष्टों से मुक्ति पाने हेतु व्यक्ति पुनः उद्यमशीलता की प्रवृत्ति को अपनाता है। उत्थान और पतन के इस चक्र में गतिमान प्राणी अपनी स्वरूपनिर्वर्तन सामर्थ्य रूप वीर्यशक्ति द्वारा अपने लौकिक लक्ष्यों की प्राप्ति को साध्य रूप में शुभ तथा ज्ञानादि शक्तियों के विकास को उस लक्ष्य की प्राप्ति का साधन मात्र स्वीकार करने वाले मिथ्यादर्शनज्ञानमय भावों से मिथ्यादर्शनज्ञानमय भावों का कर्ता होता हुआ[73] तथा इसके द्वारा अपने ज्ञानादि गुणों की समय समय पर उत्कृष्ट और निकृष्ट पर्यायों को प्राप्त करता हुआ संसार में परिभ्रमण करता रहता है।

शरीर से एकत्व की अनुभूति और जगत के विभिन्न पदार्थों के प्रति इष्ट अनिष्ट बुद्धि रूप मिथ्या मूल्यचेतना का सद्भाव एक प्रारम्भिक स्तर पर विद्यमान सम्यग्दृष्टि व्यक्ति में भी होता है और इसलिये वह अभीष्ट पदार्थों की प्राप्ति और अनिष्ट पदार्थों से निवृत्ति हेतु पुरूषार्थ भी करता है, लेकिन इस पुरूषार्थ को करते समय वह आन्तरिक रूप से अपनी अनादि कालीन मिथ्या मूल्य चेतना को निस्तेज करने, गुरूमुख से प्राप्त अपनी आत्मा के अनन्तज्ञानादि शक्तियों से सम्पन्न शुद्धात्मस्वरूप के ज्ञान को गहन और सरस अनुभूति से सम्पन्न बनाने तथा अपनी आध्यात्मिक शक्तियों का विकास करने हेतु भी प्रयत्नशील रहता

---

73. अज्ञानमयाद्भावाज्जीवपदार्थात् अज्ञानमय एव जायते भावः पर्यायो यस्मात्कारणात्... यतः एव तस्मात्कारणात्सर्वेभावाः परिणामा अज्ञानमया मिथ्यात्वरागादिरूपा भवन्ति। कस्य, अज्ञानिनः शुद्धात्मोपलब्धिरहितस्य मिथ्यादृष्टेर्जीवस्येति। समयसार तात्पर्यवृति; गाथा–128-9

है।[74] जैसे जब तत्त्वदृष्टा लौकिक लक्ष्यों की प्राप्ति के मार्ग में कठिनाईयों का सामना करने पर अपने अन्दर हताशा, निराशा और थकान का अनुभव करता है तो वह इस मन:स्थिति से ऊपर उठकर कठिनाईयों से संघर्ष हेतु उर्जा इन लक्ष्यों की सार्थकता की अनुभूति से प्राप्त नहीं करता, बल्कि वह अपनी आध्यात्मिक शक्तियों की गहन अनुभूति से सम्पन्न होकर अपने अन्दर आत्मविश्वास और उत्साह का संचार करता है। वह यह भावना करता है कि मैं ज्ञानदर्शनसुखवीर्यस्वभावी आत्मा हूँ। मुझमें जानने, देखने और कार्य करने की असीम सामर्थ्य विद्यमान है तथा यह थकना, टूटना और निराश होना मेरा स्वभाव नहीं है। इस शुद्धात्मानुभूति और अपनी कमजोरियों से भेद विज्ञान स्वरूप होकर जब वह अपने अभीष्ट लौकिक लक्ष्यों की प्राप्ति हेतु उद्यत होता है तो अपने इस उद्यम द्वारा वह अपने अनादिकालीन मिथ्याज्ञान के संस्कारों को मन्द कर सम्यग्ज्ञान को उत्कृष्ट दर्शन से सम्पन्न बनाता हुआ अपनी ज्ञानादि शक्तियों के विकास की यात्रा में गतिमान होता है। अमृतचन्द्र कहते हैं कि अपने शुद्धात्मस्वरूप की अनुभूति तथा इसके द्वारा अपनी अनादिकालीन मिथ्या मान्यताओं, राग, द्वेष, क्रोधादि विकारी भावों से भेदविज्ञान स्वरूप होकर उनसे संघर्ष करते हुए इनके विनाश तथा सम्यक्त्व, वीतरागता आदि स्वभाव भावों के विकास हेतु पुरूषार्थ को ज्ञानमय भाव कहा जाता है।[75] जो व्यक्ति अविच्छिन्न, धारावाहिक रूप से अपने शुद्धात्मस्वरूप का अनुभव करता हुआ विद्यमान होता है वह अपने इन ज्ञानमय भावों से निरन्तर अधिक उत्कृष्ट ज्ञानमय भावों का कर्ता होता है। बार बार की भावना द्वरा जैसे जैसे व्यक्ति के ये ज्ञानमय भाव निरन्तर अधिक गहन अनुभूति तथा उत्कृष्ट और प्रखर वीर्य या कर्तृत्व शक्ति से सम्पन्न होते जाते हैं, इन भावों के द्वारा उसका अपने कर्म के संयोग से प्रकट हो रहे मिथ्यात्व, राग, द्वेषादि विकारी भावों से संघर्ष भी उतना ही उग्र होता जाता है[76] तथा इस संघर्ष की पराकाष्ठा को प्राप्त करते हुए अन्त में व्यक्ति

74. मिथ्यात्वादि सप्तप्रकृतिनां यथासंभवं चारित्रमोहस्य चोपशम, क्षयोपशमक्षये सति स्वकीयस्वकीयगुणस्थानानुसारेण यद्यपि हेयबुद्धया विषयसुखमनुभवति भव्यजीव: तथापि निजशुद्धात्मभावनोत्पन्नमतीन्द्रियसुखमुपादेयं मन्यते।

पंचास्तिकाय तात्त्पर्यवृत्ति; गाथा–163

75. इह खलु रागद्वेषमोहसंपर्कजोऽज्ञानमय एव भाव:, अयस्कान्तोपलसंपर्कज इव कालायससूचीं कर्म कर्तुमात्मानं चोदयति। तद्विवेकजस्तु ज्ञानमय:, अयस्कान्तोपलविवेकज इव कालायस–सूचीमकर्मकरणोत्सुकमात्मानं स्वभावेनैव स्थापयति। समयसार आत्मख्याति; गाथा–167

76. द्रव्यस्य शक्तिविशेष: सामर्थ्यं वीर्यमिति निश्चीयते।....वीर्यवतो हि आत्मन: तीव्रतीव्रतरादिपरिणामविशेषो जायते। तत्त्वार्थवार्तिक; पृष्ठ–512

अपनी समस्त मिथ्या मान्यताओं, कमजोरियों आदि को जड़ से समाप्त करके अपनी अनन्तदर्शनज्ञानसुखवीर्यमय परमात्मरूपता को प्राप्त करता है।[77]

अपने शुद्धात्मस्वरूप के प्रति प्रतिक्षण जागृत तथा अपने इस स्वरूप को प्राप्त करने के प्रति संकल्पवान तत्त्वज्ञानी जब बाहरी जगत में अर्थ और काम पुरुषार्थ हेतु प्रवृत्त होता है तो वह अपनी प्रत्येक क्रिया द्वारा अपने ज्ञान, दर्शन, सुख और वीर्य गुण की निरन्तर अधिक उत्कृष्ट पर्याय को प्राप्त करता है। किसी भी कार्य को करते समय वह उस कार्य को कुशलता पूर्वक सम्पादित करने के प्रति सजग रहने के साथ ही साथ अपनी चेतना की अवस्थाओं पर भी दृष्टि रखता है तथा अपने अन्दर विद्यमान अपनी ज्ञानादि शक्तियों के प्रति उपेक्षा भाव तथा इन शक्तियों के सीमित उपयोग की प्रवृत्ति को पहचान कर उससे संघर्ष करता है। आत्मनिरीक्षण करते हुए तत्त्वज्ञानी यह देखता है कि वह अपनी ज्ञान, दर्शन और वीर्य शक्तियों का उपयोग मात्र स्वयं के, अपने परिवारजनों और इष्ट मित्रों के सुख में वृद्धि और कष्टों की समाप्ति हेतु ही कर रहा है तथा उसमें अन्य प्राणियों के सुख दुख के प्रति सम्वेदनशीलता का अभाव है। वह विभिन्न कार्यों को करते हुए यह ध्यान नहीं रखता कि उसके इन कार्यों का अन्य प्राणियों पर क्या प्रभाव पड़ रहा है, कहीं उसके कार्यों से किसी को कोई कष्ट तो नहीं हो रहा। तत्त्वज्ञानी अपने अन्दर विद्यमान इस स्वार्थपरता, व्यापक हित को दृष्टि में रखते हुए ज्ञानार्जन तथा कार्यसम्पादन के प्रति उपेक्षा भाव आदि की प्रवृत्ति को पहचानता है तथा इसे समाप्त करने तथा अपने में सभी प्राणियों से मैत्रीभाव, दुखी प्राणियों के प्रति करुणाभाव आदि भावनाओं के विकास हेतु प्रयत्नशील रहता है।[78] वह निरन्तर इस अनुभूति और संकल्प को गहन बनाता है कि मैं ज्ञानदर्शनस्वभावी आत्मा हूँ; इस प्रकार स्वार्थपरक दृष्टिकोण, अन्यों के सुख-दुख के प्रति उदासीनता और उपेक्षा भाव से युक्त होकर कार्य करना मेरा स्वभाव नहीं है। इसलिये मुझे इस प्रवृत्ति का परित्याग करके अपनी प्रत्येक क्रिया का सम्पादन पूर्ण सजगता, अन्य प्राणियों के सुख दुख के प्रति सम्वेदनशीलता और स्वपरकल्याण की भावना से युक्त होकर करना है। इस अनुभूति और संकल्प से युक्त तत्त्वज्ञानी किसी घटना को जानते हुए, किसी कार्य को करते हुए और

77. यो हि निरवच्छिन्नधारावाहिना ज्ञानेन शुद्धमात्मानमुपलभमानोऽवतिष्ठते स ज्ञानमयाद् भावात् ज्ञानमय एव भावो भवतीति कृत्वा प्रत्यग्रकर्मास्त्रवणनिमित्तस्य रागद्वेषमोहसन्तानस्य निरोधाच्छुद्धमेवात्मानं प्राप्नोति।

समयसार आत्मख्याति; गाथा-186

78. अध्याय-4, सन्दर्भ- 60-63

किसी पदार्थ को भोगते हुए निरन्तर यह जानने के लिये प्रयत्नशील रहता है कि इन घटनाओं, कार्यों आदि के उस पर स्वयं पर, अन्य मानवों, पशुपक्षियों और सूक्ष्म प्राणी जगत पर क्या क्या तात्कालिक और दूरगामी इष्ट अनिष्ट प्रभाव पड़ेंगे और इन अभीष्ट प्रभावों में वृद्धि और अनिष्ट प्रभावों से निवृत्ति को किस प्रकार सम्भव बनाया जा सकता है। इस ज्ञान को अर्जित करने के उपरान्त व्यक्ति अपने अभीष्ट लौकिक लक्ष्यों की प्राप्ति हेतु प्रयत्नशील होने के साथ ही अन्य मानवों, पशु पक्षियों आदि के कष्ट निवारण, उन्हें अभयदान देने आदि लोककल्याणकारी कार्यों को भी करता है। हम अगले अध्याय में विस्तार से देखेंगें कि एक तत्त्वदृष्टा किस प्रकार अपने लौकिक लक्ष्यों की सिद्धि हेतु किये गये सम्यग्दर्शनज्ञानमय प्रयत्नों से अपनी स्वार्थ, हिंसा, क्रोध, लोभ आदि अनादिकालीन दुष्प्रवृत्तियों से संघर्ष कर उन्हें समाप्त करता है तथा अपने में प्राणी मात्र के प्रति मैत्री भाव, करूणा, अहिंसा, क्षमा आदि उत्कृष्ट चारित्रिक गुणों का विकास करता है। अपनी आत्मा के शुद्ध स्वरूप की अनुभूति को गहन बनाते हुए अपने में मैत्री आदि चारित्रिक गुणों के विकास हेतु किया गया यह पुरूषार्थ धर्म पुरूषार्थ कहलाता है।[79] इस धर्म पुरूषार्थ पूर्वक किए गये अर्थ और काम पुरूषार्थ से व्यक्ति की विषयासक्ति मन्द होती जाती है, वह स्वाभाविक निराकुलता, शान्ति और आनन्द से सम्पन्न होता जाता है[80]; निरन्तर अधिक बुद्धिमान, सम्वेदनशील और उत्साही होता जाता है तथा अपने आध्यात्मिक विकास के उस स्तर को प्राप्त करता है जब वह इन पुरूषार्थों से ऊपर उठकर मोक्ष प्राप्ति हेतु पुरूषार्थ कर सके तथा इस पुरुषार्थ द्वारा अनन्तदर्शनज्ञानसुखवीर्यमय अरिहन्त अवस्था को प्राप्त कर सके। आध्यात्मिक शक्तियों के विकास की पराकाष्ठा को प्राप्त अरिहन्त विश्वकल्याणकारी स्वरूप में अवस्थित होते हैं। उनका सभाभवन समवशरण अर्थात सभी को समान रूप से शरण देने वाला होता है तथा उसमें वे अमीर-गरीब, ब्राह्मण-शूद्र, मनुष्य-

---

79. दंसणमूलो धम्मो। — दर्शनपाहुड; गाथा-2 पूर्वार्द्ध

चारित्तं खलु धम्मो। — प्रवचनसार; गाथा-7 पूर्वार्द्ध

संसारे पतन्तं जीवमुद्धृत्य---अव्यावाधानन्तसुखाद्यनन्तगुणलक्षणे मोक्षपदे धरतीति धर्मः। तस्य च भेदाः कथ्यन्ते-अहिंसालक्षणः सागारानगारलक्षणो वा उत्तमक्षमादिलक्षणो वा शुद्धात्मसंवित्यात्मकमोहक्षोभरहितात्मपरिणामो वा धर्मः। वृहद्द्रव्यसंग्रह ब्रह्मदेवसूरि वृत्ति; गाथा- 35

80. मिथ्यात्वादिसप्तप्रकृत्युपशमक्षयोपशमक्षये सति, अध्यात्मभाषया निजशुद्धात्माभिमुख परिणामे वा सति शुद्धात्मभावनोत्पन्ननिर्विकारवास्तवसुखामृतमुपादेयं कृत्वा संसारशरीरभोगेषु योऽसौ हेयबुद्धि सम्यग्दर्शनशुद्धः स चतुर्थगुणस्थानवर्ती व्रतरहितो दार्शनिको भण्यते।

वृहद्द्रव्यसंग्रह ब्रह्मदेवसूरिवृत्ति; गाथा-45

पशु आदि सभी प्राणियों को समान रूप से उनके अनन्त वैभव सम्पन्न वास्तविक स्वरूप का ज्ञान और इस स्वरूप को प्राप्त करने का उपाय बताते हुए विद्यमान होते हैं। इस प्रकार एक सम्यग्दृष्टि व्यक्ति द्वारा किये जाने वाले धर्म, अर्थ, काम और मोक्ष पुरूषार्थ उसके अभ्युदय (लौकिक उत्थान) और निश्रेयस (मोक्ष) दोनों की प्राप्ति के साधन हैं। इन पुरूषार्थों के इस महत्त्व को प्रतिपादित करते हुए श्रुतसागर सूरि कहते हैं, "धर्मपालन, अर्थोपार्जन, कामभोग और मोक्ष प्राप्ति हेतु उपायः ये चार पुरूषार्थ हैं। जो इन पुरुषार्थों की साधना करता है वह वास्तव में वीर है, साहसी है। जो व्यक्ति इन पुरुषार्थों की साधना नहीं करते वे प्रमादी संसार सागर में परिभ्रमण करते रहते हैं। प्रथम तीन पुरुषार्थों के साधक श्रावक कहलाते हैं तथा जो मोक्ष प्राप्ति हेतु पुरुषार्थरत हैं वे साधु कहलाते हैं। जो व्यक्ति पुरुषार्थी होता है वही धनवान होता है, उसका शरीर स्वस्थ और मजबूत होता है। वह धर्मात्मा, न्यायप्रिय, देशोद्धारक, विश्वकल्याणकारी और परमसुखी होता है।"[81]

न केवल एक सम्यग्दृष्टि व्यक्ति, बल्कि एक मिथ्यादृष्टि व्यक्ति भी अपने में अहिंसा, सत्य आदि श्रेष्ठ नैतिक मूल्यों के विकास हेतु सजग हो सकता है, वह भी व्यापक सामाजिक कल्याण के लक्ष्य को दृष्टि में रखकर कार्य कर सकता है। इसका कारण यह है कि पंचेन्द्रियों के विषयों में आसक्ति की तीव्रता व्यक्ति को स्वार्थी, हिंसक, क्रोधी, रोगी ---- बनाती है। समाज के सदस्यों की यह प्रवृत्ति सामाजिक व्यवस्था को ध्वस्त करती है। इस व्यवस्था के चरमराने पर व्यक्ति का जीवन कष्टों से भर जाता है। इस तथ्य से सुपरिचित बुद्धिमान, सम्वेदनशील और वीर्यवान व्यक्ति स्वयं के पंचेन्द्रियों के विषयों में आसक्ति और लीनता की प्रवृत्ति को त्याज्य तथा व्यापक सामाजिक कल्याण को उपादेय स्वीकार कर सकता है। इस लक्ष्य की प्राप्ति हेतु वह एक श्रेष्ठ आर्थिक, सामाजिक, राजनीतिक और नैतिक व्यवस्था के निर्माण हेतु प्रयत्नशील हो सकता है। वह ऊँचे नैतिक मूल्यों का आराधक होकर स्वयं में सत्यनिष्ठा, करुणा, कर्तव्यपरायणता, अहिंसादि सद्गुणों का विकास कर सकता है तथा समाज के सभी सदस्यों को सद्गुणी जीवन जीने के लिये प्रेरित कर सकता है। यदि व्यक्ति का यह समस्त पुरुषार्थ अपने ज्ञानदर्शनसुखवीर्यमय स्वभाव की अनुभूति और इस स्वभाव के अनुरुप आचरण के संकल्प से युक्त होकर किया गया पुरुषार्थ है तो यह उसके वीर्य गुण की

---

81. श्रावक धर्म प्रदीप; पृष्ठ–123

सम्यग्दर्शनज्ञान से सम्पन्न पर्याय है, उसकी चेतना के स्थायी रुपान्तरण का साधन है और इसलिये उसका यह पुरुषार्थ सम्यग्चारित्र स्वरुप है। इसके विपरीत यदि व्यक्ति के लिये अपने में नैतिक मूल्यों और आध्यात्मिक शक्तियों का विकास साध्य रुप में शुभ नहीं है: वह अपने इस विकास हेतु पुरुषार्थ मात्र एक अच्छी सामाजिक व्यवस्था के निर्माण और उसके द्वारा लौकिक सुख की प्राप्ति के लक्ष्य को दृष्टि में रखकर कर रहा है तो उसका यह समस्त पुरुषार्थ उसके वीर्य गुण की मिथ्यादर्शनज्ञान से सम्पन्न अभिव्यक्ति है, मिथ्याचारित्र रूप है: क्योंकि उसका यह विकास उसकी चेतना का स्थायी रूपान्तरण न होकर क्षणिक परिवर्तन है। समाज के सदस्यों में इमानदारी, कर्तव्यनिष्ठा, दया आदि सद्गुणों के विकास से समाज आर्थिक, सामाजिक, राजनीतिक और बौद्धिक विकास के उत्कर्ष के प्राप्त करता है। इससे समाज में सुखशान्ति स्थापित होती है। अपने नैतिक विकास हेतु पुरुषार्थ के इस अभीष्ट लक्ष्य की प्राप्ति के साथ ही समाज के सदस्य अपने नैतिक सद्गुणों को बनाये रखने और इनका विकास करने के प्रति उदासीन हो जाते हैं। साथ ही वे ज्ञानार्जन आदि क्षेत्रों में उद्यमशीलता की प्रवृत्ति का परित्याग कर सन्तोषी वृत्ति को अपना लेते हैं। इसके फलस्वरूप उनकी ज्ञानादि शक्तियों का ह्रास प्रारम्भ हो जाता है जो उनके जीवन को कष्टमय बना देता है। अपनी ज्ञानादि शक्तियों के विकास को लौकिक उपलब्धियों का साधन मात्र स्वीकार करने वाले मिथ्यादर्शनज्ञान से सम्पन्न व्यक्ति और समाज स्वयं के कार्यों से किस प्रकार अपनी ज्ञानादि शक्तियों के विकास और ह्रास के चक्र में फँसे रहते हैं, इसे समझने के लिये हम भारत के इतिहास पर दृष्टिपात करें। प्राचीन काल में भारत के निवासी आत्मा की ज्ञान, दर्शन, वीर्य शक्तियों के विकास में संलग्न थे। एक गृहस्थ सदाचार पूर्ण जीवन जीते हुए अर्थ और काम पुरुषार्थ करता था तथा ऋषिमुनि अपने ज्ञान, दर्शन, सुख, वीर्य गुणों की निरन्तर अधिक उत्कृष्ट पर्यायों को प्राप्त करने हेतु प्रयत्नशील रहते थे। इसके लिये वे प्राणी मात्र के प्रति मैत्री भाव का विकास करने हेतु ध्यानावस्था में 'सर्वे भवन्तु सुखिन:-----' जैसी भावनाओं का मनन करते थे तथा बाहरी जगत में प्रवृत्ति स्वरूप होने पर वे इन भावनाओं के अनुरुप कार्य करते थे। इस अवस्था में वे बच्चों को शिक्षित करते थे, आयुर्वेदादि लोककल्याणकारी विज्ञानों के क्षेत्र में अनुसंधान, ग्रन्थ रचना आदि कार्यों को करते थे। भारत के निवासियों की इस उद्यमशीलता की प्रवृत्ति के फलस्वरुप इस देश ने आर्थिक, सामाजिक, बौद्धिक और नैतिक विकास की पराकाष्ठा को प्राप्त किया। अधिकांश भारतीयों का यह उद्यम अपनी

ज्ञानादि शक्तियों के विकास को साधन रुप में शुभ स्वीकार करने वाली अनादि कालीन मिथ्या मूल्यचेतना के विनाश तथा इन शक्तियों के पूर्ण विकास को साध्य रुप में शुभ स्वीकार करने वाली सम्यक् मूल्यचेतना के विकास हेतु पुरुषार्थ से रहित था। इसके परिणामस्वरुप समृद्धि के इस उत्कर्ष ने भारतीयों को श्रम से विमुख करके सन्तोषी बना दिया। श्रम के प्रति उदासीनता की यह प्रवृत्ति व्यवहार में ही नहीं, सिद्धान्त में भी घटित हुई। ज्ञानदर्शनसुखवीर्यमय आत्मा की आराधना का सिद्धान्त कुछ ग्रन्थों में बन्द होकर रह गया। आत्मा को पूर्णरूपेण निष्क्रिय, कूटस्थनित्य (पूर्णरूपेण परिवर्तनरहित और सदैव एक रुप) शुद्ध अनुभूति या सच्चिदानन्द अनुभूति के रूप में परिभाषित किया गया; ज्ञान, वीर्य आदि गुणों को जड. प्रकृति की विशेषताएं या शरीर से सम्बद्ध आत्मा का सौपाधिक स्वरूप स्वीकार किया गया। बौद्धिक श्रम से अर्जित पदार्थों के ज्ञान को अनादि अविद्या जनित भ्रम कहा गया तथा शारिरीक श्रम द्वारा आजीविका अर्जित करने वालों को शूद्र कहकर तिरस्कृत किया गया। ज्ञान, दर्शन, वीर्य को त्याज्य समझने वाली इस सत्तामीमांसीय और मूल्यमीमांसीय दृष्टि और समझ को आचरणरुपता प्रदान करते हुए भारत के निवासियों ने पिछले डेढ. हजार वर्ष में कोई उल्लेखनीय वैज्ञानिक अनुसंधान कार्य नहीं किया; वे बार बार विदेशी आक्रान्ताओं से पराजित हुए तथा सदियों तक गुलामी को भोगा। पिछले डेढ. सौ वर्षों में भारतीय पहले स्वतन्त्रता प्राप्ति हेतु तथा उसके बाद आर्थिक और बौद्धिक विकास हेतु उद्यमशील हुए; और आज समृद्धि के प्रकर्ष पर अवस्थित अमेरिका के राष्ट्रपति को अपने बच्चों से यह कहना पड़ रहा है, ''पढ़ो लिखो, नहीं तो सारी नोकरियाँ भारतीय ले जायेंगे।''[82] इस प्रकार मिथ्यादर्शनज्ञान से युक्त वीर्य से सम्पन्न व्यक्ति और समाज समय समय पर अपने ज्ञानादि गुणों की उत्कृष्ट और निकृष्ट पर्यायों के कर्ता होते हुए उत्थान और पतन के चक्र में फँसे रहते हैं।

एक मिथ्यादृष्टि और सम्यग्दृष्टि व्यक्ति समान रुप से व्यक्तिगत हित की सिद्धि या लोककल्याणकारी कार्यों को करते हुए ही दृष्टिगोचर नहीं होते; बल्कि वे मोक्ष प्राप्ति की आकांक्षा से युक्त होकर मुनि भी बनते हैं, वे समान रुप से शास्त्रोक्त विधि से अहिंसादि महाव्रतों का पालन करते हैं, क्षमा, मृदुता आदि धर्मो की पराकाष्ठा को प्राप्त करते हैं, अनेक दिनों के उपवासादि कठोर तप भी करते हैं। इस समानता के होने पर भी मिथ्यादृष्टि व्यक्ति का यह समस्त

82. दैनिक भास्कर, जयपुर संस्करण; 1 नवम्बर 2005

पुरुषार्थ बालतप मात्र है। वह इस पुरुषार्थ को अपनी आत्मा के शरीर से भिन्न, अजर, अमर, अविनाशी अनन्तदर्शनज्ञानसुखवीर्यमय स्वरुप की अनुभूति को गहन बनाते हुए तथा इस तत्त्वज्ञान की भावना से उत्पन्न आनन्दामृत का पान करते हुए सम्पादित नहीं करता; इसलिये अपनी इन क्रियाओं द्वारा पुण्य का संचय करके वह स्वर्ग ही प्राप्त कर सकता है तथा उसे मोक्ष प्राप्त नहीं हो सकता।[83] इसके विपरीत एक सम्यदृष्टि मुनि अपनी आत्मा के शुद्ध स्वरुप के ज्ञान का निरन्तर मनन कर उसका प्रतपन करते हुए, उसे प्रतापवंत बनाते हुए तथा इस ज्ञान के ममन से उत्पन्न हो रहे आनन्दामृत का पान करते हुए अहिंसादि व्रत, समिति, गुप्ति, परिषहजय आदि क्रियाओं को सम्पादित करता है।[84] वह अपने वीर्य गुण के इस निरन्तर अधिक प्रखर और सरस सम्यग्दर्शनज्ञानमय परिणमन द्वारा अपने अनादिकालीन मिथ्यात्व की जडों को नष्ट करता है तथा विशुद्धि के उस स्तर को प्राप्त करता है जबकि वह समस्त बाह्य क्रियाओं से निवृत्त होकर अपनी आत्मा के शुद्ध स्वरुप के ध्यान में लीन हो सके तथा इस ध्यानाग्नि द्वारा समस्त कर्मों को नष्ट कर परमात्मरूपता प्राप्त कर सके।[85]

उपर्युक्त विवेचन से स्पष्ट है कि संसारी आत्मा के वीर्य गुण की अभिव्यक्ति तथ्यपरक दर्शनज्ञान से सम्पन्न होकर ही विद्यमान नहीं होती बल्कि यह तत्त्वमीमांसीय और मूल्यमीमांसीय दर्शनज्ञान से युक्त होकर भी विद्यमान होती है। यदि आत्मा के वीर्य गुण की पर्याय मिथ्यादर्शनज्ञान से सम्पन्न पर्याय है तो वीर्यवान आत्मा मिथयाचारित्र स्वरूप होकर समय समय पर अपने ज्ञानादि गुणों की उत्कृष्ट और निकृष्ट पर्यायों का कर्त्ता होता हुआ संसार में परिभ्रमण करता रहता है। इसके विपरीत एक सम्यग्दर्शनज्ञानमय वीर्य से सम्पन्न आत्मा अपने सम्यग्दर्शनज्ञानमय भावों को निरन्तर अधिक गहन, प्रखर और सरस बनाता हुआ आध्यात्मिक शक्तियों के विकास की यात्रा में गतिमान रहता है। उसके इस सम्यग्दर्शनज्ञानमय कर्तृत्व

---

83. परमट्ठम्हि दु अठिदो जो कुणदि तवं वदं च धरेई।

तं सव्वं बालतवं बालवदं विंति सव्वण्हू।।

वदणियमाणि धरंता सीलाणि तहा तवं च कुव्वंता।

परमट्ठ बाहिरा जे णिव्वाणं ते ण विंदंति।। समयसार; गाथा–152–153

84. विस्तृत विवेचन के लिये देंखे–अध्याय–4 ज्ञानावरणीय कर्म के क्षय की प्रक्रिया और सर्वज्ञता

85. अध्यात्मभाषया शुद्धात्मभावनां बिना आगमभाषया तु वीतरागसम्यक्त्वं बिना व्रतदानादिकं पुण्यबन्धकारणमेव न च मुक्तिकारणम्। सम्यक्त्वसहितं पुनः परम्परया मुक्तिकारणं च भवति।
समयसार तात्पर्यवृत्ति; गाथा–145

से उसकी ज्ञानज्योति निरन्तर अधिक प्रखर होती जाती है तथा वह अन्त में समस्त कर्मों को नष्ट करते हुए केवलज्ञानरुपता प्राप्त करती है।[86]

## मुक्तावस्था में ज्ञान और वीर्य में तादात्म्य सम्बन्ध

मुक्तात्मा पूर्ण सम्यग्दर्शनज्ञान से सम्पन्न सत्ता है। वह इस अनुभूति की पराकाष्ठा से सम्पन्न है कि उसके ज्ञान, दर्शन और वीर्य गुण बाहरी जगत की विभिन्न उपलब्धियों के साधन नहीं है। सुख चेतना का विषय बन रहे पदार्थों में निहित नहीं है बल्कि आत्मा स्वयं आनन्द स्वरूप है। ज्ञान, दर्शन और वीर्य गुणों से सम्पन्न मुक्तात्मा क्षायिक चारित्र स्वरूप होकर विद्यमान होता है। वह ज्ञानावरणीयादि कर्मों के क्षय से प्रकट हुए अनन्तदर्शनज्ञानवीर्यशक्ति से सम्पन्न उपयोगमयस्वभाव के कारण विश्व के समस्त पदार्थों की त्रैकालिक पर्यायों को एक साथ विषय बना कर उन्हें सम्पूर्णतः जानता देखता हुआ सर्वज्ञ और सर्वदर्शी होता है तथा अपने इस अनन्तदर्शनज्ञानवीर्यमय चैतन्य स्वरूप को भोगता हुआ अनन्तआनन्दमय सता है। इस प्रकार क्षायिक सम्यग्दर्शनज्ञान से सम्पन्न मुक्तात्मा के अनन्तवीर्यमय स्वभाव की अभिव्यक्ति केवलज्ञानदर्शन रूप तथा अव्यावाध अमन्त सुख रूप पर्याय के कर्तृत्व के रूप में होती है।

एक संसारी आत्मा के वीर्य गुण की अभिव्यक्ति विभिन्न लौकिक अथवा आध्यात्मिक लक्ष्यों की प्राप्ति हेतु पुरुषार्थ के रूप में होती है। इस पुरुषार्थ के स्तर पर आत्मा के वीर्य गुण की अभिव्यक्ति सत्तामीमांसीय और मूल्यमीमांसीय दर्शनज्ञान के साथ ही तथ्यपरक दर्शनज्ञान से भी सम्पन्न होती है। व्यक्ति अपने अभीष्ट लक्ष्यों की प्राप्ति के उपाय का ज्ञान प्राप्त करने के उपरान्त उस ज्ञान के अनुरूप अपने लक्ष्य की प्राप्ति हेतु प्रवृत होता है। इसके विपरीत मुक्तात्मा कृतकृत्य होता है। उसके सभी अभीष्ट सिद्ध हो चुके होते हैं, विश्व की कोई भी घटना, कोई भी पदार्थ उसके लिये अनिष्टकारी नहीं हो सकता। इसलिये वह अपने क्षायिक सम्यग्दर्शनज्ञानादि से सम्पन्न अनन्तवीर्यमय स्वभाव के कारण सहज रूप से विश्व के पदार्थों को जानने देखने हेतु प्रवृत्त होता है। इस प्रकार प्रत्येक स्तर पर आत्मा की कर्तृत्व शक्ति की अभिव्यक्ति में ज्ञानात्मक पक्ष अनिवार्यरूप से विद्यमान होता है जो आत्मा के ज्ञान और वीर्य गुण के परस्पर विशेषणविशेष्य रूप से अवस्थित एक अस्तित्वरूपता का परिचायक है। इसलिये ज्ञान और वीर्य

86. ज्ञानस्य सच्चेतनयैव नित्यं प्रकाशते ज्ञानमतीव शुद्धम्।
अज्ञानसच्चेतनया तु धावन् बोधस्य शुद्धिनिरूणद्धिवंध।। समयसार कलश–224

आत्मा के ऐसे दो गुण हैं जो नाम, लक्षण, प्रयोजनादि की अपेक्षा परस्पर भिन्न होते हुए भी तात्त्विक रूप से अभिन्न हैं; इन दोनों गुणों में तादात्म्य सम्बन्ध है।

## ज्ञान और सुख

### ज्ञान और सुख में भेदाभेद सम्बन्ध

ज्ञानमय आत्मा एक शुष्क, नीरस बौद्धिक तत्त्व मात्र नहीं है बल्कि वह आनन्दमय चेतना भी है। आत्मा अपने ज्ञान, दर्शन और वीर्य गुणों से क्रमशः ज्ञाता, दृष्टा और कर्ता होने के साथ ही साथ सुख गुण स्वरूप होने के कारण भोक्ता भी है। सदैव किसी न किसी विषय में रस लेना, उसे भोगते हुए सुखानुभूति स्वरूप होना आत्मा का शाश्वत स्वभाव है। तात्त्विक रूप से सुख का विषय आत्मा से भिन्न पदार्थ न होकर आत्मा का ज्ञानदर्शनमय चैतन्यस्वरूप ही है। एक मिथ्यादृष्टि व्यक्ति इस चेतना के विषयपरक पक्ष को तथा एक सम्यग्यदृष्टि व्यक्ति इसके विषयीपरक पक्ष को भोगता हुआ विद्यमान होता है। इसलिये ज्ञान का दर्शन और वीर्य के समान ही सुख से भी भेदाभेद सम्बन्ध है। ज्ञान और सुख आत्मा के दो भिन्न भिन्न गुण हैं क्योंकि इनके नाम, लक्षणादि भिन्न भिन्न हैं। ज्ञान विषय प्रकाशक होता है जबकि सुख आल्हादात्मक अनुभूति है। ज्ञानोत्पत्ति का कारण ज्ञानावरणीय और वीर्यान्तराय कर्म का क्षयोपशम या क्षय है जबकि संसारी अवस्था में सुख की अनुभूति सातावेदनीय कर्म के उदय से तथा मुक्तावस्था में ज्ञानावरणीय, दर्शनावरणीय और अन्तराय कर्म के क्षय पूर्वक होती है। ज्ञान और सुख में यह भेद होने पर भी ये आत्मा के ऐसे दो स्वभाव हैं जी परस्पर अपृथक हैं। सुख 'मैं सुखी हूँ' रूप से ज्ञानस्वरूप होता हुआ ही विद्यमान होता है तथा अज्ञात सुख की सत्ता नहीं होती। साथ ही ज्ञान ही सुखरूपता को प्राप्त करता है।[87]

संसारी जीव मोह, राग, द्वेष के वशीभूत होकर पंचेन्द्रियों के विषयों में आसक्त होता है तथा उन्हें जानने, प्राप्त करने और भोगने हेतु अपनी ज्ञानशक्ति का उपयोग करता है। इन्द्रिय सुख के स्तर पर व्यक्ति तात्त्विक रूप से बाह्य पदार्थों को न भोगकर अपनी विषयानुभूति को भोगता है। जो व्यक्ति मधुर संगीत के श्रवण को उपादेय और काँटे के स्पर्श को हेय समझता है वह इस हेय उपादेय बुद्धि के कारण मधुर संगीत के श्रोतृज प्रत्यक्ष में रस लेते हुए, उसे भोगते हुए सुखानुभूति

87. अष्टसहस्री; पृष्ठ – 78

स्वरूप होता है, जबकि काँटे की स्पर्शानुभूति उसे कष्टकारक प्रतीत होती है। इस प्रकार हेय उपादेय बुद्धि से युक्त इन्द्रिय ज्ञान ही दुखात्मक या सुखात्मक होता है तथा ज्ञान से स्वतन्त्र सुख की उपलब्धि नहीं होती। अमृतचन्द्राचार्य भौतिक सुख की ज्ञानात्मकता और हेयरूपता को प्रतिपादित करते हुए कहते हैं- सशरीर अवस्था में भी शरीर सुख का साधन न होकर आत्मा का ज्ञानदर्शनवीर्यात्मक स्वभाव ही निश्चय से सुख का कारण है। इस अवस्था में जीव मिथ्यात्व के प्रबल उदय के वशीभूत होने पर नशे में धुत्त व्यक्ति के समान असमीचीन प्रवृत्ति करता है। वह ' यह विषय मुझे इष्ट है' इस आसक्त भाव से युक्त होकर इन्द्रियों के विषयों की ओर दौड़ने रूप अपने ज्ञानदर्शनवीर्यमय स्वभाव में परिणमन करता हुआ स्वयमेव सुखत्व को प्राप्त करता है। आत्मा की यह भौतिक सुख में आसक्ति तथा लीनता उसके ज्ञानदर्शनवीर्यगुणों की निम्नतम पर्याय है। यह आसक्ति व्यक्ति में भोग्य पदार्थों के अतिरिक्त अन्य पदार्थों के ज्ञानार्जन के प्रति उदासीनता पैदा कर देती है जो उसकी ज्ञानदर्शनवीर्य गुणों की शक्ति को अवरुद्ध करते हुए ज्ञानावरणीयादि कर्मों के तीव्र बन्ध का कारण है।[88] वस्तुतः इन्द्रिय ज्ञान और इन्द्रिय सुख दोनों ही हेय हैं क्योंकि ये क्रमिक रूप से उत्पन्न होने, अपूर्ण होने और आकुलता से युक्त होने के कारण पारमार्थिक रूप से दुख स्वरूप हैं।[89]

व्यक्ति की ज्ञानार्जन की प्रक्रिया सदैव भौतिक सुखों की प्राप्ति का साधन मात्र ही नहीं होती बल्कि उसके लिये यह प्रक्रिया साध्य रूप में भी शुभ हो सकती है। उसके ज्ञानार्जन की प्रक्रिया का लक्ष्य बौद्धिक समस्याओं का समाधान मात्र भी हो सकता है। बौद्धिक समस्याएँ अपने आप में अनन्त हैं। जब व्यक्ति किसी क्षेत्र विशेष में विशेषज्ञता अर्जित करना प्रारम्भ करता है, वह ज्ञान के विकास के जिस भी स्तर को प्राप्त करता है उसके समक्ष ज्ञेय पदार्थ के स्वरूप के प्रति नयी जिज्ञासाएँ, नये प्रश्न उत्पन्न हो जाते हैं जो व्यक्ति में इन प्रश्नों के समाधान हेतु व्याकुलता उत्पन्न करते हैं। इस प्रकार बौद्धिक समस्याओं के समाधान में संलग्न व्यक्ति सदैव असन्तुष्ट रहता है, लेकिन वह इस असन्तोष

88. अस्य खल्वात्मनः सशरीरावस्थायामपि न शरीरं सुखसाधनतामापद्यमानं पश्यामः, यतस्तदापि पीतोन्मत्तकरसैरिव प्रकृष्टमोहवशवर्तिभिरिन्द्रियैरिमेऽस्माकमिष्टा इति क्रमेण विषयानभिपतद्भिरसमीचीनवृतितामनुभवन्नुपरूद्धशक्तिसारेणापि ज्ञानदर्शनवीर्यात्मकेन निश्चयकारणतामुपागतेन स्वभावेन परिणममानः स्वयमेवायमात्मा सुखतामापद्यते।

प्रवचमसार तत्त्वप्रदीपिका; गाथा-65

89. प्रवचनसार तत्त्वप्रदीपिका; गाथा-59

और इसके निवारण की प्रक्रिया में ही तृप्त होता है; इस प्रक्रिया में रस लेता हुआ या इसे भोगता हुआ सुखानुभव करता है। जैसाकि एक बौद्धिक व्यक्ति के मत को अभिव्यक्त करते हुए मिल कहता है, "एक सन्तुष्ट सुअर बनने की अपेक्षा एक असन्तुष्ट मनुष्य बनना श्रेष्ठ है और एक सन्तुष्ट मूर्ख बनने की अपेक्षा एक असन्तुष्ट सुकरात बनना श्रेष्ठ है"।

बौद्धिक सुख से भी उत्कृष्ठ आध्यात्मिक सुख है। एक सम्यग्दृष्टि व्यक्ति बाह्य पदार्थों के प्रति हेय उपादेय बुद्धि से युक्त होकर प्रवृत्त नहीं होता, बल्कि उसके लिये अपने चैतन्य स्वरूप में अवस्थिति और चेतना का पूर्ण विकास ही उपादेय है। बाह्य पदार्थ उसके लिये न त्याज्य होते हैं, न ग्रह्य होते हैं। इसके विपरीत वे विशुद्ध रूप से उसके ज्ञान का विषय होते हैं। वह मात्र उनके तथ्यात्मक स्वरूप को जानता है, लेकिन वह उनको भोगते हुए सुखी या दुखी नहीं होता। सम्यग्दृष्टि व्यक्ति अपनी चेतना के विषयात्मक पक्ष में रस नहीं लेता बल्कि वह अपनी चेतना के ज्ञानदर्शनसुखवीर्यमय विषयीरूपता को भोगता हुआ आनन्दमय सत्ता है।[90]

अपनी आत्मा को आत्मा द्वारा, आत्मा में लीन करना अध्यात्म कहलाता है।[91] इस अवस्था से प्राप्त सुख आध्यात्मिक सुख है। इस आध्यात्मिक सुख की प्राप्ति के लिये एक सम्यग्दृष्टि व्यक्ति समस्त बाह्य क्रियाओं से निवृत्त होकर अपनी आत्मा के शुद्ध स्वरूप में निमग्न होता है। वह निरन्तर अपने शुद्ध स्वरूप के ज्ञान दर्शन से युक्त होता हुआ यह महसूस करता है कि मैं एक ज्ञानदर्शन लक्षण वाला शुद्ध आत्मा हूँ।[92] जो अनन्तदर्शन, अनन्त ज्ञान, अनन्त सुख और अनन्त वीर्य से युक्त परमात्म रूपता है वही मेरा वास्तविक स्वरूप है।[93] मैं शुद्ध चैतन्य स्वरूप तेज पुंज आत्मा हूँ। मेरा यह स्वरूप अत्यन्त सरस है तथा मैं अपने इस स्वरूप को भोगते हुए सब ओर से आनन्दरस से सराबोर हो रहा हूँ।"[94] इस प्रकार मुनिराज समस्त बाह्य क्रियाओं से निवृत्त होकर अपने ज्ञानमय

---

90. विषया इति स्पृशति वीर रागवान् विषयीति पश्यति विरक्तदर्शनः।
उभयोः सदैव समकालवेदने तदविप्लवः क्वचन विप्लवः क्वचित्। लघुतत्त्वस्फोट–13/13
91. नियमसार; पृष्ठ 249
92. समयसार; गाथा–73, पूर्वार्द्ध
93. नियमसार; गाथा–96
94. सर्वतः स्वरसनिर्भरभावं चेतये स्वयमहं स्वमिहैकं।
नास्ति नास्ति मम कश्चन मोहः शुद्धचिद्घनमहोनिधिरस्मि। समयसार कलश–30

स्वरूप में लीन होते हैं तथा परम अमृत का पान करते हैं। वे अपनी चेतना के विषयात्मक पक्ष को गौण कर उसकी विषयीरूपता या ज्ञायक भावरूपता से भरे हुए महास्वाद भोगते हुए उसी में एकाग्र रूप से अवस्थित हो जाते हैं।[95] जैसा कि हम अगले अध्याय में देखेंगे, इस एकाग्रता का चरम प्रकर्ष व्यक्ति के ज्ञानावरणीयादि कर्मों का समूल नाश कर देता है। इसके परिणाम स्वरूप आत्मा अपनी अनन्तदर्शन, अनन्तज्ञान और अनन्तवीर्य से परिपूर्ण विषयीरूपता के भोग रूप अनन्तआनन्दमय मोक्ष पर्याय को प्राप्त करता है।

यहाँ यह आपत्ति की जा सकती है कि जब जैन दार्शनिक चेतना को सदैव सविषयक ज्ञान स्वरूप स्वीकार करते हैं तो वे आध्यात्मिक आनन्द की बात किस प्रकार कर सकते हैं। आध्यात्मिक आनन्द की अनुभूति तभी होती है जब आत्मा सब ओर से अपना ध्यान हटाकर अपने आप में एकाग्र हो जाती है। यह स्थिति विषयातीत, विकल्पातीत, शुद्ध स्वानुभूति मात्र है। निर्विकल्पक समाधि की अवस्था में व्यक्ति सभी विशेषणों से रहित शुद्धस्वसंवेदन स्वरूप होकर इस आध्यात्मिक आनन्द का आस्वादन करता है। अतः आत्मा का मूल स्वरूप सविषयक ज्ञानरूपता और सर्वज्ञता न होकर यह निर्विषयक सच्चिदानन्द रूपता ही है। जैन दार्शनिक इस आपत्ति को अस्वीकार करते हुए कहते हैं कि आत्मस्वरूप में लीन चेतना निर्विषयक चेतना न होकर सविषयक चेतना ही है। इस स्तर पर वह स्वयं ही स्वयं को देख रहा है, स्वयं ही स्वयं को जान रहा है, स्वयं ही स्वयं को भोग रहा है। ध्यानावस्था में अपने आप को देखने, जानने और भोगने की यह अवस्था शुद्ध निर्विशेष स्वानुभूति मात्र न होकर श्रवण, मनन और निदिध्यासन की प्रक्रिया से उत्पन्न विशिष्ट प्रकार की अनुभूति है। गुरु से प्राप्त ज्ञान का मनन करते हुए आत्मलीन होकर या तो वह अपने आप को पूर्णतः निष्क्रिय, सदैव एकरूप, उदासीन दृष्टा रूप में अनुभव कर रहा है तथा ऐसा करते हुए वह अपने ज्ञानदर्शनवीर्यात्मक स्वरूप की बहुत निम्नस्तरीय अनुभूति रूप होने के कारण आनन्द रहित चेतना है। अथवा वह गुरु से अपने अनन्तचतुष्टयमय स्वरूप का ज्ञान प्राप्त कर उसका मनन करते हुए आत्मलीन हो रहा है तो वह स्वयं को

---

95. निषिद्धे सर्वस्मिन् सुकृतदुरिते कर्मणि किल, प्रवृत्ते नैष्कर्म्ये न खलु मुनयः सन्त्यशरणाः।
तदा ज्ञाने ज्ञानं प्रतिचरितमेषां हि शरणं, स्वयं विन्दन्त्येते परमममृतं तत्र निरताः।।

समयसार कलश–104

विज्ञानैकरसस्तदेकरसिनामात्मानमात्मा हरन्, आत्मन्येव सदा गतानुगततामायात्ययं तोयवत्।।

समयसार कलश–94

सम्पूर्णत: प्रकाशमय, प्रकाशन की अनन्त सामर्थ्य से परिपूर्ण, अत्यन्त तेज से युक्त, समुद्र की गहराईयों से भी अधिक गहन, आकाश के विस्तार से भी अधिक विस्तृत, सभी पदार्थो को जैसे वह अपनी चेतना का ग्रस बना रहा है, उन्हें जैसे अपने अन्दर व्याप्त कर रहा है ऐसे अद्‌भुत, मनोरम ज्ञायक भावरूप चैतन्य स्वरूपमय अनुभव करता हुआ, चेतता हुआ आनन्दमग्न होता है। सम्पूर्ण आध्यात्मिक साहित्य आत्मा को एक प्रकाशमय तत्त्व के रूप में ही देखता है। सर्वत्र आत्मा की उपमा सूर्य से दी जाती है। सूर्य एक जड़ तत्त्व है, जबकि आत्मा ज्ञानदर्शनमय चेतन तत्त्व है। इसलिये आत्मा में विश्व प्रकाशन की क्रिया विश्व के पदार्थों को जानने देखने स्वरूप ही होती है। एक श्रुतज्ञानी ध्यान की अवस्था में अपने प्रकाशमय और आनन्दमय स्वरुप का ध्यान करता हुआ विश्व के समस्त पदार्थों को परोक्ष रूप से जानता है। इसके विपरीत एक केवलज्ञानी विश्व के समस्त पदार्थों को प्रत्यक्ष रूप से जानता है तथा उसका यह अनन्तज्ञानमय स्वरूप ही अनन्त आनन्दमय है।[96]

सुख आत्मा का स्वभाव है। यह आत्मा में कहीं बाहर से नहीं आता बल्कि आत्मा का सद्‌भाव मात्र ही आनन्दमय है। आत्मा का यह सुख गुण उसमें अन्य गुणों से निरपेक्ष रूप से अवस्थित नहीं है बल्कि यह आत्मा के ज्ञानदर्शनवीर्यात्मक स्वरूप की विशेषता है। भौतिक सुख की अनुभूति आत्मा के इस स्वरूप की बहुत निम्नस्तरीय अभिव्यक्ति पूर्वक उत्पन्न होती है। जैसे जैसे आत्मा अपने ज्ञानादि स्वरूपमय चेतना की उत्कृष्टतर अवस्थाओं को प्राप्त करता जाता है, उसके सुख में वृद्धि होती जाती है तथा इन गुणों के पूर्ण विकास से वह अनन्त आनन्दरूपता प्राप्त करता है। अमृतचन्द्रस्वामी कहते हैं,''दर्शन और ज्ञान को वीर्य तीक्ष्ण करता है; दर्शन और ज्ञान की तीक्ष्णता से निराकुलता उत्पन्न होती है। यह निराकुलता ही सुखस्वरूप है तथा हे देव ! आप इस सुख में गहन रूप से निमग्न हैं।'[97] इस प्रकार ज्ञान का दर्शन और वीर्य के समान ही सुख से भी तादात्म्य सम्बन्ध है। ज्ञान ही सुख स्वरूप होता है तथा सुख ज्ञानमय होकर ही विद्यमान होता है। इन दोनों गुणों में यह विशेषण विशेष्य भाव विद्यमान होने के साथ ही इनमें नाम, लक्षण, प्रयोजन की अपेक्षा भेद भी है।

---

96. जं केवलं ति णाणं तं सोक्खं परिणामं च सो चेव।
खेदो तस्स ण भणिदो जम्हा घादी खयं जादा।। प्रवचनसार; गाथा–60

97. दृग्बोधयोस्तैक्ष्ण्यविधायि वीर्यं दृग्बोधतैक्ष्ण्येषु निराकुलत्वम्।
निराकुलत्वं तव देव सौख्यं गाढ़ोपयुक्तोऽसि सुखे त्वमेव।। लघुतत्त्वस्फोट 9/13

## ज्ञान और आत्मा में भेदाभेद सम्बन्ध

उपर्युक्त विवेचन से स्पष्ट है कि आत्मा का ज्ञान गुण दर्शन, वीर्य और सुखात्मक स्वभाव से परिपूर्ण है। ज्ञान में आत्मा के दर्शन, वीर्यादि विशेष गुण ही विद्यमान नहीं हैं बल्कि आत्मा के अस्तित्व, वस्तुत्व, द्रव्यत्व, प्रमेयत्व, अगुरूलघुत्व और प्रदेशत्व जैसे समस्त सामान्य गुण भी ज्ञान का स्वभाव हैं। इस प्रकार आत्मा के समस्त गुणों के ज्ञान का स्वभाव होने के कारण ज्ञान ही आत्मा और आत्मा ही ज्ञान है। जिस प्रकार आत्मा ज्ञान गुण से ज्ञान स्वरूप है; उसी प्रकार वह दर्शन, वीर्यादि गुणों से दर्शन, वीर्यादि रूप भी है।[98] स्वसंवेदन प्रत्यक्ष द्वारा आत्मा युगपत् और क्रमिक रूप से विभिन्न पदार्थों की ज्ञप्ति स्वरूप होकर ही ज्ञात होता है तथा उसका यह पदार्थों की ज्ञप्ति रूप स्वरूप अपने अन्दर ज्ञान, वीर्य, सुखादि समस्त आत्म गुणों को समाहित किये हुए है।[99] वस्तुतः ज्ञान, दर्शानादि गुण आत्मा के ऐसे अनेक स्वभाव हैं जो स्वद्रव्य, स्वक्षेत्र, स्वकाल और स्वभाव की अपेक्षा एक दूसरे का स्वभाव हैं[100] और इसलिये ये अनेक गुण ही आत्मा नामक एक द्रव्य हैं।[101] इनमें नाम, लक्षण, प्रयोजन की अपेक्षा भेद होते हुए भी तात्विक रूप से अभेद है।

ज्ञान विषय प्रकाशक होता है। इसका आकार ''यह घट है'' रूप निश्चयात्मक बुद्धि स्वरूप होता है। इस विशिष्ट स्वरूप में ज्ञान का सद्भाव उसमें दर्शन, वीर्य, सुख, अस्तित्व, वस्तुत्व, द्रव्यत्व आदि आत्मा के समस्त गुणों के विद्यमान होने पर ही सम्भव है। ये सभी गुण ज्ञान में विद्यमान होकर उसे सम्वेदनात्मकता, प्रवृत्यात्मकता, सत् स्वरूपता आदि स्वभाव प्रदान करते हैं तथा विषय प्रकाशक रूप विशिष्ट स्वरूप में ज्ञान के सद्भाव को सम्भव बनाते हैं। यदि इनमें से किसी भी विशेषता का ज्ञान में अभाव हो तो ज्ञान का अपने विषय प्रकाशन रूप विशिष्ट

98. प्रवचनसार, गाथा–27

99. अत्र त्वात्मवस्तुनि ज्ञानमात्रतयाअनुशास्यमानेऽपि न तत्परिकोपः, ज्ञानमात्रस्यात्मवस्तुनः स्वयमेवानेकान्तत्वात्। ... प्रसिद्धं हि ज्ञानं, ज्ञानमात्रस्य स्वसंवेदनसिद्धत्वात्; तेन प्रसिद्धेन प्रसाध्यमानस्तदविनाभूतानंतधर्मसमुदयमूर्तिरात्मा। ततो ज्ञानमात्राचलितनिखातया दृष्ट्या क्रमाक्रमप्रवृत्त तदविनाभूतं अनंतधर्मजातं यद्यावल्लक्ष्यते तत्तावत्समस्तमेवैकः खल्वात्मा। एतदर्थमेवात्रास्य ज्ञानमात्रतया व्यपदेशः। ... परस्परव्यतिरिक्तानन्तधर्मसमुदायपरिणतैक ज्ञप्तिमात्रभावरूपेण स्वयमेव भवनात्। अतएवास्य ज्ञानमात्रैकभावान्तः पातिन्योऽनन्ताः शक्तयः उत्प्लवंते।समयसार आत्मख्याति टीका; दशम अधिकार

100. स्वद्रव्य चतुष्टयापेक्षया गुणाः परस्पर स्वभावाः भवन्ति। आलाप पद्धति, सूत्र 119

101. द्रव्याण्यपि भवन्ति। आलाप पद्धति; सूत्र 120

स्वरूप में सद्भाव भी असम्भव है। जिस प्रकार आत्मा के समस्त गुण ज्ञान में रहते हुए, ज्ञान का स्वभाव होकर ज्ञान के सद्भाव को सम्भव बना रहे हैं उसी प्रकार ज्ञान भी आत्मा के दर्शन, वीर्यादि समस्त गुणों में रहते हुए, उन सभी को ज्ञानरूपता प्रदान करते हुए उनके सम्वेदनात्मकता, क्रियाशीलता आदि रूप विशिष्ट स्वरूप को सम्भव बना रहा है तथा इन गुणों में ज्ञानरूपता का अभाव होने पर इनका सद्भाव भी असम्भव है। जैसे, वीर्य स्वयं के प्रति 'मैं इस कार्य का सम्पादन कर रहा हूँ' रूप निश्चयात्मक बुद्धि स्वरूप होता हुआ ही अपने क्रियात्मक अनुभूति रूप विशिष्ट स्वरूप में अवस्थित होता है। इस प्रकार ज्ञान का स्वक्षेत्र, स्वकाल और स्वभाव आत्मा के समस्त गुणों का भी स्वक्षेत्र, स्वकाल और स्वभाव है तथा आत्मा के दर्शन, वीर्यादि समस्त गुणों का स्वक्षेत्र, स्वकाल और स्वभाव ज्ञान का भी स्वक्षेत्र, स्वकाल और स्वभाव है। इसलिये जो ज्ञान का स्वद्रव्य (स्वत्व, सत् स्वरूपता) है वही आत्मा के अन्य गुणों का स्वद्रव्य भी है तथा अन्य गुणों का स्वद्रव्य ज्ञान का भी स्वद्रव्य है। इस प्रकार आत्मा के ज्ञान, दर्शनादि समस्त गुण परस्पर अन्योन्यवृत्ति स्वरूप हैं, अविनाभावी हैं, अन्योन्यात्मक हैं, इसलिये ये पृथक पृथक सत्ता न होकर आत्मा नामक एक द्रव्य हैं।

आत्मा सम्पूर्णतः एक-अनेकात्मक, भेद-अभेदात्मक तत्त्व है। आत्मा का स्वरूप उसके ज्ञान, दर्शनादि समस्त गुण हैं और उसके प्रत्येक गुण का स्वरूप सम्पूर्ण आत्मा अर्थात आत्मा के समस्त गुण हैं, इसलिये तात्त्विक रूप से आत्मा और उसके ज्ञानादि गुणों में कोई अन्तर नहीं है। इस अपेक्षा से जो सत्ता आत्मा है; वही ज्ञान भी है, वही दर्शन भी है.......। एक चेतन सत्ता के विभिन्न स्वभावों में तात्त्विक रूप से अभेद होने पर भी उनमें नयात्मक बुद्धि द्वारा भेद स्थापित किया जाता है तथा एक स्वभाव को प्रधान और अन्य को गौण करते हुए उस स्वभाव का एक विशेष नाम और लक्षण दिया जाता है। इन अनेक स्वभावों के नाम लक्षाणादि की अपेक्षा भेदात्मक पक्ष को गुण तथा इनके तात्त्विक रूप से अभेदात्मक पक्ष को गुणी कहा जाता है। आत्मा-गुणी और ज्ञान-गुण में शाब्दिक और लाक्षणिक रूप से भेद किया जाना सम्भव होने पर भी तात्त्विक रूप से ये पृथक पृथक सत्ता न होकर एक अभिन्न सत्ता हैं।

जैन दर्शन ज्ञानमय आत्मा का आराधक है। इस दर्शन के अनुसार आत्मा अनन्तदर्शन, अनन्तवीर्य और अनन्त सुख से परिपूर्ण तथा सर्वज्ञत्व शक्ति से युक्त

ज्ञानमय तत्त्व है। अपने इस स्वरूप के कारण आत्मा मुक्तावस्था में सर्वज्ञ होता है। संसारी अवस्था में उसका यह ज्ञानमय स्वरूप मोह, राग, द्वेषादि विकारों से युक्त होकर अल्पज्ञान रूप में परिणमित हो रहा है। जैन साधना पद्धति इन दोषों को समाप्त कर अपने पूर्ण विकसित और सर्वगुण सम्पन्न ज्ञानमय स्वरूप की प्राप्ति का उपाय बताती है तथा यह दावा करती है कि आत्मा इस साधना पद्धति को अंगीकार कर अपने अनन्त दर्शन, अनन्त वीर्य और अनन्त सुख से सम्पन्न अनन्त ज्ञानमय शुद्ध स्वरूप को प्राप्त कर सकता है।

□□□

# अध्याय-तीन

# ज्ञान आत्मा का गुण

जैन दर्शन के अनुसार ज्ञान आत्मा का स्वाभाविक गुण है। प्रत्येक आत्मा में विश्व के समस्त पदार्थों को युगपत् जान सकने की क्षमता विद्यमान है तथा वह एक उपयोगमय तत्त्व है, अर्थात् सदैव किसी न किसी पदार्थ को विषय बनाकर उसे जानने हेतु प्रवृत्ति उसका शाश्वत स्वभाव है। अपनी इन दो स्वाभाविक विशेषताओं के कारण मुक्तावस्था में जीव सर्वज्ञ होता है। उस समय वह अन्य निरपेक्ष रूप से ही स्वयं को तथा विश्व के समस्त पदार्थों को जानता है।[1] जिस प्रकार सूर्य स्वभावतः स्वपरप्रकाशक होता है, वह अन्य निरपेक्ष रूप से ही स्वयं को तथा उसके प्रकाश के मार्ग में आ रहे विश्व के समस्त पदार्थों को प्रकाशित करता है, लेकिन जब उसके प्रकाश के मार्ग में धूल, बादल आदि प्रतिबन्धक आ जाते हैं तो इन प्रतिबन्धकों की सघनता की मात्रा के अनुसार उसका विश्व प्रकाशन रूप कार्य मन्द हो जाता है; उसी प्रकार संसारी अवस्था में जब ज्ञानावरणीय और वीर्यान्तराय कर्म क्रमशः जीव की ज्ञान सामर्थ्य और ज्ञानार्जन हेतु पुरूषार्थ की क्षमता को मन्द कर देते हैं तो वह इन्द्रिय और मन की सहायता लेकर पदार्थों को क्रमिक रूप से और थोड़ा थोड़ा जान पाता है। ज्ञानावरणीय कर्म जितने सघन होते हैं, इनका उदय जितना तीव्र होता है, आत्मा में विषय बोध की क्षमता उतनी ही कम हो जाती है तथा आवरण कर्मों के क्षयोपशम में वृद्धि की मात्रा के साथ यह स्वतः ही विकसित होती जाती है। इस सामर्थ्य के सद्भाव में ज्ञानार्जन हेतु प्रवृत्त होकर व्यक्ति पदार्थों को उतना ही अधिक जान सकता

---

1. यथा भास्करादयः प्रकाशस्वभावत्वात् प्रकाशान्तरानपेक्षाः प्रकाश्यानर्थान् प्रकाशयन्ति, तथा ज्ञानदर्शनस्वभाव आत्मा तदावरणक्षयक्षयोपशमविशेषे सति स्वशक्त्यैवार्थान् आविष्करोतीति सिद्धम्।
तत्त्वार्थवार्तिक; पृष्ठ–53

है। मुक्तावस्था में आत्मा ज्ञानावरणीय और वीर्यान्तराय कर्म का पूर्ण क्षय हो जाने और उपयोगमय स्वभाव से युक्त होने के कारण सर्वज्ञ होता है।[2]

आत्मा अपनी स्वाभाविक ज्ञानासामर्थ्य और उपयोगमय स्वभाव के कारण निरन्तर नयी ज्ञान पर्याय रूप से भवनशील या परिणमनशील शाश्वत द्रव्य है। आत्मा का उपयोगात्मक स्वभाव उसके ज्ञान गुण के दर्शन, वीर्य और सुख गुणों से युक्त स्वरूप का परिचायक है। उसके ज्ञान गुण में चयन पूर्वक ज्ञानार्जन हेतु उद्यमशीलता की प्रवृत्ति विद्यमान है जो उसके (ज्ञान गुण के) वीर्यात्मक स्वरूप को सिद्ध करती है। जैसा कि हम पिछले अध्याय में देख चुके हैं ज्ञानदर्शनसुखवीर्यमय आत्मा अपनी सत्तामीमांसीय और मूल्यमीमांसीय दृष्टि तथा समझ के स्तर के अनुसार पदार्थों को भिन्न भिन्न प्रकार से विषय बनाता हुआ उन्हें जानने हेतु प्रवृत्त होता है। यदि व्यक्ति देहात्मवादी और स्वार्थवादी सुखवादी है तथा भोगपरक दृष्टि से ज्ञानार्जन हेतु प्रवृत्त होता है, तो वह ज्ञेय पदार्थ के मात्र भोगपरक पक्ष पर अपनी दृष्टि केन्द्रित करता है और उस पदार्थ को बहुत अल्प मात्रा में जानता है। उसका यह कार्य उसके ज्ञानावरणीयादि कर्मों के बन्ध और ज्ञान शक्ति के लोप का कारण बनता है। इसके विपरीत यदि व्यक्ति अध्यात्मावादी है तथा उसके लिये अपनी ज्ञानादि शक्तियों का पूर्ण विकास ही परम मूल्य है, तो वह अपनी भोगपरक दृष्टि को समाप्त करता हुआ और ज्ञानपरक दृष्टि से युक्त होकर ज्ञानार्जन की प्रक्रिया में प्रवृत्त होता है। तब वह अपनी उत्कृष्ट ज्ञानपर्यायों की रचना करता है। इस प्रकार ज्ञानमय आत्मा अपनी उत्कृष्ट- निकृष्ट, स्वाधीन-पराधीन पर्यायों का नियामक स्वयं है। वह देहात्मवाद जैसे अज्ञानमय भावों से युक्त होकर अपनी अल्पज्ञानमय पर्यायों का कर्त्ता होता है तथा ज्ञानदर्शनसुखवीर्यमय आत्मवाद जैसे ज्ञानमय भावों से युक्त होकर वह निरन्तर अधिक उत्कृष्ट ज्ञानमय पर्यायों का कर्त्ता होता हुआ अन्त में सर्वज्ञता प्राप्त करता है। आत्मा एक परिणामीनित्य द्रव्य है। यह सदैव विशेष पदार्थों के ज्ञान स्वरूप होकर ही विद्यमान होता है तथा ज्ञान रहित आत्मा की सत्ता कभी नहीं होती।

## चार्वाक मत - ज्ञान शरीर का गुण

यदि हम हमारे अनुभवों पर दृष्टिपात करें तो हम पाते हैं कि हमारा समस्त ज्ञान हमारे वर्तमान जीवन के अनुभवों पर आधारित है। बच्चा जन्म के समय

---

2. कर्ममलीमस आत्मा क्षायोपशमिकेन्द्रियानिन्द्रिय प्रकाशाद्युपकरणापेक्षोऽर्थान् संवेत्ति, स एव पुनः क्षयोपशमविशेषे क्षये च सति करणानपेक्षः स्वशक्त्यैवार्थान् वेत्ति इति को विरोधः? वही; पृष्ठ-53

कुछ भी नहीं जानता। वह इस जीवन में निरन्तर हो रहे ज्ञानार्जन द्वारा ही किसी विषय में दक्षता प्राप्त करता है। यदि आत्मा शाश्वत द्रव्य है तथा ज्ञान उसका गुण है तो हमें जिस प्रकार हमारे वर्तमान जीवन में जाने गये पदार्थों की स्मृति होती है, उसी प्रकार हमें अपने पूर्वजन्म के अनुभवों की भी स्मृति होनी चाहिये। साथ ही हमने पूर्वभव में जिस विषय में दक्षता प्राप्त की हो, वह दक्षता हममें वर्तमान जीवन में विद्यमान होनी चाहिये, लेकिन ऐसा नहीं होता। इसलिये चार्वाक कहते हैं कि ज्ञान आत्मा नामक किसी शाश्वत चेतन द्रव्य का गुण न होकर शरीर का गुण है। वस्तुतः शरीर विशिष्ट चेतना ही आत्मा है तथा शरीर से पृथक किसी आत्मा नामक द्रव्य का अस्तित्व नहीं है। उनके अनुसार पृथ्वी, जल, अग्नि और वायु इन चार महाभूतों की ही सत्ता है। इन महाभूतों के शरीर रूप विशिष्ट स्वरूप में संयुक्त होने पर इनमें चेतना नामक नवीन गुण की उत्पत्ति होती है जो इस संयोग के नष्ट होने के साथ ही नष्ट हो जाती है। प्रश्न उठता है कि जब इन महाभूतों के जड़ होने के कारण इनमें चेतना का पूर्णतया अभाव है तो इनके परस्पर संयुक्त होने पर इनमें चेतना कहाँ से आती है? इसके उत्तर में चार्वाक कहते हैं कि जिस प्रकार पान, सुपारी, कत्था, चूना आदि पदार्थों के परस्पर संयुक्त होने पर उनमें पहले अविद्यमान लाल रंग की उत्पत्ति हो जाती है, उसी प्रकार पृथ्वी आदि महाभूतों के विशिष्ट रूप से संयुक्त होने पर उनमें चेतना नामक नवीन गुण की उत्पत्ति हो जाती है।[3] इस प्रकार चेतना का एक विशेष प्रकार – ज्ञान किसी शाश्वत आत्म द्रव्य का गुण न होकर शरीर का गुण है।

**जैन मत :– ज्ञान आत्मा का गुण**

जैन दार्शनिक कहते हैं कि प्रत्येक कार्य के लिये उपादान कारण का होना आवश्यक है। किसी भी कार्य की उत्पत्ति शून्य से नहीं हो सकती। उपादान कारण ही कार्य रूप में परिणत होता है तथा कार्य कारण संबंध एक अन्वयी (निरन्तर विद्यमान) द्रव्य की दो पूर्वापर पर्यायों के मध्य होता है। उदाहरण के लिये पिण्ड पर्याय से युक्त मृतिका द्रव्य अपनी घट पर्याय का उपादान कारण है। यह मृतिका द्रव्य मृतिका रूप से वही रहते हुए पिण्ड रूप से नष्ट होकर घट रूप से उत्पन्न होता है। तंतु अपनी पृथक पृथक रूप से स्थित पर्याय का परित्याग कर आतान वितान रूप पट अवस्था को प्राप्त करते हैं। इस प्रकार

3. सर्वदर्शन संग्रह; पृष्ठ– 4–5

कारण और कार्य रूप क्रमवर्ती अवस्थाओं में एक ही द्रव्य विद्यमान होता है जिसका सामान्य स्वरूप एक विशेष रूप का परित्याग कर दूसरे रूप को प्राप्त करता है।[4] जड़ और चेतना परस्पर पूर्णतया विरोधी पदार्थ हैं। इसलिये जड़ पदार्थ चेतना के उपादान कारण नहीं हो सकते। चेतना का उपादान कारण एक चेतन द्रव्य ही हो सकता है जो चेतना की एक विशेष पर्याय का परित्याग कर दूसरी विशेष पर्याय को प्राप्त करता हुआ सदैव स्थित रहता है। यदि चेतना जड़ पदार्थों का कार्य हो तो दोनों में किसी प्रकार का अन्वय या एकता दृष्टिगोचर होनी चाहिये। लेकिन इनमें कोई भी समान धर्म उपलब्ध नहीं होता जिसके आधार पर यह कहा जा सके कि जड़ और चेतन एक ही द्रव्य हैं। जड़ पदार्थ मूर्तिक, स्वसम्वेदन रहित, सदैव ज्ञेय ही रहने वाले तथा इन्द्रिय ग्राह्य होते हैं जबकि चेतना ज्ञान रूप, स्वसंवेदी तथा इन्द्रियातीत होती है । रूप, रस, गंध, स्पर्श गुण युक्त जड़ पदार्थ इन गुणों की एक विशेष पर्याय रूप से नष्ट होकर दूसरी विशेष पर्याय रूप से उत्पन्न होते हुए सदैव रूप, रस, गंध, स्पर्श स्वरूप ही रहते हैं। वे इस स्वरूप का परित्याग कर इसके पूर्णतया विरोधी स्वरूप-चेतन रूपता को किस प्रकार प्राप्त कर सकते हैं।[5]

कहा जा सकता है कि कारण से विजातीय कार्य की उत्पत्ति भी देखी जाती है। तेल, बत्ती, दीपक आदि से विजातीय काजल की उत्पत्ति देखी जाती है। इसे अस्वीकार करते हुए प्रभाचन्द्र कहते हैं कि ये पूर्णतया विजातीय पदार्थ नहीं हैं। यहाँ कारण और कार्य में एक ही पुद्गल द्रव्य विद्यमान है जो रूप, रस, गंध, स्पर्श गुणों की एक पर्याय का परित्याग कर दूसरी पर्याय को प्राप्त कर रहा है।[6] यह नहीं कहा जा सकता कि जड़ और चेतन भी सत्व, द्रव्यत्व आदि की अपेक्षा सजातीय हैं तथा एक सत्ता सामान्य अपने जड़ रूप से नष्ट होकर चेतन रूप से उत्पन्न होता है; क्योंकि सत् होना अपने आप में कुछ नहीं होता। एक विशेष स्वरूप-जड़ अथवा चेतन से युक्त पदार्थ ही सत् होता है जो अपने सामान्य स्वरूप को नहीं छोड़ते हुए एक विशेष पर्याय का परित्याग कर दूसरी विशेष पर्याय को प्राप्त करते हुए सदैव विद्यमान रहता है। अतः ज्ञान की सत्ता एक ज्ञान स्वभावी आत्मा के होने पर ही हो सकती है। प्रत्येक द्रव्य का अपना स्वभाव होता है जो निर्हेतुक होने के कारण अनादि अनंत होता है। जड़ और

4. अष्टसहस्री; पृष्ठ – 190
5. तत्त्वार्थश्लोकवार्तिक; पृष्ठ – 29
6. प्रमेय कमल मार्तण्ड; पृष्ठ – 117

चेतन परस्पर विरोधी होने के कारण एक ही द्रव्य के दो धर्म नहीं हो सकते। यदि जड़ ही चेतन रूप में तथा चेतन जड़ रूप में परिणत हो तो यह असम्भव है, क्योंकि जड़ द्रव्य की विशेष पर्यायों के उत्पत्ति विनाशवान होते हुए भी उसका जड़ता सामान्य रूप स्वभाव शाश्वत है। इसलिये जड़ द्रव्य सदैव जड़ ही रहते हैं तथा ज्ञान उनका गुण नहीं हो सकता।

अकलंक कहते हैं कि चेतना शरीर का धर्म न होकर आत्मा नामक एक स्वतंत्र द्रव्य की विशेषता है; क्योंकि ये दोनों (जड़ शरीर और चेतना) घर तथा प्रदीप के समान परस्पर स्वतंत्र रूप से प्रतिभासित होते हैं। चेतना स्वसम्वेदन गम्य होती है जबकि शरीर इन्द्रियों द्वारा चेतना से भिन्न रूप से ज्ञात होता है।[7] यदि कहा जाय कि हमें जिस प्रकार यह प्रतीति होती है कि "मैं सुखी हूँ" उसी प्रकार यह प्रतीति भी होती है कि " मैं मोटा हूँ" जो शरीर और चेतना की एकता की सूचक है, तो यह उचित नहीं है। जिस प्रकार सुख स्वसम्वेदन गम्य होता है उसी प्रकार शारीरिक स्थितियाँ स्वसम्वेदन का विषय नहीं होतीं। शरीर के प्रति अहंबोध शरीर के प्रति तीव्र राग के कारण होता है। जिस प्रकार पुत्र के प्रति राग भाव के कारण पिता पुत्र के सुख दुख से सुखी दुखी होता है, उसी प्रकार व्यक्ति शरीर से राग के कारण उससे तादात्म्य स्थापित कर लेता है जो उसका भ्रम है।[8]

यहाँ सहज ही यह प्रश्न उठता है कि ज्ञान शरीर का गुण न होकर आत्मा नामक एक स्वतंत्र द्रव्य का गुण है तो उसकी स्थितियाँ शरीराश्रित क्यों हैं? जैसा कि हम पहले कह चुके हैं कि हम जो कुछ भी जानते हैं वह हमारे इसी जीवन में प्राप्त अनुभवों पर आधारित होता है। हमें इस जन्म से पूर्व की कोई स्मृति नहीं होती। हमारा समस्त विषय बोध इन्द्रियाश्रित होता है। हमारी समझ, स्मरण शक्ति, तर्कणा शक्ति आदि समस्त ज्ञान शक्तियाँ मस्तिष्कीय संरचना पर निर्भर होती हैं। मस्तिष्क के विभिन्न अंशों को विकृत परिष्कृत कर इन शक्तियों में ह्रास तथा विकास किया जा सकता है। यदि ज्ञान शरीर का गुण नहीं है तो शारीरिक स्थितियों का इस पर कोई प्रभाव नहीं पड़ना चाहिये। इसके उत्तर में जैन दार्शनिक कहते हैं कि ज्ञान आत्मा का स्वभाव होने के कारण मुक्तावस्था में शरीर निरपेक्ष रूप से अस्तित्व रखता है लेकिन संसारी अवस्था में उसकी

---

7. युगपत् भिन्नरूपेण वहिरन्तश्च भासनात्।
न तयोः परिणामोऽस्ति यथा गेहप्रदीपयोः।। न्यायविनिश्चय 2/74

8. प्रमेय कमल मार्तण्ड; पृष्ठ –112

ज्ञान क्षमता के कर्मों से आवृत्त होकर मंद हो जाने के कारण वह शरीर की सहायता से पदार्थों को जानता है।[9] जिस प्रकार निरोगावस्था में नेत्र अन्य निरपेक्ष रूप से पदार्थों को देखते हैं लेकिन उनकी शक्ति के मन्द हो जाने पर देखने के लिये ऐनक आदि की सहायता की आवश्यकता होती है तथा यदि नेत्रों में देखने की क्षमता पूर्णतया समाप्त हो गयी हो तो सभी उपकरण निरर्थक हो जाते हैं, उसी प्रकार आत्मा मुक्तावस्था में स्वभावत: समस्त पदार्थों को जानता है। आत्मा शरीर से स्वतंत्र द्रव्य है जो ज्ञप्ति क्रिया का कर्त्ता है। संसारी अवस्था में उसकी ज्ञान शक्ति के मंद हो जाने के कारण इन्द्रियादि के आलम्बन की आवश्यकता होती है तथा यदि व्यक्ति में किसी विषय को जानने की क्षमता का पूर्ण अभाव हो तो उस विषय का ज्ञान उत्पन्न करने में इन्द्रियाँ अकिन्चित्कर हैं। शरीर के भिन्न भिन्न अंग ज्ञान के भिन्न भिन्न उपकरण हैं तथा साधनों की श्रेष्ठता मंदता का कार्य की श्रेष्ठता मन्दता पर प्रभाव अवश्यम्भावी है। इसलिये व्यक्ति की शारीरिक स्थितियों से उसके ज्ञान की स्थितियाँ प्रभावित होती हैं; लेकिन इस प्रभाव के आधार पर यह नहीं कहा जा सकता कि शरीर ही ज्ञाता है। शरीर का ज्ञप्ति क्रिया के साधन के रूप में अस्तित्व उससे स्वतंत्र ज्ञाता आत्मा की सत्ता सिद्ध करता है जो स्वयं के संकल्प और प्रयत्न पूर्वक इन्द्रियादि का अवलम्बन लेकर ज्ञप्ति क्रिया का सम्पादन करता है।

यदि ऐसा नहीं माना जाय तथा शरीर को ही ज्ञाता स्वीकार किया जाय तो जिस प्रकार कम्प्यूटर और रॉबोट जड़ पदार्थ होने के कारण पूर्णतया कारण कार्य नियमों से संचालित होते है; उनमें निश्चित विधि से जानकारियों का संग्रह किया जाता है, संगृहीत जानकारियों से विभिन्न निष्कर्षों का निगमन किया जाता है। इनमें विभिन्न परिस्थितियों में जो घटनाएं घटित होती हैं वे निश्चित नियमों के अनुसार घटित होती हैं; इसलिये उनका पूर्वानुमान किया जा सकता है। इसी प्रकार यदि ज्ञान भी जड़ शरीर का गुण है तो ज्ञानोत्पत्ति की प्रक्रिया भी निश्चित कारणात्मक नियमों के अनुसार घटित होनी चाहिये। साथ ही यह पूर्वानुमान किया जा सकना सम्भव होना चाहिये कि किन परिस्थितियों में किस व्यक्ति की ज्ञानोत्पत्ति की प्रक्रिया का क्या स्वरूप होगा। इसके विपरीत हम देखते हैं कि ज्ञानोत्पत्ति की प्रक्रिया कारण सामग्री द्वारा अनिवार्यतया उत्पन्न की गयी घटना न होकर चेतन ज्ञाता द्वारा स्वतन्त्रतया सम्पादित की गयी प्रक्रिया है। एक बहुत स्वस्थ मस्तिष्कीय संरचना और बौद्धिक विकास के लिये आवश्यक सभी सुविधाओं से सम्पन्न व्यक्ति आलसी हो सकता

9. तत्त्वार्थवार्तिक; पृष्ठ – 53

है तथा वह अपना समुचित बौद्धिक विकास नहीं करता। जबकि दूसरा व्यक्ति सुविधाओं का अभाव होने पर भी अपनी संकल्प शक्ति और पुरुषार्थ के बल पर विद्वान बन सकता है। ज्ञानार्जन की प्रक्रिया में विद्यमान इस चयनात्मक और प्रयत्नात्मक स्वरूप की व्याख्या ज्ञान को शरीर का गुण स्वीकार करके नहीं की जा सकती। इसके लिये ज्ञाप्ति क्रिया के कर्त्ता के रूप में उपयोगात्मक आत्मा की सत्ता को स्वीकार करना आवश्यक है।

## बौद्ध मत - ज्ञान की क्षणिकरूपता तथा नैरात्म्यवाद

जैसा कि हम अध्याय एक में देख चुके हैं बौद्ध परिणामीनित्य आत्मा की सत्ता को स्वीकार न करके नैरात्म्यवाद की स्थापना करते हैं। वे कहते हैं कि हमें स्वसंवेदन प्रत्यक्ष द्वारा घट ज्ञान, पट ज्ञान आदि पूर्णरूपेण स्वतन्त्र और क्षणिक ज्ञानों का ही प्रत्यक्ष होता है। इन क्षणिक ज्ञानों के अतिरिक्त प्रत्यक्ष द्वारा हमें इनके आधार रूप में अवस्थित किसी शाश्वत आत्मा की उपलब्धि कभी नहीं होती। बौद्धों के इस सिद्धान्त पर अन्य भारतीय दार्शनिकों द्वारा यह आरोप किया जाता है कि क्षणिक विज्ञानों के प्रवाह मात्र को स्वीकार करने पर स्मृति, प्रत्यभिज्ञान, बन्धन और मोक्ष आदि की व्याख्या नहीं की जा सकती। किसी पदार्थ की स्मृति उसी व्यक्ति को हो सकती है जिसने पूर्व में उस पदार्थ का प्रत्यक्ष किया हो। इस प्रकार प्रत्यक्ष कर्त्ता और स्मरण कर्त्ता में एकत्व होना आवश्यक है। यदि प्रत्यक्ष कर्ता प्रत्यक्ष करते ही नष्ट हो चुका है तथा स्मरण कर्ता पूर्णरूपेण नवीन व्यक्ति है, तो जिस प्रकार देवदत्त द्वारा प्रत्यक्ष किये गये पदार्थ की कालान्तर में यज्ञदत्त को स्मृति नहीं हो सकती; उसी प्रकार भिन्न ज्ञान द्वारा जाने गये पदार्थ की कालान्तर में अन्य ज्ञानक्षण को स्मृति नहीं हो सकती।

बौद्ध नैरात्म्यवाद के प्रति की गयी इस आपत्ति को स्वीकार नहीं करते। वे कहते हैं कि एक सन्तान के पूर्वापर क्षणों के मध्य कारण कार्य सम्बन्ध होता है। इसके कारण उस सन्तान के एक विज्ञानक्षण ने जिस पदार्थ का प्रत्यक्ष किया है उसके संस्कार उससे उत्पन्न होने वाले विज्ञानक्षणों को प्राप्त हो जाते हैं। इसके फलस्वरूप उसी सन्तान के परवर्ती विज्ञानक्षण को स्मृति होती है। 'सन्तान' एक सत्ता का वाचक शब्द न होकर कारण कार्य रूप से सम्बन्धित पूर्वापर विज्ञानक्षणों के समूह का वाचक शब्द है।[10] अतः किसी वास्तविक अनुभवकर्ता, स्मरणकर्ता की सत्ता नहीं है जिसके आधार पर यह कहा जा सके कि जिसने प्रत्यक्ष किया

10. तत्त्वसंग्रह पंजिका; पृष्ठ - 638

है उसी को स्मृति होती है। एक शाश्वत आत्मा का अभाव होने पर भी विभिन्न विज्ञानक्षणों में प्रतिनियत कारण कार्यभाव होने के कारण स्मृति, प्रत्यभिज्ञान, बन्धन और मोक्ष आदि सम्भव होते हैं।[11]

## जैन मत – आत्मा का परिणामीनित्य स्वरूप और ज्ञान

जैन दार्शनिक कहते हैं कि परस्पर स्वतन्त्र विज्ञानक्षणों के प्रवाह मात्र को स्वीकार करके ज्ञान की व्याख्या नहीं की जा सकती। इसके विपरीत ज्ञान की सत्ता एक सामान्यविशेषात्मक, उत्पादव्ययध्रौव्यात्मक आत्मा का सद्भाव होने पर ही सम्भव है। इन्द्रिय प्रत्यक्ष, अनुमान, शब्द प्रमाण आदि सभी ज्ञान एक क्षणिक घटना मात्र न होकर अनेक ज्ञानपर्यायों रूप से परिणमनशील एक ज्ञान हैं तथा ये इन सभी ज्ञान पर्यायों के आधार रूप में अवस्थित एक अन्वयी ज्ञानमय आत्मा के सद्भाव पूर्वक उत्पन्न होते हैं।[12] इन्द्रिय प्रत्यक्ष द्वारा पदार्थ प्रथम क्षण में ही सम्पूर्णतया ज्ञात नहीं होता। इसके विपरीत एक निरन्तर विद्यमान ज्ञाता आत्मा अवग्रह, ईहा, अवाय, धारणा रूप क्रमवर्ती ज्ञानपर्यायों रूप से परिणमित होते हुए पदार्थ को क्रमश स्पष्ट, और अधिक स्पष्ट रूप से जानता है। प्रत्यक्ष के समान ही अनुमान, शब्द प्रमाण आदि का सद्भाव भी उत्पादव्ययधौव्यात्मक आत्मा की अपेक्षा करता है। अनुमान उसी व्यक्ति को होता है जिसने पूर्व में हेतु और साध्य के अन्वयव्यतिरेकी दृष्टान्तों के प्रत्यक्ष पूर्वक उनके मध्य व्याप्ति सम्बन्ध का निश्चय किया हो तथा जो वर्तमान समय में हेतु का प्रत्यक्ष तथा हेतु और साध्य के मध्य व्याप्ति सम्बन्ध के स्मरण पूर्वक साध्य को जान रहा हो। इसी प्रकार शब्दबोध भी एक निरन्तर विद्यमान ज्ञाता को ही हो सकता है। एक अन्वयी ज्ञाता एक वाक्य के विभिन्न अंशोंह्न एक एक शब्द को क्रम से जानते हुए ही एक वाक्य को तथा विभिन्न वाक्यों को क्रमिक रूप से जानते हुए एक ग्रन्थ को जान सकता है। यदि एक वाक्य के विभिन्न अंशह्न प्रत्येक वर्ण को जानने वाला ज्ञान अन्य ज्ञानों से पूर्णतया भिन्न और एक क्षणस्थायी सत्ता है तो इन विभिन्न ज्ञानों के परस्पर अपरिचित होने के कारण कभी एक वाक्य तक का ज्ञान नहीं हो सकेगा। इस प्रकार प्रत्यक्ष, अनुमान, शब्द प्रमाण आदि सभी ज्ञान एक क्षणिक घटना मात्र न होकर अनेक ज्ञानपर्यायों रूप से परिणमित हो रहे एक ज्ञान हैं जो अपने अस्तित्व के लिये उत्पादव्ययधौव्यात्मक आत्मा की अपेक्षा

---

11. तत्त्वसंग्रह पंजिका; पृष्ठ – 29
12. न्यायविनिश्चय 1/8

करते हैं।

बौद्ध अनेक क्रमवर्ती ज्ञान पर्यायों की एक आत्मद्रव्यरूपता को स्वीकार न करके उन्हें स्वतन्त्र सत्ताएं मानते हैं तथा कारण कार्य रूप से सम्बन्धित विभिन्न विज्ञान क्षणों को एक सन्तान स्वीकार करके समस्त ज्ञानों की व्याख्या करना चाहते हैं। लेकिन जैसा कि हम अध्याय एक में देख चुके हैं क्षणिकवाद को स्वीकार करने पर कारण कार्य सम्बन्ध की व्याख्या असम्भव है। ऐसी स्थिति में कारण कार्य रूप से सम्बन्धित अनेक विज्ञान क्षणों की एक सन्तानरूपता किस प्रकार सिद्ध हो सकती है? एक सन्तान के विभिन्न विज्ञान क्षण भी परस्पर उतने ही भिन्न तत्त्व हैं जितने कि विभिन्न सन्तानों के विज्ञान क्षण परस्पर भिन्न हैं । ऐसी स्थिति में उनमें संस्कारों का आदान प्रदान किस प्रकार हो सकता है[13] जिसके आधार पर एक अन्वयी अनुभव कर्त्ता, स्मरण कर्त्ता को स्वीकार किये बिना स्मृति, प्रत्यभिज्ञान आदि की व्याख्या की जा सके। इनकी व्याख्या परिणामीनित्य आत्मा की सत्ता स्वीकार करने पर ही सम्भव है।

वस्तुत: ज्ञानोत्पत्ति उपादान और निमित्त कारणों के सद्भाव मात्र से अनिवार्यतया उत्पन्न होने वाली प्रक्रिया नहीं है; पूर्ववर्ती विज्ञान क्षण के विनाश और विषय तथा इन्द्रियादि निमित्त कारणों के सद्भाव मात्र से स्वत: ही उत्तरवर्ती विज्ञान क्षण की उत्पत्ति नहीं होती। इसके विपरीत ज्ञानोत्पत्ति ज्ञप्ति क्रिया के कर्त्ता के स्वयं के चयन और प्रयत्न पूर्वक सम्पादित होने वाली क्रिया है जो एक निरन्तर विद्यमान उपयोगात्मक आत्मा की सत्ता को सिद्ध करती है। एक समय में व्यक्ति के समक्ष अनेक इन्द्रियों के विषय एक साथ विद्यमान होते हैं। उनमें से उसे उसी इन्द्रिय के विषय का ज्ञान होता है जिस पर वह ध्यान देता है। व्यक्ति जिस इन्द्रिय के विषय पर अपनी चेतना को केन्द्रित करता है उसका उसे सर्वप्रथम सामान्य स्वरूप के ग्रहण रूप अवग्रह ज्ञान होता है। अवग्रह ज्ञान ईहा (अवगृहीत वस्तु के विशेष स्वरूप की जिज्ञासा) का उपादान कारण है, इन्द्रिय, मन आदि निमित्त कारणों का भी सद्भाव है, ईहा का विषय भी विद्यमान है। इस समस्त कारण सामग्री का सद्भाव होने मात्र से अवग्रह ज्ञान ईहा रूपता प्राप्त नहीं करता बल्कि यदि आत्मा अवगृहीत पदार्थ के विशेष स्वरूप को जानने का इच्छुक होता है तो ही उसका ज्ञान ईहा रूपता प्राप्त करता है; अन्यथा उसका इन्द्रिय प्रत्यक्ष अवग्रह के स्तर तक ही विकसित होकर रह जाता है। यदि व्यक्ति ईहा की तृप्ति हेतु प्रयत्नरत हो तो ही उसका ज्ञान अवाय रूपता प्राप्त करता है, अन्यथा

13. सिद्धिविनिश्चय 4/3

नहीं करता। ज्ञानार्जन की प्रक्रिया का यह चयनात्मक और प्रयत्नात्मक स्वरूप ज्ञप्ति क्रिया के पूर्व तथा उसके घटित होते समय निरन्तर विद्यमान चेतन कर्त्ता के होने पर ही सम्भव है जो एक परिगामीनित्य, उपयोगात्मक आत्मा की सत्ता को सिद्ध करता है।

**नित्यात्मवाद और ज्ञान की सौपाधिक धर्मरूपता :-**

न्याय वैशेषिक, साँख्य आदि सभी वैदिक दर्शन बौद्ध दर्शन के नैरात्म्यवाद से सहमत नहीं है। वे कहते हैं कि ज्ञान एक सरल धर्म होने के कारण अपने आप में नहीं रह सकता। इसलिये इसके अधिष्ठान के रूप में आत्मा नामक शाश्वत चेतन सत्ता को स्वीकार करना आवश्यक है। यह चेतन सत्ता परिणामीनित्य और उपयोगात्मक तत्त्व न होकर कूटस्थ नित्य तत्त्व है। यह सदैव एकरूप रहता है तथा इसमें कभी भी किसी भी प्रकार का परिवर्तन नहीं होता। प्रश्न उठता है कि ज्ञान तो उत्पत्तिविनाशवान और निरन्तर परिवर्तनशील धर्म है, तब वह कूटस्थ नित्य आत्मा का स्वरूप धर्म किस प्रकार हो सकता है? इस समस्या के समाधानार्थ नित्यात्मवादी दार्शनिक ज्ञान को आत्मा से भिन्न तत्त्व स्वीकार करते हैं तथा ज्ञान और आत्मा में सौपाधिक सम्बन्ध मानते हैं। न्यायवैशेषिक दर्शन के अनुसार ज्ञान संसारी जीव का आगन्तुक गुण है। यह आत्मा का स्वरूप न होकर उससे भिन्न पदार्थ है जो उसमें समवाय सम्बन्ध से रहता है[14] तथा साँख्य दर्शन के अनुसार ज्ञान जड़ प्रकृति के विकार - बुद्धि का धर्म है। इस प्रकार इन दर्शनों के अनुसार आत्मा और ज्ञान दो भिन्न भिन्न तत्त्व हैं तथा आत्मा अपने से भिन्न ज्ञान से सम्बन्ध पूर्वक पदार्थों का ज्ञाता होता है। यहाँ हम न्यायवैशेषिक और साँख्य दर्शन के ज्ञान सम्बन्धी विचारों का पृथक पृथक अध्ययन कर रहे हैं।

**न्यायवैशेषिक मत - ज्ञान आत्मा का आगन्तुक गुण :-**

न्यायवैशेषिक दर्शन के अनुसार आत्मा एक ऐसा शाश्वत द्रव्य है जो ज्ञान स्वभावी पदार्थ न होकर ज्ञान से भिन्न, उसका आश्रय मात्र है। आत्मा - द्रव्य और ज्ञान-गुण दो भिन्न सत्ताएं हैं तथा इन दोनों में समवाय सम्बन्ध है। आत्मा कूटस्थ नित्य द्रव्य है। इसलिये वह स्वयं विषयज्ञान रूप से परिणमित होकर अपने विषय को नहीं जानता, बल्कि जिस प्रकार भिन्न दण्ड से संयोग सम्बन्ध पूर्वक

14. उपपादितो हि गुणगुणिनोर्भेदः, एवं विज्ञानमप्यात्मगुणः, न ह्युदयव्ययवतीभ्यो ज्ञानव्यक्तिभ्योऽनुदयव्ययधर्मा भवितुमर्हत्यभिन्न आत्मा। न चात्मैव ज्ञानस्वभावः तत्तद्विषयोपधानेनोदयव्ययधर्मेव भविष्यतीति साम्प्रतम्, घटमहं जानामीति मानस्यां बुद्धौ त्रयाणामपि ज्ञानज्ञेयज्ञातृणां भेदेनानुव्यवसायात्। न्यायवार्तिकतात्पर्यटीका; पृष्ठ - 239

पुरुष दण्डीरूपता प्राप्त करता है उसी प्रकार भिन्न ज्ञान से समवाय सम्बन्ध पूर्वक आत्मा पदार्थों का ज्ञाता होता है। न केवल ज्ञान और आत्मा भिन्न भिन्न पदार्थ हैं बल्कि आत्मा स्वरूपतः अचेतन द्रव्य है। वह स्वभावतः ज्ञान, इच्छा, प्रयत्न, सुख आदि समस्त गुणों से रहित द्रव्य है। उसमें ज्ञानादि गुणों की उत्पत्ति इन्द्रिय और मन से संयुक्त अवस्था में ही होती है; इसलिये ये आत्मा के आगन्तुक गुण हैं। आत्मा को किसी भी पदार्थ का ज्ञान तभी होता है जबकि पदार्थ का इन्द्रिय से, इन्द्रिय का मन से और मन का आत्मा से संयोग होता है। उदाहरण के लिये "यह घट है" आत्मा को यह ज्ञान तभी होता है जबकि घट का चक्षु से, चक्षु का मन से और मन का आत्मा से संयोग होता है।[15] आत्मा को पूर्वानुभूत घट की स्मृति मन से संयुक्त अवस्था में ही हो सकती है। मुक्तावस्था, मूर्च्छावस्था और सुषुप्तावस्था में आत्मा का इन्द्रिय और मन से संयोग का अभाव होता है। इसलिये इन अवस्थाओं में वह पूर्णरूपेण ज्ञान रहित तत्त्व होता है। इस प्रकार ज्ञान आत्मा का स्वाभाविक गुण न होकर इन्द्रिय और मन से संयोग जन्य आगन्तुक गुण है।[16]

**सांख्ययोगमत - ज्ञान बुद्धि (प्रकृति) का धर्म तथा पुरुष का निर्विषयक चैतन्य स्वरूप :-**

सांख्ययोग दर्शन जैन दर्शन द्वारा प्रतिपादित दर्शन, वीर्य और आनन्द से सम्पन्न ज्ञानमय आत्मा की अवधारणा को पूर्णतया अस्वीकार करता है। इस दर्शन के अनुसार दो मूल तत्व हैं- प्रकृति और पुरुष। प्रकृति जड़, सत्व, रज और तम गुणों से युक्त, विषय, सामान्यरूप और सक्रिय है। इसके विपरीत पुरुष चैतन्यस्वरूप, सत्य, रज और तम गुणों से रहित, विषयी, विशेषरूप और निष्क्रिय है।[17] ज्ञान,

---

15. आत्मेन्द्रियार्थसन्निकर्षाद्यन्निष्पद्यते तदन्यत्। वैशेषिक सूत्र 3/1/18
16. न चागन्तुकज्ञानातिरिक्तं स्वाभाविकमात्मनि चैतन्यमनुभूयते, न चात्मैव तत्स्वभावः, सुषुप्तत्वानुपपत्तेः, अचेतयन्नेव हि सुषुप्त इत्युच्यते, न च तदा विषयशून्यं स्वनिष्ठमात्मचैतन्यमिति युक्तं, तदवस्थाभेदस्य सुप्तोत्थितेन स्वप्नान्तिकस्येव स्मरणप्रसङ्गात्। न्यायवार्तिकतात्पर्यटीका; पृष्ठ–240
    कर्मवशान्निष्पन्ने शरीरे चेष्टेन्द्रियार्थाश्रये निमित्तभावादवश्यम्भावी बुद्धीनामुत्पादः, न च प्रबलोऽपि सन् बाह्योऽर्थ आत्मनो बुद्ध्युत्पादे समर्थो भवति, तस्येन्द्रियेण संयोगात् बुद्ध्युत्पादे सामर्थ्यं दृष्टमिति। न्यायभाष्य; पृष्ठ–340
    तदभावश्चापवर्गे। न्याय सूत्र 4/2/45
    तस्य बुद्धिनिमित्ताश्रयस्य शरीरेन्द्रियस्य धर्माधर्माभावादभावोऽपवर्गे। न्यायभाष्य; पृष्ठ - 348
17. त्रिगुणभविवेकी विषयः सामान्यमचेतनम्प्रसवधर्मि।
    व्यक्तं तथा प्रधानं तद्विपरीतस्तथा च पुमान्।। सांख्यकारिका–11

दर्शन और सुख सात्विक भाव और वीर्य या कर्तृत्वशक्ति राजसिक भाव होने के कारण प्रकृति के प्रथम विकार–बुद्धि के धर्म हैं[18] तथा ये ज्ञान, सुखादि घटादि के समान अचेतन हैं।[19] इसके विपरीत पुरुष स्वभावतः अकर्ता और बुद्धि द्वारा जाने गये विषय का ज्ञाता, दृष्टा और भोक्ता है।[20] इस प्रकार ज्ञाता पुरुष और ज्ञानस्वरूपा बुद्धि दो पूर्णतया स्वतन्त्र और विजातीय तत्व हैं। इन दो विजातीय तत्त्वों के संयोग पूर्वक इनमें एकात्मता की अनुभूति तथा ज्ञाता का स्वयं को ज्ञानमय तत्त्व समझना अनादिकालीन अज्ञान तथा ज्ञाता के संसार परिभ्रमण का मूल कारण हैं।[21] वस्तुतः अनादिकाल से पुरुष अपने प्रकृति से विलक्षण शुद्ध चैतन्य स्वरूप को भूला हुआ है। वह भ्रमवश प्रकृति के विकार – बुद्धि, अंहकार, मन, इन्द्रियाँ और शरीर को अपना स्वरूप तथा संसार के विभिन्न पदार्थों को सुखात्मक, दुखात्मक मान रहा है।[22] इस अनादि अविद्या के कारण ज्ञाता पुरुष विषयज्ञान स्वरूपा बुद्धि में निमग्न होकर उससे एकात्मता का अनुभव करते हुए उसे भोगता है। इसके कारण उसमें ''मैं सुखी हूँ'' ''मैं दुखी हूँ'' आदि रूप से विषयात्मक बुद्धि के प्रति अहं भाव या अस्मिता उल्पन्न होती है। इस अस्मिता से राग द्वेष उत्पन्न होते हैं। इसके परिणामस्वरूप व्यक्ति के कर्मबन्ध होता है जिसका फल भोगते हुए पुरुष संसार में परिभ्रमण करता रहता है।[23] इस प्रकार ज्ञाता पुरुष और ज्ञानस्वरूपा बुद्धि में एकत्व की अनुभूति और ज्ञाता द्वारा स्वयं

---

18. अध्यवसायो बुद्धि ..............। — सांख्यकारिका – 23 पूर्वार्द्ध
    दृश्यतेऽनेनेति दर्शन बुद्धि; — योगवार्तिक – 2/7
    सुखदुखानुभव हि भोगः, स च बुद्धौ; — सांख्यकारिका– 37 पर सांख्यतत्वकौमुदी
    तस्मात्तत्संयोगादचेतनं चेतनावदिव लिङ्गम्
    गुणकर्तृत्वेऽपि तथा कर्तेव भवत्युदासीनः।। — सांख्यकारिका – 20
    चेतनस्याकर्तृत्वात्, कर्तुश्चाचेतनत्वात्, — सांख्यकारिका –19 पर सांख्यतत्त्वकौमुदी
19. बुद्धितत्त्वं हि प्राकृतत्वादचेतनमिति तदीयोऽध्यवसायोऽप्यचेतनो घटादिवत्। एर्व हि बुद्धितत्त्वस्य सुखादयोऽपि परिणामभेदाश्च अचेतना — सांख्यकारिका – 5 पर सांख्यतत्त्वकौमुदी।
20. सांख्यकारिका – पद 17 और 20 तथा इन पर सांख्यतत्त्वकौमुदी
21. यस्तु प्रत्यग्चेतनस्य स्वबुद्धि संयोगः, तस्य हेतुरविद्या। — योगसूत्र 2/24
    दृष्ट्दृश्ययो संयोगो हेयहेतुः। — योगसूत्र 2/17
22. योगसूत्र 2/5 और उस पर व्यासभाष्य
23. दृग्दर्शनशक्त्योरेकात्मतेवास्मिता। — योगसूत्र – 2/6
    पुरुषो दृक्शक्तिर्वुद्धिदर्शनशक्तिरित्येतयोरेकस्वरूपापत्तिरिवास्मिता क्लेश उच्यते। — योगसूत्र 2/6 पर व्यासभाष्य
    अविद्याऽस्मितारागद्वेषाभिनिवेशाः पंच क्लेशाः। — योगसूत्र – 2/3

को ज्ञानमय तत्त्व समझना अनादि कालीन अज्ञान और संसार के विभिन्न दुखों के भोग का मूल कारण है। इसके विपरीत इन दोनों में विवेकज्ञान ही मोक्ष प्राप्ति का उपाय है।[24] इस विवेकज्ञान के होने पर ज्ञाता अपने ज्ञान रहित, निर्विषयक चैतन्य स्वरूप मुक्तावस्था में अवस्थित हो जाता है।[25]

सांख्ययोग दर्शन के इस सिद्धान्त को समझने के लिये हम प्रकृति और पुरुष की अवधारणा पर थोड़ा विस्तार से विचार करें। इस दर्शन के अनुसार प्रकृति सत्व, रज और तम गुणों से युक्त, परिणामीनित्य और सक्रिय तत्व है।[26] सत्व गुण हल्का, प्रकाशात्मक और आनन्ददायक होता है। ज्ञान और सुख सत्व गुण के कार्य हैं। रजोगुण सक्रिय, उत्तेजक और दुखात्मक होता है। कर्तृत्वशक्ति रजोगुण का कार्य है। तमोगुण मोहात्मक, भारी और अवरोधक होता है।[27] मूल प्रकृति सत्व, रज और तम गुणों की साम्यावस्था है। जब प्रकृति और पुरुष का संयोग होता है तो इसके गुणों में हलचल होती है तथा इसके द्वारा पुरुष के लिये सृष्टि की रचना होती है। सृष्टि की रचना के इस क्रम में प्रकृति पुरुष के लिये क्रमशः बुद्धि, अंहकार, मन, इन्द्रियाँ और शरीर की रचना करती है। प्रकृति ने पुरुष के लिये यह सृष्टि संसार के विभिन्न भोगों को भोगने के लिये साधन के रूप में और जब वह भोगों से विमुख हो जाय तो मोक्ष प्राप्ति हेतु पुरुषार्थ के साधन के रूप में की है।[28] प्रकृति द्वारा सृजित सृष्टि में पुरुष के सर्वाधिक निकट और महत्वपूर्ण तत्त्व है बुद्धि। यह बुद्धि निश्चयात्मिका होती है। इसका आकार ''यह घट है'', ''यह पट है'' रूप विषयज्ञान स्वरूप होता है। ग्रहण, धारण, ऊहापोह, तत्त्वज्ञान, भ्रम ये सब कार्य बुद्धि द्वारा ही किये जाते हैं।[29]

---

24. विवेकख्यातिरविप्लवा हानोपायः। योगसूत्र – 2/26
सत्वपुरुषान्यताप्रत्यया विवेकख्याति। योग सूत्र 2/26 पर व्यासभाष्य
यदा निर्धूतरजस्तमोमलं बुद्धिसत्वं पुरुषस्यान्यताप्रत्ययमात्राधिकारं दग्धक्लेशबीजं भवति तदा पुरुषस्य शुद्धि सारुप्यमिवापन्नं भवति। योग सूत्र – 3/55 पर व्यासभाव
25. तदा द्रष्टुः स्वरूपेऽवस्थानम्। योगसूत्र – 1/3
तदाऽसम्प्रज्ञातयोगकाले द्रष्टुः चितिशक्ते पुरुषस्य स्वरूपं निर्विषयचैतन्यमात्रेऽवस्थानमित्यर्थः। योगवार्तिक – 1/3
26. सांख्यकारिका –11
27. सांख्यकारिका – 12, 13
28. सांख्यकारिका 3 और 21 और इस पर सांख्यतत्त्वकौमुदी
29. सांख्यकारिका 23 पर युक्तिदीपिका

ज्ञानार्जन की प्रक्रिया इन्द्रियार्थ सन्निकर्ष पूर्वक प्रारम्भ होती है। जब पदार्थ का इन्द्रिय से संयोग होता है तब सर्वप्रथम पदार्थ का आलोचन प्रत्यक्ष होता है। उसके उपरान्त मन उस विषय पर संकल्प विकल्प करके उसे बुद्धि को सोंप देता है। तदुपरान्त बुद्धि विषय के आकार को धारण कर लेती है। बुद्धि जड़ है। उस विषयाकार बुद्धि पर जब पुरुष की चेतना का प्रतिबिम्ब पड़ता है तब विषय ज्ञात होता है। विषयज्ञान की प्रक्रिया बुद्धि में घटित होती है तथा पुरुष बुद्धि द्वारा जाने गये विषय का तटस्थ दृष्टा और साक्षी मात्र है।[30]

महर्षि व्यास बुद्धि और पुरुष में अन्तर स्पष्ट करते हुए कहते हैं कि बुद्धि प्रकाश, क्रिया और स्थिति स्वरूप तथा परिणमनशील तत्त्व है। निरन्तर नये विषय को जानने के लिये प्रवृत्ति बुद्धि में होती है, निरन्तर नये विषय के आकार को धारण करके उसके ज्ञानरूप से परिणमन भी बुद्धि में ही होता है, सुख दुख रूप अशुद्धि भी बुद्धि में ही विद्यमान है। इसके विपरीत पुरुष चितिशक्ति स्वरूप है। वह बुद्धि द्वारा जाने गये पदार्थ का ज्ञाता होते हुए भी पूर्णरूपेण परिवर्तन रहित व गतिहीन (अप्रतिसंक्रमा), शुद्ध और निर्विकार है।[31] वाचस्पति मिश्र महर्षि व्यास के कथनों की सोदाहरण व्याख्या करते हुए कहते हैं कि जिस प्रकार स्फटिक मणि से जपाकुसुम का संयोग होने पर स्फटिक मणि में जपाकुसुम का लाल रंग प्रतिबिम्बित होता है लेकिन इस प्रतिविम्बन के होने पर भी स्फटिक मणि शुद्ध ही होता है उसमें कोई विकार नहीं आता। इसी प्रकार बुद्धि और पुरुष के संयोग से उत्पन्न होने वाली ''मैं शान्त हूँ'', ''मैं दुखी हूँ'', ''मैं मूड़ हूँ'' रूप बुद्धि और पुरुष की एकात्मता रूप बुद्धिवृत्ति का पुरुष में आरोप करके यह निश्चय किया जाता है; लेकिन शब्दादि के ज्ञान के समान ही यह सुख, दुख, मोहात्मकता भी बुद्धि की ही वृत्ति है तथा पुरुष इस चित्तवृत्ति का ज्ञाता होता हुआ भी पूर्णरूपेण निर्विकार, शुद्ध और अपरिणामी है।[32]

---

30. सांख्यकारिका – 36 पर सांख्यतत्त्वकौमुदी
31. चितिशक्तिरपरिणाभिन्यप्रतिसंक्रमा दर्शितविषया शुद्धाचानन्ता च सत्वगुणात्मिका चेयमतो विपरीता ............ योगसूत्र 1/2 पर व्यासभाष्य
32. जपाकुसुमस्फटिकयोरिव बुद्धिपुरुषयोः सन्निधानादभेदग्रहे वृद्धिवृत्तीः पुरुषे समारोप्य शान्तोऽस्मि दुखितोऽस्मि मूढोऽस्मीत्यध्वस्यति यथा मलिने दर्पणतले प्रतिबिम्बित मुखं मलिनमारोप्य शोचत्यात्मानं मलिनोऽस्मीति, यद्यपि पुरुषसभारोपोऽपि शब्दादिविज्ञानवत् बुद्धिवृत्तिर्यद्यपि च प्राकृततत्त्वेनचिद्रूपतयाऽनुभाव्यस्तथाऽपि बुद्धेः पुरुषत्वमापादयन् पुरुषवृत्तिरिवानुभव इवाभासते। तत्त्ववैशारदी 1/4

ईश्वरकृष्ण कहते हैं, ''पुरुष चेतन होने के कारण सदैव साक्षीभाव स्वरूप, और अविषय है। यह कैवल्यस्वरूप, माध्यस्थ और अकर्ता है।[33] इसकी व्याख्या करते हुए गौड़पाद कहते हैं'', जिस प्रकार लोक में वादी और प्रतिवादी विवाद का विषय साक्षी को दिखाते हैं, उसी प्रकार प्रकृति भी अपने कार्यों को पुरुष को दिखाती है। अतः पुरुष साक्षी है। अथवा जिस प्रकार कोई सन्यासी व्यक्ति कृषि कार्य में प्रवृत्त लोगों के मध्य रहता हुआ भी माध्यस्थ रहता है उसी प्रकार प्रवर्तमान गुणों के मध्य रहता हुआ भी पुरुष दृष्टा मात्र है।[34] वाचस्पतिमिश्र कहते हैं, ''सत्व, रज और तम गुणों से युक्त होने के कारण कर्तृत्व प्रकृति का धर्म है। कर्ता गुण ही संकल्प विकल्प आदि कार्यों और भोग्य पदार्थों के निर्माण में प्रवृत्त होते हैं तथा अपने अपने कार्यों को पुरुष के समक्ष प्रस्तुत करते हैं। इसके विपरीत पुरुष न तो कार्य सम्पादन हेतु प्रवृत होता है और न ही उससे निवृत होता है। वह तो अपने समक्ष प्रस्तुत किये जा रहे कार्यों का तटस्थ दृष्टा या साक्षी मात्र है।[35]

उपर्युक्त विवेचन से स्पष्ट है कि ज्ञातादृष्टा पुरुष स्वरूपतः अकर्ता है तथा कर्तृत्वशक्ति रूप वीर्यरूपता पुरुष का स्वरूप न होकर प्रकृति की, विशेष रूप से ज्ञान दर्शन स्वरूपा बुद्धि की विशेषता है। बुद्धि सेनापति के समान है। जिस प्रकार सेनापति सेना का नेतृत्व करता है; वह अपने नेतृत्व द्वारा सेना की व्यूह रचना करके तथा उसे काम में लेकर युद्ध करता है। सेनापति द्वारा यह युद्ध राजा के लिये किया जाता है तथा इस युद्ध में जय और पराजय का स्वामी भी राजा ही होता है। इसी प्रकार बुद्धि भी अंहकार, मन, इन्द्रियों और शरीर के अवलम्बन पूर्वक पुरुष के भोगों के लिये, और उसके भोगों से विरक्त हो जाने पर मोक्ष प्राप्ति के लिये पुरुषार्थ करती है। जब बुद्धि मिथ्याज्ञानमय दृष्टि से युक्त होकर विभिन्न भोग्य पदार्थों की प्राप्ति हेतु प्रयत्न करती है और इसके फलस्वरूप अभीष्ट या अनिष्ट पदार्थों को प्राप्त करती है तो वह इनके ज्ञानस्वरूप होकर सुखानुभव या दुखानुभव स्वरूप होती है तथा पुरुष इस सुखानुभव या दुखानुभव स्वरूप बुद्धि का अनुभविता या भोक्ता होता हुआ सुखी दुखी होता है। जब पुरुष संसार के भोगों से विरक्त हो जाता है तो बुद्धि मोक्ष प्राप्ति हेतु पुरुषार्थ करती है। इसके लिये वह अनादि अविद्या के संस्कारों को समाप्त करने के लिये

---

33. सांख्यकारिका – 19
34. सांख्यकारिका – 19 पर गौड़पादभाष्य
35. सांख्यकारिका – 19 पर सांख्यतत्त्वकौमुदी

यम, नियम आदि योग के अष्टांग साधनों की साधना, पंचेन्द्रियों के विषय में वैराग्य और पुरुष के यथार्थ स्वरूप के ज्ञान का निरन्तर अभ्यास करती है।[36]

इस तत्त्वाभ्यास के स्वरूप को स्पष्ट करते हुए वाचस्पति मिश्र कहते हैं, ''तत्त्व अर्थात विषयी पुरुष के स्वरूप के दीर्घकाल तक निरन्तर आदरपूर्वक अभ्यास करने से बुद्धि और पुरुष के स्वरूप का साक्षात्कारात्मक ज्ञान उत्पन्न होता है। यह ज्ञान पूर्णरूपेण विशुद्ध, भ्रमरहित और केवल है। इस ज्ञान की प्राप्ति के लिये किये जाने वाले तत्त्वाभ्यास का स्वरूप है – मैं पूर्णरूपेण निष्क्रिय, पूर्णरूपेण अकर्ता आत्मा हूँ। अध्यवसाय, अंहकार, आलोचन आदि किसी भी क्रिया का न तो मैं कर्ता हूँ और न ही मैं इनका स्वामी हूँ।[37] इस तत्त्वाभ्यास से अनादि अविद्या के संस्कारों का क्षय होता है, तत्त्वज्ञान के संस्कार प्रबल होते हैं और अन्त में इस अभ्यास द्वारा समाधि की अवस्था में प्रकृति और पुरुष के विवेकज्ञान रूप पूर्णतया विशुद्ध, भ्रम रहित और साक्षात्कारात्मक ज्ञान उत्पन्न होता है।[38] इस विवेकज्ञान के उपरान्त पुरुष बुद्धि से विमुख होकर अपने ज्ञानदर्शन और आनन्द से रहित शुद्ध अनुभूतिमय चैतम्यस्वरूप में लीन हो जाता है। बुद्धि और पुरुष का यह वियोग ही मुक्तावस्था है।[39]

## जैन मत – ज्ञान आत्मा का स्वाभाविक गुण

जैन दार्शनिक उपर्युक्त मतों को अस्वीकार करते हुए कहते हैं कि ज्ञाता और ज्ञान दो भिन्न भिन्न तत्त्व नहीं हैं। न तो ज्ञान स्वरूपतः अचेतन आत्मा में समवाय सम्बन्ध से अवस्थित उसका आगन्तुक गुण है और न ही वह जड़ प्रकृति के विकार–बुद्धि की विशेषता है। इसके विपरीत ज्ञान आत्मा का स्वाभाविक गुण है तथा ज्ञान और आत्मा में तादात्म्य सम्बन्ध है। निश्चित रूप से ज्ञान

---

36. तत्तु नाप्रयोजनमपि तु प्रयोजनमुररोकृत्य प्रवर्तत इति भोगापवर्गार्थ हि तद्दृश्यं पुरुषस्येति। तत्रेष्टानिष्टगुणस्वरूपावधारणमविभागापन्नं भोगः। भोक्तुः स्वरूपावधारणमपवर्ग इति द्वयोतिरिक्तमन्यद्दर्शनं नास्ति।

    तावेतौ भोगापवर्गौ बुद्धिकृतौ बुद्धावेव वर्तमानौ कथं पुरुषे व्यपदिश्येते इति। यथा च जयः पराजयो वा योद्धृषु वर्तमानः स्वामिनि व्यपदिश्यते, स हि तत्फलस्य भोक्तेति एवं बंधमोक्षौ बुद्धेरेव पुरुषार्थापरिसमाप्तिबन्धस्तदर्थावसायो मोक्ष इति। योगसूत्र 2/18 पर व्यासभाष्य
37. सांख्यकारिका – 64 पर सांख्यतत्त्वकौमुदी
38. पुरुषदर्शनाभ्यासात् तच्छुद्धिप्रविवेकाप्यायितबुद्धिर्गुणेभ्यो व्यक्ताव्यक्तधर्मकेभ्योविरक्त इति। ....... ज्ञानस्यैव पराकाष्ठा वैराग्यम्; एतस्यैव हि नान्तरीयकं कैवल्यमिति।

    योगसूत्र – 1/16 पर व्यासभाष्य
39. तत्र चित्तनिवृत्तिरेव मोक्षः। योगसूत्र – 2/24 पर व्यासभाष्य

ज्ञाता आत्मा के लिये विभिन्न पदार्थों को जानने का करण है, लेकिन यह भिन्नकर्तक करण न होकर अभिन्नकर्तक करण है। जिस प्रकार अग्नि स्वयं उष्ण स्वरूप होकर पदार्थों को जलाती है उसी प्रकार आत्मा स्वयं विषय बन रहे पदार्थ के ज्ञान स्वरूप होकर उस पदार्थ को जानता है।[40] ज्ञान शब्द का व्युत्पतिलभ्य अर्थ है ''जानातीति ज्ञानं'' अर्थात जो जानता है वह ज्ञान है। आत्मा स्वयं पदार्थों के ज्ञान स्वरूप होकर पदार्थों को जानता है। अतः ''आत्मा ही ज्ञान है।''[41] यदि ऐसा नहीं माना जाय, ज्ञान को आत्मा से भिन्न तत्त्व ही स्वीकार किया जाय तथा आत्मा को उससे भिन्न ज्ञान द्वारा जाने गये पदार्थ का ज्ञाता स्वीकार किया जाय तो फिर एक व्यक्ति द्वारा जाने गये पदार्थ का ज्ञान अन्य व्यक्ति को हो जाना चाहिये, लेकिन ऐसा नहीं होता। इसी प्रकार भिन्न ज्ञान द्वारा जाने गये पदार्थ का ज्ञाता आत्मा नहीं हो सकता। आत्मा किसी भी पदार्थ का ज्ञाता उस पदार्थ को जानते हुए ही हो सकता है। इसके लिये आत्मा का उस पदार्थ के ज्ञान रूप से परिणामित होना आवश्यक है। इस प्रकार ज्ञान परिणामीनित्य आत्मा की ही विशेषता है। कूटस्थनित्य आत्मा कभी किसी पदार्थ को नहीं जान सकता।[42]

ज्ञान आत्मा का आगन्तुक गुण न होकर स्वाभाविक गुण है। प्रत्येक आत्मा में स्वाभाविक रूप से अनन्तज्ञानशक्ति विद्यमान है तथा वह एक उपयोगमय तत्त्व है। अपनी इन दो स्वाभाविक विशेषताओं के कारण मुक्तावस्था में आत्मा सर्वज्ञ होता है। संसारी अवस्था में आत्मा की ज्ञानशक्ति कर्मों से आवृत्त होकर मन्द हो जाती है। इसलिये इस अवस्था में वह इन्द्रिय, मन, प्रकाश, उपदेशादि बाह्य कारण सामग्री के अवलम्बन पूर्वक पदार्थों को जानता है। लेकिन इसके आधार पर ज्ञान को आत्मा का आगन्तुक गुण नहीं कहा जा सकता, क्योंकि पूर्णतया परिवर्तनरहित, सदैव एकरूप, अचेतन आत्मा में इन्द्रियार्थसन्निकर्ष, आप्त पुरुष के वचन आदि बाह्य कारण सामग्री द्वारा विषय बोध उत्पन्न नहीं किया जा सकता। इसके विपरीत उपयोगमय चेतन आत्मा इस सामग्री के अवलम्बन पूर्वक जब जिस पदार्थ को, पदार्थ के जिस पक्ष को जानने के लिये प्रवृत होता है तब वह अपनी ज्ञानशक्ति के सद्भावानुसार उस पदार्थ को न्युनाधिक रूप से जानता है। जिस प्रकार एक जन्मांध व्यक्ति के लिये दीपक का प्रकाश अकिंचित्कर है उसी

---

40. प्रवचनसार तत्त्वप्रदीपिका; गाथा – 35
41. जो जाणदि सो णाणं ण हवदि णाणेण जाणगो आदा। प्रवचनसार; गाथा – 35 पूर्वार्द्ध
42. प्रवचनसार तत्त्वप्रदीपिका; गाथा – 36

प्रकार स्वरूपतः अचेतन आत्मा में विषय बोध उत्पन्न नहीं किया जा सकता।[43] यदि ऐसा हो सकता हो तो इस कारण सामग्री द्वारा आकाश में भी ज्ञानोत्पत्ति कर दी जानी चाहिये क्योंकि आत्मा और आकाश दोनों ही सर्वव्यापक तत्त्व होने के कारण ज्ञान की इन्द्रियार्थसन्निकर्ष रूप कारण सामग्री से समान रूप से संयुक्त हैं तथा इनमें अचेतनता, कूटस्थनित्यता, अमूर्तता आदि विशेषताओं की दृष्टि से कोई अन्तर नहीं है।[44] वस्तुतः यदि अचेतन इन्द्रियादि द्वारा अचेतन आत्मा में विषयबोध रूप चैतन्यरूपता उत्पन्न की जा सकती है तो फिर ज्ञान को पृथ्वी, जल, अग्नि, वायु रूप जड़ पदार्थों से निर्मित शरीर का ही गुण मान लिया जाय; इसकी व्याख्या के लिये किसी शाश्वत अचेतन आत्मा की सत्ता को स्वीकार करने की क्या आवश्यकता है?[45]

आत्मा ज्ञानोपयोगमय द्रव्य होने के कारण सविषयक चेतना स्वरूप होता है। उसकी चेतना में दो पक्ष विद्यमान होते हैं, विषय - जिसे जाना जा रहा है तथा विषयी या ज्ञाता जो विषय को जान रहा है। ज्ञान का विषय, चाहे वह बाहरी जगत का कोई पदार्थ हो या आत्मा के दर्शन, वीर्यादि गुण, उससे भिन्न पदार्थ होता है तथा आत्मा स्वयं उस पदार्थ के ज्ञान स्वरूप होता हुआ उसका विषयी या ज्ञाता है।[46] आत्मा अपनी इस विषयज्ञान स्वभावी ज्ञातारूपत को स्वसम्वेदन प्रत्यक्ष द्वारा ''मैं ज्ञाता हूँ'' रूप से स्वयं ही जानता है।[47] जिस प्रकार जगत के विभिन्न पदार्थों को प्रकाशित करने वाला दीपक स्वयं के प्रकाशमय स्वरूप का प्रकाशक भी स्वयं ही होता है। उसके स्वरूप के प्रकाशन के लिये अन्य दीपक की आवश्यकता नहीं है। इसी प्रकार जगत के विभिन्न पदार्थों के ज्ञानस्वरूप होकर उन्हें जानने वाला आत्मा अपनी ज्ञानस्वभावी ज्ञातारूपता को भी स्वयं ही जानता है।[48] वह चैतन्य स्वरूप होने के कारण स्वपरप्रकाशक स्वरूप से युक्त है तथा ज्ञाता, ज्ञेय और ज्ञान प्रत्येक ज्ञान के विषय हैं।[49]

---

43. तत्त्वार्थवार्तिक, पृष्ठ - 46
44. तत्त्वार्थश्लोकवार्तिक, पृष्ठ - 39
45. तत्त्वार्थश्लोकवार्तिक, पृष्ठ - 40
46. स्वार्थाकारव्यवसायरूपेणार्थालोचनमात्रेण च ज्ञानदर्शनोपयोगात्मकः पुमान् प्रत्यक्ष एव स्वसंविदितत्वात्। तत्त्वार्थश्लोकवार्तिक; पृष्ठ - 47
47. तत्त्वार्थश्लोकवार्तिक; पृष्ठ - 40
48. प्रवचनसार तत्त्वप्रदीपिका; गाथा - 36
49. परीक्षामुखसूत्र 1/6 और 1/8

सांख्य दर्शन का ज्ञान को जड़ बुद्धि का धर्म और ज्ञाता को स्वरूपतः ज्ञान रहित तत्त्व स्वीकार करने सम्बन्धी सिद्धान्त पूर्णतया अप्रामाणिक है। प्रत्येक प्राणी को "मैं इस पदार्थ को जान रहा हूँ" रूप स्वसम्वेदन प्रत्यक्ष द्वारा स्वयं के ज्ञानमय स्वरूप और ज्ञान की चैतन्यरूपता ज्ञात हो रही है तथा कोई भी बुद्धिमान व्यक्ति किसी के उपदेश मात्र से निर्बाध रूप से ज्ञात हो रहे इस तथ्य को अस्वीकार करके ज्ञान को जड़ प्रकृति का धर्म स्वीकार नहीं कर सकता।[50] सांख्य दार्शनिक इस आपत्ति को अस्वीकार करते हुए कहते हैं कि बुद्धि स्वरूपतः जड़ है और उसमें दृष्टिगोचर हो रही चैतन्यरूपता का कारण उसका पुरुष से संयोग है। प्रकृति और पुरुष का संयोग होने पर प्रकृति में पुरुष के धर्म - चैतन्यरूपता की और पुरुष में प्रकृति के धर्म - कर्तृत्व की प्रतीति होती है। चेतना और कर्तृत्व का भिन्न अधिकरण युक्ति सिद्ध है और इसलिये यह प्रतीति भ्रमात्मक है।''[51] सांख्य दर्शन का यह मत तभी सत्य सिद्ध हो सकता है जबकि ज्ञाता पुरुष और ज्ञानस्वरूपा बुद्धि की पृथक पृथक सत्ता सिद्ध हो, लेकिन इस दर्शन के अनुसार बुद्धि से स्वतन्त्र ज्ञाता पुरुष की सत्ता को जान सकना पूर्णतया असम्भव है। इसका कारण यह है कि पुरुष स्वरूपतः ज्ञान रहित तत्त्व है तथा उसके लिये किसी भी पदार्थ को जानने का एकमात्र साधन बुद्धि है। वह जगत के विभिन्न पदार्थों को ही नहीं, स्वयं के स्वरूप को जानने के लिये भी बुद्धि पर निर्भर है। सांख्य दर्शन के अनुसार पुरुष सदैव विषयज्ञानस्वरूपा बुद्धि द्वारा जाने गये पदार्थ का विषयी या ज्ञाता ही होता है लेकिन वह स्वयं कभी भी बुद्धि का विषय नहीं हो सकता। इसलिये विषयज्ञानस्वरूपा बुद्धि कभी भी ज्ञाता पुरुष को नहीं जान सकती। पुरुष स्वयं भी ज्ञानरहित तत्त्व होने के कारण अपने आप को नहीं जान सकता। अतः ज्ञान से स्वतन्त्र ज्ञाता पुरुष अज्ञात और अज्ञेय होने के कारण मानसिक कल्पना मात्र है।[52] तथा प्रत्येक प्राणी को हो रही स्वयं की ज्ञानस्वभावी ज्ञातारूपता की अनुभूति भ्रमात्मक न होकर यथार्थ है।

ज्ञाता आत्मा ज्ञानस्वभावी और परिणामीनित्य तत्त्व होने के साथ ही साथ कर्तृत्व शक्ति रूप वीर्यरूपता से भी सम्पन्न है। आत्मा पराधीन तत्त्व नहीं है। उसे प्रकृति जो दिखाये उसे देख ले, जिस सुख दुख का भोग कराये उसे भोग ले यह परतन्त्रता उसका स्वभाव नहीं है। इसके विपरीत आत्मा अपनी ज्ञानदर्शन

---

50. प्रमेयकमलमार्तण्ड; पृष्ठ - 102
51. सांख्यकारिका - 20 और उस पर सांख्यतत्त्वकौमुदी
52. तत्त्वार्थश्लोकवार्तिक; पृष्ठ - 40

से सम्पन्न कर्तृत्व शक्ति के कारण अपने उत्थान और पतन, बन्धन और मोक्ष का नियामक स्वयं है। वह स्वयं ही अपने स्वरूप के मिथ्याज्ञान स्वरूप होकर शुभाशुभ भावों रूप से परिणमित होता हुआ संसार में परिभ्रमण कर रहा है तथा वह स्वयं ही अपने आत्मस्वरूप के सम्यग्ज्ञान से सम्पन्न होकर कर्मनिर्जरा हेतु पुरुषार्थ करता हुआ मोक्ष प्राप्त कर सकता है।[53] यदि आत्मा के इस परिणामीनित्य और कर्तृत्वशक्ति से सम्पन्न स्वरूप को स्वीकार नहीं किया जाय, ज्ञाता को नित्य मुक्त और अपरिणामी तथा ज्ञानमय बुद्धि को जड़ माना जाय तो न तो दुखात्मक संसार की सत्ता स्वीकार की जा सकती है और न ही मोक्ष प्राप्ति हेतु पुरुषार्थ किया जा सकना सम्भव है। इसका कारण यह है कि पुरुष अपरिणामी होने के कारण सुखी दुखी रूप से परिणमित नहीं हो सकता और बुद्धि जड़ होने के कारण सुखी दुखी नहीं हो सकती। लेकिन दुख की असहनीयता एक यथार्थ है तथा इससे मुक्ति पाना परम मूल्य है और इस मूल्य की साधना परिणामीनित्य ज्ञानस्वभावी कर्ता आत्मा द्वारा ही की जा सकती है।

जैन दार्शनिक सांख्ययोग दर्शन के इस मत से सहमत हैं कि एक संसारी प्राणी का समस्त विषयज्ञान पूर्वबद्ध कर्मों के उदय के परिणामस्वरूप मोह, राग, द्वेषादि से युक्त स्वरूप में उत्पन्न होता है तथा वह इस ज्ञान से एकात्मता का अनुभव करते हुए नये कर्मों का बन्ध करता हैं।[54] इस कर्म बन्ध का कारण ज्ञाता का अपने स्वरूप के प्रति अनादिकालीन मिथ्याज्ञान है। एक संसारी प्राणी अनादिकाल से खान से निकले हुए अशुद्ध स्वर्ण के समान शरीर से संयुक्त आत्मा हैं। वह अपनी आत्मा के वास्तविक स्वरूप से अनभिज्ञ है तथा भ्रमवश वह अपने आप को शरीर; धन, भवन, स्त्री, पुत्रादि जड़ चेतन पदार्थों को अपनी सम्पति; जगत के विभिन्न पदार्थों को भोग्य और स्वयं को उनका भोक्ता मानता है। ज्ञेय पदार्थ के प्रति इस ममत्व और भोक्ताभोग्य भाव रूप अनादिकालीन मिथ्याज्ञान, राग, द्वेष आदि के संस्कारों और उनके कारण पूर्व में बंधे हुए कर्मों के उदय के कारण एक संसारी प्राणी का विषयज्ञान "यह मेरा मकान है", "यह पदार्थ मुझे पसन्द है", "इस व्यक्ति से मुझे द्वेष है" आदि रूप मोहादि से मिश्रित स्वरूप में ही उत्पन्न होता है। जब प्राणी इस विषयज्ञान में निमग्न होकर स्वयं को इस स्वरूपमय अनुभव करता है तो उसके नये कर्मों का बंध होता है। एक

53. नयत्यात्मानमात्मैव जन्मनिर्वाणमेव च। समाधितंत्र – 75 पूर्वार्द्ध

54. उदयगदा कम्मंसा जिणवरवसहेहिं णियदिया भणिया।
तेसु विमूढो रत्तो दुट्टो वा बंधमणुभवदि।। प्रवचनसार; गाथा – 43

मिथ्यादृष्टि प्राणी की इस प्रवृत्ति को अमृतचन्द्र ज्ञेयज्ञायक संकर दोष कहते है[55] तथा उसकी यह प्रवृत्ति कर्म बंध और संसार परिभ्रमण का कारण है।

जैन दार्शनिकों के अनुसार इस संसार चक्र की समाप्ति और मोक्ष प्राप्ति का उपाय ज्ञान को ज्ञाता के लिये विजातीय और त्याज्य स्वीकार करना, ज्ञाता और ज्ञान में विवेकज्ञान हेतु पुरुषार्थ करते हुए अन्त में जानना बन्द करना[56] नहीं है। इसके विपरीत इसका उपाय ज्ञाता द्वारा अपनी ज्ञातारूपता के यथार्थ स्वरूप के गुरूमुख से प्राप्त ज्ञान को गहन अनुभूति से सम्पन्न बनाते हुए, इसके द्वारा अपने अन्दर जगत के पदार्थों के प्रति विद्यमान ममत्व और भोक्ताभोग्यभाव रूप अनादिकालीन मिथ्याज्ञान को समाप्त करके उनके प्रति ज्ञातादृष्टाभाव या साक्षीभावरूपता का विकास करना है। ज्ञेय पदार्थ के प्रति यह ज्ञातादृष्टाभाव ज्ञान रहित भाव न होकर ज्ञानमय भाव है। ज्ञेय पदार्थ की ज्ञाता से स्वतन्त्र सता है। उसका जो स्वरूप है, उसमें जो शक्तियाँ और सम्भावनाएँ विद्यमान हैं उन्हें यथावस्थित रूप से जानना ज्ञातादृष्टाभाव है। यह ज्ञातादृष्टाभाव ज्ञाता आत्मा का शाश्वत स्वभाव है। जिस प्रकार दर्पण स्वभावतः स्वपरावभासिनी स्वच्छता से सम्पन्न है, जिस प्रकार अग्नि स्वभावतः उष्ण है, ज्वाला स्वरूप है, उसी प्रकार अरूपी आत्मा भी स्वभावतः स्वपरावभासिनी ज्ञातृत्ता से सम्पन्न है।[57] वस्तुतः आत्मा की यह ज्ञातारूपता अनन्तज्ञानस्वभावी ज्ञातारूपता है।[58] जैसा कि हम पिछले अध्याय में देख चुके हैं आत्मा का ज्ञान गुण तात्त्विक रूप से आत्मा के दर्शन, वीर्यादि समस्त गुणों से सम्पन्न है और इसलिये आत्मा की ज्ञातारूपता मात्र अनन्तज्ञानस्वभावी ज्ञातारूपता न होकर अनन्तदर्शन, अनन्तवीर्य और अनन्तआनन्द से सम्पन्न अनन्तज्ञानस्वभावी ज्ञातारूपता है। उसकी यह ज्ञातारूपता शक्तिरूप से उसमें शाश्वत रूप से विद्यमान है लेकिन संसारी अवस्था में प्राणी की यह ज्ञातारूपता दूध में मिले हुए जल की भांति अनादिकालीन मिथ्यादर्शन, विषयासक्ति, क्षुधा-तृषा आदि को सहने की शक्ति का अभाव, क्रोध, लोभादि कषायों से युक्त मलीन

---

55. समयसार आत्मख्याति टीका; गाथा – 31

56. सर्वाश्चेता वृत्तयः सुखदुखमोहात्मिकाः। सुखदुखमोहश्च क्लेशेषु व्याख्येया। सुखानुशयी रागः। दुखानुशयी द्वेषः, मोहः पुनरविद्येति। एता सर्वा वृतयो निरोद्धव्याः। योगसूत्र – 1/11 पर व्यासभाष्य

57. यदा कदाचिद्यदा रूपिणो दर्पणस्य स्वपरावभासिनी स्वच्छतैव, वह्नेरौष्ण्यं ज्वाला च तथा नीरूपस्यात्मनः स्वपरावभासिनी ज्ञातृतैव;। समयसार आत्मख्याति टीका; गाथा – 19

58. ज्ञायकं केवलज्ञानस्वरूपम्। प्रवचनसार तात्पर्यवृत्ति – 33

स्वरूप में परिणमित हो रही है।[59] ये मिथ्याज्ञान, कमजोरियाँ, वासनाएँ, कषायें आदि व्यक्ति की अनन्त ज्ञानस्वभावी ज्ञातृत्वशक्ति के आन्तरिक प्रतिबन्धक हैं तथा इन्हें अपना स्वरूप समझते हुए प्राणी कर्मों का बंध करता हुआ और उनका फल भोगता हुआ संसार में परिभ्रमण करता रहता है। जब व्यक्ति गुरूमुख से प्राप्त अपनी अनन्तज्ञानादि शक्तियों से सम्पन्न ज्ञातारूपता के ज्ञान को निरन्तर अधिक गहन अनुभूति से सम्पन्न बनाता हुआ अहिंसादि व्रत; ईर्या, भाषा आदि समिति; गुप्ति; श्रुधा, तृषा आदि परिषहो का जय, उपवासादि तप आदि रूप चारित्र की साधना करता है तो इस साधना द्वारा जैसे जैसे वह विषयासक्ति को मन्द करता जाता है, भोजन, जलादि पदार्थों पर निर्भरता को समाप्त करता जाता है; इन्द्रियजयी, मनोजयी, क्रोधादि कषायजयी होता जाता है, वैसे वैसे ही उसका ज्ञेय पदार्थ के प्रति ममत्व और भोक्ताभोग्य भाव समाप्त होता जाता है; ज्ञातादृष्टाभाव या साक्षीभाव का विकास होता जाता है तथा अन्त में आत्मा मुक्तावस्था को प्राप्त करके विश्व के समस्त पदार्थों की सम्पूर्ण विशेषताओं को सम्पूर्णतः जानता हुआ उनका ज्ञातादृष्टा या साक्षी होता है। इस अवस्था में ज्ञाता आत्मा विश्व के समस्त पदार्थों के ज्ञान मात्र ही नहीं होता बल्कि इस अवस्था में वह "मैं विश्व के समस्त पदार्थों के ज्ञानस्वरूप होकर उन पदार्थों को जान रहा ज्ञाता आत्मा हूँ" रूप से स्वयं की ज्ञानस्वभावी ज्ञातारूपता को भी जानता है।[60] इस अवस्था में केवली भगवान परद्रव्यों को मात्र ज्ञेय पदार्थ के रूप में ही जानते हैं लेकिन वे उस विषयात्मक ज्ञान में निमग्न होकर उसके भोक्ता नहीं होते। इसके विपरीत वे स्वयं की केवलज्ञानादि गुणों से सम्पन्न सिद्ध पर्याय को ही "मैं यह हूँ" रूप से स्वसंवेदनात्मक अनुभूति से तन्मय होकर जानते हैं।[61] इस प्रकार विषय बन रहे पदार्थ का ज्ञान न तो बंधन का कारण है और न ही त्याज्य है; इसके विपरीत ज्ञाता की इस विषयज्ञान में निमग्न होकर उसे भोगने की प्रवृति बन्धन का कारण है। ज्ञाता स्वयं द्वारा किये गये इस अपराध के कारण कर्मबन्ध करता हुआ संसार में भटक रहा है।[62]

निश्चित रूप से मोक्ष की प्राप्ति गुरुमुख से प्राप्त अपने शुद्धात्म स्वरूप के

59. समयसार आत्मख्याति टीका; गाथा – 6
60. योऽयं भावो ज्ञानमात्रोऽहमस्मि ज्ञेयो ज्ञेय मात्रः स नैव।
    ज्ञेयो ज्ञेयः ज्ञानकल्लोलवल्गन् ज्ञानज्ञेयज्ञातृमद् वस्तुतत्त्वम्। समयसार कलश – 271
61. प्रवचनसार तात्पर्यवृति; गाथा – 37
62. समयसार आत्मख्याति टीका; गाथा – 220-223

ज्ञान को निरन्तर अधिक गहन अनुभूति से सम्पन्न बनाने तथा इस दर्शनज्ञान में शब्दातीत, चिंतनातीत और निष्कंप रूप से अवस्थिति रूप ध्यानावस्था को प्राप्त करने पर सम्भव है। इस अवस्था को तभी प्राप्त किया जा सकता है जबकि व्यक्ति बाहरी जगत के पदार्थों को जानना बन्द करके, मन, वचन और शरीर की समस्त क्रियाओं का परित्याग करके अन्तर्मुखी हो तथा अपने शुद्धात्मस्वरूप के ज्ञान की निरन्तर भावना करते हुए उसमें निमग्न होने का प्रयास करे। लेकिन इसके आधार पर जगत के पदार्थों के ज्ञान को त्याज्य नहीं कहा जा सकता। इस निवृतिकाल में व्यक्ति अपनी ज्ञानरहित ज्ञातारूपता की अनुभूति को गहन नहीं बनाता बल्कि इस अवस्था में वह अपने विश्व के समस्त दृश्य और ज्ञेय पदार्थों के ज्ञानदर्शन की सामर्थ्य से सम्पन्न ज्ञातारूपता के ज्ञान को गहन अनुभूति से सम्पन्न बनाने हेतु पुरुषार्थ करता है।[63] उसका यह पुरुषार्थ मात्र निवृत्ति काल में ही घटित नहीं होता बल्कि प्रवृत्तिकाल में भी घटित होता है। एक आत्मज्ञानी व्यक्ति जगत के किसी भी पदार्थ को जानते समय विषय बन रहे पदार्थ के साथ ही साथ पदार्थों को विषय बना रही अपनी चेतना के विषयीपरक पक्ष का भी ज्ञाता दृष्टा होता है। वह विषय बन रहे पदार्थ के प्रति अपने अन्दर उत्पन्न हो रहे ममत्व, राग द्वेष आदि कर्मोदय जनित भावों पर दृष्टि रखता है, अपने शुद्धात्मस्वरूप के ज्ञान को गहन अनुभूति से सम्पन्न बनाते हुए इनसे संघर्ष करता है तथा इन्हें निर्ममत्व, वीतरागता आदि स्वभावभावों में रूपान्तरित करने के लिये पुरुषार्थ करता है। उदाहरण के लिये जब आत्माज्ञानी व्यक्ति में पूर्व बद्ध कर्मों के उदय के परिणाम स्वरूप ज्ञेय पदार्थ के प्रति ममत्व का भाव उत्पन्न होता है तो वह इस भाव को समाप्त करने तथा ज्ञेय पदार्थ के प्रति निर्ममत्व भाव का विकास करने के लिये अपने आत्मस्वरूप के ज्ञान को गहन अनुभूति से सम्पन्न बनाते हुय यह भावना करता है कि मैं ज्ञानदर्शन स्वभावी शाश्वत चेतनद्रव्य हूँ। मेरे इस स्वरूप के अतिरिक्त परमाणु मात्र भी मेरा नहीं है।[64] विश्व के पदार्थों से मेरा स्व-स्वामी सम्बन्ध आदि न होकर मात्र ज्ञाताज्ञेय सम्बन्ध है। वे ज्ञान का विषय बन कर मुझे ज्ञात होते हैं तथा मैं उनसे भिन्न उनका ज्ञाता

---

63. ज्ञानात्मकमात्मानं ध्यायामि। ज्ञानेन निवृत्तं ज्ञानात्मकं केवलज्ञानान्तर्भूतानन्तगुणात्मकं निजात्मानं शुद्धध्यानप्रतिपक्षभूतसमस्तमनोरथरूपचिन्ताजालत्यागेन ध्यायामि .........।

प्रवचनसार तात्त्पर्यवृत्ति; गाथा – 159

64. समयसार; गाथा – 38

आत्मा हूँ। इसलिये मैं ज्ञेय पदार्थ के प्रति मुझमें विद्यमान इस कर्मोदय जनित विकारी भाव का परित्याग करता हूँ और उसके प्रति निर्ममत्व भाव धारण करता हूँ।[65] आत्मज्ञानी व्यक्ति अपनी निर्ममत्वस्वभावी ज्ञातारूपता की अनुभूति को गहन बनाते हुए जब बार बार अपने अन्दर उत्पन्न हो रहे इस ममत्व के भाव से संघर्ष करता है, उसकी आलोचना, प्रतिक्रमण और प्रत्याख्यान[66] करता है; उसके लिये प्रायश्चित करता है तो उसका रोय पदार्थ के प्रति ममत्व भाव निरन्तर मन्द होता जाता है, निर्ममत्व भाव विकसित होता जाता है। इस निर्ममत्व भाव के विकास हेतु पुरुषार्थ से सम्पन्न होने पर व्यक्ति का विषयज्ञान कर्मबन्ध का कारण न होकर कर्मनिर्जरा का साधन होता है।

आचार्य अमृतचन्द्र कहते हैं कि अपनी आत्मा का शरीर से भिन्न और अनन्तज्ञानादि शक्तियों से सम्पन्न शुद्ध स्वरूप का ज्ञान निर्मली औषधि के समान है। जिस प्रकार एक अज्ञानी व्यक्ति मिट्टी मिश्रित अशुद्ध जल को यथावत देखता है तथा उसे ही काम में लेता है; लेकिन एक बुद्धिमान व्यक्ति कतक फल आदि निर्मली औषधि के प्रयोग पूर्वक जल से मिट्टी को अलग करके जल को शुद्ध करता है तथा उस शुद्ध जल का सेवन करता है; उसी प्रकार एक अज्ञानी और आत्मज्ञानी दोनों ही व्यक्तियों का ज्ञेय पदार्थ का ज्ञान पूर्वबद्ध कर्मों के उदय के परिणाम स्वरूप राग, द्वेष, क्रोधादि से मिश्रित स्वरूप में ही उत्पन्न होता है। एक अज्ञानी व्यक्ति इस ज्ञान में निमग्न होकर इससे एकात्मता का अनुभव करता हुआ और इसे अपना स्वरूप समझता हुआ नये कर्मों का बंध करता है लेकिन एक आत्मज्ञानी व्यक्ति अपने गुरूमुख से प्राप्त शुद्धात्मस्वरूप के ज्ञानरूप निर्मली औषधि के सेवन पूर्वक ज्ञान और मोह, राग, द्वेषादि में विवेक करते हुए, ''ये रागादि कर्मोदय जनित विकारी भाव होने के कारण मेरा स्वभाव नहीं हैं। मैं इनसे विलक्षण अनन्तज्ञानादि शक्तियों से सम्पन्न वीतराग स्वभावी आत्मा हूँ'', अपनी चेतना को शुद्ध करता है तथा स्वसंवेदन द्वारा अपने इस शुद्ध स्वरूप

---

65. अहमेव मोक्षाधिकारी ज्ञायकस्वभावात्मतत्त्वपरिज्ञानपुरस्सरममत्वनिर्ममत्वहानोपादानविधानेन कृत्यान्तरस्याभावात्सर्वारम्भेण शुद्धात्मनि प्रवर्ते। तथाहि अहं हि तावत् ज्ञायक एव स्वभावेन, केवलज्ञायकस्य च सतो मम विश्वेनापि सहजज्ञेयज्ञायकलक्षणसम्बन्धः, न पुनरन्ये स्वस्वाभिलक्षणादय सम्बन्धः। ततो मम न क्वचनापि ममत्वं सर्वत्रनिर्ममत्वमेव।

प्रवचनसार तत्त्वप्रदीपिका; गाथा – 200

66. देखें अध्याय चार; संदर्भ – 47

में निमग्न होकर इसे भोगता हुआ कर्मों की निर्जश करता है।[67]

जब आत्मज्ञानी व्यक्ति राग, द्वेष, क्रोध, लोभादि से मिश्रित विषयज्ञान में विवेक के कौशल से "मैं रागद्वेषादि से रहित और वीतरागता आदि स्वभावमय अनन्तज्ञानादि शक्तियों से सम्पन्न शुद्ध चैतन्य स्वरूप आत्मा हूँ" रूप से बार-बार अपने आत्मस्वरूप के ज्ञान की भावना करता हुआ उसे गहन अनुभूति से सम्पन्न बनाता है तो उसमें अपने इस वीतरागता आदि से सम्पन्न शुद्ध स्वरूप के प्रति "मैं यही हूँ" रूप श्रद्धा उत्पन्न होती है तथा उसका गुरूमुख से प्राप्त शुद्धात्मस्वरूप का ज्ञान सम्यग्दर्शनज्ञानरूपता प्राप्त करता है तथा उसी समय व्यक्ति के इस सम्यग्दर्शनज्ञान में निशंक होकर अवस्थित होने के कारण यही सम्यग्दर्शनज्ञान सम्यग्चारित्र स्वरूप होता है।[68] इस सम्यग्दर्शनज्ञानचारित्र की साधना करते हुए जो आत्मा अपने चैतन्य परिणाम रूप उपयोग लक्षण के द्वारा स्वयं को निरन्तर यथाशक्ति विशुद्ध करता जाता है; जो प्रत्येक पर्याय में अपनी चेतना की विशुद्धि को निरन्तर बड़ाता हुआ अन्त में उसकी पराकाष्ठा को प्राप्त करता है; उस व्यक्ति की संसार से दृड़ता से बंधी हुई मोह ग्रन्थि टूट जाती है, उसके ज्ञानावरणीय, दर्शनावरणीय, मोहनीय और अन्तराय कर्म पूर्णतया नष्ट हो जाते हैं; उसकी समस्त आत्मशक्ति

---

67. यथा प्रवलपङ्कसंवलनतिरोहितसहजैकाच्छभावस्य पयसो अनुभवितारः पुरुषाः पङ्कपयसो विवेकमकुर्वन्तो वहवोऽनच्छमेव तदनुभवन्ति। केचित्तु स्वकरविकीर्णकतकनिपातमात्रोपजनितपङ्कपयसोर्विवेकतया - स्वपुरुषाकाराविर्भावितसहजैकाच्द्धभावत्वादच्छमेव तदनुभवन्ति। तथा प्रवलकर्मसंवलनतिरोहितसहजैक-ज्ञायकस्यात्मनोऽनुभवितारः पुरुषा आत्मकर्मणोर्विवेकमकुर्वन्तो व्यवहारविमोहितहृदयाः प्रद्योतमानभाववैश्वरुप्यं तमनुभवन्ति भूतार्थदर्शिनस्तु स्वमतिनिपातित शुद्धनयानुबोधमात्रोपजनितात्मकर्म विवेकतया स्वपुरुषाकाराविर्मावितसहजैकज्ञायक स्वभावत्वात् प्रद्योतमानैकज्ञायकभावं तमनुभवन्ति।

समयसार आत्मख्याति टीका; गाथा - 11

अज्ञानिनो हि ........... स्वपरयोरेकत्वाध्यासेन ज्ञानमात्रात्स्वस्मात्प्रभ्रष्टः पराभ्यां रागद्वेषाभ्यां सममेकीभूय प्रवर्तिताङ्कारः स्वयं किलैषोऽहं रज्जे रुष्यामीति रज्यते रुष्यति च तस्मादज्ञानमयभावादज्ञानी परौ राग द्वेषावात्मानं कुर्वन् करोति कर्माणि। ज्ञानिनस्तु सम्यक्स्वपरविवेकनात्यन्तोदितविविक्तात्मख्यातित्वास्माद् ज्ञानमय एव भावः स्यात् तस्मिन्स्तु सति स्वपरयोर्नानात्वविज्ञानेन ज्ञानमात्रे स्वस्मिन्सुनिविष्टः ....... परौ रागद्वेषावात्मानमकुर्वन्न करोति कर्मोणि

समयसार आत्मख्याति टीका; गाथा - 127

68. यदात्मनोऽनुभूयमानानेकभावसंकरेऽपि परमविवेककौशलेनायमहमनुभूतिरित्यात्मज्ञानेन सङ्गच्छमानमेव तथेतिप्रत्ययलक्षणं श्रद्धानमुत्प्लवते तदा समस्तभावान्तरविवेकेन निशंकमेव स्थातुंशक्यत्वा-दात्मानुचरणमुत्प्लवमानमात्मानं साधयतीति साध्यसिद्धेस्तथोपपतिः।

समयसार आत्मख्याति टीका; गाथा - 17-18

निर्विघ्न रूप से प्रकट हो जाती है तथा वह समस्त पदार्थों को सम्पूर्णतः जानता हुआ विद्यमान होता है।[69]

जैन और सांख्ययोग दोनों ही दर्शन यह स्वीकार करते हैं कि व्यक्ति को मोक्ष की प्राप्ति तभी हो सकती है जबकि वह समाधि की अवस्था में अपनी आत्मा के शुद्ध स्वरूप का साक्षात्कार करे। इस समाधि की स्थिति को प्राप्त करने के लिये व्यक्ति को अहिंसादि व्रतों, मैत्री आदि भावनाओं, क्षमा, मृदुता आदि धर्म भावों आदि की पराकाष्ठा को प्राप्त करना आवश्यक है। अहिंसादि व्रतों आदि की साधना जगत के पदार्थों के ज्ञानदर्शन के परित्याग का मार्ग न होकर इस ज्ञानदर्शन की सतत वृद्धि की मात्रा है तथा ज्ञानदर्शन रहित, अकर्ता आत्मा की आराधना करने वाले व्यक्ति के लिये अहिंसादि महाव्रतों, मैत्री आदि भावनाओं आदि से सम्पन्न होना सम्भव नहीं है। इसके विपरीत एक ज्ञानदर्शनमयआत्मा का आराधक ही निरन्तर उद्यम पूर्वक इन व्रतों की पूर्णता को प्राप्त कर सकता है। मन, वचन और शरीर से असावधानी पूर्वक अर्थात् यह ध्यान रखे बिना कि उसके कार्यों का अन्य प्राणियों पर क्या प्रभाव पड़ रहा है, कहीं उसके कार्यों से किसी को कोई कष्ट तो नहीं हो रहा, किये गये समस्त कार्य हिंसा कहलाते हैं।[70] उदाहरण के लिये यदि व्यक्ति चलते समय मार्ग में आ रहे कीड़ों आदि की रक्षा के प्रति सजग रहते हुए नीचे देखकर नहीं चलता तो उसका यह प्रमाद अर्थात् असावधानीपूर्वक किया गया कार्य हिंसा है, भले ही उसके इस कार्य से किसी प्राणी का घात हुआ हो अथवा नहीं हुआ हो। इसके विपरीत यदि व्यक्ति इस भावना से युक्त होकर, कि मेरे कार्य से किसी को कोई कष्ट नहीं हो, नीचे देखकर तथा मार्ग में आ रहे कीड़ों आदि की रक्षा करते हुए चलता है तो उसका यह सावधानीपूर्वक किया गया कार्य अहिंसा व्रत की साधना है।

व्यक्ति अन्य प्राणियों के सुख दुख के प्रति सम्वेदनशील होकर तथा उन्हें नुकसान पहुँचाये बिना अपने कार्यों का सम्पादन उतनी ही मात्रा में कर सकता है जितनी मात्रा में वह अपने कार्यों के प्राणी जगत पर पड़ने वाले प्रभावों को

---

69. यो हि नाम चैतन्यपरिणामलक्षणेनोपयोगेन यथाशक्ति विशुद्धो भूत्वा वर्तते स खलुप्रतिपदमुद्भिद्यमानविशिष्ट विशुद्धिशक्ति रूदग्रन्थितासंसारबद्धदृडतरमोहग्रन्थितयात्यन्तनिर्विकारचैतन्यो निरस्त समस्तज्ञानदर्शनावरणान्तरायतया निःप्रतिघविजृाम्भितात्मशक्तिश्च स्वयमेव भूतो ज्ञेयत्वमापन्ना नामनन्तभवाप्नोति। प्रवचनसार तत्त्वप्रदीपिका; गाथा- 15

70. प्रमत्तयोगात् प्राणव्यपरोपणं हिंसा। तत्त्वार्थसूत्र - 7/13

जानता हो। इसलिये एक अहिंसा व्रत का साधक किसी भी पदार्थ को जानते हुए, किसी भी कार्य को करते हुए तथा किसी भी पदार्थ को भोगते हुए मात्र अपने अभीष्ट लौकिक लक्ष्यों पर ही दृष्टि नहीं रखता बल्कि वह यह जानने के लिये भी प्रयत्नशील रहता है कि उसके इन कार्यों के उस पर स्वयं पर, अन्य मानवों, पशु-पक्षियों और सूक्ष्म प्राणी जगत पर क्या-क्या तात्कालिक और दूरगामी इष्ट अनिष्ट प्रभाव पड़ेंगे और इन अभीष्ट प्रभावों की वृद्धि और अनिष्ट प्रभावों की निवृत्ति को किस प्रकार सम्भव बनाया जा सकता है। इस ज्ञान में वृद्धि के साथ ही साथ व्यक्ति जैसे-जैसे अपने में अन्य प्राणियों के सुख दुख के प्रति सम्वेदनशीलता और उन्हें कष्ट पहुँचाये बिना कार्य करने की सामर्थ्य का विकास करता है तथा इस ज्ञान, दर्शन और वीर्य से सम्पन्न होकर अन्य प्राणियों की रक्षा करते हुए अपने कार्यों का सम्पादन करता है, वैसे वैसे ही उसका अहिंसा व्रत पूर्णता को प्राप्त होता जाता है। अहिंसादि व्रतों की यह साधना आत्मा के ज्ञानदर्शनमय स्वभाव की अनुभूति को गहन बनाते हुए तथा इस स्वरूप के अनुरूप आचरण करते हुए ही की जा सकती है तथा ज्ञाता और ज्ञान में भेद विज्ञान को गहन बनाते हुए जगत सम्बन्धी ज्ञानार्जन के प्रति उदासीन होकर इन व्रतों आदि की साधना सम्भव नहीं है।

यहाँ यह आपत्ति की जा सकती है कि एक मुमुक्षू प्रकृति और पुरुष के विवेकज्ञान रूप उत्कृष्टतम ज्ञान को प्राप्त करके ही मुक्त हो सकता है। इस ज्ञान की प्राप्ति बुद्धि में रजो गुण और तमो गुण रूप अशुद्धि के क्षय पूर्वक सत्वगुण की पराकाष्ठा की प्राप्ति होने पर ही होती है। मुमुक्षू योग के अष्टांग साधनों के अवलम्बन पूर्वक जैसे-जैसे रज और तमोगुण रूप अशुद्धि को समाप्त करता जाता है उसकी बुद्धि निरन्तर अधिक उत्कृष्ट ज्ञान, दर्शन और आनन्द रूप सात्विकता से सम्पन्न होती जाती है।[71] इस सात्विकता की वृद्धि करते हुए जब व्यक्ति अहिंसा महाव्रत की पूर्णता को प्राप्त करता है तो वह इतना प्रेममय हो जाता है कि उसके पास विद्यमान प्राणी भी एक-दूसरे के प्रति बैर का त्याग कर देते हैं।[72] मैत्री, करुणा और मुदिता भावना की साधना करने से मैत्री बल, करुणाबल और मुदिता बल प्रकट होता है और इस संयम द्वारा समाधि की प्राप्ति होती है।[73] जब व्यक्ति समाधि के विभिन्न चरणों को पार करते हुए महाविदेहवृति का ध्यान

---

71. योगसूत्र – 2/28
72. योगसूत्र – 2/35
73. योगसूत्र – 3/23 और इस पर व्यासभाष्य

करता है वो समस्त प्रकाशावरण नष्ट हो जाते है तथा बुद्धि अनन्तज्ञानस्वरूप हो जाती है।[74] वह विश्व के समस्त ज्ञेयों के ज्ञान स्वरूप होकर अपने सम्पूर्ण वैभव को पुरुष के समक्ष प्रकट करती है।[75] जब पुरुष बुद्धि के इस सम्पूर्ण वैभव को देखकर भी उसके प्रति उपेक्षा भाव धारण कर लेता है[76] तब बुद्धि पुरुष को उसके तथा पुरुष के पृथक-पृथक स्वरूप का विवेकज्ञान रूप उत्कृष्टतम और गहनतम ज्ञान कराती है।[77] इस ज्ञान के पश्चात् पुरुष बुद्धि से विमुख हो जाता है तथा निर्विषयक चेतना रूप मुक्तावस्था में अवस्थित होता है। इस प्रकार सांख्ययोग दर्शन के अनुसार ज्ञान और आनन्द रूप सात्विकता की पराकाष्ठा की प्राप्ति विवेकज्ञान की प्राप्ति का साधन मात्र है लेकिन यह स्वयं साध्य नहीं है।

यहाँ यह दृष्टव्य है कि व्यक्ति का मूल्य तंत्र उसकी सत्तामीमांसीय दृष्टि से निर्धारित होता है तथा उसकी मूल्यानुभूति का स्वरूप उसके आचरण का नियामक है। जब सांख्ययोग दर्शन के अनुसार ज्ञान और आनन्द रूप सात्विकभाव, उद्यमशीलता रूप राजसिक भाव पुरुष के लिये विजातीय तत्त्व हैं, बुद्धि पुरुष को उसके इन भावों से रहित शुद्ध, उदासीन, निष्क्रिय, दृष्टाभावरूप स्वरूप की अनुभूति कराना चाहती है। इसके लिये बुद्धि निरन्तर पुरुष के स्वरूप की भावना करते हुए इस अनुभूति को गहन बनाती है कि मैं पूर्णरूपेण निष्क्रिय आत्मा हूँ। जानना देखना मेरा कार्य न होकर प्रकृति का कार्य है। मैं उससे विलक्षण ज्ञानरहित, आनन्दरहित, अकर्ता और शुद्ध अनुभूतिमय चेतन तत्त्व हूँ।[78] इस ज्ञान, आनन्द से रहित निष्क्रिय दृष्टाभाव की अनुभूति को गहन बनाने हेतु पुरुषार्थ पूर्वक बुद्धि अपने में निष्क्रियता उदासीनता, कार्य करते हुए भी उसके प्रति अनिर्णयात्मकता और दायित्वविहीनता रूप तामसिक भावों की ही वृद्धि करती है तथा इन भावों की गहनता होने पर बुद्धि का प्राणी मात्र के सुख दुख के प्रति सम्वेदनशीलता के विकास तथा सभी के सुख को ध्यान में रखकर प्रत्येक कार्य को सम्पादित करने के प्रति उत्साह किस प्रकार हो सकता है तथा इस उत्साह से सम्पन्न पुरुषार्थ के अभाव में बुद्धि सत्वगुण की पराकाष्ठा रूप सर्वज्ञता तथा उसके पश्चात् पुरुष की चितिशक्ति

---

74. योगसूत्र – 3/43
75. तदासर्वावरणमलापेतस्य ज्ञानस्यानन्त्याज्ज्ञेयमल्पम्। योगसूत्र – 4/31
76. योगसूत्र – 3/50
77. इस अध्याय का संदर्भ 24
78. देखे इस अध्याय के संदर्भ 37–39

के यथार्थ स्वरूप के ज्ञान स्वरूप किस प्रकार हो सकती है। इस प्रकार ज्ञाता को अकर्ता और ज्ञान को ज्ञाता के लिये विजातीय और त्याज्य स्वीकार करने वाली सत्तामीमांसीय और मूल्यमीमांसीय दृष्टि व्यक्ति के आत्मकल्याण का मार्ग न होकर उसके नैतिक और आध्यात्मिक पतन का मार्ग है।

आत्मा के ज्ञानोपयोगमय स्वरूप सम्बन्धी सिद्धान्त के प्रति यह आपत्ति की जाती है कि ज्ञानार्जन हेतु प्रवृत्ति रूप उपयोगात्मकता एक सोद्देश्य प्रक्रिया है जो संसारी जीव का सौपाधिक स्वरूप ही हो सकती है। एक अज्ञानी जीव भौतिक सुखों की प्राप्ति और शारीरिक कष्टों के निवारण हेतु ज्ञानार्जन की प्रक्रिया में प्रवृत्त होता है। इसके विपरीत एक मुमुक्षू के ज्ञानार्जन हेतु पुरुषार्थ का लक्ष्य तत्त्व ज्ञान प्राप्त कर अपने शुद्ध स्वरूप में अवस्थिति है। लेकिन एक मुक्तात्मा तो कृतकृत्य होता है। उसके सभी अनिष्ट समाप्त हो चुके हैं, सभी अभीष्ट सिद्ध हो चुके हैं। तब वह किसी पदार्थ को जानने हेतु किस प्रकार प्रवृत्त हो सकता है। वस्तुतः उपयोगात्मकता चेतना की बहिर्मुखी वृत्ति का परिचायक है जो मुक्तात्मा का स्वरूप नहीं हो सकती। वह तो अपने स्वरूप में अवस्थित चेतना है और इसलिये वह सविषयक ज्ञान स्वरूप न होकर शुद्ध निर्विषयक अनुभूतिस्वरूप सत्ता है।[79] इस मुक्तावस्था की प्राप्ति तभी सम्भव है जबकि व्यक्ति आनुभविक स्तर पर विद्यमान सविषयक चेतना के विषयात्मक पक्ष को प्रकृति और विषयीपरक पक्ष को पुरुष के रूप में पहचाने। इस भेद विज्ञान का उदय होने पर पुरुष विषयात्मक चेतना रूप प्रकृति और पुरुष के संयोग से ऊपर उठकर अपने नित्य शुद्ध, बुद्ध, मुक्त स्वरूप में अवस्थित होता है।

जैन दार्शनिक साँख्य मत को अस्वीकार करते हुए कहते हैं कि निश्चित रूप से मुक्तात्मा अपने आत्मस्वरूप में अवस्थित चेतना ही है, लेकिन आत्मा का शुद्ध स्वरूप ज्ञान रहित चेतना न होकर अनन्तदर्शनज्ञानसुखवीर्यमय चेतना है तथा मुक्तावस्था में आत्मा अपने इसी अनन्तचतुष्टयमय स्वरूप का ज्ञाता, दृष्टा, कर्ता, भोक्ता होता हुआ स्वात्मस्थित चेतना है।[80] ज्ञान का फल इष्ट प्राप्ति और अनिष्ट परिहार ही नहीं है, बल्कि उपेक्षा भी है तथा एक मुक्तात्मा विश्व के

---

79. न बुद्धिमात्रं पुरूषस्य विषयोऽपि तु पुरूषार्थवती बुद्धि; विवेकख्याति विषयभोगौ च पुरूषार्थो तौ च निरूद्धावस्थायां न स्त इति सिद्धौ विषयाभावः; सुत्रेण परिहरति ''तदा द्रष्टु स्वरूपेऽवस्थानम्''।
तत्त्ववैशारदी 1/3

80. यच्च स्वरूपे चैतन्यमात्रेवस्थानं मोक्षः इत्युक्तम् तदयुक्तम् । चैतन्यविशेषेऽनन्तज्ञानादिस्वरूपेऽवस्थानस्य मोक्षत्व साधनात्।
प्रमेय कमल मार्तण्ड; पृष्ठ – 327

समस्त पदार्थों को जानते हुए भी उनके प्रति उपेक्षा भाव से युक्त होकर उनका मात्र ज्ञाता दृष्टा होता है।[81] यदि मोक्ष की अवस्था को एक ज्ञान रहित अवस्था स्वीकार किया जाय तो मोक्ष और मोक्षमार्ग दोनों का ही ज्ञान होना असम्भव है। इन दोनों के प्रति उपदेश का अधिकारी वही व्यक्ति हो सकता है जो स्वयं मुक्त हो चुका हो तथा इस अवस्था के स्वरूप और इसकी प्राप्ति के उपायों को जानता हो। इस प्रकार श्रेयोमार्ग का प्रतिपादन मुक्तात्माओं की निर्विषयक चेतना रूपता को सिद्ध न करके उनके ज्ञानमय स्वरूप को सिद्ध करता है।[82]

उपयोगात्मकता आत्मा का सौपाधिक स्वरूप न होकर निरूपाधिक स्वरूप है। आत्मा बाह्य पदार्थों पर अपनी चेतना को केन्द्रित कर उन्हें जानने हेतु प्रवृत्त होता है अथवा वह उनसे विमुख होकर अपने स्वरूप में निमग्न होता है; वह विषय बन रहे पदार्थ के प्रति ऊहापोहात्मक चिन्तन और अन्वेषणात्मक बुद्धि से युक्त होकर उसे निरन्तर और अधिक जानने में रूचि लेता है अथवा वह उसका तटस्थ उदासीन दृष्टा मात्र होता है। चेतन आत्मा किन विविध रूपों में अवस्थित होता है यह उसके स्वयं के चयन पूर्वक अपने स्वरूप के निर्माण की प्रक्रिया है जो उसके उपयोगात्मक स्वरूप को सिद्ध करती है। जिज्ञासित विषय पर अपनी चेतना को केन्द्रित कर उसे जानने की प्रवृत्ति संसारी अवस्था में ही होती है। मुक्तावस्था में आत्मा अपने ज्ञानावरणीय, दर्शनावरणीय, मोहनीय और अन्तराय कर्म के सम्पूर्ण क्षय के कारण अनन्तदर्शनज्ञानसुखवीर्यस्वरूप होता है। इस अवस्था में वह विश्व के समस्त पदार्थों को एकसाथ विषय बनाकर उन्हें जानता हुआ सर्वज्ञ होता है।

□□□

---

81. युक्त्यानुशासन टीका; पृष्ठ – 7
82. तत्त्वार्थश्लोकवार्तिक; पृष्ठ – 39

# अध्याय-चार

# ज्ञानावरणीय कर्म और ज्ञान

जैन दार्शनिकों के अनुसार ज्ञान जीव का स्वाभाविक गुण है तथा जीव के लिये अज्ञान आगन्तुक है। प्रत्येक जीव में समस्त ज्ञेय पदार्थों को युगपत् जान सकने की सामर्थ्य विद्यमान है। लेकिन ज्ञानावरणीय कर्मों से सम्बद्ध होने पर उसकी यह क्षमता लुप्त हो जाती है। जो कर्म जीव की ज्ञान शक्ति को आवृत्त करता है, उसे ज्ञानावरणीय कर्म कहा जाता है। जिस प्रकार देवता के मुख पर पड़ा हुआ वस्त्र देवता का ज्ञान नहीं होने देता, उसी प्रकार ज्ञानावरणीय कर्म का उदय भी व्यक्ति को वस्तु का ज्ञान नहीं होने देता।[1] इस कर्म के उदय से व्यक्ति की ज्ञान शक्ति लुप्त हो जाती है। वह स्मृति शून्य तथा ज्ञानार्जन के प्रति निरूत्सुक हो जाता है।[2] इन कर्मों का जितने अंशों में अभाव होता है उतने ही अंशों में जीव की ज्ञान शक्ति प्रकट होती है।

ज्ञानावरणीय कर्म के भेद प्रभेद असंख्य हैं। जितने ज्ञेय पदार्थ हैं उतनी ही उन पदार्थों के ज्ञान को आवृत्त करने वाली कर्म प्रकृतियाँ भी हैं। विभिन्न जीवों में विभिन्न पदार्थ विषयक ज्ञानावरणीय कर्म के क्षयोपशम की विचित्रता के अनुसार उनकी ज्ञानशक्ति विभिन्न रूपों में अभिव्यक्त होती है। अकलंकदेव के शब्दों में "जिस प्रकार मल से संयुक्त मणि की अभिव्यक्ति अनेक प्रकार से होती है, उसी प्रकार कर्म से संयुक्त आत्मा की अभिव्यक्ति अनेक प्रकार से होती है।"[3] एक मणि अपने विशुद्ध स्वरूप में सर्वांग से चमकीला होता है। मिट्टी आदि

---

1. ज्ञानमावृणोतीति ज्ञानावरणीयं। तस्य का प्रकृतिः, ज्ञानप्रच्छादनता, किंवत् देवतामुखवत्।
गोम्मटसार कर्मकाण्ड; भाग -1, पृष्ठ -10
2. ज्ञानावरणोदयेनोपरतज्ञानसामर्थ्यः लुप्तस्मृतिर्धर्मश्रवणनिरूत्सुकः....। तत्त्वार्थवार्तिक; पृष्ठ -571
3. लघीयस्त्रय 57

विजातीय तत्त्वों से बद्ध होने पर उसकी यह स्वाभाविक चमक लुप्त हो जाती है। उसके जिन प्रदेशों से जितने अंशों में मिट्टी आदि हटते हैं; उतने अंशों में उसमें शक्ति रूप से पहले से विद्यमान चमक ही प्रकट होती है; उसी प्रकार विभिन्न आत्माओं में विभिन्न पदार्थ विषयक ज्ञानावरणीय कर्मों के क्षयोपशम की विचित्रता के अनुसार उनमें स्वाभाविक रूप से विद्यमान ज्ञान शक्ति की अभिव्यक्ति भी विभिन्न रूपों में होती है। इस ज्ञान शक्ति की अभिव्यक्ति की मात्रा के सद्भावानुसार ही व्यक्ति ज्ञानार्जन हेतु पुरुषार्थ पूर्वक विभिन्न पदार्थों को न्युनाधिक रूप से जान सकता है।

यदि जीव में स्वाभाविक ज्ञान शक्ति और उसके प्रतिबन्धकों के सद्भावानुसार उस ज्ञान शक्ति की प्रकटता की विचित्रता को स्वीकार नहीं किया जाय तथा इन्द्रियार्थ सन्निकर्ष रूप बाह्य कारण के सद्भाव को ही ज्ञानोत्पत्ति का एकमात्र कारण माना जाय तो समान वस्तु का प्रत्यक्ष करने वाले विभिन्न व्यक्तियों का ज्ञान समान होना चाहिये, लेकिन ऐसा नहीं होता। दो व्यक्ति एक ही कला को सीखना प्रारम्भ करते हैं। एक उसमें बहुत जल्दी दक्षता प्राप्त कर लेता है; जबकि दूसरा बहुत प्रयत्न करने पर भी कुछ नहीं सीख पाता। अनेक व्यक्ति एक ही पद को सुनते हैं; एक व्यक्ति कुछ नहीं समझता, दूसरा मात्र शब्दार्थ समझ पाता है जबकि तीसरा व्यक्ति उसके बहुत गहरे अर्थ लगाता है। न केवल अनेक व्यक्तियों के समान पदार्थ विषयक ऐन्द्रियिक ज्ञान में विचित्रता दृष्टिगोचर होती है, बल्कि एक ही व्यक्ति का विभिन्न क्षेत्रों में ज्ञान के विकास का स्वरूप भिन्न भिन्न होता है। एक व्यक्ति गणित के क्षेत्र में ज्ञानार्जन प्रारम्भ करने पर बहुत शीघ्र दक्षता प्राप्त कर लेता है, लेकिन वह बहुत प्रयास करके भी संगीत नहीं सीख पाता। किसी व्यक्ति को विज्ञान के नियम बिल्कुल समझ में नहीं आते लेकिन साहित्य के क्षेत्र में उसकी समझ बहुत प्रखर होती है। विभिन्न व्यक्तियों के ज्ञान में दृष्टिगोचर हो रही इस विचित्रता की व्याख्या बाह्य कारणों के सद्भाव मात्र से ज्ञानोत्पत्ति स्वीकार करके नहीं की जा सकती। इसके लिये आत्मा में स्वाभाविक रूप से विद्यमान ज्ञान शक्ति तथा उसकी अभिव्यक्ति की विचित्रता को स्वीकार करना आवश्यक है। व्यक्ति का ज्ञानावरणीय कर्म का क्षयोपशम जितना प्रखर होता है, वह पदार्थ को उतना ही अधिक जान सकता है तथा इस कर्म का सम्पूर्णतः क्षय होने पर पदार्थ को सम्पूर्णतः जाना जा सकता है।

कहा जा सकता है कि व्यक्तियों के ज्ञान में अंतर का कारण उनकी योग्यता का अंतर है लेकिन यह योग्यता किन्हीं आवरण कर्मों के क्षय से उत्पन्न न होकर

पूर्वानुभवों के संस्कारों से उत्पन्न होती है। इसलिये यह योग्यता प्रागानुभविक और स्वाभाविक न होकर आनुभविक तथा आगन्तुक है। एक बच्चा प्रारम्भ में विज्ञान की जटिल समस्याओं को समझने में असमर्थ होता है लेकिन वही निरन्तर अभ्यास पूर्वक उसमें दक्ष हो जाता है। किसी भी विषय की सूक्ष्म विशेषताओं को समझने की क्षमता निरन्तर अभ्यास पूर्वक ही उत्पन्न होती है जो ज्ञान शक्ति की आगन्तुकता को सिद्ध करती है।

जैन दार्शनिक इस बात को स्वीकार करते हैं कि ज्ञान लब्धि अर्थात अर्थ ग्रहण शक्ति के सद्भाव मात्र से उत्पन्न नहीं होता; अपितु उपयोग अर्थात ज्ञानार्जन हेतु प्रयत्न पूर्वक होता है तथा वस्तु के विशेष धर्मों को सामान्य धर्मों के ज्ञानपूर्वक ही जाना जा सकता है। व्यक्ति निरन्तर अनुभव पूर्वक ही किसी वस्तु को और अधिक स्पष्ट रूप से जान सकता है, लेकिन उसके ज्ञान के विकास की सम्भावनाएँ अनुभव द्वारा निर्धारित न होकर तद्विषयक आवरण कर्मों के क्षयोपशम से नियमित होती हैं।[4] ज्ञान आवरण कर्मों की हानि की सीमा तक ही विकसित हो सकता है तथा इसका विकास ज्ञानावरणीय कर्म का उदय प्राप्त होने के साथ ही रूक जाता है। ईहा की उत्पत्ति अवग्रह पूर्वक ही हो सकती है लेकिन यह तभी सम्भव है जब कि व्यक्ति के ईहा ज्ञानावरणीय कर्म का क्षयोपशम हो।[5] मक्खी आदि चतुरिन्द्रिय जीवों में इस कर्म का उदय होने के कारण उनका ज्ञान अवग्रह तक ही सीमित रहता है जब कि मनुष्य में ईहा ज्ञानावरणीय कर्म का क्षयोपशम होने के कारण उसे अवगृहीत अर्थ के प्रति ईहा हो सकती है। स्मृति उसी वस्तु की हो सकती है जिसे व्यक्ति द्वारा पूर्व में जाना गया हो। लेकिन किसी वस्तु का प्रत्यक्ष हो जाने मात्र से यह निर्धारित नहीं हो जाता कि उसकी भविष्य में स्मृति भी होगी। व्यक्ति ज्ञात पदार्थ का कितने अंशों में तथा कितने समय बाद तक स्मरण कर सकता है यह उसके स्मृति ज्ञानावरणीय कर्म के क्षयोपशम पर निर्भर करता है। प्रत्येक अनुभव स्वयं तक ही सीमित होता है तथा उसमें किसी अन्य ज्ञान को उत्पन्न करने की क्षमता नहीं है। वह अनुभव स्वयं भी व्यक्ति में स्वाभाविक अर्थ ग्रहण सामर्थ्य के सद्भाव में ही उत्पन्न हो सकता है। उसके

---

4. न चाभ्यासात् एव तद्विशेषावधारणात्, तदभावेऽपि क्षयोपशमापरनामधेयात् अदृष्टसामर्थ्यात् प्रवृत्तस्यैव तदवधारणसम्भवात्। न्यायविनिश्चयविवरण ; भाग –1, पृष्ठ –76

5. तदावरणकर्मक्षयोपशमविकल्पात् प्रत्येक अवग्रहादि (ईहा, अवायादि) ज्ञानावरणभेद इष्यते। कथम्? ज्ञानावरणमूलप्रकृते:, पञ्चोत्तरप्रकृतय: तासामपि उत्तरोत्तरा: प्रकृतिविशेषा: सन्ति। ''ज्ञानावरणस्योतरोत्तरप्रकृतय: असंख्येया लोका:'' इतिवचनात्। तत्त्वार्थवार्तिक; पृष्ठ –6।

अभाव में व्यक्ति पदार्थों का साक्षात्कार मात्र ही करता रहेगा, उन्हें जान नहीं सकता।

व्यक्ति के प्रयत्नों से उसकी ज्ञान शक्ति में वृद्धि भी होती है; लेकिन यह पुनः पुनः इन्द्रियार्थ सन्निकर्ष के सद्भाव मात्र से न होकर जानने के प्रति रूचि तथा उत्साहपूर्वक किये गये प्रयत्नों से होती है। ज्ञान हेतु प्रयत्न जितने तीव्र उत्साह के साथ किये जाते हैं वे व्यक्ति की ज्ञान शक्ति को उतना अधिक जागृत करते हैं। प्रभाचन्द्र कहते हैं, "ज्ञानावरणीय कर्म के प्रतिपक्षभूत अंतरंग कारण सम्यग्दर्शनादि तथा बहिरंग कारण अनुभवादि (ज्ञानादि) हैं।"[6] व्यक्ति के प्रयत्नों से नवीन ज्ञान सामर्थ्य की उत्पत्ति नहीं होती बल्कि द्रव्यापेक्षया सत् तथा पर्यायापेक्षया असत् ज्ञान सामर्थ्य की उत्पत्ति होती है। जिस प्रकार जलते हुए कोयलों पर राख डाल देने से उनकी उष्णता मंद हो जाती है तथा जिस स्थान पर जितने अंशों में राख का अभाव होता है वहाँ सुप्त रूप से विद्यमान सामर्थ्य ही प्रकट होती है, उसी प्रकार प्रत्येक जीव में सम्पूर्ण रूप से समस्त पदार्थों को जानने की क्षमता प्रतिबन्धकों के सद्भाव में अभिव्यक्त नहीं हो पाती तथा विशुद्ध परिणामों से युक्त होकर जानने के लिये किये गये पुरुषार्थ से आत्मा की सुप्त रूप से विद्यमान ज्ञान क्षमता ही प्रकट होती है।

निश्चित रूप से संसारी जीव इन्द्रिय, मन आदि के अवलम्बन पूर्वक ही पदार्थों को जान पाता है; लेकिन ऐसा इसीलिये सम्भव होता है कि आत्मा में पदार्थों को जानने की स्वाभाविक क्षमता विद्यमान है। वस्तुतः प्राणी में इन्द्रियों का निर्माण ही उसकी ज्ञान शक्ति के विकास के अनुसार होता है। एकेन्द्रिय प्राणी में मात्र स्पर्श को ही ग्रहण करने की सामर्थ्य होती है, रसादि को ग्रहण करने की नहीं, अतः उसमें मात्र स्पर्शनेन्द्रिय का ही निर्माण होता है, चक्षु आदि का नहीं।[7] पौद्गलिक इन्द्रियों का निर्माण होने पर भी व्यक्ति उनके द्वारा अपनी आन्तरिक योग्यता के अनुसार ही विषय को जानता है तथा पौद्गलिक इन्द्रियों के यथावत् रहने पर भी उसकी आंतरिक शुद्धि जन्य योग्यता में हानिवृद्धि की मात्रा के अनुसार विषय बोध की स्पष्टता में अंतर आ जाता है। इस प्रकार व्यक्ति इन्द्रिय और मन द्वारा विषय को इसलिये जानता है कि उसमें इस प्रकार की योग्यता है।

---

6. ज्ञानावरणादिप्रतिपक्षभूता हीह सम्यग्दर्शनादि लक्षणान्तरंगा बहिरंगानुभवादिलक्षणा सामग्री गृह्यते।
प्रमेय कमल मार्तण्ड; पृष्ठ –241

7. धवला; पुस्तक –1, पृष्ठ –246

ज्ञान आत्मा का स्वभाव है तथा स्वभाव अपनी अभिव्यक्ति के लिये अन्य निरपेक्ष होता है। इसलिये मुक्तावस्था में ज्ञानशक्ति के समस्त प्रतिबन्धकों के क्षय हो जाने के कारण आत्मा सर्वज्ञ होता है। वह इन्द्रिय, मन आदि के अवलम्बन के बिना विश्व के समस्त पदार्थों को सम्पूर्णतः जानता है। सर्वज्ञता की सिद्धि हेतु तर्क प्रस्तुत करते हुए वादिराज कहते हैं कि यदि पुरुष में पदार्थों को जानने की स्वाभाविक क्षमता विद्यमान है तो वह अन्य निरपेक्ष रूप से भी पदार्थों को जानेगा तथा यदि उसमें ज्ञानशक्ति का पूर्ण अभाव है तो जिस प्रकार अंधे व्यक्ति के लिये दीपक का प्रकाश अकिन्चित्कर है; उसी प्रकार जानने की क्षमता से रहित आत्मा को इन्द्रियादि बाह्य उपकरणों द्वारा किसी पदार्थ का ज्ञान कराया जा सकना असम्भव है।[8]

अकलंक कहते हैं कि ज्ञानावरणीय कर्मों का सम्पूर्ण ज्ञय होने पर आत्मा समस्त पदार्थों को जानने में समर्थ है। संसारी जीवों के भी जिन आत्म प्रदेशों में रूपादि ज्ञान के प्रतिवंधक कर्मों के अभाव रूप आंशिक शुद्धि उत्पन्न होती है, उन आत्म प्रदेशों में चक्षुरादि भावेन्द्रियों का निर्माण होता है। इन भावेन्द्रियों की कर्माभाव जन्य विशुद्धि की न्युनाधिकता के अनुसार व्यक्ति को रुपादि विषय न्युनाधिक रूप से ज्ञात होते हैं। तब आत्मा के समस्त आवरण कर्मों के पूर्णरूपेण क्षय हो जाने पर उसे अन्य निरपेक्ष रूप से भूत, भविष्य, वर्तमान कालीन समस्त पदार्थों का साक्षात्कार होने में क्या विरोध है।[9] विद्यानन्दि कहते हैं कि आत्मा के दो प्रकार के परिणाम (पर्याय, अवस्था) होते हैं ह्न स्वाभाविक और आगन्तुक। अनन्तज्ञानादि गुण आत्मा का स्वरूप होने के कारण उसके स्वाभाविक परिणाम हैं। इसके विपरीत अज्ञानादि दोष उसके कर्मों के संयोग से उत्पन्न भाव होने के कारण आगन्तुक परिणाम हैं। जो जहाँ आगन्तुक होता है, वह अपने विनाश के कारणों का सद्भाव होने पर नष्ट होता हुआ देखा जाता है। जैसे उत्कृष्ट स्वर्ण में कालिमा का सद्भाव उसमें ताँवे, मिट्टी आदि विजातीय तत्त्वों के संयोग से उत्पन्न आगन्तुक धर्म है। इसलिये जब स्वर्ण को अग्नि में तपाया जाता है तो उसका ताँवे आदि विजातीय तत्त्वों से संयोग समाप्त हो जाता है और स्वर्ण अपने कालिमा रूप आगन्तुक धर्म से रहित होकर अपने शुद्ध स्वरूप को प्राप्त कर लेता है; इसी प्रकार ज्ञान भी आत्मा का स्वाभाविक धर्म है तथा उसमें विद्यमान अज्ञान उसके मिथ्यात्व आदि आन्तरिक दोषों और ज्ञानावरणीय कर्म आदि

8. न्यायविनिश्चयविवरण; भाग –1,पृष्ठ –236
9. न्यायविनिश्चय 2/191 - 194

बाह्य प्रतिबन्धकों के कारण उत्पन्न होता है। जैसे जैसे व्यक्ति के सम्यग्दर्शनादि में वृद्धि होती जाती है, उसकी ज्ञानशक्ति प्रखर होती जाती है जो जीव में अज्ञान की आगन्तुकता और ज्ञान की स्वाभाविकता को सिद्ध करती है। प्रत्येक जीव सर्वज्ञत्व शक्ति से युक्त है। इसलिये वह अपनी ज्ञानशक्ति तथा ज्ञानार्जन हेतु उद्यम की सामर्थ्य के प्रतिबन्धकों – ज्ञानावरणीय और वीर्यान्तराय कर्म के क्षय पूर्वक सर्वज्ञ होता है।[10]

## ज्ञानावरणीय कर्म के बंध के कारण

आत्मा एक ज्ञानदर्शनमय तत्त्व है। विषय बन रहे पदार्थ को अपनी आन्तरिक सामर्थ्य के अनुसार अधिकतम रूप से जानने देखने हेतु उद्यमशीलता उसका स्वभाव है। जब व्यक्ति अपने इस स्वभाव के विपरीत आचरण करता है तथा ज्ञान, ज्ञानियों और ज्ञान के साधनों के प्रति उपेक्षा और अनादर के भाव के युक्त होता है तो उसके ज्ञानावरणीय कर्म का बंध होता है। ज्ञानावरणीय कर्म के बंध के कारणों का नामोल्लेख करते हुए उमास्वामी कहते हैं, "ज्ञान में प्रदोष, निन्हव, मात्सर्य, आसादन, अन्तराय तथा उपघात ज्ञानावरणीय कर्म के बंध के कारण हैं।[11] इसका अर्थ स्पष्ट करते हुए अकलंक कहते हैं, "ज्ञान कथा के समय मुँह से कुछ न कहकर भीतर ही भीतर ईर्ष्या के परिणाम होना प्रदोष है। किसी बहाने से नहीं है, नहीं जानता इत्यादि रूप से ज्ञान का लोप करना निन्हव है। देने योग्य ज्ञान को किसी बहाने से न देना मात्सर्य है। कलुषता से ज्ञान का व्यवच्छेद करना अन्तराय है। दूसरे के द्वारा प्रकाशित ज्ञान का वर्जन करना आसादन है। बुद्धि तथा हृदय की कलुषता से प्रशस्त ज्ञान में दूषण लगाना उपघात है।" आसादन में विद्यमान ज्ञान का विनय प्रकाशन, गुण कीर्तन आदि न करके अनादर किया जाता है तथा उपघात में ज्ञान को अज्ञान ही कहकर ज्ञान का नाश किया जाता है।[12] ज्ञानावरणीय कर्म के बन्ध के अन्य कारणों का वर्णन करते हुए वे कहते हैं कि आचार्य तथा उपाध्याय के प्रतिकूल चलना, अकाल अध्ययन, अभ्यास में आलस्य करना, अनादर से अर्थ सुनना, स्वपक्ष का दुराग्रह, शास्त्र विक्रय आदि ज्ञानावरणीय कर्म के बंध के कारण हैं।[13] व्यक्ति उपर्युक्त कार्यों को जितनी तीव्र कषाय से युक्त होकर करता है उसके ज्ञानावरणीय कर्म का उतना ही दीर्घ कालिक

10. अष्टसहस्री; पृष्ठ –54
11. तत्त्वार्थसूत्र 6/10
12. तत्त्वार्थवार्तिक पृष्ठ –713
13. तत्त्वार्थवार्तिक; पृष्ठ –714

तथा तीव्र फल देने की क्षमता से युक्त बंध होता है।

आत्मा की उन समस्त पर्यायों में, जो पदार्थों को जानने के प्रति अरूचि तथा उपेक्षा से युक्त होती हैं, ज्ञानावरणीय कर्म का निरन्तर बंध होता रहता है। मिथ्यात्व, अविरति, प्रमाद तथा कषाय से युक्त आत्म परिणामों में ज्ञान के प्रति एक सहज उपेक्षा का भाव होता है।[14] ये भाव जितने अधिक तीव्र होते हैं, व्यक्ति में ज्ञान के प्रति अरूचि उतनी ही अधिक तीव्र होती है। इनकी तीव्रता की मात्रा के अनुसार ज्ञानावरणीय कर्म का बंध निरन्तर होता रहता है। दसवें गुणस्थान तक कषाय का सूक्ष्मतम अंश विद्यमान रहता है तथा उसकी मात्रा के अनुसार दसवें गुणस्थान तक ज्ञानावरणीय कर्म का बंध होता रहता है।[15] अपने यथार्थ स्वरूप की प्रतीति नहीं होना मिथ्यात्व कहलाता है। एक मिथ्यादृष्टि व्यक्ति अपने ज्ञानदर्शनसुखवीर्यमय आत्मस्वरूप के प्रति अनभिज्ञता और अरूचि के भावों से युक्त होता है। या तो वह अपने आप को शरीर मानता है या स्वयं को ज्ञान रहित आत्मा स्वीकार करता है। दोनों ही स्थितियों में उसके लिये ज्ञान साधन रूप में ही शुभ होता है तथा उसमें ज्ञानार्जन की प्रक्रिया के प्रति सहज उदासीनता और उपेक्षा का भाव होता है। एक देहात्मवादी व्यक्ति बाह्य पदार्थों को सुख दुख प्रदान करने वाला मानता है तथा सुखात्मक प्रतीत होने वाले पदार्थों के प्रति राग तथा दुखात्मक प्रतीत होने वाले पदार्थों के प्रति द्वेष से युक्त होकर ज्ञानार्जन हेतु प्रवृत्त होता है। वह विषय बन रहे पदार्थ के भोगात्मक पक्ष पर ही अपनी दृष्टि केन्द्रित करता है तथा उसमें पदार्थ के शेष पक्षों को जानने के प्रति रूचि का अभाव होता है। जैसे एक सुन्दर वस्त्रों के प्रति आसक्त व्यक्ति अपनी ज्ञान शक्ति का उपयोग इन वस्त्रों को प्राप्त करने और इनके उपभोग हेतु ही करना चाहता है तथा उसे यह जानने में कोई रूचि नहीं होती कि वस्त्रों में इस सौन्दर्य को उत्पन्न करने की प्रक्रिया के वायु प्रदूषण, जल प्रदूषण आदि के रूप में क्या परिणाम ही रहे हैं? वस्त्रों में सौन्दर्य उत्पन्न करने हेतु जिन रसायनों का प्रयोग किया जा रहा है, उन रसायनों से मिश्रित जल भूगर्भ स्थित जल में मिलकर उसे किस प्रकार प्रदूषित कर रहा है तथा उस प्रदूषण के कारण अन्य मनुष्यों, पशु पक्षियों आदि को अनेक रोगों से ग्रस्त होने, फसलों की खराबी जैसे कौन कौन से दुष्परिणाम भोगने पड़ रहे हैं। व्यक्ति द्वारा अपनी प्रकट ज्ञान शक्ति का सीमित उपयोग तथा उसमें पदार्थ को व्यापक परिप्रेक्ष्य में जानने के

14. मिथ्यादर्शनाविरतिप्रमादकषाययोगाः बंधहेतवः। तत्त्वार्थसूत्र - 8/1
15. पंचसंग्रह; पृष्ठ - 300

प्रति उपेक्षा भाव उसकी ज्ञान शक्ति के आन्तरिक प्रतिबन्धक हैं तथा ये इस शक्ति को आवृत करने वाले कर्मो के आस्रव और बन्ध का कारण हैं।

असावधानी पूर्वक और अन्य प्राणियों के प्रति सम्वेदनाविहीन होकर किये गये कार्य प्रमाद कहलाते हैं। जब व्यक्ति चलते समय, बोलते समय, विभिन्न वस्तुओं का उपयोग करते समय मात्र अपने कार्य पर ही दृष्टि रखता है, उसे यह होश नहीं होता कि उसके कार्यों का अन्य व्यक्तियों पर क्या प्रभाव पड़ रहा है। कहीं उसके कार्य अन्य प्राणियों के कष्ट का कारण तो नहीं बन रहे हैं; तो व्यक्ति के ऐसे समस्त कार्यों को प्रमाद कहा जाता है।[16] प्रमाद से युक्त होकर जो कार्य किये जाते हैं, उनसे होने वाला प्राणों का घात हिंसा कहलाता है।[17] वस्तुतः प्रमादग्रस्त व्यक्ति के समस्त कार्य हिंसा ही हैं, क्योंकि इनसे किसी अन्य को कष्ट हो या नहीं हो उसके स्वयं के ज्ञानदर्शनमय भाव प्राणों का घात तो होता ही है। पूर्ण सजगता और संवेदनशीलता से युक्त होकर कार्य करना ज्ञानदर्शनमय आत्मा का स्वभाव है। इसलिये वह जब प्रमादग्रस्त होकर कार्य करता है तो अपने स्वभाव के विपरीत कार्य करते हुए अपने स्वभाव का घात करने वाले ज्ञानावरणीय कर्मों का आस्रव और बंध करता है।[18] हिंसा, झूँठ, चोरी, परिग्रह और कुशील इन पाप कार्यों को अविरति कहा जाता है। झूँठ, चोरी आदि पाप क्रियाओं से अन्य व्यक्तियों को कष्ट होता है तथा इन कार्यों को करते समय भी व्यक्ति अपने कार्यों से अन्य जीवों को होने वाले कष्टों के ज्ञानदर्शन से रहित होता है। इस प्रकार ये सभी कार्य प्रमाद ग्रस्त होकर किये जाने और इसलिये अनिवार्यत: स्वयं की आत्मिक शक्तियों की मन्दता का कारण होने के कारण हिंसा में ही समाहित हो जाते हैं।[19]

क्रोध, मान, माया और लोभ रूप आवेशात्मक भावों को कषाय कहा जाता है।[20] जो आत्मा को कसता है, बाँधता है उसे कषाय कहते हैं।[21] क्रोधादि कषायें

---

16. इन्द्रियाणां प्रचारविशेषमनवधार्य प्रवर्तते यः स प्रमत्तः। ....... अथवा ...... यथा सुरापः प्रवृद्धमदत्वात् कार्याऽकार्यवाच्याऽवाच्याद्यनभिज्ञः, तथा जीवस्थानयोन्याश्रयविशेषानविद्वान् कषायोदयाविष्टः हिंसाकारणेषु स्थितः अहिंसायां सामान्येन न यतत इति प्रमत्तः। तत्त्वार्थवार्तिक; पृष्ठ –539
17. प्रमत्तयोगात् प्राणव्यपरोपणं हिंसा। तत्त्वार्थसूत्र – 7/13
18. पुरुषार्थसिध्युपाय –47
19. आत्मपरिणामहिंसनहेतुत्वात्सर्वमेव हिंसैतत्।
    अनृतवचनादिकेवलमुदाहृतं शिष्यबोधाय।। पुरुषार्थसिध्युपाय –42
20. तत्त्वार्थवार्तिक; पृष्ठ –574
21. तत्त्वार्थवार्तिक; भाग–2, पृष्ठ – 508

व्यक्ति की ज्ञानदर्शनवीर्य शक्तियों को बहुत सीमित केन्द्र पर एकाग्र कर देती हैं तथा उसकी सोचने समझने की सामर्थ्य को लुप्त कर देती हैं। जब एक व्यक्ति दूसरे पर क्रोधित होता है तो वह निरन्तर इस विचार से उद्वेलित रहता है कि इसने मुझे नुकसान पहुँचाया और मुझे इससे बदला लेना है। इस क्रोधावेश की स्थिति में यदि दूसरा व्यक्ति उसे यह समझाने का प्रयास करे कि उसने जो किया उसका उद्देश्य उसे नुकसान पहुँचाना नहीं था तो उसे यह समझ में नहीं आता। इस प्रकार मिथ्यात्व, अविरति, प्रमाद और कषाय व्यक्ति की ज्ञानशक्ति के आन्तरिक प्रतिबन्धक हैं। जिस प्रकार एक चाकू को काम में नहीं लिये जाने पर उसके जंग लगनी शुरु हो जाती है और उसकी धार कम हो जाती है तथा जैसे जैसे उसकी घिसाई की जाती है, उसकी जंग हटती जाती है और धार पैनी होती जाती है; उसी प्रकार जब व्यक्ति मिथ्यात्व, अविरति, प्रमाद और कषाय से ग्रस्त होकर अपनी प्रकट ज्ञान शक्ति का बहुत कम उपयोग करता है तो उसके ज्ञानावरणीय कर्म का बन्ध होता है और उसकी ज्ञानशक्ति मन्द होती है। व्यक्ति के विषयासक्ति आदि भाव जितने अधिक सघन होते हैं; वे उसमें पदार्थों को व्यापक परिप्रेक्ष्य में जानने देखने के प्रति उतनी ही अधिक उदासीनता और उपेक्षा का संचार करते हैं तथा व्यक्ति की जानने की क्षमता को मन्द करने वाले आवरण कर्मों के आस्रव और बंध का कारण बनते हैं। जैसे जैसे व्यक्ति अपने मिथ्यात्व को सम्यक्त्व में, हिंसादि अविरति को अहिंसादि ब्रतों में, प्रमाद को समिति (सावधानी पूर्वक आचरण) में तथा क्रोधादि कषायों को क्षमादि अकषाय भावों में रूपान्तरित करता है, उसकी चेतना निर्मल होती जाती है तथा ज्ञानशक्ति प्रखर होती जाती है।

मिथ्यात्व, अविरति, प्रमाद तथा कषाय से युक्त आत्मपरिणाम संक्लेश परिणाम कहलाते हैं तथा इनकी तीव्रता की मात्रा के अनुसार ज्ञानावरणीय कर्म का तीव्र बंध होता है। पंच संग्रहकार कहते हैं, "विशुद्ध परिणामों से अशुभ कर्म प्रकृतियों का जघन्य बंध तथा शुभ कर्म प्रकृतियों का उत्कृष्ट बंध होता है। इसके विपरीत संक्लेश परिणामों से अशुभ कर्म प्रकृतियों का उत्कृष्ट बंध तथा शुभ कर्म प्रकृतियों का जघन्य बंध होता है।[22] ज्ञानावरणीय कर्म एक अशुभ कर्म प्रकृति है।[23] व्यक्ति की आंतरिक स्थितियाँ मात्र कर्म के स्थिति बंध (कितने समय तक कर्म आत्मा से सम्बद्ध रहेगा।) तथा अनुभाग बंध (जिसके द्वारा कर्मों में न्यूनाधिक फल देने

22. पंचसंग्रह; पृष्ठ –265
23. पंचसंग्रह; पृष्ठ –276

की क्षमता उत्पन्न होती है) को ही नियत नहीं करतीं अपितु ये कर्मोदय काल (जिस समय कर्म का फल भोग हो रहा है) में भी कर्मों के फल देने की क्षमता को प्रभावित करती हैं। अकलंक कहते हैं कि कर्म अपना फल द्रव्य, क्षेत्र, काल, भाव और भव के अनुसार देते हैं। शुभ परिणामों की प्रकर्षता में शुभ कर्म प्रकृतियों का उत्कृष्ट तथा अशुभ कर्म प्रकृतियों का निकृष्ट तथा अशुभ परिणामों की प्रकर्षता में अशुभ कर्म प्रकृतियों का उत्कृष्ट फल प्राप्त होता है।[24] कर्मों का फल देना ही अनुभव है।[25]

## ज्ञानावरणीय कर्म के क्षय की प्रक्रिया और सर्वज्ञता

व्यक्ति की ज्ञानशक्ति के लुप्त होने का कारण है उसका अपने स्वरूप के प्रति मिथ्यादर्शन, मिथ्याज्ञान और अविरति, प्रमाद तथा कषायमय आचरण रूप मिथ्याचारित्र। इसके विपरीत सम्यग्दर्शनज्ञानचारित्र को अंगीकार कर व्यक्ति अपनी आत्मिक शक्तियों की पूर्णविकसित अवस्था को प्राप्त कर सकता है। अपने शरीर से भिन्न, अजर, अमर, शक्तिरूप से सदैव विद्यमान अनन्तदर्शनज्ञानसुखवीर्यमय चैतन्य स्वरूप की अनुभूति, प्रतीति या श्रद्धा सम्यग्दर्शन, इस स्वरूप का निश्चय सम्यग्ज्ञान तथा इस शक्ति की अभिव्यक्ति हेतु पुरुषार्थ सम्यग्चारित्र कहलाता है। आत्मविकास के प्रारम्भिक चरण में एक सम्यग्दृष्टि व्यक्ति बाह्य जगत में प्रवृत्ति स्वरूप होता है। साथ ही वह नियमित रूप से मन, वचन और शरीर की क्रियाओं को रोक कर अपने शुद्धात्मस्वरूप में लीन होने का प्रयास भी करता है। प्रवृत्ति काल में सम्यग्दर्शनज्ञानचारित्र को परिभाषित करते हुए कुन्दकुन्दाचार्य कहते हैं, ''जीवादि तत्त्वों की श्रद्धा सम्यग्दर्शन, उनका निश्चय सम्यग्ज्ञान और रागादि को समाप्त करना सम्यग्चारित्र कहलाता है।''[26] जीव, अजीव, आस्रव, बंध, संवर, निर्जरा और मोक्ष इन सात पदार्थों को तत्त्व कहा जाता है।[27] निवृत्ति काल को दृष्टि में रखते हुए वे कहते हैं, ''जो आत्मा अपनी आत्मा में रति या आत्मानुभूति से युक्त हो वह सम्यग्दृष्टि है। जो आत्मा अपनी आत्मा को जानता है वह सम्यग्ज्ञानी है तथा जो आत्मा अपने स्वरूप में आचरण करता है, वही सम्यग्चारित्र है।''[28]

---

24. तत्त्वार्थवार्तिक; भाग-2, पृष्ठ -583
25. विपाकोऽनुभवः — तत्त्वार्थसूत्र 8/21
26. जीवादीसद्दहणं सम्मत्तं तेसिमधिगमो णाणं।
    रायादीपरिहरणं चरणं एसो दु मोक्खपहो।। — समयसार; गाथा-155
27. जीवाजीवास्रवबन्धसंवरनिर्जरामोक्षास्तत्त्वम्। — तत्त्वार्थसूत्र - 1/4
28. अप्पा अप्पाम्मि रओ सम्माइट्ठी फुड्डु जीवो।
    जाणइ तं सण्णाणं चरदिह चारित्तमग्गोत्ति। — भावपाहुड; गाथा - 31

जयसेनाचार्य कहते हैं, ''स्वयं के विशुद्ध ज्ञानदर्शन स्वभावी परमात्मस्वरूप में रुचि सम्यग्दर्शन, उसी स्वरूप में रागादि रहित स्वसंवेदन से युक्त निश्चय सम्यग्ज्ञान और उसी स्वरूप में निश्चल अनुभूति रूप से अवस्थिति सम्यग्चारित्र कहलाता है।''[29]

सम्यग्दर्शन, सम्यग्ज्ञान और सम्यग्चारित्र में संज्ञा, संख्या, लक्षण और प्रयोजन की अपेक्षा भेद होते हुए भी तात्त्विक रूप से अभेद है। ये तीनों परस्पर एक दूसरे की विशेषता होते हुए, एक दूसरे में व्याप्त होते हुए एक मोक्षमार्ग हैं। एक मुमुक्षू जब शब्द प्रमाण द्वारा जीवादि तत्त्वों का ज्ञान प्राप्त करता है तो उस समय उसका यह ज्ञान दर्शन (अनुभूति, प्रतीति या श्रद्धा) से रहित शुद्ध जानकारी मात्र होता है; इसलिये तब उसका यह ज्ञान मिथ्याज्ञान होता है। इस समय व्यक्ति को अपने अनादि कालीन मिथ्यात्व के संस्कारों के फलस्वरूप आन्तरिक रूप से स्वयं के शरीर ही होने, स्वरूपतः अल्पज्ञानी, शक्तिहीन और दुखी होने तथा पंचेन्द्रियों के विषयों के भोग पूर्वक सुख की प्राप्ति होने की अनुभूति होती है। जब व्यक्ति जीवादि तत्त्वों के स्वरूप के निरन्तर मनन पूर्वक अपने इस अनादि कालीन मिथ्यात्व से संघर्ष करता हुआ अपने तत्त्वज्ञान को दर्शन या अनुभूति से सम्पन्न बनाता है तो उसका यह तत्त्वज्ञान मिथ्याज्ञानरूपता का परित्याग कर सम्यग्दर्शनज्ञानरूपता को प्राप्त करता है। जब व्यक्ति इस तत्त्वदर्शनज्ञान के द्वारा रागद्वेषादि की निवृत्ति और वीतरागता आदि भावों में प्रवृत्ति स्वरूप होता है तो उसका यह तत्त्वदर्शनज्ञान मिथ्याचारित्ररूपता का परित्याग कर सम्यग्चारित्र स्वरूप होता है।[30] इस प्रकार आत्मविकास की यात्रा का पथिक, चाहे वह बाहरी जगत के विभिन्न कार्यों को करने में संलग्न हो या उनसे निवृत्त होकर अपने शुद्धात्म स्वरूप के ध्यान में लीन हो, दोनों ही स्तरों पर अपने तत्त्वज्ञान को निरन्तर अधिक उत्कृष्ट दर्शन और चारित्र से सम्पन्न बनाता हुआ विद्यमान होता है। इसलिये अमृतचन्द्र कहते हैं, ''सम्यग्दर्शन, सम्यग्ज्ञान और सम्यग्चारित्र निश्चय से मोक्ष प्राप्ति का साधन हैं। जीवादि तत्त्वों की श्रद्धा रूप से ज्ञान का सद्भाव सम्यग्दर्शन,

---

29. विशुद्धज्ञानदर्शनस्वभावे निजपरमात्मनि यद्रूचिरूपं सम्यग्दर्शनं, तत्रैव रागादिरहितस्वसंवेदनं ज्ञानं, तथैव निश्चलानुभूतिरूप वीतरागचारित्र .............. समयसार तात्पर्यवृत्ति; गाथा–2

30. ज्ञानोत्पत्तौ हि सद्दृष्टिस्तद्विशिष्टोपजायते।
पूर्वविशिष्टरूपेण नश्यतीति सुनिश्चितम्।। 73।।
चारित्रोत्पत्तिकाले च पूर्वदृग्ज्ञानयोश्च्युति।
चर्याविशिष्टयोर्भूतिस्तत्सकृत्त्रयसंभवः।। 74।। तत्त्वार्थश्लोकवार्तिक; अध्याय–1, सूत्र –1

जीवादि तत्त्वों के निश्चय रूप से ज्ञान का सद्भाव सम्यग्ज्ञान और रागादि की निवृत्ति रूप से ज्ञान का सद्भाव सम्यग्चारित्र है। इस प्रकार एक ज्ञान ही परमार्थ से सम्यग्दर्शनज्ञानचारित्र स्वरूप होता हुआ मोक्षमार्ग है।"[31] प्रायः यह माना जाता है कि एक गृहस्थ सम्यग्दर्शनज्ञान से सम्पन्न तो हो सकता है लेकिन उसमें सम्यग्चारित्र का सद्भाव सम्भव नहीं है। एक मुनि ही सम्यग्चारित्र से सम्पन्न होता है। इस मान्यता को अस्वीकार करते हुए विद्यानन्दि कहते हैं कि एक सम्यग्दृष्टि गृहस्थ के अनादिकालीन मिथ्यात्व के संस्कार जितने मन्द होते हैं, जितने अंशों में उसमें सम्यग्दर्शन का सद्भाव होता है; उतने ही अंशों में उसमें राग-द्वेष के अभाव रूप साम्यभावमय सम्यग्चारित्ररूपता का भी सद्भाव होता है। जैसे जैसे व्यक्ति का तत्त्वज्ञान अधिक उत्कृष्ट दर्शन से सम्पन्न बनता जाता है उसकी रागद्वेष रहित साम्यभावमय सम्यग्चारित्ररूपता उतनी ही अधिक उत्कृष्ट होती जाती है।[32] इस प्रकार जीवादि तत्त्वों का ज्ञान ही मुमुक्षू व्यक्ति के पुरूषार्थ पूर्वक निरन्तर अधिक उत्कृष्ट सम्यग्दर्शनज्ञानचारित्ररूपता को प्राप्त करता हुआ एक मोक्षमार्ग है।

एक मुमुक्षू शब्द प्रमाण द्वारा जीवादि तत्त्वों का ज्ञान प्राप्त करने के उपरान्त जब बाहरी जगत में किसी कार्य को करने अथवा किसी पदार्थ को भोगने हेतु प्रवृत्त होता है तो आन्तरिक रूप से वह अपने नये कर्मों के आस्रव और बंध को रोककर उनका संवर करने और पूर्ववद्ध कर्मों की निर्जरा करने हेतु भी प्रयत्नशील रहता है। इसके लिये वह अपने अनन्तदर्शनज्ञानसुखवीर्यशक्ति से सम्पन्न शुद्धात्मस्वरूप की अनुभूति को गहन बनाता हुआ तथा अपने अन्दर उत्पन्न हो रहे क्रोध, अभिमान, हिंसा आदि दुर्गुणों से भेद विज्ञान (ये क्रोधादि मेरा स्वभाव नहीं हैं, मैं इनसे विलक्षण अन्नतज्ञानादि शक्तियों से सम्पन्न, क्षमादि स्वभावमय, शुद्धचैतन्य स्वरूप आत्मा हूँ। इसलिए मैं इन क्रोधरूपता आदि का परित्याग करके क्षमाभाव आदि भावों को धारण करता हूँ)स्वरूप होकर इनसे संघर्ष करता है तथा इसके द्वारा अपने क्रोध, अभिमान आदि विकारी भावों को क्षमा, मृदुता आदि स्वभाव भावों

---

31. सम्यग्दर्शनं तु जीवादिश्रद्धानस्वभावेन ज्ञानस्य भवनम्। जीवादि ज्ञानस्वभावेन ज्ञानस्य भवनं ज्ञानम्। रागादिपरिहरणस्वभावेन ज्ञानस्य भवनं चारित्रम्। तदेवं सम्यग्दर्शनज्ञानचारित्राण्येकमेव ज्ञानस्य भवनमायातम्। ततो ज्ञानमेव परमार्थमोक्षहेतुः। समयसार आत्मख्यातिटीका; गाथा - 155
32. दर्शनमोहहानाच्च चारित्रमोहोदयहाने रागादीनामभावात् सम्यग्दर्शनज्ञानचारित्रपरिणामानां स्वाभाविकत्वं। ---- कथमसंयतसम्यग्दृष्टेः समं मनः स्यादसंयमस्य रागद्वेषात्मनः सद्भावादिति चेत् ....क एवमाह सर्वथा संयमस्याभावोऽसंयतसम्यग्दृष्टेरिति तस्यानंतानुबंधिकषायात्मनोऽसंयमस्याभावात् संयतत्त्वसिद्धेः। कथमस्यासंयतत्वमिति चेत्, मोहद्वादशकात्मनोऽसंयमस्य सद्भावात्....।

युक्त्यानुशासन टीका; पृष्ठ -133-134

में रूपान्तरित करने हेतु प्रयत्नशील रहता है।[33] मुमुक्षू द्वारा सतत् रूप से किये जाने वाले इस भेदविज्ञानमय आध्यात्मिक पुरुषार्थ से उसका जीवादि तत्त्वों का ज्ञान निरन्तर अधिक उत्कृष्ट दर्शन से सम्पन्न होता जाता है तथा यही सम्यग्दर्शनज्ञान रागादि विभाव भावों से निवृत्ति और वीतरागता आदि स्वभाव भावों में वृद्धि रूप निरन्तर अधिक उत्कृष्ट चारित्ररूपता को प्राप्त करता जाता है। व्यक्ति के तत्त्वज्ञान के निरन्तर अधिक उत्कृष्ट सम्यग्दर्शनज्ञानचारित्ररूपता प्राप्त करने के साथ ही उसके नये कर्मों का आस्रव और बंध मन्द होता जाता है, पूर्वबद्ध कर्मों की निर्जरा में वृद्धि होती जाती है और उसकी चेतना निरन्तर अधिक निर्मल होती जाती है। इसके फलस्वरूप व्यक्ति अन्त में अपनी चेतना की निर्मलता के उस स्तर को प्राप्त करता है जब वह मन, वचन और शरीर की क्रियाओं का पूर्णतया परित्याग करके अपनी आत्मा के अनन्तदर्शनज्ञानसुखवीर्यमय परमात्म स्वरूप के ध्यान में लीन हो सके तथा इस ध्यानाग्नि द्वारा समस्त कर्मों को सम्पूर्णतः समाप्त कर परमात्मपद प्राप्त कर सके।[34] ध्यान की यह अवस्था शुद्धात्मस्वरूप के ज्ञान की अनुभूति, निश्चय और इस ज्ञान में निष्कंप रूप से अवस्थिति रूप अभेद रत्नत्रय स्वरूप होती है।

## जीवादि तत्त्वों के ज्ञान का स्वरूप

एक मुमुक्षू गुरूपदेश के द्वारा जीव, अजीव, आस्रव, बन्ध, संवर, निर्जरा और मोक्ष इन सात तत्त्वों का ज्ञान प्राप्त करता है। इन तत्त्वों के ज्ञान पूर्वक उसे अपनी आत्मा की शरीर से संयुक्त और कर्मों से बद्ध वर्तमानकालीन पर्याय का ज्ञान होता है। इसके साथ ही वह इस पर्याय के द्रव्यात्मक पक्ष-इस पर्याय में विद्यमान उत्थान और पतन की सम्भावनाओं रूप संवर और निर्जरा तत्त्व तथा आस्रव और बंध तत्त्व को तथा उत्थान के चरम प्रकर्ष की सम्भावना रूप मोक्ष तत्त्व को भी जानता है।[35] गुरू मोक्ष तत्त्व को वर्णन करते हुए उसे यह बताते हैं कि उसका वास्तविक स्वरूप शरीर से भिन्न, अजर, अमर, अविनाशी, अनन्तदर्शन,

---

33. देखें इस अध्याय के सन्दर्भ 79-81

34. पंचास्तिकाय समयव्याख्या टीका; गाथा-146

35. आत्मा का वह शाश्वत और सामान्य स्वभाव, जो निरन्तर नयी विशेष पर्याय रूप से परिणमित हो रहा है, उसका द्रव्यात्मक पक्ष या पारिणामिक भाव कहलाता है। यह पारिणामिक भाव अनन्तज्ञानादि की शाश्वत सामर्थ्य स्वरूप है तथा इसमें मुक्तावस्था में अनन्तदर्शनज्ञानसुखवीर्यमय अवस्था में विद्यमान होने की तथा कर्मों से संयुक्त होने पर अल्पज्ञानादि रूप पर्यायों को प्राप्त करने की क्षमता के कारण यह पारिणामिक भाव ही औदयिक, औपशमिक, क्षायोपशमिक और क्षायिक भावरूपता को प्राप्त करता है। जीवादि तत्त्वों का ज्ञाताद्रष्टा होकर बाह्य जगत में प्रवृतिस्वरूप

अनन्तज्ञान, अनन्तसुख और अनन्तवीर्य से सम्पन्न चैतन्य द्रव्यरूपता है।[36] यह स्वरूप शक्ति रूप से उसमें सदा से विद्यमान है तथा इस शक्ति की अभिव्यक्ति रूप मोक्ष पर्याय की प्राप्ति ही मानव का चरम लक्ष्य है।[37]

ज्ञानदर्शनोपयोगमय चेतनद्रव्य को जीव तथा शरीर, पुद्गल कर्म आदि जड़ पदार्थों को अजीव कहा जाता है। आप्त पुरुष के वचनों द्वारा व्यक्ति को यह ज्ञान प्राप्त होता है कि वह एक ज्ञानदर्शनमय चेतन द्रव्य है। उसमें विश्व के समस्त पदार्थों को एकसाथ जानने देखने की स्वाभाविक सामर्थ्य विद्यमान है तथा मुक्तावस्था में उसकी इस शक्ति की अभिव्यक्ति अन्य निरपेक्ष रूप से ही होती है। लेकिन वर्तमान समय में उसकी यह सामर्थ्य ज्ञानावरणीयादि कर्मों से आवृत्त होकर मन्द हो रही है। इस समय वह शरीर से संयुक्त आत्मा है। अभी उसकी

---

होते समय व्यक्ति इस पारिणामिक भाव की वर्तमानकालीन पर्याय को उसकी उत्तरवर्ती पर्याय रूप से परिणमन की द्रव्यपर्यायात्मक शक्ति सहित जानता है। ध्यानकाल में वह इसके औदयिक भाव आदि पर्यायात्मक पक्ष को गौण करते हुए इसके स्वाभाविक रूप से सदैव विद्यमान परमात्मशक्ति रूप द्रव्यात्मक पक्ष में लीन होता है। दोनों ही स्थितियों में व्यक्ति का समस्त ज्ञान आत्मा के पारिणामिक भाव के ज्ञान पूर्वक सम्यक् होता है। द्रष्टव्य है :-

तत्रौपशमिकक्षायोपशमिकक्षायिकौदयिकभावचटुष्टयं पर्यायरूप भवति शुद्धपारिणामिकस्तु द्रव्यरूपः इति। तच्चपरस्परसापेक्षं द्रव्यपर्यायद्वयमात्मपदार्थो भण्यते। .......तदायं जीवः सहजशुद्धपारिणामिकभावलक्षणनिजपरमात्मद्रव्यसम्यक्श्रद्धानज्ञानानुचरणपर्यायेण परिणमति। तच्च परिणमनमागमभाषयौपशमिकक्षायोपशमिकक्षायिकं भावत्रयं मण्यते। अध्यात्मभाषया पुनः शुद्धात्माभिमुखपरिणामः शुद्धोपयोग इत्यादि पर्यायसंज्ञां लभते। स च पर्यायः शुद्धपारिणामिकभावलक्षणाशुद्धात्मद्रव्यात्कथचिद्भिन्नः।.......शुद्धपारिणामिकभावो ध्येयरूपो भवति ध्यानरूपो न भवति। समयसार तात्पर्यवृति; गाथा - 320

........स्वभावज्ञानम् अमूर्तम्, अव्यावाधम्, अतीन्द्रियम्, अविनश्वरम्, तच्च कार्यकारणरूपेण द्विविधं भवति। कार्य तावत् सकलविमलकेवलज्ञानम्। तस्य कारणं परमपारिणामिकभावस्थितत्रिकालनिरूपाधिरूपं सहजज्ञानं स्यात्। नियमसार टीका; गाथा -10

......मतिज्ञानं ........श्रुतज्ञानं.........अवधिज्ञानं.......मनःपर्ययज्ञानं.......परमभावस्थितस्य सम्यग्दृष्टेरेतत्संज्ञानचतुष्कं भवति।

.......अत्र सहजज्ञानं शुद्धान्तस्तत्त्वपरमतत्त्वव्यापकत्वात् स्वरूपप्रत्यक्षम्।

नियमसार टीका; गाथा-12

36. असरीरा अविणासा अणिंदिया णिम्मला विसुद्धया।
जह लोयग्गे सिद्धा तह जीवा संसिदी णेया।। 48।।
केवलणाणसहावो केवलदंसणसहाव सुहमइओ।
केवलसत्तिसहावो सोहं इदि चिंतए णाणी।।96।। नियमसार

37. अयमात्मैवसिद्धात्मा स्वशक्त्यापेक्षयास्वयं।
व्यक्तिर्भवति सद्ध्यानवह्निनाऽत्यन्तसाधित।। ज्ञानार्णव-18/30

समस्त ज्ञानात्मक और क्रियात्मक शक्तियाँ इन्द्रिय और मन के अवलम्बन पूर्वक ही अभिव्यक्त हो पा रही हैं। उसकी सोचने, समझने और कार्य करने की क्षमता पर भोजन, जल, बाहरी वातावरण आदि जड. पदार्थों का प्रभाव पड. रहा है।[38] अजीव तत्त्व पर उसकी यह निर्भरता उसका स्वभाव न होकर वीर्यान्तराय कर्म के उदय से उत्पन्न उसका सौपाधिक भाव है। इस कर्म के उदय के कारण वह अपने अन्दर शक्तिहीनता का अनुभव कर रहा है। इसके कारण बाह्य परिस्थितियाँ उसकी ज्ञानादि शक्तियों की अभिव्यक्ति को प्रभावित कर रही हैं। वह अपनी संकल्प शक्ति का उपयोग करते हुए अपने आत्मबल को जागृत करके वीर्यान्तराय कर्म का क्षय कर सकता है तथा अपनी इस पराधीनता को समाप्त कर मुक्तावस्था को प्राप्त कर सकता है।

नवीन पुद्गल कर्म वर्गणाओं के आत्मा की ओर आकर्षण को आस्रव तथा इनके आत्मा से सम्बद्ध होने और इनमें भविष्य में विशेष प्रकार का फल देने की शक्ति उत्पन्न होने को बंध कहा जाता है। व्यक्ति मन, वचन या शरीर से जो भी कार्य करता है उससे उसके कर्मों का आस्रव होता है।[39] इन कार्यों को करते समय व्यक्ति में मिथ्यात्व, हिंसादि अव्रत, प्रमाद और क्रोधादि कषाय का सद्भाव कर्मों के बंध का कारण है।[40] आस्रव और बंध तत्त्व के वर्णन द्वारा व्यक्ति यह ज्ञान प्राप्त करता है कि उसकी दुखरूपता, शक्तिहीनता और पराधीनता का मूल कारण उसमें अनादि काल से विद्यमान शरीर के प्रति एकत्व की अनुभूति[41] तथा बाह्य पदार्थों में इष्ट अनिष्ट बुद्धि रूप मिथ्यात्व और उसके कारण उत्पन्न होने वाले राग, द्वेष, क्रोधादि विकारी भाव हैं। इन भावों के कारण ही उसके विभिन्न कर्म प्रकृतियों का आस्रव और बन्ध होता है। जैसे जब व्यक्ति को ''मैं शरीर हूँ'' रूप अनुभूति होती है तो उसके दर्शनमोहनीय कर्म[42] का आस्रव और बंध होता है। भविष्य में इस कर्म का उदय होने पर व्यक्ति को पुनः स्वयं के देहात्म स्वरूप होने की अनुभूति होती है। इसके फलस्वरूप उसके

38. तत्त्वार्थसूत्र 5/19-20 और उस पर तत्त्वार्थवार्तिक
39. कायवाङ्मनः कर्मयोगः।
स आस्रवः। तत्त्वार्थसूत्र 6/1 और 2
40. मिथ्यादर्शनाविरतिप्रमादकषाययोगा बन्धहेतवः।
सकषायत्वाज्जीवः कर्मणो योग्यान् पुद्गलानादत्ते स बन्धः। तत्त्वार्थसूत्र 8/1 और 2
41. ज्ञानार्णव - 32/80 पूर्वार्द्ध
42. मोहयतीति मोहनीयम्। तस्य का प्रकृतिः? मोहोत्पादनता। किंवत् मद्यधतूरमदनकोद्रववत्।
गोम्मटसार कर्मकाण्ड;पृष्ठ-10,11
मोहनीयं द्विविधं दर्शनमोहनीयं चारित्रमोहनीयं चेति। वही; पृष्ठ-13

पुनः दर्शन मोहनीय कर्म का नवीन बन्ध होता है। इस प्रकार बीजांकुर न्याय से व्यक्ति में मिथ्यादर्शन का सद्भाव होने पर दर्शनमोहनीय कर्म का बंध तथा इस कर्म का उदय होने पर उसमें पुनः मिथ्यादर्शन रूप पर्याय की उत्पत्ति का क्रम चलता है। इसी प्रकार व्यक्ति में मिथ्यात्व का सद्भाव होने तथा पूर्व बद्ध क्रोधादि चारित्रमोहनीय कर्मों का उदय होने पर वह क्रोधादि पर्यायों रूप से परिणमित होता है तथा अपने इस परिणमन के द्वारा वह क्रोधादि चारित्रमोहनीय कर्म का नवीन बन्ध करता है।[43] दर्शन मोहनीय कर्म व्यक्ति के कर्मवृक्ष की जड. है, चारित्रमोहनीय कर्म इसका तना तथा शेष कर्म प्रकृतियाँ इसकी शाखा प्रशाखाएँ हैं। जब व्यक्ति मिथ्यादर्शन से युक्त होता है तो वह अविरति, प्रमाद और कषाय रूप मिथ्याचारित्र स्वरूप होता हुआ अन्यों के प्रति सम्वेदनाशून्य होता है तथा असावधानी पूर्वक कार्य करता है। अपनी इस प्रवृति से वह अपनी ज्ञान, दर्शन और वीर्य शक्तियों को लुप्त करने वाली ज्ञानावरणीय, दर्शनावरणीय और वीर्यान्तराय कर्म प्रकृतियों का आस्रव और बंध करता है। उसकी इस प्रवृति से अन्य प्राणियों को होने वाला कष्ट उसके स्वयं के असातावेदनीय कर्म के बंध का कारण होता है।

नवीन कर्मों के आस्रव को रोकना संवर[44] और पूर्व बद्ध कर्मों का क्षय निर्जरा कहलाती है।[45] शब्द प्रमाण द्वारा व्यक्ति इन तत्त्वों के सम्बन्ध में यह ज्ञान प्राप्त करता है कि पूर्व बद्ध कर्मों का फलभोग और इस फल को भोगते समय नवीन कर्मों का बंध.....यह क्रम तभी तक जारी रहता है जब तक कि व्यक्ति अपने कर्मोदय जनित विकारी भावों से तन्मयता का अनुभव करता हुआ बाह्य जगत में प्रवृत होता है। लेकिन यदि वह अपने परमात्मस्वरूप की भावना द्वारा इन विकारी भावों से भेद विज्ञान स्वरूप होकर इनसे निवृत हो तथा अपने ज्ञानदर्शनमय स्वभाव के अनुरूप आचरण रूप सम्यग्चारित्ररूपता को अंगीकार करे तो उसके द्वारा मन, वचन और शरीर से किये जा रहे विभिन्न कार्य नवीन कर्मों के आस्रव और बंध का कारण न होकर उनकी संवर और निर्जरा का साधन होते हैं। संवर और निर्जरा की यह प्रक्रिया अपनी आत्मा के शुद्ध स्वरूप की अनुभूति से सम्पन्न व्यक्ति द्वारा सतत रूप से आत्मावलोकन और आत्मविश्लेषण पूर्वक सम्पादित की जाती है। एक मुमुक्षू निरन्तर अपनी आत्मा के अनन्तज्ञानादि

---

43. समयसार तात्पर्यवृत्ति; 69-70
44. आस्रवनिरोधः संवरः। तत्त्वार्थसूत्र 9/1
45. भगवती आराधना; श्लोक-1841

शक्तियों से सम्पन्न शुद्ध चैतन्य स्वरूप की अनुभूति और निश्चय से सम्पन्न होता है। वह प्रतिक्षण अपनी वर्तमानकालीन पर्याय पर दृष्टि रखता हुआ उसमें उत्पन्न हो रहे राग–द्वेष, क्रोधादि विकारी भावों को पहचानता है तथा इनसे भेदविज्ञान (ये राग–द्वेष, क्रोधादि दुर्गुण मेरा स्वभाव नहीं है। मैं इनसे विलक्षण वीतागता, क्षमा आदि सद्गुणों से युक्त, अनन्त-ज्ञानादि शक्तियों से सम्पन्न शुद्ध चैतन्य स्वरूप आत्मा हूँ।) स्वरूप होकर इन पर विजय प्राप्त करने हेतु संघर्ष करता है।[46] इसके लिये वह अपने रागद्वेषादि दुर्गुणों की आलोचना करता है, प्रतिक्रमण करता है, प्रत्याख्यान करता है, प्रायश्चित करता है। वर्तमान समय में अपने अन्दर प्रकट हो रहे विकारी भावों को जानकर उनसे निवृत्ति का संकल्प आलोचना, भूतकाल में किये गये क्रोधादि से भेदविज्ञान पूर्वक उनके परित्याग का संकल्प प्रतिक्रमण तथा भविष्य काल में क्रोधादि कषाय नहीं करने का संकल्प प्रत्याख्यान कहलाता है।[47] इस प्रक्रिया के पुनः पुनः घटित होने पर व्यक्ति के मिथ्यात्व, हिंसादि अव्रत, प्रमाद तथा क्रोधादिकषायमय विकारी भाव निरन्तर मन्द होते हुए क्रमशः सम्यक्त्व, अहिंसादि व्रत, समिति (पूर्ण सावधानी और सम्वेदनशीलता से युक्त होकर कार्य करना) तथा क्षमादि अकषाय भावों में रूपान्तरित होते जाते हैं। इन स्वभाव भावों में वृद्धि की उत्कृष्टता की मात्रा के अनुसार व्यक्ति के ज्ञानावरणीयादि घातिया कर्मों के संवर और निर्जरा की मात्रा में वृद्धि होती जाती है।[48] इस प्रक्रिया के सतत रूप से अवलम्बन पूर्वक व्यक्ति अपनी चेतना की निर्मलता के उस स्तर को प्राप्त करता है जिसका सद्भाव होने पर वह अपने अनन्तचतुष्टयमय शुद्धचैतन्य स्वरूप के ध्यान में निमग्न होकर उस ध्यानाग्नि द्वारा अपने समस्त कर्मों की निर्जरा कर सकता है और परमात्मपद प्राप्त कर सकता है।

## सम्यग्दर्शनज्ञानचारित्र, कर्मनिर्जरा और सर्वज्ञता

एक मुमुक्षू गुरूपदेश पूर्वक जीवादि तत्त्वों का ज्ञान प्राप्त करने के पश्चात जब बाह्य जगत में किसी भी कार्य को करते हुए तथा किसी भी पदार्थ को

---

46. समयसारतात्पर्यवृति; गाथा–69–70
47. समयसार; गाथा – 383–385
    विशेष विवरण के लिये देखें ''कुन्दकुन्दाचार्य के ग्रन्थों में सम्यग्चारित्र की अवधारणा'', जैन विद्या–अप्रेल–1990
48. तत्र मिथ्यादृशो बंधः सम्यग्दृष्ट्या निवर्त्यते। कुचारित्राद्विरत्यैव प्रमादादप्रमादतः। कषायादकषायेण योगाच्चायोगतःक्रमात्। तेनायोगगुणान्मुक्तेः पूर्वं सिद्धाः जिनस्थितिः। तत्त्वार्थश्लोकवार्तिक – 1/1/113-4

भोगते हुए विद्यमान होता है तो आन्तरिक रूप से वह अपने तत्त्वज्ञान को निरन्तर अधिक उत्कृष्ट दर्शन तथा चारित्र से सम्पन्न बनाने हेतु प्रयत्नशील होता है। जीवादि तत्त्वों के ज्ञान पूर्वक वह अपने अन्दर सदा से विद्यमान अनन्त ज्ञानादि शक्तियों को जानता है। साथ ही वह अपनी इन शक्तियों की शरीर और पुद्गल कर्मों से सम्बद्ध होकर हो रही वर्तमानकालीन आंशिक अभिव्यक्ति के स्तर को भी जानता है। इसलिये आत्मविकास की यात्रा के प्रारम्भिक चरण में वह गृहस्थ होता है। इस अवस्था में वह अज्ञानी व्यक्ति के समान ही कमाता भी है, खाता भी है, मनोरंजन के साधनों का भी उपयोग करता है। इस प्रकार अज्ञानी और तत्त्वज्ञानी मुमुक्षू बाह्य जगत में समान रूप से अर्थ और काम पुरुषार्थ करते हुए दृष्टिगोचर हो सकते हैं; लेकिन आन्तरिक रूप से उनकी दृष्टि में दिनरात का अन्तर होता है। एक अज्ञानी व्यक्ति बहिरात्मा होता है। उसकी दृष्टि बाह्य जगत में विषय बन रहे पदार्थ पर ही केन्द्रित होती है तथा वह अपनी चेतना के विषयीपरक पक्ष के प्रति पूर्णरूपेण उदासीन होता है।[49] इसके विपरीत तत्त्वज्ञानी व्यक्ति अपनी अनादिकालीन बहिरात्म दृष्टि का परित्याग कर अन्तरात्मा बनने के लिये सजग रहता है। वह विषय बन रहे पदार्थ के साथ ही साथ पदार्थों को विषय बना रही अपनी चेतना का भी ज्ञाता दृष्टा होता है।[50] जीवन में किसी भी कार्य को करते समय उसकी दृष्टि अपने कार्य को कुशलता पूर्वक सम्पादित करने के साथ ही साथ अपने आत्मविकास के लक्ष्य पर भी केन्द्रित होती है। इसके लिये वह सतत आत्मावलोकन से युक्त होता है तथा किसी भी कार्य को करते समय अपने अन्दर उत्पन्न हो रही ज्ञानदर्शनसुखवीर्य गुणों की मिथ्यात्व, हिंसादि अव्रत, प्रमाद और क्रोधादि कषाय रूप विकारी पर्यायों से संघर्ष करता हुआ उन्हें क्रमशः सम्यक्त्व, अहिंसादि व्रत, समिति और क्षमादि अकषाय भाव रूप स्वाभाविक पर्यायों में रूपान्तरित करने हेतु उद्यम करता है। अपने ज्ञानदर्शनमय स्वभाव के अनुरूप

---

49. बहिरात्मेन्द्रियद्वारैरात्मज्ञानपराङ्मुखः।
स्फुरितः स्वात्मनोदेहमात्मत्वेनाध्यवस्यति।। समाधितंत्र–7

50. स्वशुद्धात्मसंवित्तिसमुत्पन्नवास्तवसुखात्प्रतिपक्षभूतेनेन्द्रियसुखेनासक्तो बहिरात्मा, तद्विलक्षणोऽन्तरात्मा। अथवा देहरहितनिजशुद्धात्मद्रव्यभावनालक्षणभेदज्ञानरहितत्वेन देहादिपरद्रव्येष्वेकत्वभावनापरिणतो बहिरात्मा, तस्मात्प्रतिपक्षभूतोऽन्तरात्मा। अथवा हेयोपादेय विचारकचित्तनिर्दोषपरमात्मनो भिन्ना रागादयो दोषाः शुद्धचैतन्यलक्षण आत्मन्युक्तलक्षणेषु चित्तदोषात्मसु त्रिषु वीतरागसर्वज्ञप्रणीतेषु अन्येषु वा पदार्थेषु यस्य परस्परसापेक्षनयविभागेनश्रद्धानं ज्ञानं च नास्ति स बहिरात्मा, तस्माद्विलक्षणोऽन्तरात्मेति रूपेण बहिरात्मान्तरात्मनोर्लक्षणं ज्ञातव्यम्। वृहद्द्रव्यसंग्रह ब्रह्मदेवसूरिवृति 1/14
असंयतसम्यग्दृष्टिर्जधन्यांतरात्मा। नियमसार टीका; पृष्ठ –301

आचरण को सम्यग्चारित्र कहा जाता है।[51] कुन्दकुन्दाचार्य कहते हैं कि यह सम्यग्चारित्र आत्मा की मोह (मिथ्यात्व) और क्षोभ (कषाय) से रहित साम्यभाव रूप अवस्था है। यह सम्यग्चारित्र ही वास्तव में धर्म है[52] तथा सम्यग्दर्शन इस सम्यग्चारित्र रूपी धर्म का आधार, मूल या जड़ है।[53] व्यक्ति में इस मोह और क्षोभ से रहित साम्यावस्था रूप सम्यगचारित्र का जितना अधिक विकास होता जाता है; उसकी ज्ञानादि शक्तियों के आवरण कर्मों की उतनी ही अधिक संवर और निर्जरा होती जाती है। इसके परिणामस्वरूप उसकी चेतना निर्मल होती जाती है और उसकी ज्ञानादि शक्तियाँ प्रखर होती जाती हैं।[54]

## मिथ्यात्व का सम्यक्त्व में रूपान्तरण और कर्म निर्जरा

व्यक्ति का आचरण अपने अनन्तज्ञानादि शक्तियों से सम्पन्न परमात्म स्वरूप की गहन अनुभूति तथा इस स्वरूप को प्राप्त करने की तीव्र आकाँक्षा पूर्वक ही सम्यक् हो सकता है। इसलिये एक अन्तरात्मा अपने अनादि कालीन मिथ्यात्व को समाप्त कर सम्यक्त्व से सम्पन्न बनने के लिये प्रयत्नशील रहता है। इसके लिये वह प्रतिदिन कुछ समय के लिये समस्त बाह्य क्रियाओं से निवृत्त होकर सामायिक करता है। इस समय वह यह भावना करता है कि मैं सिद्धों के समान जन्मजरामरण से रहित, अष्ट गुणों से अलंकृत, अशरीरी, अविनाशी, निर्मल, शुद्ध आत्मा हूँ।[55] जो केवलज्ञानस्वभावी, केवलदर्शनस्वभावी, सुखस्वभावी और केवलवीर्यस्वभावी आत्मा है वह मैं हूँ।[56] मैं न तो गुणस्थान हूँ, न मार्गणास्थान हूँ, न मैं क्रोध, मान, माया, लोभ, राग, द्वेष या मोह हूँ।[57] रागद्वेषादि, गुणस्थान, मार्गणास्थान आदि पूर्वोक्त समस्त भाव कर्मोपाधि जनित विकारी भाव होने के कारण परद्रव्य हैं, त्याज्य हैं। इसलिये मैं इन विकारी भावों का परित्याग करके

---

51. स्वरूपे चरणं चारित्रम् स्वसमयप्रवृत्तिरित्यर्थः। प्रवचनसार तत्त्वप्रदीपिका; गाथा–7
जीवस्वभावनियतं चारित्रं मोक्षमार्गः। जीवस्वभावो हि ज्ञानदर्शने अनन्यमयत्वात्।
पंचास्तिकाय समयव्याख्या टीका; गाथा–154
52. चारित्तं खलु धम्मो धम्मो जो सो समो त्ति णिद्दिट्ठो।
मोहक्खोहविहीणो परिणामो अप्पणो हु समो।। प्रवचनसार; गाथा–7
53. दंसणमूलो धम्मो ... दर्शनपाहुड; गाथा–2 पूर्वार्द्ध
54. तत्त्वार्थसूत्र –9/45
55. नियमसार; गाथा–47, 48
56. वही, गाथा–96
57. वही, गाथा–78, 80 और 81

अपनी निर्मल आत्मा में स्थित होता हूँ।[58] सामायिक काल में इस भावना द्वारा तत्त्वज्ञानी अपने में शक्तिरूप से सदैव विद्यमान परमात्मस्वरूप की अनुभूति को गहन बनाने तथा इस स्वरूप को व्यक्त करने हेतु उद्यम करने के लिये दृढ़संकल्प शक्ति का विकास करता है। इस अनुभूति और संकल्प से युक्त होकर जब वह बाह्य जगत में विभिन्न कार्य करने हेतु प्रवृत्त होता है तो उसकी प्रत्येक क्रिया का आन्तरिक लक्ष्य अपने ज्ञान, दर्शन, सुख, वीर्य गुणों की निरन्तर अधिक उत्कृष्ट पर्यायों को प्राप्त करना होता है। जब व्यक्ति स्वयं की इच्छाओं और आवश्यकताओं की पूर्ति तथा पारिवारिक, सामाजिक दायित्वों के निर्वाह के लिये प्रवृत्त होता हैं तो उसे अनेक बार बहुत विषम परिस्थितियों का सामना करना पडता है। उस समय उसे अपने अन्दर समझ की कमी, शक्तिहीनता तथा गहन हताशा का अनुभव होता है। अन्तरात्मा व्यक्ति अपनी इन कमजोरियों पर विजय प्राप्त करने के लिये निरन्तर यह भावना करता है कि मैं ज्ञानदर्शनसुखवीर्यमय आत्मा हूँ। मुझमें जानने, देखने और कार्य करने की असीम सामर्थ्य विद्यमान है तथा यह थकना, टूटना और निराश होना मेरा स्वभाव नहीं है। इस भेद विज्ञान द्वारा तत्त्वज्ञानी अपने अन्दर आत्मविश्वास का संचार करता है तथा अपनी समस्त ज्ञानात्मक और क्रियात्मक क्षमता का पूर्ण उपयोग करते हुए परिस्थितियों पर नियन्त्रण स्थापित करने हेतु उद्यमशील होता है। व्यक्ति के इस भेदविज्ञान से युक्त पुरुषार्थ से उसके ज्ञानादि गुणों को आवृत्त करने वाले कर्मों की निर्जरा होती है, उसकी ये शक्तियाँ जागृत होती हैं तथा वह निरन्तर अधिक बुद्धिमान, सम्वेदनशील, उत्साही और उल्लास से परिपूर्ण होता जाता है। जो तत्त्वज्ञानी निरन्तर अपने सम्यक्त्व, ज्ञान, दर्शन, बल, वीर्य आदि समस्त गुणों का विकास करते हुए विद्यमान होते हैं वे बहुत शीघ्र समस्त कर्ममल को नष्ट करके श्रेष्ठतम ज्ञान-केवलज्ञान को प्राप्त करते हैं।[59]

## मैत्री आदि भावनाओं का विकास तथा राग द्वेष की निवृत्ति और वीतरागता की वृद्धि की प्रक्रिया

व्यक्ति की ज्ञानादि शक्तियों का आन्तरिक अवरोधक उसका अपनी इन शक्तियों के प्रति अनभिज्ञता और अविश्वास रूप अनादि कालीन मिथ्यात्व ही नहीं है,

---

58. भावपाहुड; गाथा –57
59. सम्मत्त–णाण–दंसण–बल–वीरिय–बडढमाण जे सव्वे।
कलि–कलुसपावरहिया वरणाणी होंति अइरेण। दर्शनपाहुड; गाथा – 6

बल्कि उसकी इन शक्तियों के अन्य प्रबल अवरोधक उसके राग द्वेष रूप विकारी भाव भी हैं। व्यक्ति का जिस वस्तु या व्यक्ति के प्रति राग अथवा द्वेष होता है, वह अपनी चेतना को उस पर केन्द्रित कर देता है तथा उसमें अन्य वस्तुओं को जानने, अन्य व्यक्तियों के सुख दुख को समझने तथा उनके सुख में वृद्धि और कष्टों की समाप्ति हेतु कार्य करने के प्रति उदासीनता का भाव उत्पन्न हो जाता है। व्यक्ति का राग द्वेष जितना प्रबल होता है, उसकी यह उदासीनता भी उतनी ही सघन हो जाती है। व्यक्ति की ज्ञान, दर्शन, वीर्य शक्तियों के इन आन्तरिक प्रतिबन्धकों के सद्भाव की मात्रा के अनुसार उसकी इन शक्तियों को आवृत्त करने वाले पुद्गल कर्मों का आस्रव और बंध होता है। व्यक्ति इन कर्मों का संवर और निर्जरा करते हुए अपने सर्वज्ञत्व, सर्वदर्शित्व आदि से सम्पन्न परमात्मरूपता की ओर तभी अग्रसर हो सकता है जबकि वह अपनी अनादिकालीन राग द्वेष की प्रवृत्ति का परित्याग कर वीतरागी बने। वीतरागता भावनाशून्यता न होकर चेतना के भावनात्मक पक्ष का परिष्कार है। उदाहरण के लिये एक रागी पिता और एक वीतरागता का साधक पिता दोनों ही अपने पुत्र को भरपूर प्यार करते हैं, दोनों की ही अपने पुत्र के सुखी जीवन के लिये अनेक सपने, महत्वाकाँक्षाएं, योजनाएं होती हैं जिन्हें पूरा करने के लिये वे निरन्तर प्रयत्नरत रहते हैं। इस समानता के होने पर भी एक रागी पिता का प्यार बंधन है, चिपकाव है, अज्ञानमय भाव है। ऐसा पिता पुत्र को अपनी सम्पत्ति समझता है तथा वह अपनी इच्छाओं और महत्त्वाकाँक्षाओं से ऊपर उठकर पुत्र की भावनाओं को समझने और उसे अपने जीवन से सम्बन्धित निर्णय लेने की स्वतन्त्रता देने में असमर्थ होता है। इसके विपरीत एक वीतरागता के साधक पिता का प्यार ज्ञानमय भाव है तथा वह बंधन और चिपकाव स्वरूप न होकर स्वतन्त्रता से युक्त होता है। ऐसा पिता अपने पुत्र के प्रति सम्वेदनशील तथा उसकी इच्छाओं और भावनाओं का ज्ञाता दृष्टा होता है। यदि पुत्र के कार्य उसके विकास में अवरोधक होते हैं तो पिता कठोर निर्णय लेकर पुत्र को सही राह चुनने के लिये बाध्य भी करता है; लेकिन वह पुत्र को अपनी सम्पत्ति कभी नहीं समझता तथा उसके स्वतन्त्र अस्तित्व के प्रति सदैव जागृत रहता है।

अपनी ज्ञानादि शक्तियों के पूर्ण विकास के लिये संकल्पवान तत्त्वदृष्टा आत्मावलोकन पूर्वक अपने अन्दर निरन्तर उत्पन्न हो रहे रागद्वेषमय भावों को पहचानता है तथा इन भावों को समाप्त कर वीतरागी बनने के लिये प्रयत्नरत

रहता है। ऐसा करते हुए वह अपने परिवारजनों और इष्ट मित्रों के प्रति ही प्रेम से सम्पन्न निर्लिप्तता और ज्ञातादृष्टा भाव का विकास नहीं करता बल्कि वह अपने इन भावों को प्राणी मात्र तक विस्तारित करने हेतु प्रयत्नरत रहता है। इसके लिये वह प्राणी मात्र के प्रति मैत्री भाव, दुखी प्राणियों के प्रति करुणा भाव, गुणीजनों के प्रति प्रमोदभाव तथा दुष्ट व्यक्तियों के प्रति उपेक्षा भाव का विकास करने हेतु संकल्प और पुरुषार्थ करता है।[60] इन मैत्री आदि भावों का विकास व्यक्ति में तभी सम्भव है जबकि वह निरन्तर अधिक प्रेममय, निरन्तर अधिक स्नेह से सम्पन्न बने।[61] व्यक्ति में जिसके प्रति मैत्रीभाव होता है वह उससे प्रेम करता है, उसके सुख में वृद्धि और उसके कष्टों की समाप्ति चाहता है।[62] इस मैत्रीभाव के कारण ही किसी प्राणी को कष्ट भोगते हुए देखने पर व्यक्ति में उसके प्रति करुणा उत्पन्न होती है तथा वह उसके कष्टों की समाप्ति हेतु प्रयत्न करता है। किसी व्यक्ति के गुणों को देखकर उसे प्रसन्नता होती है तथा वह उन गुणों को अपने में विकसित करना चाहता है। दुष्ट व्यक्तियों को देखकर वह माध्यस्थ भाव धारण करता है[63] तथा उचित समय आने पर वह उसे सन्मार्ग पर आने हेतु प्रेरित करता है। इन मैत्री आदि भावनाओं की साधना परिवार से प्रारम्भ होती है तथा यह क्रमशः समाज, राष्ट्र और विश्व के सभी मानवों और अन्त में प्राणी मात्र तक विकसित होते हुए पूर्णता को प्राप्त होती है। जो व्यक्ति इन भावनाओं के इस उत्कर्ष को प्राप्त करता है, उसके लिये सम्पूर्ण वसुधा ही कुटुम्ब और वसुधा का प्रत्येक प्राणी कुटुम्बी बन जाता है। जब व्यक्ति अपनी चेतना को इतनी विस्तृततम बना लेता है तभी वह अपनी आत्मा के शुद्ध स्वरूप के ध्यान में लीन हो कर अपने समस्त द्रव्यभाव कर्मों को जड. से उखाड. सकता

---

60. सत्वेषु मैत्री गुणिषु प्रमोदं क्लिष्टेषु जीवेषु कृपापरत्वम्।
माध्यस्थभावं विपरीत वृत्तौ सदाममात्मा विदधातु देवः।
अमितगति कृत सामायिक पाठ; श्लोक–1

61. मेद्यति स्निह्यतीति मित्रम्, तस्य भावः समस्तसत्वविषयः स्नेह–परिणामो मैत्री।
जैनलक्षणावली; पृष्ठ – 935

62. परहितचिन्ता मैत्रीः। वही

63. मैत्री सत्त्वेषु कर्त्तव्या यथा तद्वद्गुणाधिके।
क्लिश्यमानेऽविनेये च सत्त्वरूपाविशेषतः।।
कारूण्यं च समस्तेषु संसारक्लेशभागिषु।
माध्यस्थं वीतरागाणां न कश्चिद्विनिधीयते।। तत्त्वार्थश्लोकवार्तिक; पृष्ठ–460–61

है और परमात्म पद प्राप्त कर सकता है।[64]

मैत्री आदि भावों का विकास व्यक्ति के भावनात्मक पक्ष का परिष्कार होने के साथ ही साथ उसके संज्ञानात्मक और क्रियात्मक पक्ष का परिष्कार भी है।चेतना का यह परिष्कार व्यक्ति के स्वाभाविक आनन्द की अभिव्यक्ति का स्रोत है। इन भावनाओं का साधक बाहरी जगत के किसी पदार्थ को जानते समय अथवा मन, वचन या शरीर से किसी कार्य को करते समय पूर्णतया जागरूक, सम्वेदनशील और स्वपर कल्याण की भावना से युक्त होता है। वह किसी भी घटना या पदार्थ को जानते समय मात्र उसकी तथ्यपरक जानकारी एकत्रित नहीं करता बल्कि उसे विषय बनाते समय अपनी सामर्थ्य के अनुसार वह यह जानने हेतु भी प्रयत्न करता है कि वस्तु की इन विशेषताओं के उस पर स्वयं पर, अन्य मानवों, पशु-पक्षियों और सूक्ष्म प्राणी जगत पर क्या क्या तात्कालिक और दूरगामी इष्ट अनिष्ट प्रभाव पड़ेंगे और इन इष्ट प्रभावों की वृद्धि और अनिष्ट प्रभावों की समाप्ति को किस प्रकार सम्भव बनाया जा सकता है। एक तत्त्वदृष्टा इस जानकारी को अर्जित करने मात्र से सन्तुष्ट नहीं होता बल्कि वह अपने इस ज्ञान के अनुसार कार्य करने की सामर्थ्य का विकास करने तथा विभिन्न परिस्थितियों में कष्ट भोग रहे प्राणियों को देखकर अपनी सामर्थ्य के अनुसार उन्हें कष्ट से मुक्ति दिलाने हेतु भी प्रयत्न करता है। इस प्रकार एक आत्मज्ञानी व्यक्ति जब बाहरी जगत में विभिन्न कार्यों को करते हुए आन्तरिक रूप से मैत्री आदि भावनाओं का विकास करता हुआ विद्यमान होता है तो अपने इस पुरुषार्थ द्वारा वह अपने विषय ज्ञान को निरन्तर अधिक उत्कृष्ट दर्शन, वीर्य और आनन्द से सम्पन्न बनाता हुआ आध्यात्मिक शक्तियों के विकास की यात्रा में गतिमान रहता है।

## हिंसादि अव्रतों की अहिंसादि व्रतों में रूपान्तरण की प्रक्रिया और कर्म निर्जरा

एक सम्यग्दृष्टि व्यक्ति प्रतिदिन सामायिक करते समय मैत्री आदि भावनाओं का मनन करके इन्हें गहन बनाता है तथा इन भावनाओं के अनुरूप कार्य करने का संकल्प करता है। जब वह बाह्य जगत में कार्य करने हेतु प्रवृत्त होता है

---

64. चतस्रो भावना धन्याः पुराणपुरुषाश्रिताः।
मैत्र्यादयश्चिरं चित्ते ध्येया धर्मस्यसिद्धये।। 4।।
एता मुनिजनानन्दसुधास्यन्दैकचन्द्रिकाः।
ध्वस्तरागाद्युरूक्लेशा लोकाग्रपथदीपिकाः।। 15।।
योगनिद्रा स्थितिं धत्ते मोहनिद्रापसर्पति।
आसु सम्यक्प्रणीतासु स्यान्मुनेस्तत्त्वनिश्चयः।। 18।। ज्ञानार्णव; अध्याय-27

तो अपने इस संकल्प को क्रियारूपता प्रदान करने हेतु प्रयत्न करता है। अपने इस प्रत्यत्न द्वारा तत्त्वदृष्व व्यक्ति अपने हिंसा, झूठ, चोरी आदि अव्रतों, क्रोधादि कषायों आदि को समाप्त करता हुआ अहिंसा, सत्य अचौर्य आदि व्रतों, क्षमादि अकषाय भावों का विकास करता है। जैसे तत्त्वज्ञानी जब अर्थोपार्जन हेतु समाज में डॉक्टर, शिक्षक, व्यापारी, प्रशासनिक अधिकारी आदि किसी पद को स्वीकार करता है तो वह समाज के सदस्यों की चिकित्सा, शिक्षा, दैनिक आवश्यकता के सामान को उपलब्ध कराना, कानून और व्यवस्था बनाये रखना जैसे किसी सामाजिक दायित्व को स्वीकार करता है। वह अपने दायित्व का निर्वाह अपने कार्य क्षेत्र में निरन्तर दक्षता और कार्यकुशलता का विकास करते हुए करता है। साथ ही वह सतत आत्मावलोकन पूर्वक समय समय पर अपने अन्दर प्रकट हो रहे स्वार्थपरता, धन के प्रति आसक्ति, कर्त्तव्यपालन के प्रति उदासीनता आदि दुर्गुणों का साक्षात्कार करता है तथा अपने अन्दर मैत्री आदि भावनाओं का विकास करते हुए इन दुर्गुणों पर विजय प्राप्त करने और पूरी दक्षता, निष्ठा और ईमानदारी से अपने कर्त्तव्य का निर्वाह करने हेतु प्रयत्नरत रहता है। वह निरन्तर यह भावना करता है कि समाज के सभी सदस्यों के सुख में वृद्धि और कष्टों की समाप्ति हो।[65] इस भावना से युक्त अन्तरात्मा पूरी निष्ठा से अपने दायित्व का निर्वाह करता हुआ स्वपर का कल्याण करता है। जैसे जब एक मैत्री भाव का साधक कुशल डॉक्टर अपने मरीज के कष्ट के प्रति पूर्णतः सम्वेदनशील होता है और उसे कष्ट से मुक्ति दिलाने की भावना से युक्त होकर उसका इलाज करता है तो वह मरीज को स्वास्थ्य लाभ कराने के साथ ही साथ उसे अभयदान भी देता है। डॉक्टर द्वारा अपने रोगी को दिया गया यह अभयदान ही सबसे बडा तप, सबसे बड़ा दान है।[66] ऐसे गृहस्थ को दृष्टि में रखते हुए जिनसेन स्वामी कहते हैं, ''मुनि और श्रावक दोनों ही परोपकार की दृष्टि से युक्त होते हैं। जैसे मुनिराज हितोपदेश पूर्वक प्रजा के प्रति उपकारी होते हैं, वैसे ही राजा दुष्टों का निग्रह तथा शिष्ट पुरुषों का अनुग्रह करते हुए प्रजा का उपकारी होता है।''[67]

अपने कर्त्तव्य पालन के प्रति उदासीन रहकर धन ग्रहण करना हिंसा है,

---

65. जीवन्तु जन्तवः सर्वे क्लेशव्यसनवर्जिताः।
प्राप्नुवन्तु सुखं त्यक्त्वा वैरं पापं पराभवम्।। ज्ञानार्णव 27/7
66. किं न तप्तं तपस्तेन किं न दत्तं महात्मना।
वितीर्णमभयं येन प्रीतिमालम्ब्य देहिनाम्।। ज्ञानार्णव; अध्याय-8, श्लोक-54
67. आदिपुराण; पृष्ठ-231

झूँठ है, चोरी है। व्यक्ति को जिस दायित्व के निर्वाह हेतु धन दिया जाना है, यदि वह उस दायित्व का निर्वाह किये बिना अन्य व्यक्ति से धन लेता है तो वह धन प्रदान करने वाले व्यक्ति से झूँठ बोलता है। उसे बिना कार्य किये धन नहीं दिया जाना था लेकिन उसने ले लिया; इसलिये यह चोरी भी है। यह हिंसा भी है क्योंकि एक व्यक्ति द्वारा अपने सामाजिक दायित्व का निर्वाह नहीं किये जाने से अन्य व्यक्तियों का जीवन कष्टमय हो जाता है। एक ज्ञानदर्शनमय आत्मा का आराधक और मैत्रीभाव का साधक निरन्तर इस ज्ञानदर्शन से युक्त होता है कि यदि उसके द्वारा समाज के प्रति अपने कर्त्तव्य पालन में जरा सी भी चूक हुई तो समाज के सदस्यों को इसके क्या क्या तात्कालिक और दूरगामी दुष्परिणाम भोगने पड़ेगें। इन दुष्परिणामों से बचाव हेतु वह पूर्ण सावधानी और सम्वेदनशीलता से युक्त होकर अपने सामाजिक दायित्व का निर्वाह करता है। इस विधि से किये गये अर्थोपार्जन हेतु पुरुषार्थ से व्यक्ति अपने अन्दर अहिंसा, सत्यादि अणुव्रतों का विकास करता हुआ निरन्तर अपने ज्ञानावरणीयादि कर्मों की संवर और निर्जरा करता है।

एक सम्यग्दृष्टि व्यक्ति अर्थोपार्जन करते हुए ही नहीं, विभिन्न पदार्थों को भोगते हुए भी अपने अन्दर अहिंसादि व्रतों का विकास करता हुआ विद्यमान होता है। जैसा कि हम पहले देख चुके हैं कि व्यक्ति के मन, वचन या शरीर से असावधानी पूर्वक किये गये कार्यों से होने वाला प्राणों का घात हिंसा कहलाता है। इन कार्यों से किसी अन्य व्यक्ति के प्राणों का घात हो अथवा नहीं हो, स्वयं की ज्ञानदर्शन शक्ति के प्रति उपेक्षा भाव होने के कारण इनके द्वारा स्वयं के इन गुणों रूप भाव प्राणों का घात तो होता ही है; इसलिये ये कार्य हिंसा कहलाते हैं। एक सम्यग्दृष्टि व्यक्ति अर्थोपार्जन के साथ ही साथ विभिन्न पदार्थों को भोगते हुए भी अपने अन्दर अनादि काल से विद्यमान हिंसा की प्रवृत्ति को अहिंसा में रूपान्तरित करने हेतु पुरुषार्थरत रहता है। अपने ज्ञानदर्शनमय स्वभाव की अनुभूति से युक्त तथा तदनुरूप आचरण करने के प्रति संकल्पवान तत्त्वदृष्टा किसी पदार्थ को भोगते समय मात्र अपनी इस क्रिया पर ही दृष्टि नहीं रखता बल्कि वह अपने कार्यों के अन्य प्राणियों पर पड़ने वाले प्रभावों को जानने तथा उन्हें कष्ट दिये बिना कार्य करने के प्रति भी सजग रहता है। उदाहरण के लिये आत्मविकास के प्रारम्भिक चरण में अवस्थित तत्त्वदृष्टा जब अपने सुन्दर वस्त्रों को भोगने की आकाँक्षा को तृप्त करने हेतु उद्यम करता है तो उसकी दृष्टि मात्र इन वस्त्रों को प्राप्त करने और भोगने पर ही केन्द्रित नहीं होती बल्कि वह यह

जानने का भी प्रयास करता है कि ये वस्त्र बनते कैसे हैं? जब उसे यह ज्ञात होता है कि इन वस्त्रों को रंगने के लिये जिन रसायनों का प्रयोग किया जा रहा है; उन रसायनों से मिश्रित जल भूगर्भ में स्थित जल में मिलकर उसे प्रदूषित कर रहा है। इस प्रदूषित जल के सेवन से मनुष्यों तथा पशुपक्षियों में अनेक प्रकार के असाध्य रोग हो रहे हैं जिनके कारण उन्हें असह्य वेदना भोगनी पड़ रही है। इस तथ्य के ज्ञात होने पर धर्मात्मा व्यक्ति अपने सुन्दर वस्त्रों के प्रति आसक्ति रूप विकारी भाव की आलोचना करता है, प्रतिक्रमण करता है, प्रत्याख्यान करता है तथा बार-बार के ऐसे प्रयासों से अपनी भोगासक्ति पर विजय प्राप्त करते हुए पहले अहिंसादि अणुव्रतों और फिर महाव्रतों की ओर अग्रसर होता है। इस प्रकार सम्यग्दृष्टि व्यक्ति का ज्ञान पूर्वक अर्थोपार्जन और पदार्थों का भोग रागादि के उत्पादक चारित्रमोहनीय कर्म और उनके कारण बंधने वाले ज्ञानावरणीयादि कर्मों के आस्रव और बंध का कारण न होकर उनकी संवर और निर्जरा का साधन है।[68]

एक अन्तरात्मा अर्थ और काम पुरुषार्थ ही नहीं, जीवन की प्रत्येक छोटी बडी क्रिया का सम्पादन अपने ज्ञानदर्शनमय स्वरूप की अनुभूति से युक्त होकर तदनुरूप क्रिया करते हुए करता है; वह जब चलता है तो मार्ग में अवस्थित चींटी आदि सूक्ष्म प्राणियों की रक्षा के भाव से युक्त होकर देखते हुए और उन्हें बचाते हुए चलता है, बोलता है तो हित मित प्रिय वचन बोलता है.....। यदि कभी वह मन, वचन या शरीर से असावधानी पूर्वक कोई कार्य करता है तो वह अपने इस कार्य की आलोचना करता हुआ यह विचार करता है कि मैं एक ज्ञानदर्शनमय आत्मा हूँ। इस प्रकार असावधानी से युक्त होकर कार्य करना मेरा स्वभाव नहीं है। वह अपनी इस हिंसात्मक क्रिया के लिये प्रायश्चित करता है तथा भविष्य में ऐसा नहीं करने हेतु संकल्प करता है। इस प्रकार प्रमाद से निवृत्ति और समिति पूर्वक प्रवृति हेतु निरन्तर किये गये पुरुषार्थ से व्यक्ति के ज्ञानावरणीयादि कर्मों का आस्रव और बंध अवरुद्ध होता जाता है, संवर और निर्जरा में वृद्धि होती जाती है तथा उसकी ज्ञानदर्शनशक्ति निरन्तर प्रखर होती जाती है। इसके फलस्वरूप उसमें अन्य मानवों, पशु पक्षियों, यहाँ तक कि वृक्ष जैसे एकेन्द्रिय प्राणियों के सुख दुख को समझने की क्षमता भी विकसित हो जाती है। जब व्यक्ति अपने में पृथ्वीकायिक, जलकायिक, अग्निकायिक जैसे सूक्ष्म

68. उपभोगमिंदियेहिं दव्वाणमचेदणाणमिदराणं।
जं कुणदि सम्मद्दिट्ठी तं सव्वं णिज्जरणिमित्तं।। समयसार; गाथा-193

जीवों तक के सुख दुख को महसूस करने तथा उनकी रक्षा करते हुए कार्य करने की प्रवृत्ति का विकास कर लेता है तो वह अहिंसा महाव्रती मुनि होता है। ऐसा व्यक्ति इतना मैत्री भाव से परिपूर्ण, इतना प्रेममय होता है कि वह अपने आसपास के सम्पूर्ण वातावरण को प्रेममय बना देता है। ऐसे तपस्वी के सद्भाव में शेर जैसा हिंसक प्राणी हिंसा के भाव से तथा गाय जैसा निरीह प्राणी भय के भाव से रहित हो जाता है तथा दोनों एक घाट पानी पीने लगते हैं।[69] अहिंसक होने के लिये व्यक्ति का मैत्रीभाव से परिपूर्ण होने के साथ ही करूणावान होना भी आवश्यक है। इस करूणा भाव का विकास करते हुए व्यक्ति अन्य जीवों के कष्ट निवारण तथा उनके विकास में सहायक होता है। जिस महामुनि में करूणा भाव अपनी पराकाष्ठा को प्राप्त कर लेता है उसमें मूत्रोषधि, कफोषधि, आमर्षोषधि (स्पर्श मात्र से समस्त रोगों का निवारण हो जाना) जैसी ऋद्धि सिद्धियाँ प्रकट हो जाती हैं।[70] गुणी जनों के प्रति प्रमोद भाव से युक्त होकर वह उनका अनुकरण करते हुए स्वयं में आत्मनियन्त्रण, क्षमा, विनम्रता, सहृदयता आदि गुणों के विकास का उद्यम करता है तथा दुष्टजनों के प्रति माध्यस्थ भाव से युक्त होकर वह अनावश्यक झगडों से बचता है। अकलंकदेव के शब्दों में व्यक्ति का अहिंसा व्रत इन भावनाओं की प्रकर्षता पूर्वक ही पूर्णता को प्राप्त करता है।[71]

व्यक्ति में अहिंसा और अप्रमाद भाव के विकास हेतु उसके सम्वेदनात्मक पक्ष का परिष्कार उसके संज्ञानात्मक पक्ष के उत्कर्ष पूर्वक ही सम्भव है। व्यक्ति अहिंसक तभी हो सकता है जबकि वह यह जानता हो कि जगत के विभिन्न पदार्थों का क्या स्वरूप है, उनमें विभिन्न परिस्थितियों में क्या परिवर्तन होते हैं तथा ये परिवर्तन विभिन्न प्राणियों की अनुभूतियों को किस प्रकार प्रभावित करते हैं। इस जानकारी के सद्भाव के अनुसार ही व्यक्ति अपने कार्यों के अन्य जीवों पर पडऩे वाले प्रभावों को समझ सकता है तथा उन्हें कष्ट दिये बिना कार्य करने

---

69. अहिंसाप्रतिष्ठायां तत्सन्निधौ वैरत्यागः। योगसूत्र 2/35

70. धवला, पुस्तक - 9; पृष्ठ - 96-97

71. तद्यथा, ''क्षमयामि सर्वजीवान् क्षाम्यामि सर्वजीवेम्यः, प्रीतिर्मे सर्वसत्त्वैः वैरं मे न केनचित्'' इति मैत्री सर्वसत्त्वेषु भावयितव्या। सम्यग्दर्शनज्ञानचारित्राधिकेषु वन्दनास्तुतिवैयावृत्यकरणादिभिः प्रमोदो भावनीयः। मोहाभिभूतेषु मतिश्रुताज्ञानविभंगपरिगतेषु विषयतर्षाग्निनादह्यमानमानसेषु हिताहितविपरीतप्रवृत्तिषु विविधदुखाभिभूतेषु दीनकृपणाऽनाथबालवृद्धेषु क्लिश्यमानेषु कारुण्यं भाव्यम्। अविनेयेषु ग्रहणधारणविज्ञानोहापोहवियुक्तेषु महामोहाभिभूतेषु दुष्टव्युद्ग्राहितेषु च माध्यस्थं भावनीयम्। न हि तत्रवक्तुर्हितोपदेशस्य फलवत्त्वं भवतीति। एवं भावयतः परिपूर्णानि अहिंसादीनि व्रतानि भवन्ति। तत्त्वार्थवार्तिक;पृष्ठ-538-39

हेतु संकल्पवान हो सकता है। अहिंसा आत्मा के ज्ञान और दर्शन गुण की उत्कृष्ट पर्याय मात्र ही नहीं है बल्कि यह आत्मा के वीर्य गुण की भी उत्कृष्ट पर्याय है। आत्मविकास के प्रारम्भिक चरण में व्यक्ति में आत्मविश्वास के अभाव तथा क्रोध, लोभ, ईर्ष्यादि दोषों के सद्भाव के कारण आत्मबल की कमी होती है। इसलिये इस समय व्यक्ति अणुब्रती होता है। वह मांसाहार, शिकार खेलना आदि पापमय क्रियाओं का तो पूर्णतया त्याग कर देता है; लेकिन इस स्तर पर उसमें जीविकोपार्जन हेतु कृषि आदि कार्य करते हुए होने वाली हिंसा और आत्मरक्षा तथा अन्य व्यक्तियों की रक्षा करते हुए होने वाली हिंसा आदि का सद्भाव होता है। सम्यग्दृष्टि व्यक्ति अपने में निर्भयता, क्षमा, धैर्य, स्वयं की तथा अन्य प्राणियों की परमात्मशक्ति में आस्था आदि सद्गुणों का विकास करते हुए स्वयं के आत्मबल में वृद्धि करता है तथा निरन्तर अधिक अहिंसक और अप्रमादी होकर जीवन यापन करता है। वह अपने सद्गुणी जीवन द्वारा स्वयं को तथा अपने परिवेश को हिंसा और प्रतिहिंसा के चक्र से रहित करते हुए तथा अपने चारों ओर के वातावरण को प्रेम, शान्ति और सद्भाव से परिपूर्ण बनाते हुए स्वयं के तथा अन्यों के सुख में वृद्धि करता है तथा अपने इन प्रयासों द्वारा वह अहिंसा अणुव्रत को महाव्रत में रूपान्तरित करने हेतु प्रयत्नरत रहता है। इस प्रकार अहिंसा दर्शन और चारित्र से युक्त ज्ञानमय भाव है। एक तत्त्वदृष्टा अपने ज्ञानदर्शनसुखवीर्यमय स्वरूप की चेतना से युक्त होता है तथा स्वयं के जगत सम्बन्धी ज्ञान में वृद्धि करता हुआ अपना भावनात्मक और क्रियात्मक परिष्कार करता है। इस आत्म परिष्कार की प्रक्रिया द्वारा जैसे जैसे वह हिंसादि अविरति और प्रमाद से निवृत्त होकर अधिक अहिंसक और अप्रमत्त होता जाता है उसके कर्मों का आस्रव और बंध अवरुद्ध होता जाता है, संवर और निर्जरा में वृद्धि होती जाती है। इसके उत्कर्ष पूर्वक व्यक्ति अपनी चेतना की निर्मलता के उस स्तर को प्राप्त करता है जिसके सद्भाव में वह समस्त बाह्य क्रियाओं से निवृत्त होकर आत्मलीन हो सकता है तथा अपनी चेतना के अनन्त दृश्य और ज्ञेय पदार्थों तक विस्तृत हो सकने की सामर्थ्य से युक्त स्वरूप का साक्षात्कार कर सकता है; और इसके द्वारा अपनी आत्मिक शक्तियों के प्रति अनादि काल से विद्यमान अविश्वास को जड़ मूल से समाप्त कर इन शक्तियों की पूर्ण विकसित पर्याय को प्राप्त कर सकता है।

## क्रोधादि कषाय भावों की क्षमादि अकषाय भावों में रूपान्तरण की प्रक्रिया और कर्म निर्जरा

अहिंसा और अप्रमाद भाव का व्यक्ति में विकास क्रोध, मान, माया और लोभ कषाय की मन्दता की मात्रा के अनुसार ही हो सकता है। ये कषाय भाव व्यक्ति की चेतना को बहुत दीर्घकाल तक अभिभूत किये रहते हैं।[72] जैसे किसी व्यक्ति द्वारा गाली दिये जाने पर, नुकसान पहुँचाये जाने पर व्यक्ति बहुत दीर्घकाल तक उसके बारे में सोचता रहता है, उससे बदला लेने के लिये योजनाएं बनाता रहता है, अपने आप को अनेक मिथ्या धारणाओं के जाल में फंसाता रहता है। व्यक्ति का कषाय भाव जितना तीव्र होता है, उसमें सोचने समझने, यथार्थ का सामना करने तथा अन्यों के प्रति सम्वेदनशील होने की क्षमता उतनी ही कम हो जाती है। इसके सद्भाव में व्यक्ति प्रमाद ग्रस्त होकर कार्य करता है तथा अपने ज्ञानदर्शनवीर्य गुणों का घात करते हुए अपनी इन शक्तियों के प्रतिबन्धक कर्मों का आस्रव और बंध करता है। एक अन्तरात्मा प्रत्येक कार्य को करते समय अपने आत्मपरिणामों के प्रति जागृत होता है तथा विभिन्न परिस्थितियों में उत्पन्न होने वाले कर्मोदय जनित कषाय भावों का विश्लेषण करता हुआ उन्हें समाप्त करने हेतु पुरुषार्थ करता है। किसी व्यक्ति द्वारा नुकसान पहुँचाये जाने पर जब एक मिथ्यादृष्टि व्यक्ति में यह भाव उत्पन्न होता है कि "मैं क्रोधी हूँ और मुझे उससे बदला लेना है" तो वह अपने इस भाव से तन्मयता का अनुभव करता हुआ इसके अनुरूप कार्य करने हेतु प्रवृत्त हो जाता है तथा जयसेनाचार्य के शब्दों में, "इस समय वह उत्तमक्षमादि परमात्मस्वरूप से विलक्षण स्वरूप में परिणमन करता हुआ अपने शुद्ध स्वरूप के आच्छादक आवरण कर्मों का आस्रव और बंध करता है।"[73] इसके विपरीत एक सम्यग्दृष्टि व्यक्ति इस परिस्थिति में

---

72. कषाय भावों की वासना की दीर्घता के अनुसार इनके चार भेद किये जाते हैं – अनन्तानुबन्धी, अप्रत्याख्यानावरण, प्रत्याख्यानावरण और संज्वलन। अनन्तानुबन्धी कषाय का वासना काल 6 महीने से अधिक तथा शेष कषायों का अधिकतम वासना काल क्रमशः 6 माह, 15 दिन और एक अन्तर्मुहूर्त (48 मिनट से कम समय) है। जिस कषाय भाव का सद्भाव होने पर व्यक्ति को सम्यग्दर्शन नहीं हो सकता उसे अनन्तानुबन्धी कषाय कहा जाता है। अप्रत्याख्यानावरण कषाय के सद्भाव में व्यक्ति अणुव्रती, प्रत्याख्यानावरण कषाय के सद्भाव में महाव्रती तथा संज्वलन कषाय का सद्भाव होने पर व्यक्ति केवलज्ञानी नहीं हो सकता।

73. यावत्कालं न वेत्ति न जानाति विशेषान्तरं भेदज्ञानं शुद्धात्मक्रोधाद्यास्रवस्वरूपयोर्द्वयोः तावत्कालपर्यन्तमज्ञानी बहिरात्मा भवति। स जीवः। अज्ञानी सन्किं करोति? यथा ज्ञानमहम् इत्यभेदेन वर्तते तथा क्रोधाद्यास्रवरहितनिर्मलात्मानुभूतिलक्षणनिजशुद्धात्मस्वभावात्पृथग्भूतेषु क्रोधादिष्वपि क्रोधोऽहमित्यभेदेन वर्तते परिणमतीति। अथ–उत्तमक्षमादिस्वरूपपरमात्मविलक्षणेषु क्रोधादिषु वर्तमानस्य तस्य जीवस्य। किं फलं भवति? परमात्मप्रच्छादककर्मणः संचयः आस्रव आगमनं भवति।

समयसार तात्पर्यवृत्ति; गाथा – 69, 70

अपनी क्रोध पर्याय का ज्ञाता दृष्टा होता है तथा अपने निरूपाधिक स्वरूप से इसके प्रति भेद विज्ञान स्वरूप होकर इस क्रोध को क्षमा में रूपान्तरित करने हेतु उद्यम करता है। वह अपनी क्रोध पर्याय का विश्लेषण करता हुआ यह विचार करता है कि यह क्रोधरूपता मेरा वास्तविक स्वरूप न होकर चारित्रमोहनीय कर्म जनित सौपाधिक भाव है।[74] इस कर्म के निमित्त से मेरे क्रोध रूप में परिणमन का एक अन्य कारण मेरी यह धारणा भी है कि इसने मुझे नुकसान पहुँचाया, जो मेरा भ्रम है। मैं एक शाश्वत, अजर, अमर, ज्ञानदर्शनसुखवीर्यमय आत्मा हूँ। मेरा यह स्वरूप ही मेरी सम्पत्ति है तथा इसके अतिरिक्त परमाणु मात्र भी मेरा नहीं है[75] मुझे नष्ट करने की, मेरे ज्ञानदर्शनादि गुणों को हानि पहुँचाने की सामर्थ्य किसी में भी नहीं है। तब कोई मुझे नुकसान किस प्रकार पहुँचा सकता है। इस प्रकार एक तत्त्वदृष्टा कर्म के विपाक से उत्पन्न हो रही अपनी क्रोध पर्याय का विश्लेषण करता हुआ उसके मूल में विद्यमान अपनी मिथ्या मान्यताओं को पहचानता है तथा अपने परमात्म स्वरूप की भावना द्वारा उन्हें समाप्त करने हेतु प्रयत्न करता है। व्यक्ति की क्रोधादि कषायों के दीर्घकालिक भाव होने के कारण एक बार के चिन्तन से इनका प्रभाव समाप्त नहीं होता। इसलिये व्यक्ति पुनः पुनः आलोचना, प्रतिक्रमण, प्रत्याख्यान, प्रायश्चित आदि के द्वारा इन्हें समाप्त करने हेतु प्रयत्नरत रहता है।

व्यक्ति में क्रोध की समाप्ति का अर्थ है उसके इस भाव की क्षमा रूप में परिणति। उसके इस आत्म परिवर्तन के लिये बौद्धिक चिन्तन के साथ ही साथ चेतना का भावनात्मक परिष्कार भी आवश्यक है। एक आत्मज्ञानी व्यक्ति में मैत्री, करुणा, मुदिता और उपेक्षा भावनाओं का जितना अधिक संचार होता जाता है वह उतना ही अधिक क्षमामय होता जाता है। जिस प्रकार एक माँ अपने दुष्ट पुत्र द्वारा अपने ऊपर किये गये बडे. से बडे. अत्याचार को भी साम्यभाव से सहन कर लेती है तथा पुत्र के अमंगल की कल्पना भी नहीं कर पाती; उसी प्रकार एक वात्सल्य भाव से युक्त तत्त्वदृष्टा अपने ऊपर घोर उपसर्ग करने

---

74. अथ सम्यग्दृष्टिः स्वपरस्वरूपमेवं विशेषेण जानाति। पुद्गलकर्मरूपो योऽसौ द्रव्यक्रोधो जीवे पूर्वबद्धस्तिष्ठति तस्य विशिष्टपाको विपाकः फलरूप उदयो भवति। स कः? शान्तात्मतत्वात्पृथग्भूत एषः अक्षमारूपो भावः क्रोधः न वैषः मम भावः। ......... टंकोत्कीर्णपरमानन्दज्ञायकैकभावोऽहं यतः। ......एवमेव च क्रोधपदपरिवर्तनेन मानमायालोभरागद्वेषमोहकर्मनोकर्ममनोवचनकाय श्रोतृचक्षुर्घ्राणरसनस्पर्शनसंज्ञानि षोडशसूत्राणि व्याख्येयानि। तेनैव प्रकारेणान्यान्यपि असंख्येयलोकमात्र प्रमितानि विभावपरिणामस्थानानि वर्जनीयानीति। समयसार तात्पर्यवृति; गाथा –199

75. अहमेक्को खलु सुद्धो दंसणणाणमइओ सदारूवी।
णवि अत्थि मज्झ किंचिवि अण्णं परमाणुमित्तं पि।। समयसार; गाथा–38

वाले व्यक्ति के प्रति भी क्षमा भाव से युक्त होता है। वह अपने क्रोधादि भावों के ही द्रव्यपर्यायात्मक स्वरूप का ज्ञाता दृष्टा नहीं होता बल्कि दुष्ट व्यक्ति के दुष्टतापूर्ण कार्यों के फलस्वरूप हो रहे उसके पाप बन्ध और उसके कारण उसे भविष्य में प्राप्त होने वाले कष्टों के ज्ञानदर्शन से भी युक्त होता है। इसके फलस्वरूप उसके लिये दुष्ट व्यक्ति करूणा और माध्यस्थ भाव (माध्यस्थ भाव इसलिये कि दुष्ट व्यक्ति अभी समझने की मन: स्थिति में नहीं है; लेकिन अपने कार्यों के जो परिणाम उसे भविष्य में भोगने पडेंगे उसके लिये करुणा) का पात्र होता है। स्वयं में मैत्री आदि भावनाओं और क्षमाभाव का संचार करने के लिये व्यक्ति प्रतिदिन यह भावना करता है "मैं सभी जीवों को क्षमा करता हूँ। सभी जीव मुझे क्षमा करें। मेरी सभी से प्रीति है, बैर किसी से नहीं है।"[76]

प्राय: अहिंसा और क्षमा जैसे सद्गुणों को अव्यावहारिक स्वीकार किया जाता है। यह माना जाता है कि एक मुमुक्षू व्यक्ति जगत में पूर्णरूपेण निष्क्रिय, उदासीन, तटस्थ दृष्टा भाव से जीता है। उसे कोई कुछ भी कहे, उसके साथ कोई कुछ भी करे वह सब कुछ साम्यभाव से सहन करता रहता है। यह मनोवृत्ति कायरता है, समस्याओं से पलायन है। यह मान्यता पूर्णतया गलत है। क्षमाभाव न तो कायरता है और न ही यह समस्याओं से पलायन है। इसके विपरीत क्षमाभाव आत्मबल से सम्पन्न व्यक्ति की समझ और सम्वेदनशीलता से युक्त होकर समस्याओं के समाधान हेतु उद्यमशीलता की प्रवृति है। व्यक्ति में क्रोध की उत्पत्ति उसकी आन्तरिक कमजोरियों के सद्भाव में होती है। व्यक्ति अपनी समझ की कमी, परिस्थितियों पर नियन्त्रण की क्षमता के अभाव आदि के कारण असफलता, धोखा खाने, नुकसान उठाने जैसी स्थितियों का सामना करता है। इन असफलता आदि का दायित्व वह स्वयं वहन नहीं करना चाहता इसलिये उसे इन घटनाओं में निमित्त बन रहे व्यक्ति पर क्रोध आता है। एक सम्यग्दृष्टि व्यक्ति के लिये जीवन की प्रत्येक घटना आत्मविकास का साधन होती है। इसलिये वह अपनी असफलता आदि के लिये अन्य व्यक्ति को दोष देने और उस पर क्रोध करने की प्रवृत्ति का परित्याग कर उसके प्रति क्षमाभाव धारण करता है तथा अपनी असफलता के कारणों को स्वयं में तलाश करते हुए अपनी समझ और पुरुषार्थ करने की क्षमता में वृद्धि करने का संकल्प करता है। ज्ञानदर्शनवीर्य की निरन्तर अधिक उत्कृष्ट पर्यायों रूप से परिणमन हेतु संकल्पवान सम्यग्दृष्टि व्यक्ति जगत में किसी भी कार्य को करते समय अपने लक्ष्य को, लक्ष्य की प्राप्ति के साधनों को,

---

76. तत्त्वार्थवार्तिक; पृष्ठ –539

उसकी प्राप्ति के मार्ग में आने वाले सम्भावित विघ्नों को तथा उन विघ्नों की समाप्ति के उपायों को जानने का प्रयत्न करता है तथा इस ज्ञान की सहायता से अपने लक्ष्य प्राप्ति के मार्ग में आने वाले सभी विघ्नों पर विजय प्राप्त करने हेतु उद्यम करता है। इसके फलस्वरूप व्यक्ति के ज्ञान और पुरुषार्थ करने की क्षमता में जितनी अधिक वृद्धि होती जाती है उतनरा ही वह अपनी असफलताओं को सफलता में बदलने में सक्षम होता जाता है। वस्तुतः ज्ञान; मैत्री, करुणा, क्षमा, विनम्रता आदि गुणों से युक्त सम्वेदनशीलता तथा उद्यम करने की सामर्थ्य ही प्रत्येक जीव की आन्तरिक सम्पत्ति है। इस सम्पत्ति का ह्रास ही व्यक्ति के तनाव और संक्लेश का मूल कारण है तथा इसमें वृद्धि की मात्रा के अनुसार व्यक्ति का जीवन आनन्दमय होता जाता है। एक तत्वदृष्टा अपनी इस आन्तरिक सम्पत्ति की अनन्तता की अनुभूति और इसे व्यक्त करने के संकल्प से युक्त होकर प्रत्येक कार्य का सम्पादन करता है। अपनी इस प्रवृति के द्वारा जीवन के प्रत्येक क्षेत्र में सफलता प्राप्त करने के साथ ही वह निरन्तर अपने कर्मों की निर्जरा करता हुआ आत्मविकास के मार्ग पर गतिमान होता है। उसकी प्रवृति के इस स्वरूप को दृष्टि में रखते हुए समन्तभद्राचार्य कहते हैं ''सम्यग्दृष्टि व्यक्ति ओज, तेज, विद्या, पराक्रम, यश, सम्पत्ति के स्वामी तथा महान लक्ष्यों के साधक होते हैं।''[77] वे लोक में चक्रवर्ती और इन्द्र पद को प्राप्त करते हुए अन्त में अनन्तदर्शनज्ञानसुखवीर्यमय मुक्तावस्था में अवस्थित होते हैं।[78]

जिस प्रकार अन्तरात्मा अपनी क्रोध की प्रवृत्ति को क्षमा में रूपान्तरित कर अपने दर्शन, वीर्य और आनन्द से सम्पन्न ज्ञानमय स्वरूप में अवस्थित होता है; उसी प्रकार वह अपने में उत्पन्न हो रहे अभिमान, हीनभावना, ईर्ष्या, घृणा आदि विकारों पर विजय प्राप्त करता हुआ स्वयं में मार्दव, आर्जव, साम्यभाव आदि गुणों का विकास करता है। जीवन में विभिन्न प्रकार की परिस्थितियों के सदभाव में व्यक्ति के विभिन्न प्रकार का कर्मोदय होता है जो उसमें विभिन्न प्रकार की कमजोरियों, वासनाओं और संवेगों को उत्पन्न करता है, उसके विभिन्न प्रकार के व्यक्तित्वों का निर्माण करता है। आर्थिक समृद्धि के सद्भाव में व्यक्ति में अभिमान, तृष्णा आदि दोष उत्पन्न होते हैं; वह अपने आप को गरीबों से श्रेष्ठ मानने लगता है, विषय भोगों में लीन होने लगता है, और अधिक धन कमाने की आकांक्षा करता है। इसके विपरीत दरिद्र होने पर वह हीन भावना

77. रत्नकरण्ड श्रावकाचार; पद-36

78. रत्नकरण्ड श्रावकाचार; पद-38, 39, 40

से ग्रस्त हो जाता है, समृद्ध व्यक्तियों से ईर्ष्या करने लगता है। उसकी उच्च या निम्न पद पर अवस्थिति से उसमें भिन्न भिन्न प्रकार के व्यक्तित्वों का निर्माण होता है। व्यक्ति के इन विकारी भावों का कर्मोदय ही एकमात्र कारण नहीं है; बल्कि इसका आन्तरिक कारण है व्यक्ति द्वारा अपने से भिन्न पदार्थों के आधार पर स्वयं के मूल्यांकन की प्रवृति और उसमें आत्मसम्मान का अभाव। तत्वदृष्टा व्यक्ति अपनी इस अनादि कालीन प्रवृति को समाप्त करने के लिये शब्द प्रमाण, अनुभव और तर्क के अवलम्बन पूर्वक यह महसूस करने का प्रयास करता है कि मेरी समृद्धि और दरिद्रता, श्रेष्ठता और हीनता धन, पद आदि बाह्य पदार्थों के सद्भाव अभाव से निर्धारित नहीं होती। इसके विपरीत मेरी समृद्धि मेरे ज्ञानादि गुणों के विकास में तथा मेरी दरिद्रता इन गुणों के ह्रास में निहित है। वह अपने ईर्ष्या, घृणा आदि दुर्गुणों को समाप्त करने के लिये अपने शुद्ध स्वरूप के ज्ञान दर्शन से ही युक्त नहीं होता बल्कि वह प्राणी मात्र में शक्ति रूप से सदैव विद्यमान परमात्म स्वरूप का भी ज्ञाता दृष्टा होता है। वह यह मनन करता है कि जो अनन्तज्ञानादि गुणों से सम्पन्न स्वरूप सिद्ध परमात्मा का है, वही स्वरूप मेरा भी है और वही परमात्मा रूपता शक्ति रूप से प्राणी मात्र में भी विद्यमान है। जिस प्रकार कीचड़ में पड़े हुए होने पर भी रत्न रत्न ही होता है; उसी प्रकार ब्राह्मण, क्षत्रिय आदि, एकेन्द्रिय, द्विइन्द्रियादि कर्म कृत पर्यायों से कोई जीव छोटा बड़ा नहीं होता।[79] इस प्रकार एक तत्त्वज्ञानी व्यक्ति बाह्य जगत में प्रवृति स्वरूप होते समय स्वपर का ज्ञाता दृष्टा होता है। वह इस ज्ञातादृष्टा भाव द्वारा अपने में स्वर्ण और पाषाण, महल और झोपड़ी जैसे सभी जड़पदार्थों और सभी जीवों के प्रति साम्यभाव का विकास करता हुआ अपनी ज्ञानशक्ति के राग, द्वेषादि आन्तरिक प्रतिबन्धकों से संघर्षरत रहता है। अपने इस आन्तरिक संघर्ष के कारण वह जगत में विभिन्न कार्यों को करते हुए, कर्मों के विविध प्रकार के उदय को भोगते हुए निरन्तर कर्मों की निर्जरा करता है। कुन्दकुन्दाचार्य कहते हैं, ''सम्यग्दृष्टि जीव जो इन्द्रियों के द्वारा चेतन और अचेतन पदार्थों का भोग करता है वह सब निर्जरा का निमित्त है। वस्तु भोगने में आने पर व्यक्ति के सुख अथवा दुख नियम से उत्पन्न होता है। सम्यग्दृष्टि व्यक्ति साता-असातावेदनीय कर्म के उदय से उत्पन्न हुए उस सुख-दुःख का अनुभव करता है। उसके बाद वह (सुख या दुख रूप भाव) निर्जरा को प्राप्त हो जाता है। जिस प्रकार वैद्य अमोघ औषधि के सेवन पूर्वक विष को भोगते हुए मरण को प्राप्त नहीं होता,

79. मोक्षपाहुड टीका; गाथा - 50

उसी प्रकार ज्ञानी पुरुष कर्म के उदय को भोगते हुए भी नवीन कर्म बन्ध नहीं करता।''[80] इसकी व्याख्या करते हुए अमृतचन्द्र कहते हैं कि जिस प्रकार विषवैद्य अमोध औषधि के सेवन पूर्वक विष की शक्ति को निरुद्ध करके विषपान करता है और मरण को प्राप्त नहीं होता; उसी प्रकार ज्ञानी व्यक्ति तत्त्वज्ञान रूप अमोध औषधि के सेवन पूर्वक पुद्‌गल कर्मों के उदय को भोगता है तथा उसका यह भोग कर्म बन्ध का कारण न होकर कर्म निर्जरा का साधन है।[81]

व्यक्ति द्वारा प्रवृति काल में सतत आत्मनिरीक्षण पूर्वक अपने कर्मोपाधि जनित भावों से निवृत्ति तथा स्वभाव में प्रवृति शुद्ध बौद्धिक प्रक्रिया मात्र न होकर स्वानुभूतिमय क्रिया है। यह प्रक्रिया स्व और पर के पृथक पृथक स्वरूप के निश्चय मात्र से सम्पन्न नहीं होती बल्कि ज्ञानमय आत्मा द्वारा अपनी अनन्तज्ञानादि शक्तियों के सरस अनुभव से सम्पन्न होती है। व्यक्ति जितना जितना अपनी परमात्मशक्ति के आनन्दमय अनुभव से सरावोर होता हुआ भेद विज्ञान स्वरूप होता है, उतना ही वह मिथ्यात्व, अविरति, प्रमाद और कषाय की व्यर्थता, दुखरूपता और निस्सारता के अहसास से युक्त होकर उनसे निवृत्त होता जाता है तथा जितने जितने ये आस्रव भाव समाप्त होते जाते हैं, ज्ञान ज्योति अधिक गहन होती जाती है। व्यक्ति की शुद्धात्मानुभूति की गहनता के अनुसार उसके कर्मों की निर्जरा की मात्रा में भी वृद्धि होती जाती है।[82]

## तप और ध्यान, कर्म निर्जरा और सर्वज्ञता

एक गृहस्थ मन, वचन और शरीर से विभिन्न कार्य करते हुए तथा विभिन्न पदार्थों को भोगते हुए अपनी ज्ञानादि शक्तियों के आन्तरिक प्रतिबन्धक-राग, द्वेष, क्रोधादि विकारी भावों को आंशिक रूप से ही नष्ट कर पाता है। इस स्तर पर इन विकारी भावों का सम्पूर्ण विनाश सम्भव नहीं है। व्यक्ति में राग, द्वेषादि की उत्पत्ति का मूल कारण है उसका शरीर से अनादिकालीन संयोग तथा वीर्यान्तराय कर्म के उदय के कारण भूख, प्यास, सर्दी, गर्मी आदि शारिरीक कष्टों को सहने की क्षमता का अभाव। इस आन्तरिक कमजोरी के कारण वह अपनी ज्ञानदर्शनवीर्य शक्तियों का उपयोग विभिन्न शारिरीक आवश्यकताओं की पूर्ति हेतु करता है। इन आवश्यकताओं के पूरा होने पर उसे सुख और नहीं होने पर कष्ट की अनुभूति

80. समयसार; गाथा – 193–195
81. समयसार आत्मख्याति; गाथा–195
82. यथा यथास्रवेभ्यश्च निवर्त्तते तथा तथा विज्ञानघनस्वभावो भवतीति। तावद्विज्ञानघनस्वभावो भवति यावत्सम्यगास्रवेभ्यो निवर्त्तते। तावदास्रवेभ्यश्च निवर्त्तते यावत्सम्यग्विज्ञानधनस्वभावो भवतीति ज्ञानास्रवनिवृत्तयोः समकालत्वम्। समयसार आत्मख्याति टीका; गाथा–74

होती है। कष्ट को सहन करने की क्षमता का अभाव होने के कारण उसे क्षोभ होता है, क्रोध आता है। जब तक व्यक्ति अपने शरीर पर विजय प्राप्त नहीं करे, तब तक वह अपनी कषायों को कम तो कर सकता है पर उन्हें जड़ से समाप्त नहीं कर सकता। शरीर पर विजय उससे पूर्णतया निर्ममत्व भाव की अनुभूति और अपनी आत्मा के शुद्ध स्वरूप में निमग्नता पूर्वक ही प्राप्त की जा सकती है। इसके लिये मुमुक्षू गृहस्थी का परित्याग कर मुनिपद धारण करता है। मुनिराज अहिंसादि महाव्रत, ईर्या, भाषा आदि समिति, क्षमा, मार्दव आदि धर्म भावों तथा भूख, प्यास आदि कष्टों को जीतने हेतु पुरुषार्थ से सम्पन्न होते हैं। वे अपनी आत्मा के शरीर से भिन्न, अजर, अमर, अविनाशी, अनन्त चतुष्टयमय मुक्तावस्था की प्राप्ति के लिये उग्र तपस्या करते हैं। एक गृहस्थ अपनी अल्पशक्तिसम्पन्न पर्याय के कारण यथासम्भव विपरीत परिस्थितियों से बचता है, उनके सामने आने पर वीर्य की कमी के कारण अनेक बार उनसे समझोता भी करता है। इसके विपरीत मुनिराज विपरीत परिस्थितियों से बचने या उनसे समझोता करने के स्थान पर उन्हें आमन्त्रित करते हैं। वे इन परिस्थितियों में दर्शनमोहनीय, चारित्रमोहनीय कर्म प्रकृतियों के उदय के फलस्वरूप अपने में प्रकट हो रही कमजोरियों, वासनाओं और कषायों का साक्षात्कार करते हैं तथा अपने शुद्धात्मस्वरूप के ज्ञान के निरन्तर मनन पूर्वक अपने आत्मबल को जागृत करके उन कमजोरियों आदि पर विजय प्राप्त करने हेतु संघर्षरत रहते हैं। जैसे मुनिराज कई कई दिन के उपवास करके अपने क्षुधावेदनीय, तृषावेदनीय और वीर्यान्तराय आदि कर्मों के उदय पूर्वक होने वाले भूख, प्यास आदि के कष्टों को आमन्त्रित करते हैं तथा इन कष्टों पर विजय प्राप्त करने के लिये निरन्तर यह मनन करते हैं कि मैं अखाद्य स्वभावी, अपेय स्वभावी चेतन आत्मा हूँ। इस समय मुझे भूख, प्यास आदि के कष्ट का अनुभव इसलिये हो रहा है कि मैंने अनादि काल से अपने आप को शरीर ही मान कर शक्तिहीन बना रखा है। मैंने कभी भी अपनी शुद्धात्मस्वरूप की भावना रूप ज्ञानानन्दमय अमृत का पान करके अपनी आत्मा को शक्तिसम्पन्न बनाने हेतु पुरुषार्थ नहीं किया। अब मैं शरीर से पूर्णतया निर्ममत्व भाव धारण करके अपने अखाद्य स्वभावी शुद्धचैतन्य स्वरूप में निमग्न होता हूँ।[83] शरीर के लिये

83. यस्य सकलकालमेव सकलपुद्गलाहरणशून्यमात्मानमवबुद्ध्यमानस्य सकलाशनतृष्णा-शून्यत्वात्स्वयमनशन एव स्वभावः, तदेव तस्यानशनं नाम तपोऽन्तरङ्गस्य बलीयत्वात्।

प्रवचनसार तत्त्वप्रदीपिका; गाथा –227

स्वकीयशुद्धात्मतत्त्वभावनोत्पन्नसुखामृताहारेण तृप्तत्वान्न विद्यते एषणामाहाराकाँक्षा यस्य स भवत्यनेषणः। तस्य तदेव निश्चयेन निराहारात्मभावनारूपमुपवासलक्षणं तपः।

प्रवचनसार तात्पर्यवृत्ति गाथा – 227

घातक परिस्थितियाँ होने पर भय उत्पन्न होने की प्रवृति को जड़ से समाप्त करने के लिये मुनिराज हिंसक पशुओं से भरे हुए घनघोर जंगलों में जाकर तप करते हैं। उस समय वे अपने अन्दर प्रकट हो रही भय की अनुभूति से भेद विज्ञान स्वरूप होकर अपने अशरीरी, अजर, अमर, शुद्ध चैतन्यस्वरूप की अनुभूति में पूर्ण एकाग्रता और दृढ़ता से निमग्न हो जाते हैं तथा अपने आप को निर्भय स्वभावी बनाते हुए भय को सदासर्वदा के लिये समाप्त करते हैं।[84] अमृतचन्द्र कहते हैं, "यह साहस एक सम्यग्दृष्टि में ही हो सकता है कि वह तीनों लोकों को चलायमान कर देने वाले वज्रपात से भी भयभीत नहीं होता। वह निरन्तर अपने आप को ज्ञानमय शरीर जानता है तथा यह अनुभव करता है कि उसका यह ज्ञानमय शरीर किसी भी बाह्य तत्त्व से बाधित नहीं हो सकता। इसलिये वह सभी प्रकार की शंकाओं को छोड़कर पूर्णतया निर्भय भाव से अवस्थित होता है।"[85] मुनिराज अपने आत्मबल में वृद्धि करते हुए निरन्तर अधिक उग्र तप करते हैं। वे ग्रीष्म ऋतु में पर्वत के शिखर पर, शीत ऋतु में नदी के किनारे, वर्षा ऋतु में वृक्ष के नीचे खड़े होकर तप करते हैं तथा इस कायक्लेश रूप बहिरंग तप के द्वारा "मैं शरीर से भिन्न, अविनाशी, अजर, अमर, शुद्ध चैतन्यस्वरूप आत्मा हूँ" रूप आत्मज्ञान की निरन्तर भावना करते हुए इस ज्ञान का प्रतपन करते हैं, इसे प्रतापवंत बनाते हुए अपने अखाद्य स्वभावी, अपेयस्वभावी, निर्भयस्वभावी, ज्ञानानन्दमय आत्मस्वरूप में अवस्थिति रूप चारित्ररूपता को प्राप्त करते हैं। इस प्रकार मुनिराज का कायक्लेश रूप बहिरंग तप अपने आप में साध्य न होकर शुद्धात्मस्वरूप के ज्ञान का प्रतपन करते हुए उसे चारित्रमय बनाने रूप अन्तरंग तप की वृद्धि का साधन मात्र है। व्यक्ति के इस अन्तरंग तप के सद्भाव की मात्रा के अनुसार उसके कर्मों की संवर और निर्जरा होती रहती है।[86] इस

---

84. सम्मदिट्ठी जीवा णिस्संका होंति णिब्भया तेण।
सत्तभयविप्पमुक्का जह्मा तह्मा दु णिस्संका। समयसार; गाथा – 228
सम्यग्दृष्टयो जीवाः शुद्धबुद्धैकस्वभावनिर्दोषपरमात्माराधनं कुर्वाणाः सन्तो निश्शंका भवन्ति....। तेन कारणेन निर्भया भवन्ति। यस्मादेव कारणाद् इहलोक परलोक अत्राण अगुप्ति मरण वेदना आकस्मिक संज्ञितसप्तभयविप्रमुक्ता भवन्ति। तस्भादेव कारणात् घोरपरिषहोपसर्गे प्राप्तेपि निश्शंकाः शुद्धात्मस्वरूपे निष्कम्पाः सन्तः शुद्धात्मभावनोत्थवीतरागसुखानन्दतृप्ताश्च परमात्मस्वरूपान्न प्रच्यवन्ते।
समयसार तात्पर्यवृत्ति, गाथा – 228

85. समयसार कलश – 154

86. तत्त्वज्ञानप्रभावेण तपः संवरणं नृणाम्।
तपसश्च प्रभावेण निर्जीर्णं कर्म जायते।। न्यायविनिश्चय 3/54

अन्तरंग बहिरंग तप की निरन्तर साधना पूर्वक मुनिराज चेतना की निर्मलता के उस स्तर को प्राप्त करते हैं जब वे अपने अनन्तज्ञानादि शक्तियों से युक्त परमात्मस्वरूप के ध्यान में लीन होकर सम्पूर्ण कर्मों का क्षय कर सकते हैं। ध्यान की इस अवस्था की प्राप्ति के लिये वे मन, वचन और शरीर की क्रियाओं का परित्याग कर पूर्णरूपेण अन्तर्मुख हो जाते हैं। इस स्तर पर वे शरीर और राग, द्वेषादि औदयिक भावों के साथ ही साथ अपने ज्ञानादि गुणों की मति, श्रुतज्ञान आदि क्षायोपशमिक पर्यायों का भी अतिक्रमण करने का प्रयास करते हैं तथा समस्त विकल्पों, यहाँ तक कि बन्धन और मोक्ष के विकल्प से भी ऊपर उठकर अपने सिद्ध परमात्मा के समान स्वरूप की अनुभूति, निश्चय और इस स्वरूप में एकाग्र रूप से अवस्थिति रूप अभेद रत्नत्रय स्वरूप होते हैं। ध्यान के इस स्तर की प्राप्ति के लिये मुनिराज सर्वप्रथम, उन्होंने शब्द प्रमाण से जो अपने परमात्म स्वरूप का ज्ञान प्राप्त किया है, उस परमात्मरूपता की व्यक्तावस्था की अपने अन्दर स्थापना करते हैं। तत्पश्चात् वे अपने सम्पूर्ण ज्ञानदर्शनोपयोग को इस स्वरूप की अनुभूति में लीन कर देते हैं। अपनी परमात्म रूपता का ध्यान करते हुए वे यह अनुभव करते हैं कि मैं एक ज्ञानात्मक आत्मा हूँ। मेरा ज्ञान अनन्त विस्तार को प्राप्त हो रहा है। तीन लोक और तीन काल के समस्त पदार्थ इसमें उत्कीर्ण हैं, झलक रहे हैं। मेरा यह ज्ञेयान्त तक विस्तृत ज्ञान दर्शन, वीर्य, सुखादि अनन्त गुणों से परिपूर्ण है, इन अनन्त गुणों के भी अनन्त वैभव से परिपूर्ण है।[87] मैं

---

तत्त्वं जीवादि तस्य ज्ञानं याथात्म्यनिर्णयस्तस्य प्रभावो भावनया प्रकर्षगमनं तेन यत् संवरणं बाह्याभ्यन्तरशुभाशुभरूपव्यापाराणां निवारणम् औदासीन्यापरनामधेयं तदेव तपः तस्याल्पसत्व-पुरुषापेक्षया तापत्वेन प्रतिभासनात्। पृष्ठ-336

न च कायपरितापरुपं तपः कारणं कर्मनिवर्हणस्य, अपितु उक्ततपः परिवृंहणस्यैव।

बाह्यं तपः परमदुश्चरमाचरंस्त्वमाध्यात्मिकस्य तपसः परिवृंहणार्थम् (वृहत्स्वयम्भू स्रोत; श्लोक - 83) इति वचनात्। पृष्ठ - 337

आत्मादितत्त्वाभ्यासस्यैव चारित्रतयाऽस्माभिरभ्यनुज्ञानात्। पृष्ठ- 334

न्यायविनिश्चयविवरण; भाग -2

87. यः खल्वनेकान्तकेतनागमज्ञानवलेन सकलपदार्थज्ञेयाकारकरम्बितविशदैकज्ञानाकारमात्मानं श्रद्धानोऽनुभवंश्चात्मन्येव नित्यनिश्चलां वृत्तिमिच्छन्.....प्रवचनसार तत्वप्रदीपिका गाथा-240

अहं हि तावत् ज्ञायक एव स्वभावेन, ..........अथैकस्य ज्ञायकभावस्य समस्तज्ञेयभावस्वभावत्वात् प्रोत्कीर्णलिखित निखातकीलितमज्जितसमावर्तित प्रतिविन्बितवत्तात्र क्रमप्रवृत्तानन्तभूतभवद्भाविविचित्रपर्यायप्राग्भारमगाधस्वभावं गम्भीरं समस्तमापि द्रव्यजातमेकक्षण एव प्रत्यक्षयन्तं .............। वही,गाथा-200

अनन्तधर्मणस्तत्त्वं पश्यन्ती प्रत्यगात्मनः। समयसार कलश-2

अपने तेजपुंज विज्ञानधन के स्वरस से भरे महास्वाद को चेतते हुए निरन्ता यह अनुभव कर रहा हूँ कि मैं यही हूँ, यही हूँ।[88] शब्द प्रमाण से जाने हुए अपने परमात्म स्वरूप का यह ध्यान प्रारम्भिक स्तर पर शब्दों और चिन्तन के अवलम्बन पूर्वक होने वाली अनुभूति स्वरूप होता है। उस समय वह धर्मध्यान कहलाता है। निरन्तर अभ्यास पूर्वक यह ध्यान जब शब्दातीत, चिन्तनातीत, ध्यान-ध्येय के भेद से रहित एकाग्र अनुभूतिरूपता प्राप्त करता है तो यह शुक्ल ध्यान कहलाता है।[89] इस अवस्था को प्राप्त व्यक्ति बहुत शीघ्र कर्म वृक्ष की जड़-मोहनीय कर्म का सम्पूर्ण विनाश कर देता है। उसके नष्ट होने के उपरान्त ज्ञानावरणीय, दर्शनावरणीय और अन्तराय कर्म भी पूर्ण क्षय को प्राप्त होते हैं और व्यक्ति अपनी अनन्तचतुष्टयमय परमात्मरूपता को प्राप्त करता है। ज्ञानशक्ति के जागरण की इस सम्पूर्ण प्रक्रिया के स्वरूप को स्पष्ट करते हुए अमृतचन्दस्वामी कहते हैं, ''जो आत्मा ज्ञानदर्शनमय चैतन्यपरिणामलक्षण उपयोग के द्वारा यथाशक्ति विशुद्ध होकर वर्तता है, वह पद पद पर (प्रत्येक पर्याय में) विशिष्ट विशुद्धि शक्ति प्रकट करता हुआ अनादि काल से बँधी दृडतर मोहग्रन्थि को तोडक़र अत्यन्त निर्विकार चैतन्यवाला हो जाता है। इसके परिणाम स्वरूप उसके ज्ञानावरणीय, दर्शनावरणीय और अन्तराय कर्म का सम्पूर्णतः क्षय हो जाने से वह निर्विघ्न विकसित आत्मशक्तिवान स्वयमेव होता हुआ विद्यमान होता है। आत्मा ज्ञानप्रमाण है, ज्ञान ज्ञेय प्रमाण है, समस्त ज्ञेयों को विषय बनाता हुआ ज्ञान शुद्धोपयोग के प्रसाद से प्राप्त होता है।''[90]

व्यक्ति की आत्मिक शक्तियों के विकास की यह प्रक्रिया दर्शनविशुद्धि तथा चारित्रिक गुणों के विकास पूर्वक घटित होने वाली प्रक्रिया है। एक मुमुक्षू प्रतिक्षण स्वयं की असीम सामर्थ्य की अनुभूति को गहन बनाता है तथा जीवन में प्रत्येक कार्य को करते हुए निरन्तर अधिक ज्ञानवान, सम्वेदनशील, वीर्यवान और आनन्दमय स्वरूप में परिणमन हेतु पुरुषार्थरत रहता है। जैसे जैसे व्यक्ति की अपनी सर्वज्ञत्व, सर्वदर्शित्व आदि शक्तियों में आस्था गहन होती जाती है उसमें इन शक्तियों को पूर्णरूपेण जागृत करने की आकांक्षा भी तीव्र होती जाती है। इसके फलस्वरूप वह अन्त में जगत का इन्द्रियाश्रित ज्ञान प्राप्त करने हेतु उद्यम बन्द करके अपने

---

88. समयसार कलश-30
89. धर्म्यमेवातिशुद्धं स्याच्छुक्लं श्रेण्योश्चतुविधम्। ध्यानस्तव - 16 उत्तरार्द्ध
निष्क्रियं करणातीतं ध्यानध्येय विवर्जितम्। अन्तर्मुखं तु यद्ध्यानं तच्छुक्लं योगिनो विदुः।।
नियमसार; पृष्ठ-169
90. प्रवचनसार तत्त्वप्रदीपिका; गाथा-15

सर्वज्ञत्व, सर्वदर्शित्व आदि गुणों से युक्त परमात्म स्वरूप के ध्यान मे लीन हो जाता है। इस ध्यान की गहनता में वृद्धि के साथ ही उसका अपनी परमात्मशक्ति में अविश्वास तथा उसके कारण आत्मा से बद्ध मोहनीय कर्म जड़ मूल से समाप्त होते जाते हैं। इस कर्म के पूर्ण क्षय के उपरान्त व्यक्ति की ज्ञान, दर्शन और वीर्य शक्ति के आवरण कर्म सम्पूर्णतः समाप्त हो जाते हैं तथा व्यक्ति अपनी शाश्वत सामर्थ्य को व्यक्त रूप में प्राप्त कर अनन्तदर्शन, अनन्तज्ञान, अनन्तसुख और अनन्तवीर्यमय परामत्मस्वरूप में अवस्थित होता है। वह आयु, नाम, गोत्र और वेदनीय कर्म के सद्भाव पर्यन्त सदेह अवस्था में रहता है तथा आयु की समाप्ति के उपरान्त विदेह अवस्था रूप सिद्ध पर्याय को प्राप्त करता है।

जैन आचार्यों द्वारा प्रतिपादित ज्ञानशक्ति के विकास की इस प्रक्रिया के प्रति यह प्रश्न उत्पन्न होता है कि यदि यह प्रक्रिया अपने कर्मोपाधि जनित भावों का अतिक्रमण कर स्वभाव में अवस्थिति की प्रक्रिया है तथा इसका प्रारम्भ प्राणी मात्र के प्रति मैत्री, दुखी जीवों के प्रति करूणा आदि भावनाओं से होता है; तथा यदि ये भावनाएं आत्मा का स्वभाव हैं तो ये मुक्तात्मा में पूर्ण विकसित स्वरूप में विद्यमान होनी चाहिये। ऐसी स्थिति मे जब एक अल्पज्ञानी व्यक्ति ही सभी के प्रति मैत्री भाव से युक्त होने के कारण किसी जीवको कष्ट भोगते हुए देखता है तो उसके कष्ट निवारण हेतु उद्यत होता है तब अनन्तदर्शनज्ञानसुखवीर्यमय मुक्तात्मा को तो सभी संसारी जीवों के प्रति करुणा भाव से युक्त होकर उनके सुख में वृद्धि और उनके दुख की समाप्ति हेतु कार्य करना चाहिये। यह कार्य सशरीर अवस्था में ही हो सकता है; इसलिये जैन दार्शनिकों को भी बोधिसत्व जैसी अवधारणा को स्वीकार करना चाहिये। फिर वे विदेह–मुक्ति की बात किस प्रकार कर सकते हैं। इस सन्दर्भ में यह दृष्टव्य है कि जैन दर्शन के अनुसार प्रत्येक जीव ज्ञानदर्शनसुखवीर्यमय द्रव्य होने के कारण सम्प्रभु सत्ता है। वह अपने उत्थान और पतन, बन्धन और मोक्ष का नियामक स्वयं है। वह स्वयं ही अल्पज्ञानादि रूप से परिणमित होता हुआ अपना पतन कर रहा है तथा वह स्वयं ही अपने ज्ञानादि गुणों की उत्कृष्ट पर्यायों रूप से परिणमित होता हुआ अपना उत्थान कर सकता है। यह सही है कि आत्मा का वास्तविक स्वरूप और उसको व्यक्त करने का उपाय मुक्तात्माओं द्वारा ही बताया जाता है लेकिन इस जानकारी का उपयोग करते हुए प्रत्येक व्यक्ति को अपना कल्याण स्वयं करना है।

जैन दर्शन मैत्री आदि भावनाओं के प्रतिपादन के साथ ही इस बात पर भी जोर देता है कि प्रत्येक जीव अपनी पर्यायों का कर्ता और भोक्ता स्वयं

है और वह अन्य जीव की पर्यायों का नियामक नहीं हो सकता। इस सत्य का अहसास ज्ञातादृष्टा भाव से जी रहे संसारी व्यक्ति को कदम कदम पर होता है। वह देखता है कि एक गुरू अपने शिष्य को विद्वान बनाना चाहता है; लेकिन वह उसके बौद्धिक विकास में उसी सीमा तक सहायता कर पाता है जितना शिष्य ज्ञानार्जन हेतु उद्यमशील होता है। एक आलसी शिष्य को गुरु ज्ञान नहीं दे सकता। एक डॉक्टर अपने प्रत्येक रोगी को स्वस्थ करना चाहता है; लेकिन यदि कोई रोगी रोग के कारणों को बनाये रख कर बार बार बीमार हो तो एक करुणामय डॉक्टर उसे पूर्णतया स्वस्थ करने के लिये कुछ नहीं कर सकता। ऐसे अनुभवों से एक सम्वेदनशील तत्त्व दृष्टा अन्य व्यक्तियों की मदद करते हुए यह महसूस करने लग जाता है कि वह तो निमित्त मात्र है। प्रत्येक व्यक्ति को अपना कल्याण स्वयं करना है। इस अनुभूति से युक्त होकर वह अन्य व्यक्ति के प्रति कर्तृत्व के अहंकार का परित्याग करते हुए उसके कल्याण में सहायक होता है। मुक्तात्माओं में मैत्री आदि भावनाओं का पूर्ण प्रकर्ष होने के साथ ही इस ज्ञाता दृष्टा भाव की भी चरम पराकाष्ठर होती है। इसलिये वे सशरीर अवस्था में सहज रूप से उपदेशादि कार्य करते हैं तथा मृत्यूपरान्त अपनी अशरीरी सिद्ध पर्याय में अवस्थित होते हैं। जो व्यक्ति जितना अधिक आत्मविकास करता है उससे सशरीर अवस्था मे उतना ही अधिक परकल्याण सहज ही होता है। जिन परमआत्माओं ने अहिंसा, सत्य, अचौर्य, ब्रह्मचर्य, अपरिग्रह, क्षमा, मार्दव, आर्जव आदि मूल्यों को आत्मसात कर अपने आप को समस्त आन्तरिक बाह्य बन्धनों से मुक्त किया है, उन्होंने मानव मात्र के समक्ष लौकिक विकास और आत्मकल्याण का मार्ग प्रशस्त किया है तथा उनके द्वारा प्रदर्शित यह मार्ग आज हजारों वर्ष बाद भी मानव को दिशा दे रहा है। इस मार्ग को जानने और इसका अनुसरण करते हुए अपने अभ्युदय और निश्रेयस हेतु पुरुषार्थ करने का निर्णय लेना या नहीं लेना मानव की स्वतन्त्रता है।

जैन दार्शनिकों द्वारा प्रतिपादित आत्मा का ज्ञानमय स्वरूप और उसमें मुक्तावस्था में सर्वज्ञता के सद्भाव सम्बन्धी सिद्धान्त सभी जैनेत्तर दार्शनिकों और सामान्य मानव को असम्भव कल्पना प्रतीत होता है। एक सामान्य व्यक्ति स्वयं में सर्वज्ञत्व शक्ति को स्वीकार नहीं कर पाता, लेकिन सर्वज्ञता के प्रति उसमें एक सहज आकर्षण भी विद्यमान है। इसलिये वह अपने से भिन्न सत्ता-ईश्वर को सर्वज्ञ के रूप में स्वीकार करता है। मानव में स्वयं के प्रति सर्वज्ञत्व शक्ति के अभाव की अनुभूति का मूल कारण है कि उसका समस्त अनुभव ऐन्द्रियिक ज्ञान तक

ही सीमित है। निश्चित रूप से आधुनिक युग में वैज्ञानिक प्रगति के कारण मानवीय ज्ञान का कल्पनातीत रूप से विकास हुआ है। आज से तीन सौ वर्ष पहले तक ऐन्द्रियिक ज्ञान के विकास की सम्भावनाएं बहुत सीमित दृष्टिगोचर होती थीं लेकिन वैज्ञानिक विकास ने पुद्गल के क्षेत्र में ज्ञान के विकास की असीम सम्भावनाओं को उद्घाटित किया है। पर ज्ञान का यह विकास, विकास की समस्त सम्भावनाएं ऐन्द्रियिक ज्ञान के क्षेत्र में ही दृष्टिगोचर हो रही हैं तथा अतीन्द्रिय ज्ञान का कोई अनुभव हमें अभी तक नहीं हुआ। हमारे ज्ञान की इस सीमा के कारण हमें अतीन्द्रिय ज्ञान की अवधारणा एक आश्चर्य, एक असंभव मत प्रतीत होती है लेकिन इसके आधार पर अतीन्द्रिय ज्ञान और सर्वज्ञता की सम्भावना का निषेध नहीं किया जा सकता। जो व्यक्ति जन्मांध है उसके लिये रस, गंध, स्पर्श और शब्द से विलक्षण रंग और प्रकाश का ज्ञान एक आश्चर्य और असंभव घटना है लेकिन नेत्रों से युक्त व्यक्ति के लिये यह एक तथ्य है। जिस प्रकार ऐन्द्रियिक ज्ञान के क्षेत्र मे हम यह नहीं समझ पाते कि अमूर्त आत्मा मूर्त इन्द्रियों से किस प्रकार जान सकता है, लेकिन हम ऐसी कई समस्याओं के होते हुए भी इन्द्रिय ज्ञान की सत्ता का निषेध नहीं कर सकते; उसी प्रकार हमें अतीन्द्रिय ज्ञान की अवधारणा समझ में नहीं आती, मात्र इस आधार पर इसकी सम्भावना का निषेध नहीं किया जा सकता। इन्द्रिय ज्ञान के अस्तित्व की व्याख्या आत्मा में स्वाभाविक ज्ञानसामर्थ्य के सद्भाव के आधार पर ही की जा सकती है तथा इसी आधार पर अतीन्द्रिय ज्ञान की सम्भावना भी सिद्ध होती है। विभिन्न भारतीय दार्शनिकों द्वारा तपस्वी व्यक्ति में योगज प्रत्यक्ष के सद्भाव को स्वीकार किया जाता है। इस प्रत्यक्ष की व्याख्या आत्मा में सुप्त रूप से ज्ञानशक्ति के सद्भाव तथा तपस्या द्वारा उस शक्ति के प्रकट होने के आधार पर ही की जा सकती है।

किसी भी विषय का ज्ञान स्वाभाविक ज्ञानसामर्थ्य और उपयोगमय स्वभाव से युक्त आत्मा को ही हो सकता है। आत्मा की ये विशेषताएँ स्वाभाविक होने के कारण शाश्वत हैं तथा अपनी अभिव्यक्ति के लिये किसी अन्य पदार्थ की अपेक्षा नहीं रखतीं। अपनी इन स्वाभाविक विशेषताओं के कारण आत्मा सदैव विभिन्न पदार्थों को जानता हुआ ही विद्यमान होता है तथा किसी भी क्षण ज्ञान रहित नहीं होता। यद्यपि संसारी अवस्था में उसमें मोह, राग, द्वेष, क्रोधादि विकारी भावों और उनके कारण आस्रव और बंध को प्राप्त हुए ज्ञानावरणीयादि कर्मों के सद्भाव के कारण उसकी ज्ञान शक्ति मन्द हो जाती है और इसलिये वह इस अवस्था में इन्द्रिय, मन आदि के अवलम्बन पूर्वक ही पदार्थों को जानता

है लेकिन मुक्तावस्था में आत्मा अपनी ज्ञानशक्ति के समस्त प्रतिबन्धकों के समाप्त हो जाने और उपयोगमय स्वभाव से युक्त होने के कारण सर्वज्ञ होता है। इस अवस्था में वह अपनी सर्वदर्शीत्व और अनन्तवीर्यरूपता से युक्त अनन्तज्ञानरूपता को देखता, जानता, भोगता हुआ अनन्त आनन्दमय सत्ता है।

□□□

# अध्याय-पाँच

# ज्ञान का स्वपरप्रकाशक स्वरूप

प्रत्येक ज्ञान के दो अनिवार्य घटक होते हैं- विषयाकारता या ग्राह्याकारता तथा स्वसम्वेदन या ग्राहकाकारता। ये दोनों धर्म परस्पर अविनाभावी हैं तथा इनमें से एक को अस्वीकार करने पर दूसरे की व्याख्या नहीं की जा सकती। ''ज्ञान'' सदैव किसी विषय का ज्ञान होता है। जानना और जानने का विषय नहीं होना दो विरोधी बातें हैं। साथ ही यह कहना भी कोई अर्थ नहीं रखता कि विषय तो ज्ञात हो रहा है पर विषयज्ञान अज्ञात है। वस्तुतः कोई भी व्यक्ति अपने ज्ञान से बाहर जाकर विषय को नहीं जान सकता। वह सदैव बाह्य जगत के परिचय के लिये अपने ज्ञान पर निर्भर रहता है। इसलिये विज्ञानवादी मानते हैं कि ज्ञेय की सत्ता ज्ञानाश्रित है। हमें कभी भी ज्ञान से स्वतंत्र ज्ञेय की उपलब्धि नहीं होती। इसलिये ज्ञेय के स्वतंत्र अस्तित्व को स्वीकार करने का हमारे पास कोई आधार नहीं है। दूसरे शब्दों में अनुभूति से स्वतंत्र सत्ता का अभाव है। योगाचार दार्शनिक धर्मकीर्ति कहते हैं कि ज्ञान और ज्ञेय की सदैव साथ साथ उपलब्धि होती है। ज्ञेय कभी भी ज्ञान के अभाव में उपलब्ध नहीं होता। इसलिये इन दोनों में तादात्म्य संबंध है तथा ज्ञान मात्र ही सत् है।[1]

विज्ञानवादी बौद्धों का यह दावा कि, ज्ञान मात्र ही सत् है तथा बाह्य जगत का अस्तित्व नहीं है, क्योंकि हमें ज्ञान से भिन्न किसी वस्तु की उपलब्धि नहीं होती, वस्तुवादियों के लिये एक चुनौती बना रहा है और ऐसा लगता है कि विज्ञानवादियों का ही सामना करने के लिये नैयायिकों और मीमासंकों ने इस

---

1. प्रमाणवार्तिक 2/388-390

सिद्धान्त का प्रतिपादन किया है कि ज्ञान मात्र अपने विषय का ही ज्ञापक होता है, स्वयं का नहीं। ज्ञान अन्य ज्ञान द्वारा जाना जा सकता है पर वह स्वयं अपना विषय कभी नहीं हो सकता।

जैन दार्शनिक उपर्युक्त दोनों मतों को अस्वीकार करते हुए कहते हैं कि प्रत्येक ज्ञान स्व-पर प्रकाशक होता है।[2] ज्ञान विषय प्रकाशन रूप होता है तथा विषय को जानने के साथ ही साथ अपने विषय ग्रहण रूप स्वभाव को भी जानता है। परसम्वेदन ''यह घट है'' तथा स्वसंवेदन ''मैं इस घट को जान रहा हूँ'' ये दोनों प्रत्येक ज्ञान के अनिवार्य पक्ष हैं तथा अस्तित्व की दृष्टि से परस्पर सापेक्ष हैं। इनमें से एक का निषेध करने पर दूसरे का विधान करना असम्भव है। ज्ञान को मात्र पर प्रकाशक मानने पर उसका पर प्रकाशकत्व भी सिद्ध किया जाना असम्भव है क्योंकि जब तक विषय बोध ज्ञात नहीं हो, विषय को ''ज्ञात'' किस प्रकार कहा जा सकता है। जैसे जब तक यह ज्ञात नहीं हो कि ''घट ज्ञात हुआ है'' तब तक घट को ज्ञात किस प्रकार कहा जा सकता है? इसी प्रकार ज्ञान को मात्र स्वसंवेदी मानने पर उसकी पर संवेदनता का निषेध भी नहीं किया जा सकता। ज्ञान सदैव अपने से भिन्न किसी पदार्थ को जानता हुआ ही उत्पन्न होता है। वह हमें बाह्य पदार्थ का परिचय देता है तथा जिस प्रकार ज्ञान से बाहर जाकर बाह्य पदार्थ को सिद्ध नहीं किया जा सकता उसी प्रकार ज्ञान से बाहर जाकर बाह्य पदार्थ की सत्ता का निषेध भी नहीं किया जा सकता।

## मीमांसा और न्याय मत-ज्ञान का अनात्म संवेदक और परप्रकाशक स्वरूप

क्या यह ज्ञात हुए बिना कि किस वस्तु का ज्ञान हुआ है, विषय को ज्ञात कहा जा सकता है ? इस प्रश्न का सर्व सम्मत उत्तर होगा, नहीं। लेकिन दार्शनिकों के लिये इस प्रश्न का उत्तर काफी विवादास्पद रहा है और इस विवाद का आधार है सामान्यतया विभिन्न कारकों की परस्पर भिन्न रूप से उपलब्धि। किसी भी क्रिया के कर्त्ता, कर्म और करण परस्पर भिन्न भिन्न होते हैं तथा उस क्रिया का स्वरूप भी उन सबसे भिन्न होता है। ''बढ़ई कुठार से लकड़ी को काटता है'' इसमें बढ़ई-कर्त्ता, कुठार-करण तथा लकड़ी-कर्म भिन्न भिन्न वस्तुएँ हैं। न तो बढ़ई स्वयं अपने को काटता है, न कुठार स्वयं अपने को काटता है और न ही काटना क्रिया स्वयं को काटती है, अपितु बढ़ई कुठार के द्वारा इन दोनों से भिन्न लकड़ी को काटता है। इस प्रकार प्रत्येक क्रिया का कर्म-जिस पर क्रिया

---

2. ज्ञानं स्वपरावभासी। लघीयस्त्रय-60

की जा रही है सदैव कर्त्ता, करण और क्रिया से भिन्न होता है। ज्ञान को अनात्म संवेदक तथा मात्र पर प्रकाशक सिद्ध करने के लिये नैयायिक और मीमांसक कर्त्ता, कर्म, करण और क्रिया की पूर्णरूपेण पृथकता को प्रमुख युक्ति के रूप में प्रस्तुत करते हैं। वे कहते हैं कि ज्ञप्ति क्रिया का कर्म- वह विषय, जिसे जाना जा रहा है- सदैव उससे भिन्न होता है। कभी भी स्वात्मा में क्रिया नहीं होती। ज्ञान और उसके विषय में सदैव भेद होता है, इसलिये कोई भी ज्ञान स्वयं अपना विषय नहीं हो सकता।

शवर स्वामी कहते हैं कि बुद्धि (ज्ञान) विषय बोध का करण है। इसलिये प्रथम क्षण में उसकी उत्पत्ति होती है तथा द्वितीय क्षण में वह विषय को जानती है। बुद्धि का कभी प्रत्यक्ष नहीं होता अपितु सदैव विषय प्रत्यक्ष गम्य होता है। बुद्धि विषय बोध के पूर्व क्षण में उत्पन्न होती है पर स्वयं को नहीं जानती। अनन्तरवर्ती क्षण में वह विषय को जानती है इसलिये स्वयं को नहीं जान सकती, क्योंकि एक ज्ञान के दो विषय नहीं हो सकते। क्षणिक होने के कारण तृतीय क्षण में वह नष्ट हो जाती है तथा परवर्ती बुद्धि से सम्बद्ध नहीं होने के कारण उसके द्वारा प्रत्यक्ष नहीं की जा सकती। अतः बुद्धि अनुमान गम्य होती है।[3]

शावरभाष्य के टीकाकार कुमारिल ज्ञान को सर्वथा अनात्मप्रकाशक मानते हैं जबकि प्रभाकर ज्ञान की स्वसंवेदनता को भी मानना चाहते हैं तथा भाष्य से भी संगति बनाये रखना चाहते हैं। इसलिये जिसे आम तौर पर ज्ञान कहा जाता है उसे वे संवित् कहते हैं तथा उससे भिन्न किसी अज्ञात ज्ञान को उसका करण मानते हैं जो उनके अनुसार अनुमान गम्य है। प्रभाकर कहते हैं संवेद्य जिसका विषय हो वह सवित् है। यह सवित् पदार्थ की प्रकाशक होने के साथ ही साथ स्वयं की भी प्रकाशक होती है। इसके प्रकाशन के लिये यदि अन्य संवित् की अपेक्षा की जाय तो विषय कभी ज्ञात नहीं हो सकता। संवित् विषय और ज्ञान दोनों से भिन्न है। संवित् सदैव संवित् रूप से तथा विषय से भिन्न

---

3. प्रत्यक्षा च नो बुद्धिः। ........
अर्थविषया हि प्रत्यक्षाबुद्धिः, न बुद्धयन्तरविषया। क्षणिका हि सा, न कुद्धयन्तरकालमवस्थास्यत इति।...... न ह्यज्ञातेऽर्थे कश्चिद् बुद्धिमुपलभते, ज्ञाते त्वनुमानादवगच्छति।
अतः पूर्वं बुद्धिरुत्पद्यते न तु पूर्वं ज्ञायते। भवति हि कदाचिदेतद् यज्ज्ञातोऽप्यर्थः सन 'अज्ञात' इत्युच्यते। न च अर्थव्यपदेशमन्तरेण बुद्धेः रूपोपलम्भनम्, तस्मान्न व्यपदेश्या बुद्धिः, अव्यपदेश्यं च न प्रत्यक्षम्। तस्मादप्रत्यक्षा बुद्धिः।
मीमांसा शावरभाष्य; भाग-1, पृष्ठ-27

ज्ञात होती है। वह कभी भी स्वयं के संवेद्य के रूप में ज्ञात नहीं होती जबकि विषय सदैव संवेद्य (विषय) के रूप में ही ज्ञात होता है। वे आगे कहते हैं कि संवित् विषय प्रकाशन रूप फल है। अत: इसकी उत्पत्ति के लिये करण की आवश्यकता है। वह करण या प्रमाण है ज्ञान। ज्ञान निराकार होता है इसलिये प्रत्यक्ष गम्य नहीं होता। ''कार्य सदैव कारण की अपेक्षा रखता है'' इस लौकिक प्रतीति के आधार पर उसका अनुमान किया जाता है।[4]

कुमारिल ज्ञान को मात्र पर प्रकाशक मानते हैं। उनके अनुसार ज्ञान विषय बोध के लिये आत्मा का करण है। इन्द्रियाँ अचेतन होने के कारण विषयपरिच्छेदन का करण नहीं हो सकतीं। जब तक आत्मा में ज्ञातता क्रिया उत्पन्न नहीं हो तब तक इन्द्रियाँ, पदार्थ आदि सभी के रहते हुए भी उसे विषय बोध नहीं हो सकता। क्या विषयी स्वयं अपना विषय हो सकता है ? क्या ज्ञान अपने आप को जान सकता है ? विज्ञानवादी कहते हैं कि ज्ञान अपने आप को ही जानता है। उसका विषय कभी उससे स्वतंत्र नहीं हो सकता अपितु उसके अपने आकार ही उसके विषय होते हैं। दूसरे शब्दों में ज्ञान और ज्ञेय में अभेद होता है। कुमारिल कहते हैं कि ऐसा कोई दृष्टान्त नहीं है जिससे स्वात्मा पर क्रिया सिद्ध हो रही हो। तब यह किस प्रकार कहा जा सकता है कि ज्ञप्ति क्रिया स्वयं को जानती है।[5] इस पर टीका करते हुए पार्थसारथी मिश्र कहते हैं कि विषय और विषयी पूर्णत: भिन्न भिन्न वस्तुएँ हैं। कोई भी ज्ञान स्वयं अपना विषय नहीं हो सकता क्योंकि स्वात्मा में क्रिया का विरोध है। कोई भी व्यक्ति यह नहीं कह सकता कि पाकता क्रिया स्वयं अपने आप को पकाती है अथवा काटना क्रिया स्वयं को काटती है, अपितु ये क्रियाएँ अपने से भिन्न पदार्थों पर ही घटित होती हैं। तब यही कैसे कहा जा सकता है कि ज्ञप्ति क्रिया स्वयं को जानती है।[6]

---

4. संवित्तयैव हि संवित् संवेद्या न संवेद्यतया। केयं वाचो युक्ति: संवेद्या न संविद्येति। इयमिमं वाचो युक्ति: नास्या कर्मभावोंविद्यते इत्यर्थ:। कर्म च संवेद्याभिधेयं न संवित्, तस्मान्न पृथक् संवेद्यतया गृहीतुं शक्यते। .......क: पुन: प्रमेयसंवेद्ययोर्विशेष:। यत्र हि विषयस्य स्वरूपं परिच्छिद्यते तत्संवेद्यमित्युच्यते अत: सम्वेदनं प्रत्यक्षमिति प्रमाणविद: असम्वेदना च प्रमिति: ज्ञाने आकारान्तराग्रहणात्। तस्मात् ज्ञानं प्रत्यक्षमित्ययुक्तम्। क्षणिकत्वाच्चास्य प्रत्यक्षता न संभवति। .......... तस्मान्न बुद्धिविषयं प्रत्यक्षम्, अर्थविषयं हि तत् अत: सिद्धंमानुमानिकत्वं बुद्धे: फलत:।

वृहती तथा पंजिका 1/1/5

5. नैतदस्ति त्वयैकं ग्राह्यं ग्राहकमिष्यते।
न चैकस्यैवात्मत्वे दृष्टान्त: कश्चिदस्ति ते।। श्लोकवार्तिक, शून्यवाद–64
6. Epistemology of The Bhatt School of Purva Mimansa, Page-35

सामान्यतया ज्ञान को स्वसंवेदी सिद्ध करने के लिये दीपक का दृष्टान्त दिया जाता है। यह कहा जाता है कि जिस प्रकार दीपक अन्यों को प्रकाशित करने के साथ ही स्वयं को भी प्रकाशित करता है उसी प्रकार ज्ञान भी अन्यों को जानने के साथ ही साथ स्वयं को भी जानता है, पर प्रकाशित करना और जानना एक ही बात नहीं है। दीपक स्वयं को प्रकाशित तो कर सकता है, पर जान नहीं सकता।[7] अत: दीपक के दृष्टान्त द्वारा ज्ञान की स्वसंवेदनता सिद्ध नहीं होती। वास्तव में करण की प्रकृति ही ऐसी है कि वह सदैव अपने से भिन्न वस्तु पर ही क्रिया करता है। चक्षु रूपादि को प्रकाशित कर सकता है पर स्वयं के प्रकाशन की क्षमता का उसमें अभाव है। चक्षुरादि इन्द्रियों के प्रकाशन के लिये अन्य की अपेक्षा होती है। इसी प्रकार ज्ञान भी विषय बोध का कार्य करता है, पर उसका ज्ञान अन्य ज्ञान की सहायता से ही हो सकता है।[8]

नैयायिक कहते हैं कि ज्ञान का विषय सदैव उससे भिन्न वस्तु होती है। इसलिये ज्ञान कभी भी अपने को नहीं जानता, अपितु वह सदैव पर प्रकाशक ही होता है। यदि कहा जाय कि ज्ञान के स्वसम्वेदन की उपलब्धि आत्मा और अन्त:करण के संयोग से होती है तो ऐसा मानने पर ज्ञान, ज्ञाता और ज्ञेय तीनों में अभेद हो जायेगा क्योंकि स्वयं से स्वयं का ज्ञान होने पर वही ज्ञान स्वयं को जानने वाला होगा, लेकिन ऐसा मानना उचित नहीं है क्योंकि अन्यत्र तीनों के अभेद की उपलब्धि नहीं होती। उदाहरण के लिये दण्ड, चक्रादि करण, घट निर्माण रूप क्रिया तथा घट ये तीनों भिन्न होते हैं। इसलिये करण और कर्म तथा क्रिया और कर्म के अभेद का अभाव होने के कारण ज्ञान भी स्वसम्वेद्य नहीं हो सकता। अत: ज्ञान ज्ञानान्तरवेद्य है, ज्ञेय होने से, घट के समान।[9]

पदार्थ ज्ञान स्वत: ज्ञात नहीं होकर अनन्तरवर्ती ज्ञान से ज्ञात होता है। पहले पदार्थ ज्ञात होता है। उसके परवर्ती क्षण में पदार्थ ज्ञान ज्ञात होता है जिसे अनुव्यवसाय कहा जाता है। अनुव्यवसाय शब्द का अर्थ है- "व्यवसाय को जानने वाला प्रत्यक्ष।" उदाहरण के लिये घट ज्ञान के अनन्तर "मैं घट को जानता हूँ" यह मानस ज्ञान अनुव्यवसाय है।"[10]

---

7. श्लोकवार्तिक, शून्यवाद-65-66
8. श्लोकवार्तिक, शून्यवाद-186 तथा 187 पूर्वार्द्ध।
9. प्रशस्तपादभाष्य व्योमवती टीका; पृष्ट-529
10. अनुव्यवसाय-व्यवसाय गोचर प्रत्यक्ष। म.प्र.पृ. 69। यथा घटज्ञानान्तरं 'अहं घटं जानामि' इति मानस ज्ञानं। न्याय कोश पृष्ठ-35

## जैन मत–ज्ञान की परप्रकाशकता उसमें स्वसंवेदन का सद्भाव होने पर ही सम्भव :-

प्रत्येक ज्ञान विषय को प्रकाशित करने के साथ ही साथ यह भी जानता है कि वह स्वयं किस विषय का ज्ञान है। जब तक विषय ज्ञान ज्ञात नहीं हो तब तक विषय भी ज्ञात नहीं हो सकता। भाट्ट मीमांसक कहते हैं कि ज्ञान विषय बोध का करण है तथा करण की सत्ता ही कार्योत्पत्ति के लिये आवश्यक है, ज्ञान नहीं। अतः ज्ञान के अज्ञात रहते हुए भी विषय की सिद्धि हो जाती है।[11] भासर्वज्ञ कहते हैं कि ज्ञान की उपलब्धि विषय को लिंग के समान सिद्ध नहीं करती जिससे कि उसकी अनुपलब्धि होने पर विषय भी असिद्ध हो। ज्ञान के विषय ग्रहण रूप से उत्पत्ति होने के साथ ही विषय व्यवहार योग्य हो जाता है इसलिये अज्ञात ज्ञान से भी विषय सिद्ध हो जाता है।[12]

इस मत को अस्वीकार करते हुए जैनाचार्य कहते हैं कि यदि अज्ञात ज्ञान से विषय सिद्ध हो सकता है तो अज्ञात शब्द से उसका अर्थ तथा अज्ञात लिंग से उसका साध्य भी सिद्ध हो जाना चाहिये। लेकिन शब्द और लिंग के ज्ञात हुए बिना अर्थ और साध्य का ज्ञान कोई स्वीकार नहीं करेगा। वास्तव में हेतु दो प्रकार के होते हैं– कारक और ज्ञापक। कारक हेतु अज्ञात रह कर भी कार्यकारी हो सकता है पर ज्ञापक हेतु स्वयं ज्ञात होकर ही विषय का ज्ञापक हो सकता है, अन्यथा नहीं।[13] किसी भी पदार्थ में स्वयं के ज्ञान को उत्पन्न करने की क्षमता नहीं है। ज्ञान ही अपने विषयज्ञानमय स्वरूप को जानते हुए अपने विषय को जानता है। जब ज्ञान स्वयं ही अज्ञात हो तो उसका विषय कैसे ज्ञात हो सकता है?

यदि विषय ज्ञान स्वसंवेदन रहित हो तो वह कभी भी ज्ञात नहीं हो सकता। उसके अज्ञात होने पर ज्ञाता और ज्ञान के संबंध में कुछ भी कहना असम्भव है। वादिराज कहते हैं कि "यह घट है," "यह पट है।" इस प्रकार प्रतिनियत विषय का नियामक व्यक्ति का स्वयं का अनुभव है। योगिदर्शन का विषय समस्त वस्तुएँ हैं, इसका निश्चय भी ज्ञान द्वारा ही होता है। प्रश्न उठता है कि वह अनुभव, जिसने प्रतिनियत वस्तु को जाना है, ही जब तक ज्ञात न हो तब तक

---

11. Epistemology of Bhatt School of Purva Mimansa, Page-52
12. न्यायविनिश्चयविवरण, भाग-1, पृष्ठ-215 पर उद्धृत
13. तत्त्वार्थश्लोकवार्तिक, पृष्ठ- 41-42

यह कैसे कहा जा सकता है कि यही विषय ज्ञात हुआ है, अन्य नहीं? यह नियत विषय ही ज्ञात हुआ है, सब वस्तुएँ नहीं: इसका निश्चय विषय ज्ञान को जानने पर ही हो सकता है, अन्यथा नहीं। इसलिये विषय ज्ञान के अभाव में प्रतिनियत विषय व्यवस्था असम्भव है।[14] व्योमशिव कहते हैं, ''जिस विषय का ज्ञान उत्पन्न होता है उस विषय की उपलब्धि होती है, अन्य की नहीं। यही विषय विषयी भाव का नियामक है।''[15] इसे अस्वीकार करते हुए वादिराज कहते हैं कि विषय विषयी भाव की स्थापना करके विवाद का निपटारा तभी किया जा सकता है जबकि विषय और विषयी दोनों ज्ञात हों। अज्ञात विषयी के लिये तो यह भी कहा जा सकता है कि उसका विषय सभी वस्तुएँ हैं। इसका निराकरण तभी सम्भव है जबकि विषयी का भी प्रत्यक्ष हो।[16]

यदि अज्ञात ज्ञान से विषय ज्ञात हो सकता है तो जिस प्रकार हमारे लिये दूसरे का ज्ञान अज्ञात है उसी प्रकार हमारा ज्ञान भी अज्ञात है। इसलिये हमारे ज्ञान में ऐसी कोई विशेषता नहीं है जिसका हमारे लिये दूसरे के ज्ञान में अभाव हो। इसलिये किसी के भी ज्ञान से किसी भी व्यक्ति को विषय ज्ञात हो जाना चाहिये। देवदत्त के ज्ञान से यज्ञदत्त को भी विषय बोध हो जाना चाहिये।[17] इस प्रकार ज्ञान को अनात्म प्रकाशक स्वीकार करने पर 'यही ज्ञाता है, अन्य नहीं,' इसका नियमन असम्भव है। नैयायिक कहते हैं, ''जिस आत्मा में समवेत होकर ज्ञान उत्पन्न होता है वही ज्ञाता है, अन्य नहीं; विवक्षित ज्ञान का असमवाय होने से।''[18] प्रश्न उठता है कि विवक्षित ज्ञान का आत्मा में समवाय हुआ या नहीं इसका ज्ञान कैसे होता है ? स्वतः तो हो नहीं सकता क्योंकि ज्ञान में स्वसंवेदन का अभाव है। उसके अनन्तरवर्ती ज्ञान से भी नहीं हो सकता क्योंकि वह भी मात्र अपने विषय-पदार्थज्ञान को ही प्रकाशित करने वाला है, स्वयं को नहीं; तथा स्वयं के अज्ञात रहने पर उसका विषय-पदार्थज्ञान भी प्रकाशित नहीं हो सकता। अतः 'यही इस विषय का ज्ञाता है' यह न तो स्वतः ज्ञात हो सकता है, न परतः।[19] कहने का तात्पर्य यह है कि ज्ञान को जान कर ही यह कहा जा सकता है कि इस ज्ञान की आत्मा में उत्पत्ति हुई है, अन्यथा नहीं। तथा

---

14. न्यायविनिश्चयविवरण; भाग-1 पृष्ठ-211-212
15. प्रशस्तपादभाष्य व्योमवती टीका, पृष्ठ-529
16. न्यायविनिश्चयविवरण; भाग-1, पृष्ठ-211-212
17. न्यायावतार, पृष्ठ-21
18. प्रशस्तपादभाष्य व्योमवती टीका, पृष्ठ-529
19. न्यायविनिश्चयविवरण, भाग-1, पृष्ठ-213

ज्ञान स्वसंवेदी होने पर ही ज्ञात हो सकता है, अन्यथा नहीं।

पदार्थ ज्ञान से जाना जाता है, यह तभी कहा जा सकता है जबकि हमने ज्ञान को कभी जाना हो। स्वसंवेदन के अभाव में न तो ज्ञान के सम्बंध में कुछ कहा जा सकता है और न ही उसकी सत्ता सिद्ध की जा सकती है। यदि कहा जाय कि स्वसंवेदन के अभाव में भी ज्ञान की सत्ता सिद्ध होती है तो प्रश्न उठता है कि किस प्रमाण के आधार पर? प्रत्यक्ष से तो ज्ञान की सत्ता सिद्ध की नहीं जा सकती, क्योंकि प्रत्यक्ष इन्द्रियार्थ सन्निकर्ष रूप है तथा ज्ञान इन्द्रियों से ज्ञात नहीं हो सकता। यदि कहा जाय कि अनन्तरवर्ती क्षण में वह मन से सन्निकृष्ट होकर ज्ञात होता है तो क्षणिक होने के कारण ज्ञान विषय को जान कर ही समाप्त हो जाता है। परवर्ती क्षण में उसकी सत्ता ही नहीं रहती; तब वह मन से किस प्रकार सम्बद्ध हो सकता है? यदि मान भी लिया जाय कि द्वितीय क्षण में विषय ज्ञान का प्रत्यक्ष होता है तो वह विषय सहित ज्ञात होता है या विषय रहित रूप से? विषय ज्ञान विषय सहित तो ज्ञात हो नहीं सकता क्योंकि विषय तो इन्द्रियार्थ सन्निकर्ष से ही जाना जाता है। यह भी नहीं माना जा सकता कि द्वितीय क्षण में विषय की स्मृति होती है और विषय ज्ञान ज्ञात होता है क्योंकि स्मृति सदैव पूर्वानुभव की ही होती है तथा पूर्वानुभव अर्थात विषय ज्ञान अभी तक अज्ञात है। यदि ज्ञान को द्वितीय क्षण में विषय रहित रूप से प्रत्यक्ष गम्य माना जाय तो विषयाभाव में ज्ञान की सत्ता ही नहीं रहेगी क्योंकि ज्ञान विषय प्रकाशन के अतिरिक्त कुछ नहीं है।

जिस विषय में कभी भी प्रत्यक्ष की गति नहीं हुई हो उसका कभी अनुमान नहीं किया जा सकता, क्योंकि अनुमान हेतु और साध्य के मध्य व्याप्ति संबंध के आधार पर किया जाता है तथा व्याप्ति संबंध का ज्ञान हेतु का साध्य के साथ अन्वय व्यतिरेकी दृष्टान्तों के प्रत्यक्ष के आधार पर ही हो सकता है। अन्य व्यक्ति में भी ज्ञान का अनुमान तभी किया जा सकता है जबकि हमने स्वसंवेदन के द्वारा ज्ञान को जाना हो। शब्द, उपमान आदि प्रमाणों के द्वारा भी ज्ञान कभी न कभी प्रत्यक्ष होने पर ही गम्य हो सकता है, अन्यथा नहीं। इस प्रकार ज्ञान की स्वप्रकाशकता को अस्वीकार करने पर ज्ञान की सत्ता ही सिद्ध नहीं होती।

नैयायिक ज्ञान को ज्ञानान्तरवेद्य सिद्ध करने के लिये निम्न अनुमान का सहारा लेते हैं: ''ज्ञान ज्ञानान्तरवेद्य है, ज्ञेय होने से, घट के समान।'' इस अनुमान में हेतु ज्ञेयत्व आश्रयासिद्ध है क्योंकि स्वसंवेदन के अभाव में ज्ञान किसी भी

प्रमाण से नहीं जाना जा सकता। कोई भी विषय तभी ज्ञात हो सकता है जबकि उस विषय को जानने वाला ज्ञान स्वयं ज्ञात हो, फिर वह विषय स्वयं ज्ञान हो या अन्य कोई पदार्थ। अतः जब धर्मी रूप से स्थित ज्ञान की सत्ता ही सिद्ध नहीं है तो उसमें ज्ञानान्तरवेद्यपना कैसे सिद्ध किया जा सकता है?

ज्ञान के स्वसंवेदन के अभाव में ज्ञान की सत्ता के संबंध में बात कैसे की जा सकती है? यह किस आधार पर कहा जा सकता है कि इस विषय के ज्ञान की उत्पत्ति हुई है? भाट्ट मीमांसक कहते हैं कि विषय बोध का ज्ञान अर्थापत्ति से होता है। इसका आधार विषय में उत्पन्न हुई ज्ञातता की अन्य प्रकार से व्याख्या का असम्भव होना है।[20] कहने का तात्पर्य यह है कि पहले यह विषय अज्ञात था। अब इसमें ज्ञातता नामक गुण उत्पन्न हुआ है। अतः अवश्य ही इस विषय का ज्ञान हुआ है, अन्यथा इस विषय में ज्ञातता नामक गुण की उत्पत्ति होनी असंभव थी। इस प्रकार पदार्थ में विद्यमान ज्ञातता की अन्यथा असिद्धि के बल पर पदार्थ के ज्ञान का ज्ञान होता है।

वादिराज कहते हैं कि विषय बोध की सत्ता सिद्ध है या असिद्ध? यदि सिद्ध है तो ज्ञान के धर्म के रूप में या पदार्थ के धर्म के रूप में। यदि विषय को जानना ज्ञान का धर्म है और विषय प्रकाशन रूप ज्ञान सिद्ध है तो इस ज्ञान की सत्ता सिद्ध करने के लिये अर्थापत्ति की कल्पना करने की कोई आवश्यकता नहीं है। यदि विषय प्रकाशन पदार्थ के धर्म के रूप में सिद्ध हो तो फिर पदार्थ स्वयं ही ज्ञान स्वरूप हो जाय, पदार्थ से स्वतन्त्र ज्ञान की कल्पना करने की कोई आवश्यकता ही नहीं है। यदि पदार्थ ज्ञान स्वयं ही असिद्ध हो तो उसके आधार पर पदार्थ ज्ञान के ज्ञान की सत्ता को सिद्ध नहीं किया जा सकता, जिस प्रकार कि असिद्ध धूम से अग्नि को सिद्ध नहीं किया जा सकता।[21]

इन्द्रिय, पदार्थ आदि को भी हेतु बनाकर ज्ञान को सिद्ध नहीं किया जा सकता। यदि इन्द्रिय के आधार पर ज्ञान को सिद्ध किया जाय तो प्रश्न उठता है कि इन्द्रियों की सत्ता तो सदैव रहती है, पर इस समय इस इन्द्रिय से ज्ञान हुआ है यह तो ज्ञान को जान कर ही कहा जा सकता है। फिर मूर्च्छावस्था, निन्द्रा आदि में ज्ञान का अभाव हो जाता है जबकि इन्द्रियाँ उस समय उपस्थित रहती हैं। अतः इन्द्रियों की उपस्थिति मात्र से ज्ञान की सत्ता के संबंध में अनुमान

20. नान्यथा ह्यर्थसद्भावो दृष्टः सन्नुपपद्यते।
ज्ञानं चेन्नेत्यतः पश्चात् प्रमाणमुपजायते। श्लोकवार्तिक, शून्यवाद-182

21. न्यायविनिश्चयविवरण, भाग-1, पृष्ठ-192

नहीं किया जा सकता। पदार्थ के आधार पर यदि ज्ञान की सत्ता सिद्ध की जाय तो पदार्थ मात्र को हेतु बनाया जायेगा या पदार्थ विशेष को। यदि पदार्थ मात्र को ज्ञान की सत्ता को सिद्ध करने का हेतु बनाया जायेगा तो सब सर्वज्ञ हो जायेंगे, यदि पदार्थ विशेष को हेतु बनाया जाय तो वह पदार्थ विशेष ''ज्ञात पदार्थ'' ही हो सकता है। पर जब तक विशेषण ''ज्ञात'' ज्ञात नहीं हो तब तक उससे युक्त विशेष्य ''ज्ञात पदार्थ'' कैसे ज्ञात हो सकता है क्योंकि विशेष्य सदैव विशेषण के ज्ञात होने पर ही ज्ञात होता है। अतः यदि पदार्थ का विशेषण ''ज्ञात'' ज्ञात है तो अनुमान की कोई आवश्यकता नहीं है तथा यदि ज्ञात नहीं है तो अनुमान सम्भव नहीं है।[22]

नैयायिक और मीमांसक ज्ञान की परप्रकाशकता को स्वीकार करने के लिये प्रमुख तर्क ''स्वात्मनि क्रिया विरोधात्'' देते हैं। नैयायिक कहते हैं कि कोई भी क्रिया स्वयं अपना कर्म नहीं होती तथा मीमांसक कहते हैं कि करण सदैव अपने से भिन्न वस्तु पर क्रिया को करता है। इसे अस्वीकार करते हुए अनन्तवीर्य कहते हैं कि मीमांसकों का यह तर्क करण के स्वरूप को समझे बिना ही दिया हुआ है। करण दो प्रकार के होते हैं- भिन्न कर्तृक करण और अभिन्न कर्तृक करण। 'देवदत्त फरसे से घास काटता है' यह भिन्न कर्तृक करण का दृष्टान्त है तथा 'अग्नि अपनी उष्णता से घास को जलाती है' यह अभिन्न कर्तृक करण का दृष्टान्त है। यहाँ अभिन्न कर्तृक करण विवक्षित है, जो स्वयं पर क्रिया करते हुए ही कार्यकारी होता है। दीपक का भासुराकार प्रकाश स्वयं को प्रकाशित करते हुए ही अन्यों को प्रकाशित करता है।[23] इस पर आपत्ति करते हुए नैयायिक और मीमांसक कहते हैं कि दीपक का दृष्टान्त ज्ञान की स्वसंवेदनता को सिद्ध नहीं कर सकता क्योंकि वह सदैव ज्ञेय ही रहता है, कभी भी ज्ञान का विषय नहीं होता। इसके उत्तर में प्रभाचन्द्र कहते हैं कि दीपक और ज्ञान दोनों का ही काम प्रकाशित करना है। यह प्रकाशन बोध रूप हो या भासुर रूप, सदैव स्व पर के स्वरूप को स्पष्ट करने वाला होता है।[24]

विद्यानन्दि कहते हैं कि ज्ञप्ति क्रिया का स्वात्मा में विरोध उत्पत्ति रूप से होता है या ज्ञप्ति रूप से? यदि उत्पत्ति रूप से ज्ञप्ति क्रिया का स्वात्मा में विरोध माना जाय तो इसमें किसी को आपत्ति नहीं हो सकती क्योंकि किसी

---

22. न्यायकुमुदचन्द्र; भाग-1, पृष्ठ-178-179
23. प्रमेयरत्नमाला; पृष्ठ-308
24. प्रमेयकमलमार्तण्ड; पृष्ठ-147

भी क्रिया की स्वयं से उत्पत्ति नहीं होती अपितु उसकी उत्पत्ति पूर्ववर्ती पदार्थों से होती है। यदि ज्ञप्ति क्रिया का ज्ञप्ति रूप से स्वात्मा में विरोध हो तो यह कहना उचित नहीं है, क्योंकि जानना ज्ञान का स्वभाव है तथा स्वभाव से किसी का विरोध नहीं होता।[25]

परम्परा से स्वात्मा में क्रिया की उत्पत्ति स्वीकार करने में भी कोई विरोध नहीं है। जैसे यदि कहा जाय कि छिदि क्रिया का स्वयं के छेदन रूप से कभी भी ज्ञान नहीं होता अपितु उसका काष्ठ के ही छेदन रूप से ज्ञान होता है। प्रश्न उठता है कि कुठार में स्थित छिदि क्रिया काष्ठ में क्या करती है ? वह काष्ठ के अवयवों में स्थित आरम्भक संयोग को नष्ट करके स्वयं भी नष्ट हो जाती है। आरम्भक संयोग के नाश से ही काष्ठ में छेदन होता है। इस प्रकार परम्परा से कुठार में स्थित छिदि क्रिया द्वारा स्वयं पर भी क्रिया होती है क्योंकि काष्ठ के आरम्भक संयोग के नाश के साथ ही वह स्वयं भी नष्ट हो जाती है। अतः यदि स्वात्मा में क्रिया का निषेध माना जाय तो परात्मा में भी क्रिया का निषेध हो जायेगा। उपर्युक्त दृष्टान्त से स्पष्ट है कि किसी क्रिया के स्वात्मा में घटित होने में कोई विरोध नहीं है और इसलिये इस आधार पर ज्ञान की स्वसंवेदनता का निषेध नहीं किया जा सकता।[26]

मीमांसकों के अनुसार आत्मा को ज्ञान के द्वारा विषय बोध होता है इसलिये ज्ञान विषय बोध का करण है। करण होने के कारण वह स्वयं अपना कर्म कैसे हो सकता है ? जैसा कि हम देख चुके हैं मीमांसक ज्ञान को विषय बोध का करण मानते हैं तथा विषय बोध के पूर्व क्षण में उसकी उत्पत्ति मानते हैं। प्रभाचन्द्र कहते हैं कि यदि ज्ञान से उनका तात्पर्य ''लब्धि'' (जानने की शक्ति) से हो तो हमें कोई आपत्ति नहीं है क्योंकि सदैव जानने की योग्यता या शक्ति के पूर्व सद्भाव में ही ज्ञान पर्याय या विषय बोध उत्पन्न होता है जिसे हम 'ज्ञानोपयोग' कहते हैं। शक्ति सदैव परोक्ष होती है तथा इस दृष्टि से ज्ञान को परोक्ष मानने में हमें कोई आपत्ति नहीं है, पर ज्ञानोपयोग रूप से ज्ञान को परोक्ष नहीं माना जा सकता क्योंकि वह विषय बोध के अतिरिक्त कुछ नहीं है।[27]

ज्ञान चेतना और विषय बोध में अंतर इतना ही है कि विषय बोध विषय के निश्चय रूप से ज्ञात होता है तथा उसका ज्ञान विषय ग्रहण स्वभाव युक्त

25. प्रवचनसार तत्तवप्रदीपिका; गाथा–36

26. न्यायविनिश्चयविवरण, भाग–1, पृष्ठ–217

27. प्रमेयकमलमार्तण्ड, पृष्ठ–122

अहं बुद्धि रूप से ज्ञात होता है। यदि कहा जाय कि विषय चेतना से विषय तथा अहं बुद्धि से आत्मा ज्ञात होता है, ज्ञान तो सदैव अज्ञात ही रहता है तो फिर ज्ञान को मानने की ही क्या जरूरत है? आत्मा को ही स्व-पर-प्रकाशक स्वीकार कर लिया जाय। इस प्रकार विषय को जानना आत्मा की ही एक पर्याय हो जाय पर यह भी तभी सम्भव है जबकि यह बोध भी साथ ही हो कि 'मैं इस विषय को जान रहा हूँ।'

किस वस्तु को 'ज्ञात' कहा जाय तथा किस को 'अज्ञात' इसका निश्चय ज्ञान को जान कर ही किया जा सकता है, ज्ञान के अज्ञात रहने पर नहीं; क्योंकि विषय ज्ञान में ही ज्ञात होता है, ज्ञान रहित रूप से नहीं। ज्ञान के 'अज्ञात' रहने पर ज्ञात और अज्ञात पदार्थ में कोई अंतर नहीं किया जा सकता। कभी भी निर्विशेष वस्तु की प्रतीति नहीं होती अपितु विशेष्य सदैव विशेषणों के ज्ञात होने पर ही जाना जा सकता है। अतः 'ज्ञात पदार्थ' इस विशिष्ट बुद्धि का विषय 'पदार्थ' तभी ज्ञात हो सकता है जबकि उसका विशेषण 'ज्ञात' भी ज्ञात हो।[28] उपर्युक्त विवेचन से स्पष्ट है कि ज्ञान के स्वसंवेदी नहीं होने पर उसके द्वारा पदार्थ का संवेदन होना असम्भव है। जिस प्रकार स्वसंवेदन के अभाव में परसंवेदन असम्भव है उसी प्रकार परसंवेदन के अभाव में स्वसंवेदन भी असम्भव है। ज्ञान निश्चयात्मक होता है। जिसके सम्बंध में निर्णय किया जा रहा है वह ज्ञान का विषय होता है। ऐसे किसी ज्ञान की कल्पना नहीं की जा सकती जो सम्वेदन मात्र हो तथा जिसमें किसी प्रकार का भेद किया जाना सम्भव नहीं हो। जहाँ भी कहीं निर्णय होगा वहाँ उसका विषय भी होगा तथा उस निर्णय के विषय तथा उसका अनुभव ये दो पक्ष भी होंगे। ज्ञान का विषय उससे स्वतंत्र अस्तित्व रखता है। यहाँ यह आपत्ति की जा सकती है कि तब ज्ञान को स्वयं का विषय कैसे कहा जा सकता है? यह आपत्ति अनुचित है क्योंकि प्रत्येक ज्ञान स्वयं को तो जानता है पर वह अन्य पदार्थ को जानते हुए ही स्वयं को जानता है। मात्र स्वसंवेदन की सत्ता असम्भव है।

## योगाचार मत-ज्ञान का स्वप्रकाशक स्वरूप और उसमें परप्रकाशन का अभाव

योगाचार दार्शनिक ज्ञान को मात्र स्वप्रकाशक ही स्वीकार करते हैं तथा वे इसकी परप्रकाशकता का निषेध करते हैं। उनके अनुसार प्रत्येक ज्ञान सदैव स्वयं

---

28. स्वप्रकाशनाभावे ज्ञानस्यविषयनियमानुपपत्ते। न ह्स्वप्रकाशस्य तस्य 'अयमेव विषयो नान्यः' इति शक्योपपादनम्। न्यायविनिश्चयविवरण; भाग-1, पृष्ठ-210

को ही जानता है, तथा वह स्वयं से भिन्न किसी वस्तु को नहीं जानता। धर्मकीर्ति कहते हैं, ''बुद्धि से भिन्न कोई ग्राह्य पदार्थ नहीं है, न ही बुद्धि से बढ़कर कोई अनुभव है। ग्राह्य ग्राहक भाव से रहित वह स्वयं ही स्वयं को प्रकाशित करती है।''[29] प्रज्ञाकर गुप्त कहते है ''ज्ञान स्वस्वरूप में समाप्त होने वाला स्वसम्वेदन मात्र है। उसमें भेद प्रतिभास को स्वीकार करना युक्त नहीं है। स्वसम्वेदन और परसम्वेदन देवदत्त और यज्ञदत्त के समान भिन्न भिन्न हैं तथा ये कभी एक नहीं हो सकते। अत: ज्ञान सम्वेदन होने से स्वात्मा में निमग्न होता है तथा अपने से भिन्न किसी पदार्थ को नहीं जानता। यदि कहा जाय कि दूसरे को जानने में क्या दोष है तो वे कहते हैं कि ज्ञान जिस रूप से स्वयं को जान रहा है उसी रूप से उसका पर को जानना सम्भव नहीं है। यदि कहा जाय कि ज्ञान का स्वयं के स्वरूप को जानना युक्त नहीं है तो फिर जिस प्रकार सन्तानान्तर का ज्ञान अज्ञात है उसी प्रकार स्वयं का ज्ञान भी अज्ञात होगा। अत: उसे परसम्वेदन रूप स्वीकार करना भी सम्भव नहीं है।[30] अनुभव ही वस्तु व्यवस्था का नियामक है। अनुभव से बाहर जाकर किसी भी वस्तु की सिद्धि नहीं की जा सकती। बहिरर्थ की सत्ता तभी सिद्ध की जा सकती है जबकि अनुभव से स्वतंत्र बहिरर्थ का ज्ञान हो पर ऐसा कभी नहीं होता। अर्थ का सदैव ज्ञान काल में ही अनुभव होता है, अत: अर्थ का ज्ञान से अभेद है।[31]

कहा जा सकता है कि ज्ञान में हमें द्वि-रूप की प्रतीति होती है। जैसे ''यह घट है'' इस ज्ञान का एक आकार विषय या ग्राह्याकार ''घट'' होता है जो जाना जा रहा है तथा दूसरा ग्राहकाकार ''घटाकार ज्ञान है'' जो जान रहा है। विषय बहिर्मुख रूप से ज्ञात होता है तथा ज्ञान अन्तर्मुख रूप है। अत: ज्ञान ही हमें यह बताता है कि वह बहिस्थित किसी वस्तु को जान रहा है। धर्मकीर्ति कहते हैं कि उपर्युक्त प्रतीति भ्रमात्मक है। यदि ज्ञान और उसका विषय दो स्वतंत्र वस्तुएं होतीं तो कभी तो उनकी पृथक पृथक उपलब्धि होनी चाहिए थी। विषय सदैव ज्ञान सहित ही क्यों उपलब्ध होता है, ज्ञान रहित विषय की उपलब्धि क्यों नहीं होती ? नील और पीत दो भिन्न वस्तुएँ हैं क्योंकि उनके

---

29. नान्योऽनुभाव्यस्तेनास्ति तस्य नानुभवोऽपर।
    तस्यापि तुल्यचोद्यत्वात् स्वयं सैव प्रकाशते। प्रमाणवार्तिक 2/327
30. प्रमाणवार्तिकालंकार; पृष्ठ-288
31. दर्शनोपाधि रहितस्याग्रहात् तदग्रहे ग्रहाद्।
    दर्शनं नीलनिर्भासम्, नार्थो बाह्योऽस्ति केवलम्।। प्रमाणवार्तिक 2/335

साथ साथ उपलब्ध होने का कोई नियम नहीं है।[32] न तो कभी अनुभव से रहित पदार्थ की उपलब्धि होती है और न ही अर्थाकार के बिना ज्ञान होता है। इन दोनों की पृथक उपलब्धि के असम्भव होने के कारण इनमें भेद किया जाना असम्भव है।[33] वस्तुतः ज्ञान चित्र की तरह अद्वैत रूप है। जिस प्रकार चित्र के अनेक आकारों में भेद स्थापित करने पर उसकी चित्रता ही समाप्त हो जाती है, उसी प्रकार एक ज्ञान में ग्राह्यग्राहक रूप से भेद स्थापित किया जाना असम्भव है।[34] निर्विभाग ज्ञान में इस प्रकार का भेद देखना भ्रमात्मक है।[35] सदैव नीलाकार सम्वेदन रूप निर्विभाग ज्ञान की ही सत्ता होती है। जिस प्रकार तिमिर रोग से ग्रस्त व्यक्ति को एक चन्द्र में दो चन्द दिखायी देते हैं, उसी प्रकार अनादि वासना से ग्रस्त व्यक्ति को एक नीलाकार सम्वेदन में नीलाकार-जिसका ग्रहण किया जा रहा है तथा सम्वेदन - जो ग्रहण कर रहा है इस प्रकार भेद दिखायी देते हैं। लेकिन इस वासना जनित भेद के आधार पर ज्ञान और उसका विषय दो स्वतंत्र वस्तुएं नहीं मानी जा सकतीं। जिस प्रकार सदैव साथ उपलब्ध होने वाले दो चन्द्र वास्तव में एक ही हैं उसी प्रकार नील और उसकी बुद्धि भी सदैव साथ उपलब्ध होने के कारण वास्तव में एक ही हैं।

वस्तुवादी ज्ञान विशेष का कारण वस्तु विशेष को मानते हैं। सौत्रान्तिक कहते हैं कि ज्ञान जिस विषय से उत्पन्न होता है उसके आकार को धारण कर उसे जानता है।[36] ज्ञान की साकारता को विज्ञानवादी भी स्वीकार करते हैं लेकिन उनके अनुसार साकारता का कारण पदार्थ नहीं है। एक ही ज्ञान में ज्ञानाकार और ज्ञेयाकार दोनों नहीं हो सकते; इसलिये ज्ञान में बनने वाले आकार ज्ञान के ही आकार हैं। यदि ज्ञान को पदार्थ का ज्ञापक माना भी जाय तो पदार्थ तो क्षणिक होता है; वह अपनी उत्पत्ति काल में ज्ञान को अपना आकार देता है या उसके पश्चात? प्रथम विकल्प को स्वीकार नहीं किया जा सकता क्योंकि कारण सदैव कार्य से पूर्व होता है। द्वितीय पक्ष को स्वीकार करके भी ज्ञान को पदार्थ का ज्ञापक नहीं माना जा सकता क्योंकि ज्ञान काल में पदार्थ की सत्ता नहीं रहती।[37] विज्ञानवादियों के अनुसार बाह्य पदार्थों की सत्ता नहीं है।

---

32. प्रमाणवार्तिक 2/389
33. प्रमाणवार्तिक 2/390
34. नीलादिश्चित्रविज्ञाने ज्ञानोपाधिरनन्यभाक्।
    अशक्यदर्शनः, तं हि पतत्यर्थे विवेचयन्।। प्रमाणवार्तिक 2/220
35. प्रमाणवार्तिक 2/212
36. न्यायबिन्दुटीका, 1/20
37. प्रमाणवार्तिक 2/246

तब प्रश्न उठता है कि इस समय यही ज्ञान क्यों उत्पन्न हुआ है, अन्य ज्ञान क्यों नहीं उत्पन्न हुआ तथा समान पदार्थ देखने पर कई व्यक्तियों को समान ज्ञान क्यों होता है ? विज्ञानवादी कहते हैं कि व्यक्ति में ज्ञान विशेष की उत्पत्ति का कारण वासना विशेष का उदय है। विशेष बुद्धि की उत्पत्ति के लिये वाह्यार्थ की कोई आवश्यकता नहीं है।[38] धूम को देखने पर अग्नि का ही अनुमान क्यों होता है, अन्य वस्तु का क्यों नहीं, इसका भी कारण यह है कि धूम ज्ञान को उत्पन्न करने वाली वासना के उदित होने के अनन्तरवर्ती क्षण में अग्नि ज्ञान को उत्पन्न करने वाली वासना का ही उदय होता है, अन्य वासना का नहीं। विभिन्न व्यक्तियों के ज्ञान में तभी समानता पायी जाती है जबकि उनमें समान वासना का उदय हो।

ज्ञान तो एक आकार विशेष को लिये हुए उत्पन्न होता है तथा निर्विभाग होता है। इस आकार विशेष को बाह्य वस्तु का आकार कहना तथा ज्ञान को उस बाह्य वस्तु का जानने वाला मानना – इस प्रकार निर्विभाग ज्ञान में ग्राह्यग्राहक रूप विभाग देखना अनादि वासना जनित भ्रम मात्र है।

## जैन मत– ज्ञान का स्वपरप्रकाशक स्वरूप

जैन दार्शानिक उपर्युक्त मत को अस्वीकार करते हुए कहते हैं कि ज्ञान साकार न होकर निश्चयात्मक होता है तथा निश्चय का सदैव कोई न कोई विषय होता है जो उससे भिन्न होता है। निश्चय तथा जिसका निश्चय किया जा रहा है, में सदैव एक द्वैत विद्यमान रहता है। यदि ज्ञान अनन्यवेद्य ही हो तो निश्चय का आकार ''यह नील है'' न होकर ''मैं नील हूँ'' होना चाहिये। निश्चय का आकार ''मैं सुखी हूँ'' भी होता है। इसका दृष्टान्त देते हुए प्रज्ञाकार गुप्त कहते हैंह्व ''जो अवभासित होता है वह ज्ञान है – जैसे सुख, नीलदि भी अवभासित होते हैं इसलिये ज्ञान ही हैं''।[39] जैन आचार्य कहते हैं कि उपर्युक्त युक्ति ज्ञान और सुख के पूर्णतया एकत्व पर आधारित है, लेकिन ये दोनों पूर्णतया एक न होकर आत्मा के दो भिन्न भिन्न गुण हैं । दोनों के कारण और स्वरूप भिन्न भिन्न हैं। सुख आल्हादस्वरूप होता है तथा ज्ञान प्रमेयानुभव रूप होता है। सुख का कारण सातावेदनीय कर्म का उदय तथा ज्ञान का कारण ज्ञानावरणीय कर्म का क्षयोपशम है।[40] प्रत्येक ज्ञान का कोई न कोई विषय, चाहे वह आत्मा

38. कस्यचित् किंचिदेवान्तर्वासनायाः प्रबोधकम्।
ततो धियां विनियमों न बाह्यार्थव्यपेक्षया।। प्रमाणवार्तिक 2/336

39. प्रमाणवार्तिकालंकार, पृष्ठ–369

40. न्यायकुमुदचन्द्र, भाग–1, पृष्ठ–129–30

का ही कोई अन्य गुण हो अथवा कोई वाह्य पदार्थ, अवश्य होता है। विषय रहित स्वसम्वेदन की अनुभूति कभी नहीं होती।

प्रत्येक ज्ञान की दो वृत्तियाँ - (1) बहिर्मुखी - जिससे वह अपने से भिन्न वस्तु को जानता है तथा अन्तर्मुखी जिससे वह स्वयं को जानता है, होती हैं। यहाँ यह आक्षेप किया जा सकता है कि यदि एक ही ज्ञान को स्व-पर सम्वेदी माना जायेगा तो स्वसम्वेदन और परसम्वेदन दो भिन्न ज्ञान हैं; इसलिये उनमें भी स्वपरसम्वेदन होना चाहिये। इस प्रकार अनवस्था दोष आता है। साथ ही जब तक परसम्वेदन का स्वसम्वेदन नहीं हो तब तक परसम्वेदन ज्ञात नहीं हो सकता, उसका स्वसम्वेदन होने पर वह स्वरूप को ही जानेगा पर रूप को नहीं। इस आक्षेप का उत्तर देते हुए जैनाचार्य कहते हैं कि सदैव धर्मी ही अनेकान्तात्मक होता है, धर्म नहीं।[41] स्वसम्वेदन और परसम्वेदन परस्पर पूर्णतया पृथक न होकर एक ही ज्ञान के दो पक्ष होने के कारण अभिन्न हैं तथा इनमें संज्ञा, लक्षण, प्रयोजनादि की दृष्टि से भेद है। ज्ञान के इन दोनों धर्मों में अवान्तर भेदों की कल्पना नहीं की जा सकती। अतः वह पर को जानते हुए ही स्वयं को जानता है।[42]

ज्ञान की स्वपर प्रकाशकता को स्वीकार किये बिना उसकी स्वसम्वेदनता भी सिद्ध नहीं होती। ''ज्ञान सदैव स्वयं को ही जानता है, वह अपने से भिन्न किसी वस्तु को नहीं जान सकता'', यह तभी सिद्ध हो सकता है जबकि पर सम्वेदन का निषेध ज्ञात हो जाय। लेकिन बौद्धों के अनुसार स्वसम्वेदन कभी पर सम्वेदन नहीं हो सकता और इसलिये पर सम्वेदन को कभी नहीं जाना जा सकता, तो उसके निषेध को किस प्रकार जाना जा सकता है ? यदि कहा जाय कि पर सम्वेदन का ज्ञान नहीं होता यही उसके निषेध का आधार है तो यह उचित नहीं है। जो वस्तु निषेधापेक्षया भी ज्ञात नहीं हो उसका निषेध किस प्रकार संभव है ? फिर पर सम्वेदन का निषेध निषेध ज्ञान से भिन्न है या अभिन्न ? प्रथम पक्ष को स्वीकार करने पर ''ज्ञान अपने से भिन्न किसी वस्तु को नहीं जान सकता'' का ही खण्डन हो जाता है। यदि वह निषेध अपने ज्ञान से अभिन्न है तथा पर्युदास रूप से पर सम्वेदन का निषेध किया जा रहा है तो यह पर सम्वेदन का पूर्व परिचय होने पर ही सम्भव है। जिस प्रकार भूतल पर घटाभाव को वही जान सकता है जिसको कभी घट ज्ञान हुआ हो। उसी प्रकार ''स्वसम्वेदन

41. प्रमेयकमलमार्तण्ड, पृष्ठ-536

42. न्यायविनिश्चयविवरण, भाग-1, पृष्ठ-280-81

में पर सम्वेदन का अभाव है'' इस बात का बोध उसी व्यक्ति को हो सकता है जो परसम्वेदन को भी जानता हो, लेकिन बौद्धों के अनुसार सदैव स्वसम्वेदन का ही ज्ञान होता है। पर सम्वेदन का ज्ञान कभी नहीं होता। तब ज्ञान की पर प्रकाशकता का निषेध किस प्रकार किया जा सकता है।[43]

विज्ञानवादी ज्ञान को चित्राद्वैत रूप मानते हैं। वे कहते हैं कि जिस प्रकार चित्र के नील, पीतादि आकारों में भेद करने पर चित्र की चित्रता ही समाप्त हो जाती है उसी प्रकार नीलाकार ज्ञान में नीलाकार और ज्ञान में भेद स्थापित नहीं किया जा सकता।[44] इसे अस्वीकार करते हुए जैन दार्शनिक कहते हैं कि चित्र का दृष्टान्त मात्र एकता का दृष्टान्त नहीं है अपितु वह एकता में अनेकता का दृष्टांत है। जिस प्रकार चित्र के विभिन्न अंशों में स्थित विभिन्न रंगों का अपने अपने विशिष्ट स्वरूप में बोध हो रहा है तथा वे सभी रंग एक दूसरे से असंकर रहते हुए तथा अपना पृथक पृथक स्वरूप बनाये रखते हुए ही एक चित्र का निर्माण कर रहे हैं, उसी प्रकार नीलाकार ज्ञान एक है लेकिन उसमें नीलाकार और ज्ञान ग्राह्य तथा ग्राहक रूप से स्थित हैं। यदि ऐसा नहीं माना जाय तथा दोनों में पूर्ण अभेद हो, तो जिस प्रकार अहं प्रत्यय में ग्राहकता की प्रतीति हो रही है उसी प्रकार नील में भी होनी चाहिए अथवा नील के समान ही अहं प्रत्यय भी ग्राह्य होना चाहिये।[45] ऐसी स्थिति में ज्ञान का ही लोप हो जायेगा तथा ज्ञान की सत्ता को स्थापित करना असम्भव होगा।

विज्ञानवादी कहते हैं कि ग्राह्याकार तथा ग्राहकाकार दोनों ज्ञान के ही आकार हैं। ज्ञेयाकार हमें यह बताता है कि अमुक स्थान पर वह वस्तु स्थित है, लेकिन वह ज्ञान का ही आकार है तथा उसके आधार पर बाह्य वस्तु की सत्ता तभी मानी जा सकती है जबकि हमें उससे स्वतंत्र रूप से वस्तु की उपलब्धि हो। इसलिये यह कहने का कोई आधार नहीं है कि ज्ञान अपने से भिन्न किसी वस्तु को जानता है। वह तो अपने में ही बनने वाले ज्ञेयाकारों को जानता है इसलिये ज्ञान से स्वतंत्र ज्ञेय की सत्ता नहीं मानी जा सकती। प्रज्ञाकर गुप्त कहते हैं ''पदार्थ सम्वेदन से बाह्य होने से सिद्ध नहीं होता। सम्वेदन के बिना भी वह सिद्ध नहीं होता। यदि नील का सम्वेदन होता है तो उसे सम्वेदन से बाह्य स्थित किस प्रकार कहा जा सकता है, यदि नील का सम्वेदन ही नहीं होता तो भी उसे

43. न्यायविनिश्चयविवरण, भाग-1; पृष्ठ-252
44. प्रमाणवार्तिक 2/220
45. न्यायकुमुदचन्द्र, भाग-1, पृष्ठ-119

सम्वेदन से बाह्य अवस्थित किस प्रकार कहा जा सकता है।''[46] ज्ञान में ज्ञेयाकारों का निर्माण अनादि वासना से होता है तथा इन्हें वाह्य वस्तु के आकार मानना भ्रम है। जिस प्रकार तैमिरिक को द्विचन्द्र की उपलब्धि सदैव साथ होती है, इसलिये वह वास्तव में एक चन्द्र ही है; उसी प्रकार ज्ञान और ज्ञेय सदैव साथ उपलब्ध होते हैं, इसलिये ज्ञान मात्र की ही सत्ता है।

जैन दार्शनिक कहते हैं कि ज्ञान ही वस्तु व्यवस्था का नियामक है। वह ही हमें यह बता सकता है कि उससे स्वतंत्र पदार्थ की सत्ता है या नहीं। यह ठीक है कि कोई वस्तु तभी ज्ञात होती है जबकि वह ज्ञान का विषय बने; लेकिन ज्ञान हमें विषय को अपने से भिन्न देश में, अपने से भिन्न रूप में, अपने से भिन्न अर्थक्रियाओं से युक्त रूप से बोध कराता है।[47] वस्तु नीलादि रंगों से युक्त, तन्तुओं आदि से निर्मित, आच्छादनादि कार्यो से युक्त वस्त्ररूप में ज्ञात होती है, जबकि वस्त्र के ज्ञान का कार्य मात्र वस्त्र को जानना होता है। वस्त्र से सम्पन्न होने वाली अर्थक्रियाएँ वस्त्र ज्ञान से सम्पन्न नहीं हो सकतीं। यदि ऐसा हो सकता हो तो वस्त्राभाव में वस्त्र की कल्पना मात्र से आच्छादनादि अर्थक्रियाएँ सम्पन्न हो जानी चाहियें। कहा जा सकता है कि जिस प्रकार स्वप्न में विषयाभाव में भी विषय और उससे होने वाली अर्थक्रियाओं की प्रतीति होती है उसी प्रकार जागृत अवस्था में भी अनादि वासना के बल से वस्तु और उसके प्रभाव दृष्टिगोचर होते हैं। लेकिन यह कहना उचित नहीं है, क्योंकि तुच्छाभाव की प्रतीति कभी नहीं होती। स्वप्न में जो प्रतीतियाँ होती हैं, वे जागृत अवस्था में हुए विषयानुभव के संस्कारों के कारण होती हैं। कभी भी स्वप्न में किसी ऐसी वस्तु की प्रतीति नहीं होती जो जागृत अवस्था में जानी हुई वस्तुओं से पूर्णतया विलक्षण हो।

यदि मान भी लिया जाय कि जिस प्रकार स्वप्नावस्था में विषयाभाव में कल्पनाशक्ति द्वारा विषय प्रकाशित होते हैं उसी प्रकार जागृत अवस्था में ज्ञात हो रहे विषय भी अनादि वासना का कार्य हैं, तो प्रश्न उठता है कि वासना ज्ञान से भिन्न है या अभिन्न ? यदि भिन्न है तो जिस प्रकार ज्ञान से भिन्न वासना ज्ञात हो सकती है, उसी प्रकार ज्ञान से भिन्न पदार्थ भी ज्ञात हो जाय। ज्ञान की पर प्रकाशकता का खण्डन क्यों किया जाता है। यदि अभिन्न है तो वह ज्ञान ही है तथा ऐसी स्थिति में जिस रूप में ज्ञान ज्ञात हो रहा है उसी रूप

46. प्रमाणवार्तिकालंकार 3/331

47. न्यायकुमुदचन्द्र; भाग-1, पृष्ठ-119

में उसे स्वीकार करना पड़ेगा। अन्यथा मानने का कोई कारण नहीं है।

विषय के सम्बंध में हमारे सभी निर्णय किसी न किसी अनुभव पर आधारित होते हैं। अनुभव उसी वस्तु का होता है जिसकी सत्ता हो। सर्वथा असत् वस्तु की कभी प्रतीति नहीं होती। संशय और भ्रम में भी उसी वस्तु के सामान्य धर्मों का अवधारण होता है जो सम्मुख है, यद्यपि प्रकाश, दूरी, नेत्रों की कमजोरी आदि कई कारणों से हम उसके विशेष धर्मों का यथार्थ निश्चय नहीं कर पाते लेकिन अयथार्थ ज्ञानों को पूरी तरह से असत् वस्तु का ज्ञान नहीं माना जा सकता। इनकी उत्पत्ति शून्य से न होकर किसी वस्तु के सद्भाव में ही होती है। उदाहरण के लिये हमें स्थाणु में ही पुरुष का भ्रम होता है, शून्य में नहीं। यह भ्रम भी एक आकार विशेष के बोध होने पर ही होता है जो स्थाणु और पुरुष दोनों में समान है। साथ ही स्थाणु को भी पुरुष रूप में वही समझ सकता है जिसे पहले कभी पुरुष का यथार्थ बोध हुआ हो। पुरुष से पूर्णतया अपरिचित व्यक्ति को उक्त परिस्थितियों में अनध्यवसाय ही होगा, भ्रम नहीं।[48]

हमारे बहुत से ज्ञान अयथार्थ होते हैं। रेगिस्तान में होने वाला मृगमरीचिका का ज्ञान, उडते हुए मच्छरों का केश रूप में ज्ञान, स्वप्न ज्ञान आदि इसके उदाहरण हैं। विज्ञानवादी कहते हैं कि यदि ज्ञान अपने विषय को जानता है तो उपर्युक्त ज्ञान बाधित क्यों होते हैं? हर ज्ञान यथार्थ ही होना चाहिये। जिस प्रकार उपर्युक्त ज्ञान विषय की सत्ता के अभाव में भी विषय को जान रहे होते हैं इसलिये वास्तव में निर्विषयक हैं, उसी प्रकार समस्त ज्ञान निर्विषयक हैं, ज्ञान होने से, स्वप्न ज्ञान के समान।[49] इस युक्ति को अस्वीकार करते हुए अनन्तवीर्य कहते हैं कि इस अनुमान द्वारा धर्मी बनाये गये समस्त ज्ञान अज्ञात हैं, क्योंकि अपने से भिन्न ज्ञानों को विषय नहीं बनाया जा सकता तथा जो वस्तु ही सिद्ध नहीं हैं उसमें किसी धर्म को किस प्रकार सिद्ध किया जा सकता है? इस अनुमान का हेतु अकिंचित्कर है क्योंकि ज्ञान की निर्विषयकता की सिद्धि के लिये अनुमान स्वयं समस्त ज्ञानों को विषय बना रहा है। यदि यह अनुमान स्वयं सविषयक है तो समस्त ज्ञानों की निर्विषयकता की सिद्धि कैसे कर सकता है। यदि समस्त ज्ञान इसके विषय नहीं हैं तो उनके सम्बंध में कुछ कहा ही नहीं जा सकता। यह हेतु विरूद्ध भी है क्योंकि जिस प्रकार यह अनुमान ग्राह्य ग्राहक आकारों से युक्त है उसी प्रकार समस्त ज्ञान ग्राह्य ग्राहक आकारों से युक्त हो जायँ।[50]

48. न्यायकुमुदचन्द्र; पृष्ठ–121

49. निरालम्वना: सर्वे प्रत्यया: प्रत्ययत्वात् स्वप्न प्रत्ययवत्। प्रमाणवार्तिकालंकार 3/33

50. सिद्धिविनिश्चयटीका, पृष्ठ–422

उपर्युक्त अनुमान दृष्टान्त के आधार पर ज्ञान की निर्विषयकता को सिद्ध करता है, ज्ञान तथा निर्विषयकता के मध्य व्याप्ति संबंध के आधार पर नहीं। लेकिन दृष्टान्त मात्र से साध्य की सिद्धि नहीं की जा सकती। केश ज्ञान भ्रमात्मक था या स्वप्न अयथार्थ, यह किसी निर्विषयक ज्ञान द्वारा ज्ञात नहीं होता अपितु मच्छर और पूर्व में हुए केश ज्ञान दोनों को विषय बनाने वाले ज्ञान से ज्ञात होता है। यदि वर्तमान ज्ञान से भिन्न केश ज्ञान को विषय बनाना भ्रामक हो अथवा मच्छरों को ज्ञान का विषय नहीं बनाया जाय तो केश ज्ञान की भ्रमात्मकता का ज्ञान कभी नहीं हो सकता। यदि स्वप्न ज्ञान जागृत अवस्था के ज्ञान से बाधित नहीं हो तो उसकी निरालम्बनता का बोध नहीं हो सकता। अतः सविषयक ज्ञान ही किसी ज्ञान की निर्विषयकता को सिद्ध कर सकता है लेकिन निर्विषयक ज्ञान के द्वारा किसी ज्ञान की सविषयकता का खण्डन नहीं किया जा सकता।

कहा जा सकता है कि जिस प्रकार स्वप्न ज्ञान की सविषयकता का जागृत अवस्था के ज्ञान से खण्डन होता है उसी प्रकार जागृत अवस्था में होने वाले ज्ञान की सविषयकता का खण्डन योगियों को समाधि में होने वाले ज्ञान से हो जाता है। लेकिन ऐसा मानने पर भी ज्ञान की स्वसम्वेदनता मात्र की सिद्धि नहीं होती अपितु स्वपरप्रकाशकता की ही सिद्धि होती है। यदि अन्य ज्ञानक्षण योगी प्रत्यक्ष का विषय नहीं हों और योगी को उस अवस्था में मात्र स्वानुभूति ही हो रही हो तो उसे ज्ञान मात्र की निर्विषयकता का ज्ञान नहीं हो सकता, यदि हों तो वह ज्ञान भी सविषयक है।[51] यदि उनका (योगियों का) ही ज्ञान स्वपरप्रकाशक हो तथा हमारा ज्ञान मात्र स्वप्रकाशक हो तो हम किसी भी प्रकार यह नहीं जान सकते कि योगियों ने क्या देखा है, सत्य क्या है। हम तो मात्र अपने ज्ञान में बनने वाले आकारों को ही जान सकते हैं और ज्ञान का आकार ही हमें यह बताता है कि वह अपने से भिन्न पदार्थ को जान रहा है। वस्तु क्या है, कैसी है, इसका नियामक ज्ञान ही है। जब हमें सदैव यह अनुभूति होती है कि हम अपने से भिन्न वस्तु को जान रहे हैं तो हम ज्ञान से बाहर जाकर उसका निषेध नहीं कर सकते।[52]

ज्ञान विषय से समान काल में उत्पन्न होता है या भिन्न काल में; इस प्रकार के विकल्प नहीं उठाये जा सकते क्योंकि ज्ञान न तो विषय के आकार का होता

---

51. न्यायविनिश्चयविवरण; भाग-1, पृष्ठ-38
52. न्यायविनिश्चयविवरण, भाग-1, पृष्ठ-357

है, न विषय से उत्पन्न होता है। ज्ञान और ज्ञेय दोनों भिन्न भिन्न स्वरूप वाले हैं तथा अपने अपने कारणों से उत्पन्न होते हैं। दोनों के मध्य ज्ञाप्य ज्ञापक भाव रूप संबंध होता है।[53]

कहा जा सकता है कि जब ज्ञान और ज्ञेय पदार्थ के मध्य किसी प्रकार का संबंध नहीं है तो ज्ञान कुछ भी किसी भी रूप में जानता रहे, हम उससे यह मानने के लिये बाध्य नहीं होते कि उसके अनुरूप बाह्य पदार्थ है ही। वैसे भी कई ज्ञानों का बाधित विषयत्व इस बात का साक्षी है कि ज्ञान में ऐसी कोई बाध्यता नहीं है जिसके आधार पर उसे विषय प्रकाशक माना ही जाय। इसके उत्तर में जैन दार्शनिक कहते हैं कि ज्ञान का स्वरूप विषय प्रकाशन ही है। वह अपने शुद्ध स्वरूप में होने पर विषय को पूर्णतः यथार्थ रूप में ही जानता है क्योंकि यह उसका स्वभाव है। ज्ञान की अयथार्थता कारण दोषपूर्वक होती है। संसारी अवस्था में उसकी जानने की शक्ति पर युद्‌गल कर्मो का आवरण पड़ा रहता है। इन कर्मो का जितनी मात्रा में अभाव होता है उतना ही ज्ञान विषय को यथार्थतः जानता है।[54] ज्ञानावरणीय कर्मो की न्यूनाधिक हानि से आत्मा में विषय को जानने की क्षमता अधिक या कम होती है लेकिन इसके साथ ही प्रकाश, दूरी, इन्द्रियों की क्षमता आदि का भी विषय के यथार्थ अयथार्थ ज्ञान पर प्रभाव पड़ता है। ज्ञान की यथार्थता अयथार्थता के पीछे निश्चित कारण होते हैं। इसलिये यह नहीं कहा जा सकता कि ज्ञान कुछ भी जानता रहे उसके अनुरूप विषय को मानने के लिये हम बाध्य नहीं हैं। हम ज्ञान की यथार्थता अयथार्थता को जान सकते हैं। यह बोध अभ्यस्त दशा में स्वतः तथा अनभ्यस्त दशा में परतः होता है।[55] उपर्युक्त विवेचन से स्पष्ट है कि यदि ज्ञान को मात्र आत्म प्रकाशक ही माना जाय तो उसकी बाह्य वस्तु को जानने की क्षमता का निषेध करना किसी भी प्रकार से सम्भव नहीं होगा। पर प्रकाशकता का निषेध भी तभी सम्भव है जबकि जिस स्वरूप में ज्ञान की प्रतीति हो रही है उससे बाहर जाकर यह निश्चय किया जाय कि यह मिथ्या है।

वास्तव में ज्ञान को अनन्यवेद्‌य मानने पर किसी भी ज्ञान को मिथ्या नहीं कहा जा सकता, क्योंकि ऐसी स्थिति में हर ज्ञान अपने स्वरूप को ही जानने वाला होगा तथा स्वरूप कभी अन्यथा ज्ञात नहीं होता। तब चाहे मृग मरीचिका

53. लघीयस्त्रय 59
54. सिद्धिविनिश्चय स्ववृति 4/2
55. परीक्षामुखसूत्र 1/13

का ज्ञान हो, स्वप्न ज्ञान हो अथवा बाह्य वस्तु का प्रतिभास हो सभी यथार्थ हैं क्योंकि सभी ज्ञान अपने स्वरूप को ही जान रहे हैं। लेकिन जिस प्रकार समस्त ज्ञानों को भ्रमात्मक मानने पर भ्रम की सिद्धि नहीं होती[56] उसी प्रकार सभी ज्ञानों को यथार्थ मानने पर भी वस्तुस्थिति के संबंध में कुछ नहीं कहा जा सकता।[57] जब हमें एक ही स्थिति के संबंध में दो विरोधी प्रतीतियों की उपलब्धि होगी तो हमें उनसे भिन्न उपायों से यह निश्चय करना पडेगा कि उनमें से कौन सी प्रतीति यथार्थ है। दोनों को एक साथ यथार्थ या अयथार्थ नहीं माना जा सकता।

स्वपक्ष सिद्धि तथा पर पक्ष खण्डन दोनों ही स्थितियों में ज्ञान को पर प्रकाशक मानना आवश्यक है। पर प्रकाशन ज्ञान का आकस्मिक धर्म न होकर अनिवार्य धर्म है। चेतना की ऐसी स्थिति के लिये कोई प्रमाण नहीं है जो स्वानुभव मात्र हो। अनुभूति सदैव निश्चयात्मक होती है तथा निश्चय एक द्वैत को लिये हुए ही होता है, चाहे वह ज्ञान और अन्य आत्म गुणों का द्वैत हो अथवा ज्ञान तथा बाह्य पदार्थों का। प्रत्यक्ष सदैव विषय सहित ही उपलब्ध होता है तथा अनुमान हेतु, साध्य, पक्ष आदि के भेद सहित। निर्विकल्पक प्रत्यक्ष की ज्ञानरूपता को जैन स्वीकार नहीं करते क्योंकि यह स्वयं कभी ज्ञात नहीं होता अपितु तद्पृष्ठभावी सविकल्पक प्रत्यक्ष से उसका निश्चय होता है।[58]

## ज्ञाता, ज्ञेय और ज्ञान-प्रत्येक ज्ञान का विषय

उपर्युक्त विवेचन से स्पष्ट है कि ज्ञान न तो मात्र आत्मप्रकाशक है, न ही मात्र पर प्रकाशक है बल्कि वह स्वपरप्रकाशक है। प्रत्येक ज्ञान ''घट ज्ञान'', ''पट ज्ञान,'' आदि विषय बोध स्वरूप होता है तथा वह अपनी इस विषयबोधरूपता को जानते हुए ही अपने विषय-घट, पट आदि पदार्थों को जानता है। ज्ञान विषयोन्मुखतया[59] अपने घटादि विषय को तथा स्वोन्मुखतया[60] स्वयं के घटज्ञानादि रूप स्वरूप को जानता है। न केवल ज्ञान द्वारा स्वयं ज्ञान और उसका विषय ही ज्ञात होते हैं बल्कि ज्ञाता, ज्ञेय और ज्ञान प्रत्येक ज्ञान का विषय होते हैं।

---

56. विभ्रमे विभ्रमे तेषां विभ्रमोऽपि न सिध्यति। न्यायविनिश्चय -1/55 पूर्वार्द्ध
57. अविभ्रमो यथा सर्व वेदनेषु न सिध्यति। न्यायविनिश्चयविवरण; भाग-1, पृष्ठ-321
58. व्यवस्थापकश्च विकल्पप्रत्ययः प्रत्यक्षबलोत्पन्नो दृष्टव्यः । न तु निर्विकत्पकत्वात् प्रत्यक्षमेव नीलबोध रूपत्वेन आत्मानम् व्यवस्थापयितुं शक्नोति। न्यायबिन्दुटीका 7-1/21
59. अर्थोन्मुखतया प्रतिभासनमर्थव्यवसायः। प्रमेयरत्नमाला; पृष्ठ-24
60. स्वोन्मुखतया प्रतिभासनं स्वस्य व्यवसायः। परीक्षामुखसूत्र-1/6

"मैं घट को अपने आप के द्वारा जानता हूँ"[61] निश्चय के इस प्रकार के आकार के द्वारा कर्ता, कर्म, करण और क्रिया चारों की प्रतीति होती है।[62] यहाँ पर "मैं" कर्ता का वाचक है, "घट" कर्म है, "अपने आपके द्वारा" करण तथा "जानता हूँ" क्रिया है। उपर्युक्त ज्ञान में चारों का स्पष्ट शब्दोल्लेख है इसलिये किसी के भी बोध का निषेघ नहीं किया जा सकता; लेकिन जहाँ स्पष्ट शब्दोल्लेख नहीं हो वहाँ पर भी चारों की प्रतीति अवश्यम्भावी है।[63]

ज्ञान आत्मा की शक्ति विशेष है। आत्मा अपनी इस शक्ति के द्वारा विषय को जानता है। लगभग सभी आत्मवादी दर्शन ज्ञप्ति क्रिया के कर्ता के रूप में आत्मा को 'अहं प्रत्यय' द्वारा ज्ञात मानते हैं पर अधिकांशतया आत्मा को विषयी के रूप में ही ज्ञात माना जाता है, विषय के रूप में नहीं। अद्वैत वेदान्त तथा प्रभाकर के अनुसार अहं प्रत्यय का अभाव कभी नहीं होता। लेकिन कुमारिल कहते हैं कि जब निश्चय का आकार "यह घट है" होता है तो आत्मा ज्ञात नहीं होती तथा जब निश्चय का आकार "मैं घट को जान रहा हूँ" होता है तब आत्मा ज्ञात होती है। दूसरे शब्दों में ज्ञान में "मैं" शब्द का उल्लेख नहीं होने पर आत्मा ज्ञात नहीं होती।[64] इसके उत्तर में जैन दार्शनिक कहते हैं कि सविकल्पक ज्ञान के लिये यह आवश्यक नहीं है कि वह शब्दात्मक ही हो। जैसे घट की प्रतीति के लिये घट शब्द का उल्लेख आवश्यक नहीं है।[65] यदि हर ज्ञान में आत्मा ज्ञात नहीं मानी जाय तो यह ज्ञात नहीं हो सकता कि विषय को कौन जान रहा है। मैं ही अपने ज्ञान द्वारा इस विषय को जान रहा हूँ, अन्य व्यक्ति नहीं, यह बोध प्रत्येक ज्ञान के साथ होता है जो कि हर ज्ञान में ज्ञाता के ज्ञान का परिचायक है।

प्रभाकर भी प्रत्येक ज्ञान में ज्ञाता, ज्ञान और ज्ञेय तीनों का प्रत्यक्ष मानते हैं।[66] इसे त्रिपुटी प्रत्यक्ष कहा जाता है। उनके अनुसार विषय प्रत्यक्षतया गम्य हो अथवा परोक्षतया, ज्ञाता तथा ज्ञान सदैव प्रत्यक्ष रूप से ज्ञात होते हैं।[67] लेकिन ज्ञाता तथा ज्ञान ज्ञेय रूप से ज्ञात नहीं होते अपितु ज्ञाता सदैव ज्ञाता

61. घटमहमात्मना वेद्मि। वही 1/8
62. कर्मवत् कर्तृकरणक्रियाप्रतीतेः। वही 1/9
63. प्रमेयकमलमार्तण्ड; पृष्ठ–128
64. Epistemology of Bhatt School of Purva Mimansa, Page-37.
65. प्रमेयरत्नमाला, पृष्ठ–27
66. The Prabhakara School of Purva Mimansa, Page-33
67. वही, पृष्ठ–40

के रूप में ज्ञात होता है।[68] प्रभाचन्द्र इसका खण्डन करते हुए कहते हैं कि यह कहना कि ''ज्ञात हो रहे हैं पर ज्ञेय नहीं हैं'' विरोधी कथन है। जो भी ज्ञात हो रहा है वह ज्ञेय है। अत: ज्ञाता और ज्ञान भी स्वयं के विषय हैं, क्योंकि उनका बोध हो रहा है।[69]

विषय तो ज्ञान से भिन्न होता है। प्रश्न उठता है कि यदि बाह्य पदार्थ के समान ही ज्ञान भी स्वयं का विषय हो तो वह भी अपने से भिन्न हो जायेगा। इसी प्रकार ज्ञाता तथा ज्ञान में अभेद होता है इसलिये उसे भी विषय नहीं माना जा सकता। इसके उत्तर में जैन दार्शनिक कहते हैं कि एक ज्ञान में ज्ञाता, ज्ञेय और ज्ञान तीनों अपने अपने स्वरूप में प्रतिभासित होते हैं। इसलिये इनमें से किसी का भी निश्चय उस ज्ञान से पूर्णतया अभिन्न नहीं है। उदाहरण के लिये जब मैं विषय को जानते हुए विषय को जानने वाले ज्ञान सहित स्वयं को जान रही हूँ तो उसमें पूरे ज्ञान का स्वरूप वहीं नहीं है जो आत्मा को जानने का स्वरूप है। आत्मा अपनी घटोन्मुख ज्ञान पर्याय के कर्ता के रूप में ज्ञात हो रहा है, ज्ञान घटोन्मुख रूप स्वरूप सहित स्वयं को जान रहा है तथा घट बहिर्देश स्थित एक विशेष आकार प्रकार सहित ज्ञात हो रहा है। ये तीनों ज्ञान एक ही ज्ञान के धर्म हैं, उसके अविभाज्य अंग हैं; इसलिये उससे अभिन्न हैं लेकिन ये संज्ञा, लक्षण और प्रयोजन की दृष्टि से परस्पर भिन्न हैं। जैसा कि पहले कहा जा चुका है कि धर्मी ही अनेकान्तात्मक होता है, धर्म नहीं, इसलिये एक ही ज्ञान के तीन धर्मों में अवान्तर भेदों की कल्पना नहीं की जा सकती। इस प्रकार ज्ञाता, ज्ञेय तथा ज्ञान प्रत्येक ज्ञान में ज्ञात होते हैं, किसी भी ज्ञान में इनमें से एक की भी प्रतीति का अभाव नहीं होता।

□□□

68. वही, पृष्ठ-26
69. प्रमेयकमलमार्तण्ड, पृष्ठ-123

## अध्याय-छः

# चेतना की सविकल्पक स्थिति ज्ञान

हमारे ज्ञान का विषय सदैव कोई न कोई वस्तु होती है। हम उसे उसके धर्मों या विशेषताओं के आधार पर जानते हैं। प्रत्येक निश्चयात्मक ज्ञान के दो अंश होते हैं- (1) वह वस्तु जो जानी जा रही है तथा (2) वे विशेषताएँ जिनके द्वारा वह जानी जा रही है। वस्तु की ऐसी विशेषताओं का, जो उसे अन्य वस्तुओं से व्यावृत्त(पृथक) करके उसके विशिष्ट स्वरूप का बोध कराती हैं, ज्ञान होने पर ही हम यह निश्चय कर पाते हैं कि वह क्या है। उदाहरण के लिये जब हमें यह ज्ञात होता है कि ''यह घट है'' तो इसका आधार उस वस्तु का पृथुबुध्नाकार है, जो मात्र घट का ही स्वरूप होता है, पटादि का नहीं। खुर, ककूद, सास्नादिमान व्यक्ति का ही प्रत्यक्ष होने पर हमें यह बोध होता है कि ''यह गाय हैं''।

व्यक्ति को किसी पदार्थ के प्रति यह निश्चय कि ''यह गाय है'' खुर, ककूद, सास्नादिमान पशु के सामने आने मात्र से नहीं होता। इसके विपरीत व्यक्ति इन विशेषताओं के ज्ञान पूर्वक गाय को तभी जान सकता है जबकि उसके पास गाय का सम्प्रत्यय हो, अर्थात व्यक्ति यह जानता हो कि गायपना क्या होता है, किन विशेषताओं से युक्त पशु को गाय कहा जाता है। किसी भी वस्तु का सम्प्रत्यय उसकी ऐसी असाधारण विशेषताओं से निर्मित होता है जो उस प्रकार की प्रत्येक वस्तु में अनिवार्यत: पायी जाती हैं तथा अन्य प्रकार की वस्तुओं में जिनका अभाव होता है। ये विशेषताएँ उस वर्ग की समस्त वस्तुओं में समान रूप से विद्यमान होने के कारण उनका सामान्य स्वरूप हैं तथा ये विशेषताएँ ही उस वर्ग की वस्तुओं को अन्य वर्ग की वस्तुओं से व्यावृत या पृथक करने

वाली होने के कारण उनका विशेष स्वरूप भी हैं। इस प्रकार सम्प्रत्यय एक वर्ग की समस्त वस्तुओं के सामान्यविशेषात्मक स्वरूप का ज्ञान है। यह बौद्धिक होता है तथा इसकी भाषा में अभिव्यक्ति लक्षण या परिभाषा कहलाती है। लक्षण का लक्षण स्पष्ट करते हुए अकलंकदेव कहते हैं, "जिसके द्वारा परस्पर मिली हुई अनेक वस्तुओं में से एक वस्तु को अन्यों से अलग करके पहचाना जाता है उसे लक्षण कहते हैं।[1] उदाहरण के लिये जीव का लक्षण उसका उपयोगमय स्वभाव है क्योंकि यह विशेषता जीव मात्र में अनिवार्यतया पायी जाती है तथा जीवातिरिक्त द्रव्यों में इसका अभाव होता है। जिस व्यक्ति को जीव के इस लक्षण का ज्ञान है वही एक द्रव्य के उपयोगात्मक स्वरूप के ज्ञान पूर्वक उसे जीव रूप विशिष्ट स्वरूप में पहचान सकता है। जिस व्यक्ति को जीव के इस लक्षण का ज्ञान है वही एक द्रव्य के उपयोगात्मक स्वरूप के ज्ञान पूर्वक उसे जीव रूप विशिष्ट स्वरूप में पहचान सकता है। जिस व्यक्ति को गाय की परिभाषा, "खुर, ककूद, सास्नादिमान पशु को गाय कहा जाता है", का ज्ञान है वही इन विशेषताओं से युक्त पशु के सामने आने पर उसे "यह गाय है" रूप विशिष्ट स्वरूप में पहचान सकता है।

प्रत्येक निश्चयात्मक अनुभूति, जिसे "सविकल्पक ज्ञान" कहा जाता है, विकल्पों अथवा लक्षणों को लिये हुए होती है तथा इसके द्वारा वस्तु के स्वरूप का निश्चय विजातीय वस्तुओं से भेद पूर्वक उसके विशिष्ट स्वरूप को पहचानते हुए ही होता है। सदैव ज्ञान का यही स्वरूप अनुभव गम्य होता है, पर प्रायः दार्शनिक इसका विश्लेषण करके ज्ञान की ऐसी स्थिति को स्वीकार करने की आवश्यकता महसूस करते हैं जिसमें निश्चय का पूर्णतया अभाव होता है। वे कहते हैं कि किसी भी वस्तु का निश्चय बुद्धि द्वारा विकल्प योजना पूर्वक होता है। यह बौद्धिक व्यापार इन्द्रियार्थ सन्निकर्ष के उपरान्त प्रारम्भ होता है। इन्द्रियाँ विषय का साक्षात्कार तो करती हैं पर उसका निश्चय नहीं करतीं। इन्द्रियार्थ सन्निकर्ष के प्रथम क्षण की स्थिति को निर्विकल्पक ज्ञान कहा जाता है। इसके आधार पर हम यह नहीं जान सकते कि पदार्थ क्या है, किस प्रकार का है। इसमें निश्चय का पूर्ण अभाव होने के कारण यह कभी स्वसंवेदन गम्य नहीं होता तथा इसे सदैव अनुमान द्वारा ही सिद्ध किया जाता है। सविकल्पक ज्ञान निर्विकल्पक ज्ञान तथा उसके उपरान्त हुए बौद्धिक व्यापार द्वारा उत्पन्न होता है।

---

1. परस्परव्यतिकरे सति येनान्यत्वं लक्ष्यते तल्लक्षणम्। तत्त्वार्थवार्तिक; पृष्ठ-119

जैन दार्शनिक निर्विकल्पक प्रत्यक्ष को ज्ञान नहीं मानते क्योंकि वे किसी भी ऐसी स्थिति को ज्ञान नहीं कहना चाहते जिसमें विषय के सम्बन्ध में कुछ भी निश्चय नहीं हुआ हो। यदि किसी वस्तु का ज्ञान हुआ है तो निश्चित रूप से उसकी किसी न किसी विशेषता का ज्ञान हुआ है, भले ही वह विशेषता सामान्यतम धर्म-सत्व ही हो। इन्द्रियार्थ सन्निकर्ष के प्रथम क्षण की स्थिति में विषय के सम्बन्ध में कुछ भी ज्ञात नहीं होता, इसलिये जैन दार्शनिक उसे ज्ञान न कह कर ''दर्शन'' कहते हैं जिसमें किसी विषय का बोध न होकर उसका साक्षात्कार मात्र होता है।[2] ज्ञान तो सदैव विकल्पों को लिये हुए ही होता है। आचार्य पूज्यपाद कहते हैं ''ज्ञान साकार होता है तथा दर्शन निराकार''।[3] साकार शब्द का अर्थ स्पष्ट करते हुए वीरसेन कहते हैं, ''कर्तृ कर्म भाव का नाम आकार है। इसके साथ जो पाया जाय वह साकार है।''[4] वादिराज कहते हैं, ''यह घट है, यह पट है; अथवा यह जीव है, यह पुद्गल है, इस प्रकार का जो आकार लिये हुए है, अथवा यह इस प्रकार का स्वभाव लिये हुए है, अन्य प्रकार का नहीं; इस प्रकार के आकार के साथ जो रहता है वह साकार है''।[5]

सविकल्पक ज्ञान की सर्वमान्य परिभाषा है ''विशेषणविशेष्यभाव से युक्त ज्ञान सविकल्पक ज्ञान है।[6] ज्ञान का काम वस्तु को उसके विशिष्ट स्वरूप में पहचानना है जो उसकी विशेषताओं के ज्ञान पूर्वक होता है। उनके ज्ञान के द्वारा हम वस्तु को अन्यों से पृथक उसके विशिष्ट स्वरूप में जानते हैं। इसलिये वस्तु की जाति, गुण आदि विशेषताएँ उसकी व्यवच्छेदक (अन्यों से पृथक करने वाली) होने के कारण विशेषण तथा वस्तु व्यवच्छेद्य होने के कारण विशेष्य कहलाती है। इस प्रकार विशेषण विशेष्य भाव से युक्त ज्ञान सविकल्पक ज्ञान कहा जाता है।[7]

---

2. सर्वार्थसिद्धि 1/15
3. सर्वार्थसिद्धि 2/9
4. धक्ला, पुस्तक-13, पृष्ठ-207
5. ''घटः पट इति वा जीवः पुद्गल इति वा यो योऽयमतद्रूपपरावृत्तो भावस्वभावः स आकारः, तेन विषयेण सह वर्तत इति साकारम्।।'' न्यायविनिश्चयविवरण, भाग-1, पृष्ठ-66
6. आत्मनाऽनेकरूपेण बहिरर्थस्य तादृशः।
   विचित्रं ग्रहणं व्यक्तं विशेषणविशेष्यभाक्। न्यायविनिश्चय-1/8
7. विशेषणं च जात्यादि व्यवच्छेदकत्वात्, विशेष्यश्च तद्वत् व्यवच्छेद्यत्वात्, विशेषणविशेष्ये विषयत्वेन भजतीति 'विशेषणविशेष्यभाक्' इति। अनेनार्थग्रहणस्य विकल्पकत्वमुक्तम्। तथा हि-यत् सविशेषणग्रहणं तत् सविकल्पकं यथा दण्डीति ग्रहणम्। सविशेषणग्रहणञ्च जात्यादिमदर्थग्रहणमिति।
   न्यायविनिश्चयविवरणं, भाग -1, पृष्ठ - 158

भारतीय दर्शन में विकल्प शब्द विचार, निर्णय, अध्यवसाय आदि तथा सम्प्रत्यय, जिन्हें पाश्चात्य दर्शन में क्रमश: judgment तथा concept कहा जाता है, दोनों ही अर्थों में प्रयुक्त हुआ है। निर्णय सम्प्रत्ययों को लिये हुए होता है तथा सम्प्रत्यय वस्तु के द्रव्य-पर्यायात्मक, सामान्य-विशेषात्मक स्वरूप के कारण निर्मित होते हैं। प्रस्तुत अध्याय में हम विभिन्न दर्शनों द्वारा स्वीकृत निर्विकल्पक ज्ञान के स्वरूप का परीक्षण करते हुए इस जैन सिद्धान्त का, कि ज्ञान सविकल्पक ही होता है, अध्ययन करेंगे।

## न्याय, मीमांसा और बौद्ध मत-विकल्प योजना निर्विकल्पक ज्ञान पूर्वक ही सम्भव

निर्विकल्पक ज्ञान के पक्ष में प्रथम युक्ति यह है कि किसी भी विषय के सम्बन्ध में निश्चयात्मक बुद्धि की उत्पत्ति में उस विषय के समान वस्तु की स्मृति एक आवश्यक शर्त है। किसी भी वस्तु को देखते ही हमें यह स्मृति होती है कि यह उस वस्तु के समान है जिसे हमने पहले "पुस्तक" कहा था। इस प्रकार इन्द्रियों से साक्षात्कार होने के उपरान्त होने वाले स्मृति और प्रत्यभिज्ञान पूर्वक ही हमें यह बोध होता है कि यह पुस्तक है। इन्द्रियों से प्राप्त होने वाली सम्वेदनाओं के स्तर पर किसी भी प्रकार का निश्चय सम्भव नहीं है क्योंकि इसके लिये सादृश्य मूलक प्रत्यभिज्ञान आवश्यक है। लेकिन इस स्तर पर ज्ञान तो होता ही है, अन्यथा विकल्प विशेष का ही उदय हो, अन्य का नहीं, यह नियम नहीं बन सकता। इसलिये निर्विकल्पक ज्ञान को मानना आवश्यक है। यह किस प्रकार का ज्ञान है इसे स्पष्ट करते हुए श्रीधर कहते हैं, निर्विकल्पक दशा में अन्य वस्तु के अनुसन्धान के अभाव में उसके सामान्य और विशेष धर्मों का ग्रहण नहीं होने के कारण यह निश्चय नहीं हो पाता कि वस्तु क्या है और क्या नहीं है, इसलिये उसका विशिष्ट बोध नहीं होता। फिर भी वस्तु के स्वरूप का ग्रहण तो होता ही है, क्योंकि स्वरूप के ग्रहण में अन्य की अपेक्षा नहीं होती।[8] कुमारिल कहते हैं कि सर्व प्रथम वस्तु का आलोचन ज्ञान होता है जो निर्विकल्पक है तथा शुद्ध वस्तु विषयक है। यह ज्ञान गूंगे और बहरे व्यक्तियों को होने वाले ज्ञान के सदृश है। इसमें वस्तु के सामान्य और विशेष धर्मों का ग्रहण न होकर उनके आधारभूत व्यक्ति का ग्रहण होता है।[9] उसके बाद उसी

8. न्यायकन्दली, पृष्ठ-447
9. श्लोकवार्तिक, प्रत्यक्ष परिच्छेद 112-113

वस्तु का नाम, जाति आदि धर्मो के द्वारा सविकल्पक ज्ञान होता है।[10] बौद्ध कहते हैं कि वस्तुओं का इन्द्रियों से अन्वय और व्यतिरेक का अनुसरण करने वाला साक्षात्कारी ज्ञान प्रत्यक्ष कहलाता है।[11] यह कल्पना से अपोड़ अर्थात कल्पना से रहित ज्ञान है। नाम, जाति आदि विकल्प बुद्धि जनित हैं क्योंकि तत्सदृश पूर्वानुभव की स्मृति होने पर इन विकल्पों की योजना होती है और तब निश्चयात्मक बुद्धि उत्पन्न होती है।[12]

निर्विकल्पक ज्ञान को मानने वाले सभी दार्शनिकों के अनुसार सविकल्पक ज्ञान की उत्पत्ति निर्विकल्पक ज्ञान पूर्वक ही होती है। सत्, असत्, नित्य, अनित्य, नील, घट, पट आदि किसी भी प्रकार के विकल्प का उदय वस्तु के विकल्प रहित रूप से ग्रहण होने के उपरान्त ही होता है। ज्ञान की यह स्थिति, जिसमें निश्चय का पूर्णतया अभाव है, कभी स्वतः ज्ञात नहीं होती। नैयायिक कहते हैं कि यह अनुमान द्वारा जानी जाती है।[13] तथा बौद्ध कहते हैं कि निर्विकल्पक ज्ञान ने क्या जाना यह उतने अंशों में ही ज्ञात हो सकता है जितने अंशों में उसके बाद निश्चयात्मक बुद्धि उत्पन्न हो। इस निश्चयात्मक बुद्धि की उत्पत्ति के अभाव में निर्विकल्पक ज्ञान द्वारा जाना गया विषय भी अज्ञात के समान ही है।[14]

## जैन मत

जैन दार्शनिक उपर्युक्त मत को अस्वीकार करते हुए कहते हैं कि ज्ञान सदैव सविकल्पक-सम्प्रत्ययात्मक और निर्णयात्मक ही होता है। ज्ञान का कार्य वस्तु के प्रति संशय, भ्रम और अनध्यवसाय को समाप्त कर उसके यथार्थ स्वरूप का बोध कराना है। यह कार्य 'वस्तु का यही स्वरूप है, अन्य नहीं', 'वह क्षणिक ही है, नित्य नहीं', आदि निश्चयात्मक बोध द्वारा ही हो सकता है। इन्द्रियार्थ सन्निकर्ष के प्रथम क्षण में होने वाला निर्विकल्पक साक्षात्कार न तो स्वयं को और न ही अपने विषयभूत पदार्थ के स्वरूप को जानता है। जो कुछ भी नहीं जानता उसे ज्ञान कहना वदतोव्याघात है। ज्ञान तो सदैव सविकल्पक

---

10. श्लोकवार्तिक, प्रत्यक्ष परिच्छेद 120
11. न्यायबिन्दुटीका, पृष्ठ -34
12. न्यायबिन्दुटीका, पृष्ठ -46
13. ज्ञानं यन्निर्विकल्पाख्यं तदतीन्द्रियमिष्यते। न्यायसिद्धान्तमुक्तावली: पृष्ठ-300
14. न तु निर्विकल्पकत्वात् प्रत्यक्षमेव नीलबोधरूपत्वेनात्मानम् अवस्थापयितुम् शक्नोति। निश्चयप्रत्ययेनाव्यवस्थापितं सद् अपि नीलबोधरूपं विज्ञानम् असद्रूपम् एव। तस्मान्निश्चयेन नीलबोधरूपं व्यवस्थापितं विज्ञानं नीलबोधात्मना सद् भवति। न्यायबिन्दु टीका; पृष्ठ-91

ही होता है। यह पदार्थ का सत्, नील, घट आदि किसी न किसी रूप में निश्चय करते हुए ही उत्पन्न होता है तथा वस्तु के यथावस्थित स्वरूप को जानने पर यथार्थ, अन्यथा अयथार्थ होता है।

जैन दार्शनिक निर्विकल्पक ज्ञान के पक्ष में दी गयी इस युक्ति को स्वीकार नहीं करते कि पदार्थ का निर्विकल्पक प्रत्यक्ष होने के पश्चात तत्सदृश वस्तु की स्मृति होती है और तब विकल्प योजना पूर्वक सविकल्पक ज्ञान उत्पन्न होता है। वे कहते हैं कि यह युक्ति प्रत्यक्ष की सविकल्पकता को ही सिद्ध करती है। प्रत्यक्ष द्वारा वस्तु के कुछ गुणों का निश्चयात्मक बोध होने पर ही उसके सदृश पूर्वानुभूत वस्तु की स्मृति हो सकती है। उदाहरण के लिए शीतल स्पर्श, तरलता, शुक्ल रूप आदि कुछ गुणों का प्रत्यक्ष द्वारा निश्चय होने पर ही यह स्मृति हो सकती है कि इन गुणों से युक्त वस्तु को जल कहा गया था और तब इस प्रत्यभिज्ञान द्वारा कि 'यह दृष्ट वस्तु पूर्व दृष्ट वस्तु के समान है', अतः 'यह जल है' रूप व्यवसायात्मक बुद्धि की उत्पत्ति हो सकती है। यदि प्रत्यक्ष द्वारा वस्तु के शीतलता, शुक्ल रूप आदि गुणों का प्रत्यक्ष नहीं हुआ हो तो वह जल के रूप में भी ज्ञात नहीं हो सकती।[15]

वस्तु की निश्चयात्मक अनुभूति के लिये कुछ गुणों के प्रत्यक्ष पूर्वक उसके सदृश पूर्वानुभूत वस्तु की स्मृति की आवश्यकता अनभ्यस्त दशा में ही होती है, अभ्यस्त दशा में नहीं।[16] अभ्यस्त दशा, जिसमें हम किसी वस्तु का कई बार प्रत्यक्ष कर चुके हों और हममें उस वस्तु को पहचानने की क्षमता अच्छी तरह विकसित हो चुकी हो, के होने पर हम वस्तु के सामने आते ही उसे पहचान जाते हैं, जबकि अनभ्यस्त दशा में हम वस्तु से पूर्व परिचित तो होते हैं लेकिन उसे पहचानने के लिये हमें यह सोचना पड़ता है कि हमने इस प्रकार की वस्तु पहले देखी थी और वह जल थी। यह उसके सदृश होने के कारण जल है।

वस्तुतः किसी भी वस्तु का ज्ञान होने की अनिवार्य शर्त उसके सदृश वस्तु की स्मृति न होकर तद्विषयक लब्धि तथा उपयोग है। आत्मा में ज्ञानावरणीय कर्म के क्षयोपशम की मात्रा के अनुसार पदार्थ के विशिष्ट स्वरूप को जानने की क्षमता प्रकट हो जाती है जिसे लब्धि कहा जाता है।[17] वस्तु को जानने

15. सिद्धिविनिश्चय टीका, पृष्ठ–27
16. सिद्धिविनिश्चय टीका, पृष्ठ–115
17. तत्त्वार्थश्लोकवार्तिक, पृष्ठ–327

की क्षमता का अभाव होने पर उसके सम्मुख आने मात्र से वह ज्ञात नहीं हो सकती। ज्ञान शक्ति के सद्भाव तथा अन्य अनुकूल परिस्थितियों के होने पर व्यक्ति के वस्तु को जानने की प्रवृत्ति या व्यापार को उपयोग कहा जाता है।[18]

आत्मा एक ज्ञान स्वभावी तत्त्व है। उसमें पदार्थों को उनके विशिष्ट स्वरूप में पहचानने की स्वाभाविक क्षमता विद्यमान है तथा सदैव किसी न किसी पदार्थ को विषय बनाकर उसे जानना उसका स्वभाव है। अपनी इस स्वभावगत विशेषता के कारण व्यक्ति प्रत्यक्ष द्वारा, चाहे वह इन्द्रिय प्रत्यक्ष हो या अतीन्द्रिय प्रत्यक्ष, पदार्थ को उसके विशिष्ट स्वरूप में पहचानते हुए ही जानता है। चक्षु के माध्यम से व्यक्ति श्वेत रंग को उसके अश्वेत रंगों से विलक्षण श्वेत स्वरूप में ही पहचानता है। प्रत्यक्ष द्वारा एक पशु को गलकम्बलमद् व्यक्ति रूप विशिष्ट स्वरूप में पहचानते हुए ही हम उसे गाय रूप में जानते हैं। प्रत्यक्ष पूर्वक होने वाला यह ज्ञान 'यह गाय है' सम्प्रत्ययात्मक ही होता है क्योंकि यह पशु विशेष में विद्यमान गौत्व सामान्य अर्थात उसकी ऐसी विशेषताओं, जो प्रत्येक गाय में अनिवार्यतया पायी जाती हैं तथा गायातिरिक्त पशुओं में जिनका अभाव होता है, को पहचानते हुए ही उत्पन्न होता है।

कहा जा सकता है कि सविकल्पक ज्ञान की उत्पत्ति तभी हो सकती है जबकि सम्प्रत्यय हमारे पास पहले से विद्यमान हों तथा पदार्थ का साक्षात्कार होने पर हम उन्हें पदार्थ पर आरोपित कर उसे निश्चयात्मक रूप से जानें। यदि व्यक्ति के पास सम्प्रत्यय पहले से विद्यमान नहीं है तो वह वस्तु का इन्द्रियों से सम्पर्क होने पर भी उसके स्वरूप का निश्चय नहीं कर पाता। उदाहरण के लिए एक बच्चे और वयस्क व्यक्ति को इन्द्रियों से पदार्थ का समान रूप से साक्षात्कार होने पर भी बच्चे के पास गाय का सम्प्रत्यय नहीं होने के कारण वह उसे गाय रूप में नहीं पहचान पाता जबकि वयस्क व्यक्ति उसे 'यह गाय है' रूप में जान लेता है। यह अन्तर यह सिद्ध करता है कि पदार्थ के निश्चयात्मक ज्ञान की उत्पत्ति इन्द्रिय प्रत्यक्ष के स्तर पर न होकर उसके पश्चात बौद्धिक व्यापार द्वारा विकल्प योजना पूर्वक होती है। वस्तुतः ऐन्द्रियिक प्रत्यक्ष के स्तर पर किसी भी प्रकार के निश्चय का पूर्ण अभाव होता है। इन्द्रियों द्वारा रूप, रसादि की अनुभूति तो होती हैं लेकिन इस अनुभूति में 'यह रूप है' इस निश्चय का पूर्ण अभाव होता है। इस निश्चयात्मक ज्ञान की उत्पत्ति उसके पश्चात बौद्धिक व्यापार पूर्वक ही होती है।

---

18. तत्त्वार्थश्लोकवार्तिक, पृष्ठ–327

जैन दार्शनिक इस बात को स्वीकार करते हैं कि निश्चयात्मक ज्ञान सम्प्रत्ययों के सद्भाव पूर्वक ही होता है, व्यक्ति के पास जब तक किसी वस्तु का सम्प्रत्यय नहीं हो तब तक उसे वह वस्तु ज्ञात नहीं हो सकती। लेकिन इसके आधार पर ज्ञान में अनिवार्यतया दो चरण–पहले इन्द्रियों से पदार्थ का निर्विकल्पक ज्ञान और तत्पश्चात बौद्धिक व्यापार पूर्वक सविकल्पक ज्ञान की उत्पत्ति, स्वीकार नहीं किये जा सकते। व्यक्ति के पास सम्प्रत्ययों का प्रागानुभविक भण्डार नहीं होता जिन्हें वह प्रत्यक्ष से प्राप्त हो रही सम्वेदनाओं पर आरोपित कर पदार्थों का निश्चय कर सके। इसके विपरीत व्यक्ति इन्द्रियानुभव पूर्वक ही सम्प्रत्ययों को अर्जित करता है जो प्रत्यक्ष द्वारा पदार्थ के विशिष्ट स्वरूप के ग्रहण पूर्वक ही सम्भव होता है। उष्णता का सम्प्रत्यय उष्ण पदार्थ के प्रत्यक्ष पूर्वक ही प्राप्त होता है। यह व्यक्ति में स्पर्शनेन्द्रिय द्वारा पदार्थ के ऐसे विशिष्ट स्वरूप को, जो उसे समस्त उष्ण पदार्थों से समानता तथा अनुष्ण पदार्थों से विलक्षणता प्रदान कर रहा है, पहचानने की क्षमता के कारण ही सम्भव होता है। व्यक्ति एक या एकाधिक बार प्रत्यक्ष पूर्वक वस्तु के सामान्यविशेषात्मक स्वरूप को पहचानते हुए ही उसे विशिष्ट रूप में जानता है। जिस व्यक्ति को कभी उष्ण स्पर्श का प्रत्यक्ष नहीं हुआ हो उसके पास उष्णता का सम्प्रत्यय भी नहीं हो सकता। अग्नित्व सामान्य का ज्ञान या अग्नि के सम्प्रत्यय की प्राप्ति भासुर रूप, उष्ण स्पर्श आदि अग्नि के अवच्छेदक धर्मो के प्रत्यक्ष पूर्वक ही हो सकती है।

हम न केवल प्रत्यक्ष द्वारा पदार्थों के सामान्यविशेषात्मक स्वरूप को पहचान कर सम्प्रत्ययों का अर्जन करते हैं बल्कि प्रत्यक्ष, अनुमान, शब्दादि सभी प्रमाणों से हो रहा नवीन विषय बोध हमारे सम्प्रत्ययों के भण्डार को समृद्ध करने के साथ ही साथ पूर्वार्जित सम्प्रत्ययों को अधिक स्पष्ट और समृद्ध भी करता है। किसी भी प्रमाण से हो रही ज्ञान में निरन्तर वृद्धि पूर्वार्जित सम्प्रत्ययों के परिष्कार और नये सम्प्रत्ययों के अर्जन पूर्वक ही सम्भव है। यह पदार्थ को किसी भी प्रमाण से जानते समय आत्मा में उस पदार्थ के विशिष्ट स्वरूप को ग्रहण करने की क्षमता के कारण ही सम्भव हो पाता है।

यदि उपर्युक्त विवेचन को स्वीकार न करके प्रत्यक्ष को पूर्णतया निश्चय रहित ही स्वीकार किया जाय तथा पूर्वानुभवों की स्मृति पूर्वक ही उसके विषय के निश्चयात्मक बोध की उत्पत्ति मानी जाय तो ऐसा मानने पर अनवस्था दोष आता है। जिस प्रकार वर्तमान प्रत्यक्ष निर्विकल्पक होने के कारण स्वयं अपने विषय के स्वरूप का निश्चय करने में असमर्थ है तथा उसे अपने विषय के

निश्चयात्मक बोध के लिये पूर्ववर्ती प्रत्यक्ष की स्मृति की आवश्यकता है, उसी प्रकार पूर्वानुभव भी निर्विकल्पक होने के कारण अपने विषय के निश्चय के लिये अपने पूर्वानुभव की अपेक्षा रखता है। वह पूर्वानुभव भी निर्विकल्पक होने के कारण ....... इस प्रकार अनवस्था दोष आता है। इस दोष से बचने के लिये कहीं न कहीं जाकर प्रत्यक्ष को सामान्यविशेषात्मक स्वरूप को ग्रहण करने वाला स्वीकार करना आवश्यक है। जब तक ऐसा नहीं किया जाय तब तक सम्प्रत्ययों के अर्जन के अभाव में किसी भी निश्चयात्मक ज्ञान की उत्पत्ति नहीं हो सकती।[19] प्रत्यक्ष मानवीय ज्ञान में आधारभूत स्थान रखता है। स्मृति, अनुमान, शब्द प्रमाण आदि सभी प्रमाण किसी न किसी रूप में प्रत्यक्ष पर निर्भर हैं। यदि प्रत्यक्ष ही निश्चय रहित हो तो कभी किसी भी प्रमाण से किसी भी वस्तु का ज्ञान होना सम्भव नहीं है।

## बौद्ध मत- शब्द योजना की निर्विकल्पक ज्ञान पूर्वकता

प्राय: ज्ञान की निश्चयात्मकता को भाषा से सम्बन्धित माना जाता है। निर्णय का आकार "यह घट है" रूप होता है जो कि एक वाक्य होने के कारण शब्दात्मक है। इस मान्यता के अनुसार किसी भी वस्तु के अध्यवसाय का तात्पर्य है उस वस्तु के वाचक शब्द का प्रयोग। भर्तृहरि ज्ञान मात्र को सविकल्पक मानते हैं। वे कहते हैं कि ऐसा कोई ज्ञान नहीं है जो शब्द रहित हो। ज्ञान सदैव वाचक शब्द विशिष्ट वस्तु का ज्ञान होता है।[20] जिस प्रकार अग्नि स्वभाव से ही उष्ण होती है, आत्मा स्वभाव से ही चेतन होती है, उसी प्रकार ज्ञान भी स्वभाव से ही शब्दानुविद्ध होता है।[21] यहाँ तक कि बच्चे भी पदार्थ को अपने पूर्व जन्म के संस्कारों से वाचक शब्द विशिष्ट रूप से जानते हैं।[22] दिग्नाग कहते हैं कि शब्द और विकल्प परस्पर अविनाभावी हैं। जहाँ शब्द होते हैं, वहां विकल्प होते हैं तथा जहाँ विकल्प होते हैं, वहाँ शब्द होते हैं।[23] धर्मकीर्ति कहते हैं कि विकल्प सदैव शब्द संसर्ग युक्त होते हैं तथा शब्द प्रयोग पदार्थ के दर्शन के उपरान्त संकेत स्मरण पूर्वक होता है। संकेत स्मरण इन्द्रियों का विषय नहीं है। इसलिये प्रत्यक्ष पदार्थ को कल्पनापोढ़ रूप से अर्थात निर्विकल्पक रूप से

---

19. न्यायविनिश्चयविवरण; भाग-1, पृष्ठ-155
20. वाक्यपदीय 1/123
21. वाक्यपदीय 1/124
22. वाक्यपदीय 1/121
23. अपोह सिद्धि; पृष्ठ-30

ही जानता है।[24] यदि पदार्थ निर्विकल्पक प्रत्यक्ष गम्य नहीं हो तो शब्द योजना पूर्वक सविकल्पक ज्ञान की उत्पत्ति भी नहीं हो सकती।

## जैन मत

जैन दार्शनिक कहते हैं कि सविकल्पक ज्ञान सदैव शब्दात्मक नहीं होता। इन्द्रिय प्रत्यक्ष शब्द रहित रूप से ही पदार्थ को जानता है। चक्षु द्वारा रूप का ही बोध होता है, ''रूप'' शब्द का नहीं; क्योंकि रूप शब्द चक्षु का विषय नहीं है।[25] किसी भी वस्तु के लिये नाम का प्रयोग वही व्यक्ति कर सकता है जिसने उस वस्तु को पहले देखा हो, उस वस्तु तथा उसके नाम में वाच्य-वाचक सम्बन्ध स्थापित किया हो तथा जिसे वर्तमान में उस तत् सदृश पूर्वानुभूत वस्तु को दिये हुए नाम की स्मृति हो।[26] यदि प्रत्यक्ष पूर्णतया निश्चय रहित है तो देखी हुई वस्तु भी नहीं देखी हुई के समान ही है। तब इन्द्रिय प्रत्यक्ष के अभाव में भी सविकल्पक ज्ञान हो सकता है।[27] वादिराज कहते हैं कि यदि सविकल्पक ज्ञान शब्दात्मक ही हो सकता है तब भी इतना तो निश्चित है कि प्रथम दर्शन काल में ही वाचक शब्द का ज्ञान नहीं होता, अन्यथा संकेत की व्यर्थता का प्रसंग आता है। अतः शब्दात्मक बोध नाम स्मृति पूर्वक ही होता है। प्रश्न उठता है कि नाम की स्मृति अनिर्णीत पदार्थ के प्रति होती है अथवा निर्णीत पदार्थ के प्रति। यदि अनिर्णीत पदार्थ के प्रति होती है तो जिस भी किसी विषय में शब्द योजना हो जाय उसी का निर्णय हो जाना चाहिये तथा किसी भी प्रकार के विवाद की सम्भावना नहीं रहनी चाहिये। ''दानादि से स्वर्ग की प्राप्ति होती है'' इस प्रकार की शब्द योजना से इस सम्बन्ध में निर्णय होकर विवाद की समाप्ति हो जानी चाहिये, पर ऐसा नहीं होता। यदि कहा जाय कि निर्णीत पदार्थ के प्रति शब्द योजना होती है तो अन्योन्याश्रय दोष आता है। तब ज्ञान के शब्दात्मक होने पर ही पदार्थ का निर्णय हो सकता है तथा पदार्थ का निर्णय होने पर ही उसके लिये शब्द योजना की जा सकती है।[28]

अतः वस्तु के स्वरूप का निश्चय हो जाने के बाद ही उसके लिये शब्द विशेष का प्रयोग किया जा सकता है, अन्यथा नहीं। जैसे किसी भी वस्तु के

24. प्रमाणवार्तिक, 2/123 तथा 2/129
25. प्रमेयकमलमार्तण्ड, पृष्ठ-41
26. अष्टसहस्री, पृष्ठ-119
27. अष्टसहस्री, पृष्ठ-122
28. न्यायविनिश्चयविवरण, भाग-1, पृष्ठ-136

लिये ''नीला'' शब्द का प्रयोग तभी किया जा सकता है जबकि हमें उसके विशिष्ट स्वरूप, उसके ऐसे स्वरूप का ज्ञान हो जो मात्र नीले पदार्थों का ही हो सकता है, नीलातिरिक्त पदार्थों का नहीं। इस निर्णय के लिये ''नीला'' शब्द का प्रयोग नहीं अपितु वस्तु में स्थित 'नीलत्व' विशेषण का ज्ञान होना आवश्यक है। इसका ज्ञान होने पर ही पूर्व में तत्सदृश वस्तु को दिये गये नाम की स्मृति पूर्वक यह कहा जा सकता है कि यह पदार्थ नीला ही है, पीला या लाल नहीं।

यदि वस्तु के स्वरूप के निर्णय तथा उसके वाचक शब्द के प्रयोग में कोई अन्तर नहीं हो तो हम कभी किसी वर्णन के संबंध में यह नहीं कह सकते कि यह सही है अथवा गलत। यह तो तभी कहा जा सकता है जबकि वस्तुस्थिति का निर्णय शब्द प्रयोग से स्वतन्त्र हो। शब्द तो संकेत मात्र हैं, जो उस निर्णय की और संकेत करते हैं तथा उसी व्यक्ति के लिये सार्थक हैं जो उन शब्दों के द्वारा संकेतित पदार्थ तक पहुंच सके। उन संकेतों से संकेतित तक पहुंचने का तात्पर्य पदार्थ को निश्चयात्मक रूप से जानना है। निश्चय का अर्थ है व्यक्ति पदार्थ के विशिष्ट स्वरूप को पहचान सके तथा उसे अन्यों से अलग कर सके। इसका आधार वाचक शब्द का प्रयोग न होकर वस्तु के विशेषणों का बोध है जो उसके स्वरूप के नियामक हैं।

## न्यायवैशेषिक मत – विशेषणविशेष्यभाव योजना हेतु निर्विकल्पक ज्ञान एक तार्किक आवश्यकता

नैयायिक कहते हैं कि किसी भी वस्तु के प्रति विशिष्ट बुद्धि की उत्पत्ति होने के लिये यह आवश्यक है कि उसके विशेषणों का ज्ञान हो। विशेषण वस्तु के स्वरूप के सम्पादक तथा उसके अवच्छेदक या व्यावर्तक अर्थात उसे अन्यों से पृथक करने वाले होते हैं। इन विशेषणों को जाने बिना हम यह नहीं जान सकते कि वस्तु क्या है और क्या नहीं है। उदाहरण के लिये ''यह घट है'' यह सविकल्पक ज्ञान तभी हो सकता है जबकि हम ''यह'' के विशेषण ''घटत्व'' को जानते हों, जिसके कारण वह वस्तु घट कहलाती है, पटादि नहीं। ''नील अश्व'' विशिष्ट बुद्धि में ''नील'' अश्व का विशेषण है क्योंकि यह अश्व को अन्य रंगों के अश्वों से अलग करता है। इस विशिष्ट बुद्धि में नील का ज्ञान तभी सम्भव है जबकि हमें ''नीलत्व'' का ज्ञान हो तथा अश्व के ज्ञान के लिये ''अश्वत्व'' का ज्ञान होना आवश्यक है। इस प्रकार जब गुण, कर्मादि किसी वस्तु के विशेषण होते हैं तो वे अन्य विरोधी गुण, कर्मादि को व्यावृत्त करके

उस वस्तु के विशिष्ट स्वरूप का बोध कराते हैं।[29] सामान्य द्रव्य, गुण और कर्म तीनों के स्वरूप का नियामक होता है तथा किसी भी पदार्थ को उसके विशेष स्वरूप में तभी पहचाना जा सकता है, जबकि हमें उसमें स्थित सामान्य का ज्ञान हो।[30]

सदैव विशेष्य का ज्ञान विशेषण के ज्ञान पूर्वक ही होता है लेकिन फिर भी विशेष्य और विशेषण एक अभिन्न सत्ता न होकर भिन्न भिन्न सत्ता हैं तथा इनमें समवाय सम्बन्ध है। प्रश्न उठता है कि यदि विशेषण विशेष्य का स्वरूप न होकर उससे भिन्न सत्ता है तो विशेषण ज्ञान पूर्वक विशेष्य किस प्रकार ज्ञात हो सकता है? इस प्रश्न के उत्तर में श्रीधर कहते हैं "जिस प्रकार अग्नि और लौह पिण्ड में संयोग होने पर लौहपिण्ड अग्नि से संश्लिष्ट होकर अग्नि रूप या उष्ण हो जाता है, उसी प्रकार धर्म (विशेषण) और धर्मी (विशेष्य) में समवाय सम्बन्ध होने पर धर्म धर्मी में विशेषता उत्पन्न कर देता है तथा इसके कारण ही धर्म धर्मी के प्रति आत्मानुरूप प्रत्यय उत्पन्न करता है।[31] जैसे सत्ता जाति द्रव्य, गुण और कर्म में समवेत होकर उनके प्रति आत्मानुरूप प्रत्यय उत्पन्न करती है। "द्रव्य सत् है" 'गुण सत् है', 'कर्म सत् है' इस प्रकार द्रव्य, गुण और कर्म के प्रति सत् होने का ज्ञान उनमें सत्ता जाति के समवेत होने के कारण ही होता है।[32] वस्तुतः विशेषण विशेष्य का स्वभाव है, विशेष्य का अनुरंजक है, स्वयं को विशेष्य के प्रति उत्सर्जित करता है। इसलिये विशेषण विशेष्य के प्रति विशिष्ट बुद्धि का कारण है।[33] इतना होने पर भी विशेषण और विशेष्य में तादात्म्य सम्बन्ध नहीं स्वीकार किया जा सकता क्योंकि ये भिन्न भिन्न स्वरूप में ज्ञात होते हैं तथा जो भिन्न भिन्न स्वरूप में ज्ञात होते हैं वे भिन्न भिन्न सत्ता हैं।[34]

विशेषण ज्ञान विशेष्य ज्ञान के प्रति कारण होता है। इसलिये सविकल्पक ज्ञान के पूर्व निर्विकल्पक ज्ञान को स्वीकार करना आवश्यक है। इन्द्रियार्थ सन्निकर्ष के प्रथम क्षण में विशेषण और विशेष्य अपने पृथक पृथक स्वरूप में निर्विकल्पक

---

29. वैशीषिक सूत्र 8/1/7
30. वही, 8/1/6
31. न्यायकन्दली, पृष्ठ–39
32. वही, पृष्ठ–777
33. न्यायकन्दली, पृष्ठ–289
34. वही, पृष्ठ–39

रूप से ज्ञात होते हैं तथा उसके पश्चात् ही विशेषण और विशेष्य के मध्य सम्बन्ध के ज्ञान पूर्वक विशेष्य का सविकल्पक ज्ञान होता है। यह निर्विकल्पक ज्ञान निश्चय रहित होने के कारण कभी भी स्वयं ज्ञात नहीं होता। तथा इसकी सिद्धि अनुमान द्वारा की जाती है। विश्वनाथ पंचानन कहते है, "ज्ञान, जो कि निर्विकल्पक है, अतीन्द्रिय माना जाता है। चक्षु संयोग के उपरान्त 'घट' इस प्रकार का घटत्व आदि विशेषणों से युक्त ज्ञान सम्भव नहीं है, उसके पहले विशेषण रूप घटत्व का ज्ञान नहीं होने से; क्योंकि विशिष्ट ज्ञान के होने में विशेषण ज्ञान कारण होता है। इसलिये पहले घट और घटत्व को पृथक पृथक ग्रहण करने वाला ज्ञान ही उत्पन्न होता है और वही निर्विकल्पक ज्ञान माना जाता है।"[35] "निर्विकल्पक ज्ञान का मानस प्रत्यक्ष नहीं हो सकता; क्योंकि यह नियम है कि जाति और अखण्डोपाधि के अतिरिक्त किसी भी पदार्थ का ज्ञान किसी अन्य पदार्थ को विशेषण बनाये बिना नहीं हो सकता। निर्विकल्पक ज्ञान किसी भी प्रकार के वैशिष्ट्य से रहित ज्ञान है। उसमें विशेषण 'घटत्व' और विशेष्य 'घट' के पृथक पृथक ज्ञात होने पर भी वह घट को 'घट' रूप में और घटत्व को 'घटत्व' रूप में नहीं जानता। इस ज्ञान में विशेषण और विशेष्य के अपने अपने विशिष्ट स्वरूप में अज्ञात रहने के कारण यह ज्ञान प्रत्यक्ष गम्य न होकर अनुमान का ही विषय होता है।"[36]

प्रत्येक सविकल्पक ज्ञान में तीन पदार्थों का ज्ञान होता है विशेषण, विशेष्य और उन दोनों के मध्य सम्बन्ध का ज्ञान। दो पदार्थों के मध्य सम्बन्ध तभी जाना जा सकता है जबकि उन दोनों की पहले पृथक पृथक उपलब्धि हो। इसलिये सविकल्पक ज्ञान से पूर्व निर्विकल्पक ज्ञान की सत्ता को स्वीकार करना आवश्यक है।

---

35. चक्षु: सयोगाद्यनन्तरं घट इत्याकारक ˙ घटत्वादिविशिष्टं ज्ञानं न सम्भवति पूर्व विशेषणस्य घटत्वादेर्ज्ञानाभावात्। विशिष्टबुद्धौ विशेषणज्ञानस्य कारणत्वात्। तथा च प्रथमतो घटघटत्वयोर्वैशिष्ट्यानवग्राह्येव ज्ञानं जायते। तदेव निर्विकल्पकम्। तच्च न प्रत्यक्षम्।

न्यायसिद्धान्तमुक्तावली, पृष्ठ–300

36. वैशिष्ट्यानवगाहिज्ञानस्य प्रत्यक्षं न भवति घटमहं जानामीति प्रत्ययात्। तत्रात्मनि ज्ञानं प्रकारीभूयभासते। ज्ञाने घटस्तत्र घटत्वम्। य: प्रकार: स एव विशेषणत्वमित्युच्यते। विशेषणे यद्विवेशणं तद्विशेषणतावच्छेदकमित्युच्यते। विशेषणतावच्छेदकप्रकारकं ज्ञानं विशिष्टवैशिष्ट्यज्ञाने कारणम्। निर्विकल्पके च घटत्वादिकं न प्रकारत्वेन घटत्वादिविशिष्टघटादिवैशिष्ट्यमानं ज्ञाने न संभवति। घटत्वाद्यप्रकारकं घटादिविशिष्टज्ञानं न संभवति, जात्यखण्डोपाध्यतिरिक्त पदाथज्ञानस्य किंचिद्धर्मप्रकारकत्वनियमात्।

वही, पृष्ठ–302

## जैन मत

न्याय वैशेषिक दर्शन का उपर्युक्त सिद्धान्त इस पूर्वमान्यता पर आधारित है कि विशेषण और विशेष्य दो भिन्न भिन्न पदार्थ होते हैं। जैन दार्शनिक कहते हैं कि कभी भी भिन्न विशेषण विशेष्य के प्रति विशिष्ट बुद्धि की उत्पत्ति नहीं कर सकता। वस्तु की विशेषताएं उसकी परिचायक होती हैं तथा उनको जान कर ही हम उस वस्तु को जान सकते हैं। पर ऐसा इसलिये होता है कि विशेषण विशेष्य को अपने से अनुरंजित किये हुए होता है, उसका स्वभाव होता है, दोनों के मध्य तादात्म्य सम्बन्ध होता है।

किसी भी वस्तु को जानने का अर्थ है उसके स्वरूप को जानना। किसी भी वस्तु का स्वरूप उसका अवयव संघठन तथा गुणादि विशेषताएं होती हैं। खूर, ककूद, सास्नादि अवयवों के बोध होने पर हमें गाय का तथा एक विशेष आकार, गन्ध, रस आदि का अनुभव होने पर हमें आम का अनुभव होता है। ऐसा इसलिये होता है कि खूर, ककूद, सास्नादि से युक्त अवयव संघठन गाय का स्वरूप है तथा गाय से भिन्न किसी भी पशु में यह नहीं पाया जाता। इसी प्रकार विशेष आकार, गन्ध, रस आदि आम के स्वरूप के नियामक हैं। सर्वत्र विशेषण विशेष्य के स्वरूप के नियामक होते हैं तथा विशेष्य उनसे नियमित होने के कारण उनके बोध पूर्वक ही ज्ञात होता है।[37]

वादिराज कहते हैं कि जिसके द्वारा लक्षित किया जाता है, अर्थात ग्रहण किया जाता है वह लक्षण है। वस्तु का स्वरूप ही उसका लक्षण है इसलिये वह ''स्वलक्षण'' अर्थात स्वयं ही अपना लक्षण है। वस्तु चेतन या अन्य प्रकार की है तथा उससे भिन्न उसका लक्षण नहीं है। वैशेषिक मानते हैं कि अन्य के द्वारा ही, यथा क्रियावत्वादि रूप से ही द्रव्य का लक्षण होता है। प्रश्न उठता है कि क्रियावान होना इस लक्षण से द्रव्य का ही ग्रहण क्यों किया जाता है, गुणादि का क्यों नहीं ? यदि कहा जाय कि क्रियावानता मात्र द्रव्य में ही रहती है तो यदि क्रियावानता द्रव्य का स्वभाव होने से द्रव्य से तादात्म्य संबंध रखती हो तब तो कोई समस्या नहीं है, यदि यह उससे भिन्न है तो अभी तक हम यह नहीं जानते कि द्रव्य क्या है और इसलिये यह नहीं कह सकते कि क्रियावान होना द्रव्य का ही लक्षण है, गुणादि का नहीं।[38] विशेषण या लक्षण विशेष्य

---

37. स्वयंभू स्त्रोत 13/4
38. न्यायविनिश्चयविवरण, भाग-1, पृष्ठ-453

से भिन्न होने पर उसके प्रति निश्चयात्मक बुद्धि उत्पन्न नहीं कर सकता। विशेषण ज्ञान में विशेषण अन्य सब से व्यावृत्त अपने विशिष्ट स्वरूप में ज्ञात होता है, तथा विशेष्य भी अन्य होने के कारण उससे व्यावृत हो जाता है तब भिन्न विशेषण विशेष्य ज्ञान के प्रति कारण किस प्रकार हो सकता है।

लक्षण या विशेषण का काम विशेष्य को अन्य वस्तुओं से पृथक करके ज्ञात कराना होता है। प्रश्न उठता है कि पृथक विशेषण विशेष्य के प्रति अन्य पदार्थों से व्यावृत्त बुद्धि किस प्रकार उत्पन्न कर सकता है ? किसी भी वस्तु का स्वरूप ही उसे अन्य वस्तुओं से पृथक कर सकता है। यदि वह स्वरूपतः अन्य वस्तुओं से पृथक रूप में ज्ञात नहीं हो तो उससे भिन्न कोई भी वस्तु इस कार्य को नहीं कर सकती।[39] स्वरूप बोध होने पर पररूप व्यावर्तन स्वतः ही हो जाता है, तथा पर रूप निषेध के अभाव में स्वरूप बोध भी असम्भव है।

कहा जा सकता है कि सविकल्पक ज्ञान विशेष्य तथा विशेषण के मध्य संबंध स्थापना पूर्वक होता है। प्रत्येक विशिष्ट बुद्धि में तीन तत्व होते हैं- विशेषण, विशेष्य तथा उन दोनों के मध्य सम्बंध, जो दोनों के भिन्न होने तथा दोनों की पूर्व में पृथक पृथक उपलब्धि होने पर ही सम्भव है। यदि लक्षण और लक्ष्य, विशेषण और विशेष्य दोनों में एकत्व है तो या तो दोनों एक साथ ज्ञात होंगे या दोनों अज्ञात रहेंगे तथा ऐसी स्थिति में एक को दूसरे के ज्ञान के प्रति कारण मानने का कोई अर्थ नहीं रहेगा।

जैन दार्शनिक कहते हैं कि सम्बन्धियों की विशेष प्रकार से स्थिति ही सम्बंध है। सम्बन्धियों से पृथक सम्बंध की सत्ता नहीं है। विशेषण और विशेष्य में अपेक्षा विशेष से अभेद होने के साथ ही साथ अन्य अपेक्षा से भेद भी होता है तथा इसलिये उन दोनों के मध्य सम्बन्ध योजना पूर्वक सविकल्पक ज्ञान की उत्पत्ति हो जाती है।[40] किसी पदार्थ का असाधारण धर्म उसका लक्षण होता है तथा धर्म और धर्मी में संख्या, संज्ञा, लक्षण, प्रयोजनादि की दृष्टि से भेद होते हुए भी तादात्म्य संबंध होता है क्योंकि धर्मी अपने समस्त धर्मों में व्याप्त होता है। तथा अपने धर्मों के अन्योन्य अभेद के अतिरिक्त धर्मी कुछ नहीं है। वस्तु के साधारण असाधारण सभी धर्म उसके विशेषण होते हैं जो उसे विजातीय

39. न्यायविनिश्चयविवरण, भाग-1, पृष्ठ-454
40. न्यायविनिश्चयविवरण, भाग-1, पृष्ठ-158

वस्तुओं से व्यावृत करते हैं। कई बार भिन्न वस्तुओं को भी उपचार से विशेषण कहा जाता है पर वास्तव में वस्तु अपने स्वरूपगत विशेषताओं से ज्ञात होती है। उदाहरण के लिये ''दण्डी पुरुष' यह प्रतीति दण्ड से संयुक्त पुरुष के ज्ञात होने पर होती है। इस ज्ञान में दण्ड उपचार से ही विशेषण है। वास्तव में तो पुरुष अपनी एक अवस्था विशेष–दण्ड से संयुक्त अवस्था से ही दण्डी रूप में ज्ञात हो रहा है।

सम्बन्ध को संबंधियों से पृथक मान कर तथा सम्बंध स्थापित करने के लिये उनकी पूर्व में पृथक पृथक उपलब्धि मानने पर प्रश्न उठता है कि दण्ड और पुरुष पृथक पृथक निर्विकल्पक रूप से ज्ञात होते हैं या सविकल्पक रूप से ? यदि प्रथम विकल्प को स्वीकार किया जाय तो वे दोनों अज्ञात ही हैं और अज्ञात संबंधियों में संबंध की स्थापना असंभव है। यदि वे सविकल्पक रूप से ज्ञात होते हैं तो वे भी विशेषण ज्ञान पूर्वक ज्ञात होंगे। दण्ड अपने विशेषण – अवयवों तथा पुरुष अपने अवयवों के ज्ञान पूर्वक ज्ञात होगा। दण्ड और उसके अवयवों के सम्बन्ध की स्थापना के लिये उन दोनों की भी पृथक पृथक उपलब्धि आवश्यक है। दण्ड के अवयवों के सविकल्पक रूप से ज्ञात होने के लिये उसके अवयवों का ज्ञान होना आवश्यक है तथा अन्त में एक स्थिति ऐसी आयेगी कि अवयवों के अवयव की सविकल्पक बुद्धि की उत्पत्ति के लिये परमाणुओं का ज्ञान आवश्यक होगा। परमाणु इन्द्रिय गम्य नहीं हैं, इसलिये वे जिस कार्य द्रव्य के विशेषण हैं वह अज्ञात होगा। उसके अज्ञात होने पर उससे निर्मित अवयवी तथा इस तरह कभी दण्ड भी ज्ञात नहीं हो सकेगा। इस प्रकार विशेषण और विशेष्य की पृथक–पृथक उपलब्धि पूर्वक ही सविकल्पक ज्ञान की उत्पत्ति स्वीकार करने पर सविकल्पक ज्ञान के उत्पन्न होने की सम्भावना ही समाप्त हो जाती है।[41]

हमें कभी भी ऐसी अनुभूति नहीं होती कि धर्म और धर्मी की पृथक पृथक उपलब्धि हो रही है। यह कहने का भी कोई अर्थ नहीं है कि इस प्रकार का ज्ञान अनुमान से सिद्ध है क्योंकि ज्ञान सदैव स्वसंवेदी होता है तथा ज्ञान को अज्ञात कहना स्व–वचन विरोध है। तार्किक रूप से भी धर्म और धर्मी की पृथक पृथक उपलब्धि की कल्पना नहीं की जा सकती, क्योंकि धर्म सदैव किसी धर्मी का होता है तथा धर्मों से रहित धर्मी निस्वभाव होता है। निस्वभाव पदार्थ

41. न्यायविनिश्चयविवरण; भाग–1, पृष्ठ–161

की सत्ता नहीं होती, तब उसकी उपलब्धि किस प्रकार हो सकती है। किसी भी वस्तु को जानने का अर्थ है उसके स्वरूप को जानना। वस्तु का स्वरूप उसके अवयव, गुणादि विशेषताएं ही हैं जिनका वैशिष्ट्य उस वस्तु का वैशिष्ट्य है तथा जिन्हें जानना ही उस वस्तु के विशिष्ट स्वरूप को जानना है। निर्विकल्पक ज्ञान को मानने वाले सभी दार्शनिक इस ज्ञान को पदार्थ के यथार्थ स्वरूप का बोध मानते हैं पर वस्तु का स्वरूप तो उसके अवयव, गुणादि ही हैं। यदि इन्हें वस्तु का स्वरूप नहीं माना जाय तो वस्तु अन्य विशेषताओं को लिये हुई होगी तथा जो ज्ञान उसके स्वरूप को जानेगा वह उन विशेषताओं को ही जानेगा। अत: ज्ञान में धर्म धर्मी भाव अनिवार्यत: होगा।

धर्म और धर्मी दोनों ही सर्वात्मक नहीं होते अपितु उनका एक निश्चित स्वरूप होता है, तथा अन्य रूपों का उनमें अभाव होता है। उस निश्चित स्वभाव का बोध हमें तभी हो सकता है जबकि हममें उसे ग्रहण करने की क्षमता विकसित हो चुकी हो, हममें उसका सम्प्रत्यय बन चुका हो। 'यह अश्व लाल है' यह बोध तभी हो सकता है जबकि हम जानते हों कि लाल होने का अर्थ क्या होता है तथा अश्व होने का अर्थ क्या होता है। इस सविकल्पक स्थिति से भिन्न किसी साक्षात्कार मात्र, जिसमें किसी प्रकार का निर्णय नहीं हो, से वस्तु का निश्चित विशिष्ट स्वरूप ज्ञात नहीं होता। इसलिये उसे ज्ञान कहने का कोई अर्थ नहीं है।

□□□

## अध्याय–सात

# अनेकान्तात्मक वस्तु ज्ञान का विषय

किसी भी वस्तु के प्रति यह निश्चय कि वह क्या है, किस प्रकार की सत्ता है, ज्ञान कहलाता है। वस्तु के स्वरूप के प्रति यह निश्चय उसकी विशेषताओं के ज्ञान पूर्वक होता है। हम हरे रंग, विशेष आकार आदि अनेक गुणों के ज्ञान पूर्वक एक गुणी–पत्ते को जानते हैं। तना, शाखाओं, पत्तों आदि अनेक अवयवों के ज्ञान पूर्वक हमें एक अवयवी–पत्ता ज्ञात होता है। ऐसा इसलिये होता है कि अनेक गुण एक गुणी के तथा अनेक अवयव एक अवयवी के विभिन्न अंश हैं, धर्म हैं, स्वभाव हैं। इसलिये एक धर्मी के कुछ गुण आदि धर्मों का ज्ञान उस धर्मी का आंशिक ज्ञान है तथा अपने समस्त धर्मों के ज्ञान पूर्वक वह सम्पूर्णतः ज्ञात होता है। एक वस्तु अपने अनेक गुणों और अवयवों में व्याप्त एक गुणी और अवयवी ही नहीं है बल्कि वह अपनी अनेक क्रमवर्ती पर्यायों रूप से परिणमनशील एक अन्वयी (निरन्तर विद्यमान) द्रव्य भी है। इसलिये जब पत्ता, वृक्ष आदि विभिन्न पदार्थ पुनः पुनः प्रत्यक्षादि प्रमाणों से जाने जाते हैं तो वे अनेक क्रमवर्ती और परस्पर विलक्षण पर्यायों रूप से उत्पन्न नष्ट हो रहे एक स्थायी द्रव्य के रूप में ज्ञात होते हैं। हम देखते हैं कि प्रारम्भ में जो पत्ता हरे रंग, कोमल स्पर्श आदि विशेषताओं से युक्त होता है, वही पत्ता एक दो दिन पश्चात पक कर पीला हो जाता है और एक दो दिन पश्चात उसका पीला रंग भूरे रंग में और कोमल स्पर्श कठोर स्पर्श में रूपान्तरित हो जाता है।

अनेक विशेषताओं के ज्ञान पूर्वक एक वस्तु का पत्ता, वृक्ष आदि निश्चित, विशिष्ट स्वरूप में निर्णय उसके सामान्यविशेषात्मक स्वरूप को पहचानने पर ही

सम्भव होता है। एक वर्ग की समस्त वस्तुओं में अनिवार्यतया और समान रूप से विद्यमान ऐसी विशेषताओं को, जिनके कारण उन वस्तुओं का समान ज्ञान होता है और उन्हें एक नाम दिया जाता है, सामान्य कहा जाता है। ये विशेषताएं ही उस वर्ग की वस्तुओं की अन्य प्रकार की वस्तुओं से विलक्षणता स्थापित करने के कारण उनका विशेष स्वरूप भी हैं।[1] तना, शाखाएं, पत्ते आदि विशेषताएं वृक्ष मात्र का अनिवार्य और समान स्वरूप होने के कारण वृक्षत्व सामान्य हैं तथा ये विशेषताएं ही वृक्ष मात्र की घास, बेल आदि वृक्षातिरिक्त पदार्थों से विलक्षणता भी स्थापित करती हैं; इसलिये ये वृक्ष मात्र का विशेष स्वरूप भी हैं। तना, शाखाओं आदि अवयवों के ज्ञान पूर्वक "यह वृक्ष है" यह ज्ञान उसी व्यक्ति को हो सकता है जो इन अवयवों को पदार्थ के ऐसे असाधारण स्वरूप के रूप में पहचान रहा हो जो जिस जिस में पाये जाते हैं उसे वृक्ष ही कहा जाता है तथा वृक्षातिरिक्त वस्तुओं में जिनका अभाव होता है।

ज्ञान का यह विशेषणविशेष्यभाव से युक्त सर्वविदित स्वरूप ज्ञेय पदार्थ के अनेकान्तात्मक-एकानेकात्मक, भेदाभेदात्मक, सामान्यविशेषात्मक, परिवर्तनशीलस्थायी स्वरूप को सिद्ध करता है। ज्ञेय पदार्थ का यह स्वरूप विभिन्न भारतीय दार्शनिकों के लिये गम्भीर समस्या है। वे कहते हैं कि एक और अनेक, भेद और अभेद, सामान्य और विशेष परस्पर विरोधी धर्म हैं। अतः ये एक वस्तु का स्वरूप नहीं हो सकते।[2] जो वस्तु एकस्वभावी है उसके परस्पर भिन्न भिन्न अनेक स्वभाव किस प्रकार हो सकते हैं तथा जो स्वरूपतः भिन्न भिन्न हैं वे एक अभिन्न सत्ता किस प्रकार हो सकते हैं।[3]

उपर्युक्त समस्या का समाधान प्रस्तुत करते हुए न्यायवैशेषिक दार्शनिक कहते हैं कि एक धर्मी, जैसे-पत्ता और उसके विभिन्न धर्म पृथक पृथक सत्ताएं हैं

---

1. सामान्यस्यैवानुवृत्तव्यावृत्तप्रत्ययहेतुत्वेन सामान्यविशेषोभयाकारस्येष्टत्वात्।
अष्टसहस्री; पृष्ठ 217
2. नैकस्मिन्नसंभवात्। ब्रह्मसूत्र 2/2/33
.........जीवादिषु पदार्थेष्वेकस्मिन्धर्मिणि सत्त्वासत्त्वयोर्विरूद्धयोर्धर्मयोरसंभवात्सत्त्वे चैकस्मिन्धर्मेऽसत्त्वस्य धर्मान्तरस्यासंभवादसत्त्वे चैव सत्त्वस्यासंभवादसंगतमिदमार्हतं मतम्। एतेनैकानेकनित्यानित्य-व्यतिरिक्ताव्यतिरिक्ताद्यनेकान्ताभ्युपगमा निराकृता मन्तव्याः। ब्रह्मसूत्र शांकरभाष्य 2/2/33
3. परस्परविशिष्टानामविशिष्टं कथं भवेत्? तथा
द्विरूपतायां वा तद् वस्त्वेकं कथं भवेत्? प्रमाणवार्तिक 2/41
ये च भिन्नस्वभावास्ते नाभिन्ना भवितुमर्हन्ति; विरूद्धत्वात्। अथैकस्यापि समानमसमानं च द्वे रूपे, तथा द्विरूपतायां तद् वस्त्वैकं कथं भवेत्? अन्यो हि समानादसमानः स्वभावः, अतश्च द्वे वस्तुनी स्याताम्, न त्वेकं द्विरूपम्। प्रमाणवार्तिकमनोरथनन्दिवृत्ति - 2/41

तथा एक धर्मी में अनेक धर्म समवाय सम्बन्ध से रहते हैं। इसलिए इन धर्मों के ज्ञान पूर्वक धर्मी का निश्चयात्मक ज्ञान होता है। उनका यह समाधान यह समस्या उत्पन्न करता है कि यदि गुणादि विशेषण द्रव्यादि विशेष्य का स्वरूप न होकर उससे भिन्न सत्ता हैं तो इन विशेषणों के ज्ञान पूर्वक इनसे भिन्न विशेष्य किस प्रकार ज्ञात हो सकता है?

बौद्ध और अद्वैत वेदान्ती इस समस्या के मूल कारण-विशेषणविशेष्यभाव से युक्त सविकल्पक ज्ञान को ही मिथ्या सिद्ध करना चाहते हैं। वे कहते हैं कि सत्ता पूर्णतया अखण्ड, निरंश और एकस्वभावी होती है। उसमें किसी भी प्रकार का भेद, किसी भी प्रकार की अनेकरूपता सम्भव नहीं है। इन्द्रियार्थसन्निकर्ष के प्रथम क्षण में तथा समाधि की अवस्था में होने वाले निर्विकल्पक प्रत्यक्ष द्वारा सत्ता अपने इसी अखण्ड और एकस्वभावी स्वरूप में ज्ञात होती है। उसके उपरान्त व्यक्ति अपनी अनादि वासना या अनादि अविद्या के संस्कारों के कारण उस एकस्वभावी सत्ता पर गुण-गुणी, अवयव-अवयवी आदि अनेक भेदों को आरोपित करके उसे अनेक रूपों में जानता है। इसलिये धर्मधर्मीभाव से युक्त सविकल्पक ज्ञान अनादि वासना जनित मानसिक कल्पना मात्र होने के कारण मिथ्या है।

जैन दार्शनिक उपर्युक्त मतों को अस्वीकार करते हुए कहते हैं कि प्रत्येक वस्तु अनेक सहवर्ती और क्रमवर्ती स्वभावों में व्याप्त एक अखण्ड सत्ता है। इसलिये वह सदैव विशेषणविशेष्यभाव से युक्त सविकल्पक ज्ञान द्वारा ही ज्ञात होती है। वादिराज कहते हैं कि वस्तु, यथा-आत्मा ज्ञान, दर्शनादि अनेक सहवर्ती स्वभावों तथा सुप्त-प्रबुद्ध सुखी-दुखी आदि क्रमवर्ती स्वभावों से युक्त होकर ही विद्यमान होती है। प्रत्यक्षादि प्रमाणों से जिस समय वह सुप्तादि एक स्वभाव में ज्ञात होती है उसी समय वह प्रबुद्धादि अन्य स्वभाव से अज्ञात भी रहती है। इस आधार पर एक वस्तु के विभिन्न स्वभावों में नयात्मक बुद्धि द्वारा भेद का आरोप करके गुण-गुणी आदि भावों की स्थापना की गयी है। लेकिन यदि इस आधार पर गुण और गुणी को भिन्न भिन्न सत्ता स्वीकार किया जाय तो स्वभावशून्य होने के कारण गुणी की सत्ता ही नहीं रहेगी। प्रत्येक वस्तु किसी विशेष स्वभाव से युक्त होकर ही विद्यमान होती है। यदि वह स्वभाव उससे भिन्न हो तो कोई अन्य........। इस प्रकार स्वभाव और स्वभाववान को भिन्न भिन्न सत्ता स्वीकार करने पर अनवस्था दोष आता है।[4]

प्रभाचन्द्र कहते हैं कि प्रत्यक्षादि प्रमाणों से जो वस्तु जिस रूप में प्रकाशित

4. न्यायविनिश्चयविवरण; भाग-2, पृष्ठ-95.96

होती है उसकी सिद्धि उसी रूप में होती है। जैसे प्रत्यक्षादि प्रमाणों से घट और पट भिन्न भिन्न पदार्थों के रूप में ज्ञात होते हैं, इसलिये इनमें पूर्ण भेद सिद्ध होता है। साथ ही इन प्रमाणों से रस्सी का अपनी गांठों से युक्त अवस्था, गांठों से रहित अवस्था आदि अनेक क्रमवर्ती अवस्थाओं से तादात्म्य सम्बन्ध के साथ ही साथ कथंचित् भेद भी ज्ञात होता है। इसके द्वारा इनमें भिन्न भिन्न अपेक्षाओं से भेद और अभेद दोनों की सिद्धि होती है। प्रमाण ही वस्तुव्यवस्था का नियामक हैं। जब प्रत्यक्ष, अनुमानादि प्रमाणों से एक वस्तु एक-अनेक स्वभावी, भेद-अभेद स्वभावी स्वरूप में ज्ञात होती है तो इस ज्ञान को मात्र इस पूर्वाग्रह के आधार पर कि "एक वस्तु को एक साथ एक-अनेक रूप, भेद-अभेदरूप स्वीकार करने में विरोध दोष है" मिथ्या नहीं कहा जा सकता।[5] अकलंक कहते हैं कि पूर्णतया नित्यरूप अथवा पूर्णतः क्षणिक रूप, मात्र एक रूप अथवा मात्र अनेक रूप.....पदार्थ का ज्ञान किसी भी प्रमाण से नहीं होता। इसके विपरीत प्रत्यक्षादि समस्त प्रमाणों से परिवर्तनशील-स्थायी, एक-अनेकरूप.......अनेकान्तात्मक वस्तु का ही ज्ञान होता है। इस ज्ञान की सत्यता सुनिश्चित है क्योंकि इसकी सत्यता का खण्डन करने वाला कोई प्रमाण नहीं है। जिस प्रकार एक चित्र अपने अंशभूत नील, पीतादि अनेक रंगों में व्याप्त एक तत्त्व है। चित्र के विभिन्न रंग नाम, लक्षण, प्रयोजनादि की अपेक्षा परस्पर भिन्न भिन्न हैं, लेकिन ये अनेक रंग ही एक चित्र रूप से अवस्थित हैं। चित्रज्ञान के समान ही ज्ञान, दर्शन, सुख, वीर्य रूप अनेक स्वभावमय एक आत्मा तथा रंग और आकार रूप अनेक स्वभावमय एक पुद्गल स्कंध ज्ञात होता है जो सत्ता के अनेकान्तात्मक स्वरूप को सिद्ध करता है।[6]

ज्ञान का विषयभूत पदार्थ न तो सरल धर्म मात्र है, न वह मात्र धर्मी है और न ही वह परस्पर निरपेक्ष धर्म और धर्मी है। इसके विपरीत ज्ञेय पदार्थ धर्मधर्म्यात्मक सत्ता है। इसका अर्थ यह है कि एक धर्मी का आत्मा या स्वभाव उसके अनेक धर्म हैं तथा वह अपने धर्मों के अतिरिक्त कुछ नहीं है। लेकिन एक धर्मी अपने अनेक धर्मों का समूह मात्र न होकर उसमें व्याप्त एक अखण्ड

---

5. न्यायकुमुदचन्द्र; भाग-1, पृष्ठ-363
6. अनेकान्तात्मकवस्तुसाक्षात्करणं बहिरन्तश्च सकलजगत्साक्षीभूतं विपक्षे प्रत्यक्षविरोधलक्षणमनेन दक्षयति। न हि किन्चिद्रूपान्तरविकलं सदसन्नित्यानित्याद्येकान्तरूपं संवेदनमन्यद्वा संपश्यामो यथात्र प्रतिज्ञायते, चित्रज्ञानवत्कथंचिदसङ्कीर्णविशेषैकात्मनः सुखादिचैतन्यस्य वर्णसंस्थानाद्यात्मनः स्कन्धस्य च प्रेषणात्। अष्टशती-अष्टसहस्री; पृष्ठ-76

सत्ता है। एक धर्मी के अनेक धर्म उसके ऐसे अनेक स्वभाव हैं जो नाम, लक्षण, प्रयोजनादि की अपेक्षा परस्पर भिन्न हैं। ये अनेक धर्म ही परस्पर एक दूसरे से सम्बन्धित होते हुए, एक दूसरे के स्वरूप और कार्यों से प्रभावित होते हुए एक धर्मी या एक सत्ता हैं। उदाहरण के लिये एक अवयवी, जैसे- शरीर का स्वरूप उसके हाथ, पैर, सिर आदि समस्त अवयव हैं तथा शरीर अपने इन अंगों के अतिरिक्त कुछ नहीं है। लेकिन शरीर अपने इन अंगों का समूह मात्र न होकर इनमें व्याप्त एक सत्ता है। शरीर के हाथ, पैर, सिर आदि विभिन्न अवयवों का अपना अपना विशिष्ट स्वरूप है, शक्तियाँ हैं, उपयोगिता है। हाथ का कार्य चीजों को उठाना-रखना, पैरों का कार्य एक स्थान से दूसरे स्थान पर जाना आदि हैं। इस स्वरूप भेद के कारण शरीर के विभिन्न अंगों में नाम, लक्षण आदि की अपेक्षा भेद है। इनमें इस अन्तर का सद्भाव होने पर भी ये परस्पर स्वतन्त्र सत्ता नहीं हैं। इसके विपरीत ये अनेक अवयव ही परस्पर संयुक्त होकर तथा एक दूसरे के स्वरूप और कार्यों से प्रभावित होते हुए एक अवयवी-शरीर रूप से अवस्थित हैं। शरीर का प्रत्येक अंग जिस विशिष्ट स्वरूप में अवस्थित है उस रूप में उसका सद्भाव शरीर के आश्रय में रहते हुए ही, शरीर के अन्य अंगों से सम्बन्धित और प्रभावित होते हुए ही सम्भव है। यदि किसी कारणवश एक अवयव, जैसे - हाथ शरीर से अलग हो जाय तो उसकी चीजों को उठाने रखने की सामर्थ्य आदि विशेषताएं समाप्त हो जाती हैं तथा वह हाथ रूप विशिष्ट स्वरूप में अपना सद्भाव खो देता हैं। इस प्रकार एक वस्तु परस्पर निरपेक्ष अवयव और अवयवी रूप न होकर अवयव-अवयवी-आत्मक सत्ता है।

ज्ञेय पदार्थ के इस परस्पर सापेक्ष अनेक धर्ममय एक धर्मीरूपता के कारण ज्ञान सदैव विशेषणविशेष्यभाव से युक्त सविकल्पक ज्ञान स्वरूप होता है। हमें एक वस्तु का ज्ञान उसकी अनेक विशेषताओं के ज्ञान पूर्वक होता हैं। साथ ही वस्तु की एक विशेषता के विशिष्ट स्वरूप को उसके (वस्तु के) सर्वांगीण स्वरूप के सन्दर्भ में ही, अथवा वस्तु की अन्य विशेषताओं के स्वरूप और कार्यों के उस विशेषता पर पडने वाले प्रभावों को समझते हुए ही जाना जा सकता हैं। जैसे जैसे व्यक्ति की वस्तु के समग्र स्वरूप की समझ में वृद्धि होती जाती है, उसमें वस्तु की एक विशेषता के अधिक विशिष्ट स्वरूप को समझने की सम्भावना भी अधिक प्रखर होती जाती है। ज्ञेय पदार्थ के परस्पर सापेक्ष अनेक विशेषताओं में व्याप्त इस जटिल स्वरूप के कारण योग साधना, चिकित्सा,

भवन निर्माण आदि प्रत्येक क्षेत्र में किसी प्रकार का निर्णय लेने हेतु अथवा किसी समस्या के समाधान हेतु विशेषज्ञ से परामर्श लिया जाता है। जैसे हमारे शरीर में कोई रोग हो जाने पर हम स्वयं पुस्तकें पढ़ कर उस रोग का इलाज नहीं करते बल्कि इसके लिये हम डॉक्टर की सलाह लेते हैं। इसका कारण यह है कि डॉक्टर शरीर के स्वरूप को उसके विभिन्न अवयवों के पारस्परिक सम्बन्ध और उनकी कार्य प्रणाली के ज्ञान सहित जानता है। इसलिये वह सम्पूर्ण शरीर के विशिष्ट स्वरूप को दृष्टि में रखते हुए उसके अंग विशेष में विद्यमान रोग के कारणों को समझ सकता है। जैसे रोगी के सिर में दर्द के विशिष्ट स्वरूप और उसके कारणों को समझने के लिये वह इन प्रश्नों पर विचार करता है कि सिर दर्द का करण पेट की खराबी है, नेत्रों की कमजोरी है या सिर में ही कोई विकार है। इसके लिये वह विभिन्न प्रमाणों का अवलम्बन लेता है तथा उनके द्वारा शरीर के रोगमय अंश के विशिष्ट स्वरूप को समझ कर उसका निदान करता है। यह दृष्टान्त यह सिद्ध करता है कि ज्ञान का विषयभूत पदार्थ न तो पूर्णतया निरंश और सरल धर्म स्वरूप है, न ही वह परस्पर निरपेक्ष और पृथक पृथक धर्म और धर्मी रूप है, बल्कि वह परस्पर सापेक्ष अनेक धर्ममय एक धर्मी है।

जिस प्रकार एक अवयवी के अनेक अवयव ही परस्पर संयुक्त होकर एक अवयवी के रूप में अवस्थित हैं, उसी प्रकार एक गुणी (द्रव्य) के अनेक गुण ही परस्पर तादात्म्य सम्बन्ध से युक्त होकर एक गुणी के रूप में अवस्थित हैं। इन अनेक गुणों में नाम, लक्षण, प्रयोजन आदि की अपेक्षा भेद होते हुए भी तात्त्विक रूप से अभेद है। गुण और गुणी में विद्यमान इस भेदाभेद सम्बन्ध के कारण न केवल एक गुणी का आत्मा या स्वभाव उसके समस्त गुण हैं बल्कि एक गुण का स्वभाव भी उसका आश्रयदाता सम्पूर्ण द्रव्य (गुणी) अर्थात् द्रव्य के अन्य समस्त गुण हैं। (गुण और गुणी में विद्यमान इस भेदाभेद सम्बन्ध की चर्चा हम प्रथम और द्वितीय अध्याय में विस्तार से कर चुके हैं।) इस प्रकार वस्तु परस्पर निरपेक्ष गुण और गुणी रूप स्वरूप में अवस्थित न होकर गुणगुणी-आत्मक स्वरूप में अवस्थित है।

एक वस्तु का अनेक अवयव-गुणात्मक स्वरूप उसका ऐसा सामान्य और ध्रुव स्वरूप है जो आन्तरिक एवं बाह्य कारणों के सद्भावानुसार निरन्तर पूर्ववर्ती विशेष पर्याय रूप से नष्ट होकर उत्तरवर्ती विशेष पर्याय रूप से उत्पन्न हो रहा

है। इस प्रकार एक वस्तु युगपत विद्यमान अनेक गुणों और अवयवों में व्याप्त एक गुणी और अवयवी ही नहीं है बल्कि वह अनेक क्रमवर्ती पर्यायों में व्याप्त एक अन्वयी द्रव्य भी है। इस प्रकार ज्ञान का विषयभूत पदार्थ गुण-गुणी-आत्मक, अवयव-अवयवी-आत्मक, पर्याय-पर्यायी-आत्मक सत्ता है।[7] इस सत्ता के गुणी, अवयवी, पर्यायी आदि पक्ष इसके एकात्मक तथा अभेदात्मक पक्ष हैं तथा इसके लिये 'धर्मी' शब्द का प्रयोग किया जाता है। गुण, अवयव, पर्याय आदि इस सत्ता के नाम, लक्षण, प्रयोजन आदि की अपेक्षा परस्पर भिन्न भिन्न अनेक स्वभाव होने के कारण उस सत्ता का अनेकात्मक और भेदात्मक पक्ष हैं तथा इसके लिये 'धर्म' शब्द का प्रयोग किया जाता है। धर्म और धर्मी में यह शाब्दिक और लाक्षणिक भेद होने पर भी ये एक वस्तु के ऐसे दो पक्ष हैं जो परस्पर अन्योन्यात्मक हैं। इनके सम्बन्ध को स्पष्ट करते हुए समन्तभद्र कहते हैं, "धर्म और धर्मी का स्वरूप कारक और ज्ञापक अंगों की तरह स्वतः सिद्ध है लेकिन उस रूप में वे परस्पर सापेक्ष रूप से ही अस्तित्व रखते हैं तथा इनमें से एक का अभाव होने पर दूसरे का सद्भाव असम्भव है।"[8] इसकी सोदाहरण व्याख्या करते हुए विद्यानन्दि कहते हैं कि जिस प्रकार सामान्य और विशेष का अपना अपना स्वतः सिद्ध लक्षण है, अनेक विशेष वस्तुओं में विद्यमान समानता के भाव को सामान्य कहा जाता है तथा समान वस्तुओं में विद्यमान वैशिष्ट्य विशेष कहलाता है। इस प्रकार सामान्य और विशेष का अपना अपना स्वतः सिद्ध लक्षण परस्पर अविनाभाव लक्षण स्वरूप है; उसी प्रकार गुण-गुणी, अवयव-अवयवी आदि धर्म और धर्मी का भी अपना अपना स्वतः सिद्ध स्वरूप है, लेकिन उनका यह स्वतः सिद्ध स्वरूप परस्पर सापेक्ष अस्तित्व रूपता रूप है तथा इनमें से एक का अभाव

---

7. अभेदभेदात्मकमर्थतत्त्वं तव स्वतन्त्रान्यतरत् खपुष्पम्। युक्त्यानुशासन-7, पूर्वार्द्ध

न कारणकार्यद्रव्ययोर्गुणगुणिनोः कर्मतद्वतो सामान्यतद्वतो विशेष्यतद्वतोश्च पदार्थान्तरतया स्वतन्त्रयोः सकृदप्यप्रतीयमानत्वात्सर्वदावयवावयव्यात्मनो गुणगुण्यात्मनः कर्मतद्वदात्मनः सामान्यविशेषात्मनश्चार्थतत्त्वस्य जात्यन्तरस्य प्रत्यक्षादितः सर्वस्य निर्बाधमवभासनात्।

युक्त्यानुशासन टीका; पृष्ठ-22

अभेदो द्रव्यं नित्यं, भेदः पर्यायो नश्वरस्तावात्मानौ यस्य तदभेदभेदात्मकं तव भगवन्। अर्थतत्त्वं जीवादितत्त्वं परस्परतन्त्रं द्रव्यपर्यायात्मकमित्यभिधीयते अस्माभिर्न पुनः स्वतन्त्रं द्रव्यमात्रं पर्यायमात्रं वा तदुभयं वा विज्ञाप्यते तस्य खपुष्पसमत्वात्। वही; पृष्ठ-21

8. धर्मधर्म्यविनाभावः सिध्यत्यन्योन्यवीक्षया।
न स्वरूपं स्वतो ह्येतत् कारकज्ञापकाङ्गवत्।। आप्तमीमांसा, पद-75

होने पर दूसरे का सद्भाव असम्भव है।[9] परस्पर सापेक्ष रूप से अवस्थित अनेक धर्म ही एक धर्मी कहलाते हैं तथा एक धर्मी के नाम, लक्षण, प्रयोजनादि की अपेक्षा परस्पर भिन्न भिन्न अनेक स्वभाव ही धर्म हैं। इस प्रकार एक पदार्थ न तो मात्र परस्पर निरपेक्ष अनेक सरल धर्म रूप है, न ही वह मात्र धर्मी है और न ही वह परस्पर स्वतन्त्र धर्म और धर्मी है। इसके विपरीत प्रत्येक वस्तु धर्मधर्म्यात्मक सत्ता है।

ज्ञेय पदार्थ का यह धर्मधर्म्यात्मक स्वरूप उसके अनेकान्तात्मक स्वरूप का परिचायक है। अनेकान्त को परिभाषित करते हुए जैन दार्शनिक कहते हैं, ''अनेकान्तह्न वस्तु सर्वथा सत् रूप ही है या सर्वथा असत् रूप ही है; सर्वथा एक रूप ही है अथवा सर्वथा अनेक रूप ही है; सर्वथा नित्य ही है अथवा सर्वथा अनित्य ही है; इस प्रकार सर्वथा एकान्त के त्याग स्वरूप है''[10] तथा यह प्रतिपादित करता है कि ''जो तत् स्वरूप है वही अतत् भी है, जो एक है वही अनेक भी है, जो सत् है वही असत् भी है, जो नित्य है वही अनित्य भी है। इस प्रकार एक वस्तु की वस्तु रूपता के निष्पादक सप्रतिपक्षी धर्मयुगलों के युगपत् सद्भाव को अनेकान्त कहा जाता है।''[11] एक वस्तु एकानेकात्मक, भेदाभेदात्मक तत्व है। उसके तात्विक रूप से एकात्मक और अभेदात्मक पक्ष को धर्मी तथा नाम, लक्षण, प्रयोजनादि की अपेक्षा अनेकात्मक और भेदात्मक पक्ष को धर्म कहा जाता है। विद्यानन्दि कहते हैं कि धर्म और धर्मी कथंचित् भेद-अभेद स्वरूप हैं। कथंचित् भेद ही धर्म तथा कथंचित् अभेद ही धर्मी है तथा इन दोनों में तादात्म्य सम्बन्ध है। तादात्म्य = तत् + आत्म्य । यहाँ तत् शब्द का अर्थ है वह वस्तु; तादात्म्य का पूरा अर्थ है भेद और अभेद दोनों ही उस वस्तु की आत्मा (स्वभाव) हैं। 'कथंचित्' इस पद के द्वारा परस्पर निरपेक्ष, अर्थात आपस में एक दूसरे की अपेक्षा से रहित सर्वथा भेद और सर्वथा अभेद का

9. धर्मधर्मिणोरविनाभावोन्योन्यापेक्षयैव सिध्यति, न तु स्वरूपं, तस्य पूर्वसिद्धत्वात्। स्वतो ह्येतत्सिद्धं सामान्यविशेषवत्। सामान्यं हि स्वतःसिद्धस्वरूपं भेदापेक्षान्वयप्रत्ययादवगम्यते। विशेषोपि स्वतः सिद्धस्वरूपः सामान्यापेक्षव्यतिरेकप्रत्ययादवसीयते। न केवलं सामन्यविशेषयोः - स्वलक्षणमपेक्षितपरस्पराविनाभावलक्षणं स्वतःसिद्धलक्षणमपि तु धर्मधर्मिणोरपि गुणगुण्यादिरूपयोः, कर्तृकर्मबोध्यबोधकवत्। अष्टसहस्री: पृष्ठ- 233

10. सदसन्नित्यानित्यादिसर्वथैकान्तप्रतिक्षेपलक्षणोनेकान्तः। अष्टशती अष्टसहस्री; पृष्ठ-286

11. यदेव तत्तदेवातत् यदेवैकंतदेवानेकं यदेव सत्तदेवासत् यदेव नित्यं तदेवानित्यमित्येकवस्तुवस्तुत्वनिष्पादक परस्परविरूद्धशक्तिद्वयप्रकाशनमनेकान्तः।

समयसार आत्मख्यातिटीका-स्याद्वाद अधिकार; पृष्ठ 648

निराकरण हो जाता है तथा परस्पर सापेक्ष, अर्थात आपस में एक दूसरे की अपेक्षा सहित भेदाभेद का ग्रहण होता है। इस प्रकार इस पद के द्वारा भेदाभेद उभय रूप, जात्यन्तर स्वरूप की स्थापना होती है।.... स्याद्वाद न्याय के विवेचक जैन विद्वान सत्ता को कथंचित् भेदाभेद रूप, कथंचित् धर्मधर्मीरूप, कथंचित् द्रव्यपर्याय रूप से प्रतिपादित करते हैं।''[12] जैन ग्रन्थों में एक वस्तु के अनेक धर्ममय भेदात्मक पक्ष के लिये सर्वाधिक प्रचलित पद है 'पर्याय' तथा इसके लिये अंश, एक देश आदि पदों का भी प्रयोग किया जाता है तथा उन अनेक धर्मों के एक धर्मीमय एकात्मक और अभेदात्मक पक्ष को 'द्रव्य' कहा जाता है। अनन्तवीर्य कहते हैं, '' भेदाभेदात्मक ज्ञेय के भेद पक्ष को कभी धर्म शब्द के द्वारा, कभी अंश शब्द के द्वारा, कभी एकदेश शब्द के द्वारा और कभी पर्याय शब्द के द्वारा कहा जाता है। इस अनेक धर्मात्मक ज्ञेय को ही द्रव्यपर्यायात्मक वस्तु कहा जाता है तथा यह अनेक वास्तविक धर्मों का अधिष्ठानभूत एक तत्त्व है।''[13] इस प्रकार ज्ञान सदैव धर्मधर्मीभाव से युक्त सविकल्पक ज्ञान स्वरूप होता है तथा उसका विषय अनेकान्तात्मक-एकानेकात्मक, भेदाभेदात्मक, सामान्यविशेषात्मक वस्तु होती है।

## बौद्ध मत- निरंश क्षणिक धर्म ज्ञान के विषय

बौद्ध दार्शनिक उपर्युक्त विवेचन को अस्वीकार करते हुए कहते हैं कि परमार्थतः निरंश, क्षणिक तथाा पूर्णरूपेण विलक्षण पदार्थ ही ज्ञान के विषय होते हैं। जैसे चक्षुरिन्द्रिय से पूर्णतया सरल धर्म 'नील' का ही बोध होता है, किसी धर्मी या द्रव्य का नहीं। इस बोध में ''यह नील है'' इस प्रकार का निश्चय नहीं होता; क्योंकि इसका आधार इसमें नीलत्व सामान्य की सत्ता को स्वीकार करना है जो एक स्वलक्षण का स्वरूप नहीं हो सकता। इस प्रकार के पूर्णतया क्षणिक, निरंश पदार्थ का इन्द्रियों से ग्रहण होने के उपरान्त इस पर बुद्धि की कोटियों- नाम, जाति, द्रव्य, गुण और क्रिया के आरोपण पूर्वक इसका निश्चयात्मक ज्ञान होता

---

12. कथंचिद्भेदो हि धर्म एव, कथंचिदभेदस्तु धर्म्येव, कथंचिद्भेदाभेदौ तु धर्मधर्मिणावेवैवं सिद्धौ, तावेव च कथंचित्तादात्म्यं वस्तुनोऽभिधीयते। तत्छब्देन वस्तुनः परामर्शात्, तस्य वस्तुनः आत्मानौ तदात्मानौ तयोर्भावस्तादात्म्यं भेदाभेदस्वभावत्वम्, कथंचिदिति विशेषणेन सर्वथा भेदाभेदयोः परस्परनिरपेक्षयोः प्रतिक्षेपात्...। परस्परसापेक्षयोश्च परिग्रहाज्जात्यन्तरवस्तुव्यवस्थापनात्.... कथंचिद् भेदाभेदात्मकं, कथंचिद्धर्मधर्म्यात्मकं कथंचिद्द्रव्यपर्यायात्मकमिति प्रतिपाद्यते। आप्त परीक्षा; पृष्ठ 116-7

13. भेदाऽभेदात्मके हि ज्ञेये भेदाः कदाचित् धर्मशब्देन, कदाचित् अंशशब्देन, कदाचित् एकदेशशब्देन, भेदशब्देन, पर्यायशब्देन अनेन बोध्यन्ते, तदात्मके ज्ञेय इति द्रव्यपर्यायात्माऽर्थः इति वस्तुभूतां धर्माधिष्ठानं भावः इत्यादि व्यवहारदर्शनात्। सिद्धिविनिश्चय टीका; पृष्ठ-375

है। वस्तुतः इनमें से नाम, जाति आदि किसी का भी बाह्य जगत में अस्तित्व नहीं है। इसलिये इन पर आधारित सविकल्पक ज्ञान अनादि वासना जनित होने के कारण कल्पना मात्र है। प्रज्ञाकर गुप्त कहते हैं कि सविकल्पक ज्ञान में जिस स्थिर स्थूल वस्तु का आभास होता है वह भ्रामक है। यह ज्ञान निर्विकल्पक ज्ञान द्वारा जाने गये अनेक निरंश, क्षणिक परमाणुओं पर निकटता तथा सादृश्य के कारण अनादि वासना द्वारा एकता का संवरण अर्थात आरोपण किये जाने से उत्पन्न होता है। जिस प्रकार विरल केशों को दूर से देखने पर उनमें घनाकारता की भ्रामक प्रतीति होती है; उसी प्रकार परमाणुओं के अति निकट होने के कारण घटादि के एक वस्तु होने की भ्रामक प्रतीति होती है। वस्तुतः घटादि एक वस्तु न होकर अनेक परमाणुओं का समूह मात्र है।[14]

इसी प्रकार निर्विकल्पक ज्ञान एक ही सन्तान के विभिन्न क्षणों को पृथक पृथक जानता है लेकिन सविकल्पक ज्ञान उनमें स्थित सादृश्य के कारण उन्हें एक स्थिर वस्तु मान लेता है। वास्तव में एक वस्तु अनेक देशों और अनेक कालों में व्याप्त नहीं हो सकती। कोई भी वस्तु जिस स्वभाव से यहाँ और इस समय है, उसी स्वभाव से वह अन्य देश काल में किस प्रकार हो सकती है। यदि वह अन्य स्वभाव से वह अन्य देश काल में स्थित हो तो वह भिन्न ही वस्तु होगी क्योंकि स्वभाव भेद से ही पदार्थ भेद होता है।[15]

इसी प्रकार रूप, रसादि अनेक गुणों में व्याप्त एक द्रव्य की सिद्धि के लिये कोई प्रमाण नहीं है। शान्तरक्षित कहते हैं कि परस्पर सम्बन्धित, पूर्णतया सरल और एकरूप गुणों या धर्मों की ही वास्तविक सत्ता है तथा उनके अतिरिक्त किसी धर्मी या द्रव्य का अस्तित्व नहीं है; क्योंकि हमें सदैव गुणों की ही उपलब्धि होती है, गुणों से भिन्न गुणी का बोध हमें कभी नहीं होता।[16] हमें चक्षु से रूप का, जिह्वा से रस का, नासिका से गन्ध का और त्वचा से स्पर्श का ही प्रत्यक्ष होता है। ऐसा एक भी प्रत्यक्ष नहीं है जो रूप, रस, गन्ध, स्पर्शवान घट द्रव्य का ज्ञान कराये। घटादि द्रव्य की सिद्धि के लिये कोई प्रमाण नहीं होने के कारण उसका अस्तित्व सिद्ध नहीं होता। अतः वह (घटादि द्रव्य) अनादि वासना जनित मानसिक कल्पना मात्र है।[17]

---

14. प्रमाणवार्तिकालंकार; पृष्ठ–336
15. प्रमाणवार्तिकालंकार, पृष्ठ–287
16. तत्वसंग्रहः, पृष्ठ–555
17. प्रमाणवार्तिकालंकार; पृष्ठ–287

कहा जा सकता है कि गुणों के ज्ञान पूर्वक द्रव्य ही ज्ञात होता है। रूप ज्ञान पूर्वक रूपवान घट ही ज्ञात होता है। इसे अस्वीकार करते हुए प्रज्ञाकर गुप्त कहते हैं कि गुण के ज्ञान से द्रव्य को ज्ञात मानने पर द्रव्य मात्र एक गुण रूप ही सिद्ध होगा, रूप ज्ञान से यदि घट ही ज्ञात होता है तो फिर घट एक रूप गुण मात्र ही होगा, उसे रस, गन्धादि अन्य गुण रूप स्वीकार नहीं किया जा सकेगा, क्योंकि एक गुण के ज्ञान से मात्र वह गुण ही ज्ञात होता है, अनेक गुणमय एक द्रव्य नहीं।[18]

द्रव्य की सिद्धि के लिये "जिसे मैंने देखा था, उसी का स्पर्श कर रहा हूँ" इस प्रत्यभिज्ञान को प्रमाण के रूप में प्रस्तुत किया जाता है। इसे अस्वीकार करते हुए प्रज्ञाकर गुप्त कहते हैं कि द्रव्य और गुण में भेद है या अभेद? यदि द्रव्य और गुण में भेद है तो जिस प्रकार घट ज्ञान द्वारा घट ही ज्ञात होगा, पट ज्ञात नहीं हो सकता; उसी प्रकार रूप ज्ञान द्वारा रूप और स्पर्श ज्ञान द्वारा स्पर्श ही ज्ञात होगा; उनसे भिन्न रूपवान, स्पर्शवान घट नहीं; यदि द्रव्य और गुण में अभेद है तो द्रव्य एक गुण रूप ही हो जायेगा। तब रूप ज्ञान पूर्वक "रूप घट है" यही ज्ञात होगा, "रूप-स्पर्श घट हैं" नहीं क्योंकि रूप और स्पर्श के स्वरूप भिन्न भिन्न हैं और दो भिन्न भिन्न स्वरूप में ज्ञात होने वाले पदार्थ एक सत्ता नहीं हो सकते।"[19]

वस्तुतः द्रव्य एक वास्तविक सत्ता न होकर सेना, बन आदि के समान एक नाम मात्र है। जिस प्रकार सेना पुरुष, हाथी आदि के समूह के अतिरिक्त कुछ नहीं है, बन परस्पर स्वतन्त्र अस्तित्व रखने वाले वृक्षों के समूह को दिया गया एक नाम मात्र है, उसी प्रकार द्रव्य भी एक यथार्थ सत्ता न होकर परस्पर स्वतन्त्र अनेक गुणों पर एकता का आरोप करके दिया गया एक नाम मात्र है।[20] वास्तव में एकता अनेकता, सादृश्य वैसादृश्य आदि परस्पर विरोधी धर्म हैं। जब सविकल्पक ज्ञान किसी वस्तु को घट रूप में जानता है तो वह अनेक परमाणुओं को एक घट मानता है तथा उसे पटादि विजातीय वस्तुओं से व्यावृत रूप से जानता है।[21] इस प्रकार वह अपने में विधि और निषेध दोनों ही लिये हुए होता है। इसलिये यह ज्ञान विरूद्ध कोटिक होने के कारण यथार्थ किस प्रकार हो सकता है। निर्विकल्पक

18. प्रमाणवार्तिकालंकार; पृष्ठ-187
19. प्रमाणवार्तिकालंकार; पृष्ठ-187
20. प्रमाणवार्तिकालंकार; पृष्ठ-188
21. Buddhist Logic; Vol-I Page-401

ज्ञान में केवल मात्र भावात्मक वस्तु का ही ग्रहण होता है[22] इसलिये वही ज्ञान वास्तविक है तथा सविकल्पक ज्ञान वास्तविक नहीं कहा जा सकता।

## धर्मधर्मी-आत्मक वस्तु ज्ञान का विषय

जैन दार्शनिक कहते हैं कि एक-अनेक, भेद-अभेद आदि में उस प्रकार का विरोध नहीं है जिस प्रकार का विरोध चेतन-अचेतन में है। एक अनेकादि में मात्र परस्पर परिहार लक्षण विरोध है, अर्थात जो लक्षण एक का है वही अनेक का नहीं हो सकता, जबकि चेतन और अचेतन में सहानवस्थान विरोध है। एक ही वस्तु युगपत् चेतन और अचेतन दोनों नहीं हो सकती। एक ही वस्तु को एक-अनेक कहने में विरोध दोष तब उत्पन्न होता है जबकि उनके प्रतिपादक वाक्यों से पहले कथचित् शब्द नहीं हो; अर्थात हम उसे (वस्तु को) एक निश्चित अपेक्षा से एक तथा अन्य निश्चित अपेक्षा से अनेक न कहकर सर्वथा एक और अनेक कहें। जिस प्रकार भिन्न भिन्न अपेक्षाओं से एक ही व्यक्ति में पिता होना तथा पिता नहीं होना धर्म बिना किसी विरोध के विद्यमान होते हैं; उसी प्रकार विभिन्न अपेक्षाओं से एक ही वस्तु के एक-अनेक उभयरूप होने में कोई विरोध नहीं है।[23]

वस्तुतः जो भी सत् है वह अनेकान्तात्मक-एकानेकात्मक, भेदाभेदात्मक तत्त्व है। एक वस्तु के अनेक स्वभावी सत्ता होने के कारण उसके प्रति प्रत्यक्ष, अनुमानादि अनेक प्रमाणों की प्रवृत्ति होती है। जो वस्तु एक बार प्रत्यक्षादि किसी प्रमाण द्वारा जान ली जाती है वही पुनः पुनः प्रत्यक्ष, अनुमान आदि विभिन्न प्रमाणों का विषय बनती हुई अधिक विशिष्ट, और अधिक विशिष्ट रूप से ज्ञात होती है। यदि वस्तु पूर्णतया एक स्वभावी ही हो तो वह प्रथम प्रत्यक्ष द्वारा ही सम्पूर्णतः जान ली जानी चाहिए तथा उसी वस्तु को भविष्य में अनुमानादि किसी अन्य प्रमाण से जानने की जरूरत नहीं होनी चाहिये। बौद्ध कहते हैं, ''पदार्थ पूर्णतया एक स्वभावी ही होता है तथा वह प्रत्यक्ष द्वारा सम्पूर्णतः ही ज्ञात होता है। उसमें ऐसा अन्य कोई भाग नहीं है जिसकी अन्य प्रमाण से परीक्षा की जाये।''[24] प्रश्न उठता है कि पदार्थ के पूर्णतया एक स्वभावी होने और उसे प्रत्यक्ष द्वारा सम्पूर्णतः जान लिये जाने पर भी बौद्धों को प्रत्यक्ष और अनुमान दो प्रमाण क्यों

22. Buddhist Logic; Vol-I Page-498
23. तत्त्वार्थवार्तिक; भाग-1, पृष्ठ-36
24. एकस्यार्थस्वभावस्य प्रत्यक्षस्य सतः स्वयम्।
कोऽन्यो भागो न दृष्टः स्याद् यः प्रमाणैः परीक्ष्यते।। प्रमाणवार्तिक 3/43

स्वीकार करने पड़ते हैं और उन्हें यह क्यों कहना पड़ता है कि "प्रत्यक्ष द्वारा सम्पूर्णतः जान लिये गये पदार्थ के प्रति किसी प्रकार का भ्रम उत्पन्न हो जाने पर उस भ्रम की समाप्ति के लिये अनुमान की प्रवृत्ति होती है।"[25] उदाहरण के लिये बौद्धों के अनुसार प्रत्यक्ष द्वारा पदार्थ की शब्दरूपता के ज्ञात हो जाने पर भी उसमें नित्यता का भ्रम हो जाता है जिसकी समाप्ति के लिये वे शब्द की सत्ता को हेतु बनाकर उसकी अनित्यता को सिद्ध करते हैं।[26] अथवा शब्द की कृतकता को स्वभाव हेतु बनाकर उसकी अनित्यता को सिद्ध किया जाता है।[27] बौद्धों के ये कथन यह सिद्ध करते हैं कि तत्त्व न तो पूर्णतया एक स्वभावी होता है और न ही वह प्रत्यक्ष द्वारा सम्पूर्णतः ज्ञात होता है बल्कि प्रत्यक्ष द्वारा भी अनेक धर्मात्मक एक धर्मी ही आंशिक रूप से ज्ञात होता है।[28] यदि पदार्थ के शब्द, अनित्य, कृतक, आदि अनेक धर्मो में स्वरूप भेद और इसलिये नाम, लक्षणादि की अपेक्षा भेद नहीं हो तथा इनमें पूर्णतया एकत्व ही हो तो इनमें से किसी एक धर्म के ज्ञात होने पर अन्य धर्म भी अनिवार्यतया ज्ञात हो जाने चाहिये। जैसे पदार्थ के शब्द रूप से ज्ञात होते ही उसे अनित्य रूप से भी ज्ञात हो जाना चाहिये; यदि इनमें नाम, लक्षणादि की अपेक्षा भेद होने पर भी सत्तापेक्षया अभेद नहीं हो तो शब्द के सत्व या कृतकत्व धर्म को स्वभाव हेतु बनाकर उसकी अनित्यता की सिद्धि सम्भव नहीं होनी चाहिये। वस्तुतः स्वभाव हेतु से साध्य की सिद्धि हेतु और साध्य के मध्य तादात्म्य सम्बन्ध होने पर ही सम्भव है।[29] इसलिये यहाँ ज्ञान का विषय बन रहे 'शब्द', 'अनित्य', 'कृतक' आदि विशेषताएं परस्पर स्वतन्त्र सत्ताएं न होकर परस्पर अन्योन्यवृत्ति या एकाश्रयवृत्ति रूप से अवस्थित एक धर्मी के अनेक धर्म हैं। शब्द अपने आप में नहीं रहता बल्कि उसका अस्तित्व हेतुप्रत्ययसमुत्पन्न (कृतक) अनित्य पदार्थ में ही होता है। 'अनित्य' अपने आप में कुछ नहीं है बल्कि उसका आश्रय हेतु प्रत्ययसमुत्पन्न शब्द है। कृतक का आश्रय अनित्यशब्द है। इस प्रकार एक पदार्थ के अनेक

---

25. तस्मात् दृष्टस्य भावस्य दृष्ट एवाखिलो गुणः।
    भ्रान्तेर्निश्चीयते नेति साधनं सम्प्रवर्तते ।। प्रमाणवार्तिक 3/45
26. न्यायबिन्दु 3/9
27. न्यायबिन्दु 3/11
28. न्यायविनिश्चयविवरण; भाग-1, पृष्ठ-116
29. वस्तुतस्तयोस्तादात्म्यम्। न्यायबिन्दु 3/18

धर्मों में नाम, लक्षणादि की अपेक्षा भेद[30] होने पर भी एकाश्रयवृत्ति या एकाधारता रूप अभेद है।[31] एक सत्ता के ये अनेक धर्म परस्पर एक दूसरे का स्वभाव होते हुए एक दूसरे में रहते हुए एक धर्मी हैं।

प्रत्यक्ष, अनुमानादि प्रमाणों द्वारा न तो हमें कभी पूर्णतया निरंश धर्म ज्ञात होते हैं और न ही हम धर्म और धर्मी को परस्पर निरपेक्ष रूप से जानते हैं। इसके विपरीत हमारे ज्ञान का विषय सदैव धर्मधर्म्यात्मक सत्ता ही होती है। हम सदैव गुणगुणी-आत्मक, पर्यायपर्यायी-आत्मक, अवयव-अवयवी-आत्मक सत्ता को जानते हैं।[32] सत्ता के गुण-गुणी-आत्मक स्वरूप से आशय है कि गुण और गुणी परस्पर स्वतन्त्र सत्ता न होकर एक दूसरे की आत्मा या स्वभाव हैंह्व एक सत्ता हैं।[33] सत्तापेक्षया एक गुणी की आत्मा उसके समस्त गुण और एक गुण का स्वभाव उसका आश्रयदाता सम्पूर्ण द्रव्य है।[34] इस अपेक्षा से एक गुण पूर्णतया निर्गुण और एक स्वभावी तत्त्व नहीं है बल्कि वह सम्पूर्ण द्रव्य अर्थात द्रव्य के समस्त गुणों का स्वरूप होते हुए तथा उनसे अपने विशिष्ट स्वरूप को प्राप्त करते हुए अस्तित्व रखता है। एक वस्तु के विभिन्न गुणों को ज्ञान और भाषा में ही अलग किये जा सकने तथा तात्त्विक रूप से उनमें अशक्य विवेचनत्व होने के कारण वह वस्तु सम्पूर्णतः एक-अनेक उभय रूप, भेद-अभेद उभय रूप-जात्यन्तर स्वरूप है।

जिस प्रकार संज्ञा, लक्षण आदि की अपेक्षा एक दूसरे से भिन्न अनेक गुण परस्पर तादात्म्य सम्बन्ध पूर्वक एक द्रव्यरूपता को प्राप्त करते हैं; उसी प्रकार संज्ञा आदि की अपेक्षा परस्पर भिन्न भिन्न अनेक अवयव परस्पर संयोग सम्बन्ध पूर्वक एक अवयवीरूपता को प्राप्त करते हैं। इन्द्रिय प्रत्यक्ष द्वारा सदैव अनेक सहवर्ती गुणों और क्रमवर्ती पर्यायों में अवस्थित तथा अनेक अवयवों में व्याप्त एक स्थिर स्थूल वस्तु ही ज्ञाताज्ञातरूप से ज्ञात होती है जो ज्ञेय पदार्थ के द्रव्यपर्यायात्मक या धर्मधर्म्यात्मक स्वरूप को सिद्ध करती है।

---

30. गुणगुण्यादि संज्ञादिभेदात् भेदस्वभावः। — आलापपद्धतिः सूत्र-112
31. स्वभावानां एकाधारत्वात् अभेदस्वभावः। — वहीः सूत्र-111
32. देखें इस अध्याय का सन्दर्भ - 7
33. लघीयस्त्रय स्ववृत्ति-40
34. देखें प्रथम अध्याय; सन्दर्भ-25, 26, 53 आदि।

## गुणगुणी-आत्मक वस्तु ज्ञान का विषय -

जैन दार्शनिक बौद्धों के इस मत को स्वीकार नहीं करते कि चक्षु, जिह्वा, आदि इन्द्रियों से क्रमशः रंग, रस, आदि सरल गुणों का ही प्रत्यक्ष होता है तथा कभी किसी इन्द्रिय से अनेक गुणात्मक द्रव्य की सिद्धि नहीं होती। वे कहते हैं कि प्रत्यक्ष का विषय रूप, रस आदि निरंश गुण न होकर अनेक गुणात्मक और एक विशिष्ट पर्याय में अवस्थित द्रव्य होता है। उमास्वामी कहते हैंह्व 'प्रत्यक्ष का विषय अर्थ होता है।'[35] इसकी व्याख्या करते हुए अकलंक कहते हैं कि चक्षुरादि इन्द्रियों का विषय अर्थ (वस्तु या पदार्थ) है। उस अर्थ के अग्नि आदि विशेषण विशिष्ट रूप से अवग्रहादि मतिज्ञान होते हैं। यहाँ अन्य मतावलम्बियों के इस मत के निराकरण के लिये, कि इन्द्रिय प्रत्यक्ष का विषय रूपादि सरल गुण होते हैं, अर्थ पद दिया गया है। रंगादि गुण अमूर्त होने के कारण इन्द्रिय प्रत्यक्ष का विषय नहीं हो सकते। यदि कहा जाय कि रंग के आकार युक्त होने के कारण उसका प्रत्यक्ष सम्भव है तो ऐसी स्थिति में रंग-आकारमय अनेक गुणात्मक एक द्रव्य का ही प्रत्यक्ष सिद्ध होता है; मात्र एक रंग गुण के प्रत्यक्ष की सिद्धि नहीं होती।[36] इसलिये प्रत्यक्ष का विषय द्रव्यपर्यायात्मक, सामान्यविशेषात्मक वस्तु ही होती है।[37] वस्तुतः चाक्षुष प्रत्यक्ष द्वारा पूर्णतया एक स्वभावी गुण, जैसे रंग ज्ञात न होकर अस्तित्व, द्रव्यत्व, जड़त्व, ज्ञेयत्व, पृथुबुध्नाकार विशिष्ट रंग ज्ञात होता है। अस्तित्वादि विभिन्न स्वभावों में नाम, लक्षण, प्रयोजनादि की अपेक्षा भेद होते हुए भी तादात्म्य सम्बन्ध होने के कारण सत्तापेक्षया अभेद है। तादात्म्य = तत् + आत्म्य, अर्थात ये अनेक गुण परस्पर एक दूसरे की आत्मा या स्वभाव होते हुए एक द्रव्य रूपता को प्राप्त कर रहे हैं। अनेक गुणों की इस एक द्रव्यरूपता के कारण ही गुणों के ज्ञान पूर्वक द्रव्य को ज्ञात कहा जाता है। उपर्युक्त गुणों में पृथूबुध्नाकार वह असाधारण धर्म हैजो ज्ञात हो रही सत्ता को घटातिरिक्त पदार्थों से पृथक करने वाला घट रूप विशिष्ट स्वरूप प्रदान कर रहा है। इसलिये इस विशेषण के ज्ञानपूर्वक पदार्थ के प्रति 'यह घट है' रूप विशिष्ट बुद्धि की उत्पत्ति होती है। इसी प्रकार जिह्वा से भी मात्र एक गुण, जैसे मधुर रस का ज्ञान न होकर कठोर, चिपचिपे, शीतल, मधुर स्वाद आदि अनेक गुणात्मक एक द्रव्य-

---

35. अर्थस्य — तत्त्वार्थसूत्र 1/17

36. तत्त्वार्थवार्तिक; पृष्ठ-65-66

37. न्यायविनिश्चय 1/3

गुड़ ज्ञात होता है। कुछ गुणों के ज्ञान पूर्वक घट, गुड़ आदि द्रव्य को ज्ञात कहने का अर्थ यह नहीं है कि द्रव्य सम्पूर्णतः ज्ञात हो गया है। इसके विपरीत वह अपने ज्ञात अंशों से ही ज्ञात होता है तथा अन्य अंशों से अज्ञात भी रहता है।[38] वस्तु के इसी ज्ञाताज्ञात स्वरूप के कारण उसके अज्ञात धर्मों के प्रति अनेक जिज्ञासाएं उत्पन्न हो जाती हैं जिसके परिणाम स्वरूप पूर्व में सामान्य रूप से जानी गयी वस्तु पुनः पुनः प्रत्यक्ष, अनुमानादि प्रमाणों का विषय बनती हुई अधिक विशिष्ट, और अधिक विशिष्ट रूप से ज्ञात होती रहती है। मानवीय ज्ञान की यह प्रक्रिया ज्ञेय पदार्थ के अनेक सहवर्ती गुणों में व्याप्त एक अस्तित्वरूपता को ही सिद्ध नहीं करती बल्कि इसके द्वारा सत्ता की अनेक क्रमवर्ती पर्यायों रूप से परिणमनशील एक अन्वयी द्रव्यरूपता की भी सिद्धि होती है।

ज्ञान के प्रारम्भिक चरणों में चक्षु, त्वचा, जिह्वा आदि इन्द्रियों से हमें रूप, स्पर्श, रस आदि गुण परस्पर निरपेक्ष रूप से ही ज्ञात होते हैं। इस स्तर पर हम यह नहीं जान पाते कि इन गुणों में किसी प्रकार का सम्बन्ध है अथवा नहीं। इसी प्रकार शब्द प्रमाण द्वारा एक एक वाक्य में वस्तु की एक एक विशेषता को क्रमिक रूप से जानते हुए ही जाना जा सकता है जो हममें अनेक बार इन तत्त्वमीमांसीय भ्रमों को उत्पन्न कर देता है कि एक वस्तु की अनेक विशेषताएं परस्पर निरपेक्ष हैं तथा वस्तु या तो उन अनेक विशेषताओं के स्वरूप पर आरोपित एक नाम मात्र या उनसे भिन्न उनका आश्रय मात्र है। यह भ्रम पदार्थ के स्वरूप को निष्क्रिय और तटस्थ रूप से ग्रहण करने पर ही होता है। यदि हम रूचि पूर्वक किसी पदार्थ को जानने के लिए प्रयत्नरत हों तो वस्तु की ज्ञात हो रही विशेषताएँ अनेक प्रश्नों को जन्म देती हैं। उदाहरण के लिए विभिन्न रंगों के प्रत्यक्ष पूर्वक हममें यह जिज्ञासा उत्पन्न होती है कि हल्के रंगों के प्रत्यक्ष से ठंडक का तथा गहरे रंगों के प्रत्यक्ष से गर्मी का अनुभव क्यों होता है। हम यह देखते हैं कि वस्तु के स्पर्श गुण में परिवर्तन उसके रंग, गंध और रस को परिवर्तित कर देता है। जैसे एक आम को गर्म स्थान पर रखने पर वह बहुत जल्दी पक और सड़ जाता है, उसके रंग, गंधादि में बहुत तेजी से परिवर्तन होता है जबकि उसे ठण्डे स्थान पर रखने पर ऐसा नहीं होता। यह अनुभव हमारे समक्ष यह प्रश्न उत्पन्न करता है कि पुद्गल के स्पर्श गुण और अन्य गुणों में क्या सम्बन्ध है। इन तथा ऐसे अनेक प्रश्नों के उत्तर प्राप्त करने हेतु किये गये प्रयत्न पूर्वक ज्ञात हो रही वस्तु की नयी विशेषताएँ न केवल वस्तु

38. न्यायविनिश्चयविवरण; भाग–1 पृष्ठ–116

के ज्ञान में वृद्धि करती हैं; बल्कि वस्तु की पूर्व ज्ञात विशेषताओं के ज्ञान को भी अधिक विशिष्ट और परिष्कृत करते हुए उसके धर्मधर्म्यात्मक स्वरूप को सिद्ध करती हैं। प्राचीन काल में हुआ स्पर्श चिकित्सा, रंग चिकित्सा, गंध चिकित्सा आदि विभिन्न चिकित्सा पद्धतियों का विकास तथा वर्तमान समय में पुद्गल के क्षेत्र में दृष्टिगोचर हो रहा ज्ञान का सम्पूर्ण विकास ज्ञान की सक्रिय और अन्वेषणात्मक प्रक्रिया का परिणाम है और यह ज्ञेय पदार्थ के एकानेकात्मक, भेदाभेदात्मक स्वरूप के कारण ही सम्भव हुआ है।

जैन आचार्यों का धर्मधर्मी-आत्मक वस्तु को ज्ञान का विषय स्वीकार करने का क्या आशय हैह्न इसे हम शब्द प्रमाण के माध्यम से समझने का प्रयास करें। भाषा द्वारा एक वस्तु क्रमिक रूप से एक एक वाक्य में उसकी एक एक विशेषता के ज्ञानपूर्वक ज्ञात होती है। वस्तु की एक विशेषता नाम, लक्षण, प्रयोजन आदि की अपेक्षा अन्य विशेषताओं से भिन्न और इस अपेक्षा से अपने आप में परिपूर्ण होते हुए भी सत्तापेक्षया अपने आप में अपूर्ण होती है। इस अपेक्षा से उसका पूर्ण स्वरूप उसका आश्रयभूत सम्पूर्ण द्रव्य, अर्थात द्रव्य के अन्य समस्त गुण हैं। गुण और गुणी में विद्यमान इस भेदाभेद सम्बन्ध के कारण एक वाक्य द्वारा ज्ञात हो रहे द्रव्य के एक गुण के प्रति अनेक जिज्ञासाएँ उत्पन्न हो जाती हैं। इन जिज्ञासाओं की शान्ति हेतु किये गये प्रयत्न से वस्तु के अनेक नवीन गुणों का ज्ञान होता है, जो वस्तु के ज्ञान में मात्र वृद्धि ही नहीं करता बल्कि वस्तु की पूर्वज्ञात विशेषताओं की समझ को भी और अधिक वैशिष्ट्य और स्पष्टता प्रदान करता हुआ परिष्कृत करता है। आचार्य उमास्वामी कहते हैं "सत् होना द्रव्य का लक्षण है।"[39] "सत्" का अर्थ है "है", "सद्भाव", अस्तित्वरूपता तथा इस धर्म का प्रयोजन है धर्मी को सत् स्वरूपता प्रदान करना, उसके सद्भाव या होने का ज्ञान कराना। इसलिए उपर्युक्त वाक्य "सत् होना द्रव्य का लक्षण है" से यह ज्ञान होता है कि "द्रव्य है" या जो भी अस्तित्ववान है उसे द्रव्य कहा जाता है। इस लक्षण और प्रयोजन की अपेक्षा अस्तित्व गुण के अपने आप में परिपूर्ण होने पर भी सत्तापेक्षया वह अपने आप में अपूर्ण है और इसलिए इसके प्रति यह जिज्ञासा उत्पन्न होती है कि सत् होने का अर्थ क्या है; जो है वह मात्र एक क्षणस्थायी है, शाश्वत है या परिणामीनित्य ? इस प्रश्न के उत्तर में आचार्य कहते हैं, "जो सत् है वह उत्पादव्ययध्रौव्य युक्त है।[40]

39. तत्त्वार्थसूत्र 5/29

40. तत्त्वार्थसूत्र 5/30

उत्पादव्ययध्रौव्ययुक्तता को द्रव्यत्व गुण कहा जाता है।[41] उपर्युक्त दोनों वाक्य सत्व और द्रव्यत्व में परस्पर विशेष्य विशेषण भाव को सिद्ध करते हुए "सत्तात्मक द्रव्य" या "द्रव्यत्वमय सत्ता" रूप विशिष्ट बुद्धि को उत्पन्न करते हैं जो सत्व और द्रव्यत्व धर्मों के पारस्परिक तादात्म्य सम्बन्ध पूर्वक उनकी एक धर्मीरूपता का परिचायक है। इनमें एकता होने पर भी अनेकता विद्यमान है जिसके कारण सत्व के ज्ञात होने पर भी द्रव्यत्व अज्ञात रहता है तथा उसे जानने के लिये अन्य ज्ञान की सहायता लेनी पड़ती है। द्रव्यत्वरूपता के भी सत्ता का पूर्ण स्वरूप नहीं होने के कारण उसके प्रति पुनः जिज्ञासा होती है कि यह द्रव्यत्वमयसत्ता सामान्य रूप है, विशेष रूप है या सामान्यविशेषात्मक। इसके उत्तर में शब्द प्रमाण द्वारा उसका सामान्यविशेषात्मक स्वरूप या वस्तुत्व गुण ज्ञात होता है। यह द्रव्यत्व-वस्तुत्वमय सत्ता प्रमेय है या नहीं, उसके परिमाण में न्यूनाधिकता सम्भव है या नहीं जैसे प्रश्नों के उत्तर में सत्ता के प्रमेयत्व, अगुरूलघुत्व आदि गुण ज्ञात होते हैं। मानवीय ज्ञान की यह सक्रिय और अन्वेषणात्मक प्रक्रिया अन्तहीन है। जैसे जैसे मानव के ज्ञान में वृद्धि होती जाती है उसकी जिज्ञासाएं भी बढ़ती जाती हैं जो न केवल एक धर्मी की अनेक धर्मात्मकता को बल्कि उसकी अनन्तधर्मात्मकता को भी सिद्ध करती हैं। इसलिये आचार्य विद्यानन्दि कहते हैं, "जीवादि धर्मी अनन्त धर्मात्मक हैं, अन्यथा उनमें प्रमेयत्व का होना असम्भव है।"[42]

उपर्युक्त अनुमान "जीवादि धर्मी अनन्त धर्मात्मक हैं क्योंकि वे प्रमेय है" में जीवादि धर्मी पक्ष है। उनके एक धर्म "प्रमेयत्व" को हेतु बना कर उनकी अनन्तधर्मात्मकता को सिद्ध किया जा रहा है। प्रश्न उठता है कि यह प्रमेयत्व हेतु स्वयं प्रमेय (ज्ञेय) है अथवा नहीं ? यदि यह स्वयं अज्ञात हो तो उसके द्वारा कुछ भी सिद्ध नहीं हो सकता। यदि यह स्वयं प्रमेय है तो यह स्वयं अनन्तधर्मात्मक है अथवा नहीं ; यदि नहीं है तो यह हेतु व्यभिचार दोष से ग्रस्त होगा क्योंकि प्रमेयत्व हेतु स्वयं एक स्वभावी होने पर भी ज्ञात हो रहा है और इसलिये यह नहीं कहा जा सकता कि जो भी प्रमेय है वह अनन्त धर्मात्मक है। यदि प्रमेयत्व हेतु की अनन्तधर्मात्मकता स्वीकार की जाय तो अभी तक किसी भी वस्तु की अनन्त धर्मात्मकता सिद्ध नहीं हो पाने के कारण यह साध्यसम हेत्वाभास हो जायेगा तथा इसके द्वारा कुछ भी सिद्ध नहीं हो पायेगा। फिर एक धर्म को भी अनन्तधर्मात्मक स्वीकार करने पर उन धर्मों के भी अनन्त धर्म और उन धर्मों

41. आलापपद्धति, सूत्र-95

42. धर्मी तावदनन्तधर्मा जीवादि; प्रमेयत्वान्यथानुपपत्तेः। अष्टसहस्री; पृष्ठ-152

में भी प्रत्येक धर्म के अनन्तधर्म...... स्वीकार करने पड़ेंगें। इस प्रकार एक धर्म को अनन्तधर्मात्मक स्वीकार करने पर अनवस्था दोष आता है।

उपर्युक्त आपत्तियों का उत्तर देते हुए आचार्य विद्यानन्दि कहते हैं कि इस अनुमान में व्यभिचार दोष नहीं है क्योंकि कोई भी धर्म सदैव धर्म ही नहीं रहता। सत्वादि कोई भी धर्म अपने धर्मी की अपेक्षा ही धर्म होता है तथा अपने अन्य धर्मो की अपेक्षा वह स्वयं अनन्त धर्मात्मक धर्मी भी होता है। ऐसा मानने पर अनवस्था दोष भी नहीं आता क्योंकि एक वस्तु के विभिन्न धर्मो में धर्मधर्मी भाव अभव्य के संसार के समान अथवा एक घूमते हुए वलय के पूर्वापर भाग के समान अनादि अनन्त तथा अनवस्थित है।[43] जिस प्रकार एक अभव्य के संसार का न तो आदि है न अन्त अथवा जिस प्रकार एक घूमते हुए वलय का एक भाग सामने आने पर पूर्व भाग तथा वही भाग पीछे चले जाने पर अपर भाग हो जाता है; उसी प्रकार एक वस्तु के समस्त धर्मों में परस्पर धर्मधर्मी भाव अनवस्थित और अनादि अनन्त है। उसकी किसी भी विशेषता को विशेष्य बनाये जाने पर अन्य सभी विशेषताएं उसका विशेषण हो जाती हैं।

वस्तुतः सत्व, द्रव्यत्व आदि धर्म सत्, द्रव्य आदि व्यक्तियों से भिन्न पदार्थ न होकर उनका सामान्य रूप से शाश्वत और अनिवार्य स्वरूप होने के कारण द्रव्य मात्र के सामान्य गुण हैं। ये गुण सभी द्रव्यों में सामान्य रूप से समान होने पर भी अपने आश्रय के भेद के अनुसार भिन्न भिन्न विशिष्ट स्वरूप से युक्त होते हैं।[44] उदाहरण के लिये आत्मा का अस्तित्व गुण उसे जड़ व चेतन सभी द्रव्यों में पूर्णतया समान रूप से विद्यमान सत् स्वरूपता प्रदान न करके विशिष्ट प्रकार की सत् स्वरूपता प्रदान करता है। वह उसे द्रव्यत्व, वस्तुत्व, ज्ञान, दर्शन, वीर्यादि स्वरूप में अस्तित्ववान बनाता है। यदि इनमें से एक भी गुण का अभाव हो तो आत्मा का सद्भाव भी नहीं रहेगा। जैसे, यदि आत्मा में वीर्य गुण नहीं हो तो उसमें सक्रियता और इसलिये जानने देखने हेतु प्रयत्न पूर्वक ज्ञप्ति क्रिया रूप उपयोगात्मकता का अभाव हो जायेगा। ऐसी स्थिति में जब ज्ञान, दर्शन ही नहीं रहेंगे तो परिणामीनित्यता रूप द्रव्यत्व, सामान्यविशेषात्मकता रूप वस्तुत्व किसका

43. न हि स्वधर्म्यपेक्षया यो धर्मः सत्त्वादिः स एव स्वधर्मान्तरापेक्षो धर्मी न स्याद्यतोनन्तधर्मा न भवेत्। न चैवमनवस्थानं, अनाद्यनन्तत्वात् धर्मधर्मिस्वभावभेदव्यवहारस्य वलयवदभव्यसंसारवद्वा ।

अष्टसहस्री; पृष्ठ–152

44. देखें इस अध्याय का सन्दर्भ 76

स्वरूप होगा। इस प्रकार आत्मा का अस्तित्व गुण अन्य द्रव्यों से भिन्न एक विशिष्ट प्रकार का अस्तित्व है। उसके अस्तित्व गुण का विशिष्ट स्वरूप सम्पूर्ण आत्मा अर्थात आत्मा के समस्त गुण हैं। इसी प्रकार द्रव्यत्व, वस्तुत्व, प्रमेयत्व, ज्ञान, दर्शन, वीर्य आदि समस्त गुणों का विशिष्ट स्वरूप उनका आश्रयभूत सम्पूर्ण द्रव्य है। एक द्रव्य के समस्त गुणों के परस्पर एक दूसरे का स्वरूप होते हुए एक द्रव्यरूपता को प्राप्त होने तथा सम्पूर्ण द्रव्य के एकानेकात्मक, भेदाभेदात्मक स्वरूपमय होने के कारण एक द्रव्य के प्रत्येक गुण का विशेषण उस द्रव्य के अन्य समस्त गुण होते हैं। इसलिये एक द्रव्य के कुछ गुणों का ज्ञान उस द्रव्य का ही नहीं उसके ज्ञात गुणों का भी आंशिक ज्ञान है। जब द्रव्य का कोई नवीन गुण ज्ञात होता है तो वह द्रव्य के ज्ञान में ही वृद्धि नहीं करता बल्कि द्रव्य के पूर्व ज्ञात गुणों का भी विशेषण होता हुआ, उनके ज्ञान को अधिक समृद्ध और परिष्कृत करता हुआ भेदाभेदात्मक रूप से ज्ञात होता है।

हमें एक समय में प्रत्यक्ष द्वारा एक द्रव्य के जितने भी गुण ज्ञात होते हैं वे परस्पर गुणगुणी–आत्मक स्वरूप में ही ज्ञात होते हैं लेकिन भाषा के प्रयोग पूर्वक होने वाले ज्ञान में गुण को गुणी से पृथक करके जाना जाता है। यह ज्ञान स्याद्वादनय संस्कृत होने पर ही यथार्थ होता है। स्याद्वाद प्रमाणत्मक[45] या सकलादेशी [46] होता है। उसके द्वारा सामान्य रूप से वस्तु के अनेकान्तात्मक स्वरूप का ज्ञान होता है। वस्तु का स्याद्वाद द्वारा प्रविभक्त या विशेषित (स्याद्वाद द्वारा सामान्य रूप से वस्तु के एकानेकात्मक, भेदाभेदात्मक स्वरूप के निश्चय पूर्वक होने वाला) वस्तु के एक धर्म का ज्ञान नय कहलाता है।[47] अथवा प्रमाण द्वारा प्रकाशित वस्तु के विशेष अंश का प्ररूपक ज्ञाता का अभिप्राय नय है।[48] वस्तु की एक विशेषता का अपना निश्चित विशिष्ट स्वरूप होता हैं लेकिन उस रूप में उसका अस्तित्व सम्पूर्ण वस्तु पर अर्थात वस्तु की अन्य सभी विशेषताओं पर आश्रित होता हैं। वह विशेषता अपने आप में स्वतन्त्र तत्त्व न होकर अनेक धर्मात्मक एक धर्मी में रहते हुए तथा उसके विशिष्ट स्वरूप के अनुसार विशिष्ट स्वरूप प्राप्त करते हुए विद्यमान होती है। अतः उसे जानने वाले नय ज्ञान की प्रवृत्ति प्रमाण ज्ञान द्वारा सामान्य रूप से सम्पूर्ण वस्तु को जानने के उपरान्त ही

45. सिद्धिविनिश्चय–10/3

46. लघीयस्त्रय–62

47. अष्टसहस्त्री; पृष्ठ–290

48. तत्त्वार्थवार्तिक; पृष्ठ–94

होती है। इसलिये "जो भी ज्ञेय है वह अनन्तधर्मात्मक है", इस व्याप्ति में व्यभिचार दोष का निराकरण करते हुए अन्त में आचार्य विद्यानन्दि कहते हैं कि जीवादि धर्मी से अलग किया गया प्रमेयत्व हेतु नय ज्ञान का विषय है और नय ज्ञान के प्रमाणांश होने के कारण इस ज्ञान के विषय के रूप में वह स्वयं प्रमेय या अप्रमेय न होकर प्रमेयांश है। अतः नय ज्ञान के रूप में वह स्वयं की अनन्तधर्मात्मकता को सिद्ध न करके जीवदि धर्मी की अनन्तधर्मात्मकता को ही सिद्ध करता है; लेकिन यही प्रमेयत्व हेतु प्रमाण ज्ञान के विषय के रूप में जीवादि धर्मी की ही नहीं, स्वयं की अनन्तधर्मात्मकता को भी सिद्ध करता है।[49]

## बौद्ध और अद्वैत वेदान्त मत - सत्ता का एकस्वभावी स्वरूप

बौद्ध उपर्युक्त विवेचन को अस्वीकार करते हुए कहते हैं कि एक धर्मी में अनेक धर्म रूप भेद मात्र शाब्दिक और बुद्धिजनित होने के कारण अयथार्थ हैं। वस्तु पूर्णतया एक स्वभावी ही होती है तथा वह प्रत्यक्ष द्वारा सम्पूर्णतः ही ज्ञात होती है। इस प्रत्यक्ष द्वारा ज्ञात वस्तु के प्रति किसी प्रकार का भ्रम उत्पन्न हो जाने पर उसमें भेद का आरोप करके उसका सत्, अनित्य, कृतक आदि अनेक रूपों में निश्चय किया जाता है। इस निश्चय का उद्देश्य वस्तु की वास्तविक अनेक स्वभावता का प्रतिपादन न होकर उसे विजातीय वस्तुओं से पृथक करना है। 'शब्द' विशेषण पदार्थ को अशब्द से, अनित्य उसे नित्य से और कृतक उसे अकृतक से पृथक करता है।[50] इस प्रकार सविकल्पक ज्ञान वस्तु के प्रति मात्र निषेधात्मक बुद्धि 'यह वह नहीं है' को उत्पन्न कर उसके प्रति भ्रम को तो समाप्त कर सकता है लेकिन उसमें वस्तु के स्वरूप का बोध कराने की सामर्थ्य नहीं है। वस्तु के स्वरूप का यथार्थ बोध तो इन्द्रियार्थ सन्निकर्ष के प्रथम क्षण में और योगियों को समाधि की अवस्था में होने वाले निर्विकल्पक प्रत्यक्ष द्वारा ही होता है।

बौद्धों के समान ही अद्वैत वेदान्ती भी कहते हैं कि सत्ता पूर्णतया अखण्ड

---

49. एतेन प्रमेयत्वस्य धर्मस्य नयविषयस्य नेयत्वेनाप्रमेयत्वात्तेन व्यभिचारो निरस्तः। प्रमाणविषयस्य तु प्रमेयत्वस्य हेतोः स्वधर्मापेक्षयानन्तधर्मत्वेन धर्मित्वात्पक्षत्वेपि न हेतुत्वव्याघातः, स्वपरानन्तधर्मत्वे साध्येन्यथानुपपत्ति सद्भावात् ।ततोनन्तधर्मा धर्मी सिद्यत्येव। तस्य धर्मे धर्मेस्तित्वादौ भिन्न एवार्थः प्रयोजनं विधानादिः प्रवृत्त्यादिर्वा तदज्ञानविच्छित्तिर्वा............न च धर्मा धर्मिणोनर्थान्तरभूता एव, नाप्यर्थान्तरमेव..........कथंचिद्भेदाभेदात्मकत्वाद्धर्मिधर्माणां तदात्मकवस्तुनो जात्यन्तरत्वाच्चित्राकारैकसंवेदनवत्। अष्टसहस्त्री; पृष्ठ–152–153

50. प्रमाणवार्तिक मनोरथनन्दि वृत्ति; 3/41

और एक स्वभावी ही होती है। सविकल्पक ज्ञान उस अखण्ड सत्ता में धर्मधर्मी भेद का आरोप करके उसे अनेक रूपों में जानता है तथा उसमें इन भेदों से परे सत्ता के अखण्ड स्वरूप को ग्रहण करने की सामर्थ्य नहीं है। इसलिये यह ज्ञान मिथ्या है। इसका महत्व इतना ही है कि इसमें सत्ता के प्रति स्वरूप बोध की सामर्ध्य का अभाव होने पर भी उसके प्रति अस्वरूप की निवृत्ति की सामर्थ्य है। यह वस्तु के प्रति 'नेति', 'नेति' अर्थात वस्तु यह नहीं है, यह नहीं है रूप से उसके प्रति अज्ञान को समाप्त कर देता है। इसके पश्चात् ही सत्ता के यथार्थ स्वरूप की साक्षात्कारात्मक निर्विकल्पक ज्ञान स्वरूप समाधि की अवस्था की प्राप्ति सम्भव है ।[51] इस प्रकार बौद्ध और अद्वैत वेदान्त दोनों के अनुसार ही विशेषणविशेष्य भाव से युक्त सविकल्पक ज्ञान वस्तु के प्रति अज्ञान की निवृत्ति रूप निषेधात्मक कार्य ही करता है तथा उसमें वस्तु के स्वरूप बोध की सामर्थ्य नहीं है। वस्तु के अखण्ड स्वरूप का ज्ञान तो समाधि की अवस्था में होने वाले निर्विकल्पक प्रत्यक्ष द्वारा ही सम्भव है।

## जैनमत - सत्ता का एक-अनेक स्वभावी स्वरूप

जैन दार्शनिक बौद्धों और अद्वैत वेदान्त के इस मत से सहमत हैं कि सत्ता सम्पूर्णतः एक स्वभावी तत्त्व है लेकिन साथ ही वे यह भी कहते हैं कि उसकी यह एक स्वभावता उसके अनेक स्वभावी सत्ता होने पर ही सम्भव है। आत्मा की अनेक स्वभावमय एक स्वभावता को प्रतिपादित करते हुए कुन्दकुन्दाचार्य कहते हैं; "जो यह ज्ञायक भाव है वह न तो प्रमत्त है, न अप्रमत्त है; बल्कि यह शुद्ध ज्ञायक भाव स्वरूप ही है । व्यवहार नय से ज्ञानी के चारित्र है, दर्शन है, ज्ञान है लेकिन निश्चय नय से ज्ञानी के न तो चारित्र है, न दर्शन है, न ज्ञान है; बल्कि वह शुद्ध ज्ञायक भाव रूप ही है।"[52] इन पदों के टीकाकार अमृतचन्द्र कहते हैं कि उस ज्ञायक भाव का अनुभव करने वाले प्रत्यगात्मा अनन्त धर्मात्मक तत्व को देखते हैं। निश्चय नय से जिसने इस अनन्तधर्मात्मक एक धर्मी को नहीं जाना, ऐसे शिष्यों को भाषा द्वारा धर्म को धर्मी से पृथक करते हुए व्यवहार नय से उपदेश दिया जाता हैं कि ज्ञानी के दर्शन है, ज्ञान है, चारित्र है लेकिन परमार्थ से देखा जाय तो एक द्रव्य द्वारा पीये गये अनन्त धर्म-

51. Encyclopedia of Indian Philophy. Vol-III, Page-354

52. णवि होदि अप्पमत्तो ण पमत्तो जाणओ दु जो भावो। एवं भणंति सुद्धं णादो जो सोहु सो चेव ।।
वबहारेणुवदिस्सदि णाणिस्स चरित्त दंसणं णाणं। ण वि णाणं ण चरित्तं ण दंसणं जाणगो सुद्धो ।।
समयसार; गाथा-6 और 7

रूपों के किंचित मिले हुए अभेद स्वभावमय वस्तु को अनुभव करने वाली पण्डित पुरूषों की दृष्टि में दर्शन भी नहीं, ज्ञान भी नहीं, चारित्र भी नहीं; शुद्ध एक ज्ञायक भाव ही है।[53]

आत्मा एक स्वभावी- ज्ञान स्वभावी तत्त्व ही है लेकिन उसकी यह एक स्वभावता उसकी सत्व, द्रव्यत्व, वस्तुत्व, दर्शन, वीर्यादि वास्तविक अनेक स्वभावता के सद्भाव में ही सम्भव है। ये सभी स्वभाव ज्ञान के स्वरूप होने तथा संज्ञा, लक्षण, प्रयोजनादि की अपेक्षा परस्पर भिन्न भिन्न होने पर भी सत्तापेक्षया तादात्म्य सम्बन्ध से युक्त होने के कारण एक ज्ञान ही हैं। (इसी प्रकार आत्मा सम्पूर्णतः एक स्वभावी-दर्शन स्वभावी या वीर्य स्वभावी आदि भी है) इन अनेक स्वभावों के एक ज्ञान स्वभावी सत्ता होने पर भी इनकी स्वभावगत अनेकता वास्तविक है तथा इनमें से किसी भी गुण के सद्भाव अभाव में सम्पूर्ण सत्ता का स्वरूप बदल जाता है। उदाहरण के लिये ज्ञान वीर्यात्मक अर्थात् सक्रियता से युक्त होने पर उपयोगात्मक अर्थात सदैव किसी न किसी पदार्थ को जानने देखने हेतु प्रवृत्ति पूर्वक सविषयक चेतना है, ऐसी स्थिति में वह ज्ञान सामान्य रूप से सदैव वही रहते हुए एक विशेष ज्ञान पर्याय रूप से नष्ट होता हुआ तथा अन्य विशेष ज्ञान पर्याय रूप से उत्पन्न होता हुआ सदैव अस्तित्ववान है, प्रवृत्ति पूर्वक अपनी विशेष ज्ञान पर्याय को प्राप्त करने के स्वभाव से युक्त होने के कारण वह कर्तृत्व से युक्त है। इस प्रकार ज्ञान के वीर्यात्मक होने पर वह उपयोगमय, परिणामीनित्य, सामान्यविशेषात्मक, कर्ता, सविषयक चेतनामय आत्मा है। लेकिन यदि ज्ञान वीर्य रहित हो तो फिर वह निष्क्रिय होने के कारण अकर्ता, कूटस्थ नित्य, पूर्णतया सामान्य रूप, साक्षीभावमय निर्विषयक चेतना होगा। यदि ऐसी चेतना सार्वभौमिक और आनन्दमय हो तो वह अद्वैत वेदान्त द्वारा स्वीकृत ब्रह्म और यदि वैयक्तिक और आनन्द रहित हो तो सांख्य दर्शन द्वारा स्वीकृत पुरुष होगा।

ज्ञानमय तत्त्व के इन अनेक स्वभावमय विशिष्ट स्वरूप को बौद्धिक कल्पना मात्र नहीं कहा जा सकता क्योंकि इन्हें वास्तविक स्वीकार करके ही विभिन्न

---

53. अनन्तधर्मणस्तत्त्वं पश्यन्ती प्रत्यगात्मनः।
अनेकान्तमयीमूर्तिनित्यमेव प्रकाशताम्।। समयसार कलश-2
यतो ह्यनन्त धर्मण्येकस्मिन् धर्मिण्यनिष्णातस्यान्तेवासिजनस्य तदवबोधविधायिभिः कैश्चिद्धर्मैस्तमनुशासतां सूरिणां धर्मधर्मिणोः स्वभावतोऽभेदेपि व्यपदेशतो भेदमुत्पाद्य व्यवहारमात्रेणैव ज्ञानिनो दर्शनं ज्ञानं चारित्रमित्युपदेशः। परमार्थतस्त्वेकद्रव्यनिष्पीतानन्तपर्यायतयैकं किंचिन्मिलितास्वादमभेदमेकस्वभावमनुभवतो न दर्शनं न ज्ञानं न चारित्रं, ज्ञायक एवैकः शुद्धः।
समयसार गाथा-7 पर आत्मख्याति टीका

दार्शनिक अन्य दार्शनिकों द्वारा स्वीकृत सत्ता के स्वरूप का निषेध और स्वयं द्वारा मान्य स्वरूप का प्रतिपादन करते हैं। साथ ही इसके विशेष प्रकार के स्वरूप की स्वीकृति चेतना के वर्तमान स्वरूप और उसके चरम लक्ष्य को भी प्रभावित करती है। उपयोगात्मक चेतना का आराधक ज्ञानार्जन के प्रति सदैव उत्साही होता है, जबकि साक्षीभाव रूप चेतना का आराधक उसके प्रति उदासीन हो जाता है। प्रथम का आदर्श सर्वज्ञता तथा द्वितीय का चरम लक्ष्य निर्विषयक चेतना होती है। इस प्रकार एक सत्ता शुद्ध निर्विशेष सत्ता मात्र न होकर विशिष्ट प्रकार की सत्ता है तथा उसके वैशिष्ट्य के नियामक सत्तापेक्षया परस्पर अपृथक अनेक वास्तविक स्वभाव हैं।

अकलंकदेव ज्ञेय पदार्थ के एकानेकात्मक, भेदाभेदात्मक स्वरूप के कारण ज्ञान के धर्मधर्म्यात्मक सविकल्पक स्वरूप को प्रतिपादित करते हुए कहते हैं कि ज्ञान का आकार सदैव ''वस्तु का यही स्वरूप है, अन्य नहीं'' रूप सविकल्पक ज्ञान रूप ही होता है। यदि ऐसा न मानकर सत्ता को पूर्णतया एक स्वभावी और निरंश ही स्वीकार किया जाय तथा यह कहा जाय कि समाधि की अवस्था निर्विकल्पक ज्ञान स्वरूप है,[54] इस अवस्था में शुद्ध निर्विशेष सत्ता ज्ञात होती है और यही ज्ञान यथार्थ है तो इस अवस्था को प्राप्त कर चुके बुद्ध, शंकर आदि सभी दार्शनिक तत्वदर्शी होने चाहिये और उनके मध्य विद्यमान सभी विवाद समाप्त हो जाने चाहिये। साथ ही किसी भी प्रकार की विशेषताओं से रहित स्वसंवेदनात्मक सत्ता के वचनातीत होने के कारण उन्हें मौन धारण कर लेना चाहिये। इसके विपरीत ये दोनों ही सत्ता के विशिष्ट स्वरूप को स्वीकार करते हुए एक दूसरे के मत का खण्डन करते हैं।[55] बुद्ध इस स्वसंवेदनात्मक सत्ता के नित्यत्व, सर्वव्यापकत्व आदि के खण्डन पूर्वक उसके वैयक्तिक, क्षणिक और विशिष्ट स्वरूप का तथा शंकर उसकी अनित्यता आदि के खण्डन पूर्वक उसकी नित्यता आदि विशेषताओं से परिपूर्ण स्वरूप का प्रतिपादन करते हैं। उनका यह कार्य यह सिद्ध करता है कि समाधि की अवस्था शुद्ध निर्विशेष, पूर्णतया एक

---

54. समाधि की अवस्था के लिए 'निर्विकल्पक' पद का प्रयोग जैन दार्शनिक भी करते हैं। लेकिन वे इस पद के प्रयोगपूर्वक समाधि को रागादि विकल्पजालों से रहित अवस्था के रूप में प्रतिपादित करते हैं। द्रष्टव्य है ''शुद्धात्माभिमुखसुखसंवित्तिस्वरूपं स्वसवित्त्याकारेण सविकल्पमपीन्द्रियमनोजनित रागादिविकल्पजालरहितत्वेन निर्विकल्पम्। वृहत् द्रव्यसंग्रह ब्रह्मदेवसूरि वृत्ति 1/5

55. अयमेवं न वेत्येवमविचारितगोचरः ।। 63।।
जायेरन् संविदात्मानः सर्वेषामविशेषतः।। 64 पूर्वार्द्ध न्यायविनिश्चय; अध्याय-1

स्वभावी स्वसंवेदन रूप नहीं है, बल्कि इस अवस्था में विशिष्ट स्वरूप सम्पन्न स्वसंवेदन का बोध हुआ है जो समाधि की अवस्था को धर्मधर्म्यात्मक सविकल्पक ज्ञान रूप सिद्ध करता है।

वादिराज मुनिराज कहते हैं कि वस्तुतः आत्म स्वरूप की भावनामय सविकल्पक ज्ञान के चरम प्रकर्ष रूप समाधि की अवस्था सविकल्पक ज्ञान रूप ही होती है, निर्विकल्पक नहीं हो सकती।[56] एक मुमुक्षू श्रवण, मनन और निदिध्यासन की प्रक्रिया द्वारा समाधि की अवस्था को प्राप्त करता है। गुरु के वचनों द्वारा आत्म स्वरूप की जानकारी प्राप्त कर व्यक्ति उसका निरन्तर मनन करता है। बार बार के मनन पूर्वक व्यक्ति की तदनुरूप अनुभूति निरन्तर अधिक गहन होती जाती है जिसके परिणाम स्वरूप अन्त में इसके चरम प्रकर्ष रूप समाधि की अवस्था प्राप्त होती है। एक बौद्ध निरन्तर अपने क्षणिक, वैयक्तिक, पूर्णतया विशिष्ट, विज्ञानमय एकानेकात्मक, भेदाभेदात्मक स्वरूप का मनन करता है। इस स्वरूप की बार बार भावना से उसकी स्वयं के अन्य सब से पूर्णतया पृथक प्रतिक्षण परिवर्तनशील चैतन्य स्वरूप की अनुभूति निरन्तर अधिक गहरी होती जाती है और अन्त में इस स्वरूप की शब्द रहित तथा गहन अनुभूति रूप समाधि की अवस्था प्राप्त होती है।[57] इसी प्रकार एक वेदान्ती गुरुपदेश पूर्वक स्वयं के ब्रह्म स्वरूप को जानकर निरन्तर यह मनन करता है कि मैं ब्रह्म हूँ। इसके फलस्वरूप उसे स्वयं के सार्वभौमिक, कूटस्थनित्य, साक्षी रूप सच्चिदानन्द स्वरूप की क्रमशः अधिक गहन अनुभूति होते हुए अन्त में इस अनुभूति के चरम प्रकर्ष रूप समाधि की अवस्था प्राप्त होती है। इस प्रकार समाधि की अवस्था शुद्ध निर्विशेष स्वसंवेदन मात्र न होकर विशिष्ट प्रकार की स्वानुभूति है जो इस अवस्था में ज्ञात हो रहे तत्व के एकानेकात्मक, भेदामेदात्मक स्वरूप को सिद्ध करती है। श्रवण, मनन, निदिध्यासन की प्रक्रिया पूर्वक समाधि की अवस्था की प्राप्ति न केवल एक सत्ता के अनेक गुणात्मक स्वरूप को, बल्कि उसकी अनेक क्रमभावी विशेष पर्यायों में व्याप्त एक द्रव्यरूपता को भी सिद्ध करती है।

## अवयव-अवयवी-आत्मक वस्तु ज्ञान का विषय

जिस प्रकार हमें अनेक गुणों के ज्ञान पूर्वक एक द्रव्य का और द्रव्य के ज्ञान पूर्वक उसके एक गुण के विशिष्ट स्वरूप का ज्ञान होता है; उसी प्रकार

56. न्यायविनिश्चयविवरण; भाग-1 पृष्ठ-22

57. प्रमाणवार्तिक 1/241

हम अनेक अवयवों के ज्ञान पूर्वक एक अवयवी को जानते हैं तथा जैसे जैसे अवयवी की समझ में वृद्धि होती जाती है वैसे वैसे उसके अवयवों की समझ भी अधिक विकसित और परिष्कृत होती जाती है जो एक स्थूल वस्तु के अवयव-अवयव्यात्मक स्वरूप को सिद्ध करती है। बौद्ध कहते हैं कि अनेक अवयव ही वास्तविक और स्वतन्त्र सत्ताएं हैं। उन अनेक अवयवों का एक अवयवी रूप में होने वाला ज्ञान अनादि वासना जनित मानसिक कल्पना मात्र होने के कारण मिथ्या है। जिस प्रकार दूर से देखने पर विरल केशों में घनाकारता का भ्रामक प्रतिभास होता है उसी प्रकार हम परस्पर स्वतंत्र अनेक परमाणुओं में निकटता और सादृश्य के कारण एकत्व का आरोप करके उन्हें एक अवयवी-घट, वस्त्र आदि रूप में पहचानते हैं। वस्तुतः घट, वस्त्र आदि स्थूल पदार्थ वास्तविक पदार्थ न होकर अनेक परमाणुओं के समूह पर आरोपित एक नाम मात्र हैं। इसलिये इन्हें जानने वाला ज्ञान मिथ्या है।[58] वादिराज मुनिराज बौद्धों के इस मत की आलोचना करते हुए कहते हैं कि बौद्ध स्थूल वस्तु के खण्डन के लिये प्रस्तुत किये गये अनुमान में विरल केशों में भ्रामक घनाकारता का दृष्टान्त देते हैं। लेकिन केशों में घनाकारता का ज्ञान तभी भ्रामक हो सकता है जबकि उनकी विरलता का ज्ञान यथार्थ हो तथा उनकी विरलता का ज्ञान तभी यथार्थ हो सकता है जबकि विरलता के अधिष्ठान-केशों का ज्ञान यथार्थ हो जो स्वयं स्थूल वस्तु रूप हैं। यदि केश ज्ञान यथार्थ है तो स्थूल वस्तु का खण्डन नहीं किया जा सकता। यदि वह मिथ्या है तो उसके द्वारा कुछ भी सिद्ध नहीं किया जा सकता।[59] निश्चित रूप से एक अवयवी अपने अवयवों के अतिरिक्त कुछ नहीं है। लेकिन वह अपने अवयवों का समूह मात्र न होकर उनमें व्याप्त एक अखण्ड सत्ता है। संयोग संबंध से सम्बन्धित अनेक अवयव परस्पर एक दूसरे से संबंधित और प्रभावित होकर एक अवयवीरूपता को प्राप्त करते हैं। इस अवस्था में वे ऐसे विशिष्ट स्वरूप को प्राप्त करते हैं जिसका उनमें अन्यथा अभाव होता है। उदाहरण के लिये विभिन्न तन्तुओं में ओड़ने बिछाने रूप कार्य को करने की सामर्थ्य का अभाव होता है लेकिन वे ही तन्तू जब परस्पर आतान वितान रूप से संयुक्त होकर एक वस्त्र रूप विशिष्ट स्वरूप को प्राप्त करते हैं तो उनमें यह नवीन सामर्थ्य उत्पन्न हो जाती है। इस प्रकार वस्त्र अनेक तन्तुओं के समूह पर आरोपित एक नाम मात्र न होकर एक वास्तविक सत्ता है। इसलिये विशिष्ट रूप से संयुक्त

58. प्रमाणवार्तिकालंकार 2/223
59. न्यायविनिश्चयविवरण; भाग-1, पृष्ठ-165-166

अनेक तन्तुओं के ज्ञान पूर्वक होने वाला एक वस्त्र का ज्ञान यथार्थ ज्ञान है।[60]

एक ज्ञेय पदार्थ के अवयव-अवयवीआत्मक स्वरूप को स्पष्टतः समझने के लिये हम शरीर के दृष्टान्त पर विचार करें। हाथ, पैर, सिर, हृदय आदि अनेक अंग एक विशेष प्रकार से संयुक्त होकर एक जटिल संघठन-शरीर रूपता को प्राप्त करते हैं। इस संघठन के सभी अंगों का अपना अपना निश्चित और विशिष्ट स्वरूप होता है, अपनी अपनी शक्तियाँ और उपयोगिताएं होती हैं, लेकिन ये अपने इस विशिष्ट स्वरूप को शरीर के एक अंग के रूप में ही, अर्थात शरीर के अन्य अंगों से सम्बन्धित और प्रभावित होकर ही प्राप्त करते हैं तथा शरीर से अलग हो जाने पर इनका इन विशिष्ट स्वरूप में अस्तित्व समाप्त हो जाता है। उदाहरण के लिये हाथ का अपना एक निश्चित आकार होता है। वह वस्तुओं को उठाने, रखने आदि कार्यों को करने की क्षमता से युक्त होता है, उसमें सजीवता, रक्त का संचार आदि विशेषताएं होती हैं। लेकिन हाथ अपने इस विशिष्ट स्वरूप में अस्तित्व शरीर के अंग के रूप में ही रखता है तथा शरीर से पृथक हो जाने पर उसका इस विशिष्ट स्वरूप में अस्तित्व समाप्त हो जाता है। इस प्रकार हाथ, पैर आदि विभिन्न अंगों के शरीर के एक अंग के रूप में ही एक विशिष्ट स्वरूप में अवस्थित होने के कारण इन अंगों के ज्ञान पूर्वक शरीर ही आंशिक रूप से ज्ञात होता है तथा शरीर के समस्त अंगों के ज्ञात होने पर शरीर ही सम्पूर्णतः ज्ञात कहलाता है।

क्योंकि एक अवयव अपने विशिष्ट स्वरूप को अवयवी के एक अंग के रूप में ही अर्थात सम्पूर्ण अवयवों से संबंधित और प्रभावित होकर ही प्राप्त करता है; इसलिये न केवल अवयवों के ज्ञान में वृद्धि के साथ ही साथ अवयवी के ज्ञान में वृद्धि होती जाती है बल्कि अवयवी के ज्ञान में हो रहा विकास उसके विभिन्न अवयवों के ज्ञान को भी अधिक परिष्कृत और समृद्ध करता है। अवयवी के प्रति अब तक अर्जित जानकारी अनेक नयी जिज्ञासाओं को जन्म देती है जिनके समाधान हेतु किये गये प्रयत्न पूर्वक अर्जित नवीन विशेषताओं का ज्ञान सम्पूर्ण अवयवी के ज्ञान को अधिक स्पष्टता प्रदान करता है। जैसे शरीर के हाथ, पैर आदि विभिन्न अवयवों का निर्माण एक निश्चित व्यवस्था के अनुसार ही क्यों होता है विभिन्न व्यक्तियों के रंग, स्वभाव आदि में अन्तर क्यों पाया जाता है, दुनिया में कोई भी दो व्यक्ति पूर्णतया समान क्यों नहीं होते, आदि

60. तन्त्वाद्यवयनामाऽऽतानवितनीभावादि परिणतानाम् आत्मभूतोऽवस्थाविशेषः पटाद्यवयवी।
न्यायकुमुदचन्द्रः भाग-1, पृष्ठ-227

प्रश्नों के समाधानार्थ खोजे गये शरीर के अवयव–जीन्स न केवल शरीर के सम्बन्ध में हमारी जानकारी में वृद्धि करते हैं, बल्कि ये शरीर और उसके अवयवों के सम्बन्ध में हमारे पूर्वार्जित ज्ञान को अधिक स्पष्टता और वैशिष्ट्य भी प्रदान करते हैं। यह तथ्य ज्ञेय पदार्थ के अवयव–अवयवीआत्मक स्वरूप को सिद्ध करता है।

इन्द्रिय प्रत्यक्ष द्वारा एक स्थूल वस्तु अवयव–अवयव्यात्मक स्वरूप में ही ज्ञात होती है लेकिन जब हम उसे भाषा की सहायता से समझना चाहते हैं तो यह अवयव और अवयवी को परस्पर अलग करके एक एक वाक्य में अवयवी के एक एक अवयव के पृथक पृथक और क्रमिक वर्णन पूर्वक ही सम्भव हो पाता है। भाषा का यह स्वरूप हममें अनेक बार यह भ्रम पैदा कर देता है कि एक अवयवी अनेक अवयवों का समूह मात्र है, अथवा यह कि अवयव आदि धर्म स्वतन्त्र तथा परस्पर निरपेक्ष सत्ताएं हैं तथा अवयवी आदि धर्मी उनसे भिन्न सत्ता है। इसलिये जैन आचार्यों के अनुसार भाषा द्वारा वस्तु को निभ्रन्ति तथा यथावस्थित स्वरूप में जानने के लिये वर्णित विषय को स्याद्वादनय संस्कृत रूप में ग्रहण करना आवश्यक है।

## द्रव्यपर्यायात्मक वस्तु ज्ञान का विषय

ज्ञान का विषयभूत पदार्थ युगपत् विद्यमान अनेक गुणों और अवयवों में व्याप्त एक सत्ता ही नहीं है बल्कि वह अनेक क्रमवर्ती पर्यायों में व्याप्त एक द्रव्य भी है। उसके अनेक सहवर्ती गुण और अवयव उसका ऐसा अनिवार्य, सामान्य और ध्रुव स्वरूप हैं जिसमें अनेक विशेष रूपों में परिणमित होने की सामर्थ्य तथा आन्तरिक बाह्य कारणों के सद्भावानुसार सदैव किसी विशेष स्वरूप को प्राप्त करने की प्रवृत्ति विद्यमान है। अपनी इस सामर्थ्य और प्रवृत्ति के कारण वस्तु का अनेक अवयव, गुणात्मक सामान्य स्वरूप सदैव किसी विशेष स्वरूप में अभिव्यक्त होकर ही विद्यमान होता है तथा वह अनन्तरवर्ती क्षण में सामान्य रूप से वही रहते हुए पूर्ववर्ती विशेष स्वरूप से नष्ट होकर उत्तरवर्ती विशेष स्वरूप को प्राप्त करता है। इस प्रकार प्रत्येक वस्तु प्रतिसमय उत्पादव्ययध्रौव्य स्वरूप है। एक वस्तु का अनेक शक्ति सम्पन्न, सामान्य और ध्रुव स्वरूप उसकी द्रव्य रूपता है। इसे उर्ध्वता सामान्य भी कहा जाता है। इस उर्ध्वतासामान्यमय ध्रुव स्वरूप की समय विशेष में विद्यमान उत्पत्तिविनाशवान विशिष्ट अभिव्यक्ति उसकी पर्यायरूपता है। अतः प्रत्येक वस्तु सदैव द्रव्यपर्यायात्मक, सामान्यविशेषात्मक तत्त्व है।[61]

61. देखें अध्याय–1, सन्दर्भ –69

हमें प्रत्यक्ष, अनुमान आदि समस्त प्रमाणों द्वारा द्रव्यपर्यायात्मक वस्तु ही ज्ञात होती है। जैसे प्रत्यक्ष द्वारा हमें कुण्डलीयमान पर्याय रूप से अवस्थित द्रव्य-सर्प ज्ञात होता है।[62] वही सर्प पुनः पुनः प्रत्यक्ष का विषय बनने पर उत्फण, विफण, प्रसारण आदि अनेक क्रमवर्ती पर्यायों रूप से परिवर्तनशील एक स्थायी द्रव्य-सर्प रूप में ज्ञात होता है।[63] हम देखते हैं कि जो रंगगन्धरसस्पर्शमय आम प्रारम्भ में हरित रंग, खट्टे स्वाद आदि गुणों से युक्त कच्चे आम रूप होता है, वही आम एक दो दिन पश्चात पक जाता है; उसका हरित रंग पीले रंग में और खट्टा स्वाद मीठे स्वाद में परिवर्तित हो जाता है; और एक दो दिन पश्चात वह आम सड़ जाता है, उसका मीठा स्वाद कड़वे स्वाद में और पीला रंग काले रंग में रूपान्तरित हो जाता है। अनेक क्रमवर्ती प्रत्यक्षों द्वारा एक वस्तु का 'कच्चा आम', 'पका हुआ आम', 'सड़ा हुआ आम' रूप ज्ञान न केवल उस वस्तु की अनेक विलक्षण, उत्पत्तिविनाशवान, क्रमवर्ती पर्यायरूपता को सिद्ध करता है बल्कि इन पर्यायों के प्रत्यक्ष पूर्वक होने वाला "यह वही आम है" रूप प्रत्यभिज्ञान उन पर्यायों की एक स्थायी द्रव्यरूपता को भी सिद्ध करता है।[64]

प्रत्यक्षाादि प्रमाणों द्वारा हम एक वस्तु के अनेक क्रमवर्ती पर्यायों रूप से परिणमनशील एक द्रव्यरूपता को ही नहीं जानते बल्कि उस वस्तु के सजातीय विजातीय अनेक दृष्टान्तों के प्रत्यक्ष पूर्वक उसके परिणमन के नियामक कारण कार्य सम्बन्धों को भी जानते हैं। जैसे अनेक आमों के भिन्न भिन्न परिस्थितियों में प्रत्यक्ष पूर्वक हमें उसमें घटित हो रही परिवर्तन की प्रक्रिया में अन्तर दृष्टिगोचर होता है। जैसे हम देखते हैं कि यदि आम को घास में रखकर पकाया जाता है तो वह पेड़ पर स्वाभाविक रूप से पकने की अपेक्षा शीघ्रता से पकता है; यदि उसे रसायनों में रखकर पकाया जाता है तो उसकी पकने की प्रक्रिया और भी तीव्र हो जाती है; यदि उसे फ्रिज में रख दिया जाय तो वह प्रक्रिया बहुत मन्द हो जाती है। इस प्रकार एक वस्तु के अनेक सदृश विलक्षण दृष्टान्तों के ज्ञानपूर्वक हमें उस वस्तु में विद्यमान परिणमन की सम्भावनाओं और उन सम्भावनाओं की अभिव्यक्ति के नियामक कारणकार्य सम्बन्धों का भी ज्ञान होता है। हमारे ये समस्त अनुभव निरन्तर नयी पर्याय रूप से परिणमन की सामर्थ्य और प्रवृत्तिमय

---

62. प्रत्यक्षप्रतिसंवेद्यः कुण्डलादिषु सर्पवत्। न्यायविनिश्चय 1/120 पूर्वार्द्ध
63. न्यायविनिश्चयविवरण; भाग-1, पृष्ठ-445
64. भेदज्ञानात् प्रतीयेते प्रादुर्भावात्ययौ यदि।
अभेदज्ञानतः सिद्धा स्थितिरंशेन केनचित् । न्यायविनिश्चय 1/118

एक स्थायी द्रव्य की सत्ता को सिद्ध करते हैं।

बौद्ध कहते हैं कि द्रव्यपर्यायात्मक वस्तु का ज्ञान यथार्थ न होकर अनादि वासना जनित भ्रम मात्र है। प्रत्येक वस्तु मात्र एक क्षण स्थायी होती है तथा प्रत्यक्ष द्वारा सामने स्थित वर्तमान कालीन सत्ता को ही विषय बनाये जा सकने के कारण यह क्षणिक सत्ता ही प्रत्यक्ष द्वारा ज्ञात होती है। अनेक क्रमवर्ती प्रत्यक्षों द्वारा ज्ञात हो रहे अनेक क्षणिक पदार्थों में विद्यमान सादृश्य के कारण हमारा मन उन पर एकत्व का आरोपण कर देता है जिसके परिणाम स्वरूप हमें उन क्षणिक तत्त्वों की एक द्रव्यरूपता का भ्रम होता है। इसलिये सत्ता के द्रव्यपर्यायात्मक स्वरूप का ज्ञान मिथ्या है।[65] जैन दार्शनिक इस आपत्ति को अस्वीकार करते हुए कहते हैं कि निश्चित रूप से प्रत्यक्ष का विषय वर्तमानकालीन सत्ता ही होती है; भूत भविष्यकालीन सत्ताएं प्रत्यक्ष का विषय नहीं होतीं। लेकिन यह वर्तमानकालीन पदार्थ अपनी पूर्वापर पर्यायों से पूर्णरूपेण असम्बद्ध, स्वतन्त्र, क्षणिक पर्याय मात्र नहीं है; बल्कि यह युगपत् और क्रमिक रूप से अनेक कार्यों के सम्पादन की सामर्थ्य से परिपूर्ण तथा उत्तरवर्ती पर्यायरूप से परिणमन की प्रवृत्तिमय द्रव्य भी है। उसकी इस वर्तमान पर्यायविशिष्ट द्रव्यरूपता के कारण हम प्रत्यक्ष द्वारा उसके वर्तमान कालीन व्यक्त स्वरूप को जानने के उपरान्त उसकी अर्थक्रियासामर्थ्य का अनुमान कर उसके द्वारा कार्य करने हेतु प्रवृत्त होते हैं तथा अभीष्ट प्रयोजन की सिद्धि कर सफलता प्राप्त करते हैं। उदाहरण के लिये किसी वस्तु का सूई रूप से प्रत्यक्ष होते समय हम उसके ऐसे विशिष्ट स्वरूप को जानते हैं जिसमें धागा पिरोकर उससे सिलाई की जा सकती है। इस विशिष्ट स्वरूप के ज्ञानपूर्वक ही हम उसकी अर्थक्रियासामर्थ्य का अनुमान करके कपड़ा सिलने की क्रिया में प्रवृत्त होते हैं और सफलता प्राप्त करते हैं। एक ही वस्तु का प्रत्यक्ष, अनुमानादि प्रमाणों से पुनः पुनः ज्ञान और उसके अनुसार कार्य करने हेतु प्रवृत्ति सत्ता के द्रव्यपर्यायात्मक स्वरूप को सिद्ध करती है।[66]

एक द्रव्य अपने सामान्य स्वरूप की अनन्त विशेष अवस्थाओं रूप से परिणमन की सम्भावनाओं से परिपूर्ण तथा निरन्तर नयी पर्याय रूप से परिणमन की प्रवृत्तिमय शाश्वत द्रव्य है। अपने इस शाश्वत स्वभाव के कारण वह सदैव किसी विशेष पर्याय स्वरूप होकर ही विद्यमान होता है तथा पर्याय रहित द्रव्य की सता कभी नहीं होती। दूसरे शब्दों में एक द्रव्य का वर्तमानकालीन व्यक्त अस्तित्व ही पर्याय

---

65. स्वार्थानुमान परिच्छेद; पद –44

66. न्यायविनिश्चयविवरण; भाग–1, पृष्ठ–116

है। यह वर्तमानकालीन व्यक्ति या पर्याय ही सम्पूर्ण द्रव्य है क्योंकि द्रव्य के समस्त गुण अपनी समस्त सम्भावनाओं तथा उत्तरवर्ती पर्याय रूप से परिणमन की प्रवृति के साथ उस पर्याय का स्वरूप हैं। इसलिये अमृतचन्द्र कहते हैं, ''समगुणपर्यायं द्रव्यम्'' अर्थात् द्रव्य के प्रत्येक गुण और उसकी वर्तमानकालीन पर्याय का विस्तार उस द्रव्य के सम्पूर्ण विस्तार के समान है।[67] इसे सोदाहरण स्पष्ट करते हुए जयसेन कहते हैं कि जैसे एक जीव द्रव्य की वर्तमानकालीन मनुष्य पर्याय का विस्तार उस द्रव्य के सम्पूर्ण स्वरूप के समान है।[68] जिस समय एक जीव मनुष्य पर्याय को प्राप्त करता है उस समय वह मनुष्य स्वरूप होकर ही विद्यमान होता है तथा उस समय उसमें अपनी नारकी, तिर्यन्च आदि पर्यायों का व्यक्त रूप से अभाव होता है। यह मनुष्य रूप से व्यक्त पर्याय सम्पूर्ण जीव द्रव्य है। इस पर्याय में जीव के अस्तित्व, वस्तुत्व, ज्ञान, दर्शनादि समस्त गुण अपनी सम्पूर्ण सम्भावनाओं के साथ विद्यमान हैं। इसलिये इस मनुष्य पर्याय विशिष्ट जीव द्रव्य को जानने का अर्थ मात्र यही नहीं है कि उसके ज्ञानादि गुणों की वर्तमान कालीन विशिष्ट अभिव्यक्ति का क्या स्वरूप है, उसमें एक मानव के रूप में क्या क्या करने की सामर्थ्य विद्यमान है; बल्कि इसे जानने का अर्थ यह भी है कि उसके किन किन कार्यों के साक्षात और परम्परा से क्या क्या परिणाम हो सकते हैं। जैसे मनुष्य पंचेन्द्रियों से युक्त एक समनस्क प्राणी है। उसमें पशु जगत की अपेक्षा ज्ञान, दर्शन, वीर्य शक्तियाँ बहुत प्रखर मात्रा में विद्यमान हैं। इसलिये वह अपना उत्थान और पतन दोनों ही करने में सक्षम है। वह अपने कार्यों से मृत्यु के उपरान्त मनुष्य, पशु, देव, नारकी इन चारों में से किसी भी गति को प्राप्त कर सकता है तथा उसमें पंचम गति-मोक्ष प्राप्ति हेतु पुरुषार्थ करने की क्षमता भी विद्यमान है। यदि वह बहुत तीव्र क्रोधादि कषायों से युक्त होता है, सदैव हिंसा, झूँठ, चोरी आदि पाप कार्यों में संलग्न रहता है तो वह निरन्तर नरक गति का बंध करता है। इसके परिणाम स्वरूप यदि वह अगले भव में नरक में गया तो वहाँ रहते हुए न तो वह मोक्ष प्राप्ति हेतु पुरुषार्थ कर सकेगा, न ही वह वहाँ से निकल कर स्वर्ग में जा पायेगा। नरक

---

67. आत्मा हि 'समगुणपर्यायं द्रव्यम्' इति वचनात् ज्ञानेन सह हीनाधिकत्वरहितत्वेन परिणतत्वातत्परिमाणः,
.... प्रवचनसार तत्त्व प्रदीपिकाः गाथा – 23

68. तथाहि – ''समगुणपर्यायं द्रव्यं भवति'' इति वचनाद्वर्तमानमनुष्यभवे वर्तमानमनुष्यपर्यायप्रमाणः, तथैव मनुष्यपर्यायप्रदेशवर्तीज्ञानगुणप्रमाणश्च प्रत्यक्षेण दृष्यते यथायमात्मा......।
प्रवचनसार–तात्पर्यवृतिः, गाथा –23

से निकलने के पश्चात अनेक योनियों में परिभ्रमण करते हुए जब वह पुनः कभी मनुष्य पर्याय प्राप्त करेगा, तभी उसमें मोक्ष प्राप्ति हेतु पुरुषार्थ की क्षमता प्रकट होगी। ......यदि मनुष्य मन्द कषायी है, प्रत्येक कार्य को स्वपर कल्याण की भावना से सम्पादित करता है तो वह निरन्तर देव गति का बन्ध करता है। इसके फलस्वरूप वह अगले भव में देव पर्याय को प्राप्त करेगा।.........इस प्रकार जीव की वर्तमानकालीन मनुष्य पर्याय को जानने का अर्थ उसके वर्तमानकालीन व्यक्त स्वरूप को जानना मात्र ही नहीं है, बल्कि इसका अर्थ यह जानना भी है कि इसमें तात्कालिक और दूरगामी रूप से क्या क्या बनने की सम्भावना है तथा इन सम्भावनाओं की अभिव्यक्ति किस प्रकार हो सकती है। इस ज्ञान पूर्वक ही मानव अनिष्ट पर्यायों को प्राप्त करने से बच सकता है तथा अभीष्ट पर्यायों की प्राप्ति हेतु पुरुषार्थ कर सकता है।

एक द्रव्य पर्याय विशिष्ट द्रव्य या द्रव्य विशिष्ट पर्याय है। उसमें अपने अनेक गुणात्मक सामान्य स्वरूप की अनन्त विशेष अवस्थाओं को प्राप्त करने की सामर्थ्य शाश्वत रूप से विद्यमान है लेकिन उसकी इस सामर्थ्य की अभिव्यक्ति उसके पर्यायात्मक स्वरूप के कारण ही होती है। वह एक समय विशेष में किस व्यक्त अवस्था में विद्यमान है इसके आधार पर ही यह निर्धारित होता है कि उसमें शक्ति रूप से विद्यमान किसी पर्याय को प्राप्त करना सम्भव है अथवा नहीं, यदि है तो किस क्रम से और किस प्रकार। इसलिये एक पर्याय विशिष्ट द्रव्य को धर्मी बनाये जाने पर अन्य समस्त सम्भाव्य पर्यायें उसके धर्म हो जाते हैं। एक पर्याय विशिष्ट द्रव्य जैसे मनुष्य रूप से अवस्थित जीव द्रव्य को धर्मी बनाये जाने पर उस द्रव्य की अन्य सम्भाव्य पर्यायों की साक्षात या परम्परा से अभिव्यक्ति की सम्भावनाओं का क्रम भिन्न होता है तथा किसी अन्य पर्यायविशिष्ट द्रव्य, जैसे–पशु को विशेष्य बनाये जाने पर यह क्रम बदल जाता है। इस प्रकार जैसे एक द्रव्य के समस्त गुण परस्पर विशेषण विशेष्यभाव से युक्त हैं उसी प्रकार एक द्रव्य की समस्त पर्यायों में भी परस्पर धर्मधर्मीभाव विद्यमान है। क्योंकि द्रव्य की प्रत्येक पर्याय तात्त्विक रूप से द्रव्य ही है, इसलिये द्रव्य की जिस भी पर्याय को धर्मी बनाया जाय, द्रव्य में विद्यमान सभी सम्भाव्य पर्यायें विध्यात्मक या निषेधात्मक रूप से उसके धर्म बन जाती हैं। इस प्रकार एक द्रव्य के समस्त गुणों के समान ही उसकी समस्त पर्यायों में परस्पर धर्मधर्मीभाव विद्यमान है। उनमें विद्यमान यह धर्मधर्मीभाव एक अभव्य के संसार के समान और एक घूमते

हुए वलय के पूर्वापर भाग के समान अनादि-अनन्त और अनवस्थित है।[69]

एक द्रव्य की विभिन्न पर्यायों में विद्यमान विशेषण-विशेष्य भाव का ज्ञान ''यदि ..... तो'' आकार से युक्त हेत्वाश्रित ज्ञान है। इसका कारण यह है कि एक समय विशेष में विद्यमान एक पर्याय विशिष्ट द्रव्य में अपनी भूतभविष्यकालीन पर्यायों का व्यक्त स्वरूप में अभाव है। उसमें तत्कालीन व्यक्त पर्याय के अतिरिक्त अन्य पर्यायें शक्ति रूप से ही विद्यमान हैं तथा उस शक्ति की अभिव्यक्ति उपादान योग्यता और निमित्त कारणों के सद्भाव में ही हो सकती है। यदि द्रव्य में शक्ति रूप से विद्यमान एक पर्याय की उत्पत्ति के लिये आवश्यक उपादान योग्यता के विकसित होने के अवसर प्राप्त नहीं हों अथवा उपादान योग्यता के विकसित हो जाने पर भी पर्याय विशेष की उत्पत्ति के लिये अनिवार्य निमित कारण उपलब्ध नहीं हों तो द्रव्य उस पर्याय को प्राप्त नहीं कर सकता। अतः द्रव्य में शक्ति रूप से विद्यमान पर्यायों की वास्तविक रूप से प्राप्ति एक आकस्मिक घटना है।[70] इसलिये एक समय विशेष में विद्यमान पर्याय विशिष्ट द्रव्य को विशेष्य तथा अन्य सम्भाव्य पर्यायों को विशेषण बनाये जाने पर उस पदार्थ का ज्ञान कारणकार्य नियमों पर आधारित हेत्वाश्रित (यदि......तो) आकार का ज्ञान स्वरूप होता है। एक द्रव्य के समस्त गुणों में विद्यमान धर्मधर्मी भाव कारण निरपेक्ष और अनिवार्य सम्बन्ध रूप है, जबकि एक द्रव्य की समस्त पर्यायों में विद्यमान धर्मधर्मीभाव कारण सापेक्ष और सम्भाव्य रूपता से युक्त होता है।

---

69. न हि स्वधर्म्यपेक्षया यो धर्मः सत्त्वादिः स एव स्वधर्मान्तरापेक्षो धर्मी न स्याद्यतोनन्तधर्मा न भवेत्। न चैवमनवस्थानं, अनाद्यनन्तत्वात् धर्मधर्मिस्वभावभेदव्यवहारस्य वलयवदभव्यसंसारवद्वा ।

अष्टसहस्री; पृष्ठ-152

70. भावानां द्रव्यपर्यायशक्त्यात्मकत्वात्। तत्र द्रव्यशक्तिर्नित्यैव अनादिनिधनस्वभावत्वात् द्रव्यस्य। पर्यायशक्तिस्त्वनित्यैव सादिपर्यवसानत्वात् पर्यायाणाम्। न च शक्तेर्नित्यत्वे सहकारिकारणानपेक्षयैवार्थस्य कार्यकारित्वानुषंगः; द्रव्यशक्तेः केवलायाः कार्यकारित्वानभ्युपगमात्। पर्यायशक्तिसमन्विता हि द्रव्यशक्तिः कार्यकारिणी, विशिष्टपर्यायपरिणतस्यैव द्रव्यस्य कार्यकारित्वप्रतीतेः। तत्परिणतिश्चास्य सहकारिकारणापेक्षया इति पर्यायशक्तेस्तदैव भावान्न सर्वदा कार्योत्पत्तिप्रसंगः सहकारिकारणापेक्षावैयर्थ्ये वा।

प्रमेयकमलमार्तण्ड; पृष्ठ-200

भावस्यैकस्य यावंति कार्याणि कालत्रयेपि साक्षात्पारम्पर्येण वा तावंत्यः शक्तयः संभाव्यंत इत्यभिदध्महे.....।

तत्त्वार्थश्लोकवार्तिक; पृष्ठ-158

शक्तिपर्यायाणामपरशक्तिपर्यायोपनिबन्धनत्वं यदि नास्ति व्यक्तिपर्यायाणामपि न भवेत्। अस्ति चेत्; अनवस्थानमिति चेत्; सत्यम्; अनवस्थिता एव तत्पर्याया अनन्तशक्तित्वात् भावस्य।

न्यायविनिश्चयविवरण; भाग-1, पृष्ठ-433

उपर्युक्त विवेचन से स्पष्ट है कि प्रत्येक वस्तु अनेकान्तात्मक-एकानेकात्मक, भेदाभेदात्मक, सामान्यविशेषात्मक, नित्यानित्यात्मक सत्ता है। जगत में विद्यमान प्रत्येक जड़ चेतन पदार्थ अनेक सहवर्ती गुणों और अनन्त सम्भावनाओं से परिपूर्ण परिणमनशील द्रव्य है तथा उसकी विभिन्न सम्भावनाओं की अभिव्यक्ति निश्चित कारणात्मक नियमों के अनुसार घटित होने वाली परिवर्तन की प्रक्रिया द्वारा होती है। सत्ता के इस शक्तिव्यक्तिमय द्रव्यगुणपर्यायात्मक स्वरूप के ज्ञान पूर्वक ही समस्त लोक व्यवहार तथा आध्यात्मिक लक्ष्यों की प्राप्ति हेतु पुरुषार्थ सम्भव है। आज विज्ञान द्वारा पुद्गल द्रव्य में अन्तर्निहित असीम सम्भावनाओं को पहचानने तथा उन सम्भावनाओं की अभिव्यक्ति की प्रक्रिया को समझ कर प्रकृति पर नियन्त्रण स्थापित करने का प्रयास किया जा रहा है। प्राचीन काल में भारतीय मनीषियों ने आत्मा के अनन्त शक्ति सम्पन्न परिणमनशील स्वरूप को समझने हेतु गहन अनुसंधान कार्य किया है। उन्होंने न केवल विभिन्न जीवों के ज्ञानादि गुणों की अभिव्यक्ति में घटित हो रही उत्थान पतन की प्रक्रिया की व्याख्या हेतु कर्मसिद्धान्त का विस्तृत विवेचन किया है; बल्कि उन्होंने इस सत्य का भी प्रतिपादन किया है कि जिस आत्मा में शक्ति रूप से अनन्तदर्शनज्ञानसुखवीर्यरूपता विद्यमान है वह वर्तमान समय में अपने आप को शक्तिहीन, अज्ञानी और दुखी क्यों महसूस कर रहा है। साथ ही वह अपने इस वर्तमानकालीन व्यक्त स्वरूप का परित्याग कर अपने में शक्ति रूप से विद्यमान परमात्म स्वरूप को किस प्रकार प्राप्त कर सकता है। ज्ञानार्जन की यह प्रक्रिया तथा इसके फलस्वरूप लौकिक और आध्यात्मिक सभी प्रकार के लक्ष्यों की सिद्धि हेतु किया जाने वाला पुरुषार्थ, दोनों ही कार्य ज्ञेय पदार्थ के द्रव्यगुणपर्यायात्मक स्वरूप को सिद्ध करते हैं।

## सामान्यविशेषात्मक वस्तु ज्ञान का विषय

ज्ञान निश्चयात्मक होता है। किसी वस्तु को जानने का अर्थ है उसे विजातीय वस्तुओं से पृथक करते हुए उसके विशिष्ट स्वरूप को पहचानना। वस्तु के प्रति यह निश्चयात्मक बोध उसके सामान्यविशेषात्मक स्वरूप के ज्ञानपूर्वक ही सम्भव है।[71] सामान्य और विशेष पदों के अर्थ को स्पष्ट करते हुए जैन दार्शनिक कहते

71. जैन दर्शन में सामान्य और विशेष के दो भेद किये गये हैं। अनेक क्रमवर्ती पर्यायों में व्याप्त अन्वयी और सामान्य स्वरूप को उर्ध्वता सामान्य तथा इस सामान्य स्वरूप की कालक्रम से होने वाली विलक्षण और उत्पत्ति विनाशवान अवस्थाओं को पर्याय कहा जाता है। ज्ञेय पदार्थ के इस पक्ष पर कुछ विचार उसके द्रव्यपर्यायात्मक स्वरूप का अध्ययन करते समय किया जा चुका है। अनेक विशेष वस्तुओं में विद्यमान सदृश परिणाम को तिर्यक् सामान्य और विलक्षण परिणाम को विशेष कहा जाता है। प्रस्तुत सन्दर्भ में सामान्य और विशेष पदों का प्रयोग तिर्यक् सामान्य और विशेष के अर्थ में किया जा रहा है।

हैं "अनेक विशेष पदार्थों का समान रूप से स्वरूपलाभ करना या सदृश परिणाम ही उन वस्तुओं का सामान्य स्वरूप है तथा उनमें विद्यमान यह समान स्वरूप ही उन्हें अन्य प्रकार की वस्तुओं से विलक्षणता प्रदान करता है, इसलिये यह उनका विशेष स्वरूप भी है।"[72] एक वर्ग की समस्त वस्तुओं में अनिवार्यतया और समान रूप से विद्यमान ऐसी विशेषताएं, जिनके कारण उन वस्तुओं का समान ज्ञान होता है और उन्हें एक नाम दिया जाता है; उन वस्तुओं का सामान्य स्वरूप कहलाती हैं। इसे जैन दार्शनिको द्वारा तिर्यक् सामान्य भी कहा जाता है।[73] जैसे खण्डी, मुण्डी आदि विशेष व्यक्तियों में 'खुर, ककुद, सास्नादिमान अवयव संघठन उन सभी पशुओं का समान स्वरूप होने के कारण गौत्व सामान्य है। इस सामान्य स्वरूप के ज्ञान पूर्वक ही इनके प्रति "यह गाय है", "यह गाय है" रूप अनुगत प्रतीति (समान ज्ञान) उत्पन्न होती है तथा इन सबके प्रति एक नाम 'गाय' का प्रयोग किया जाता है। साथ ही ये विशेषताएं गौ व्यक्तियों की अश्व, बैल, मिट्टी आदि सजातीय विजातीय पदार्थों से विलक्षणता भी स्थापित करती हैं। इसलिये ये इनका विशेष स्वरूप भी है।[74] इस प्रकार सामान्य और विशेष में शाब्दिक और लाक्षणिक भेद होते हुए भी तात्त्विक रूप से अभेद है।

प्रत्येक वस्तु भावाभावात्मक सत्ता है। उसमें कुछ विशेष गुण, अवयव संघठन, शक्तियाँ, उपयोगिताएँ आदि होती हैं तथा उसके अतिरिक्त गुणादि का उसमें अभाव होता है। उसके गुण, गुणी आदि समस्त पक्षों को व्यक्ति उनके सामान्य स्वरूप को पहचानते हुए ही जान सकता है। किसी गुण के प्रति "यह श्वेत है" यह ज्ञान उसके श्वेतत्व सामान्यमय स्वरूप को पहचानने पर ही सम्भव है। उसकी श्वेतरूपता को पहचानने का अर्थ है उसके ऐसे विशिष्ट स्वरूप को पहचानना जो जिस जिस में विद्यमान होता है उसे श्वेत ही कहा जाता है तथा जिसका

---

72. समानभावः सामान्यं विशेषोऽन्यो व्यपेक्षया। न्यायविनिश्चय 1/121

सामान्यस्यैवानुवृत्तव्यावृत्तप्रत्ययहेतुत्वेन सामान्यविशेषोभयाकारस्येष्टत्वाच्च। अष्टसहस्री;पृष्ठ-217

73. सामान्यं द्वेधा तिर्यगूर्द्धता भेदात्। सदृशपरिणामस्तिर्यक्, खण्डमुण्ढादिषु गौत्ववत्।

परीक्षामुखसूत्र; अध्याय-4, सूत्र-3,4,5

प्रतिव्यक्ति तुल्या परिणतिस्तिर्यक्सामान्यं शवलशावलेयादिपिण्डेषु गोत्वं यथेति।

प्रमाणनयतत्त्वालोक; अध्याय-5, सूत्र-4

74. अन्वयः अनुगमः खण्डादिषु गौरिति, तन्तुषु अयं पट इति, रूचकादौ तदेवेदं सुवर्णमिति रूपः, सोऽन्यस्य कर्कादेः वीरणादेः मृदादेश्च व्यवच्छेद एव नापरः।

न्यायविनिश्चयविवरण; भाग-1, पृष्ठ-478

हरित, पीत आदि श्वेतातिरिक्त रंगों में अभाव होता है। इसी प्रकार विभिन्न वस्तुओं के प्रति घट, पट, वृक्ष आदि किसी भी विशिष्ट स्वरूप में निश्चय उन वस्तुओं में विद्यमान घटत्व, पटत्व, वृक्षत्व आदि सामान्यों के ज्ञान पूर्वक ही सम्भव होता है। इन सामान्यों के ज्ञान पूर्वक व्यक्ति पदार्थ का घटादि व्यक्तियों से सादृश्य और घटातिरिक्त वस्तुओं से विलक्षणता को जानते हुए ही उसे घट, पट आदि विशिष्ट स्वरूप में जानता है।

एक वस्तु जातिव्यक्त्यात्मक, सदृशविसदृशात्मक तत्त्व है। उसमें विद्यमान जाति को एकाकार प्रतीति और एक नाम का आधार होने के कारण उपचार से ही एक कहा जाता है। तात्त्विक रूप से वह प्रत्येक विशेष वस्तु का स्वरूप है, उसी के साथ उत्पन्न होती है, उसी के साथ समाप्त हो जाती है। यह जाति पूर्णतया एक स्वभावी न होकर एक-अनेक स्वभावी है।[75] वह अपने व्यापक सामान्य का एक विशेष प्रकार है। साथ ही वह स्वयं अनेक भेद प्रभेद स्वरूप है। दूसरे शब्दों में एक वर्ग की समस्त वस्तुओं के सामान्य स्वरूप की नियामक विशेषताएं उन वस्तुओं में सामान्य रूप से ही समान हैं लेकिन विशेष रूप से वे प्रत्येक विशेष वस्तु में भिन्न भिन्न विशिष्ट स्वरूप में अवस्थित हैं। समानता में अवस्थित इस वैशिष्ट्य के कारण एक सामान्य अनेक भेद प्रभेद स्वरूप है।[76] जैसे तना, शाखाओं, पत्तों आदि से युक्त अवयव संघठन वृक्ष मात्र का अनिवार्य और समान स्वरूप होने के कारण वृक्षत्व सामान्य है। ये तना आदि विशेषताएं वृक्ष मात्र में सामान्य रूप से ही समान हैं लेकिन विशेष रूप से ये प्रत्येक वृक्ष व्यक्ति में भिन्न भिन्न विशिष्ट स्वरूप में अवस्थित हैं। किसी वृक्ष का तना मोटा होता है तो किसी का पतला; किसी का तना चिकना होता है तो किसी का खुरदरा। विभिन्न वृक्षों की पत्तियों की आकृत्ति भिन्न भिन्न होती है। वृक्षत्व सामान्य की नियामक विशेषताओं में विद्यमान इस वैशिष्ट्य के कारण यह सामान्य वस्तु में आमवृक्षत्व, नीमवृक्षत्व आदि किसी विशेष उपजाति स्वरूप होकर विद्यमान होता है। प्रत्येक वृक्ष व्यक्ति के सदृशविसदृशात्मक तत्त्व होने के कारण जब हम उसके तना आदि धर्मों को सामान्य रूप से ही जानते हैं तो हमें धर्मी भी वृक्ष रूप

---

75. अनुगतप्रत्ययस्य च सदृशपरिणामनिबन्धनत्वप्रसिद्धेः। स च अनित्योऽसर्वगतोऽनेकव्यक्त्यात्मकतया-ऽनेकरूपश्चरूपादिवत्प्रत्यक्षतः एव प्रसिद्धः। प्रमेय कमल मार्तण्ड; पृष्ठ-474

76. सामान्यस्य प्रतिव्यक्तिसमवायं कथंचित्तादात्म्यं, प्रतिपद्यमानस्य नानात्वसिद्धिर्नानाव्यक्तितादात्म्येन स्थितत्वात् व्यक्तिस्वरूपवदिति नैकस्वभावं सामान्यं सत्वं द्रव्यत्वादि वा परमपरं वा सिद्धं यत इदमुच्यते नानाव्यक्तिव्यापकैकस्वभावसामान्य...... युक्त्यानुशासन टीका; पृष्ठ-27

सामान्य स्वरूप में ज्ञात होता है, लेकिन जब तना आदि धर्म खुरदरा तना आदि विशिष्ट स्वरूप में ज्ञात होते हैं तो हमें वस्तु की वृक्षरूपता भी आमवृक्षत्व आदि विशिष्ट स्वरूप में ज्ञात होती है। यदि हम तना आदि वृक्ष मात्र की सामान्य विशेषताओं को और अधिक विशिष्ट स्वरूप से जानते हैं तो हमें वृक्ष व्यक्ति लंगड़े आम का वृक्ष आदि अधिक विशिष्ट स्वरूप में ज्ञात होता है। हम एक वस्तु में विद्यमान वृक्षरूपता को कितने अधिक विशिष्ट स्वरूप में पहचान सकते हैं यह हमारे ज्ञानावरणीय और वीर्यान्तराय कर्म के क्षयोपशम के सद्भाव में किये जाने वाले ज्ञानार्जन हेतु पुरुषार्थ पर निर्भर करता है।

एक वृक्ष व्यक्ति में विद्यमान वृक्षत्व सामान्य एक विशेष प्रकार का वृक्षत्व सामान्य ही नहीं है बल्कि वह स्वयं अपने व्यापक सामान्यों-वनस्पति रूपता, संसारी जीवरूपता, द्रव्यरूपता का एक विशेष प्रकार होने के कारण उनसे समन्वित स्वरूप में भी अवस्थित है। एक वृक्ष की वृक्षरूपता उसमें एकेन्द्रिय जीवरूपता विद्यमान होने पर ही सम्भव होती है। एक वृक्ष व्यक्ति में जीवत्व का सद्भाव होने के कारण उसमें वृद्धि होती है, उसके विभिन्न अंग भोजन बनाने, जल ग्रहण करने आदि कार्यों का सम्पादन करते हैं। साथ ही अपनी जीवरूपता के कारण एक वृक्ष व्यक्ति में सुखी-दुखी होने और महसूस करने की क्षमता भी विद्यमान होती है। जो व्यक्ति वृक्षमात्र में विद्यमान इस जीवरूपता को पहचानता है वह वृक्षों के प्रति सम्वेदनशील होकर कार्य करता है; जो व्यक्ति वृक्षों में अनिवार्यतया विद्यमान द्रवणशीलता की प्रकृतिमय द्रव्यरूपता को पहचानता है वह उनके परिवर्तनशील स्थायी स्वरूप को स्वीकार करते हुए उनमें घटित होने वाली परिवर्तन की प्रक्रिया के विशिष्ट स्वरूप को जानने के लिये प्रवृत्त होता है। प्राचीन भारतीय मनीषियों ने वनस्पति जगत की इस जीव द्रव्यरूपता को पहचानते हुए ही यह विधान किया था कि वृक्षों आदि से पत्तियाँ, फल आदि तोड़ने पर उनको कष्ट होता है। इसके फलस्वरूप उनके औषधीय गुण विकृत हो जाते हैं। अतः पत्तियों आदि के औषधीय गुणों को सुरक्षित रखने के लिये वृक्षों से इजाजत लेकर ही इन्हें तोड़ना चाहिये। इस प्रकार एक वस्तु सामान्यविशेषात्मक सत्ता है तथा अनुभव में हो रही निरन्तर वृद्धि के साथ ही साथ उसके सामान्यात्मक और विशेषात्मक पक्ष परस्पर विशेषणविशेष्यभाव से युक्त होकर ज्ञात होते हुए हमारे ज्ञान को निरन्तर अधिक समृद्ध और परिष्कृत करते हैं। ज्ञान का यह स्वरूप वस्तु को सामान्यविशेष उभयरूप जात्यन्तर स्वरूप सिद्ध करता है।[77]

---

77. सर्वं सामान्यविशेषात्मकं सिद्धम्। ..........तयोरन्योन्यात्मकत्वसिद्धेर्द्रव्यार्थार्पणया परस्परतो भेदाच्च पर्यायार्पणया सापेक्षत्वमात्रस्य तयोरिष्टे। अष्टसहस्री; पृष्ठ-221

## न्याय और मीमांसा मत – सामान्य की विशेष पदार्थ से स्वतन्त्र सत्ता तथा सामान्य का एक स्वभावी स्वरूप

नैयायिक उपर्युक्त मत को अस्वीकार करते हुए कहते हैं कि सामान्य अनेक विशेष स्वभावी तत्त्व न होकर पूर्णतया एक स्वभावी और निरंश तत्त्व है। यह एक होता है, नित्य होता है तथा अनेक विशेष पदार्थों में समवेत होकर रहता है।[78] जिस प्रकार अग्नि लौह पिण्ड से संयुक्त होकर उसे अग्निमय बना देती है अथवा जिस प्रकार एक नीला द्रव्य वस्त्र, कम्बल, कागज आदि परस्पर विलक्षण अनेक पदार्थों से संयुक्त होकर उन सभी को समान रूप से नीलरूपता प्रदान करता है; उसी प्रकार एक सामान्य अपने से भिन्न अनेक व्यक्तियों में समवेत होकर उन्हें अपना स्वरूप प्रदान करता है।[79] जैसे एक सत्ता जाति द्रव्य, गुण और कर्म रूप परस्पर विलक्षण अनेक व्यक्तियों में समवेत होकर उन्हें एक समान रूप से सत् स्वरूपता प्रदान करती है। उन सभी विशेष व्यक्तियों में एक सत्ता जाति के समवेत होने के कारण उनके प्रति ''यह सत् है'', ''यह सत् है'', ''यह सत् है'' रूप एकाकार ज्ञान की उत्पत्ति होती है और उन सभी को एक नाम 'सत्' दिया जाता है।[80]

एक विशेष व्यक्ति में अनेक सामान्य समवेत होकर उसे अलग अलग विशेषताएँ प्रदान करते हैं। ये अनेक सामान्य एक दूसरे का स्वरूप न होकर परस्पर निरपेक्ष और स्वतन्त्र रूप से ही अपने इस कार्य का सम्पादन करते हैं तथा एक सामान्य में दूसरा सामान्य नहीं रहता। जैसे एक घट व्यक्ति में समवेत होकर सत्ता जाति उसे सत् स्वरूपता, द्रव्यत्व जाति उसे द्रव्यरूपता, पृथ्वीत्व जाति उसे पृथ्वीरूपता और घटत्व जाति उसे घट स्वरूपता प्रदान करती है। ये सभी जातियाँ अपने अपने कार्यों का सम्पादन परस्पर निरपेक्ष रूप से ही करती हैं तथा एक सामान्य में दूसरा सामान्य नहीं रहता।[81] सामान्य का कार्य है कि वह जिसमें समवेत होकर रहता है उसे अपना स्वरूप प्रदान करता है। यह कार्य सामान्य एक विशेष व्यक्ति के प्रति ही कर सकता है, अन्य सामान्य के प्रति नहीं कर सकता। जेसे द्रव्यत्व जाति पृथ्वी, जल, अग्नि, वायु रूप विशेष व्यक्तियों में समवेत होकर उन्हें द्रव्यरूपता

---

78. तस्मात् एकत्वे नित्यत्वे च सति समवायेन अनेकत्र वर्तमानत्वात् सामान्यं.......
प्रशस्तपादभाष्य, व्योमवती टीका; पृष्ठ–679
79. वही; पृष्ठ –677
80. न्यायकन्दली; पृष्ठ–289
81. Problem of Universal in Indian Philosophy, Page-35

प्रदान करती है, लेकिन वह पृथ्वीत्व जाति में समवेत होकर उसे द्रव्यरूपता प्रदान नहीं कर सकती। इसलिये एक आश्रय में समवाय सम्बन्ध से अवस्थित सत्व, द्रव्यत्व आदि अनेक जातियाँ परस्पर निरपेक्ष रूप से ही उस आश्रय में विद्यमान हैं तथा ये परस्पर एक दूसरे का स्वरूप नहीं हो सकतीं। यदि इन्हें परस्पर एक दूसरे का स्वरूप माना जाय तो एक जाति के ज्ञात होते ही पदार्थ में विद्यमान समस्त जातियाँ ज्ञात हो जानी चाहिये, लेकिन ऐसा नहीं होता। जैसे पृथ्वी व्यक्ति में विद्यमान पृथ्वी जाति के ज्ञात होने पर भी उसकी सत् स्वरूपता, द्रव्यरूपता आदि जातियाँ अज्ञात हो सकती है; तथा उसके द्रव्यत्व सामान्य के ज्ञान होने पर भी उसके सत्व, पृथ्वीत्व आदि सामान्य अज्ञात रह सकते हैं। यह स्थिति एक विशेष वस्तु में विद्यमान सत्व, द्रव्यत्व, पृथ्वीत्व आदि अनेक सामान्यों के पारस्परिक अभेद को सिद्ध न करके उनके परस्पर निरपेक्ष स्वरूप को ही सिद्ध करती है।

सामान्य एक सर्वव्यापक पदार्थ है। लेकिन इसकी अभिव्यक्ति विश्व के प्रत्येक पदार्थ में नहीं होती बल्कि एक विशेष अवयव संघठन ही एक विशेष सामान्य का अभिव्यंजक होता है। जैसे सास्नादि संस्थान विशेष गौत्व सामान्य का, केसरादि संस्थान विशेष अश्वत्व सामान्य का तथा विशिष्ट ग्रीवादि संस्थान घटत्व सामान्य का अभिव्यंजक होता है। जिस पिण्ड में जिस सामान्य का अभिव्यंजक विद्यमान है वह सामान्य उसी पिण्ड में समवेत होता है, अन्य पिण्ड में नहीं। अथवा एक कारण सामग्री के नियम से भी सामान्य के समवाय का नियम सिद्ध होता है। जैसे तन्तु आदि कारण सामग्री से उत्पद्यमान पदार्थ में ही पटत्व सामान्य समवेत होकर रहता है; अथवा यह मृत्पिण्डादि की ही महिमा है कि उस द्रव्य में घटत्व सामान्य समवेत होकर रहता है, अन्य पदार्थ में नहीं।[82] किस पदार्थ में किस सामान्य का सद्भाव है यह उस सामान्य के उपलक्षणभूत अवयवगुणादि अभिव्यंजकों के प्रत्यक्ष पूर्वक ही पहचाना जा सकता है; लेकिन इस आधार पर सामान्य की विशेष व्यक्तियों से स्वतन्त्र सत्ता का निषेध नहीं किया जा सकत। यदि सामान्य को विशेष पदार्थों से स्वतन्त्र पदार्थ स्वीकार न करके उनका स्वरूप स्वीकार किया जायेगा तो विशेष पदार्थों के असंख्य, परस्पर विलक्षण और उत्पत्तिविनाशवान पदार्थ होने के कारण सामान्य भी असंख्य, परस्पर विलक्षण और उत्पत्तिविनाशवान पदार्थ हो जायेंगे तथा उनकी सामान्यरूपता शेष नहीं रहेगी। ऐसी स्थिति में एकाकार प्रतीति और एक नाम की व्याख्या असम्भव होगी। जैसे शावलेय, बाहुलेय आदि अनेक गौ व्यक्तियों

---

82. न्याय कन्दली; पृष्ठ 754-55

की ही सत्ता स्वीकार की जाय तथा उनमें गौत्व जाति की समवाय सम्बन्ध से वृत्ति स्वीकार नहीं की जाय तो जब शावलेय को देखकर उसके प्रति 'गाय' शब्द का प्रयोग किया जाता है तो फिर बाहुलेय के शावलेय से विलक्षण होने के कारण उसके प्रति इस शब्द का प्रयोग किस प्रकार किया जा सकता है? उन दोनों के प्रति 'गाय' इस एक नाम का प्रयोग तभी सम्भव है जबकि जिस गौत्व सामान्य का हमने शावलेय में प्रत्यक्ष किया है उसी गौत्व सामान्य का हम बाहुलेय में भी प्रत्यक्ष करें। इस प्रकार अनेक विशेष पदार्थों के प्रति अनुगत प्रतीति की उत्पत्ति और अनुगत शब्द का प्रयोग उनमें उनसे पृथक सामान्य नामक एक पदार्थ के समवाय सम्बन्ध पूर्वक ही सम्भव है।[83] वस्तुत: ज्ञानोत्पत्ति की प्रक्रिया की व्याख्या, भाषा का प्रयोग, कारण कार्य सम्बन्ध और व्याप्तिसम्बन्ध की स्थापना आदि कार्य नित्य, सर्वव्यापक, एक स्वभावी और अनेक विशेष पदार्थों में समवेत एक सामान्य की सत्ता स्वीकार करने पर ही सम्भव हैं।

## जैन मत–सामान्य और विशेष परार्थ में तादात्म्य सम्बन्ध तथा सामान्य का एकानेकात्मक स्वरूप

जैन दार्शनिक उपर्युक्त मत को अस्वीकार करते हुए कहते हैं कि सामान्य विशेष वस्तुओं से स्वतन्त्र सत्ता न होकर उनका स्वरूप है। हम सदैव विशेष वस्तुओं के प्रत्यक्ष पूर्वक ही उनके सामान्य स्वरूप को जानते हैं तथा उन वस्तुओं से स्वतन्त्र सामान्य का ज्ञान हमें किसी भी प्रमाण से नहीं होता। जैसे जो व्यक्ति गाय को नहीं जानता, उसे शावलेयादि विशेष गाय की ओर संकेत करके ही गाय के सामान्य स्वरूप का परिचय कराया जाता है। वह विशेष गायों के प्रत्यक्ष पूर्वक उनमें समान रूप से विद्यमान खुर, ककूद, सास्नादिमान व्यक्तिरूपता रूप गौत्व सामान्य को पहचानना सीखता है। इस गौत्व सामान्य के निश्चय के उपरान्त ही उसे विभिन्न गायों के प्रति "यह गाय है" रूप समान ज्ञान होता है तथा वह उनके प्रति एक नाम 'गाय' का प्रयोग करता है। इस प्रकार अनेक विशेष वस्तुओं में विद्यमान समान विशेषताएं ही उन वस्तुओं का सामान्य स्वरूप हैं तथा ये उन वस्तुओं के समान ज्ञान और एक नाम का आधार हैं विशेष वस्तुओं से स्वतन्त्र सामान्य न तो ज्ञात होता है और न ही उसकी कोई उपयोगिता है। खुर, ककूद आदि विशेषताएं गाय मात्र में सामान्य रूप से ही समान हैं लेकिन विशेष रूप से ये परस्पर विलक्षणता से युक्त भी हैं। यदि व्यक्ति इन विशेषताओं को सामान्य रूप से जानता है तो वह पशु को "यह गाय है" रूप से ही जानता

83. श्लोकवार्तिक; आकृतिवाद; श्लोक 67–73

है, लेकिन यदि वह पशु की इन सामान्य विशेषताओं को उनके वैशिष्ट्य सहित जानता है तो वह उसे "शावलेय गाय", "बाहुलेय गाय" आदि विशेष प्रकार की गाय के रूप में पहचानता है। यदि प्रत्येक विशेष पदार्थ के विशिष्ट स्वरूप के कारण सामान्य को उसका स्वरूप न मानकर उनसे स्वतन्त्र सत्ता स्वीकार किया जाय तो प्रश्न उठता है कि जब सभी गायें परस्पर उतनी ही विलक्षण हैं जितने विलक्षण गाय और घोड़ा हैं तो फिर जब व्यक्ति विशेष गाय का प्रत्यक्ष करके उसके प्रति 'गाय' शब्द का प्रयोग करना सीखता है तो वह इस शब्द का प्रयोग किसी अन्य गाय के प्रति ही क्यों करता है, घोड़े आदि अन्य पशुओं को वह गाय रूप से क्यों नहीं जानता? यदि कहा जाय कि गौत्व जाति विशेष गायों मे ही समवेत होती है, घोड़े में नहीं तो इस मत को सिद्ध करने वाला कोई प्रमाण नहीं है; क्योंकि विशेष वस्तुओं से स्वतन्त्र सामान्य की उपलब्धि कभी नहीं होती।[84]

किसी भी वस्तु का ज्ञान उसके गुण, अवयवादि स्वरूपगत विशेषताओं के ज्ञान पूर्वक ही सम्भव होता है। जो व्यक्ति अग्निरूपता को नहीं जानता उसे अग्नि के गुण–भासुररूप, उष्ण स्पर्श आदि के परिचय पूर्वक ही अग्निरूपता को पहचानना सिखाया जाता है। इन गुणों से स्वतन्त्र अग्नित्व सामान्य की न तो सत्ता है और न ही वह अग्नि व्यक्ति का ज्ञान कराने में समर्थ है। स्वयं नैयायिक भी इस तथ्य को महसूस करते हैं। वे द्रव्य, गुणादि को, जिसमें द्रव्यत्व रहता है उसे द्रव्य कहा जाता है, आदि रूप से परिभाषित करते हैं। लेकिन इस परिभाषा के आधार पर द्रव्य को पहचानना सम्भव नहीं है क्योंकि यहाँ विशेषण 'द्रव्यत्व' स्वयं अज्ञात है। इसलिये वे द्रव्य को उसकी स्वरूपगत विशेषताओं के आधार पर परिभाषित करते हुए कहते हैं, "जो गुण और कर्म का आश्रय होता है तथा कार्य का समवायी कारण होता है, उसे द्रव्य कहा जाता है।" द्रव्य का यह लक्षण सभी द्रव्य व्यक्तियों में अनिवार्यतया और समान रूप से विद्यमान स्वरूपगत विशेषताओं का ही प्रतिपादन करता है तथा इस लक्षण के ज्ञान पूर्वक ही व्यक्ति एक पदार्थ को द्रव्य रूप में पहचानता है। यह दृष्टान्त यह सिद्ध करता है कि विभिन्न वस्तुओं में विद्यमान समान स्वरूप ही उन वस्तुओं का सामान्य है। उनकी इस समानरूपता के कारण ही उनका समान ज्ञान होता है और उन्हें एक नाम दिया जाता है। इसलिये वस्तुओं को घट, वृक्ष, आदि किसी विशिष्ट स्वरूप में पहचानने के लिये उन वस्तुओं से स्वतन्त्र घटत्व सामान्य, वृक्षत्व सामान्य आदि

84. न्यायविनिश्चयविवरण, भाग–1, पृष्ठ–455–457

को स्वीकार करने की कोई आवश्यकता नहीं है।

यदि सामान्य को विशेष वस्तुओं का स्वरूप न मानकर उनसे स्वतन्त्र सत्ता ही स्वीकार किया जाय; यही माना जाय कि एक शाश्वत और स्वतन्त्र रूप से विद्यमान सामान्य अनेक विशेष वस्तुओं में पूर्णतया समान रूप से समवेत होकर उन्हें अपना स्वरूप प्रदान करता है; जैसे - एक सत्ता जाति अपने से भिन्न द्रव्य, गुण और कर्म में समवेत होकर उन्हें पूर्णतया समान रूप से सत् स्वरूपता प्रदान करती है तो प्रश्न उठता है कि द्रव्य सत्ता जाति के समवाय से पूर्व सत् है या असत्? यदि कहा जाय कि स्वरूपतः सत् द्रव्य में समवेत होकर सता जाति उसे सत् स्वरूपता प्रदान करती है तो जो स्वरूपतः विद्यमान है उसमें सत्ता जाति द्वारा समवेत होकर सत् स्वरूपता प्रदान किया जाना निरर्थक है। यदि द्रव्य आकाश कुसुम के समान स्वरूपतः असत् है तो जिस प्रकार स्वरूपतः अविद्यमान आकाश कुसुम में न तो सत्ता जाति समवेत हो सकती है और न ही उसे सत् स्वरूपता प्रदान कर सकती है, उसी प्रकार स्वरूपतः अविद्यमान द्रव्य में समवेत होकर सत्ता जाति उसे अस्तित्ववान नहीं बना सकती। अतः द्रव्य स्वरूपतः ही अस्तित्ववान है और यह अस्तित्वरूपता जगत के प्रत्येक द्रव्य का सामान्य रूप से शाश्वत स्वरूप है।[85] यह सत्ता सामान्य जगत के प्रत्येक पदार्थ का पूर्णतया एक स्वभावी और सामान्य स्वरूप न होकर उनका एक-अनेक स्वभावी और सामान्यविशेषात्मक स्वरूप है। यह सामान्य रूप से एक स्वभावी होते हुए भी विशेष रूप से अनेक भेदप्रभेद स्वरूप है। उसके सभी भेदप्रभेद उसके सामान्य स्वरूप से समन्वित होकर उसकी विशिष्ट अभिव्यक्तियाँ हैं। यह सत्ता जाति अपने आश्रयों को एक रूप में सत् स्वरूपता प्रदान न करके उनके विशिष्ट स्वभावानुसार भिन्न भिन्न रूप में सत् स्वरूपता प्रदान करती है। द्रव्य, गुण और कर्म में विद्यमान सत्ता जाति द्वारा उनके प्रति मात्र, 'यह सत् है' 'यह सत् है' रूप अनुगताकार ज्ञान ही नहीं होता बल्कि उसके द्वारा अपने आश्रय का, यह पृथ्वी रूप से ही सत् है, जल, अग्नि आदि द्रव्य रूप से नहीं; रूप विशिष्ट सत् स्वरूपता का ज्ञान भी होता है।[86] यदि सत्ता जाति अपने आश्रयों को उनके विशिष्ट स्वरूप के अनुसार भिन्न भिन्न स्वरूप में सत् स्वरूपता प्रदान करने रूप अनेक स्वभावता से रहित हो तथा सभी पदार्थों को पूर्णतया समान रूप से सत् स्वरूपता प्रदान कर रही हो तो कभी किसी पदार्थ के प्रति ''यह घट रूप से

85. प्रवचनसार तात्पर्यवृत्ति; गाथा - 105
86. सिद्धिविनिश्चय टीका; भाग-1; पृष्ठ-172

सत् है, अथवा नहीं'' रूप सन्देह की उत्पत्ति नहीं होनी चाहिये।[87] वस्तुतः समस्त पदार्थों में विद्यमान सत्ता सामान्य सप्रतिपक्षी धर्मों से युक्त है। वह एक रूप भी है और विश्व के जितने पदार्थ हैं उतने स्वरूपमय भी है। वह उत्पादव्ययध्रौत्यात्मक भी है और अनन्तपर्यायात्मक भी है।''[88]

इस प्रकार सामान्य पूर्णतया एक स्वभावी न होकर अनेक विशेष वस्तुओं में व्याप्त, अनेक स्वभावों से युक्त एक स्वभावी है। यह सामान्य जिन जिन विशेष वस्तुओं में समवेत होता है उनसे उसका तादात्म्य सम्बन्ध होता है और उन वस्तुओं के भिन्न भिन्न विशिष्ट स्वरूप के अनुसार वह सामान्य उनमें भिन्न भिन्न विशिष्ट स्वरूप में अभिव्यक्त होता है। इसका कारण यह है कि एक विशेष वस्तु में विद्यमान सत्व, द्रव्यत्व आदि समस्त सामान्य उस वस्तु में परस्पर विशेषणविशेष्य रूप से अवस्थित होकर विद्यमान हैं; उन सभी को सिद्धि परस्पर सापेक्ष रूप से होती है। इसका विस्तृत विवेचन हम ज्ञेय पदार्थ के गुण-गुण्यात्मक स्वरूप का अध्ययन करते समय कर चुके हैं।

उपर्युक्त विवेचन से स्पष्ट है कि प्रत्येक वस्तु न तो शुद्ध सामान्य सत्ता है, न ही वह पूर्णरूपेण विशेष पदार्थ है। इसके विपरीत वह सामान्यविशेषात्मक तत्त्व है। एक वस्तु के सामान्यात्मक और विशेषात्मक पक्ष उसके ऐसे पक्ष हैं जो नाम, लक्षण, प्रयोजनादि की अपेक्षा परस्पर भिन्न भिन्न होते हुए भी तात्त्विक रूप से अभिन्न हैं। ये एक दूसरे की आत्मा हैं, स्वभाव हैं, विशेषता हैं। उनके इस अन्योन्यात्मक स्वरूप के कारण वस्तु के विशेषात्मक पक्ष का ज्ञान उसके सामान्यात्मक पक्ष के ज्ञान को तथा सामान्यात्मक पक्ष का ज्ञान उसके विशेषात्मक पक्ष के ज्ञान को समृद्ध और परिष्कृत करता है। व्यक्ति किसी पदार्थ के सामान्यविशेषात्मक स्वरूप को कितना अधिक जान सकता है यह उसके ज्ञानावरणीय और वीर्यान्तराम कर्म के क्षयोपशम के सद्भाव तथा ज्ञानार्जन हेतु पुरुषार्थ के स्तर पर निर्भर करता है।

## बौद्ध मत-ज्ञेय पदार्थ का विशेषात्मक स्वरूप

बौद्धों के अनुसार प्रत्येक वस्तु पूर्णरूपेण विलक्षण स्वरूप में अवस्थित होती है तथा विभिन्न वस्तुओं में किसी भी प्रकार की समानता का पूर्णतया अभाव

---

87. तत्त्वार्थश्लोकवार्तिके;पृष्ठ–20

88. सत्ता सव्वपयत्था सविस्सरूवा अणंतपज्जाया।
भंगुप्पादधुवत्ता सपडिवक्खवा हवदि एक्का। पंचास्तिकाय संग्रह; गाथा –8

होता है। धर्मकीर्ति कहते हैं कि विभिन्न वस्तुओं को एक ही वर्ग में रखने का आधार ऐसा कोई भी भावात्मक धर्म नहीं है जो उन सबमें समान रूप से प्राप्त हो, अपितु वे सब इस बात में समान हैं कि विजातीय वस्तुओं से भिन्न हैं। उदाहरण के लिये विभिन्न गायों में कोई भी धर्म एकदम समान रूप से नहीं पाया जाता। उनके वर्ण, आकार आदि परस्पर विलक्षण होते हैं। लेकिन फिर भी उन सबको गाय कहा जाता है क्योंकि वे, जो गाय नहीं हैं, उनसे पूर्णतया विलक्षण हैं।[89] नीले रंग के सभी उदाहरण पूर्णतया सदृश न होकर परस्पर विलक्षणता को लिये हुए होते हैं, लेकिन फिर भी वे एक वर्ग में आते हैं क्योंकि वे जो नीले नहीं हैं, उनसे भिन्न हैं।

लेकिन हम जब तक यह नहीं जानते हों कि गाय होने का अर्थ क्या होता है तब तक हम यह भी नहीं कह सकते कि यह अगाय से भिन्न है। किसी पशु को 'अगाय' भी तभी कहा जा सकता है जबकि वह अअगाय अर्थात् गाय से भिन्न स्वरूप में ज्ञात हो। इस प्रकार अगाय रूपता को भी गायरूपता का बोध होने पर ही जाना जा सकता है। जब तक स्वरूप बोध नहीं हो तब तक पर रूप निषेध सम्भव नहीं है। इस कारण आगे जाकर बौद्ध कहते हैं कि सामान्य विधि-निषेधात्मक स्वरूप लिये हुए होता है।[90] लेकिन साथ ही वे यह भी कहते हैं कि सामान्य का विध्यात्मक स्वरूप वास्तविक न होकर आरोपित होता है।[91] जब हम किसी भी वस्तु को गाय कहते हैं तो हम यह मानकर चलते हैं कि उसका ऐसा स्वरूप है जो सभी गायों में समान रूप से पाया जाता है। परमार्थतः सभी पदार्थ पूर्णतया विलक्षण हैं तथा प्रत्यक्ष से वे इसी प्रकार जाने जाते हैं। उनका निश्चय उन पर सादृश्य के आरोपण पूर्वक ही होता है। इसलिये सादृश्य पर आधारित सविकल्पक ज्ञान कल्पना मात्र है । वस्तुतः ज्ञान का विषय एक सामान्यविशेषात्मक पदार्थ नहीं हो सकता; क्योंकि सामान्य और विशेष के परस्पर विरोधी स्वरूप से युक्त होने के कारण वे एक वस्तु का स्वभाव नहीं हो सकते।[92] इसलिये सामान्य और विशेष दो अलग अलग प्रमाणों द्वारा ज्ञात होते हैं। विशेष या स्वलक्षण निर्विकल्पक प्रतयक्ष का विषय है तथा सामान्य सविकल्पक ज्ञान

---

89. प्रमाण वार्तिक 3/139-140
90. अपोह सिद्धि, पृष्ठ-7
91. अपोह सिद्धि पृष्ठ-15
92. नापि सामान्यविशेषात्मक एकोऽस्ति विषयः परस्परविरुद्धयोरैकात्म्यायोगात्।
प्रमाणवार्तिक, मनोरथनन्दिवृत्ति 2/1

रूप अनुमान का विषय है।[93] सविकल्पक ज्ञान के परमार्थतः मिथ्या होने पर भी वह व्यावहारिक दृष्टि से प्रमाण ज्ञान है क्योंकि उसमें वस्तु के स्वरूप बोध की सामर्थ्य नहीं होने पर भी वह उसके प्रति अस्वरूप की निवृति कर भ्रम को समाप्त करने तथा परम्परा से अर्थक्रियासमर्थ वस्तु की प्राप्ति कराने में समर्थ है।

## जैन मत द्ध विशेष सत्ता का सामान्यात्मक स्वरूप

जैन दार्शनिक बौद्धों के उपर्युक्त मत को अस्वीकार करते हुए कहते हैं कि मात्र सामान्य और मात्र विशेष का ज्ञान किसी भी प्रमाण से नहीं होता। प्रत्यक्ष, अनुमान आदि सभी प्रमाणों से सामान्यविशेषात्मक वस्तु ही ज्ञात होती है।[94] हम प्रत्यक्ष द्वारा घट, अग्नि, पुस्तक आदि विशिष्ट वस्तुओं को जानते हैं जो उन पदार्थों के एक वर्ग विशेष की वस्तुओं से सादृश्य तथा विजातीय वस्तुओं से विलक्षणता रूप सामान्यविशेषात्मक स्वरूप के कारण सम्भव होता है। इस निश्चयात्मक ज्ञान पूर्वक प्रवृत्त होकर ही हम जीवन में विभिन्न कार्य करते हैं और इष्ट वस्तु की प्राप्ति और अनिष्ट वस्तु के परिहार हेतु प्रवृत्त होकर सफलता प्राप्त कर सकते हैं। उदाहरण के लिये हम एक पदार्थ को जल रूप सामान्यविशेषात्मक स्वरूप में पहचान कर ही उसके द्वारा अपनी प्यास बुझाने, स्नान करने आदि आवश्यकताओं की पूर्ति कर सकते हैं। यदि प्रत्येक पदार्थ अन्य सभी पदार्थों से पूर्णतया विलक्षण हो, उसमें अन्य पदार्थों से किसी भी विशेषता की अपेक्षा सादृश्य नहीं हो तो हमारी प्यास बुझाने जैसी आवश्यकताओं की पूर्ति कभी सम्भव ही नहीं होनी चाहिये; क्योंकि एक बार जिस पदार्थ ने यह कार्य किया, वह क्षणिक और अद्वितीय था। उसके समान अर्थक्रियासामर्थ्य से युक्त दूसरा पदार्थ न तो दुनिया में हुआ, न है और न ही होगा। तब प्रत्येक पदार्थ के पूर्णतया विलक्षण स्वरूप से युक्त होने और उनके पूर्णरूपेण विलक्षण शक्तियों से सम्पन्न होने के कारण उनके द्वारा हमारे जीवन की प्यास बुझाने, भोजन पकाने जैसी सामान्य आवश्यकताओं की पूर्ति किस प्रकार हो सकती है? यदि विभिन्न स्वलक्षणों के पूर्णरूपेण विलक्षण होने पर भी उनमें समान कार्य को सम्पादित करने की सामर्थ्य है तो उनके समान कार्य को सम्पादित करने की सामर्थ्य रूप से समान

---

93. मान द्विविधं....प्रत्यक्षानुमानभेदेन। कस्मात् ? विषयस्य स्वलक्षणसामान्यलक्षणरूपतया द्वैविध्यात्।
प्रमाणवार्तिक मनोरथनन्दिवृत्ति 2/1

94. न पश्यामः क्वचित् किंचित् सामान्यं वा स्वलक्षणम्।
जात्यन्तरं तु पश्यामः ततोऽनेकान्तहेतवः ।। सिद्धिविनिश्चय 2/12

होने पर भी उन्हें पूर्णतः विलक्षण किस प्रकार कहा जा सकता है ?

यदि मान भी लिया जाय कि पदार्थ स्वलक्षण ही होता है, उसका कोई सामान्य लक्षण नहीं है तो प्रश्न उठता है कि इस पूर्णरूपेण विलक्षण पदार्थ की सिद्धि किस प्रमाण से होती है? निर्विकल्पक प्रत्यक्ष से तो स्वलक्षण की सिद्धि हो नहीं सकती; क्योंकि वह अनिर्णयात्मक होने के कारण न तो स्वयं को जानता है और न ही अपने विषयभूत पदार्थ को जानता है। इस प्रत्यक्ष ने क्या जाना, इसे तो उतने ही अंशों में अनुमान द्वारा जाना जा सकता है जितने अंशों में उसके पश्चात सविकल्पक ज्ञान की उत्पत्ति हो।[95] लेकिन सविकल्पक ज्ञान के सामान्यात्मक होने के कारण उसके द्वारा स्वलक्षण कभी भी ज्ञात नहीं हो सकता। इस प्रकार स्वलक्षण न तो निर्विकल्पक ज्ञान द्वारा और न ही उसके पश्चात उत्पन्न होने वाले सविकल्पक ज्ञान द्वारा ज्ञात होता है। यह अनुमान द्वारा भी सिद्ध नहीं हो सकता क्योंकि अनुमान द्वारा पदार्थ हेतु और साध्य के मध्य व्याप्ति सम्बन्ध के निश्चय पूर्वक ज्ञात होता है। व्याप्ति सम्बन्ध के निश्चय के लिये हेतु और साध्य के अन्वयव्यतिरेकी दृष्टान्तों का प्रत्यक्ष आवश्यक है। स्वलक्षण के अद्वितीय होने के कारण उसका अन्वयी दृष्टान्त कभी उपलब्ध नहीं होता, तब उसका किसी अन्य पदार्थ से व्याप्ति सम्बन्ध के ज्ञान पूर्वक अनुमान किस प्रकार किया जा सकता है?[96]

जिस प्रकार शुद्ध विशेष न तो प्रत्यक्ष से सिद्ध होता है और न ही अनुमान से; उसी प्रकार शुद्ध सामान्य को जानने वाला भी कोई प्रमाण नहीं है। बौद्धों के अनुसार शुद्ध सामान्य शब्द मात्र और इसलिये अवास्तविक है। एक अवास्तविक तत्त्व कभी प्रत्यक्ष का विषय नहीं हो सकता। यह अनुमान द्वारा भी ज्ञात नहीं हो सकता, क्योंकि बौद्धों के अनुसार अनुमान या तो हेतु और साध्य के मध्य तादात्म्य सम्बन्ध के ज्ञान पूर्वक सम्भव है या तदुत्पत्ति सम्बन्ध के ज्ञान पूर्वक। जिस प्रकार आकाश कुसुम, वन्ध्यापुत्र आदि के अवास्तविक होने के कारण न तो इनका किसी से तादात्म्य सम्बन्ध हो सकता है और न ही वे किसी पदार्थ का कारण या कार्य हो सकते हैं; उसी प्रकार सामान्य की भी सत्ता नहीं होने

---

95. व्यवस्थापकश्च विकल्पप्रत्ययः प्रत्यक्षवलोत्पन्नो द्रष्टव्यः। न तु निर्विकल्पकत्वात् प्रत्यक्षमेव नीलबोधरूपत्वेन आत्मानम् व्यवस्थापयितुं शक्नेति। निश्चयप्रत्ययेनाव्यवस्थापितं सद् अपि नीलबोधरूपं विज्ञानम् असद्रूपम् एव। तस्मान्निश्चयेन नीलबोधरूपं व्यवस्थापितं विज्ञानं नीलबोधात्मना सद् भवति।

न्यायबिन्दुटीका; पृष्ठ–91

96. लघीयस्त्रय–17

के कारण उसका न तो किसी अन्य पदार्थ से तादात्म्य सम्बन्ध है और न ही वह किसी अन्य पदार्थ का कारण या कार्य हो सकता है। इसलिये किसी पदार्थ को हेतु बनाकर उससे तादात्म्य या तदुत्पत्ति सम्बन्ध के आधार पर सामान्य का अनुमान करना सम्भव नहीं है।[97] बौद्धों के अनुसार सामान्य के एक काल्पनिक तत्त्व होने पर भी उसे अनुमान द्वारा जानने की आवश्यकता होती है। इसका कारण यह है कि सामान्य के ज्ञान पूर्वक वस्तु के स्वरूप का ज्ञान नहीं होता; लेकिन इसके द्वारा वस्तु के प्रति अस्वरूप की निवृत्ति पूर्वक भ्रम समाप्त होता है। उदाहरण के लिये शब्द के प्रति 'शब्द नित्य है' रूप भ्रम के उत्पन्न हो जाने पर 'शब्द अनित्य है क्योंकि वह कृतक है' रूप अनुमान की प्रवृत्ति होती है। इस अनुमान द्वारा शब्द की अनित्यता रूप भावात्मक स्वरूप का ज्ञान न होकर मात्र यह ज्ञान होता है कि शब्द नित्य नहीं है और इस प्रकार इस अनुमान द्वारा पदार्थ के प्रति अस्वरूप की व्यावृत्ति पूर्वक भ्रम की समाप्ति हो जाती है। प्रश्न उठता है कि यदि अनित्यता वस्तु का स्वभाव नहीं है तो वस्तु की नित्यता के ज्ञान को भ्रम किस प्रकार कहा जा सकता है और 'अनित्यता' के ज्ञान पूर्वक वस्तु के प्रति नित्यता के ज्ञान रूप भ्रम की समाप्ति किस प्रकार हो सकती है? वस्तुतः 'नित्यता' और 'अनित्यता' दोनों ही सामान्य होने के कारण शब्द मात्र हैं और पूर्णरूपेण विलक्षण सत्ता का इन दोनों ही सामान्यों से समान रूप से कोई सम्बन्ध नहीं है। इसलिये इन दोनों सामान्यों के समान रूप से शब्द मात्र और काल्पनिक होने तथा परमार्थ सत् से इनका किसी भी प्रकार का सम्बन्ध नहीं होने के कारण इनमें से एक के ज्ञान को भ्रमात्मक तथा दूसरे के ज्ञान को भ्रम की निवृत्ति करने रूप क्षमता से सम्पन्न मानने का कोई आधार नहीं है।[98]

वस्तुतः कोई भी पदार्थ पूर्णरूपेण विलक्षण तत्त्व न होकर एक सामान्य स्वरूप से विशेषित विलक्षण तत्व है। वह एक सामान्य स्वरूप की विशिष्ट अभिव्यक्ति है। उसके सामान्य और विशेष पक्ष नाम, लक्षण, प्रयोजन की अपेक्षा परस्पर भिन्न होते हुए भी तात्विक रूप से एक दूसरे की आत्मा हैं, स्वभाव हैं और इसलिये प्रत्येक वस्तु मात्र सामान्य या मात्र विशेष न होकर सामान्यविशेषात्मक सत्ता है। सत्ता के इस स्वरूप के कारण व्यक्ति द्वारा पदार्थ को मात्र सामान्य या मात्र विशेष रूप से जानकर व्यवहार में प्रवृत्त होने पर उसे सफलता की

---

97. न्यायकुमुदचन्द्र; पृष्ठ–558
98. न्यायविनिश्चयविवरण; भाग–2, पृष्ठ–49

प्राप्ति नहीं होती। इसके विपरीत जब वह वस्तु के सामान्यत्मक और विशेषात्मक पक्ष को परस्पर सापेक्ष स्वरूप में जानकर कार्य करने हेतु प्रवृत्त होता है तो ही उसे अपने अभीष्ट लक्ष्य की प्राप्ति होती है। उदाहरण के लिये यदि कोई व्यक्ति कृषि कार्य में प्रवृत्त होकर सफलता प्राप्त करना चाहता है तो उसके लिये मात्र यही जानना पर्याप्त नहीं है कि खेती करना क्या होता है, बल्कि उसके लिये यह भी जानना आवश्यक है कि जिस विशेष धान की खेती वह करना चाहता है उसमें कृषित्व सामान्य की अभिव्यक्ति का विशिष्ट स्वरूप क्या है। खेती करने के लिये पहले जमींन जोती जाती है, फिर बीज बोया जाता है, खाद डाली जाती है, सिंचाई की जाती है। कृषित्व सामान्य के ये सभी पक्ष गेहूँ, जौ, बाजरा, चावल आदि सभी धानों की कृषि में सामान्य रूप से समान होने के साथ ही साथ विशेष रूप से परस्पर विलक्षण स्वरूप में अवस्थित हैं। भिन्न भिन्न धानों की भिन्न भिन्न मात्रा में सिंचाई की जाती है। उसमें भी देश, काल और परिस्थितियों की भिन्नता के अनुसार न्युनाधिक मात्रा में सिंचाई की आवश्यकता होती है। व्यक्ति विभिन्न प्रकार के धानों के भिन्न भिन्न परिस्थितियों में किये जाने वाले कृषि कार्य के विलक्षण स्वरूप को कृषित्व सामान्य को सामान्य रूप से जानने के उपरान्त ही समझ सकता है तथा कृषि कार्य के सामान्यविशेषात्मक स्वरूप के ज्ञान पूर्वक प्रवृत्त होकर ही कार्य सम्पादन में सफलता प्राप्त कर सकता है।

कभी भी सामान्य रहित विशेष की सत्ता नहीं होती बल्कि प्रत्येक वस्तु का विशिष्ट स्वरूप एक सामान्य स्वरूप से समन्वित स्वरूप में अवस्थित होता है। इसलिये मानवीय ज्ञान का विकास सदैव सामान्य से विशेष की ओर होता है। शब्द प्रमाण द्वारा कृषि, भवन निर्माण, शरीर विज्ञान आदि सभी क्षेत्रों में विषय के सामान्य स्वरूप का परिचय देने के उपरान्त उसके विशेषात्मक पक्ष के विभिन्न आयामों को स्पष्ट किया जाता है। इन्द्रिय प्रत्यक्ष भी विशेष से सामान्य की ओर अग्रसर नहीं होता, बल्कि वह सामान्य से विशेष की ओर बढ़ता है। अकलंक कहते हैं कि प्रथम प्रत्यक्ष द्वारा पूर्णतया विलक्षण पदार्थ के ज्ञान पूर्वक उस पर सामान्याकार आरोपित नहीं किया जाता। इसके विपरीत प्रत्यक्ष द्वारा प्रारम्भ में पदार्थ के व्यापक या सामान्य स्वरूप का ग्रहण होता है। उसके पश्चात उसके विशेष स्वरूप के प्रति ईहा पूर्वक उसके विशिष्ट स्वरूप का ज्ञान होता है।[99] उदाहरण के लिये व्यक्ति इन्द्रियार्थ सन्निकर्ष पूर्वक वस्तु को सर्वप्रथम चेतन अचेतन

99. सिद्धिविनिश्चय स्ववृत्ति 2/5

मात्र के सामान्य स्वरूप 'सत् रूप' में देखने के पश्चात उसे चेतन सत्ता से पृथक करके अचेतन सत्ता रूप सामान्यविशेषात्मक स्वरूप में जानता है। पुनः कालक्रम से वह उसी वस्तु को उसकी वर्ण, संस्थानादि विशेषताओं के ज्ञान पूर्वक अन्य अचेतन पदार्थों से पृथक करके घटादि रूप अधिक विशिष्ट रूप में जानता है।[100] इस प्रकार ज्ञेय पदार्थ का वैशिष्ट्य इन्द्रियार्थ सन्निकर्ष के प्रथम क्षण में स्पष्ट न होकर अवान्तर क्षणों में ही स्पष्ट होता है। हम उसे कितने अधिक विशिष्ट रूप में जान सकते हैं, यह हमारी जानने की क्षमता पर निर्भर करता है।

हमारे पास नीले रंग के सभी प्रकारों के लिये 'नीला' यह एक सम्प्रत्यय इसीलिये होता है कि हम प्रत्यक्ष द्वारा उसका अन्य रंगों से वैशिष्ट्य तो जान जाते हैं पर नीले रंग में भी उसकी विशिष्टता को ग्रहण नहीं कर पाते। यदि हमें वह विशिष्टता भी ज्ञात होती है तो हम उसे गहरा नीला, हल्का नीला आदि अधिक विशिष्ट स्वरूप में पहचानते हैं। यदि हम नीले रंग के विभिन्न प्रकारों में स्थित और अधिक सूक्ष्म अन्तर को ग्रहण कर सकते हैं तो हमारे पास और अधिक सम्प्रत्यय हो सकते हैं। सम्प्रत्ययों की संख्या सीमित नहीं है, हमारी जानने की क्षमता सीमित है तथा इसकी वृद्धि के साथ ही सम्प्रत्ययों की संख्या भी बढ़ जाती है। वस्तु के अनन्त धर्मों का ग्रहण अनन्त सम्प्रत्ययों द्वारा ही होता है। यदि प्रत्यक्ष द्वारा वस्तु के पूर्णतया विलक्षण स्वरूप का ग्रहण होता है तो वह भी सम्प्रत्ययात्मक रूप से ही सम्भव है। वस्तु के पूर्णतया विलक्षण स्वरूप के ज्ञान में भी यह निहित होगा कि यदि इस प्रकार की कोई अन्य वस्तु होगी तो उसका ज्ञान भी इसी प्रकार का होगा। सविकल्पक ज्ञान कल्पना मात्र न होकर वस्तुभूत होता है। ज्ञान में सार्वभौमिकता होती है। किसी भी वस्तु के ज्ञात होने में समान वस्तुओं का समान ज्ञान का सिद्धान्त काम करता है।

उपर्युक्त विवेचन से स्पष्ट है कि हमें कभी पूर्णतया विलक्षण वस्तु का ज्ञान नहीं होता। कोई भी पदार्थ जब ज्ञात होता है तो वह अपने सजातीय पदार्थों की अपेक्षा सदृश और विजातीय पदार्थों से विलक्षण रूप से ही ज्ञात होता है। यदि वह विजातीय पदार्थों के समान ही सजातीय पदार्थों से भी विलक्षण हो तो उसका अपना कोई स्वरूप ही नहीं रहेगा। जब पदार्थ क्षणिक, विलक्षण, विकल्पातीत आदि रूप से जाना जाता है तो यह भी उसके सामान्यविशेषात्मक स्वरूप के कारण ही सम्भव है। यदि वह विकल्पात्मक रूप से जाने गये पदार्थों से विलक्षण होने के साथ ही साथ ''विकल्पातीत रूप से जाना जा सकना''

---

100. सिद्धिविनिश्चय स्ववृत्ति 2/24

इस विशेषता वाले पदार्थों से भी इस बात में सादृश्य नहीं रखता हो तो उसका अपना कोई स्वरूप किस प्रकार हो सकता है? किसी स्वरूपहीन पदार्थ की सत्ता ही नहीं होती। अतः उसके ज्ञात होने का प्रश्न ही नहीं उठता।[101]

## अद्वैत वेदान्त मत–मात्र सामान्य ही ज्ञान का विषय

अद्वैत वेदान्त के अनुसार सत्ता पूर्णरूपेण सामान्य स्वरूप होती है तथा उसकी विशेषरूपता यथार्थ न होकर भ्रामक है। मण्डन मिश्र कहते हैं कि विशेष कभी भी वस्तु का स्वरूप नहीं हो सकता; क्योंकि वह अन्योन्याभाव रूप होता है तथा अभाव अवस्तु होने के कारण किसी भी प्रमाण का विषय नहीं हो सकता। ''सर्व वै खल्विदं ब्रह्म'' जैसे आम्नाय कथनों से भेद रहित एक मात्र अद्वैत ब्रह्म की सत्ता सिद्ध होती है। जिस प्रकार जल की तरंगों पर ''यह चन्द्र है,'' ''यह चन्द्र है'' इस प्रकार भेद रहित अनुगत प्रतीति होती है, इसलिये चन्द्र एक ही है; उसी प्रकार एक ही ब्रह्म अनेक रूपों में दृष्टिगोचर हो रहा है। अथवा जिस प्रकार तिमिर रोग से ग्रस्त व्यक्ति को निर्मल चिदाकार आकाश में अनेक आकार दृष्टिगोचर होते हैं; उसी प्रकार अनादि अविद्या से ग्रस्त व्यक्ति को निराकार ब्रह्म में अनेक आकार दृष्टिगोचर होते हैं।

आम्नाय का बाधक प्रत्यक्ष प्रमाण भी नहीं है क्योंकि वह सदैव भावात्मक वस्तु को विषय करता है। भेद या व्यावृत्ति इतरेतराभाव रूप होती है। वह कभी भी प्रत्यक्ष का विषय नहीं हो सकती, क्योंकि प्रत्यक्ष सदैव सन्निकृष्ट पदार्थ को ही जानता है। फिर यदि उसे प्रत्यक्ष का विषय माना भी जाय तो निषेध के लिये निषेध्य का ज्ञान होना आवश्यक है। एक वस्तु में अनन्त वस्तुओं का अभाव होता है। यदि निषेधपूर्वक ही विधान होता हो तो प्रत्यक्ष की शक्ति उन अनन्त वस्तुओं का निषेध करने में ही समाप्त हो जायेगी। उसके बाद विधान किस प्रकार होगा? फिर प्रत्यक्ष स्वरूप को जाने बगैर अन्य व्यावृत्ति में प्रवृत्त हो नहीं सकता तथा स्वरूप को जानने के बाद वह क्षणिक होने के कारण नष्ट हो जाता है। अतः विधि मात्र ही प्रत्यक्ष का विषय है, निषेध नहीं। अनुमान से भी अन्योन्याभाव को जानना सम्भव नहीं है क्योंकि अभाव का अपना कोई स्वरूप नहीं है जिसके कारण उसका किसी भावात्मक पदार्थ के साथ अविनाभाव सम्बन्ध हो सके। इस प्रकार भेद किसी भी प्रमाण से ज्ञात नहीं होता। सदैव अभेद रूप सामान्यात्मक वस्तु ही ज्ञात होती है।[102]

---

101. न्यायविनिश्चयविवरण, भाग–1, पृष्ठ–479

102. ब्रह्मसिद्धि से न्यायविनिश्चयविवरण भाग–1 पृष्ठ–345–46 पर उद्धृत

## जैन मत ह्ह सामान्य सत्ता का विशेषात्मक स्वरूप

जैन दार्शनिक कहते हैं कि प्रत्येक वस्तु अपना एक निश्चित प्रतिनियत स्वरूप लिये हुए होती है तथा उसके अतिरिक्त अन्य रूपों का उसमें अभाव होता है। कोई वस्तु चेतन होती है तो उसमें चेतन के विरोधी धर्म-जड़ता का अभाव होता है। यदि ऐसी वस्तु की सत्ता स्वीकार की जाय जो सर्वात्मक हो, जितनी भी विशेषताएँ हो सकती हैं वे उसका स्वरूप हों; तब भी उसका अभावात्मक पक्ष अवश्य होगा और वह होगा कि वह असर्वात्मक नहीं है, उसमें किसी भी धर्म का अभाव नहीं है।[103] वस्तु का अभावात्मक पक्ष उसके निश्चित प्रतिनियत स्वरूप की व्यवस्था करता है। वस्तु अन्य पदार्थों से निरपेक्ष रूप से ही इस भावाभावात्मक स्वरूप को लिये हुए होती है।

जिस प्रकार वस्तु अन्य पदार्थों से पृथक स्वरूप उन पदार्थों की अपेक्षा पूर्वक नहीं रखती, उसी प्रकार वस्तु के अन्य रूपों से पृथक विशिष्ट स्वरूप का ज्ञान अन्य पदार्थों के उल्लेख की कोई आवश्यकता नहीं रखता। प्रभाचन्द्र कहते हैं, ''भेद व्यवहार के लिये ही अन्यों का उल्लेख आवश्यक है। भेद स्वरूप को जानने के लिये नहीं ।''[104] जब हम कहते हैं कि यह इससे भिन्न है तो इस प्रकार के व्यवहार के लिये जिससे भेद देखा जा रहा है उसका उल्लेख आवश्यक है। लेकिन वस्तु का विशिष्ट स्वरूप न तो अन्यों की अपेक्षा रखता है न इसे जानने के लिये अन्यों का उल्लेख आवश्यक है। इसे जानने से जो भी कुछ इससे विलक्षण है, उसका निषेध स्वतः ही हो जाता है। जिस प्रकार वस्तु के प्रति विधेयात्मक बुद्धि अन्यों की अपेक्षा किये बिना उत्पन्न होती है, उसी प्रकार निषेधात्मक बुद्धि की उत्पत्ति में भी अन्यों की अपेक्षा नहीं होती।

जितने भी प्रमाण हैं उन सभी में वस्तु विधि-निषेधात्मक रूप से ही ज्ञात होती है। चक्षु प्रत्यक्ष द्वारा नीली वस्तु नीली रूप से ही ज्ञात होती है तथा किसी रंग के नीला होने का तात्पर्य ही यह है कि वह अनील-पीत, हरित आदि सभी रंगों से विलक्षण एक ऐसे स्वरूप को रखता है जिसके होने पर ही उसे 'नीला' कहा जाता है। यह नहीं कहा जा सकता कि इन्द्रियां केवल स्वरूप को जानती हैं तथा पर रूप निषेध परवर्ती सविकल्पक बुद्धि द्वारा होता है; क्योंकि वस्तु भावाभावात्मक स्वरूप को लिये हुए होती है तथा उसके प्रति विधिनिषेधात्मक बुद्धि की उत्पत्ति युगपत् होती है।

---

103. अष्टसहस्री, पृष्ठ-109

104. न्यायकुमुदचन्द्र; पृष्ठ-154

वादिराज मण्डन मिश्र के मत की आलोचना करते हुए कहते हैं कि प्रत्यक्ष का विधिनिषेधात्मक स्वरूप स्वीकार किये बिना आम्नाय का आम्नायत्व स्थापित नहीं हो सकता। आम्नाय का ज्ञान श्रोत्रेन्द्रिय से होता है। विधि मात्र को प्रत्यक्ष का विषय स्वीकार करने पर अनाम्नाय के भी आम्नाय होने का प्रसंग आता है। जब तक आम्नाय ही सिद्ध नहीं हो ब्रह्म किस प्रकार सिद्ध हो सकता है। जैसाकि कहा गया है- आम्नायतः प्रसिद्धिश्च कवयोऽस्य प्रचक्षते'' (ब्रह्म सिद्धि-1/21) अर्थात आम्नाय द्वारा जानकर ही विद्वान ब्रह्मा का प्रत्यक्ष करते हैं। यदि कहा जाय कि आम्नाय प्रत्यक्ष से सिद्ध न होकर अन्य प्रमाण से सिद्ध होता है तो इस कथन से विरोध होता है,''प्रत्यक्षादिभ्यः सिद्धात् आम्नायात् तत्त्व दर्शनम्'' (ब्रह्म सिद्धि, पृष्ठ-41) अर्थात प्रत्यक्षादि से प्रमाणित आम्नाय के द्वारा ही तत्त्व दर्शन होता है।[105]

आगम (शास्त्र) भी सत् के विशिष्ट स्वरूप को जानने के लिये अस्वरूप की व्यावृत्ति पूर्वक ही प्रवृत्त होता है। ''एक ही अद्धितीय ब्रह्म है।[106] यहाँ नाना कुछ नहीं है।[107] उस सत्व को ब्रह्मवेत्ता अक्षर कहते हैं, वह न मोटा है, न पतला है, न लाल है, न द्रव है,....।[108] यह अक्षर दृष्टि का विषय न होकर दृष्टा है, उससे भिन्न कोई दृष्टा नहीं है।''[109] इस प्रकार हम ब्रह्म को भी तभी जान सकते हैं जबकि उसे अब्रह्म से पृथक कर सकें। यदि हम ब्रह्म और प्रपंच में अन्तर नहीं कर सकते तो हम ब्रह्म को नहीं जानते। किसी भी वस्तु के अस्वरूप की व्यावृत्ति जितनी अधिक होती है, उसका स्वरूप उतना ही अधिक स्पष्ट होता है तथा स्वरूप बोध जितना अधिक स्पष्ट होता है, उतनी ही वस्तु अन्यों से व्यावृत्त हो जाती है।

बौद्ध विभिन्न वस्तुओं में सादृश्य तथा अनेक धर्मों में एकत्व को स्वीकार नहीं करना चाहते तथा अद्धैत वेदान्तियों को एक वस्तु का अनेकत्व तथा वैसादृश्य स्वीकार्य नहीं है। वे कहते हैं कि सादृश्य-वैसादृश्य, एकत्व-अनेकत्व आदि धर्म परस्पर विरोधी हैं। ये एक वस्तु में एक साथ नहीं पाये जा सकते। सविकल्पक ज्ञान वस्तु को इन द्वंदात्मक कोटियों के माध्यम से ही जानता है। इसलिये परमार्थतः वह मिथ्या है। निर्विकल्पक ज्ञान इस विरोध दोष से रहित है। इसलिये वही वस्तु को परमार्थतः

---

105. न्यायविनिश्चयविवरण; भाग-1, पृष्ठ-460
106. छान्दोग्य उपनिषद 4/4/19
107. वृहदारण्यक उपनिषद 4/4/19
108. वृहदारण्यक उपनिषद 3/8/8
109. वृहदारण्यक उपनिषद 3/8/11

जानता है। प्रश्न उठता है कि यह ज्ञान स्वयं भी तो विचार है और इसलिये यह भी वास्तव में मिथ्या ही है; तब इसके आधार पर किसी अन्य ज्ञान को मिथ्या किस प्रकार कहा जा सकता है? इस विचार का प्रमाण-शास्त्र भी सविकल्पक ज्ञान रूप ही है। इसलिये वह भी मिथ्या ही है। तब उसके अध्ययन का क्या प्रयोजन है? उसके द्वारा कुछ सिद्ध तो हो ही नहीं सकता। इसके उत्तर में कहा जाता है कि जिस प्रकार जहर से जहर नष्ट होता है, तलवार से तलवार कटती है, उसी प्रकार आगम का ज्ञान अविदूया होते हुए भी हमारी अनादि अविद्या को नष्ट करता है। इसके बाद वस्तुभूत निर्विकल्पक ज्ञान की उत्पत्ति होती है जो सत् को उसके यथार्थ स्वरूप में जानता है।[110] अकलंक देव कहते हैं कि ज्ञान का यह लक्षण सुप्त, मूर्छित आदि अवस्थाओं में भी जाता है क्योंकि ज्ञान का लक्षण निश्चय रहितता वहाँ भी विद्यमान है।[111] वास्तव में ऊपर किया गया वर्णन इसी प्रकार का है जैसे कोई व्यक्ति एक वस्तु को अच्छी तरह जानले और फिर सो जाय। हम उसकी जानने वाली अवस्था को तो अज्ञान मय कहें तथा सुप्तावस्था में उसे वास्तव में ज्ञानी कहें। यदि निश्चय रहित होने पर ही वह ज्ञानी है तो इतने शास्त्राभ्यास की क्या आवश्यकता है? जगत में बहुत सी वस्तुएँ ऐसी हैं जिनके सम्बन्ध में निर्णय का हममें पूर्णतया अभाव है। निर्विकल्पक ज्ञान की परिभाषा हमें उन सभी वस्तुओं के प्रति पूर्ण ज्ञानी बना देती है।

निर्विकल्पक ज्ञान के आधार पर किसी भी प्रकार के वाद-विवाद में भाग लेने का अर्थ ही यह है कि हमें उसके द्वारा यह ज्ञात हो गया है कि वस्तु का यही स्वरूप है, अन्य नहीं। सत्ता नित्य ही है, क्षणिक नहीं, यह निश्चय होने पर ही क्षणिक वाद के खण्डन हेतु प्रवृत्त हुआ जा सकता है। धर्म धर्मी के तादात्म्य सम्बन्ध का बोध होने पर ही उनके भेद का निषेध किया जा सकता है। यह इसीलिये सम्भव हो पाता है कि वस्तु विधिनिषेधात्मक रूप से ही ज्ञात होती है। यदि वस्तु को नित्य रूप से जानना अनित्यता का निषेध नहीं हो तो क्षणिकवाद के खण्डन का कोई अर्थ नहीं है। इस प्रकार यही ज्ञान सत्य है तथा इसके विपरीत ज्ञान मिथ्या, वह वस्तु के सामान्यविशेषात्मक स्वरूप को स्वीकार करने पर ही सम्भव है तथा 'यही सत्य है' यह वस्तु की अनेक सहवर्ती और क्रमवर्ती विशेषताओं को जानने पर ही कहा जा सकता है जो उसके स्वरूप को द्रव्यगुणपर्यायात्मक सिद्ध करता है। ज्ञेय पदार्थ का यह द्रव्यगुणर्यायात्मक और सामान्यविशेषात्मक स्वरूप उसके अनेकान्तात्मक स्वरूप का परिचायक है।

□□□

110. Encyclopedia of Indian Philosophy; Vol-III, Page-354

111. न्यायविनिश्चय 1/82 पूर्वार्द्ध

# अध्याय–आठ

# ज्ञान के प्रकार

सामान्यतः ज्ञान को दो वर्गों में विभाजित किया जाता हैह्ल प्रत्यक्ष ओर परोक्ष। इन्द्रिय और पदार्थ के सन्निकर्ष (सम्पर्क) पूर्वक होने वाला पदार्थ का साक्षात्कारात्मक ज्ञान प्रत्यक्ष कहलाता है तथा किसी अन्य ज्ञान की सहायता से होने वाला पदार्थ का ज्ञान परोक्ष कहा जाता है। जैन दार्शनिक भी ज्ञान के उपर्युक्त भेदों को स्वीकार करते हैं। लेकिन वे प्रत्यक्ष को इन्द्रियार्थ सन्निकर्ष द्वारा अव्यवहित रूप से उत्पन्न होने वाले ज्ञान के रूप में परिभाषित न कर आत्म मात्र सापेक्ष ज्ञान के रूप में परिभाषित करते हैं तथा इन्द्रिय और मन की सहायता से उत्पन्न होने वाला समस्त ज्ञान उनके अनुसार परोक्ष है।

''प्रत्यक्ष'' का शाब्दिक अर्थ है जो अक्ष के प्रति साक्षात् रूप से उत्पन्न हो। सामान्यतया ''अक्ष'' का प्रयोग इस संदर्भ में इन्द्रिय मात्र के लिये किया जाता है, लेकिन इस शब्द का अर्थ आत्मा भी होता है तथा जैन दार्शनिक प्रत्यक्ष और परोक्ष को परिभाषित करते समय ''अक्ष'' का प्रयोग आत्मा अर्थ में ही करते हैं। उनके अनुसार जो ज्ञान इन्द्रिय, मन आदि समस्त पर पदार्थों की अपेक्षा से रहित तथा आत्म मात्र सापेक्ष हो, दूसरे शब्दों में जो ज्ञान विशिष्ट क्षयोपशम से युक्त अथवा समस्त आवरण कर्मों के पूर्ण क्षय से युक्त आत्मा को साक्षात रूप से होता है तथा जो अपनी उत्पत्ति के लिये आत्मा से भिन्न पदार्थ की अपेक्षा नहीं रखता उसे प्रत्यक्ष[1]

---

1. अक्ष्णोति, व्याप्नोति, जानाति इति अक्ष आत्मा प्राप्तक्षयोपशमः प्रक्षीणावरणो वा, तमेव प्रति नियतं प्रत्यक्षमिति विग्रहात् परापेक्षानिवृत्तिः कृता भवति। ..... कर्ममलीमस आत्मा क्षायोपशमिकेन्द्रियानिन्द्रिय प्रकाशाद्युपकरणापेक्षोऽर्थान् संवेत्ति स एव पुनः क्षयोपशमविशेषे क्षये च सति करणानपेक्षः स्वशक्त्यैवार्थान् वेत्ति इति को विरोधः? तत्त्वार्थवार्तिक, पृष्ठह्ल53

कहा जाता है। पराधीन ज्ञान को परोक्ष कहा गया है। इन्द्रिय, मन, प्रकाश, उपदेशादि पर हैं। उनकी सहायता से उत्पन्न होने वाला ज्ञान परोक्ष ज्ञान है।[2]

तत्त्वार्थ सूत्र और अन्य प्राचीन ग्रन्थों में ज्ञान के पाँच भेद बताये गये हैं–मति, श्रुत, अवधि, मनःपर्यय और केवल ज्ञान।[3] इनमें से प्रथम दो ज्ञान–मतिज्ञान और श्रुतज्ञान को इन्द्रिय और मन की सहायता से उत्पन्न होने वाले ज्ञान होने के कारण परोक्ष ज्ञान के अन्तर्गत रखा गया है[4] तथा अवधि, मनःपर्यय और केवलज्ञान के आत्म मात्र सापेक्ष ज्ञान होने के कारण उन्हें प्रत्यक्ष के अन्तर्गत रखा गया है।[5] तत्त्वार्थ सूत्र में मतिज्ञान के पाँच प्रकार बताये गये हैंह्न मति, स्मृति, संज्ञा (प्रत्यभिज्ञान), चिन्ता (तर्क) और अभिनिबोध (अनुमान)।[6] षट्खण्डागम तथा इसका अनुसरण करने वाले ग्रन्थों में मतिज्ञान के मति, स्मृति, संज्ञा और चिन्ता ये चार भेद ही बताये गये हैं तथा अनुमान को श्रुतज्ञान के अन्तर्गत रखा गया है।[7]

यद्यपि जैन दर्शन के अनुसार उसी ज्ञान को प्रत्यक्ष कहा जाता है जो आत्मा को इन्द्रिय, मन आदि पर पदार्थों की सहायता लिये बिना साक्षात् रूप से प्राप्त हो लेकिन लोक व्यवहार तथा अन्य दर्शनों में इन्द्रियार्थ सन्निकर्षजन्य साक्षात्कारात्मक ज्ञान को प्रत्यक्ष कहा जाता है। इससे सामंजस्य स्थापित करने के लिये अकलंकदेव ने प्रत्यक्ष के लक्षण को व्यापक बनाते हुए उसे 'विशद ज्ञान' के रूप में परिभाषित किया तथा प्रत्यक्ष के दो भेद किये– मुख्य प्रत्यक्ष और साम्व्यवहारिक प्रत्यक्ष।[8] 'जो ज्ञान अन्य ज्ञान के व्यवधान से रहित हो तथा वस्तु के विशिष्ट स्वरूप को जानने वाला हो उसे विशद ज्ञान कहा जाता है।[9] प्रत्यक्ष के इस वर्गीकरण के अनुसार मतिज्ञान, जिसे

---

2. उपात्तानि इन्द्रियाणि मनश्च, अनुपात्तं प्रकाशोपदेशादि परः तत्प्राधान्यादवगमः परोक्षम्। यथा गतिशक्त्यु पेतस्यापि स्वयमेव गन्तुमसमर्थस्य यष्ट्याद्यवलंबनप्राधान्यं गमनम्, तथा मतिश्रुतावरणक्षयोपशमे सति ज्ञस्वभावस्यात्मनः स्वयमेवार्थानुपलब्धुमसमर्थस्य पूर्वोक्तप्रत्ययप्रधानं ज्ञानं परायत्तत्वात्तदुभयं परोक्षमित्युच्यते। तत्त्वार्थवार्तिक, पृष्ठह्न52
3. मतिश्रुतावधिमनःपर्ययकेवलानि ज्ञानम्। तत्त्वार्थसूत्र 1/9
4. आद्ये परोक्षम्। वही 1/11
5. प्रत्यक्षमन्यत्। वही 1/12
6. वही 1/13
7. संपहि आभिणिबोहियणाणस्स एयट्ठपरूवणट्ठमुतंरसुत्तं भणदि–
   सण्णा सदी मदी चिंता चेदि।
   सम्यग्ज्ञायते अनया इति संज्ञा। स्मरणं स्मृतिः। मननं मतिः। चिन्तनं चिंता।
   धवला; पुस्तकह्न13, पृष्ठह्न244
8. लघीयस्त्रय 1/3
9. प्रतीत्यन्तराव्यवधानेन विशेषवत्तया वा प्रतिभासनं वैशद्यम्। परीक्षामुखसूत्र 2/4

अन्य दार्शनिक और लौकिक जन इन्द्रिय और मानस प्रत्यक्ष कहते हैं, साम्व्यवहारिक (लोक व्यवहार के अनुसार) प्रत्यक्ष कहलाता है तथा अवधिज्ञान, मनःपर्ययज्ञान और केवलज्ञान को मुख्य प्रत्यक्ष कहा जाता है। स्मृति, प्रत्यभिज्ञान, तर्क, अनुमान और आगम को परोक्ष ज्ञान कहा जाता है। अकलंकदेव के ग्रन्थों में किये गये ज्ञान के स्वरूप के विवेचन को सूत्रबद्ध करते हुए माणिक्यनन्दी ने परीक्षामुख सूत्र की रचना की है तथा सभी दार्शनिक ग्रन्थों में ज्ञान के इसी वर्गीकरण का विवेचन किया गया है। यहाँ हम तत्त्वार्थसूत्र तथा अन्य प्राचीन ग्रन्थों द्वारा प्रतिपादित ज्ञान के पाँच प्रकार–मतिज्ञान, श्रुतज्ञान, अवधिज्ञान, मनःपर्ययज्ञान और केवलज्ञान के स्वरूप पर विचार कर रहे हैं।

## मतिज्ञान अथवा आभिनिबोधिक ज्ञान

विषय का इन्द्रिय तथा मन की सहायता से उत्पन्न होने वाला ज्ञान मतिज्ञान कहलाता है।[10] यह ज्ञान मतिज्ञानावरणीय तथा वीर्यान्तराय कर्म के क्षयोपशम रूप अन्तरंग कारण और इन्द्रिय तथा मन रूप बहिरंग कारणों से उत्पन्न होता है।[11] इसे आभिनिबोधिक ज्ञान भी कहा जाता है। अभिमुख तथा नियमित पदार्थ के बोध को अभिनिबोध कहा जाता है। स्थूल, वर्तमान तथा अनन्तरित अर्थात व्यवधान रहित पदार्थ ''अभिमुख'' तथा 'इस इन्द्रिय का यही विषय है'' इस प्रकार के नियम से युक्त पदार्थ ''नियमित'' है। चक्षुरिन्द्रिय में रूप, श्रोत्रेन्द्रिय में शब्द, जिह्वेन्द्रिय में रस, स्पर्शनेन्द्रिय में स्पर्श तथा मन में दृष्ट, श्रुत तथा अनुभूत पदार्थ नियमित हैं। इस प्रकार अभिमुख तथा नियत पदार्थ में होने वाला बोध ही आभिनिबोधिक ज्ञान है।[12]

इन्द्रिय तथा मन की सहायता से उत्पन्न होने वाला समस्त ज्ञान मतिज्ञान कहलाता है। मति, स्मृति, संज्ञा (प्रत्यभिज्ञान), चिन्ता (तर्क), अभिनिबोध (अनुमान) आदि मतिज्ञान के विभिन्न प्रकार हैं।[13] इनमें अवग्रह, ईहा, अवाय तथा धारणा रूप मतिज्ञान साक्षात इन्द्रिय निमित्तक हैं तथा स्मृति आदि परम्परा से इन्द्रिय निमित्तक हैं। धारणा पर्यन्त मतिज्ञान की उत्पत्ति इन्द्रिय तथा मन द्वारा होती है, जबकि स्मृति आदि की उत्पत्ति मात्र मन द्वारा होती है।[14]

---

10. तदिन्द्रियानिन्द्रियनिमित्तम्। तत्त्वार्थसूत्र 1/14
11. बृहत् द्रव्य संग्रह; पृष्ठ18
12. धवला; पुस्तक6, पृष्ठ15-16
13. मतिः स्मृति संज्ञा चिन्ता अभिनिबोध इत्यनर्थान्तरम्। तत्त्वार्थसूत्र 1/13
14. तत्त्वार्थश्लोकवार्तिक; पृष्ठ-217

**इन्द्रिय का स्वरूप**

पूज्यपाद ''इन्द्रिय'' का अर्थ स्पष्ट करते हुए कहते हैं, ''ज्ञान और ऐश्वर्य वाला होने के कारण आत्मा ही इन्द्र है। वह ज्ञान स्वभावी होने पर भी ज्ञानावरणीय कर्म का क्षयोपशम होने पर स्वयं पदार्थों को जानने में असमर्थ होता है। उस समय आत्मा का जो लिंग अर्थात अर्थोपलब्धि का साधन है, उसे इन्द्रिय कहा जाता है।[15]

ज्ञानेन्द्रियाँ पाँच हैं :- स्पर्शन, रसना, घ्राण, चक्षु तथा श्रोत्र।[16] इनके विषय क्रमशः स्पर्श, रस, गन्ध, रूप और शब्द हैं।[17] ये पाँचों ही इन्द्रियाँ द्रव्येन्द्रिय तथा भावेन्द्रिय के भेद से दो प्रकार की हैं।[18] द्रव्येन्द्रियों के भी दो भेद हैं-निर्वृत्ति तथा उपकरण।[19] नाम कर्म के उदय से पुद्गलात्मक इन्द्रियों के आकार की रचना होना बाह्य निर्वृत्ति है। जो निर्वृत्ति का उपकार करे वह उपकरण है। आँख में सफेद और काला मण्डल आभ्यन्तर उपकरण हैं तथा पलक आदि बाह्य उपकरण हैं।[20]

नैयायिकों के अनुसार प्रत्येक इन्द्रिय का निर्माण उसका विषय बनने योग्य गुण के आधारभूत द्रव्य से होता है। उदाहरण के लिये गन्ध नासिका का विषय है तथा यह पृथ्वी महाभूत का गुण है। अतः नासिका का निर्माण पृथ्वी महाभूत के परमाणुओं से होता है। इसी प्रकार त्वचा, जिह्वा, चक्षु तथा श्रोतृ क्रमशः वायु, जल, अग्नि तथा आकाश महाभूत से उत्पन्न होते हैं।[21] जैन दार्शनिकों के अनुसार पृथ्वी, जल, अग्नि तथा वायु पृथक पृथक द्रव्य न होकर एक ही द्रव्य-पुद्गल हैं तथा शरीर के अंग के रूप में स्थित जड़ इन्द्रियाँ पुद्गल परमाणुओं से ही निर्मित होती हैं।[22] द्रव्येन्द्रिय का निर्वृत्ति और उपकरण रूप भेद का आधार न तो उपादान कारण की भिन्नता है और न ही इनके जानने के साधनों की भिन्नता, अपितु इसका आधार इनमें विद्यमान आधार आधेय रूप भेद है। शरीर में नाम कर्म के उदय से निर्मित इन्द्रियाकार रचना निर्वृत्ति है तथा इस निर्वृत्ति में विद्यमान दृशि आदि क्रिया के सहायक विभिन्न अंग उपांग ही उपकरण हैं। किसी इन्द्रिय के विभिन्न अंशों की मात्रा और

---

15. सर्वार्थसिद्धि; पृष्ठ108
16. तत्त्वार्थसूत्र 2/19
17. वही 2/20
18. सर्वार्थसिद्धि, पृष्ठ175
19. तत्त्वार्थसूत्र 2/17
20. तत्त्वार्थवार्तिक, पृष्ठ130
21. तर्कभाषा; पृष्ठ205
22. द्रव्येन्द्रियस्य पौद्‌गलिकत्वात्। तत्त्वार्थवार्तिक; पृष्ठ468

क्षमता के अनुसार ही दृशि आदि क्रियाएँ सम्पन्न होती हैं। ये दोनों ही प्रकार की इन्द्रियाँ इन्द्रिय प्रत्यक्ष का विषय हैं तथा पुद्गल द्रव्य से निर्मित हैं। इसीलिये किसी इन्द्रिय के किसी उपकरण, जिसके अवलम्बन पूर्वक उस इन्द्रिय की क्रिया सम्पन्न होती है, में विकार उत्पन्न होने पर उसकी चिकित्सा की जा सकनी सम्भव है।

इन्द्रियाकार रचना मात्र शरीर में ही नहीं होती अपितु आत्म प्रदेशों में भी होती है। एक विशेष इन्द्रिय से संयुक्त आत्म प्रदेशों में उस इन्द्रिय के विषय को ग्रहण करने की विशेष क्षमता उत्पन्न हो जाती है। ऐसे आत्म प्रदेशों के आकार को आभ्यन्तर निर्वृत्ति कहा जाता है।[23] जिस प्रकार बाह्य निर्वृत्ति में स्थित उपकरण अर्थात् उस इन्द्रिय के विभिन्न अंग उपांग के द्वारा ही उस इन्द्रिय की क्रिया सम्पन्न होती है, उसी प्रकार आभ्यन्तर निर्वृत्ति के उपकरण 'लब्धि'' और ''उपयोग'' हैं; इनके द्वारा ही व्यक्ति जड़ इन्द्रियों का अवलम्बन लेकर किसी विषय को जानता है। ''लब्धि'' का अर्थ हैह्र जीव की विषय को ग्रहण करने की सामर्थ्य[24] तथा ''उपयोग'' का अर्थ है विषय को ग्रहण करने हेतु प्रवृत्ति।[25] जीव जिस समय जिस इन्द्रिय के विषय को जानने के लिये प्रवृत्त होता है, उस समय वह अपनी जानने की क्षमता के अनुसार उस इन्द्रिय के विषय को जानता है।

लब्धि तथा उपयोग को भावेन्द्रिय कहा जाता है।[26] जीव का स्वयं इन्द्रिय अर्थात अर्थोपलब्धि के साधन रूप से परिणत होना ही भावेन्द्रिय है।[27] भावेन्द्रियों के सद्भाव में ही द्रव्येन्द्रियाँ–पोद्गलिक अथवा जड़ इन्द्रियाँ विषय बोध के प्रति उपयोगी हो सकती हैं। सामान्य व्यक्ति जड़ इन्द्रियों तथा मन के अवलम्बन पूर्वक ही पदार्थों को जानता है, लेकिन यह तभी सम्भव है जबकि उसमें पदार्थ को जानने की क्षमता हो, तथा वह पदार्थ को जानने के लिये प्रवृत्त हो। व्यक्ति जब जिस इन्द्रिय का अवलम्बन लेकर जिस विषय को जानने के लिये प्रवृत्त होता है, तब उसे उसकी शक्ति के अनुसार वह विषय ज्ञात होता है। व्यक्ति में विषय बोध की क्षमता का अभाव होने पर अथवा विषय को जानने के लिये प्रवृत्ति का अभाव होने पर जड़ इन्द्रियाँ उसमें विषय बोध उत्पन्न करने में असमर्थ हैं।

---

23. तत्त्वार्थवार्तिक; पृष्ठह्र131
24. लब्धिस्वभावानि तावद्भावेन्द्रियाणि स्वार्थसंवित्तौ योग्यत्वादात्मनः प्रतिपद्यन्ते।
    तत्त्वार्थश्लोकवार्तिक; पृष्ठह्र327
25. उपयोगस्वभावानि पुनः स्वार्थसंविदौ व्यापृतत्वान्निश्चिन्वन्ति। वही
26. लब्ध्युपयोगौ भावेन्द्रियम्। तत्त्वार्थसूत्र; 2/18
27. तत्त्वार्थवार्तिक; पृष्ठह्र357

ज्ञानोत्पत्ति की प्रक्रिया के सम्बन्ध में प्रायः यह मान्यता है कि निष्क्रिय आत्मा या चेतन सत्ता में इन्द्रिय तथा मन द्वारा यान्त्रिक रूप से विषय बोध उत्पन्न कर दिया जाता है। कणाद कहते हैंह्न ''पदार्थ, इन्द्रिय, मन तथा आत्मा का संयोग होने पर आत्मा में पदार्थ ज्ञान उत्पन्न होता है।''[28] उदाहरणार्थ घट का चक्षु से संयोग होने पर, चक्षु का मन से संयोग होने पर तथा मन का आत्मा से संयोग होने पर आत्मा में घट ज्ञान की उत्पत्ति होती है। वाचस्पति मिश्र कहते हैंह्न ''पदार्थ का इन्द्रियों द्वारा आलोचन किये जाने पर मन उस पर संकल्प विकल्प करता है। तदुपरान्त बुद्धि उस विषय के आकार को धारण करती है। उस विषयाकार बुद्धि पर पुरूष की चेतना का प्रतिबिम्ब पड़ने पर विषय प्रकाशित होता है, जिसके फलस्वरूप वह ज्ञात होता है।''[29] ज्ञान की इस प्रक्रिया के अनुसार चेतन पुरुष या आत्मा विषय को जानने के लिये किसी प्रकार का प्रयास नहीं करता। इन्द्रियाँ, मन आदि ज्ञान के बाह्य जड़ साधन जब जिस विषय से सम्बद्ध होते हैं तब उस विषय का ज्ञान आत्मा में स्वतः ही उत्पन्न हो जाता है।

यदि जड़ इन्द्रियाँ तथा मन ही ज्ञानोत्पत्ति के साधन हों, यदि इन्द्रियार्थ सन्निकर्ष मात्र से वस्तु ज्ञात हो जाती हो तो इन्द्रियों की क्षमता समान होने पर तथा समान वस्तु से इन्द्रिय के सम्बद्ध होने पर विभिन्न व्यक्तियों को वस्तु का समान ज्ञान होना चाहिये। लेकिन उनके ज्ञान में व्यापक अन्तर पाया जाता है। दो व्यक्ति एक कपड़े का स्पर्श करते हैं। एक मात्र यही जान पाता है कि यह कपड़ा है। जबकि दूसरा उसे उसके प्रकार, गुणवत्ता, टिकाऊपन आदि अनेक विशेषताओं सहित जानता है। दो व्यक्ति एक ही गायन को सुनते हैं। एक को मात्र कुछ स्वरों का प्रत्यक्ष होता है, जबकि दूसरा उसे सुनते समय यह भी जानता है कि वह किस राग में गाया जा रहा है तथा किन गुण-दोषों से युक्त है। वास्तव में ज्ञान की व्याख्या जड़ इन्द्रियों तथा मन मात्र को ज्ञान का साधन स्वीकार करके नहीं की जा सकती। जब तक आत्मा स्वयं इन्द्रिय रूप से परिणत न हो, जब तक उसमें बाहरी इन्द्रियों को काम में लेने की क्षमता नहीं हो तथा जब तक वह उन्हें काम में लेने के लिये प्रयत्नशील नहीं हो तब तक जड़ इन्द्रियाँ अकिंचित्कर हैं। संसारी अवस्था में व्यक्ति की ज्ञान शक्ति के कर्मों द्वारा आवृत होकर मन्द हो जाने के कारण उसे जड़ इन्द्रिय तथा मन की सहायता से ही ज्ञान हो सकता है। ये इन्द्रियादि कर्म बद्ध आत्मा के बाहरी वस्तुओं से सम्पर्क के माध्यम मात्र हैं। जिस प्रकार एक बन्द कमरे में स्थित व्यक्ति कमरे में विद्यमान

---

28. आत्मेन्द्रियार्थसन्निकर्षाद्यन्निष्पद्यते तदन्यत्। वैशेषिक सूत्र 3/1/18
29. सांख्यतत्त्वकौमुदी; पृष्ठह्न232

खिड़कियों के द्वारा ही बाहरी जगत से सम्पर्क स्थापित कर सकता है, लेकिन ये खिड़कियाँ उसमें जगत के ज्ञान को उत्पन्न नहीं कर सकतीं, उसी प्रकार सामान्य व्यक्ति को किसी वस्तु का चाक्षुष प्रत्यक्ष चक्षुरिन्द्रिय के द्वारा ही हो सकता है, लेकिन जड़ चक्षु की क्षमता मात्र यही निर्धारित करती है कि व्यक्ति कितनी दूर की वस्तु को देख सकता है, उसके द्वारा यह निर्धारित नहीं हो सकता कि व्यक्ति क्या देखेगा तथा जो देखेगा उसे कितने स्पष्ट रूप से जानेगा। इस बात का निर्धारण लब्धि और उपयोग रूप भावेन्द्रियों द्वारा ही हो सकता है। इसलिये जैन दार्शनिक इन्द्र अर्थात् ज्ञानादि एश्वर्य से युक्त आत्मा के लिंग–अर्थोपलब्धि के साधन के रूप में द्रव्येन्द्रियों के साथ ही साथ भावेन्द्रियों की सत्ता को भी स्वीकार करते हैं।

## मन का स्वरूप

जैन दर्शन में मन को अनिन्द्रिय या नोइन्द्रिय कहा गया है। इसका अर्थ इन्द्रिय का अभाव न होकर इषत् इन्द्रिय है। जिस प्रकार ''अनुदरा कन्या'' इस प्रयोग में ''अनुदरा'' का अर्थ उदर का पूर्णतया अभाव नहीं है अपितु छोटे पेट वाली लड़की को ''अनुदरा कन्या'' कहा जाता है; उसी प्रकार मन के लिये भी इषत् इन्द्रिय रूप से अनिन्द्रिय पद का प्रयोग किया गया है। इसका कारण यह है कि इन्द्रियाँ नियत देश में स्थित पदार्थ को विषय करती हैं, तथा कालान्तर में स्थित रहती हैं; लेकिन मन इन्द्र का लिंग होते हुए भी प्रतिनियत देश में स्थित पदार्थ को विषय नहीं करता तथा कालान्तर में स्थित नहीं रहता।[30] मन को अन्तःकरण कहा गया है क्योंकि चक्षुरादि इन्द्रियों के समान इसकी बाहर उपलब्धि नहीं होती। इसका कार्य गुण–दोष विचार, स्मरण आदि हैं जिन्हें वह इन्द्रियों की सहायता के बिना ही सम्पन्न करता है।[31]

इन्द्रियों के समान ही मन के भी दो भेद हैंह्न द्रव्य मन तथा भाव मन। द्रव्य मन का निर्माण मनोज्ञानावरणीय तथा वीर्यान्तराय कर्म के क्षयोपशम और अंगोपांग नाम कर्म के उदय से होता है। भाव मन लब्धि तथा उपयोग रूप है। मनोज्ञानावरणीय तथा वीर्यान्तराय कर्म के क्षयोपशम से उत्पन्न हुई आत्मा की विशुद्धि को ही भाव मन कहा गया है।[32]

नेमिचन्द सिद्धान्त चक्रवर्ती के अनुसार द्रव्य मन का स्थान हृदय है। यहाँ पर

---

30. सर्वार्थसिद्धि; पृष्ठह्न109
31. सर्वार्थसिद्धि; पृष्ठह्न109
32. सर्वार्थसिद्धि; पृष्ठह्न170

पुद्गल परमाणुओं द्वारा आठ पाँखुड़ी के कमल के आकार में अंगोपांग नाम कर्म के उदय से द्रव्य मन का निर्माण होता है।[33] इस धारणा को जैन दर्शन में व्यापक समर्थन प्राप्त है। इसके विपरीत पूज्यपाद ने मन को ''अनवस्थित'' कहा है।[34] उसी का समर्थन करते हुए अकलंक कहते हैं कि मन अनवस्थित है। जहाँ जहाँ उपयोग होता है वहाँ वहाँ अंगुल के असंख्यात भाग प्रमाण आत्म प्रदेश मन रूप से परिणत हो जाते हैं। भाव मन रूप से परिणत आत्मा जब गुण दोष विचार, चिन्तन, स्मरणादि कार्यों को करने के लिये प्रवृत्त होता है तो वह इन कार्यों को द्रव्य मन की सहायता से करता है। द्रव्य मन का निर्माण इन कार्यो को करते समय ही होता है तथा उसके उपरान्त वह नष्ट हो जाता है। चिन्तनादि कार्य करते समय पुद्गल परमाणुओं से निर्मित अनेक मनोवर्गणाएं मन रूप से परिणत होती हैं तथा उस कार्य को करने के उपरान्त मन रूप अवस्था का परित्याग कर देती हैं।[35]

वैशेषिक दर्शन के अनुसार मन अणु रूप होता है। यह एक नित्य द्रव्य है तथा प्रत्येक आत्मा का एक मन से अनादि सम्बन्ध होता है। यह जिस समय जिस इन्द्रिय के विषय से संयुक्त होता है उस समय आत्मा को उस इन्द्रिय के विषय का ज्ञान होता है। इस प्रकार ज्ञान मात्र की उत्पत्ति में मन अनिवार्य कारण है। इसके साथ ही आत्मा को सुख-दुःख का ज्ञान मन के द्वारा उनका प्रत्यक्ष किये जाने पर ही होता है। इस मत को अस्वीकार करते हुए अकलंक कहते हैं कि मन को अणु रूप मानने पर चक्षु के जिस अंश से मन का संयोग हो उसी से रूप ज्ञान दृष्टिगोचर होना चाहिये, पर समस्त चक्षु के द्वारा रूप ज्ञान देखा जाता है; अतः मन अणु रूप नहीं है। अणु मन को आशु संचारी मानकर पूरे चक्षु आदि से सम्बन्ध मानना उचित नहीं है, क्योंकि अचेतन मन से बुद्धि पूर्वक क्रिया नहीं हो सकती। मन और आत्मा का अनादि सम्बन्ध मानना भी उचित नहीं है, क्योंकि मन और आत्मा का संयोग सम्बन्ध है। अप्राप्तिपूर्वक प्राप्ति को संयोग कहा जाता है जो आत्मा के विभु होने के कारण इन दोनों में सम्भव नहीं है।[36] वैशेषिक दर्शन के अनुसार आत्मा विभु अर्थात सर्वव्यापक द्रव्य है।

मन का कार्य ज्ञान मात्र में सहायक होना न होकर चिन्तन, स्मरण आदि है तथा यह उसी ज्ञान में सहायक होता है जिसमें चिन्तन की आवश्यकता होती है। अवग्रह

---

33. गोम्मटसार-जीवकाण्ड; गाथाह्न443
34. सर्वार्थसिद्धि; 1/14
35. तत्त्वार्थवार्तिक; पृष्ठह्न471
36. तत्त्वार्थवार्तिक; पृष्ठह्न472

मन निरपेक्ष होता है। यह इन्द्रिय तथा पदार्थ के सन्निधान मात्र से उत्पन्न होता है तथा इसमें किसी भी प्रकार के मानसिक विकल्प का कोई स्थान नहीं है। ईहा मन सापेक्ष होती है क्योंकि इसमें अवगृहीत पदार्थ के विशेष स्वरूप का अन्वेषण करते समय विभिन्न मानसिक विकल्पों का अवलम्बन लिया जाता है। स्मृति, प्रत्यभिज्ञानादि तथा श्रुतज्ञान मन पूर्वक ही होते हैं।

जैन दार्शनिक सुख दुःखादि के प्रत्यक्ष के लिये मन को एकमात्र कारण स्वीकार नहीं करते। अकलंक कहते हैं, ''वस्तुतः गरम लोहपिण्ड की तरह आत्मा का ही भावेन्द्रिय रूप से परिणमन हुआ है, अतः चेतन रूप होने से भावेन्द्रियाँ स्वयं सुख-दुख का वेदन करती हैं। यदि मन के बिना स्वयं भावेन्द्रियों से सुख-दुखानुभव न हो तो एकेन्द्रिय, विकलेन्द्रिय तथा असंज्ञी पंचेन्द्रिय जीवों को सुख-दुःख का अनुभव नहीं होना चाहिये। गुणदोष विचारादि मन के स्वतन्त्र कार्य हैं। मनोलब्धि वाले आत्मा को जो पुद्गल मन रूप से परिणत हुए हैं वे अन्धकार, तिमिरादि बाह्येन्द्रियों के उपघातक कारणों के रहते हुए भी गुणदोष विचार और स्मरण आदि व्यापार में सहायक होते ही हैं। इसलिये मन का स्वतन्त्र अस्तित्व है।''[37]

## मतिज्ञान

इन्द्रियों तथा मन के द्वारा विषय के साक्षात्कार से उत्पन्न ज्ञान को मति ज्ञान कहा जाता है।[38] इन्द्रिय तथा मन आत्मा से भिन्न होने के कारण ''पर'' हैं। उनकी सहायता से उत्पन्न होने के कारण यह ज्ञान परमार्थतः परोक्ष है; लेकिन अन्य सभी दार्शनिकों तथा सामान्य व्यक्तियों द्वारा इस ज्ञान को ''प्रत्यक्ष'' कहा जाता है, इसलिये जैन दार्शनिक इसे साम्व्यवहारिक प्रत्यक्ष कहते हैं। आम तौर पर प्रत्यक्ष का विकास दो ही चरणों में स्वीकार किया जाता है, निर्विकल्पक तथा सविकल्पक। इन्द्रियार्थ सन्निकर्ष के उपरान्त प्रथम क्षण में पदार्थ के नाम, जाति आदि की योजना रहित ग्रहण को निर्विकल्पक प्रत्यक्ष कहा जाता है। उसके पश्चात् वस्तु का नाम, जाति आदि की योजना सहित ग्रहण होता है जो सविकल्पक प्रत्यक्ष कहलाता है।

जैन दार्शनिकों के अनुसार वस्तु का सविकल्पक ग्रहण ही ज्ञान है। इसलिये वे इन्द्रियार्थ सन्निकर्ष के उपरान्त उत्पन्न चेतना की निर्विकल्पक स्थिति को ''दर्शन'' कहते हैं तथाा इनके अनुसार पदार्थ का निश्चयात्मक बोध ही ज्ञान कहलाता है। इन्द्रियों के द्वारा वस्तु का स्वरूप द्वितीय क्षण में ही स्पष्टतया ज्ञात नहीं हो जाता।

37. तत्त्वार्थवार्तिक; पृष्ठ472
38. तदिन्द्रियानिन्द्रियनिमित्तम्। तत्त्वार्थसूत्र 1/14

इन्द्रिय प्रत्यक्ष कई क्षणों तक निरन्तर चलती रहने वाली प्रक्रिया है। इसके द्वारा वस्तु का स्वरूप क्रमशः अस्पष्ट रूप से ज्ञात होते हुए स्पष्ट होता है। पूज्यपाद मतिज्ञान का व्युत्पत्तिलव्ध अर्थ स्पष्ट करते हुए कहते हैंह्न "इन्द्रिय तथा मन के द्वारा यथायोग्य पदार्थ जिसके द्वारा मनन किये जाते हैं, जो मनन करता है तथा मनन करना मात्र मतिज्ञान है।"[39] हरिभद्र कहते हैं, "मनन करना, अर्थात् वस्तु के स्थूल धर्मों को जानते हुए सूक्ष्म धर्मों का आलोचन करने वाली बुद्धि मति है।"[40] उमास्वामी के अनुसार इन्द्रिय तथा मन के निमित्त से शब्द, रस, स्पर्श, रूप और गन्धादि विषयों में अवग्रह, ईहा, अवाय तथा धारणा रूप से जो ज्ञान होता है, वह मतिज्ञान है।[41]

अकलंक मतिज्ञान की प्रक्रिया को स्पष्ट करते हुए कहते हैंह्न विषय विषयी का सन्निधान होने पर वस्तु का दर्शन होता है। इसके उपरान्त होने वाला पदार्थ का आद्य ग्रहण "अवग्रह" कहलाता है। अवगृहीत पदार्थ के विशेष स्वरूप को जानने की आकांक्षा "ईहा" है। जैसे "यह पुरुष है" ऐसा आद्य ग्रहण होने पर पुनःउसकी भाषा, उम्र रूपादि विशेष स्वरूप को जानने की आकांक्षा ईहा कहलाती है। भाषादि विशेषताओं के द्वारा वस्तु के विशेष स्वरूप का निश्चय अवाय है। जैसे यह दक्षिणी है, युवा है, गौर वर्ण है इत्यादि। निश्चित विशेष की कालान्तर में स्मृति के कारण को धारणा कहा जाता है।[42]

**अवग्रह –**

जिनभद्रगणि ने अवग्रह की अवस्था को पूर्णतया अनिश्चयात्मक तथा सामान्य मात्र ग्राही माना है। उनके अनुसार अवग्रह में वस्तु का सभी विशेषताओं से रहित पूर्णरूपेण सामान्य ग्रहण होता है। अवगृहीत पदार्थ के विशेष स्वरूप को जानने के लिये ईहा होती है। इसके फलस्वरूप उत्पन्न होने वाले अवाय ज्ञान में ही वस्तु के विशेष स्वरूप का निश्चय होता है। उदाहरण के लिये सर्व प्रथम जो शब्द का प्रतिभास होता है, उसमें इस निश्चय का अभाव होता है कि "यह शब्द है, अशब्द नहीं।" यह स्थिति अवग्रह है। अवगृहीत अर्थ के प्रति" यह शब्द है या अशब्द" इस प्रकार की जिज्ञासा ईहा है। इसके पश्चात् उत्पन्न होने वाला अवाय ही "यह शब्द ही है" वस्तु के विशेष स्वरूप का निश्चयात्मक बोध है। यदि अवग्रह को ही वस्तु के विशेष स्वरूप का निश्चायक मान लिया जाय तो सभी ज्ञान अवग्रह ही हो जायेगें

---

39. सर्वार्थसिद्धि; पृष्ठह्न93
40. नन्दीसूत्रहरिभद्रसूरिवृत्ति; पृष्ठह्न58
41. अवग्रहेहावायधारणा। तत्त्वार्थसूत्र 1/15
42. तत्त्वार्थवार्तिक; पृष्ठह्न60

तथा अवाय की सत्ता ही नहीं रहेगी।[43]

अकलंक ने अवग्रह को निश्चयात्मक माना है[44] तथा प्रायः सभी जैन दार्शनिक इसी सिद्धान्त का समर्थन करते हैं। वादिदेव कहते हैं कि दर्शन और अवग्रह में भेद है क्योंकि इनके कारण भिन्न भिन्न हैं। जिस प्रकार मिट्टी और तन्तु रूप भिन्न भिन्न कारणों से उत्पन्न होने के कारण घट और पट भिन्न भिन्न हैं, उसी प्रकार दर्शनावरणीय और अवग्रहज्ञानावरणीय कर्म के क्षयोपशम रूप भिन्न भिन्न कारणों से उत्पन्न होने के कारण दर्शन और अवग्रह में भेद है।[45] दर्शन इन्द्रियार्थ सन्निकर्ष के प्रथम क्षण में होने वाला सत्ता मात्र का अवलोकन है। इस स्तर पर किसी भी प्रकार के निश्चय का पूर्ण अभाव होता है। अवग्रह की उत्पत्ति दर्शन के पश्चात होती है तथा यह मनुष्य आदि अवान्तर जाति के निश्चयपूर्वक होने वाला ''यह मनुष्य है'' रूप निश्चयात्मक ज्ञान है।[46] वास्तव में यदि अवग्रह के स्तर पर वस्तु की किसी भी विशेषता का किंचित् भी ज्ञान नहीं हो तो उसके प्रति किसी भी प्रकार का संशय तथा उस संशय की निवृत्ति हेतु ईहा उत्पन्न नहीं हो सकती। संशय की उत्पत्ति वस्तु की सामान्य विशेषताओं या व्यापक धर्मों के ज्ञात होने पर तथा विशेष या व्याप्य धर्मों के ज्ञात नहीं होने पर होती है। इस संशय के निराकरण के लिये ईहा होती है जिसका परिणाम अवाय अर्थात वस्तु के अस्वरूप के निराकरण पूर्वक उसके विशिष्ट स्वरूप का निश्चय है। यदि अवग्रह में वस्तु की किसी भी विशेषता का किंचित् भी ज्ञान नहीं हुआ हो तो वह पूर्णतया अज्ञात होगी तथा अज्ञात वस्तु के प्रति किसी भी प्रकार का संशय, ईहादि सम्भव नहीं हैं।

अवग्रह और अवाय के संदर्भ में सामान्य और विशेष पदों का प्रयोग सापेक्ष अर्थ में किया गया है। अधिक व्यापक धर्म को सामान्य तथा व्याप्य धर्म को विशेष कहा गया है। जैन दार्शनिकों के अनुसार अवग्रह की उत्पत्ति व्यक्ति के अवग्रहज्ञानावरणीय तथा वीर्यान्तराय कर्म के क्षयोपशम के अनुसार होती है।[47] जिस व्यक्ति के इस कर्म का क्षयोपशम जितना प्रखर होता है उसे वस्तु के विशिष्ट स्वरूप का उतना ही प्रखर अवग्रह होता है। इस जाने गये पदार्थ के और अधिक विशिष्ट

---

43. विशेषावश्यक भाष्य; गाथाह्न251–255
44. लघीयस्त्रय 1/5 और उस पर स्ववृत्ति
45. किं च यथा मृत्तन्तुकारणभेदात्घटपटलक्षणकार्यभेदस्तथा दर्शनज्ञानावरणक्षयोपशमकारणभेदात्तत्कार्य दर्शनज्ञानभेद इत्यस्ति प्रागवग्रहाद्दर्शनम्। स्याद्वादरत्नाकर; पृष्ठह्न348
46. स्याद्वादरत्नाकर; पृष्ठह्न347
47. तत्त्वार्थवार्तिक; पृष्ठह्न61

स्वरूप को जानने के लिये व्यक्ति में जिज्ञासा हो सकती है, जिसके परिणाम स्वरूप उसे वस्तु के और अधिक विशिष्ट स्वरूप का निश्चय हो सकता है। यहाँ पर भी अवग्रह अवाय की तुलना में वस्तु के सामान्य स्वरूप का ज्ञान है। यदि अवग्रह को वस्तु की सभी विशेषताओं से रहित पूर्णरूपेण सामान्य स्वरूप का ग्रहण करने वाला माना जाय तो जैन दार्शनिकों द्वारा अवग्रहज्ञानावरणीय कर्म के क्षयोपशम में अन्तर को स्वीकार करने का कोई अर्थ नहीं रहेगा, क्योंकि सभी व्यक्तियों के अवग्रह पूर्णरूपेण सामान्य मात्र ग्राही होने के कारण पूर्णरूपेण समान होगें। ऐसी स्थिति में यह प्रश्न भी उठेगा कि एक ही प्रकार का अवग्रह विभिन्न व्यक्तियों में विभिन्न प्रकार की जिज्ञासाओं की उत्पत्ति किस प्रकार कर सकता है? वस्तुतः अवग्रह के निश्चयात्मक होने पर ही उसके पश्चात ईहा, अवाय तथा धारणा की उत्पत्ति हो सकती है। इसे निश्चय रहित मानने पर ईहा की उत्पत्ति असम्भव होगी तथा इस प्रकार मतिज्ञान की सत्ता ही नहीं हो सकेगी।

अवग्रह के दो भेद किये गये हैंह्न व्यंजनावग्रह तथा अर्थावग्रह। अव्यक्त ग्रहण को व्यंजनावग्रह तथा व्यक्त ग्रहण को अर्थावग्रह कहा जाता है।[48] प्राप्यकारी अर्थात विषय से सम्बद्ध होकर प्रवृत्त होने वाली इन्द्रियों-त्वचा, जिह्वा, नासिका तथा श्रोत्र से व्यंजनावग्रह पूर्वक ही अर्थावग्रह होता है। जिस प्रकार मिट्टी का नया सकोरा पानी की दो-तीन बून्दें डालने पर गीला नहीं होता किन्तु लगातार पानी डालने रहने पर गीला हो जाता है, उसी प्रकार आत्मा में इन इन्द्रियों से विषय का व्यक्त ग्रहण से पूर्व अव्यक्त ग्रहण-व्यंजनावग्रह होता है। चक्षु तथा मन अप्राप्यकारी हैं अर्थात विषय से सम्बद्ध हुए बिना ही उसे जानते हैं। इसलिये इनसे ज्ञान के प्रथम क्षण में ही विषय का व्यक्त ग्रहण-अर्थावग्रह होता है।[49]

## ईहा

अवग्रह वस्तु का इन्द्रिय और पदार्थ के सन्निकर्ष से उत्पन्न होने वाला ज्ञान है जबकि ईहा के लिये इन्द्रियों के साथ ही साथ मन का अवलम्बन भी अपेक्षित है। जैसे इन्द्रियार्थ सन्निकर्ष के द्वारा व्यक्ति को प्रारम्भ में ''यह पुरुष है'' रूप अवग्रह ज्ञान होता है। इसके उपरान्त जब उसे पुरुष के विशेष स्वरूप के प्रति ''यह उत्तरी है या दक्षिणी'' रूप संशय होता है तो इसके निराकरण हेतु व्यक्ति अवगृहीत पदार्थ (पुरूष) की भाषा, वस्त्र आदि विशेषताओं का अवलोकन करके यह विचार करता है

48. तत्त्वार्थवार्तिक; पृष्ठह्न67
49. तत्त्वार्थवार्तिक; पृष्ठह्न67

कि "यह दक्षिणी होना चाहिये।" इस प्रकार संशय के पश्चात होने वाला यह मानसिक विमर्श पूर्वक एन्द्रियिक प्रयत्न ईहा कहलाता है। ईहा संशय के निराकरण तथा वस्तु के विशेष स्वरूप को जानने के प्रति आकाँक्षा या जिज्ञासा स्वरूप है, उसे जानने के लिये प्रयत्न स्वरूप है। यह स्वयं निर्णयात्मक नहीं है लेकिन विभिन्न तथ्यों के आधार पर संशय के एक विकल्प के प्रति "यह होना चाहिये" रूप से निर्णय की ओर झुकाव रूप है।[50] इस दिशा में और अन्वेषणात्मक प्रयत्न करते हुए व्यक्ति वस्तु के विशेष स्वरूप, जैसे- "यह पुरुष दक्षिणी है" रूप अवाय ज्ञान प्राप्त करता है। ईहा के इस स्वरूप को स्पष्ट करते हुए वीरसेन कहते हैं, "सन्देह की परवर्ती, अवाय ज्ञान की पूर्ववर्ती तथा इन दोनों के अन्तराल में प्रवृत्त होने वाली विचार बुद्धि का नाम ईहा है।"[51]

षट्खण्डागम में ईहा, ऊहा, अपोहा, मार्गणा, गवेषणा और मीमांसा को ईहा का पर्यायवाची बताया गया है। आचार्य वीरसेन इनके अर्थ को स्पष्ट करते हुए कहते हैं कि जिस बुद्धि के द्वारा उत्पन्न हुए संशय का नाश करने के लिये 'ईहत्ते' अर्थात् चेष्ठा करते हैं वह ईहा है। जिसके द्वारा अवगृहीत अर्थ के अभी तक नहीं जाने गये विशेष स्वरूप को जानने के लिये 'ऊह्यते' अर्थात तर्कणा करते हैं वह ऊहा हे। जिसके द्वारा संशय के कारणभूत विकल्प का 'अपोह्यते' अर्थात निराकरण किया जाता है वह अपोहा है। अवग्रह के द्वारा ग्रहण किये गये अर्थ के विशेष स्वरूप का जिसके द्वारा मार्गण अर्थात अन्वेषण किया जाता है वह मार्गणा है। जिसके द्वारा गवेषणा की जाती है वह गवेषणा है। अवग्रह के द्वारा ग्रहण किया गया अर्थ जिसके द्वारा मीमांसित किया जाता है अर्थात विचारा जाता है वह मीमांसा है।[52]

श्रुतज्ञान भी चिन्तनात्मक तथा मानसिक होता है। ईहा तथा श्रुतज्ञान में यह अन्तर है कि श्रुतज्ञान पूर्णतया इन्द्रिय निरपेक्ष होता है, उसमें इन्द्रियों से गृहीत पदार्थ

---

50. अवगृहीतेऽर्थे तद्विशेषाकांक्षणमीहा। ......अवगृह्यार्थं तद्विशेषोपलव्ध्यर्थमर्थादानमीहा। .......इह पुरुषमवगृह्य 'किमयं दक्षिणात्य उत औदीच्य:' इत्येवमाद्यप्रतिपतौ संशय, एवं संशयितस्यौत्तरकालं विशेषोपलिप्सा प्रति यतनमीहेति। तत्त्वार्थवार्तिक; भाग-1, पृष्ठ-60-61

51. णेहा संदेहरूवा, विचारबुद्धिदो संदेहविणासुवलंभा। संदेहादो उवरिमा, अवायादो ओरिमा विच्चाले पयता विचारबुद्धि ईहा णाम। धवला; पुस्तकह्न6, पृष्ठह्न17

52. "ईहा, ऊहा, अपोहा, मग्गणा, गवेसणा, मीमांसा" षट्खण्डागम 5/5/38
उत्पन्नसंशयविनाशाय ईहते चेष्ठते अनया बुद्धया इति ईहा। अवगृहीतार्थस्यानधिगतविशेषै: उह्यते तर्क्यते अनया इति ऊहा। अपोह्यते संशयनिबन्धनविकल्प: अनया इति अपोहा। अवगृहीतार्थविशेषो मृग्यते अन्विष्यते अनया इति मार्गणा। गवेष्यते अनया इति गवेषणा। मीमांस्यते विचार्यते अवगृहीतो अर्थो विशेषरूपेण अनया इति मीमांसा! धवला; पुस्तक-13; पृष्ठ-242

से सम्बन्धित अन्य पदार्थ को जाना जाता है, जबकि ईहा का विषय अवगृहीत वस्तु ही होती है तथा इसमें विभिन्न मानसिक विकल्पों का परीक्षण इन्द्रियों द्वारा ही किया जाता है। सामान्यतया हमारे ज्ञान में अवग्रह, ईहा, अवाय का क्रम बहुत तेजी से घट जाता है। प्रथम क्षण में हम आवाज सुनते हैं, द्वितीय क्षण में यह जिज्ञासा होती है कि यह आवाज किसकी है तथा कुछ देर बाद हमें यह निश्चय हो जाता है कि यह आवाज बाँसुरी की है। लेकिन वैज्ञानिक ज्ञान के क्षेत्र में ईहा एक दीर्घकालीन प्रक्रिया है। इस अनुसंधान के क्षेत्र में ईहा की क्या भूमिका है हम इस पर तर्क के स्वरूप का अध्ययन करते हुए विचार करेंगे। इस प्रकार अवग्रह या प्रथम प्रत्यक्ष के पश्चात उत्पन्न होने वाली अन्वेषण प्रक्रिया का नाम ही ईहा है जो स्वयं निर्णय रूप न होकर निर्णय हेतु प्रयत्न है। विभिन्न व्यक्तियों की ईहा समान नहीं होती। यह हो सकता है कि उनका अवग्रह समान हो और उनकी ईहा में गहरा अन्तर हो। इसका कारण उनके ईहाज्ञानावरणीय कर्म के क्षयोपशम की विभिन्नता से उत्पन्न योग्यता का अन्तर है।

**अवाय**

ईहित वस्तु के विशिष्ट स्वरूप का निश्चय अवाय है।[53] नंदी सूत्र में इसके अपाय, विज्ञान आदि पर्यायवाची बताये गये हैं जिनका अर्थ स्पष्ट करते हुए हरिभद्र कहते हैं- वस्तु के विशेष धर्मों के संकलन पूर्वक ईहा भाव का पूर्णतया परित्याग करते हुए होने वाला अवधारण ''अपाय'' कहलाता है। विशिष्ट ज्ञान को ''विज्ञान'' कहा जाता है। यह क्षयोपशम की विशेषता पूर्वक होता है तथा तीव्रतर धारणा का कारण है।[54]

**धारणा**

अवाय ज्ञान के द्वारा किये गये निश्चय का परवर्ती क्षण में दृढ़ निश्चय रूप से परिणत होने पर उसे धारणा कहा जाता है। धारणा ज्ञान के संस्कारों के द्वारा ही कालान्तर में पदार्थ की स्मृति होती है।[55]

इन्द्रिय प्रत्यक्ष का विकास अवग्रह, ईहा, अवाय, धारणा के क्रम से ही होता है। प्रारम्भ में हम वस्तु के सामान्य स्वरूप का ग्रहण करते हैं। तत्पश्चात उसके विशेष स्वरूप को जानने की जिज्ञासा होती है। इसके परिणाम स्वरूप होने वाले

53. विशेषनिर्ज्ञानाद्याथात्म्यावगमनमवायः। तत्त्वार्थवार्त्तिक; पृष्ठह्र60
54. नंदी सूत्रह्रहरिभद्रसूरिवृत्ति, पृष्ठह्र50-51
55. निर्णीतार्थाऽविस्मृतिर्धारणा। तत्त्वार्थवार्त्तिक; पृष्ठह्र60

प्रयत्न के फलस्वरूप हमें वस्तु के विशेष स्वरूप का निश्चय होता है। यह आवश्यक नहीं है कि हमारे मतिज्ञान का विकास यहीं पर रूक जाय। अवाय ज्ञान हममें वस्तु के और अधिक विशिष्ट स्वरूप के प्रति नयी जिज्ञासाओं को उत्पन्न कर सकता है जिसके फलस्वरूप हमें वस्तु का और अधिक विशिष्ट बोध हो सकता है। मतिज्ञान में सदैव अवग्रह, ईहा, अवाय तथा धारणा चारों ही अवस्थाएं हों यह आवश्यक नहीं है। कभी हमारे ज्ञान में अवग्रह, ईहा तथा अवाय ही होते हैं, कभी अवग्रह के बाद ईहा ही उत्पन्न होकर रह जाती है तथा कभी मात्र अवग्रह ही होता है।[56]

मतिज्ञान के विषय बहु, बहुविध, क्षिप्र, अनिःसृत, अनुक्त, ध्रुव, एक, एकविध, अक्षिप्र, निःसृत, उक्त तथा अध्रुव, इन 12 प्रकार के पदार्थ होते हैं।[57] एक पदार्थ को जानने वाला मतिज्ञान एक विषयक तथा अनेक पदार्थों को जानने वाला मतिज्ञान बहुविषयक होता है। एक प्रकार की अनेक वस्तुओं को जानने वाला मतिज्ञान एकविध विषयक तथा अनेक प्रकार की अनेक वस्तुओं, जैसेह्नअनेक हाथी, अनेक घोड़े आदि को युगपत् जानने वाला मतिज्ञान बहुविध विषयक होता है। नैयायिकों के अनुसार अनेक वस्तुएं एक ज्ञान का विषय नहीं हो सकतीं। इस पर जैन दार्शनिक कहते हैं कि यदि यह स्वीकार नहीं किया जाय कि अनेक वस्तुएं एक ज्ञान का विषय हो सकती हैं तो संशय, तुलना आदि असम्भव हैं। ''यह स्थाणु है अथवा पुरुष'' इस ज्ञान में स्थाणु तथा पुरुष दोनों को एक साथ विषय बनाया जा रहा है। ''यह इससे छोटा है'', ''यह इससे बड़ा है'' इस प्रकार का तुलनात्मक बोध दो वस्तुओं को एक साथ जानने पर ही सम्भव है।[58]

तीव्र गति से जाते हुए पदार्थ को जानना क्षिप्र विषयक मतिज्ञान है तथा मन्द गति से जाते हुए पदार्थ को जानना अक्षिप्र विषयक मतिज्ञान है। आंशिक रूप से प्रकट वस्तु का ज्ञान अनिःसृत मतिज्ञान कहलाता है। जैसे जल में डूबे हुए हाथी के ऊपरी भाग को देखकर ''यह हाथी है'' यह बोध। पूर्णतया प्रकट अर्थ का ज्ञान निःसृत मतिज्ञान कहलाता है। बिना कहे हुए या अभिप्राय मात्र से ज्ञात अर्थ को अनुक्त तथा कहे हुए अर्थ के ज्ञान को उक्त मतिज्ञान कहा जाता है। किसी व्यक्ति की मुखाकृति को देखकर उसके मनोभावों को समझना, किसी व्यक्ति के कथन को सुनकर उसके गूढ़ अभिप्राय को समझना अनुक्त विषयक मतिज्ञान है। इसी प्रकार अग्नि के रूप को देखकर उसके स्पर्श का ज्ञान होना, आम के रूप को देखकर उसके

56. धवला; पुस्तकह्न6, पृष्ठह्न18
57. तत्त्वार्थसूत्र 1/16
58. तत्त्वार्थवार्तिक; पृष्ठह्न62-63

रस का ज्ञान होना अनुक्त विषयक मतिज्ञान है। यह मतिज्ञान नैयायिकों के ज्ञान लक्षण प्रत्यक्ष के समान है। निरन्तर एकरूपता से जानने वाला मतिज्ञान ध्रुव मतिज्ञान है तथा पदार्थ को क्षयोपशम की विशुद्धि में होने वाले अंतर के अनुसार कभी कम तथा कभी अधिक रूप से जानने वाला मतिज्ञान अध्रुव विषयक मतिज्ञान है। यह बहु, बहुविध आदि मतिज्ञान पांचों ज्ञानेन्द्रियों तथा मन से अवग्रह, ईहा, अवाय तथा धारणा के क्रम से होता है। मतिज्ञान के स्पर्शन, रासन, घ्राणज, चाक्षुष, श्रोत्रज तथा मानस ये 6 प्रकार हैं। ये सभी ज्ञान अवग्रह, ईहा, अवाय तथा धारणा रूप होते हैं। अतः इनके 24 भेद तथा 4 इन्द्रियों से होने वाले व्यंजनावग्रह का योग करने पर 28 भेद हैं। यह 28 प्रकार का मतिज्ञान बहु, बहुविध आदि 12 प्रकार के विषयों को जानता है। अतः मतिज्ञान के 12ह्न28 = 336 भेद हैं।[59]

## स्मृति

पूर्वानुभूत वस्तु के संस्कार से उत्पन्न ''वह'' इस आकार के ज्ञान को स्मृति कहा जाता है।[60] इन्द्रियों तथा मन के द्वारा जिस पदार्थ को पूर्व में जाना जा चुका है उसी की कालांतर में स्मृति होती है। बौद्ध स्मृति को प्रमाण–यथार्थ ज्ञान नहीं मानते। वे कहते हैं कि स्मृति का विषय भूतकालीन पदार्थ है जिसका वर्तमान में अभाव है। इस प्रकार असत् पदार्थ का ग्राहक होने के कारण स्मृति अप्रमा है। जैन दार्शनिक कहते हैं कि यह हो सकता है कि स्मृति का विषय वर्तमान काल में अस्तित्व नहीं रखता हो, लेकिन वह पूर्णतया असत् वस्तु की ग्राहक नहीं है; क्योंकि वह भूतकाल में अस्तित्व रखने वाले पदार्थ को जानती है तथा उसे भूतकाल में सत् रूप से ही जानती है। यह सदैव ही प्रमा अथवा अप्रमा नहीं होती; अपितु जहाँ जहाँ यह पदार्थ से अविसंवाद रखती है वहाँ प्रमा तथा विसंवादी होने पर अप्रमा है।[61]

स्मृति हमारे समस्त लोक व्यवहार तथा ज्ञान का आधार है। हम वस्तुओं को पहचानना, भाषा का प्रयोग आदि सभी कार्य हममें स्मरण शक्ति की सत्ता होने पर ही कर सकते हैं। हममें व्याप्ति ज्ञान की स्मृति उत्पन्न होने के उपरान्त ही हम किसी वस्तु को अनुमान द्वारा जान सकते हैं। अतः स्मृति को अप्रमा स्वीकार नहीं किया जा सकता।

## प्रत्यभिज्ञान

वर्तमान में पदार्थ के प्रत्यक्ष तथा पहले देखे हुए पदार्थ के स्मरण, इन दो ज्ञानों के संकलन पूर्वक उत्पन्न ज्ञान को प्रत्यभिज्ञान कहा जाता है। प्रत्यभिज्ञान कई प्रकार

59. तत्त्वार्थवार्तिक; पृष्ठह्न70
60. सस्कारोद्बोधनिबन्धना तदित्याकारा स्मृतिः। परीक्षामुखसूत्र 3/3
61. सिद्धिविनिश्चय स्ववृत्ति 3/2

का होता है-एकत्व, सादृश्य, वैलक्षण्य, प्रातियोगिक आदि। ''यह वही है'' यह एकत्व प्रत्यभिज्ञान है, ''यह इसके सदृश है'' यह सादृश्य प्रत्यभिज्ञान है, ''यह इससे विलक्षण है'' यह वैलक्षण्य प्रत्यभिज्ञान तथा ''यह इसका प्रतियोगी है'' यह प्रातियोगिक प्रत्यभिज्ञान है।[62]

प्रत्यभिज्ञान प्रत्यक्ष तथा स्मरण से भिन्न एक स्वतंत्र ज्ञान है। इसका अंतर्भाव स्मरण के अन्तर्गत नहीं किया जा सकता क्योंकि स्मरण का विषय मात्र भूतकालीन पदार्थ है। यह प्रत्यक्ष भी नहीं है क्योंकि प्रत्यक्ष का विषय मात्र इन्द्रियों के सम्मुख स्थित वर्तमान कालीन पदार्थ ही हो सकता है। यह भी नहीं कहा जा सकता कि पहले देखे हुए पदार्थ के संस्कार से उत्पन्न स्मृति की सहायता से प्रत्यक्ष ही दो पर्यायों में व्याप्त वस्तु का एकत्व, दो वस्तुओं में व्याप्त सादृश्य आदि को जान लेता है, क्योंकि प्रत्यक्ष स्मृति से निरपेक्ष रूप से ही अपने विषय को जानता है। अतः प्रत्यभिज्ञान एक स्वतंत्र ज्ञान है जो स्मृति तथा प्रत्यक्ष के संकलन से उत्पन्न होता है तथा इन दोनों से विलक्षण है।

## तर्क

जैन दार्शनिकों के अनुसार व्याप्ति सम्बन्ध का ज्ञान तर्क कहलाता है।[63] जगत की विभिन्न धटनाओं के पीछे कार्य कर रहे कारण कार्य सम्बन्ध आदि सार्वभौमिक और शाश्वत नियमों को व्याप्ति सम्बन्ध कहा जाता है। इस सम्बन्ध के ज्ञान पूर्वक ही व्यक्ति किसी पदार्थ का अनुमान कर सकता है। जैसे धुआँ को देखकर आग का अनुमान, बादलों को देखकर भविष्य में होने वाली वर्षा का अनुमान क्रमशः धुआँ और आग के मध्य, बादल और भविष्य में होने वाली वर्षा के मध्य व्याप्ति सम्बन्ध के ज्ञान पूर्वक ही सम्भव है। व्याप्ति सम्बन्ध का ज्ञान और अनुमान इन जैसे सामान्यजन प्रसिद्ध दृष्टान्तों तक ही सीमित ज्ञान नहीं है बल्कि वैज्ञानिक नियमों के अनुसन्धान की प्रक्रिया व्याप्ति सम्बन्धों के निश्चय की प्रक्रिया ही है तथा एक वैज्ञानिक इन नियमों का ज्ञान प्राप्त करके विभिन्न परिस्थितियों में होने वाली विभिन्न घटनाओं का अनुमान करता है तथा प्रकृति पर नियन्त्रण स्थापित करने का प्रयास करता है। जैन दार्शनिकों के अनुसार व्याप्ति सम्बन्ध के निश्चय की प्रक्रिया-तर्क को समझने से पूर्व हम इनकी व्याप्ति सम्बन्ध की अवधारणा पर विचार कर रहे हैं।

---

62. दर्शनस्मरणकारणकं सङ्कलनं प्रत्यभिज्ञानम्। तदेवेदं तत्सदृशं तद्विलक्षणं तत्प्रतियोगीत्यादि। परीक्षामुखसूत्र 3/5
63. तर्कात्तन्निर्णयः। परीक्षामुखासूत्र 3/19

**व्याप्ति सम्बन्ध का स्वरूप**

दो वस्तुओं में विद्यमान व्याप्य व्यापक सम्बन्ध को व्याप्ति सम्बन्ध कहा जाता है। व्याप्य उसे कहा जाता है जो सदैव व्यापक के सद्भाव में ही विद्यमान होता है तथा व्यापक के अभाव में जिसका सद्भाव असम्भव है। व्यापक उसे कहा जाता है जो व्याप्य के सद्भाव के साथ ही साथ उसके अभाव में भी उपलब्ध हो सकता है। जैन दार्शनिक इस सम्बन्ध को व्याप्य और व्यापक के मध्य अविनाभाव सम्बन्ध के रूप में परिभाषित करते हैं।[64] वे कहते हैं कि व्याप्ति सम्बन्ध एक नियम है जो यह निश्चित करता है कि व्याप्य सदैव व्यापक के सद्भाव में ही विद्यमान होता है तथा व्यापक का अभाव होने पर उसका विद्यमान होना असम्भव है।[65] अनुमान में सदैव व्याप्य को हेतु या साधन तथा व्यापक को साध्य बनाया जाता है तथा साधन से साध्य का अनुमान किया जाता है।[66] व्याप्ति सम्बन्ध का प्रसिद्ध उदाहरण है-धुआँ वहीं होती है जहाँ आग भी होती है तथा आग के नहीं होने पर धुआँ का सद्भाव असम्भव है।[67] इस व्याप्ति सम्बन्ध में धुआँ व्याप्य और आग व्यापक है तथा सदैव धुआँ (व्याप्य) को हेतु बनाकर आग (व्यापक) का अनुमान किया जाता है।

इस अविनाभाव सम्बन्ध के दो प्रकार हैं – सहभावनियम तथाा क्रमभाव नियम।[68] जो पदार्थ जिस दूसरे पदार्थ के साथ अनिवार्यतया उपलब्ध होता है उसका उस दूसरे पदार्थ के साथ सहभाव नियम होता है।[69] जैसे पुद्गल द्रव्य के रंग गुण के सदैव रस के साथ ही विद्यमान होने और शिंशपात्व रूप व्याप्य सामान्य के वृक्षत्व रूप व्यापक सामान्य के साथ ही विद्यमान होने के कारण इनमें सहभाव नियम है। कालक्रम से घटित होने वाली घटनाओं में क्रमभाव नियम होता है।[70] जैसे विभिन्न नक्षत्रों के क्रमिक रूप से उदय में तथा कारण और कार्य में क्रमभाव नियम होता है। कृतिका नक्षत्र के एक मुहूर्त पश्चात रोहिणी नक्षत्र का उदय अनिवार्यतया होता है। इसलिये इनमें क्रमभाव नियम है। इस नियम के कारण कृतिका नक्षत्र के उदय को पूर्वचर हेतु बनाकर परवर्ती रोहिणी नक्षत्र का तथा रोहिणी नक्षत्र को उत्तरचर हेतु बनाकर पूर्ववर्ती कृतिका नक्षत्र के उदय का अनुमान किया जाता है। बौद्ध दार्शनिक कार्य की ही

64. व्याप्तिर्हिसाध्यसाधनयोरविनाभावः। न्यायकुमुदचन्द्रः भाग–2, पृष्ठ–419
65 न्यायकुमुदचन्द्र; भाग –2, पृष्ठ –423
66 वही
67 परीक्षामुखसूत्र 3/13
68 सहक्रमभावनियमोः अविनाभावः। परीक्षामुखसूत्र–3/12
69 वही 3/13
70 वही 3/14

कारण से व्याप्ति को स्वीकार करते हैं लेकिन वे कारण से कार्य की व्याप्ति को अस्वीकार करते हैं। वे कहते हैं कि अनेक बार कारण के होने पर भी कार्य दृष्टिगोचर नहीं होता। जैन दार्शनिक इस मत को स्वीकार नहीं करते। वे कहते हैं कि न केवल कार्य की ही अपने कारण से व्याप्ति है बल्कि प्रतिबन्धकों से रहित समर्थ कारण अपने कार्य को अनिवार्यतया उत्पन्न करता है और इसलिये इस समर्थ कारण और कार्य में व्याप्ति सम्बन्ध का सद्भाव है।[71]

**व्याप्ति सम्बन्ध के ज्ञान का साधन-तर्क**

तर्क प्रमाण व्याप्ति सम्बन्ध को जानने की सक्रिय, विचारात्मक और अन्वेषणात्मक प्रक्रिया है। जैन दार्शनिक इस प्रक्रिया को परिभाषित करते हुए कहते हैं कि साधन के होने पर साध्य के भी विद्यमान होने (अन्वय) और साधन का अभाव होने पर साध्य के भी नहीं होने (व्यतिरेक) के अनेक दृष्टान्तों के प्रत्यक्षपूर्वक घटित होने वाली विचारात्मक प्रक्रिया तर्क प्रमाण कहलाती है।[72] व्यक्ति साधन और साध्य के अनेक अन्वयव्यतिरेकी दृष्टान्तों के प्रत्यक्ष, पूर्वदृष्ट दृष्टान्तों के स्मरण तथा इन विभिन्न दृष्टान्तों में विद्यमान सादृश्य और विलक्षणता के प्रत्यभिज्ञान पूर्वक साधन और साध्य में स्थित व्याप्ति सम्बन्ध को जानता है।[73] उदाहरण के लिए जब कोई व्यक्ति किसी स्थान पर धुआँ उठती हुई देखता है तो उसे यह जिज्ञासा होती है कि इस धुआँ का कारण क्या है। इस जिज्ञासा की शान्ति हेतु ध्यान से देखने पर उसे वहाँ कोई वस्तु जलती हुई दृष्टिगोचर होती है। कुछ देर बाद जब वह देखता है कि अब उस वस्तु का जलना बन्द हो गया तो अब वहाँ धुआँ भी नहीं उठ रही। भविष्य में उसे पुनः-पुनः धुआँ का सद्भाव होने पर आग के भी होने और आग के नहीं होने पर धुआँ के भी नहीं होने के अनेक दृष्टान्तों का प्रत्यक्ष होता है। साथ ही वह यह भी देखता है कि धुआँ तो सदैव आग के साथ ही प्राप्त हुई है लेकिन आग तो धुआँ के सद्भाव के साथ ही साथ उसके अभाव में भी प्राप्त हो जाती है। अपने इन विभिन्न अनुभवों में विद्यमान समानता और विलक्षणता पर विचार करते हुए व्यक्ति धुआँ और आग

---

71 यत्र सामर्थ्याप्रतिबन्धः कारणान्तरावैकल्यं निश्चियते, तस्यैव लिंगत्वं; नान्यस्येति नोक्तदोषप्रसंगः। प्रमेयरत्नमाला; पृष्ठ-181

72. व्याप्तेः प्रत्यक्षानुपलम्भबलोद्भूतोहारव्यप्रमाणात्प्रसिद्धेः। प्रमेयकमलमार्तण्ड; पृष्ठ-178

73. सम्भवप्रत्ययस्तर्कः प्रत्यक्षानुपलम्भतः।
अन्यथासम्भवासिद्धेरनवस्थानुमानतः। प्रमाणसंग्रह, पद-12
समक्षविकल्पानुस्मरणपरामर्शसम्बन्धामिनिबोधस्तर्कः। प्रमाणसंग्रह; पद-12 पर स्ववृत्ति
सुतरां च सकलसाध्यसाधनव्यक्त्युपसंहारेण तद्गह इति साध्यसाधनदर्शनस्मरणप्रत्यभिज्ञानोपजनितस्तर्क एव प्रतीतिमाधातुमलम्। जैन तर्कभाषा; पृष्ठ-10

के मध्य जो व्याप्ति सम्बन्ध का निश्चय करता है वह निश्चय तर्क प्रमाण कहलाता है।

दो वस्तुओं के अनेक अन्वयव्यतिरेकी दृष्टान्तों का प्रत्यक्ष व्याप्ति सम्बन्ध के निश्चय की प्रक्रिया का प्रथम चरण है तथा इस प्रत्यक्ष का विकास अवग्रह, ईहा, अवाय और धारणा के क्रम से होता है। प्रायः एक सामान्य व्यक्ति का प्रत्यक्ष अवग्रह तक ही सीमित रहता है। वह दो पदार्थों- 'अ' और 'ब' के अनेक अन्वयव्यतिरेकी दृष्टान्तों का प्रत्यक्ष करके तथा यह विचार करके कि अभी तक 'ब' के नहीं होने पर 'अ' के विद्यमान होने का एक भी दृष्टान्त उपलब्ध नहीं हुआ है, 'अ' का 'ब' के साथ सार्वभौमिक और त्रैकालिक व्याप्ति सम्बन्ध स्थापित कर देता है। उसका यह निश्चय व्याप्ति सम्बन्ध का मिथ्या ज्ञान है क्योंकि वह 'अ' का 'ब' से अविनाभाव सम्बन्ध अर्थात 'ब' का अभाव होने पर 'अ' का सद्भाव असम्भव है, को नहीं जानता।[74] व्यक्ति को इस अविनाभाव सम्बन्ध का ज्ञान तभी हो सकता है जबकि वह परीक्षक हो; उसे यह जिज्ञासा हो कि 'अ' सदैव 'ब' के साथ ही क्यों उपलब्ध हो रहा है, यह सहोपलब्धि एक आकस्मिक घटना है या ऐसा कारण-कार्य सम्बन्ध आदि किसी नियम के अनुसार हो रहा है? जब व्यक्ति अपने इन प्रश्नों के समाधान हेतु अन्वेषणात्मक विधि का अवलम्बन लेता है तथा इसके द्वारा दो वस्तुओं के नियत साहचर्य को निर्धारित करने वाले नियमों को जानता है तब उसे उन वस्तुओं में विद्यमान अविनाभाव सम्बन्ध रूप व्याप्ति सम्बन्ध का ज्ञान होता है और उसका यह ज्ञान यथार्थ है।[75] व्यक्ति इन नियमों को कितने उत्कृष्ट रूप में जान सकता है यह उसके तर्कज्ञानावरणीय और वीर्यान्तराय कर्म के क्षयोपशम के सद्भाव और इस ज्ञान को अर्जित करने हेतु किये गये पुरुषार्थ के स्तर पर निर्भर करता है।[76]

अवग्रह द्वारा सामान्य रूप से ज्ञात हुए तथ्यों के विशिष्ट स्वरूप के प्रति जिज्ञासा और उस जिज्ञासा के निवारण हेतु किये जाने वाले अन्वेषणात्मक प्रयत्न को 'ईहा' कहा जता है। विशेष घटनाओं के प्रत्यक्ष के स्तर पर ईहा एक क्षणिक घटना है लेकिन व्याप्ति सम्बन्ध के निश्चय की प्रक्रिया के क्षेत्र में, जो कि वैज्ञानिक नियमों

---

74. अध्यक्षस्यापरीक्षत्वादनुमानं न परम्परा।
अविनाभावसम्बन्धेऽप्यन्तर्व्याप्त्याऽवतिष्ठते।।
बहिर्दर्शनादर्शने धर्मिधर्मस्य न लिंगीलक्षणं तंदुलपाकादिवत्। तनैतावता व्याप्तिः अन्यत्र विचारात्, यतो व्यापकं निवर्तमानं व्याप्यं निवर्त्तयेत्। प्रमाणसंग्रह; पद -32 और उस पर स्ववृत्ति

75. साध्यसाधनयोः स्वभावप्रतिबन्धे साक्षात्कृतेऽपि साकल्येन व्याप्तिः परीक्षातः।
प्रमाणसंग्रह; स्ववृत्ति; पद - 33

76 स्याद्वादरत्नाकर; पृष्ठ - 503

के अनुसंधान की प्रक्रिया भी है, ईहा एक दीर्घकालिक प्रक्रिया है।[77] इस क्षेत्र में व्यक्ति सामान्य रूप से जान लिये गये तथ्यों के विशिष्ट स्वरूप के निश्चय हेतु पहले 'यह होना चाहिये' इस आकार में प्राक्कल्पना का निर्माण करता है तथा इस प्राक्कल्पना की दिशा में तथ्यों की खोज करता है। यदि इस प्रयास के परिणामस्वरूप उस प्राक्कल्पना की असत्यता सिद्ध होती है तो वह नयी प्राक्कल्पना का निर्माण कर उसकी दिशा में अनुसन्धान कार्य करता है। यह क्रम तब तक जारी रहता है जब तक कि व्यक्ति को अपनी समस्या का समाधान प्राप्त नहीं हो जाता। उदाहरण के लिए – एक दिन डॉ. फ्लेमिंग अपने उद्यान में पौधों का निरीक्षण कर रहे थे। उन्होंने एक पौधे पर फफूँदी आयी हुई देखी और कुछ फफूँदी को नष्ट होते हुए देखा। इस दृश्य से उन्हें यह जिज्ञासा हुई कि इस फफूँदी के नष्ट होने का क्या कारण है? इसके कारण को जानने के लिए वे प्रयोगशाला में जाकर अनुसंधान कार्य में लग गये। अनुसंधान की इस प्रक्रिया में उन्होंने अनेक प्राक्कल्पनाओं का निर्माण किया, नियंत्रित परिस्थितियों में प्रयोगात्मक विधि से उनका सत्यापन किया तथा उनके असत्य सिद्ध होने पर नयी प्राक्कल्पनाओं का निर्माण किया...। यह प्रक्रिया तब तक चलती रही जब तक कि उन्हें कुछ विशेष जीवाणुओं का सद्भाव होने पर फफूँदी के नष्ट होने का प्रत्यक्ष नहीं हुआ। उन्होंने नियंत्रित परिस्थितियों में प्रयोग पूर्वक उन विशेष जीवाणुओं का सद्भाव होने पर फफूँदी के अनिवार्यतया नष्ट होने तथा फफूँदी के नष्ट नहीं होने पर उन जीवाणुओं का भी अभाव होने के अनेक अन्वयव्यतिरेकी दृष्टान्तों का प्रत्यक्ष किया। इन प्रत्यक्षों में विद्यमान सादृश्य और विलक्षणता पर विचार करते हुए उन्होंने विशेष प्रकार के जीवाणुओं के सद्भाव और फफूँदी के विनाश के मध्य व्याप्ति सम्बन्ध का निश्चय किया तथा अपने इस ज्ञान के आधार पर 'पेनिसिलिन' नामक दवा का आविष्कार किया। इस प्रकार व्याप्ति सम्बन्ध का ज्ञान दो वस्तुओं के अनेक अन्वयव्यतिरेकी दृष्टान्तों के प्रत्यक्ष के आधार पर किया गया सामान्यीकरण मात्र नहीं है बल्कि यह विचारात्मक, अन्वेषणात्मक और परीक्षाप्रवण तर्क प्रक्रिया से अर्जित ज्ञान है।

तर्क प्रक्रिया द्वारा व्याप्ति सम्बन्ध के निश्चय हेतु सामग्री प्रत्यक्ष द्वारा ही प्राप्त नहीं होती बल्कि यह अनुमान और शब्द प्रमाण द्वारा भी प्राप्त होती है। व्यक्ति व्याप्ति सम्बन्ध के निश्चय हेतु जो अनुसंधान कार्य करता है उसमें वह विभिन्न प्रमाणों से अर्जित जानकारियों का उपयोग करता है। जो व्यक्ति जिस क्षेत्र विशेष में अब तक हुए ज्ञान के विकास से जितना अधिक परिचित होता है उस क्षेत्र में वह उतने ही उत्कृष्ट व्याप्ति सम्बन्धों के अनुसंधान की क्षमता से युक्त होता है। डॉ.

77 देखें इस अध्याय के सन्दर्भ 50,51 तथा 52

फ्लेमिंग विशेष प्रकार के जीवाणुओं के सद्भाव और फफूँदी के विनाश के मध्य व्याप्ति सम्बन्ध का निश्चय इसलिये कर सके कि वे जीवाणुओं के स्वरूप और उनकी शक्तियों के सम्बन्ध में अब तक हुए ज्ञान के विकास से परिचित थे। शब्द प्रमाण से अर्जित इस ज्ञान के आधार पर उन्होंने विभिन्न तथ्यों का अनुमान किया; इसके आधार पर प्राक्कल्पनाओं का निर्माण करके उन प्राक्कल्पनाओं की दिशा में अनुसंधान कार्य किया तथा इसके द्वारा व्याप्ति सम्बन्ध का निश्चय किया। इस प्रकार व्याप्ति सम्बन्ध का ज्ञान मात्र प्रत्यक्ष प्रमाण से अर्जित सामग्री द्वारा नहीं होता बल्कि यह प्रत्यक्ष, अनुमान, शब्द आदि सभी प्रमाणों के अवलम्बन पूर्वक घटित होने वाली अन्वेषणात्मक प्रक्रिया से प्राप्त ज्ञान है।

व्यक्ति का किसी भी क्षेत्र में अनुमान द्वारा अर्जित ज्ञान उस क्षेत्र में कार्यरत सार्वभौमिक नियमों के ज्ञान पूर्वक ही सम्भव होता है। इन नियमों को व्यक्ति सदैव ही स्वयं के अन्वेषणात्मक प्रयत्नों द्वारा नहीं जानता बल्कि वह इनका ज्ञान अनुमान और शब्द प्रमाण द्वारा भी प्राप्त करता है। जैसे एक डॉक्टर विभिन्न जीवाणुओं के सद्भाव और रोगों की उत्पत्ति तथा विभिन्न दवाओं के प्रयोग और रोगों की समाप्ति के मध्य विद्यमान कारण-कार्य नियमों का ज्ञान शब्द प्रमाण से प्राप्त करता है। इस ज्ञान के आधार पर टेस्ट (जाँच) के द्वारा रोगी में रोग विशेष के जीवाणुओं के सद्भाव को सुनिश्चित करके उसके रोग का अनुमान करता है तथा इसके अनुसार वह उसे रोग की समाप्ति हेतु दवा देता है। व्याप्ति सम्बन्ध के ज्ञान में शब्दादि प्रमाणों की इस भूमिका को दृष्टि में रखते हुए माणिक्यनंदी कहते हैं – 'साधन के सद्भाव में साध्य की उपलब्धि और साध्य के अभाव में साधन की अनुपलब्धि के निमित्त से होने वाले व्याप्ति सम्बन्ध के ज्ञान को ऊह (तर्क) कहा जाता है।'[78] इसकी व्याख्या करते हुए प्रभाचन्द्र कहते हैं – व्यक्ति को व्याप्ति सम्बन्ध का ज्ञान मात्र हेतु और साध्य के अन्वयव्यतिरेकी दृष्टान्तों के पुनः पुनः दर्शन से नहीं होता बल्कि उसे यह ज्ञान उसके तर्कज्ञानावरणीय कर्म के क्षयोपशम के अनुसार एक बार या अनेक बार हेतु के होने पर साध्य की उपलब्धि और साध्य का अभाव होने पर हेतु की अनुपलब्धि के ज्ञान पूर्वक होता है। इस उपलब्धि और अनुपलब्धि के निमित्त से होने वाला व्याप्ति सम्बन्ध का ज्ञान तर्क प्रमाण है। यह परिभाषा अव्याप्ति दोष से रहित है, क्योंकि अतीन्द्रिय साधन और साध्य में विद्यमान अन्वयव्यतिरेक का ज्ञान शब्द प्रमाण और अनुमान से भी होता है तथा तर्क प्रमाण की यह परिभाषा इन प्रमाणों से होने वाले ज्ञान को भी अपने में समाहित करती है। उदाहरण के लिए –

78 उपलम्भानुपलम्भनिमित्तं व्याप्तिज्ञानमूहः। परीक्षामुखसूत्र–3/11

जब व्यक्ति किसी अन्य व्यक्ति के सुखी जीवन को देखकर उसके द्वारा पूर्व में किये गये पुण्यार्जन का अनुमान करता है तो इस अनुमान को सम्भव बनाने वाले व्याप्ति सम्बन्ध का ज्ञान 'शुभः पुण्यस्य' इस आप्त वाक्य द्वारा प्राप्त होता है। कर्म सिद्धान्त का ज्ञान व्यक्ति को स्वयं के इन्द्रिय प्रत्यक्ष से होनेवाला ज्ञान न होकर अतीन्द्रिय ज्ञान है तथा सामान्य मानव इसे शब्द प्रमाण द्वारा जानता है। इसी प्रकार जब सूर्य के स्थान परिवर्तन को देखकर उसकी गमनशक्ति का अनुमान किया जाता है तो इस अनुमान में प्रयुक्त सूर्य की गमनशक्ति के सद्भाव रूप साध्य और उसके स्थान परिवर्तन रूप साधन में व्याप्ति सम्बन्ध होने का ज्ञान अनुमान से होता है। इस प्रकार मानव को साधन के होने पर साध्य के भी सद्भाव और साध्य का अभाव होने पर साधन का भी अभाव रूप अन्वयव्यतिरेकी दृष्टान्तों की प्राप्ति मात्र प्रत्यक्ष से ही नहीं, अनुमान और शब्द प्रमाण से भी प्राप्त होती है तथा इस सामग्री पर ऊहापोहात्मक चिन्तन द्वारा होने वाला व्याप्ति सम्बन्ध का ज्ञान 'तर्क प्रमाण' है।[79]

## न्याय दर्शन का मत – तर्क की अप्रामाणिकता तथा तर्कसहकृत प्रत्यक्ष व्याप्ति ज्ञान का साधन

न्याय दर्शन के अनुसार तर्क यथार्थ ज्ञान न होकर मिथ्याज्ञान है। इसके द्वारा व्यक्ति को व्याप्ति सम्बन्ध का ज्ञान नहीं होता; बल्कि व्याप्ति सम्बन्ध का ज्ञान हेतु और साध्य के अन्वयव्यतिरेकी दृष्टान्तों के भूयोदर्शन या पुनः पुनः प्रत्यक्ष द्वारा ही होता है।[80] निश्चित रूप से एक परीक्षक व्यक्ति को जब किसी घटना के पीछे कार्य कर रहे कारण कार्य नियमों आदि को जानने की जिज्ञासा होती है तो वह अन्वेषणात्मक विधि से उन नियमों का ज्ञान प्राप्त करता है। तर्क इस अन्वेषणात्मक विधि का एक चरण मात्र है जो स्वयं अविज्ञात तत्त्व के प्रति निर्णय स्वरूप न होकर निर्णय का साधन है।[81] यह सम्भावना स्वरूप होता है तथा इसका आकार 'यह होना

---

79 उपलम्भानुपलम्भौ साध्यसाधनयोर्यथाक्षयोपशमं सकृत् पुनः पुनर्वा दृढतरं निश्चयानिश्चयौ न भूयोदर्शनादर्शने। तेनातीन्द्रियसाध्यसाधनयोरागमानुमाननिश्चयानिश्चयहेतुकसम्बन्धबोधस्यापि संग्रहान्नाव्याप्तिः। यथा ''अस्त्यस्य प्राणिनो धर्मविशेषोविशिष्टसुखादिसद्भावान्यथानुपपतेः'' इत्यादौ, ''आदित्यस्य गमनशक्तिसम्बन्धोऽस्ति गतिमत्वान्यथानुपपत्तेः'' इत्यादौ च। न खलु धर्मविशेषः प्रवचनादन्यतः प्रतिपत्तुं शक्यः, नाप्यतोनुमानादन्यतः कुतश्चित्प्रमाणादादित्यस्य गमनशक्तिसम्बन्धः साध्यत्वाभिमतः, साधनं वा गतिमत्वं देशाद्देशान्तरप्राप्तिमत्वानुमानादन्यतः इति। तौ निमित्तं यस्य व्याप्तिज्ञानस्य तत्तथोक्तम्। व्याप्तिः साध्यसाधनयोरविनाभावः। तस्य ज्ञानमूहः।

प्रमेयकमलमार्तणड; पृष्ठ–348

80. तर्कभाषा; पृष्ठ–84

81. अविज्ञाततत्त्वेऽर्थे कारणोपपत्तितस्तत्त्वज्ञानार्थमूहस्तर्कः। न्यायसूत्र 1/1/40

चाहिये' रूप होता है।[82] इस प्रकार इसमें निश्चयात्मकता का अभाव होने के कारण यह अप्रमाण है।[83] व्याप्ति सम्बन्ध के ज्ञान की प्रक्रिया में तर्क विभिन्न सम्भावनाओं को उपस्थित करके अनुसन्धान हेतु निर्देश देता है तथा उस निर्देश की दिशा में खोज करते हुए जब व्यक्ति अनेक अन्वयव्यतिरेकी दृष्टान्तों का प्रत्यक्ष करता है तो उन प्रत्यक्षों द्वारा उसे व्याप्ति सम्बन्ध ज्ञात होता है। तर्क ज्ञानार्जन की इस प्रक्रिया में प्रत्यक्ष का सहायक मात्र ही है लेकिन इस क्षेत्र में वह स्वयं प्रमाण नहीं है।

तर्क प्रत्यक्ष का सहायक होने के साथ ही साथ उसका अनुग्राहक भी है क्योंकि यह प्रत्यक्ष द्वारा जाने गये व्याप्ति सम्बन्ध का परीक्षण करके उसकी सत्यता को सुनिश्चित करता है। जैसे-अनेक अन्वयव्यतिरेकी दृष्टान्तों के प्रत्यक्ष पूर्वक जब व्यक्ति धुआँ और आग के मध्य व्याप्ति सम्बन्ध का निश्चय करता है तो वह तर्क द्वारा उसकी परीक्षा करके उसकी सत्यता को सुनिश्चित करता है। वह यह विचार करता है कि हम यह मान लेते हैं कि धुआँ और आग के मध्य व्याप्ति सम्बन्ध नहीं है तथा धुआँ आग के बिना भी मिल सकती है। अपनी इस स्थापना का वह विभिन्न विकल्पों को सामने रखकर परीक्षण करता है। वह 'धुआँ का कारण यह हो सकता है', 'यह हो सकता है' ... आदि रूप से विभिन्न सम्भावनाओं को उपस्थित करके उनकी परीक्षा करता है तथा किसी भी सम्भावना के प्रमाणों से सिद्ध नहीं होने पर वह इस निष्कर्ष पर पहुँचता है कि यह स्थापना असत्य है कि धुआँ का कारण आग के अतिरिक्त अन्य कोई पदार्थ है। इसलिये भूयोदर्शन के द्वारा धुआँ और आग के मध्य जो व्याप्ति सम्बन्ध का ज्ञान हुआ है वही सत्य है। इस प्रकार तर्क प्रत्यक्ष के विषय का विवेचन करके तथा उसका विभिन्न प्रकार से परीक्षण करके उस विषय की सत्यता के प्रति दृढ़ निश्चय उत्पन्न करता है[84]। व्याप्ति सम्बन्ध के निश्चय में तर्क की यह महत्वपूर्ण भूमिका होने पर भी वह स्वयं प्रमाण नहीं है। वह संशय और निर्णय की मध्यवर्ती स्थिति है, स्वयं सम्भावना स्वरूप है, प्रमाणों से अर्थज्ञान प्राप्त करने में

---

82 अविज्ञाततत्त्वे सामान्यतो ज्ञाते धर्मिण्यैकपक्षानुकूलकारणदर्शनात्तस्मिन् सम्भावनाप्रत्ययो भवितव्यतावभासस्तदितरपक्षशैथिल्यापादने तद्ग्राहकप्रमाणमनुगृह्य तान्मुखं प्रवर्तयैस्तत्त्वज्ञानार्थमूहस्तर्कः इति। न्यायमंजरी; भाग-2, पृष्ठ-145

83. .... तत्त्वज्ञानार्थमिति साक्षात्प्रमाणतामस्य निरस्यति, प्रमाणानुग्रहं तु विशेषपरिशोधनद्वारेण विदधत्तत्त्वज्ञानाय कल्पते, तर्क ऊह इति ... वही; पृष्ठ -144

84. न चेह धूमस्याग्निसाहचर्ये कश्चिदुपाधिरस्ति, यद्यभविष्यतदाऽद्रक्ष्यत्, ततो दर्शनाभावान्नास्ति इति तर्कसहकारिणानुपलम्भसनाथेन प्रत्यक्षेणैवोपाध्यभावोऽवधार्यते। तथा च सत्युपाध्यभावग्रहणजनितसंस्कारसहकृतेन भूयोदर्शनजनितसंस्कारसहकृतेन साहचर्यग्राहिणा प्रत्यक्षेणैव धूमाग्न्योर्व्याप्तिरवधार्यते। तर्कभाषा; पृष्ठ-84

सहायक है तथा स्वयं निर्णय रहित होने के कारण अप्रमाण है।[85]

न्याय दर्शन की व्याप्तिस्थापना पद्धति की यह कहकर आलोचना की जाती है कि दो पदार्थों के कुछ भावात्मक-अभावात्मक दृष्टान्तों के प्रत्यक्ष के आधार पर उन पदार्थों में सार्वभौमिक और त्रैकालिक नियत साहचर्य सम्बन्ध के सद्भाव का ज्ञान किस प्रकार हो सकता है? इस आपत्ति के उत्तर में नैयायिक कहते हैं कि दो विशेष वस्तुओं का प्रत्यक्ष करते समय व्यक्ति को सामान्य लक्षण प्रत्यक्ष द्वारा उन दो पदार्थों में विद्यमान सामान्यों का ज्ञान होता है तथा व्यक्ति इन सामान्यों में विद्यमान नियत साहचर्य को जानकर इन सामान्यों के विशेष दृष्टान्तों में व्याप्ति सम्बन्ध का ज्ञान प्राप्त करता है।[86] इस प्रकर व्याप्ति सम्बन्ध का ज्ञान तर्क द्वारा न होकर सहकृत प्रत्यक्ष द्वारा होता है।

**जैन मत – व्याप्ति सम्बन्ध के ज्ञान में प्रत्यक्ष की अपर्याप्तता तथा तर्क की प्रमाणरूपता की सिद्धि**

जैन दार्शनिक न्याय दर्शन के उपर्युक्त मत को अस्वीकार करते हुए कहते हैं कि व्याप्ति सम्बन्ध का ज्ञान प्रत्यक्ष से नहीं हो सकता। इसके विपरीत इसका ज्ञान तर्क प्रमाण से ही होता है। न्यायसूत्र में तर्क के जिस सम्भावनात्मक स्वरूप को प्रमाणों का सहायक होते हुए भी अप्रमाण कहा गया है वह जैन दर्शन द्वारा स्वीकृत तर्क प्रमाण न होकर इस दर्शन द्वारा मान्य इन्द्रिय प्रत्यक्ष के एक चरण-ईहा का एक पक्ष मात्र है।[87] तर्क विभिन्न प्रमाणों से प्राप्त सामग्री के आधार पर घटित होने वाली अन्वेषणात्मक, विचारात्मक और परीक्षाप्रवण प्रक्रिया है। इसमें इस सामग्री के आधार पर ऊहापोहात्मक चिन्तन द्वारा व्याप्ति सम्बन्ध का निश्चय किया जाता है।[88] प्रत्यक्ष तर्क द्वारा व्याप्ति सम्बन्ध के निश्चय के लिये अन्वयव्यतिरेकी दृष्टान्तों के ज्ञान रूपी सामग्री को उपलब्ध मात्र कराता है लेकिन वह स्वयं इस व्याप्ति सम्बन्ध का ज्ञान कराने में सक्षम नहीं है। इसका कारण यह है कि प्रत्यक्ष का विषय सामने स्थित और वर्तमानकालीन पदार्थ होता है। किसी भी प्रत्यक्ष में दो वस्तुओं के त्रैकालिक दृष्टान्तों को जानकर उनमें व्याप्ति सम्बन्ध स्थाापित करने की सामर्थ्य नहीं है। हजारों अन्वयव्यतिरेकी दृष्टान्तों के प्रत्यक्ष से भी व्याप्ति सम्बन्ध का ज्ञान नहीं हो सकता; क्योंकि ये प्रत्यक्ष मात्र अपने अपने विषय का ही ज्ञान हैं तथा किसी भी प्रत्यक्ष में

85. न्यायमंजरी; भाग-2; पृष्ठ-144-145
86. भारतीय दर्शन में अनुमान; पृष्ठ-156
87. तुलना के लिये देंखे इस अध्याय के सन्दर्भ 50-52 तथा 82-83
88. अनुसन्धानेन हि व्याप्तिरूल्लिख्यते, ---प्रत्यक्षरूपता तु तस्य अनुपपन्ना विभिन्नसामग्रीविषयत्वात्। न्यायकुमुदचन्द्र; भाग 2 पृष्ठ-431

अन्य प्रत्यक्षों के विषय को जानकर उनके मध्य तुलना पूर्वक किसी प्रकार के सार्वभौमिक सम्बन्धों को जानने की सामर्थ्य नहीं है।[89] सामान्य लक्षण प्रत्यक्ष द्वारा भी व्याप्ति सम्बन्ध को नहीं जाना जा सकता क्योंकि इस प्रत्यक्ष द्वारा दो विशेष वस्तुओं में विद्यमान सामान्यों का पृथक पृथक ही ज्ञान होता है लेकिन यह प्रत्यक्ष दो सामान्यों में विद्यमान व्याप्ति सम्बन्ध को नहीं जान सकता। जैसे विशेष धुआँ और आग के प्रत्यक्ष द्वारा व्यक्ति को धूमत्व सामान्य और अग्नित्व सामान्य का पृथक पृथक ही ज्ञान होता है लेकिन उसे प्रत्यक्ष द्वारा यह ज्ञान नहीं होता कि धूमत्व सामान्य अग्नित्व सामान्य का अविनाभावी है अर्थात अग्नित्व सामान्य के अभाव में धूमत्व सामान्य का सद्भाव असम्भव है। यदि सामान्यलक्षण प्रत्यक्ष द्वारा व्यक्ति को व्याप्ति सम्बन्ध का ज्ञान होना सम्भव हो तो प्रथम दर्शनकाल में ही उसे यह ज्ञान हो जाना चाहिये। तब उसे व्याप्ति सम्बन्ध के निश्चय के लिए न तो अनेक अन्वयव्यतिरेकी दृष्टान्तों के पुनः पुनः प्रत्यक्ष की आवश्यकता होनी चाहिये और न ही इस प्रत्यक्ष द्वारा स्थापित व्याप्ति सम्बन्ध की तर्क से परीक्षा की जानी चाहिये।[90] इस विवेचन से स्पष्ट है कि व्याप्ति सम्बन्ध का ज्ञान प्रत्यक्ष से न होकर तर्क प्रमाण से होता है।

**चार्वाक मत- व्याप्ति ज्ञान की अप्रामाणिकता**

चार्वाक दर्शन कहता है कि मानव के लिये प्रत्यक्ष, अनुमानादि किसी भी प्रमाण से व्याप्ति सम्बन्ध को जानना सम्भव नहीं है। पुरन्दर नामक चार्वाक कहते हैं, ''अनेक अन्वयव्यतिरेकी दृष्टान्तों के पुनः पुनः दर्शन के आधार पर व्यक्ति व्याप्ति सम्बन्ध की स्थापना करता है तथा इसके आधार पर विभिन्न घटनाओं का अनुमान करके वह लोक व्यवहार में प्रवृत्त होता है। उसका यह अनुमान अनेक बार असत्य सिद्ध होता है। इससे यह सिद्ध होता है कि व्याप्ति सम्बन्ध का यथार्थ ज्ञान प्राप्त करना मानव के लिये सम्भव नहीं है। जब लोक व्यवहार में ही व्याप्ति सम्बन्ध के ज्ञान के आधार पर किये गये अनुमान की असत्यता के दृष्टान्त मिलते हैं तो इसके आधार पर तन्त्र में व्याप्ति सम्बन्ध के ज्ञान और अनुमान को किस प्रकार प्रमाण माना जा सकता है।''[91] इस प्रकार अनुमान लोक व्यवहार की दृष्टि से गौण रूप से ही प्रमाण है तथा इसके द्वारा तत्त्व निर्णय दुर्लभ है।''[92]

---

89 न हि कस्यचित् साकल्येन व्याप्तिज्ञानं क्वचित् कदाचित् प्रत्यक्षं भवितुमर्हति सन्निहित विषयबलोत्पत्तेरविचारकत्वात्। सिद्धिविनिश्चय स्ववृत्ति 3/8

90. न्यायकुमुदचन्द्र; भाग-2, पृष्ठ 431-32

91. स्याद्वादरत्नाकर; पृष्ठ - 266 पर उद्धृत

92. प्रमाणस्य गौणत्वादनुमानादर्थनिर्णयो दुर्लभः। स्याद्वादरत्नाकर; पृष्ठ-265 पर उद्धृत

## जैन मत – व्याप्ति ज्ञान की प्रामाणिकता की सिद्धि

जैन दार्शनिक कहते हैं कि व्याप्ति ज्ञान प्रत्यक्ष से न होकर तर्क प्रमाण से होता है। यह सही है कि अनेक बार व्याप्ति सम्बन्ध का ज्ञान मिथ्या सिद्ध होता है; लेकिन जिस प्रकार अनेक प्रत्यक्षों के भ्रमात्मक सिद्ध होने के आधार पर प्रत्यक्ष को अप्रमाण नहीं कहा जा सकता, उसी प्रकार कुछ व्याप्ति ज्ञानों के असत्य सिद्ध होने के आधार पर इस ज्ञान की सत्यता की सम्भावना का पूर्णतया निषेध नहीं किया जा सकता। जगत के विभिन्न पदार्थों में कारण कार्य सम्बन्धादि वास्तविक रूप से विद्यमान हैं तथा समान घटनाओं के घटित होने के पीछे समान नियम काम कर रहे हैं। व्यक्ति इन नियमों को कितना अधिक स्पट और यथार्थ रूप से जानता है यह उसके ज्ञानार्जन की क्षमता तथा इन नियमों को जानने हेतु किये गये पुरुषार्थ के स्वरूप पर निर्भर करता है। प्रकृति में इन नियमों का अपवाद विद्यमान नहीं है। इसके बावजूद मानव का इस विषयक ज्ञान अनेक बार मिथ्या होता है। इसका कारण है कि मानव सम्बन्धित पदार्थों के विशिष्ट स्वरूप पर पूरी तरह से ध्यान नहीं देता तथा उन्हें सामान्य रूप से जानकर ही उनमें सम्बन्ध की स्थापना कर देता है।[93] उसके व्याप्तिज्ञान को असत्य सिद्ध करने वाले दृष्टान्तों की उपलब्धि उसे अपने इस ज्ञान को परिष्कृत और संशोधित करने के लिये बाध्य करती है। इसके कारण व्यक्ति पुनः तर्क प्रक्रिया के अवलम्बन पूर्वक अधिक परिष्कृत व्याप्ति सम्बन्धों की स्थापना करता है। इस प्रकार समस्त मानवीय ज्ञान के समान ही व्याप्ति सम्बन्धों का ज्ञान भी सतत रूप से संशोधनीय और विकासमान प्रक्रिया में अवस्थित है। आज के वैज्ञानिक ज्ञान का समस्त विकास इसी प्रक्रिया का द्योतक है।

## अनुमान

अनुमान शब्द अनु–पीछे तथा मान–ज्ञान पदों के योग से बना है तथा इसका शाब्दिक अर्थ है– एक ज्ञान के पश्चात होने वाला दूसरा ज्ञान। इसकी परिभाषा दी गयी है, ''साधन से साध्य के ज्ञान को अनुमान कहा जाता है।''[94] साध्य के साथ जिसका अविनाभाव निश्चित हो अर्थात जो साध्य के बिना न हो उसे ''हेतु'' (साधन) कहते हैं।[95] हेतु वही हो सकता है जो साध्य के सद्भाव में ही हो, उसके अभाव में कभी नहीं हो। जिस व्यक्ति को हेतु और साध्य के मध्य व्याप्ति सम्बन्ध का ज्ञान

---

93. प्रमातुरपराधोऽयं विशेषं यो न पश्यति। नानुमानस्य दोषोऽस्ति प्रमेयाव्यभिचारिणः।
स्याद्वादरत्नाकर; पृष्ठ – 269

94. साधनात्साध्यविज्ञानमनुमानम्। परीक्षामुखसूत्र 3/14

95. साध्याविनाभावित्वेन निश्चितो हेतुः। वही 3/15

होता है वही हेतु के प्रत्यक्ष तथा उसका साध्य से व्याप्ति सम्बन्ध के स्मरणपूर्वक साध्य का अनुमान करता है। उदाहरण के लिये किसी स्थान पर धुँआ का प्रत्यक्ष होने पर व्यक्ति को यह स्मरण होता है कि धुँआ वहीं होती है जहाँ आग होती है। यदि आग नहीं हो तो धुँआ भी नहीं हो सकती। इस प्रकार धुँआ और आग के मध्य व्याप्ति सम्बन्ध के स्मरण पूर्वक व्यक्ति धुँआ के प्रत्यक्ष के आधार पर आग का अनुमान करता है। यह अनुमान वही व्यक्ति कर सकता है जिसने पूर्व में धूम और अग्नि के मध्य व्याप्ति सम्बन्ध का निश्चय किया हो।

### हेतु का स्वरूप

बौद्धों के अनुसार सद्हेतु में पक्षसत्व, सपक्षसत्व और विपक्षाद्व्यावृत्ति ये तीन विशेषताएं होनी अनिवार्य हैं। नैयायिक इनमें अबाधित विषयत्व तथा असत्प्रतिपक्ष ये दो विशेषताएँ और जोड़ते हैं। जैन दार्शनिकों के अनुसार हेतु का लक्षण उसका साध्य से अविनाभाव मात्र है। ''अविनाभाव'' का अर्थ है साध्य के बिना साधन का नहीं ही पाया जाना। यह अविनाभाव तथोपपत्ति और अन्यथा अनुपपत्ति रूप होता है।[96] तथोपपत्ति का अर्थ है- साध्य के होने पर साधन होता है, तथा इसी का दूसरा रूप अन्यथा अनुपपत्ति- साध्य के अभाव में साधन की सत्ता नहीं होती, रूप होता है। जैन दार्शनिक कहते हैं कि हेतु का साध्य से अविनाभाव सम्बन्ध होने पर अन्य विशेषताओं का अभाव होने पर भी अनुमान सम्भव है तथा इसके अभाव में अन्य सभी विशेषताओं का सद्भाव भी अकिंचित्कर है। अनेक हेतु ऐसे हैं जो पक्ष में नहीं पाये जाते, फिर भी अपने अविनाभावी साध्य का अनुमान कराते हैं। जैसे ''रोहिणी नक्षत्र एक मुहुर्त के बाद उदित होगा क्योंकि इस समय कृतिका का उदय है।'' यहाँ कृतिका के उदय और एक मुहूर्त बाद उदित होने वाले रोहिणी के उदय में अविनाभाव है, वह अवश्य ही उदित होगा, परन्तु कृतिका का उदय रोहिणी नामक पक्ष में नहीं पाया जाता। सपक्षसत्व भी हेतु के लिये अनिवार्य नहीं है क्योंकि सपक्ष में रहने या नहीं रहने से हेतु की हेतुता में कोई अन्तर नहीं पड़ता। ''सभी वस्तुएँ क्षणिक हैं, सत् होने से'' जैसे समस्त पदार्थों में किसी धर्म की सत्ता सिद्ध करने वाले अनुमान में सपक्ष की सत्ता नहीं होने पर भी हेतु साध्य का गमक होता है।[97] पक्षधर्मत्वादि तीनों विशेषताओं के होने पर भी अन्यथाअनुपपत्ति के अभाव में हेतु में गमकपना नहीं देखा जाता। उदाहरण के लिये देवदत्त का गर्भस्थ पुत्र साँवला है क्योंकि वह उसका पुत्र है, उसके अन्य पुत्रों के समान। यहाँ पर देवदत्त का गर्भस्थ पुत्र पक्ष है जिसमें

96. न्यायकुमुदचन्द्र, पृष्ठ 423
97. प्रमेयरत्नमाला, पृष्ठ 141

साँवलापन सिद्ध किया जा रहा है। सपक्ष देवदत्त के अन्य पुत्र हैं तथा हेतु देवदत्त का पुत्र होना है। जो जो देवदत्त का पुत्र है वह काला है तथा जो काला नहीं है वह देवदत्त का पुत्र नहीं है, इस प्रकार हेतु में विपक्षादूव्यावृति भी है। इन तीनों का सद्भाव होने पर भी हेतु का साध्य से अन्यथाअनुपपत्ति नहीं होने के कारण यह हेतु सम्यक् हेतु नहीं हो सकता। देवदत्त के विद्यमान समस्त पुत्रों के काला होने के आधार पर यह नहीं कहा जा सकता कि देवदत्त का पुत्र गोरा हो ही नहीं सकता।[98] इन तीन विशेषताओं के अतिरिक्त नैयायिकों द्वारा मानी गयी दो और विशेषताएं-अबाधित विषयत्व और असत्प्रतिपक्ष अविनाभाव के ही विस्तार हैं। जिस हेतु का साध्य के साथ अविनाभाव है वह न तो किसी अन्य प्रमाण से बाधित ही हो सकता हैऔर न ही उसका प्रतिपक्षी हेतु सम्भव है। हेतु का लक्षण हेतु का साध्य के अभाव में नहीं ही पाया जाना रूप अन्यथा अनुपपत्ति ही हो सकता है तथा इसी आधार पर हेतु के द्वारा साध्य का ज्ञान होता है।[99]

### साध्य का स्वरूप

साध्य दृष्ट, अबाधित और असिद्ध होता है।[100] जो पदार्थ अभी तक अनिर्णीत है अथवा जिसके प्रति संशय या विपर्यय है, उसे ही अनुमान द्वारा जानने के लिये प्रवृत्ति होती है। यह पदार्थ प्रत्यक्षादि प्रमाणों से अविरुद्ध होने पर ही अनुमान का विषय हो सकता है।

### अनुमान के अवयव

जैन दार्शनिकों के अनुसार अनुमान के दो अनिवार्य और पर्याप्त अवयव हैं ह्व प्रतिज्ञा वाक्य और हेतु वाक्य।[101] प्रतिज्ञा वाक्य में पक्ष में साध्य की सत्ता बतायी जाती है तथा हेतु वाक्य में उसकी सिद्धि के लिये हेतु प्रस्तुत किया जाता है। पक्ष वह अधिकरण है जिसमें हेतु के द्वारा साध्य को सिद्ध किया जाता है। अनुमान का स्वरूप है-पर्वत पर अग्नि है (प्रतिज्ञा), क्योंकि वहाँ धूम है (हेतु)। एक विज्ञ व्यक्ति को इन दो वाक्यों के प्रयोग से ही अनुमान हो जाता है। जिस व्यक्ति ने हेतु का साध्य से अविनाभाव भली प्रकार निश्चित कर लिया है उस व्यक्ति को हेतु का ज्ञान

---

98. प्रमेयरत्नमाला; पृष्ठह्व143
99. प्रमेयरत्नमाला; पृष्ठह्व146
100. इष्टमवाधितमसिद्धं साध्यम्। परीक्षामुखसूत्र 3/20
101. प्रमेयरत्नमाला, पृष्ठह्व165

होते ही उसका साध्य से व्याप्ति सम्बन्ध का स्मरण भी हो जाता है तथा इसके द्वारा साध्य ज्ञात हो जाता है। उसे साध्य को जानने के लिये उदाहरणादि के प्रयोग की कोई आवश्यकता नहीं है। इसका कारण यह है कि उदाहरण साध्य का ज्ञान कराने में कारण नहीं है और न ही इसके द्वारा व्याप्ति सम्बन्ध का ज्ञान होता है। उदाहरण दिक्कालिक पदार्थ रूप होता है और व्याप्ति सर्वदेश काल की उपसंहार वाली होती है। जिसने साध्य के साथ अविनाभाव का ग्रहण कर लिया है ऐसे पुरुष को हेतु के ज्ञान मात्र से व्याप्ति की सिद्धि हो जाती है और जिसने पूर्व में अविनाभाव सम्बन्ध को ग्रहण नहीं किया है उसे सैकड़ों दृष्टान्तों के प्रयोग से भी व्याप्ति का स्मरण नहीं होता।[102] फिर भी एक मन्दबुद्धि व्यक्ति को अनुमान के लिये उदाहरण, उपनय और निगमन के प्रयोग की आवश्यकता हो सकती है, लेकिन इन्हें अनुमान मात्र के अवयव मानने की कोई आवश्यकता नहीं है।[103]

### अनुमान के प्रकार

अनुमान के दो भेद किये गये हैं- स्वार्थानुमान और परार्थानुमान[104] परोपदेश के बिना स्वयं को साधन से साध्य का ज्ञान स्वार्थानुमान कहलाता है।[105] स्वार्थानुमान के विषयभूत अर्थ का परामर्श करने वाले( विषय बनाने वाले) वचनों से जो अन्य व्यक्ति को साध्य का ज्ञान होता है उसे परार्थानुमान कहते हैं।[106]

## श्रुतज्ञान

''श्रुत'' शब्द का अर्थ है सुना हुआ। इस शाब्दिक अर्थ के अनुसार सुनकर होने वाला ज्ञान श्रुतज्ञान है। जैन दार्शनिक श्रुतज्ञान को इस सीमित अर्थ में परिभाषित न कर बहुत व्यापक अर्थ में परिभाषित करते हैं। उनके अनुसार श्रुतज्ञानावरणीय तथा वीर्यान्तराय कर्म का क्षयोपशम होने पर मतिज्ञान द्वारा जाने गये पदार्थ का अवलम्बन लेकर उससे सम्बद्ध पदार्थ का ज्ञान श्रुतज्ञान कहलाता है।[107] श्रुतज्ञान मतिज्ञान पूर्वक

---

102. प्रमेयरत्नमाला, पृष्ठ166-67
103. परीक्षामुखसूत्र 3/42
104. परीक्षामुखसूत्र 3/48-49
105. प्रमेयरत्नमाला, पृष्ठ174
106. परीक्षामुखसूत्र 3/51
107. मतिज्ञानेन निश्चितमर्थमवलम्व्य अर्थान्तरंहतत्सम्बद्धमन्यार्थमुपलभ्यमानं-अवबुध्यमानं श्रुतज्ञानावरणवीर्यान्तरायक्षयोपशमोत्पन्नं जीवस्य ज्ञानपर्यायं श्रुतज्ञानमिति मुनीश्वरा भणन्ति।
गोम्मटसार जीवकाण्ड पृष्ठ523

होता है।[108] यह मानसिक[109] तथा तर्कणा रूप होता है।[110] जिस पदार्थ को पहले चक्षुरादि इन्द्रियों तथा मन की सहायता से जान लिया गया है, उस पदार्थ का अवलम्बन लेकर उससे सजातीय विजातीय अन्य पदार्थ को मात्र मन द्वारा परामर्श स्वभावतया (विचार पूर्वक) जानने वाला ज्ञान श्रुतज्ञान कहलाता है।[111]

श्रुतज्ञान के धवला में दो भेद किये गये हैं- शब्दलिंगज श्रुतज्ञान तथा अर्थलिंगज श्रुतज्ञान।[112] गोम्मटसार में इन्हें अक्षरात्मक और अनक्षरात्मक श्रुतज्ञान भी कहा गया है। इनका अर्थ स्पष्ट करते हुए नेमीचन्द्र कहते हैं कि शब्द के प्रत्यक्ष के उपरान्त वाच्य वाचक सम्बन्ध के स्मरण पूर्वक उत्पन्न होने वाला पदार्थ का ज्ञान अक्षरात्मक या शब्द लिंगज श्रुतज्ञान है। जैसे ''जीव है'' इन शब्दों का ज्ञान होने पर इनके वाच्य पदार्थ-जीव के अस्तित्व का ज्ञान अक्षरात्मक श्रुतज्ञान है। वायु के शीत स्पर्श के ज्ञान के उपरान्त वात प्रकृति वाले व्यक्ति को होने वाला यह ज्ञान कि ''यह मेरी प्रकृत्ति के अनुकूल नहीं है'' अनक्षरात्मक श्रुतज्ञान कहलाता है।[113]

## अक्षरात्मक (शब्द लिंगज) श्रुतज्ञान

परोपदेश पूर्वक या अन्य व्यक्ति के वचनों के द्वारा उत्पन्न होने वाला पदार्थ का ज्ञान शब्दलिंगज श्रुतज्ञान कहलाता है। यह ज्ञान परोक्ष होता है तथा इसका विषय ऐसा पदार्थ होता है जो अभी तक प्रत्यक्ष, अनुमानादि अन्य प्रमाणों द्वारा नहीं जाना गया है। यह ज्ञान आप्त पुरुष, जिसने विषय को यथार्थतः जाना है तथा जो सत्यवादिता आदि गुणों से युक्त है, के वचनों से उत्पन्न होने पर ही यथार्थ हो सकता है। इसे शब्द प्रमाण भी कहा जाता है। भारतीय दर्शन में शब्द प्रमाण के प्रायः दो भेद किये

---

108. श्रुतं मतिपूर्वं... । तत्त्वार्थसूत्र 1/20
109. श्रुतमनिन्द्रियस्य। तत्त्वार्थ सूत्र 2/21
110. वितर्कः श्रुतम्। तत्त्वार्थ सूत्र 9/43
    मतिपूर्व ततोज्ञेयं श्रुतमस्पष्टतर्कणम्...।
    श्रुतमस्पष्टतर्कणमित्यपि मतिपूर्वं नानार्थप्ररूपणं श्रुतज्ञानावरणक्षयोपशमापेक्षमित्यवगन्तव्यं.....
    तत्त्वार्थश्लोकवार्तिक; पृष्ठह्व237
111. श्रुतस्य साक्षात्श्रवणनिमितत्वासिद्धेः तस्यानिन्द्रियवत्वादृष्टार्थसजातीयविजातीयनानार्थ परामर्शनस्वभावतया प्रसिद्धत्वात्। तत्त्वार्थश्लोकवार्तिक, पृष्ठह्व165
112. धवला; पुस्तकह्व13, पृष्ठह्व245
113. अस्मिन् श्रुतज्ञानप्रकरणे अक्षरानक्षरात्मकयोः शब्दजलिंगजयोः श्रुतज्ञानभेदयोः मध्ये शब्दजं- वर्णपद वाक्यात्मकशब्दजनितं श्रुतज्ञानं प्रमुखं प्रधानं दत्तग्रहणशास्त्राध्ययनादिसकलव्यवहाराणां तन्मूलत्वात्। अनक्षरात्मकं तु लिंगजं श्रुतज्ञानं एकेन्द्रियादिपंचेन्द्रिय पर्यन्तेषु जीवेषु विद्यमानमपि व्यवहारानुपयोगित्वादप्रधानं भवति। गोम्मटसार जीवकाण्ड, पृष्ठह्व523

जाते हैं-लौकिक तथा अलौकिक । जो ज्ञान सामान्य व्यक्तियों के शब्दों से उत्पन्न होता है और उनके इन्द्रियानुभव पर आधारित है उसे लौकिक शब्द प्रमाण कहा जाता है। वैदिक दर्शनों के अनुसार जो ज्ञान ईश्वरकृत या अपौरूषेय वेद और उनका अनुसरण करने वाले मनीषियों के वचनों से उत्पन्न हुआ है तथा धर्म, मोक्षादि अतीन्द्रिय पदार्थों की जानकारी प्रदान करता है वह अलौकिक शब्द प्रमाण है। जैन दार्शनिक वेदों की प्रामाणिकता को स्वीकार नहीं करते। उनके अनुसार आप्त पुरुष के वचनों से उत्पन्न ज्ञान ही शब्द प्रमाण हो सकता है। अलौकिक दृष्टि से जो मानव सर्वज्ञ, वीतरागी और हितोपदेशी हो वही आप्त है[114] तथा धर्म, मोक्षादि अतीन्द्रिय पदार्थों के क्षेत्र में उसी के वचनों से उत्पन्न ज्ञान शब्द प्रमाण है।

## वक्ता की आप्तता के निर्धारण का आधार

श्रुतज्ञान एक व्यक्ति द्वारा किसी विषय में अर्जित ज्ञान का भाषा के माध्यम से अन्य व्यक्ति को सम्प्रेषण है। भाषा के द्वारा विषय का वर्णन उसका यथार्थ बोध नहीं होने पर तथा अन्य व्यक्ति को धोका देने के लिए भी किया जाता है। ऐसी स्थिति में वर्णित विषय का यथार्थ बोध नहीं हो सकता। हमें शब्दों के द्वारा विषय का यथार्थ बोध ही हो इसके लिये वक्ता की आप्तता का निश्चय करना आवश्यक है। किसी विषय के प्रति वही व्यक्ति आप्त हो सकता है जो यथार्थ ज्ञान, वैराग्यादि गुणों से युक्त हो तथा अज्ञान, लोभ, क्रोधादि दोषों के वशीभूत होकर अपनी बात नहीं कह रहा हो। आप्त शब्द का अर्थ स्पष्ट करते हुए अकलंक कहते हैं, ''जो आप्ति से युक्त हो वह आप्त है। आप्ति के दो अर्थ हैं- (1) अर्थ (वस्तु, पदार्थ) के साक्षात्कारादि गुण आप्ति हैं, (2) सम्प्रदाय का अविच्छेद आप्ति है।''[115] सम्प्रदाय के अविच्छेद रूप आप्ति से आशय है-साक्षात अथवा परम्परागत रूप से अर्थ के साक्षात्कर्ता व्यक्ति के वचनों से उत्पन्न ज्ञान युक्तता। वादिराज कहते हैं, ''यथार्थ ज्ञान, वैराग्यादि गुणों से युक्त व्यक्ति आप्त होता है तथा उसके वचन यथार्थ ही होते हैं। वचनों की अयथार्थता उन गुणों से भिन्न अज्ञान, राग, द्वेषादि दोषों का कार्य है।''[116]

प्रश्न उठता है कि यह निश्चय किस प्रकार किया जा सकता है कि यह व्यक्ति यथार्थ ज्ञान, सत्यवादिता आदि गुणों के कारण आप्त है? दार्शनिक क्षेत्र में हम देखते

---

114. रत्नकरण्ड श्रावकाचार; पदह्र5-8
115. तत्राप्तिः साक्षात्करणादिगुणः सम्प्रदायाविच्छेदो वा। अष्टशती-अष्टसहस्री, पृष्ठ-239
116. न्यायविनिश्चयविवरण; भाग-2, पृष्ठह्र254

हैं कि भिन्न भिन्न दर्शनों द्वारा परस्पर विरोधी सिद्धान्तों का प्रतिपादन किया जाता है तथा सभी व्यक्ति अपने सम्प्रदाय के प्रवर्तक को आप्त अर्थात अर्थ के साक्षात्कारादि गुणों से युक्त स्वीकार करते हैं। उनमें से कौन आप्त है, किसने वास्तव में अर्थ का साक्षात्कार किया है, इसका निश्चय करने का कोई साधन नहीं है। व्यक्ति विशेष की आप्तता का निश्चय प्रत्यक्ष के द्वारा नहीं किया जा सकता, क्योंकि अन्य व्यक्ति की चेतना प्रत्यक्ष का विषय नहीं हो सकती। अनुमान के द्वारा भी नहीं किया जा सकता, क्योंकि तत्त्वदर्शी भी अतत्त्वदर्शी के समान ही कार्य करते हैं।

इसके उत्तर में विद्यानन्दि कहते हैं कि व्यक्ति के वाक् व्यापार और काय व्यापार की यत्नपूर्वक की गयी परीक्षा के द्वारा उसकी आप्तता और अनाप्तता का अनुमान किया जा सकता है। जिस प्रकार एक मन्द बुद्धि व्यक्ति धूम और धूम ध्वजा में अन्तर नहीं कर पाता, इसलिये उसे अग्नि के अभाव में भी धूम की उपलब्धि हो जाती है, लेकिन एक बुद्धिमान व्यक्ति को कभी भी धूम और अग्नि के मध्य विद्यमान व्याप्ति सम्बन्ध का अपवाद उपलब्ध नहीं होता; इसी प्रकार एक ज्ञानादि अतिशय से युक्त व्यक्ति तथा अज्ञानी, रागी, द्वेषी व्यक्ति के व्यवहार में अन्तर होता है तथा एक प्रज्ञावान व्यक्ति वक्ता के वाग्व्यापारादि का भली प्रकार परीक्षण कर उसकी आप्तता का सम्यक् अनुमान कर सकता है।[117]

जो व्यक्ति हमारे समक्ष विद्यमान है उसके वचनों की यथार्थता का निश्चय उसकी शारीरिक चेष्ठाओं, मुखाकृति, बोलने के ढंग आदि तथा वचनों के परीक्षण पूर्वक किया जा सकता है। लेकिन जिस व्यक्ति के वचन ही उपलब्ध हैं उसकी आप्तता के निश्चय का उपाय प्रस्तुत करते हुए समन्तभद्र कहते हैं कि वही व्यक्ति आप्त हो सकता है जिसके वचन युक्ति और शास्त्र से अविरोधी हों। व्यक्ति के वचनों के प्रत्यक्षादि प्रमाणों से बाधित होने पर उसे आप्त नहीं कहा जा सकता।[118] अकलंक कहते हैं कि शास्त्र में विद्यमान गुणदोषों के आधार पर शास्त्रकार के गुण दोषों का अनुमान किया जाता है क्योंकि शास्त्र में विद्यमान गुणदोष शास्त्रकार के गुणदोषों के अभाव में असम्भव हैं।[119] लधीयस्त्रय में वे कहते हैं कि जिस व्यक्ति

---

117. अष्टसहस्त्रीः पृष्ठह्ल72

118. स त्वमेवासि निर्दोषो युक्तिशास्त्राविरोधिवाक्। अविरोधो यदिष्टं ते प्रसिद्धेन न बाध्यते ।।
त्वन्मतामृतबाह्यानां सर्वथैकान्तवादिनाम् । आप्ताभिमान दग्धानां स्वेष्टं दृष्टेर्न बाध्यते ।।
आप्तमीमांसा; पदह्ल6 और 7

119. परोक्षोऽप्यविनाभावसम्बद्धैर्गुणदोषयोः । शास्त्रैर्निर्वतितैः शास्त्रकारवत् सम्प्रतीयते।।
न्यायविनिश्चय 3/3

के वचन व्यवहार से अविसंवादी हैं वही आप्त हो सकता है। प्रत्यक्ष, अनुमानादि समस्त ज्ञान व्यवहार से अविसंवादी होने पर ही यथार्थ, अन्यथा अयथार्थ होते हैं। व्यवहार अर्थ, अभिधान और प्रत्ययात्मक होता है। श्रुतज्ञान की प्रामाणिकता के निश्चय का आधार उसमें पूर्वापर विरोध का अभाव तथा अन्य प्रमाणों से अविरोध है।[120]

किसी भी विषय को जानने के लिये प्रवृत्ति का लक्ष्य इष्ट प्राप्ति और अनिष्ट परिहार है। ज्ञान इस लक्ष्य की प्राप्ति कराने में समर्थ होने पर ही यथार्थ, अन्यथा अयथार्थ है। जिन वचनों का अनुसरण कर इष्ट पदार्थ को प्राप्त किया जा सके वे वचन अर्थात्मक व्यवहार से अविसंवादी हैं, जिन वचनों के द्वारा इष्ट अर्थ का प्रतिपादन किया जा सके वे वचन वचनात्मक व्यवहार से अविसंवादी हैं तथा जिनके द्वारा इष्ट अर्थ को जाना जा सके वे वचन ज्ञानात्मक व्यवहार से अविसंवादी हैं। वचनों की यथार्थता को अर्थात्मक व्यवहार से अविसंवाद के आधार पर निश्चित कर पाना सदैव सम्भव नहीं होता, क्योंकि उनका विषय अत्यन्त परोक्ष पदार्थ भी होते हैं। इसलिये प्रायः इनकी यथार्थता और वक्ता की आप्तता का निश्चय वचनात्मक और ज्ञानात्मक व्यवहार से अविसंवाद के आधार पर किया जाता है। व्यक्ति के वचनों में विद्यमान पूर्वापर विरोध अभिधानात्मक व्यवहार से विसंवाद है क्योंकि विरोधी कथन इष्ट तत्त्व का प्रतिपादन कर सकने में असमर्थ हैं तथा उनका अन्य प्रमाणों से विरोध ज्ञानात्मक व्यवहार से विसंवाद है।

व्यक्ति अपने वचनों के अभिधानात्मक और प्रत्ययात्मक व्यवहार से अविसंवाद होने पर ही आप्त हो सकता है। वादिराज कहते हैं, ''कोई भी व्यक्ति विद्वान है, गुणवान है, इसका निश्चय इसी आधार पर होता है कि उसके वचन प्रत्यक्ष और आगम से अविरूद्ध प्ररूपण करने वाले हैं तथा प्रत्यक्ष और उसका अनुसरण करने वाले स्मृति, अनुमान आदि किसी भी प्रमाण से वह वर्णन असंगति नहीं रखता। साथ ही व्यक्ति ग्रन्थ के विभिन्न भागों में वस्तु का पूर्वापर विरोध रहित रूप से वर्णन कर रहा है।[121]

दैनिक जीवन में हम देखते हैं कि किसी क्षेत्र विशेष में उसी व्यक्ति के वचन प्रामाणिक माने जाते हैं जिसकी विशेषज्ञता सुनिश्चित है। उसकी विशेषज्ञता का निश्चय हम उसके प्रति विभिन्न स्रोतों से प्राप्त जानकारियों के आधार पर करते हैं। यदि व्यक्ति विशेषज्ञ होते हुए भी क्रोध, लोभ आदि के वशीभूत होकर कुछ कहे तो

120. प्रत्यक्षस्यापि प्रामाण्यं व्यवहारापेक्षम्। सः पुनः अर्थाभिधानप्रत्ययात्मकः। ... श्रुते प्रमाणान्तराबाधनं पूर्वापराऽविरोधश्च अविसंवादः। लघीयस्त्रय स्ववृत्ति; पदह्र42

121. न्यायविनिश्चयविवरण, भाग–2 पृष्ठह्र254–55

उसके वचन सन्देह से परे नहीं रहते। ये गुण दोष यद्यपि प्रत्यक्षगम्य नहीं हैं तथापि व्यक्ति के व्यवहार द्वारा इनका अनुमान किया जा सकता है। उदाहरण के लिये एक लोभी डॉक्टर द्वारा एक गरीब रोगी के उदासीनता पूर्वक किये गये परीक्षण के उपरान्त रोग के निदान के बारे में डॉक्टर के वचनों पर रोगी विश्वास नहीं कर पाता। इसके विपरीत एक अन्य डॉक्टर द्वारा पूरी तत्परतापूर्वक किये गये निरीक्षण के उपरान्त कहे गये वचनों पर रोगी को विश्वास हो जाता है। व्यक्ति की आप्तता के निश्चय के उपरान्त भी यदि उसके वचनों का अनुसरण करने पर अभीष्ट लक्ष्य की प्राप्ति में असफलता मिले तो वह उसकी आप्तता में संशय उत्पन्न कर देती है।

कई क्षेत्र ऐसे होते हैं जिनके प्रति हम पूर्णरूपेण अनभिज्ञ होते हैं। उन क्षेत्रों में किसी भी प्रकार की जानकारी के लिये हम आप्त पुरुष के वचनों पर ही निर्भर करते हैं। एक सामान्य व्यक्ति के लिये विज्ञान, चिकित्सा, योग साधना आदि अनेक क्षेत्र इसी प्रकार के होते हैं जिनके सम्बन्ध में वह स्वयं कुछ भी नहीं जानता तथा उसे इनके सम्बन्ध में किसी भी प्रकार के परामर्श के लिये विशेषज्ञ की आवश्यकता होती है। ऐसे क्षेत्रों में व्यक्ति का ज्ञान ''क ने ऐसा कहा है'' रूप होता है, ''ऐसा है'' इस निश्चयात्मकता से युक्त नहीं। यह दर्शन (प्रतीति, विश्वास) रहित ज्ञान वास्तव में मिथ्या ज्ञान है। व्यक्ति को विषय का यथार्थ बोध तभी हो सकता है, जबकि वह स्वयं विषय को समझ कर उसके प्रति यह महसूस करे कि ''ऐसा है।''

शब्द प्रमाण का महत्व पूर्ण रूपेण अज्ञात क्षेत्र के प्रति किसी प्रकार के परामर्श की प्राप्ति में ही नहीं है अपितु किसी क्षेत्र विशेष में नवीन जानकारी प्राप्त करने तथा दक्षता प्राप्त करने का भी यह महत्वपूर्ण साधन है। परिचित क्षेत्र में शब्द प्रमाण द्वारा नवीन जानकारी प्राप्त करते समय व्यक्ति उसकी यथार्थता का निश्चय उस जानकारी की पूर्व ज्ञात तथ्यों से संगति तथा उसके वचनों में विद्यमान आन्तरिक संगति के आधार पर करता है। वर्णन में इन विशेषताओं के विद्यमान होने पर भी यदि विषय का परोक्ष अंश युक्तियों से विरूद्ध हो तो व्यक्ति उसे यथार्थ स्वीकार नहीं करता। इस प्रकार पूर्णरूपेण अपरिचित क्षेत्र में किसी भी कथन को मात्र व्यक्ति की आप्तता के आधार पर सत्य स्वीकार किया जा सकता है, लेकिन जिस क्षेत्र में व्यक्ति की विषय को समझने की प्रक्रिया प्रारम्भ हो गयी है, उसमें वह किसी भी कथन को आप्त पुरुष के वचन होने मात्र के कारण यथार्थ स्वीकार नहीं कर लेता, अपितु प्रत्येक कथन की सत्यता का विभिन्न प्रकार से परीक्षण पूर्वक निश्चय करता है तथा उनकी सत्यता के परीक्षण का उपाय है उन कथनों की अन्य प्रमाणों और युक्तियों से विरोध रहितता और आप्त पुरूष के वचनों में पूर्वापर विरोध का अभाव।

## भाषा की अर्थवाचकता और श्रुतज्ञान

चार्वाक के अतिरिक्त सभी भारतीय दार्शनिक शब्द प्रमाण की सत्ता को स्वीकार करते हैं। उनके अनुसार यही ज्ञान का एकमात्र ऐसा साधन है जो सत्ता के स्वरूप के प्रति अज्ञान की निवृत्ति तथा मोक्षप्राप्ति के उपायों का बोध कराने में समर्थ है। इसके बावजूद भी बौद्ध तथा अद्वैत वेदान्ती सत्ता को परमार्थत अनिर्वचनीय मानते हैं। उनके अनुसार निर्विकल्पक ज्ञान, जिसमें न तो किसी शब्द का प्रयोग होता है और न ही किसी सम्प्रत्यय का, ही वस्तु का वास्तविक ज्ञान है। सविकल्पक या शब्दात्मक ज्ञान बौद्धों के अनुसार संवृत्ति सत्य तथा अद्वैत वेदान्तियों के अनुसार व्यावहारिक सत्य है। बौद्ध पदार्थ की पारमार्थिक अवक्तव्यता को स्थापित करते हुए कहते हैं कि शब्द और अर्थ अर्थात वस्तु में किसी प्रकार का सम्बन्ध नहीं है। इसलिये शब्द के द्वारा अर्थबोध सम्भव नहीं है। सम्बन्ध दो प्रकार के होते हैं- तादात्म्य सम्बन्ध और तदुत्पत्ति सम्बन्ध।[122] दो अभिन्न पदार्थों में स्थित सम्बन्ध को तादात्म्य सम्बन्ध कहा जाता है तथा कारण कार्य रूप से सम्बन्धित पदार्थों में तदुत्पत्ति सम्बन्ध होता है। शब्द और पदार्थ परस्पर भिन्न भिन्न हैं, इसलिये इनमें तादात्म्य सम्बन्ध नहीं हो सकता। यदि इनमें तादात्म्य सम्बन्ध हो तो मोदक शब्द का उच्चारण करते ही मुख में मोदक आ जाना चाहिये तथा अग्नि शब्द का उच्चारण करते ही मुख जल जाना चाहिये, जो नहीं होता। इनमें तदुत्पत्ति सम्बन्ध भी नहीं हैं क्योंकि यदि शब्दों की उत्पत्ति पदार्थ द्वारा ही होती हो तो पदार्थ के सद्भाव में ही शब्द का उच्चारण होना चाहिये तथा पदार्थ के अभाव में शब्द का उच्चारण कभी नहीं होना चाहिये। लेकिन हम देखते हैं कि पदार्थ के अभाव में ही नहीं बल्कि असम्भव पदार्थ, जैसे-अंगुली के अग्र भाग में सौ हाथी हैं, के लिये भी शब्द प्रयोग होता है। वास्तव में शब्द के वास्तविक वाच्य तो मानसिक विकल्प हैं तथा इन दोनों में तादात्म्य सम्बन्ध है। विकल्प शब्दात्मक तथा शब्द विकल्पात्मक होते हैं। जहाँ जहाँ शब्द होते हैं वहाँ वहाँ विकल्प भी होते हैं तथा जहाँ जहाँ विकल्प होते हैं वहाँ वहाँ शब्द भी होते हैं। स्वलक्षण वास्तव में अवक्तव्य है। भाषा द्वारा उसका वर्णन उस पर सामान्याकार को आरोपित करके किया जाता है।[123] अतः शब्दात्मक ज्ञान पारमार्थिक सत्य न होकर संवृत्ति सत्य है।

---

122. न हि बाच्यैर्वस्तुनि सह कश्चित् तादात्म्यलक्षणः तदुत्पत्तिलक्षणो वा प्रतिबन्धो वचसामस्ति येन तानि वस्तुनि प्रतिपादयतामेषां वचसां प्रामाण्यं स्यात्। तत्त्वसंग्रहपंजिका; पृष्ठह्र538

123. तत्त्वसंग्रहपंजिका; पृष्ठ–338

जैन दार्शनिक कहते हैं कि भाषा के द्वारा मात्र मानसिक विकल्पों का ही वर्णन नहीं किया जाता अपितु इसमें पदार्थ के स्वरूप को यथार्थतः प्रतिपादित करने की सामर्थ्य भी है। निश्चित शब्द का निश्चित पदार्थ के साथ वाच्य वाचक सम्बन्ध होता है। जिस व्यक्ति ने इस सम्बन्ध को जान लिया है वही शब्द विशेष को सुन कर उसके वाच्य पदार्थ को जानता है। इनमें तादात्म्य और तदुत्पत्ति सम्बन्ध का अभाव होने के कारण शब्द को पदार्थ का अवाचक मानना उचित नहीं है। जिस प्रकार चक्षु और रूप में इन सम्बन्धों का अभाव होने पर भी चक्षु रूप को ही प्रकाशित करता है, उसी प्रकार प्रतिनियत शब्द प्रतिनियत पदार्थ को ही प्रकाशित करता है।[124]

''घट लाओ'' इन शब्दों को सुनकर व्यक्ति की घट लाने के लिये प्रवृत्ति भाषा द्वारा यथार्थ प्रतिपादन किये जा सकने पर ही सम्भव है। यदि मान भी लिया जाय कि ''सभी शब्द अयथार्थवाची हैं'' तो यह कथन भी शब्दात्मक होने के कारण मिथ्या ही है। यदि यह नहीं माना जाय तथा इस कथन को सत्य माना जाय तो जिस आधार पर इस कथन को सत्य माना जा रहा है, उसी आधार पर सभी कथनों को यथार्थ प्रतिपादन के योग्य मान लिया जाय।[125]

कहा जा सकता है कि किसी को प्रत्यक्ष हुए सत्य का ज्ञान अन्य व्यक्ति को भाषा द्वारा ही हो सकता है। जिस प्रकार ''स्वलक्षण अनिर्देश्य है'', ''प्रत्यक्ष कल्पनापोड़ है'' कहने में कोई विरोध नहीं है उसी प्रकार ''सभी तत्त्व अवाच्य हैं'' कहने में भी कोई विरोध नहीं है। ऐसा स्वीकार किये जाने पर स्वलक्षण को पूर्णरूपेण अनिर्देश्य नहीं कहा जा सकता, क्योंकि ''अनिर्देश्य'' पद के द्वारा उसकी और निर्देश किया जा रहा है। यदि कहा जाय कि उसके द्वारा स्वलक्षण की ओर निर्देश न किया जाकर स्वलक्षण सामान्य की ओर निर्देश किया जा रहा है; स्वलक्षण तो पूरी तरह अनिर्देश्य ही है तो स्वलक्षण कभी ज्ञात ही नहीं हो सकता। क्योंकि प्रत्यक्ष को निर्विकल्पक स्वीकार करने के कारण उससे स्वलक्षण की सिद्धि नहीं हो सकती। अतः स्वलक्षण न तो प्रत्यक्ष द्वारा ही ज्ञात होता है और न ही शब्द द्वारा। इसलिये वह पूर्णरूपेण अज्ञात है।[126]

वास्तव में मात्र सामान्य और मात्र विशेष किसी भी प्रमाण से ज्ञात नहीं हो

---

124. न्यायकुमुदचन्द्र; पृष्ठ538-39
125. सिद्धिविनिश्चयटीका; पृष्ठ619
126. अष्टसहस्री. पृष्ठ118

सकता। प्रत्यक्ष, अनुमान आदि सभी प्रमाणों से सामान्यविशेषात्मक पदार्थ ही ज्ञात होता है। वस्तु के सामान्यविशेषात्मक स्वरूप के कारण ही भाषा द्वारा उसका प्रतिपादन सम्भव है। जिस व्यक्ति ने घट शब्द और घट वस्तु में वाच्य वाचक सम्बन्ध स्थापित किया है उसे घट शब्द को सुनने पर पूर्व में देखे हुए घट वस्तु से सादृश्य युक्त घट वस्तु का ज्ञान होता है, विजातीय पटादि पदार्थों का नहीं।

पदार्थ के अयथार्थ वर्णन का कारण भाषा में उसके प्रतिपादन की सामर्थ्य का अभाव न होकर वक्ता में विद्यमान दोष हैं। प्रभाचन्द्र कहते हैं, ''चक्षुरादि के समान ही शब्द का स्वरूप भी अर्थ प्रकाशन मात्र है, यथार्थ-अयथार्थ प्रकाशन रूप नहीं। यथार्थ अयथार्थ प्रकाशन वक्ता के गुण-दोष पर आश्रित है। जिस प्रकार निर्मलता आदि गुणों के सद्भाव में चक्षु रूप को यथावत् प्रकाशित करते हैं तथा पीलिया रोग आदि होने पर अयथावत्, उसी प्रकार शब्द भी वक्ता के गुण दोषों के अनुसार पदार्थ को यथार्थ-अयथार्थ रूप से प्रकाशित करते हैं।''[127]

शब्द और पदार्थ विशेष में स्थित वाच्य वाचक सम्बन्ध के आधार पर भाषा की अर्थवाचकता का सिद्धान्त हमारे समक्ष कई समस्याएँ उत्पन्न करता है। जब निश्चित शब्द और निश्चित पदार्थ के मध्य वाच्य वाचक सम्बन्ध होता है तथा जो व्यक्ति इस सम्बन्ध को जानता है उसे शब्दों के प्रत्यक्ष द्वारा उनके वाच्य पदार्थों का ज्ञान होता है, तो समान शब्दों के ज्ञान पूर्वक एक भाषा से परिचित सभी व्यक्तियों को वर्णित पदार्थ का समान ज्ञान होना चाहिये तथा भाषा से अपरिचित व्यक्तियों को मात्र शब्दकोष का अवलम्बन लेकर विषय समझ में आ जाना चाहिये, इसके विपरीत उनके वर्णित पदार्थ के ज्ञान में व्यापक अन्तर क्यों पाया जाता है? उदाहरण के लिये वेद, उपनिषद् आदि ग्रन्थों का अध्ययन कर एक व्यक्ति शाब्दिक अर्थ सहित मात्र यही बता पाता है कि इनमें क्या लिखा हुआ है, जबकि दूसरा व्यक्ति इनकी अनेक प्रकार से व्याख्या करता है, इनमें अन्तनिर्हित जीवन दर्शन, साधना पद्धति आदि से सम्बन्धित अनेक सिद्धान्तों का प्रतिपादन करता है। इस कार्य को मात्र भाषा की समझ अथवा भाषा से अपरिचित होने पर शब्दकोष का अवलम्बन लेकर नहीं किया जा सकता।

बहुत बार हम एक एक शब्द के अर्थ से परिचित होते हुए भी कथनों का आशय नहीं समझ पाते। उदाहरण के लिये ''अनेक गुणों की एकता ही द्रव्य है'' इस

127. न्यायकुमुदचन्द्र, पृष्ठ542-43

कथन में हम एक एक पद का अर्थ पृथक पृथक रूप से जानते हुए भी वाक्य का अर्थ नहीं समझ पाते, अथवा हम इस वाक्य में "एकता" शब्द का अर्थ नहीं समझ पाते। इसके अतिरिक्त बहुत बार हमें यह महसूस होता है कि हमने वाक्यों का पहले जो अर्थ समझा था, उनका वास्तव में वह अर्थ न होकर अन्य अर्थ है तथा उस समय हमने जो समझा था वह गलत था। यदि प्रत्येक शब्द का वाच्य अर्थ नियत होने के कारण भाषा में अर्थ वाचकता की सामर्थ्य है तो हमें इस प्रकार की समस्याओं का सामना क्यों करना पड़ता है?

जैन दार्शनिक कहते हैं कि भाषा की समझ श्रुतज्ञान की उत्पत्ति की अनिवार्य शर्त है, लेकिन यह इसका पर्याप्त कारण नहीं है। श्रुतज्ञान की उत्पत्ति के अन्य कारण हैंह्न व्यक्ति का तद्विषयक पूर्ववर्ती मतिश्रुतज्ञान, वर्णित विषय का स्याद्वादनय संस्कृत रूप से ग्रहण तथा व्यक्ति के श्रुतज्ञानावरणीय तथा वीर्यान्तराय कर्म का क्षयोपशम। व्यक्ति का पूर्ववर्ती मतिश्रुतज्ञान ही वह आधार है जिस पर किसी वर्णित विषय की समझ उत्पन्न होती है। जिस प्रकार किसी पदार्थ का अवग्रह वह धरातल है जिस पर ही तद्विषयक ईहा की उत्पत्ति होती है, यद्यपि यह उसके ईहाज्ञानावरणीय कर्म के क्षयोपशम के अनुसार ही हो सकती है; उसी प्रकार किसी वर्णित विषय को व्यक्ति अपने श्रुतज्ञानावरणीय कर्म के क्षयोपशम के अनुसार तद्विषयक मतिश्रुतज्ञान का अवलम्बन लेकर जानता है। उसका श्रुतज्ञान विषय को स्याद्वादनय संस्कृत रूप से ग्रहण करने पर ही स्पष्ट, गहन और यथार्थ हो सकता है।

## श्रुतज्ञान की मतिपूर्वकता

अकलंकदेव श्रुतज्ञान की मतिपूर्वकता तथा मानसिकता को स्पष्ट करते हुए कहते हैंह्न इन्द्रिय तथा मन का अवलम्बन लेकर पहले जाने गये पदार्थ का मन की प्रधानता से होने वाला ज्ञान श्रुतज्ञान कहलाता है। ईहादि को मन निमित्तक होने के कारण श्रुतज्ञान नहीं कहा जा सकता क्योंकि उनका विषय अवगृहीत पदार्थ ही होता है, जबकि श्रुतज्ञान नवीनता लिये हुए होता है। एक घट को इन्द्रिय तथा मन के द्वारा "यह घट है", इस प्रकार निश्चित करने के उपरान्त जो पहले नहीं जाने गये तज्जातीय तथा देशकालादि की दृष्टि से विलक्षण अनेक घटों को जानता है वह श्रुतज्ञान है, अथवा एक पदार्थ का अनेक प्रकार से प्ररूपण करना श्रुतज्ञान है। इन्द्रिय और मन के द्वारा जीवादि पदार्थों को जानकर उनका सत्, संख्या, क्षेत्र, अन्तर, काल, अल्पबहुत्वादि अनेक प्रकार से प्ररूपण करना श्रुतज्ञान है। अथवा श्रुतज्ञान इन्द्रिय और मन द्वारा गृहीत अगृहीत पर्याय वाले शब्द और उनके वाच्यार्थ जीवादि को

श्रोत्रेन्द्रिय के व्यापार के बिना विभिन्न नयों के द्वारा जानता है।[128]

श्रुतज्ञान श्रुत पूर्वक भी होता है, लेकिन परम्परागत रूप से वह भी मतिज्ञान पर आधारित है। अकलंक कहते हैं कि घट शब्द को सुनकर पहले घट वस्तु का ज्ञान तथा उस श्रुत से जलधारणादि कार्यों का जो द्वितीय श्रुतज्ञान होता है वह श्रुत पूर्वक श्रुतज्ञान है। यहाँ प्रथम श्रुतज्ञान के मतिपूर्वक होने से द्वितीय श्रुतज्ञान में भी मतिपूर्वकत्व का उपचार कर लिया जाता है, अथवा पूर्व शब्द व्यवहित पूर्व को भी कहता है। अतः साक्षात या परम्परया मति पूर्वक उत्पन्न होने वाले ज्ञान श्रुतज्ञान कहे जाते हैं।[129]

मतिज्ञान श्रुतज्ञान का आधार है। वही पदार्थ श्रुतज्ञान का विषय हो सकता है जिसे पहले मतिज्ञान द्वारा जान लिया गया है। कभी कोई ऐसा पदार्थ श्रुतज्ञान का विषय नहीं हो सकता जो व्यक्ति की मतिज्ञान की सीमा से पूर्णरूपेण परे हो। इन दोनों में कार्य कारण सम्बन्ध है तथा मतिज्ञान के अभाव में, मतिज्ञान की व्यापकता के अभाव में श्रुतज्ञान की सत्ता और व्यापकता असम्भव है। उमास्वामी कृत सूत्र ''श्रुतं मतिपूर्व'' का अर्थ स्पष्ट करते हुए मलयगिरि कहते हैं कि जिसके द्वारा कार्य प्राप्त किया जाता है, पूरित किया जाता है वह कारण उस कार्य का पूर्व कहलाता है। श्रुतज्ञान मतिज्ञान के द्वारा प्राप्त किया जाता है, पूरित किया जाता है तथा मतिज्ञान की स्पष्टता के अभाव में श्रुतज्ञान का उत्तरोत्तर विकास दृष्टिगोचर नहीं होता। जिसके उत्कर्ष अपकर्ष पर जिसका उत्कर्ष अपकर्ष आश्रित हो वह उसका कारण कहलाता है तथा कार्य तत्पूर्वक होता है। जिस प्रकार घट मृतिका पूर्वक होता है, अतः उसकी उत्कृष्टता अपकृष्टता मृतिका की उत्कृष्टता अपकृष्टता पर निर्भर करती है; उसी प्रकार श्रुतज्ञान की उत्कृष्टता अपकृष्टता के मतिज्ञान की उत्कृष्टता अपकृष्टता पर आश्रित होने के कारण श्रुतज्ञान मतिज्ञान पूर्वक होता है।[130] प्रभाचन्द्र श्रुतज्ञान की मतिपूर्वकता का

---

128. इन्द्रियानिन्द्रियबलाधानात् पूर्वमुपलब्धेऽर्थे नोइन्द्रियप्राधान्यात् यदुत्पद्यते ज्ञानं तत् श्रुतम्। ... एकं घटमिन्द्रियानिन्द्रियाभ्यां विनिश्चित्याऽयं घट इति तज्जातीयमन्यमनेकदेशकालरूपादिविलक्षणमपूर्वमधिगच्छति यत्तत् श्रुतम्।.... अथवा इन्द्रियानिन्द्रियाभ्यामेकं जीवमजीवं चोपलभ्य तत्र सत्संख्याक्षेत्रस्पर्शनकालान्तरभावाल्पबहुत्वादिभिः प्रकारैरर्थप्ररूपणे कर्त्तव्ये यत्समर्थं तत् श्रुतम्।
तत्त्वार्थवार्तिक; पृष्ठह्र48-49

129. तत्त्वार्थवार्तिक, पृष्ठह्र315

130. पूर्यते प्राप्यते च येन कार्यं तत् पूर्व उणादिको वक्प्रत्ययः कारणमित्यर्थः। मति पूर्वः यस्य तत् मतिपूर्वंश्रुतं। श्रुतज्ञानं तथाहि मत्यापूर्यते प्राप्यते खलु मतिपाटव विभवमन्तरेण श्रुतविभवमुत्तरोत्तरमासादयति जन्तु तथादर्शनात्। यच्च यदुत्कर्षापकर्षवशात् उत्कर्षापकर्षभाक् तततस्य कारणं यथा घटस्य मृत् पिण्डः। मत्युत्कर्षापकर्षवशात् श्रुतस्योत्कर्षापकर्षो ततः कारणं मति श्रुतज्ञानस्य।
नन्दीसूत्र मलयगिरिवृत्ति; पृष्ठह्र263-64

आलंकारिक विधि से प्रतिपादन करते हुए कहते हैं कि जो श्रुतज्ञान रूपी वृक्ष संस्कृत, प्राकृत आदि भाषाओं के वचनों रूपी पत्तों से युक्त है; अनेक मय जिसकी विभिन्न शाखाएँ, प्रशाखाएं है; जो अनेकान्तात्मक वस्तु के ज्ञान रूपी फूलों और फलों के भार से नम्रीभूत है उस श्रुतज्ञान रूपी वृक्ष का मूल, जड़ या कारण मतिज्ञान है। जिस व्यक्ति की यह मतिज्ञान रूपी जड़ जितनी विस्तृत और गहन होती जाती है उस व्यक्ति का श्रुतज्ञान रूपी वृक्ष भी उतनी ही अधिक ऊँचाईयों को छूता जाता है।[131]

श्रुतज्ञान परोक्ष पदार्थ का ज्ञान है। शब्द प्रमाण का विषय पदार्थ का ऐसा स्वरूप होता है जिसे अभी तक प्रत्यक्षादि प्रमाणों से नहीं जाना गया है। अथवा जिसे इन प्रमाणों द्वारा जानने की क्षमता हममें अभी नहीं है। लेकिन व्यक्ति इसके विषय को अपने तद्विषयक इन्द्रिय और मानस प्रत्यक्ष का अवलम्बन लेकर उनसे सादृश्य और विलक्षणता के ग्रहण पूर्वक ही जान सकता है। कभी कोई पूर्णरूपेण इन्द्रियातीत पदार्थ, जिसका हमारे इन्द्रियानुभव या मानस प्रत्यक्ष से किसी भी प्रकार का सादृश्य नहीं हो, हमारे श्रुतज्ञान का विषय नहीं हो सकता। श्रुतज्ञान द्वारा हम अतीन्द्रिय पदार्थो को भी जानते हैं लेकिन उनका बोध हमें हमारे मतिज्ञान से सादृश्य और विलक्षणता के ग्रहण पूर्वक ही होता है। उदाहरण के लिये जैन ग्रन्थों में मोक्ष, मोक्ष मार्ग, धर्म, अधर्म द्रव्य आदि अतीन्द्रिय पदार्थों का वर्णन किया जाता है। मोक्ष वह अवस्था है जिसमें जीव जन्म-मरण के चक्र से छूट जाता है तथा अपने अनन्तदर्शनज्ञानसुखवीर्यमय स्वरूप को प्राप्त करता है। यद्यपि यह अवस्था कभी भी इन्द्रिय या मानस प्रत्यक्ष का विषय नहीं बन सकती लेकिन ज्ञान, दर्शन, सुख, वीर्य हमारे लिये स्वसंवेदनगम्य हैं तथा इनके न्यूनाधिक परिमाण को हम अनुभव करते हैं। हमारे इन्हीं अनुभवों से सादृश्य और विलक्षणता के ग्रहण पूर्वक हम शब्दों द्वारा मोक्ष के स्वरूप को जानते हैं। अनुभवगम्य गतिहेतुता, स्थितिहेतुता आदि के द्वारा हम अतीन्द्रिय धर्म, अधर्म द्रव्यों को जानते हैं। इस प्रकार किन्हीं भी तथ्यों के वर्णन को हम हमारे मतिज्ञान पूर्वक ही समझते हैं। उनके सार्वभौमिक स्वरूप की व्याख्या करने वाले सिद्धान्तों को भी उन तथ्यों के प्रत्यक्ष पूर्वक, जो कि उस स्वरूप की विशेष अभिव्यक्ति हैं, ही समझा जा सकता है। उदाहरण के लिये शब्द प्रमाण द्वारा गुरुत्वाकर्षण के नियम का

131. अनेकान्तो धर्म आत्मा स्वरूपं तेषां ते च ते अर्थाशच ते एव प्रसवफलानि पुष्पफलानि, तेषां भार: संघातस्तेन विनते। संस्कृतप्राकृतवचनानि तान्येव पर्णानि तै: आकीर्णें युक्ते। ... विपुला: प्रचुरा: ते च ते नयाश्च ते एव शाखाप्रशतानि तै युक्ते संयुक्ते। समुतुङ्गे वृहति।.......सम्यक् समीचीना प्रतत विस्तीर्णा चासौ मतिश्च सा मूलं कारणं यस्य 'मतिपूर्वंश्रुतम्' इत्यभिधानात्।
आत्मानुशासन टीका; पद-170

बोध ऊपर से गिरती हुई वस्तु का पृथ्वी की ओर आने के दृष्टान्त के प्रत्यक्ष पूर्वक ही होता है। इस प्रकार समस्त श्रुतज्ञान मतिज्ञान पूर्वक ही उत्पन्न होता है। श्रुतज्ञान की उत्पत्ति श्रुत पूर्वक भी होती है। बहुत बार वर्णित विषय हमें तद्विषयक अध्ययन और चिन्तन का अवलम्बन लेकर ही समझ में आता है। लेकिन यह श्रुतज्ञान भी परम्परा से मतिज्ञान पर ही आश्रित होता है।

श्रुतज्ञान की इस इन्द्रियानुभव पूर्वकता के कारण ही शंकर सत्ता को परमार्थतः अनिर्वचनीय कहते हैं। वे कहते हैं कि सत्ता के वास्तविक स्वरूप का ज्ञान समाधि की अवस्था में होने वाले निर्विकल्पक प्रत्यक्ष पूर्वक होता है। उस अवस्था में प्राप्त होने वाली अनुभूतियाँ व्यक्ति के सामान्य स्तर के अनुभव से पूर्णरूपेण विलक्षण होती हैं, लेकिन उनसे अपरिचित व्यक्ति जब उनका वर्णन सुनता है तो वह अपने इन्द्रियानुभव से प्राप्त सम्प्रत्ययों के द्वारा ही उन्हें समझता है, तथा उनके वास्तविक स्वरूप को ग्रहण नहीं कर सकता। इसलिये सत्ता वास्तव में अनिर्वचनीय है तथा भाषा द्वारा उसके वास्तविक स्वरूप का बोध सम्भव नहीं है। भाषा अथवा शब्द प्रमाण का महत्व मात्र वस्तु के निषेधात्मक पक्ष को स्पष्ट करने तथा उसके भावात्मक स्वरूप के बोध का उपाय बताने में ही है।

यदि हम हमारे अनुभवों पर दृष्टिपात करें तो हम देखते हैं कि मतिज्ञान द्वारा जाने गये जड़ पदार्थों का अवलम्बन लेकर वर्णन द्वारा उनसे सदृश विसदृश पदार्थों को जानने में उतनी अस्पष्टता नहीं होती जितनी अनुभूतियों के क्षेत्र में होती है। उदाहरण के लिये जब हम किसी बाढ़ से घिरे हुए व्यक्तियों के दयनीय अवस्था के वर्णन को सुनते हैं तो हम उनकी स्थिति की भयावहता की कल्पना नहीं कर पाते, क्योंकि हम उनकी परेशानियों को हमारे सामान्य स्थिति में भोगे हुए दुःखों के अनुभव के आधार पर समझते हैं। हमने कुछ ही घण्टों की भूख का, अनिवार्य पदार्थों के अभाव का कुछ ही समय के लिये अनुभव किया है तथा इन अनुभवों से सादृश्य पूर्वक जब हम अन्य व्यक्तियों के कष्टों को समझना चाहते हैं तो हम उनकी भयावह स्थिति को यथार्थतः नहीं समझ पाते। यद्यपि विभिन्न व्यक्तियों की सम्वेदनशीलता की मात्रा में अन्तर होता है तथा उसके अनुसार उनकी वर्णन द्वारा अन्य व्यक्तियों की अनुभूतियों को समझने की क्षमता में भी अन्तर होता है, लेकिन समाधि की अवस्था में होने वाली अनुभूतियाँ सामान्य स्तर की अनुभूतियों से पूर्णरूपेण विलक्षण हैं। इसलिये सामान्य व्यक्ति को वर्णन द्वारा प्राप्त उनका ज्ञान मात्र शाब्दिक ज्ञान ही रहता है, वास्तविक ज्ञान नहीं हो पाता। इस बात को जैन दार्शनिक भी स्वीकार करते हैं। वे कहते हैं कि श्रुतज्ञान मतिज्ञान पूर्वक और इसलिये परम्परा से दर्शन पूर्वक होने पर ही

यथार्थ होता है तथा श्रुतज्ञान के अनुरूप दर्शन नहीं होने पर वह मिथ्या होता है। आध्यात्मिक क्षेत्र में ''दर्शन'' का अर्थ है ''अनुभूति'', ''प्रतीति'' या ''श्रद्धा'' तथा इसकी उत्पत्ति स्वसंवेदन पूर्वक होती है। इसका आशय यह है कि आध्यात्मिक, अधिक व्यापक पद का प्रयोग करें तो अनुभूतियों के क्षेत्र में वर्णन द्वारा होने वाला ज्ञान यथार्थ तभी हो सकता है जबकि व्यक्ति को उस वर्णन की यथार्थता की प्रतीति हो। यह प्रतीति उस प्रकार का अनुभव होने पर ही होती है।

इसके बावजूद सत्ता को पूर्णरूपेण अनिर्वचनीय नहीं कहा जा सकता। एक बार समाधि की अवस्था प्राप्त हो जाने पर व्यक्ति में उससे उच्च स्तरीय अवस्था की अनुभूतियों को वर्णन द्वारा समझने की क्षमता प्राप्त हो जाती है। साधना का पथ भी व्यक्ति शब्द प्रमाण द्वारा ही जानता है। इनको सविकल्पक ज्ञान रूप होने के कारण अविद्या जनित और मिथ्या नहीं कहा जा सकता, क्योंकि ज्ञान मात्र ही सविकल्पक होता है। निर्विकल्पक ज्ञान का खण्डन हम पहले कर चुके हैं। विभिन्न व्यक्तियों के मतिज्ञान की व्यापकता के अन्तर के अनुसार उनके श्रुतज्ञान की स्पष्टता में अन्तर होता है। इसके अतिरिक्त भी व्यक्ति के मतिश्रुतज्ञान की व्यापकता उसके श्रुतज्ञान को अनेक प्रकार से प्रभावित करती है। भाषा की समझ ही मतिश्रुतज्ञान पूर्वक उत्पन्न होती है, तथा व्यक्ति के मतिश्रुतज्ञान की व्यापकता के अनुसार उसके शब्दार्थ सम्बन्ध की समझ में अन्तर होता है। हमें शब्दार्थ बोध शब्द के विभिन्न सन्दर्भों में होने वाले प्रयोगों के निरीक्षण पूर्वक होता है। हम अनेक शब्दों का अर्थ इन्द्रियों के विषयभूत पदार्थ की ओर संकेत पूर्वक सीखते हैं। ज्ञान की विभिन्न शाखाएँ अपने विशिष्ट विषय के प्रतिपादनार्थ विशिष्ट शब्दावली का निर्माण करती हैं तथा उनके अर्थ का बोध उनके ग्रन्थों द्वारा होता है, लेकिन एक बार विशिष्ट शब्द और विशिष्ट पदार्थ के मध्य वाच्य वाचक सम्बन्ध को जान लेने मात्र से वह पूर्णरूपेण स्पष्ट नहीं हो जाता, अपितु वाच्य पदार्थ के स्वरूप बोध में निरन्तर वृद्धि के साथ साथ उसके वाचक शब्द के अर्थ की समझ निरन्तर परिष्कृत होती जाती है। वाच्य पदार्थ के अनेक पक्ष होते हैं जो परस्पराश्रित होते हैं, एक दूसरे के स्वरूप को निर्धारित और प्रभावित करते हैं तथा उस पदार्थ के वाचक शब्द के अर्थ में वे सब पक्ष समाहित होते हैं। जैसे जैसे व्यक्ति पदार्थ के नये पक्षों को जानता है, उसका पदार्थ का ज्ञान संशोधित और परिष्कृत होता जाता है। इसके फलस्वरूप उसका पदार्थ के वाचक शब्द के अर्थ का ज्ञान अधिक स्पष्ट होता जाता है। शब्दार्थ के इस अधिक स्पष्ट बोध का सद्भाव, अभाव ही वस्तु के अधिक जटिल स्वरूप के वर्णन को समझने, नहीं समझने का कारण होता है। ''अनेक गुणों की एकता ही द्रव्य है'' अथवा ''द्रव्य ही गुण है''

और ''द्रव्य गुण नहीं है'' जैसे कथनों के आशय को समझने, नहीं समझने का कारण व्यक्ति की द्रव्य शब्द के अर्थ की समझ में अन्तर है। जो व्यक्ति इस शब्द के अर्थ में अन्तर्निहित एकानेकात्मकता, भेदाभेदात्मकता को जानता है वह इन कथनों का आशय तुरन्त समझ जाता है, अन्य व्यक्ति नहीं समझ पाता। द्रव्य की ये विशेषताएँ अपने अनुभवों का अवलम्बन लेकर एक द्रव्य के विभिन्न गुणों के पारस्परिक सम्बन्ध के विश्लेषण पूर्वक स्पष्ट होती हैं। यह विश्लेषण व्यक्ति स्वयं के चिन्तन द्वारा भी कर सकता है तथा यह उसे अन्य व्यक्ति के वचनों द्वारा भी प्राप्त हो सकता है जो श्रुतज्ञान के मानसिक और विमर्शात्मक स्वरूप को सिद्ध करता है।

## श्रुतज्ञान का मानसिक और तर्कणात्मक स्वरूप

श्रुतज्ञान के मानसिक और तर्कणात्मक स्वरूप को प्रतिपादित करते हुए उमास्वामी कहते हैं कि श्रुतज्ञान मन के अवलम्वन पूर्वक होने वाला ज्ञान है।[132] तथा यह वितर्क रूप होता है।[133] अकलंक वितर्क शब्द का अर्थ स्पष्ट करते हुए कहते हैं, ''विशेष रूप से तर्कणा करना या ऊहा वितर्क कहलाता है।''[134] विद्यानन्दि कहते हैं, ''श्रुतज्ञान मतिज्ञान पूर्वक होता है तथा यह अस्पष्ट और तर्कणा स्वरूप है। दूसरे शब्दों में मतिज्ञान द्वारा जाने गये पदार्थ की विभिन्न प्रकार से प्ररूपणा करना श्रुतज्ञान है।''[135] वस्तुतः आप्त पुरुष के वचनों को सुन लेने मात्र से श्रुतज्ञान नहीं होता बल्कि श्रुतज्ञान मानसिक होता है। व्यक्ति जब इन वचनों को समझने के लिये प्रत्यक्ष द्वारा ज्ञात हो रहे अनेक सजातीय विजातीय पदार्थों से तुलना करते हुए अनेक प्रकार से उनके अर्थ को समझने का प्रयास करता है तभी वह उन वचनों के अभिप्राय को समझ सकता है।[136] श्रुतज्ञान के विमर्शात्मक स्वरूप का कारण यह है कि आप्त पुरुष के वचन सूत्र रूप में होते हैं। उनमें वस्तु स्वरूप का सामान्य रूप से ही प्रतिपादन किया जाता है। इन सामान्य स्वरूप के प्रतिपादक सूत्रों के गहन अर्थों को व्यक्ति अनुभव द्वारा ज्ञात हो रहे अनेक सजातीय विजातीय पदार्थों से तुलना करते

---

132. श्रुतमनिन्द्रियस्य। तत्त्वार्थसूत्र 2/21
133. वितर्कः श्रुतम्। वही 9/43
134. विशेषेण तर्कणमूहनं वितर्कः श्रुतज्ञानमित्यर्थः। तत्त्वार्थवार्त्तिक; पृष्ठ634
135. मतिपूर्वं ततो ज्ञेयं श्रुतमस्पष्टतर्कणम्।
श्रुतमस्पष्टतर्कणमित्यपि मतिपूर्वं नानार्थप्ररूपणं श्रुतज्ञानावरणक्षयोपशमापेक्षमित्यवगन्तव्यम्।
तत्त्वार्थश्लोकवार्त्तिक; पृष्ठ237
136. श्रुतस्य साक्षाच्छ्रवणनिमित्तत्वासिद्धेः, तस्यानिन्द्रियवत्वात् दृष्टार्थसजातीयविजातीयनानार्थ परामर्शस्वभावतया प्रसिद्धत्वात्। तत्त्वार्थश्लोकवार्त्तिक; पृष्ठ165

हुए ही समझ सकता है। उदाहरण के लिये शास्त्रों में सम्यग्चारित्र का सामान्य रूप से प्रतिपादन करने के उपरान्त उसके अनेक भेद प्रभेदों के लक्षण दिये गये हैं। क्षमा का लक्षण दिया गया है, ''अत्याचारी पर क्रोध नहीं करना क्षमा है।'' इस कथन के अध्ययन मात्र से व्यक्ति को क्षमा के स्वरूप का ज्ञान नहीं हो सकता। इसके विपरीत वह आप्त पुरुष के इस कथन के आशय को तभी समझ सकता है जबकि वह इन प्रश्नों को सामने रखे कि 'क्षमा और कायरता में, क्षमा और पलायन आदि में क्या अन्तर है'; 'एक क्षमा धर्म को धारण करने वाले व्यक्ति में क्या क्या विशेषताएं होनी चाहिये' तथा इनका उत्तर प्राप्त करने के लिये विभिन्न विशेष दृष्टान्तों को सामने रखकर इसके स्वरूप पर विचार करे। यदि व्यक्ति आप्त पुरुष के वचनों को अनेक प्रश्नों और जिज्ञासाओं के साथ समझने का प्रयास करता है तो अनुभव में हो रही निरन्तर वृद्धि से उसका श्रुतज्ञान निरन्तर अधिक स्पष्ट होता जाता है।

श्रुतज्ञान के विमर्शात्मक स्वरूप से युक्त होने का एक अन्य कारण है- सामान्य भाषा में वस्तु स्वरूप की अभिव्यक्ति की सीमित क्षमता का सद्भाव। भाषा द्वारा एक वस्तु का क्रमिक रूप से उसकी एक एक विशेषता का उल्लेख करते हुए ही वर्णन किया जा सकता है। इन वाक्यों में वर्णित विशेषताएं परस्पर निरपेक्ष रूप से अस्तित्ववान नहीं हैं बल्कि ये परस्पर विशेषण-विशेष्यभाव से युक्त होकर एक वस्तु रूप से अवस्थित हैं। इसलिये इन विभिन्न विशेषताओं का वर्णन करने वाले विभिन्न वाक्य भी अपने आप में पृथक पृथक इकाई न होकर एक शास्त्र और उससे भी आगे बढ़कर एक तन्त्र का अंश हैं । अतः वक्ता के एक वाक्य के आशय को समझने के लिये उसके अन्य वाक्यों को दृष्टि में रखना तथा तर्क प्रक्रिया द्वारा उनके आन्तरिक सम्बन्धों को समझना आवश्यक है। उदाहरण के लिये समयसार में कहा गया है, ''मोह, राग, द्वेष छोड़ो''। यह एक वाक्य अपने आप में अपूर्ण है। जिस व्यक्ति को इस वाक्य की अपूर्णता का अहसास है तथा जिसमें इसके अध्ययन पूर्वक यह जिज्ञासा उत्पन्न होती है कि मोह, राग, द्वेष को छोड़ने का क्या उपाय है, क्या बाह्य क्रियाओं और बाह्य परिग्रह के परित्याग मात्र से मोह, राग, द्वेष छूट जाता है या इन्हें छोड़ने की और भी कोई प्रक्रिया है, वह व्यक्ति इन प्रश्नों के समाधान की आकांक्षा से युक्त होकर समयसार का पुनः अध्ययन करता है तथा इस कथन और ग्रन्थ के अन्य कथनों में विद्यमान आन्तरिक सम्बन्धों को समझते हुए इस कथन के आशय को समझता है। वस्तुतः आप्त पुरुष के वचन वह सामग्री हैं जिसके द्वारा श्रुतज्ञान होता है; लेकिन यह सामग्री अपने आप में श्रुतज्ञान नहीं है। जिस प्रकार एक भवन का निर्माण उसकी सामग्रीह्व

ईंट, सीमेन्ट, बजरी, पानी आदि द्वारा ही होता है, लेकिन यह सामग्री अपने आप भवन रूपता प्राप्त नहीं करती बल्कि एक कुशल कारीगर इस सामग्री को संयोजित करके भवन का निर्माण करता है। इसी प्रकार व्यक्ति का अध्ययन या श्रवण के माध्यम से आप्त पुरुष के विभिन्न कथनों का अर्जन भी श्रुतज्ञान रूपता तभी प्राप्त करता है जबकि वह चिन्तन प्रक्रिया के माध्यम से इन विभिन्न कथनों की पारस्परिक सापेक्षता को समझता हुआ इनकी विभिन्न प्रकार से व्याख्या करता है। इस सन्दर्भ में अकलंकदेव की ये पंक्तियाँ दृष्टव्य हैं, ''बहुत शास्त्रों का थोड़ा थोड़ा पल्लवग्राही ज्ञान रखने वाले पण्डित से एक शास्त्र के समस्त सूक्ष्म अर्थों को तलस्पर्शी गम्भीर व्याख्याओं सहित जानने वाला विद्वान विशुद्धतर माना जाता है।''[137] व्यक्ति आप्त पुरुष के कथनों की कितनी यथार्थ और उत्कृष्ट व्याख्या कर सकता है यह उसके श्रुतज्ञानावरणीय और वीर्यान्तराय कर्म के क्षयोपशम के साथ ही साथ इस बात पर भी निर्भर करता है कि उसने आप्त पुरुष के वचनों को स्याद्वादनय संस्कृत रूप से ग्रहण किया है अथवा नहीं।

## श्रुतज्ञान का स्याद्वादनयसंस्कृत स्वरूप

स्याद्वाद अनेकान्तात्मक वस्तु की कथन पद्धति है।[138] जैसाकि हम पिछले अध्याय में देख चुके हैं, जगत का प्रत्येक पदार्थ अपनी अनेक विशेषताओं में व्याप्त एक अखण्ड सत्ता है। एक वस्तु का स्वरूप उसकी अनेक अवयव, गुणादि विशेषताएं हैं जो नाम, लक्षण, प्रयोजनादि की अपेक्षा परस्पर भिन्न और निरपेक्ष होते हुए भी सत्तापेक्षया परस्पर सापेक्ष स्वरूप में अवस्थित हैं। ये अनेक विशेषताएं ही परस्पर सम्बन्धित होकर एक वस्तुरूपता को प्राप्त कर रही हैं। साथ ही ये पदार्थ का ऐसा सामान्य और स्थायी स्वरूप हैं जो भिन्न भिन्न आन्तरिक बाह्य परिस्थितियों में भिन्न भिन्न विशिष्ट स्वरूप में अवस्थित होते हुए निरन्तर विद्यमान हैं। सत्ता के इस अनेकान्तात्मक-एकानेकात्मक, भेदाभेदात्मक, सामान्यविशेषात्मक, परिवर्तनशीलस्थायी स्वरूप को पूरी तरह से अभिव्यक्त कर पाने की सामर्थ्य सामान्य भाषा में नहीं है। इसलिये जैन दार्शनिक स्याद्वाद को एक कथन पद्धति के रूप में प्रतिपादित करते हैं।

---

137. यथा कश्चिद् बहुनि शास्त्राणि व्याचष्टे एकदेशेन, न साकल्येन तद्गतमर्थं शक्नोति वक्तुम्, अपरस्त्वेकं शास्त्रं साकल्येन व्याचष्टे यावन्तस्तस्यार्थास्तान् सर्वान् शक्नोति वक्तुम्; अयं पूर्वस्माद्विशुद्धतर विज्ञानो भवति। तत्त्वार्थवार्तिक, पृष्ठह्न86

138. अनेकान्तात्मकार्थकथनं स्याद्वादः। लघीयस्त्रय स्ववृत्तिह्न62

## सामान्य भाषा की सीमाएं और स्याद्वाद की आवश्यकता

सामान्य भाषा की सार्थक इकाई एक वाक्य है जो उद्देश्य और विधेय पदों में व्यवस्थित होता है। किसी भी वाक्य में सम्पूर्ण वस्तु को एक साथ अभिव्यक्त करने की सामर्थ्य नहीं है। इसलिये भाषा द्वारा एक एक वाक्य में वस्तु के एक एक धर्म का क्रमिक रूप से वर्णन किया जाता है। विभिन्न वाक्य अपने विषय का प्रतिपादन अन्य वाक्यों से निरपेक्ष रूप से करते हैं। इन्हें सुनकर व्यक्ति को यह भ्रम हो सकता है कि एक वस्तु परस्पर निरपेक्ष अनेक विशेषताओं का समूह मात्र या उनसे भिन्न उनका आश्रय मात्र है। इसके परिणाम स्वरूप व्यक्ति किसी क्षेत्र विशेष में कुछ वाक्यों को सुनकर उत्पन्न हुए अपने आंशिक ज्ञान को पूर्ण मान सकता है तथा उसके अनुसार कार्य करते हुए काफी हानि उठा सकता है। जैसे शब्द प्रमाण द्वारा बिजली फीटिंग की प्रक्रिया की जानकारी उसके विभिन्न चरणों के क्रमिक वर्णन को सुनकर ही प्राप्त की जा सकती है। इन वाक्यों के परस्पर निरपेक्ष होने के कारण व्यक्ति को इस प्रक्रिया के कुछ चरणों, यथाह्न 'बिजली फीटिंग सम्बन्धी कार्य करते समय सबसे पहले बिजली की सप्लाई बन्द कर दी जानी चाहिये, फिर इस प्रकार से तारों को जोड़ा जाना चाहिये' आदि को सुनकर उत्पन्न हुए अपने आंशिक ज्ञान को पूर्ण मान सकता है तथा इस अपूर्ण ज्ञान के आधार पर कार्य करते हुए तार खुले छोड़ देने जैसी गलती करके अपने और अन्यों के जीवन को खतरे में डाल सकता है।

शब्द प्रमाण के प्रारम्भिक चरण में वस्तु की विभिन्न विशेषताओं का पूर्णतया सामान्य रूप से ही वर्णन किया जाता है। इस स्तर पर इन विशेषताओं के सामान्य स्वरूप की आन्तरिक बाह्य परिस्थितियों की भिन्नता के अनुसार होने वाली भिन्न भिन्न विशिष्ट अभिव्यक्तियों को स्पष्ट किया जा सकना सम्भव नहीं है। जैसे बिजली फीटिंग की प्रक्रिया के प्रथम चरण में ही यह स्पष्ट किया जा सकना सम्भव नहीं है कि किस उद्देश्य से की जाने वाली बिजली फीटिंग में किस प्रकार का फ्यूज वायर लगाया जाना चाहिये, किस प्रकार के तारों का प्रयोग किया जाना चाहिये, फ्यूज वायर की बिजली आपूर्ति को झेलने की क्षमता और तारों की क्षमता में क्या सम्बन्ध है तथा इस क्षमता को ध्यान में रखे बिना ही कार्य करने के क्या क्या परिणाम हो सकते हैं ? भाषा द्वारा व्यक्ति एक वस्तु की प्रत्येक विशेषता के अन्य धर्म सापेक्ष स्वरूप को तभी समझ सकता है जबकि उसमें इतना धैर्य हो कि वह पहले इसके द्वारा पदार्थ की समस्त अनिवार्य विशेषताओं को क्रमिक रूप से जानते हुए उनके सामान्य स्वरूप को जाने। तदुपरान्त वह शब्द प्रमाण द्वारा वस्तु की विभिन्न विशेषताओं

के आन्तरिक सम्बन्धों को समझते हुए उनकी एक वस्तुरूपता तथा उनके सामान्यविशेषात्मक स्वरूप को जानने के लिये प्रवृत्त हो। व्यक्ति का श्रुतज्ञान वस्तु के एकानेकात्मक स्वरूप, अर्थात एक वस्तु की अनेक धर्मात्मकता तथा उन धर्मों की परस्पर सापेक्ष स्वरूपमय एक धर्मीरूपता के ज्ञान पूर्वक ही प्रमाण ज्ञान हो सकता है। दूसरे शब्दों में व्यक्ति पदार्थ को जिस स्तर पर जान रहा है उस स्तर पर उसके सर्वांगीण स्वरूप के ज्ञान पूर्वक ही उसका ज्ञान प्रमाण ज्ञान होता है तथा उसके अनुसार कार्य करने पर उसे सफलता की प्राप्ति होती है। इसके विपरीत यदि व्यक्ति आप्त पुरुष के कुछ वाक्यों को सुनकर उत्पन्न हुए अपने अधूरे ज्ञान को पर्याप्त मान लेता है अथवा वस्तु को जिस स्तर पर जाना जा रहा है, उस स्तर पर उसकी परस्पर अपरिहार्य रूप से विद्यमान समस्त विशेषताओं को परस्पर निरपेक्ष रूप से जानकर सन्तुष्ट हो जाता है तो उसका ज्ञान मिथ्या है तथा उसके अनुसार कार्य करने पर असफलता की प्राप्ति होती है।

## स्याद्वाद का स्वरूप

व्यक्ति भाषा द्वारा प्रमाण ज्ञान प्राप्त कर सके इस उद्देश्य से जैन दार्शनिक स्याद्वाद का प्रतिपादन करते हैं। उनके अनुसार प्रत्येक वाक्य एक नय है। वह वस्तु के एक धर्म या विशेषता का ज्ञापक है तथा उसके पूर्व स्यात् पद होना आवश्यक है। स्यात् पद के अर्थ को स्पष्ट करते हुए अमृतचन्द्र कहते हैं, ''स्यात् एक अव्यय पद है जो सर्वथात्व का निषेधक, अनेकान्त का द्योतक तथा कथंचित् अर्थ का प्रतिपादक है।''[139] समन्तभद्र कहते हैं, ''वाक्यों में स्यात् अनेकान्त का द्योतक तथा गम्य पदार्थ के प्रति विशेषण है।''[140] ''यह सर्वथा एकान्त के त्याग स्वरूप है तथा कथंचित् रूप से पदार्थ के स्वरूप का प्रतिपादन करता है।''[141] इस प्रकार जैन आचार्यों के अनुसार प्रत्येक वाक्य के पूर्व स्यात् पद होना आवशयक है। एक वाक्य के पूर्व विद्यमान स्यात् पद के दो कार्य हैंह्न (1) वह अनेकान्त के द्योतक के रूप में उद्देश्य पद द्वारा वाच्य वस्तु के अनेकान्तात्मक स्वरूप- परस्पर सापेक्ष अनेक धर्ममय एक धर्मीरूपता और उस धर्मधर्मीमय सत्ता के सामान्यविशेषात्मक तथा उत्पादव्ययध्रौव्यात्मक स्वरूप की ओर संकेत करता है। (2) गम्य अर्थ के प्रति विशेषण के रूप में वह

---

139. अत्र सर्वथात्वनिषेधकोऽनेकान्तद्योतकः कथंचिदर्थे स्याच्छव्दो निपातः।

पंचास्तिकाय समयव्याख्या टीका; गाथाह्न14

140. वाक्येष्वनेकान्तद्योती गम्यं प्रति विशेषणम्। स्यान्निपातोर्थयोगित्वात्तव केवलिनामपि ।।

आप्तमीमांसाह्न103

141. स्याद्वादः सर्वथैकान्तत्यागात् किंवृत्त चिद्विधिः। आप्तमीमांसाह्न104 उत्तरार्द्ध

उद्देश्य के उस अंश या पक्ष को स्पष्ट करता है जिसके सन्दर्भ में ही उसके प्रति किया जा रहा विधान सत्य है।[142] गम्य पदार्थ के प्रति विशेषण के रूप में स्यात् पद परिमाणक का कार्य करता है। इस रूप में स्यात् पद की आवश्यकता इसलिये है कि एक वस्तु अनन्तधर्मात्मक है तथा उसका यह अनन्तधर्मात्मक स्वरूप एक-अनेक, भेद-अभेद, सामान्य-विशेष आदि द्विआयामी स्वरूप में व्यवस्थित होकर अवस्थित है। वह भिन्न भिन्न आयामों या पक्षों कीअपेक्षा भिन्न भिन्न स्वरूप से युक्त है। इसलिये उसके प्रति किये गये कथन सर्वथा सत्य न होकर एक निश्चित अपेक्षा से ही सत्य हैं। इस निश्चित अपेक्षा के सद्भाव को सूचित करने के लिये वाक्य के पूर्व स्यात् शब्द होना आवश्यक है। जैसे, ''वस्तु का स्वरूप अन्य निरपेक्ष और नित्य है'' यह कथन सर्वथा सत्य न होकर वस्तु के सामान्य स्वरूप की अपेक्षा ही सत्य है तथा विशेषात्मक पक्ष की अपेक्षा वस्तु प्रतिक्षण परिवर्तनशील और स्वपरसापेक्ष स्वरूप से युक्त भी है। अतः इस वाक्य के पूर्व स्यात् शब्द का सद्भाव स्वीकार करना आवश्यक है जो इसकी सर्वथा सत्यरूपता का निषेध करके वस्तु के उस पक्ष की ओर संकेत करता है जिसकी अपेक्षा से ही यह वाक्य सत्य है। यदि एक वाक्य में उस अपेक्षा को स्पष्ट कर दिया जाय जिसके सन्दर्भ में ही पदार्थ के प्रति किया जा रहा विधान सत्य है तो गम्य पदार्थ के प्रति विशेषण के रूप में स्यात् पद का कार्य समाप्त हो जाता है। इसके वाद भी वाक्य में स्यात् पद का प्रयोग आवश्यक है क्योंकि यह वस्तु के अनेकान्तात्मक स्वरूप का द्योतक भी है। यह प्रारम्भ में वस्तु के नित्य-अनित्य उभय रूप जात्यन्तर स्वरूप की ओर सामान्य रूप से संकेत करने के उपरान्त ही उसके एक धर्म, जैसे-नित्य के सद्भाव की अपेक्षा विशेष का प्रतिपादन करता है। जैन दार्शनिक प्रत्येक वाक्य में 'स्यात्' के साथ ही साथ 'एव' या 'ही' पद के प्रयोग को भी आवश्यक मानते हैं। वाक्य में 'ही' पद का प्रयोग यह प्रतिपादित करता है कि जिस अपेक्षा से वाक्य सत्य है, उस अपेक्षा से सत्य ही है; असत्य नहीं।[143]

कथंचित् स्यात् का पर्यायवाची है। इसका शाब्दिक अर्थ है 'किसी अपेक्षा से।' यहाँ 'अपेक्षा' शब्द व्यक्तिगत दृष्टिकोण का सूचक न होकर वस्तुनिष्ठ परिस्थिति या सन्दर्भ का परिचायक है। यह इस बात का प्रतिपादक है कि उद्देश्य के प्रति किया जा रहा विधान सर्वथा सत्य न होकर एक निश्चित सन्दर्भ में ही सत्य है तथा उद्देश्य में

---

142. क्वचित्प्रयुज्यमानः स्याच्छव्दस्तद्विशेषणतया प्रकृतार्थतत्त्वमवयवेन सूचयति।
अष्टशती अष्टसहस्त्री; पृष्ठ286

143. यदेवकारोपहितं पदं तदस्वार्थतः स्वार्थमवच्छिनति। — युक्त्यानुशासन; पद-41 पूर्वार्द्ध
अनुक्ततुल्यं यदनेवकारं व्यावृत्त्यभावान्नियमद्वयेऽपि। — युक्त्यानुशासन; पद-42 पूर्वार्द्ध

इस वाक्य में वर्णित धर्म के अतिरिक्त अन्य धर्मों का भी सद्भाव है जिनसे सापेक्ष रूप से ही यह वाक्य सत्य है। इस प्रकार 'कथंचित्' या 'किसी अपेक्षा से' पद के द्वारा स्यात् के दोनों कार्यों– गम्य पदार्थ के प्रति विशेषण तथा पदार्थ के अनेकान्तात्मक स्वरूप का द्योतक, का सम्पादन होता है।

स्याद्वाद सिद्धान्त के अनुसार प्रत्येक वाक्य के पूर्व स्यात् पद का सद्भाव स्वीकार करना आवश्यक है। यह पद इस बात का परिचायक है कि यह कथन एक निश्चित अपेक्षा से सत्य है तथा यह अन्य अपेक्षा से असत्य भी है। इस सिद्धान्त की यह कहकर आलोचना की जाती है कि जब इस सिद्धान्त के अनुसार प्रत्येक वाक्य एक अपेक्षा से सत्य है तो यह वाक्य "अँगुली के अग्र भाग में सौ हाथी हैं" भी किसी अपेक्षा से सत्य होगा। ऐसी स्थिति में किसी भी वाक्य को असत्य नहीं कहा जा सकेगा। तब सत्य और असत्य कथन का अन्तर ही समाप्त हो जायेगा। इस आपत्ति को अस्वीकार करते हुए प्रभाचन्द्र कहते हैं कि किसी भी व्यक्ति का अनर्गल प्रलाप स्यात् शब्द के प्रयोग पूर्वक सत्य नहीं हो सकता। इसके विपरीत स्याद्वाद आप्त पुरुष की कथन पद्धति है। आप्त पुरुष ने प्रमाणों से जिस वस्तु का जिस रूप में ज्ञान प्राप्त किया है, स्यात् शब्द के प्रयोग पूर्वक (अथवा प्रयोग नहीं किये जाने पर भी उसका सद्भाव स्वीकार करते हुए) वह पदार्थ का उसी रूप में प्रतिपादन करता है।[144] साथ ही एक कुशल श्रोता (या पाठक) आप्त पुरुष के वचनों के पूर्व स्यात् पद के सद्भाव को स्वीकार करते हुए उनके आशय को भलीभांति समझता है तथा वर्णित पदार्थ का यथार्थ ज्ञान प्राप्त करता है।[145] जैसे डॉक्टर का यह कथन "कूनैन लाभदायक है" एक निश्चित परिस्थिति में ही सत्य है तथा अन्य परिस्थिति में यह असत्य भी है। एक बुद्धिमान और विचारवान व्यक्ति डॉक्टर के इस कथन को सर्वथा सत्य न मानकर कथंचित् रूप से ही सत्य मानता है। वह इस बात का ध्यान रखता है कि कूनैन लाभदायक ही नहीं, हानिकारक भी है। एक सामान्य व्यक्ति के मलेरिया होने पर जब वह निश्चित अन्तराल से, निश्चित मात्रा में, यथोचित पथ्य के साथ कूनैन का सेवन करता है तो ही कूनैन फायदा करती है; लेकिन यदि व्यक्ति के पेट में अल्सर हो अथवा अधिक मात्रा में कूनैन ले ली जाय, या टाइफाइड आदि अन्य बीमारियों में कूनैन का सेवन कर लिया जाय तो कूनैन नुकसान भी करती हैं। इस प्रकार एक समझदार व्यक्ति जब डॉक्टर के कथन "कूनैन लाभदायक है" की सत्यता की अपेक्षा

144. न्यायकुमुदचन्द्र; भाग–2, पृष्ठ–692

145. अप्रयुक्तोऽपि सर्वत्र स्यात्कारोऽर्थात् प्रतीयते।
धियोनिषेधेऽप्यन्यत्र कुशलश्चेत् प्रयोजकः।। लघीयस्त्रय–63

को पहचान कर उसके अनुसार कूनैन का सेवन करता है तो वह मलेरिया से मुक्ति प्राप्त करके स्वास्थ्य लाभ करता है। प्राय: परिचित क्षेत्रों में व्यक्ति किसी भी कथन को निर्विशेष रूप से सत्य न समझ कर एक विशेष अपेक्षा से ही सत्य स्वीकार करता है, लेकिन अपरिचित क्षेत्र में व्यक्ति किसी वाक्य को सर्वथा सत्य समझ सकता है तथा उसके अनुसार कार्य करते हुए हानि उठा सकता है। इसलिये किसी भी वाक्य को सुनते समय यह ध्यान रखना आवश्यक है कि इस वाक्य के पूर्व स्यात् पद विद्यमान है (भले ही उसका प्रयोग किया गया हो अथवा नहीं किया गया हो) जो यह बता रहा है कि यह कथन सर्वथा सत्य न होकर किसी निश्चित अपेक्षा से ही सत्य है तथा अन्य अपेक्षाओं से यह असत्य भी है। जो व्यक्ति वाक्य में स्यात् पद के सद्भाव को स्वीकार करते हुए उस वाक्य की सत्यता की सीमाओं के प्रति सजग होता है वह यह जानने के लिये भी प्रयत्न करता है कि यह वाक्य कब, कहाँ और किस प्रकार से सत्य है। इस प्रकार उस वाक्य की सत्यता के विशिष्ट स्वरूप को जानने के उपरान्त ही वह उसके अनुसार कार्य करने के लिये प्रवृत्त होता है तथा अपने अभीष्ट लक्ष्य की प्राप्ति में सफल होता है।

**व्यावहारिक क्षेत्र में श्रुतज्ञान का स्याद्वादनयसंस्कृत स्वरूप**

वस्तु के अनेकान्तात्मक स्वरूप के कारण चिकित्सा, योग साधना, भवन निर्माण आदि किसी भी क्षेत्र में किसी प्रकार की समस्या के समाधान हेतु व्यक्ति द्वारा स्वयं पुस्तकें पढ़ कर अथवा अपने आधे अधूरे ज्ञान के आधार पर कार्य करने का निषेध किया जाता है तथा उसे विशेषज्ञ के परामर्शानुसार कार्य करने की सलाह दी जाती है। विशेषज्ञ न केवल एक वस्तु की परस्पर अपरिहार्य समस्त विशेषताओं को जानता है बल्कि वह उन विशेषताओं के आन्तरिक सम्बन्धों तथा उनकी भिन्न भिन्न आन्तरिक बाह्य परिस्थितियों में होने वाली विशिष्ट अभिव्यक्ति की सम्भावनाओं को भी जानता है। इसलिये विशेषज्ञ वस्तु के एक विशेष धर्म के प्रति कोई भी कथन उसके सर्वांगीण स्वरूप को दृष्टि में रखते हुए ही करता है। जो व्यक्ति विशेषज्ञ के कथन को स्याद्वादनय संस्कृत रूप से ग्रहण करता है वह यह ध्यान रखता है कि यह कथन निर्विशेष रूप से सत्य न होकर एक विशेष अपेक्षा से ही सत्य है तथा वह उस अपेक्षा को जानने के लिये प्रवृत्त होता है। जैसे यदि गुरु द्वारा योग साधक को प्राणायाम हेतु निर्देश देते समय उस क्रिया का सामान्य रूप से प्रतिपादन किया जाता है तो उस वर्णन को स्याद्वादनय संस्कृत रूप से ग्रहण करने वाला साधक यह ध्यान रखता है कि यह निर्देश प्राणायाम के स्वरूप का एक विशेष अपेक्षा से ही–उसके सामान्य स्वरूप की अपेक्षा से ही प्रतिपादन कर रहा है। इस निर्देश के पूर्व स्यात् पद विद्यमान है जो इस

अपेक्षा विशेष का ही प्रतिपादन नहीं कर रहा बल्कि वह प्राणायाम के अनेकान्तात्मक-सामान्यविशेषात्मक स्वरूप की ओर भी संकेत कर रहा है। वह यह बता रहा है कि प्राणायाम का यह सामान्य स्वरूप अनेक विशेष रूपों में अभिव्यक्त होने की सम्भावना से परिपूर्ण है तथा इसके भिन्न भिन्न विशेष प्रकारों के भिन्न भिन्न व्यक्तियों पर पृथक पृथक प्रभाव होते हैं। इसलिये गुरु के वचनों से प्राप्त हुआ प्राणायाम सम्बन्धी निर्देश इसके केवल मात्र सामान्य स्वरूप का प्रतिपादक होने के कारण अपने आप में पूर्ण सत्य न होकर सत्यांश है तथा यह अपनी सत्यता के लिये प्राणायाम के उस विशेषात्मक पक्ष के ज्ञान की अपेक्षा रखता है जो साधक के लिये अनुकूल है। इस प्रकार गुरु के परामर्श को स्याद्वादनय संस्कृत रूप से ग्रहण करने वाला साधक गुरु से उस क्रिया के स्वयं के लिये उपयुक्त विशेषात्मक पक्ष-उसे वह क्रिया कब, कितनी देर तक और किस प्रकार सम्पादित करनी चाहिये; को जानने के लिये प्रवृत्त होता है तथा उस क्रिया को किसी भी मनचाहे ढंग से सम्पादित करने की गलती नहीं करता।

शब्द प्रमाण किसी क्षेत्र विशेष में समस्या के समाधान हेतु परामर्श प्राप्त करने का साधन ही नहीं है बल्कि यह किसी क्षेत्र में विशेषज्ञता अर्जित करने का एक मात्र उपाय भी है। भाषा द्वारा व्यक्ति किसी क्षेत्र विशेष में विशेषज्ञता अर्जित कर सके इस उद्देश्य को दृष्टि में रखते हुए जैनाचार्य कहते हैं कि स्याद्वाद सामान्य रूप से वस्तु के अनेकान्तात्मक स्वरूप का वाचक है। इसके द्वारा सामान्य रूप से वस्तु के एकानेकात्मक, भेदाभेदात्मक स्वरूप को जान लेने मात्र से यह ज्ञात नहीं हो सकता कि एक वस्तु के अनेक धर्म कौन कौन से हैं तथा वे किस प्रकार एक दूसरे से सम्बन्धित और प्रभावित होते हुए एक वस्तु रूप में अवस्थित हैं। इसलिये स्याद्वाद द्वारा नैगमादि नयों और सप्तभंगीनय द्वारा वस्तु की एक एक विशेषता को मुख्य रूप से लेते हुए और अन्य विशेषताओं को गौण करते हुए उनका क्रमिक रूप से प्रतिपादन किया जाता है।[146] इस सन्दर्भ में नय को परिभाषित करते हुए समन्तभद्राचार्य कहते हैं, " स्याद्वाद द्वारा प्रविभक्त (अनुमित, विशेषित) वस्तु के एक विशेष अंश का व्यंजक (प्ररूपक) ज्ञान नय है।"[147] वाक्य में विद्यमान स्यात् पद सामान्य रूप से वाच्य पदार्थ के अनेकान्तात्मक स्वरूप का ज्ञापक है। इसलिये यह प्रमाण ज्ञान

---

146. कथंचिदित्यादिः किंवृत्तचिद्विधिः स्याद्वादपर्यायः। सोयमनेकान्तमभिप्रेत्य सप्तभंगनयापेक्षः स्वभावपरभावाभ्यां सदसदादिव्यवस्थां प्रतिपादयति। अष्टशतीअष्टसहस्री; पृष्ठ287

147. स्याद्वादप्रविभक्तार्थविशेषव्यंजको नयः। आप्तमीमांसा106 उत्तरार्द्ध
स्याद्वादेत्यादिनानुमितमनेकान्तात्मकमर्थतत्त्वमादर्शयति। तदेव हि स्याद्वादप्रविभक्तोर्थः, प्राधान्यात्-सर्वाङ्गव्यापित्वात्। तस्य विशेषो नित्यत्वादि पृथक् पृथक् । तस्य प्रतिपादको नयः।
अष्टसहस्त्री; पृष्ठ290

स्वरूप है तथा इस प्रमाण ज्ञान पूर्वक ही वस्तु के एकांश के प्ररूपक नय ज्ञान की प्रवृत्ति होती है।[148] इसलिये यह आप्त पुरुष के वचनों से उत्पन्न होने वाला स्याद्वादनय संस्कृत ज्ञान ही प्रमाणनय संस्कृत ज्ञान भी है तथा यह युक्ति और शास्त्र से अविरोधी होने के कारण प्रमाण (यथार्थ ज्ञान) है।[149]

जैसा कि हम अध्याय 9 में विस्तार से देखेंगे वस्तु के सकलादेशी स्वरूप के ज्ञान को प्रमाण ज्ञान तथा इसके विकलादेशी स्वरूप के ज्ञान को नय ज्ञान कहा जाता है।[150] वस्तु के अनेकान्तात्मक स्वरूप को जानने वाला ज्ञान सकलादेशी प्रमाण ज्ञान है।[151] इस ज्ञान द्वारा वस्तु के एक-अनेक, भेद-अभेद, सामान्य-विशेष रूप धर्म युगल परस्पर अविनाभावी और अन्योन्यात्मक स्वरूप में ज्ञात होते हैं।[152] भाषा द्वारा वस्तु के इस सकलादेशी स्वरूप का ज्ञान उसके एक एक धर्म को क्रमिक रूप से परीक्षा पूर्वक जानते हुए ही हो सकता है। वस्तु के एक धर्म का प्ररूपक ज्ञान नय कहलाता है। एक वस्तु के एक-अनेक उभय रूप जात्यन्तर स्वरूपमय तत्त्व होने के कारण न केवल एक वस्तु का स्वरूप उसके अनेक धर्म हैं बल्कि वस्तु का एक धर्म जिस विशिष्ट स्वरूप में अवस्थित होता है उस रूप में उसका सद्भाव समग्र वस्तु के आश्रय में रहते हुए ही, उसके अन्य धर्मों से सम्बन्धित होते हुए तथा उनके कार्यों से प्रभावित होते हुए ही हो सकता है। इसलिये वस्तु की एक विशेषता का ज्ञान भी उसके सर्वांगीण स्वरूप के ज्ञान पूर्वक होता है। अतः नय को परिभाषित करते हुए अकलंक देव कहते हैं, "प्रमाण द्वारा प्रकाशित वस्तु के एकांश का प्ररूपक ज्ञाता का अभिप्राय नय है।"[153] एक नय वस्तु के एक धर्म का प्रतिपादक है तथा उस धर्म को जानने का एक मात्र साधन वही नय है लेकिन उस नय का प्रतिपाद्य धर्म स्वयं न तो वस्तु है, न ही अवस्तु है बल्कि वह वस्तु का एक अंश है, इसलिये वह नय स्वयं भी प्रमाण या अप्रमाण न होकर प्रमाणांश है और इसलिये अपने आप में पूर्ण सत्य

---

148. स्यात्प्रमाणात्मकेऽपि प्रमाणप्रभवो नयः। सिद्धिविनिश्चयह्न10/3 पूर्वार्द्ध

149. तदेवं स्याद्वादनयसंस्कृतं तत्त्वज्ञानं प्रमाणनयसंस्कृतमिति व्याख्याने, स्याद्वादः प्रमाणं सप्तभंगीवचनविधिनैगमादयो बहुविकल्पा नया इति.....। सम्प्रत्यहेतुवादागमः स्याद्वादो, हेतुवादो नयस्ताभ्यां संस्कृतमलंकृतं तत्त्वज्ञानं प्रमाणं युक्तिशास्त्राविरूद्धं सुनिश्चितासंभवद्बाधकमिति...। अष्टसहस्त्री; पृष्ठह्न288-89

150. सकलादेशः प्रमाणधीनः, ......विकलादेशो नयाधीनः। तत्त्वार्थवार्तिक; पृष्ठह्न252

151. तत्त्वार्थवार्तिक; पृष्ठह्न35

152. परीक्षा भेदाभेदप्रतिष्ठा द्रव्यपर्यायद्वैविधयात् नयद्वैविध्यमाह। तत्र अन्योऽन्याविनाभावप्रतिपत्ति प्रमाणम्। सिद्धिविनिश्चय स्ववृत्ति; 10/4

153. प्रमाणप्रकाशितार्थविशेषप्ररूपको नयः। तत्त्वार्थवार्तिक; पृष्ठह्न94

न होकर सत्यांश है।[154] एक नय द्वारा प्रतिपाद्य धर्म का अस्तित्व धर्मी के अन्य धर्मों से निरपेक्ष रूप से नहीं होता बल्कि वह उनसे सापेक्ष रूप से ही विद्यमान होता है। इसलिये एक नय नयान्तर सापेक्ष रूप से ही सम्यक् होता है तथा अन्य नयों से निरपेक्ष रूप से अपने विषय का प्रतिपादन करने वाला नय मिथ्या है। समन्तभद्राचार्य कहते हैं ''अनेक नयों से वस्तु के समस्त धर्मों को परस्पर निरपेक्ष रूप से जानने वाला ज्ञान अयथार्थ ज्ञान है तथा परस्पर सापेक्ष अनेक नयों से अनेक धर्ममय एक धर्मी का ज्ञान प्रमाण ज्ञान है।''[155] उदाहरण के लिये एक मजदूर भवन निर्माण की प्रक्रिया के समस्त चरणों को जानता है। वह यह जानता है कि भवन का निर्माण करते समय सबसे पहले नींव खोदी जाती है, फिर उसकी भराई की जाती है, फिर दीवार उठायी जाती हैं। मजदूर को भवन निर्माण के सभी चरणों का ज्ञान होने पर भी उसका यह ज्ञान प्रमाण ज्ञान नहीं है क्योंकि वह इन समस्त चरणों को परस्पर निरपेक्ष रूप से ही जानता है तथा उसमें इन चरणों के परस्पर सापेक्ष विशिष्ट स्वरूप को पहचानने की क्षमता नहीं है। जैसे वह यह तय नहीं कर सकता कि किस प्रकार की जमीन में कितने ऊँचे भवन के लिये कितनी गहरी और चौड़ी नींव होनी चाहिये। वह किसी स्थान विशेष पर दीवार उठाते समय मकान की नींव, नीचे वाली दीवार की स्थिति, दीवार के उद्देश्य आदि अनेक बातों को दृष्टि में रखते हुए दीवार के विशिष्ट स्वरूप को निर्धारित नहीं कर सकता। यह सामर्थ्य एक कुशल कारीगर में ही होती है और इसलिये भवन निर्माण के क्षेत्र में उसका ज्ञान प्रमाण ज्ञान है।

जो व्यक्ति स्याद्वाद को एक कथन शैली के रूप में स्वीकार करता है वह भाषा के द्वारा ज्ञानार्जन प्रारम्भ करते समय ही वस्तु की परस्पर सापेक्ष अनेक धर्ममय एक धर्मीरूपता को तथा उस धर्मधर्म्यात्मक सत्ता के सामान्यविशेषात्मक, उत्पादव्ययध्रौव्यात्मक स्वरूप के प्रति सजग होता है। इस प्रकार वह स्यात् पद के प्रयोग पूर्वक प्रारम्भ से ही वस्तु के अनेकान्तात्मक स्वरूप को सामान्य रूप से स्वीकार करता है तथा इसके उपरान्त ही वह एक एक धर्म को क्रमिक रूप से जानते हुए उसके सर्वांगीण स्वरूप को जानने के लिये प्रवृत्त होता है। वह एक वाक्य द्वारा वस्तु की एक विशेषता को जानते समय न केवल वस्तु के, बल्कि वर्णन की जा रही विशेषता के ज्ञान की अपूर्णता को भी जानता है। जैसे जो व्यक्ति भवन निर्माण की प्रक्रिया को स्याद्वादनय संस्कृत रूप से

---

154. तत्त्वार्थश्लोकवार्तिक; पृष्ठ118

155. नयोपनयैकान्तानां त्रिकालानां समुच्चयः। अविभ्राङ्भावसम्बन्धो द्रव्यमेकमनेकधा।। 107।।
मिथ्यासमूहो मिथ्या चेन्न मिथ्यैकान्ततास्ति नः। निरपेक्षा नया मिथ्या सापेक्षा वस्तु तेर्थकृत् ।।
।।108।। आप्तमीमांसा

ग्रहण करने हेतु प्रवृत्त होता है वह इन वाक्यों को सुनते समय कि "भवन का निर्माण करते समय सबसे पहले नींव खोदी जाती है", "नींव खोदने का अर्थ है...", यह जानता है कि ये कथन नय हैं तथा ये न केवल भवन निर्माण की प्रक्रिया, बल्कि उसके एक चरण-नींव की खुदाई का भी आंशिक ज्ञान हैं । इन वाक्यों द्वारा नींव की खुदाई के मात्र सामान्यात्मक पक्ष का प्रतिपादन किया जा रहा है जो अपनी प्रमाण ज्ञानरूपता के लिये नींव की खुदाई के विशेषात्मक पक्ष के ज्ञान की अपेक्षा रखता है। दूसरे शब्दों में व्यक्ति का नींव की खुदाई सम्बन्धी ज्ञान तभी प्रामाणिक हो सकता है जबकि वह मात्र यही नहीं जानता हो कि नींव खोदना क्या होता है, बल्कि यह भी जानता हो कि किस प्रकार की जमीन में, कितने ऊँचे भवन के लिये कितनी गहरी और चौड़ी नींव खोदी जाती है। नींव के स्वरूप के इस विशेषात्मक पक्ष का ज्ञान भवन निर्माण के सभी चरणों को सामान्य रूप से और पृथक पृथक जान लेने के उपरान्त नींव से उनके आन्तरिक सम्बन्धों को समझते हुए ही हो सकता है। एक नय अपने विषय का अपूर्ण ज्ञान है तथा वह अपने विषय को पूर्णतः समझने के लिये अन्य नयों की आकांक्षा करता है। इसलिये व्यक्ति अपने पदार्थ सम्बन्धी ज्ञान को परिपूर्ण बनाने के लिये विभिन्न नयों द्वारा उसके सभी पक्षों को जानने और उसके पश्चात उनकी पारस्परिक सापेक्षता के स्वरूप को समझने के लिये प्रवृत्त होता है।

शब्द प्रमाण के प्रारम्भिक चरण में वस्तु की विभिन्न विशेषताओं को परस्पर निरपेक्ष रूप से जानते समय व्यक्ति स्यात् पद के प्रयोग पूर्वक सामान्य रूप से ही यह जानता है कि ये विशेषताएं कथंचित् सापेक्ष हैं। लेकिन इस स्तर पर उसे यह ज्ञात नहीं हो पाता कि इनकी पारस्परिक सापेक्षता का विशिष्ट स्वरूप क्या है, ये परस्पर किस प्रकार सम्बन्धित हैं, एक दूसरे को किस प्रकार प्रभावित करती हैं। यह ज्ञान विभिन्न वाक्यों द्वारा वस्तु की समस्त विशेषताओं को पृथक पृथक जान लेने के उपरान्त होने वाले नयात्मक ज्ञान द्वारा होता है। इस द्वितीय स्तर पर होने वाले नयात्मक ज्ञान द्वारा वस्तु के एक धर्म के अन्य धर्म सापेक्ष विशिष्ट स्वरूप का प्रतिपादन किया जाता है। ज्ञेय पदार्थ के सामान्यविशेषात्मक तत्व होने के कारण इस स्तर पर आप्त पुरुष के वचनों को निष्क्रिय रूप से ग्रहण करते हुए नहीं समझा जा सकता। इसके विपरीत इस स्तर पर व्यक्ति आप्त पुरुष के वचनों के आशय को परीक्षा पूर्वक, अर्थात विभिन्न प्रमाणों से भली प्रकार देखकर और युक्तियों की सहायता से ही ग्रहण कर सकता है। अकलंकदेव कहते हैं "स्यात् प्रमाणात्मक होता है और उसके द्वारा होने वाले प्रमाण ज्ञान से नय की उत्पत्ति होती है। यह विचार पूर्वक निर्णय करने का उपाय है तथा इसमें वस्तु के एकांश को परीक्षा (परि + ईक्षा अर्थात विभिन्न प्रमाणों

से भली प्रकार देखना) पूर्वक जाना जाता है।''[156] अथवा'' नय ज्ञाता का अभिप्राय है तथा इसमें युक्ति पूर्वक वस्तु के एकांश का ग्रहण किया जाता है।''[157]

नय श्रुतज्ञान के विभिन्न अंश हैं।[158] वस्तु के एक विशेष अंश का ज्ञापक एक नय विशेष ही है तथा विभिन्न नयों से वस्तु की परस्पर अपरिहार्य समस्त विशेषताओं को जानने पर ही वस्तु के सर्वांगीण स्वरूप के ज्ञान रूप श्रुतप्रमाण की उत्पत्ति होती है। साथ ही वस्तु का एक धर्म अपने आप में अस्तित्व न रखकर अपने अस्तित्व के लिये सम्पूर्ण पदार्थ पर आश्रित होता है। एकांश के रूप में वह जिस विशिष्ट स्वरूप से युक्त होता है उस स्वरूप को वह सम्पूर्ण वस्तु से निरपेक्ष रूप से नहीं रख सकता। अतः उसके इस विशिष्ट स्वरूप को समग्र पदार्थ को जानने के उपरान्त ही जाना जा सकता है। जैसे जैसे व्यक्ति की समग्र वस्तु की समझ में वृद्धि होती जाती है, उसमें वस्तु के एकांश के अधिक विशिष्ट स्वरूप को ग्रहण करने की सम्भावनाएं प्रखर होती जाती हैं जिनके सद्भाव में व्यक्ति पदार्थ के अन्य पक्षों को सामने रखकर विचार पूर्वक वस्तु के एकांश के अधिक विशिष्ट स्वरूप को ग्रहण कर सकता है। व्यक्ति धर्मधर्मीमय सत्ता के कितने अधिक विशिष्ट स्वरूप का प्रमाण ज्ञान प्राप्त कर सकता है यह व्यक्ति के श्रुतज्ञानावरणीय और वीर्यान्तराय कर्म के प्रखर क्षयोपशम के सद्भाव में वस्तु को जानने हेतु किये गये पुरुषार्थ द्वारा निर्धारित होता है।

व्यक्ति भाषा द्वारा पदार्थ को प्रारम्भिक स्तर पर जान रहा हो या उच्च स्तर पर, उसके ज्ञान को स्याद्वादनय संस्कृत होना आवश्यक है; क्योंकि भाषा द्वारा एक समय में वस्तु के एक ही अंश या पक्ष को स्पष्ट किया जा सकता है तथा उसे, वस्तु को जिस स्तर पर जाना जा रहा है उस स्तर पर उसके सर्वांगीण स्वरूप के सन्दर्भ में ही समझा जा सकता है। लेकिन उसके इस समग्र स्वरूप को एक साथ अभिव्यक्त करने की सामर्थ्य किसी भी वाक्य में नहीं है।[159] आनुभविक क्षेत्रों में स्याद्वाद के महत्व को प्रायः सभी स्वीकार कर सकते हैं। इसका कारण यह है कि लोक व्यवहार और विभिन्न विज्ञानों का विषय पदार्थ का देश काल में अवस्थित विशेष स्वरूप होता है। इस स्वरूप की उत्पत्ति निश्चित कारणात्मक नियमों के अनुसार होती है। इसलिये परिचित क्षेत्रों में किसी कथन को सुनते समय व्यक्ति उसे एक निश्चित

---

156. स्यात् प्रमाणात्मकत्वेऽपि प्रमाणप्रभवो नयः।
विचारो निर्णयोपायः परीक्षेत्यवगम्यताम् । सिद्धिविनिश्चय 10/3

157. नयो ज्ञातुरभिप्रायो युक्तितोऽर्थपरिग्रहः। लघीयस्त्रयह्न52 उत्तरार्द्ध

158. श्रुतमूला नयाः........। तत्त्वार्थश्लोकवार्तिक; पृष्ठह्न124

159. अष्टसहस्री; पृष्ठह्न289

अपेक्षा से सत्य तथा अन्य अपेक्षा से असत्य ही समझता है। यदि कभी अज्ञानवश किसी वाक्य को सर्वथा सत्य मान भी लिया जाता है तो अनुभव में वृद्धि के साथ ही साथ व्यक्ति का यह भ्रम समाप्त भी हो जाता है। जैसे जहर का औषधि के रूप में प्रयोग देखकर व्यक्ति का यह भ्रम समाप्त हो जाता है कि जहर मृत्यु का ही कारण है तथा वह इस तथ्य को स्वीकार कर लेता है कि जहर जीवन नाशक ही नहीं है, जीवन दायक भी है। उसकी ये दोनों शक्तियाँ भिन्न भिन्न परिस्थितियों में अभिव्यक्त होती हैं।

## दार्शनिक क्षेत्र में श्रुतज्ञान का स्याद्वादनयसंस्कृत स्वरूप

अनुभव और विज्ञानों का विषय सत्ता का देशकाल में अवस्थित और कारण सापेक्ष स्वरूप होता है इसलिये इस क्षेत्र में स्याद्वाद के महत्व को सभी स्वीकार कर सकते हैं। लेकिन दर्शन का विषय सत्ता की मूलभूत कोटियों के समस्त दिक्कालिक रूपों में अनुस्यूत अनिवार्य, सार्वभौमिक और कारण निरपेक्ष स्वरूप है। इसलिये इसकी भाषा को स्याद्वाद की सीमा से परे माना जाता है। वास्तव में इस क्षेत्र में स्याद्वाद के प्रयोग पूर्वक ही सत्ता के स्वरूप की व्याख्या की जा सकती है तथा इसका (स्याद्वाद का) प्रयोग नहीं किये जाने पर पदार्थ के प्रति भाषा का प्रयोग असम्भव हो जाता है। सामान्य भाषा विधि-निषेधात्मक स्वरूप लिये हुए होती है। उद्‌देश्य के प्रति किया जाने वाला प्रत्येक विधान प्रतिपक्षी धर्म का निषेध कर देता है। लेकिन इस प्रतिपक्षी धर्म के अभाव में वर्णन किये जा रहे धर्म का सद्‌भाव भी नहीं हो सकता। इसलिये सत्ता को वचनातीत स्वीकार करना पड़ता है। नागार्जुन कहते हैं कि पदार्थ को सत् नहीं कहा जा सकता क्योंकि उसका अभावात्मक पक्ष भी है, उसे असत् नहीं कहा जा सकता क्योंकि उसका सद्‌भाव तो है ही, उसे सत्-असत् उभय रूप नहीं कहा जा सकता क्योंकि ये दोनों परस्पर विरोधी हैं[160], उसे न सत्-न-असत् भी नहीं कहा जा सकता। इस प्रकार सत्ता चतुष्कोटि विनिर्मुक्त होने के कारण अनिर्वचनीय है। इसी प्रकार भाषा द्वारा एक वस्तु का वर्णन करते समय वस्तु और उसकी विशेषताओं का पृथक पृथक उल्लेख किया जाता है। उद्देश्य-विधेयात्मक भाषा का यह स्वरूप यह प्रश्न उत्पन्न करता है कि यदि धर्मी और धर्म पृथक पृथक हैं तो धर्म के ज्ञान पूर्वक धर्मी किस प्रकार ज्ञात हो सकता है, यदि इनमें अभेद है तो इनके लिये उद्देश्य और विधेय रूप पृथक पृथक पदों का प्रयोग किस प्रकार किया जा सकता है? इन समस्याओं को देखते हुए शंकराचार्य कहते हैं कि सत्ता परमार्थतः

160. सर्वदर्शनसंग्रह; पृष्ठ-36

अनिर्वचनीय है, भाषा द्वारा उसके स्वरूप को यथार्थतः समझ पाना असम्भव है।

भाषा का उद्देश्य-विधेयात्मक स्वरूप न केवल सत्ता के स्वरूप के प्रतिपादन को असम्भव सिद्ध करता है बल्कि उसके प्रति अनेक प्रकार के दार्शनिक विवादों को भी उत्पन्न कर देता है। अनुभव द्वारा पदार्थ के एक-अनेक, परिवर्तनशील-स्थायी, सामान्य-विशेष रूप द्विआयामी स्वरूप का ज्ञान होता है। जब दार्शनिक इस सामान्य अनुभव की व्याख्या करना चाहते हैं तो उद्देश्यविधेयात्मक भाषा के विधिनिषेधात्मक स्वरूप के कारण वे अनेक विवादों में फँस जाते हैं। एक वाक्य में उद्देश्य के प्रति किया गया कोई भी विधान उसके विरोधी धर्म का निषेध कर देता है। जैसे इस वाक्य ''सत्ता नित्य है'' द्वारा न केवल सत्ता की नित्य रूपता का प्रतिपादन किया जा रहा है बल्कि यह इसकी अनित्यता का निषेध भी कर रहा है। सामान्य भाषा के इस विधि-निषेधात्मक स्वरूप से भ्रमित होकर विभिन्न दार्शनिक अनुभव के एक पक्ष को यथार्थ और दूसरे को भ्रामक स्वीकार कर लेते हैं। जैसे अद्वैत वेदान्त के अनुसार सत्ता का सामान्य और नित्य स्वरूप वास्तविक है तथा वे परिवर्तनशील विशेष पक्ष को भ्रमात्मक स्वीकार करते हैं। बौद्ध इसकी विरोधी स्थिति को स्वीकार करते हैं। उन दार्शनिकों के ये एकांगी सिद्धान्त कई प्रकार के अन्तर्विरोधों और समस्याओं को उत्पन्न कर देते हैं।

जैन दार्शनिकों के अनुसार भाषा के स्वरूप से उत्पन्न विभिन्न दार्शनिक समस्याओं का समाधान स्याद्वाद को कथन पद्धति के रूप में स्वीकार करने पर स्वतः ही हो जाता है। वे कहते हैं कि सत्ता पूर्णतः अनिर्वचनीय न होकर वचनीय अनिर्वचनीय स्वरूप है। उसके परस्पर सापेक्ष अनेक धर्ममय एक धर्मी रूप जटिल स्वरूप को एक साथ अभिव्यक्त करने की सामर्थ्य भाषा में नहीं है इसलिये वह अनिर्वचनीय है, लेकिन स्यात् पद के प्रयोग पूर्वक पदार्थ के इस जटिल स्वरूप की ओर संकेत करते हुए क्रमिक रूप से उसके एक एक धर्म का वर्णन किया जा सकना सम्भव होने के कारण वह वचनीय भी है। अनुभव द्वारा ज्ञात हो रहे वस्तु के एक-अनेक, सामान्य-विशेष, नित्य-अनित्य आदि धर्म परस्पर पूरक हैं तथा इनमें से एक का निषेध किये जाने पर दूसरे का विधान असम्भव है। स्याद्वादनय संस्कृत दृष्टि द्वारा पदार्थ के इस द्विआयामी स्वरूप को यथार्थतः समझा जा सकता है। इसके लिये जैन दार्शनिक दो नयों - द्रव्यार्थिक नय और पर्यायार्थिक नय का प्रतिपादन करते हैं। अनेकान्तात्मक वस्तु के एकात्मक, अभेदात्मक, सामान्य रूप और नित्य स्वरूप का ज्ञान जिस नय से होता है उसे द्रव्यार्थिक नय तथा उसके अनेकात्मक, भेदात्मक, विशेषरूप और

अनित्य स्वरूप का ज्ञान जिस नय से होता है उसे पर्यायार्थिक नय कहा जाता है।[161] इन नयों से वस्तु के द्विआयामी स्वरूप का वर्णन क्रमिक रूप से तथा एक पक्ष को गौण करते हुए तथा दूसरे को प्रमुखता से लेते हुए किया जाता है। ऐसा करते समय प्रारम्भ में स्यात् पद के प्रयोग पूर्वक सत्ता के अनेकान्तात्मक स्वरूप की ओर सामान्य रूप से संकेत करने के साथ ही साथ यह भी प्रतिपादित किया जाता है कि वाक्य में उद्देश्य पद के प्रति किया जा रहा विधान सर्वथा सत्य न होकर एक निश्चित अपेक्षा से ही सत्य है। उदाहरण के लिये "स्यात् द्रव्य नित्य है" इस वाक्य में स्यात् पद प्रारम्भ में द्रव्य के नित्यानित्यात्मक स्वरूप की ओर सामान्य रूप से संकेत करने के साथ ही साथ यह भी प्रतिपादित कर रहा है कि द्रव्य सर्वथा नित्य न होकर सामान्य स्वरूप की अपेक्षा से ही नित्य है। इस नयात्मक वाक्य में वस्तु के अनित्यत्व धर्म का निषेध न करके उसे गौण किया गया है तथा नित्यत्व धर्म का प्रमुखता से वर्णन किया गया है। इस संदर्भ में वाक्य में विवक्षित धर्म को मुख्य और अविवक्षित को गौण कहा जा रहा है।[162] तदुपरान्त "स्यात् द्रव्य अनित्य है", वाक्य में स्यात् पद द्वारा वस्तु के अनेकान्तात्मक स्वरूप की ओर संकेत करने के साथ ही साथ "विशेष स्वरूप की अपेक्षा" से द्रव्य के अनित्य स्वरूप का मुख्य रूप से ज्ञान कराया जा रहा है। द्रव्य के नित्य और अनित्य पक्ष उसके ऐसे दो स्वभाव हैं जो नाम, लक्षणादि की अपेक्षा परस्पर भिन्न भिन्न होते हुए भी सत्तापेक्षया परस्पर सापेक्ष और अन्योन्यात्मक हैं। प्रारम्भिक स्तर पर स्यात् पद के प्रयोग पूर्वक द्रव्य के इन दोनों पक्षों में विद्यमान परस्पर सापेक्षनिरपेक्ष उभय रूप जात्यन्तर स्वरूप की ओर संकेत करने के उपरान्त विभिन्न नयों से इनके पृथक पृथक लक्षण का ज्ञान कराया जाता है। तत्पश्चात् विभिन्न प्रमाणों से परीक्षा करते हुए, विभिन्न युक्तियों का अवलम्बन लेते हुए क्रमिक रूप से द्रव्य के नित्य पक्ष के अनित्य पक्ष सापेक्ष विशिष्ट स्वरूप और द्रव्य के अनित्य पक्ष के नित्य पक्ष सापेक्ष विशिष्ट स्वरूप का ज्ञान प्राप्त किया जाता है। इस परीक्षाप्रवण, विचारात्मक और तर्कणामय नयात्मक विधि द्वारा व्यक्ति द्रव्य के नित्यानित्यात्मक

---

161. तत्र मूलनयौ द्रव्य-पर्यायार्थिकौ। द्रव्यमेकमन्वयात्मकम्। पर्यायः पृथक्त्वं व्यतिरेकश्च।

लघीयस्त्रय स्ववृत्ति – 67

द्रव्यं सामान्यमुत्सर्गं अनुवृत्तिरिति यावत्। द्रव्यमर्थो विषयो यस्य स द्रव्यार्थिकः। पर्यायो विशेषः अपवादो व्यावृतिरिति यावत्। पर्यायोऽर्थो विषयो स पर्यायार्थिकः।

तत्त्वार्थवृत्ति 1/33

162. विवक्षा च प्रधानत्वाद्वस्तुरुपस्य कस्यचित्।
तदा तदन्यरूपस्याविवक्षा च गुणभावतः।। तत्त्वार्थश्लोकवार्तिक; पृष्ठ – 61

स्वरूप का प्रमाण ज्ञान प्राप्त करता है। इस नयात्मक विधि के स्वरूप को स्पष्ट करते हुए अमृतचन्द्र कहते हैं, "जिस प्रकार दधि मन्थन करने वाली गोपी क्रमिक रूप से और पुनः पुनः मथानी की रस्सी के एक छोर को डीला ड़ोड़ते हुए तथा दूसरे छोर को खींचते हुए, उसके बाद दूसरे छोर को डीला छोड़कर पहले को खींचते हुए दही को मथती है तथा इसके द्वारा अपने इष्ट तत्त्व मक्खन को प्राप्त करती है, उसी प्रकार एक जिज्ञासु व्यक्ति भी द्रव्य के नित्य-अनित्य आदि द्विआयामी स्वरूप को समझने के लिये क्रमिक रूप से एक पक्ष को प्रमुखता से लेते हुए तथा दूसरे को गौण करते हुए इन दोनों पक्षों के परस्पर विशेषणविशेष्यभाव से युक्त जात्यन्तर स्वरूप का ज्ञान प्राप्त करता है।"[163] इस संदर्भ में द्रव्य के जिस पक्ष को धर्मी बनाया जा रहा है वह मुख्य और जिसे धर्म बनाया जा रहा है वह गौण है।[164] इस स्याद्वादनय संस्कृत विधि का प्रयोग करते हुए हम प्रथम अध्याय में द्रव्य के उत्पादव्ययध्रौव्यात्मक या नित्यानित्यात्मक स्वरूप कर निर्विरोध रूप से प्रतिपादन कर चुके हैं। हमनें प्रारम्भ में द्रव्य के उत्पादव्ययात्मक (अनित्य पक्ष) और ध्रौव्यात्मक (नित्य पक्ष) के लक्षणों का पृथक पृथक अध्ययन किया है। तदुपरान्त हमने विभिन्न प्रमाणों के अवलम्बन पूर्वक, विभिन्न युक्तियों द्वारा विचार करते हुए क्रमिक रूप से उत्पादव्ययात्मक सत्ता के ध्रुव स्वरूप और ध्रुव सत्ता के उत्पादव्ययात्मक स्वरूप का अध्ययन किया है तथा इस नयात्मक विधि से द्रव्य के नित्य और अनित्य पक्षों के परस्पर धर्मधर्मीभाव से युक्त सापेक्ष स्वरूप का प्रमाण ज्ञान प्राप्त किया है। इस प्रकार प्रत्यक्ष, अनुमानादि सभी प्रमाणों से ज्ञात हो रहे सत्ता के अनेकान्तात्मक स्वरूप का भाषा द्वारा निर्विरोध रूप से प्रतिपादन स्याद्वाद को कथन शैली के रूप में अपनाये जाने पर ही सम्भव है।

## आध्यात्मिक क्षेत्र में श्रुतज्ञान का स्याद्वादनय संस्कृत स्वरूप

व्यक्ति को अपनी आत्मा के वास्तविक स्वरूप, उसके संसार परिभ्रमण के कारणों और मोक्ष प्राप्ति के उपाय का ज्ञान आप्त पुरुष के वचनों द्वारा प्राप्त होता है। आप्त पुरुष विभिन्न वाक्यों द्वारा इन तत्त्वों की विभिन्न विशेषताओं का क्रमिक रूप से वर्णन करते हैं। व्यक्ति इस वर्णन को स्याद्वादनय संस्कृत विधि से ग्रहण करते हुए ही इन तत्त्वों का यथार्थ ज्ञान प्राप्त कर सकता है। उदाहरण के लिये शारीरिक, वाचसिक और मानसिक क्रियाओं में संलग्न व्यक्ति के सम्यग्चारित्र के

163. देखें इस अध्याय की संदर्भ संख्या – 173
164. देखें इस अध्याय की संदर्भ संख्या – 174

दो पक्ष हैं। इसका बहिरंग पक्ष इन शारीरिक आदि क्रियाओं के प्रवृत्तिपरक अथवा निवृत्तिपरक स्वरूप से सम्बन्धित है तथा इसका अन्तरंग पक्ष इन क्रियाओं में संलग्न व्यक्ति द्वारा किये जा रहे आध्यात्मिक पुरुषार्थ से सम्बन्धित है। एक सम्यग्दृष्टि व्यक्ति मन, वचन और शरीर से कोई भी कार्य करते समय आन्तरिक रूप से अपने अनन्तज्ञानादि शक्तियों से सम्पन्न शुद्धात्मस्वरूप के दर्शनज्ञान को निरन्तर अधिक गहन अनुभूति से सम्पन्न बनाने तथा इसके द्वारा अपने अन्दर अनादि कालीन संस्कारों के कारण उत्पन्न हो रहे हिंसा, झूँठ आदि अव्रतों, क्रोधादि कषाय भावों को अहिंसादि व्रतों, क्षमादि अकषाय भावों आदि में रूपान्तरित करने हेतु प्रयासरत रहता है। जैन आचार्यों के अनुसार सम्यग्चारित्र का अन्तरंग पक्ष निश्चय नय का और बहिरंग पक्ष व्यवहार नय का विषय है।[165] सम्यग्चारित्र के ये दोनों पक्ष परस्पर सापेक्ष हैं, एक दूसरे के पूरक हैं, ये दोनों परस्पर साधन साध्य भाव से सम्बन्धित होकर एक अखण्ड सम्यग्चारित्र हैं।[166] जैसा कि हम ज्ञानावरणीय कर्म के क्षय की प्रक्रिया का अध्ययन करते समय देख चुके हैं, मुनिराज अनशन तप करते हुए भोजन, जल आदि का परित्याग कर क्षुधा, तृषा आदि की तीव्र वेदना को आमन्त्रित करते हैं तथा इस पर विजय प्राप्त करने का प्रयास करते हैं। उनका यह बहिरंग अनशन तप सम्यग्चारित्ररूपता तभी प्राप्त करता है जबकि वे इसे करते हुए अपने अखाद्य स्वभावी, अपेयस्वभावी, अनन्तज्ञानादि शक्तियों से सम्पन्न शुद्धात्मस्वरूप के दर्शनज्ञान का प्रतपन करने, इसे प्रतापवंत बनाने और अपने इस स्वरूप में पूरी तरह से लीन होने हेतु पुरुषार्थ रूप अन्तरंग तप से भी सम्पन्न हों। इस आध्यात्मिक तप के अभाव में मुनिराज का बहिरंग तप कर्म निर्जरा का साधन न होकर मात्र पुण्यार्जन का साधन है और इसलिये यह मिथ्याचारित्र

---

165. आत्माश्रितो निश्चय नयः पराश्रितो। व्यवहार नयः

समयसार आत्मख्याति टीका; गाथा– 272

166. निश्चयव्यवहाराभ्यां मोक्षमार्गे द्विधा स्थितः। तत्राद्य साध्यरूपः स्याद् द्वितीयस्तस्यसाधनः।

तत्त्वार्थसार, उपसंहार – 2

व्यवहारेण पंचसमितिभिः समितः संवृत्त पंचसमितः, निश्चयेन स्वस्वरूपे सम्यगितो गतः समितः। व्यवहारेण मनोवचनकाय जयेण गुप्तः त्रिगुप्तः निश्चयेन स्वस्वरूपे गुप्तः परिणतः। व्यवहारेण पंचेन्द्रिय विषयव्यावृत्या संवृत्त पंचेन्द्रियसंवृत्त, निश्चयेन वातीन्द्रियसुखरसास्वादरतः। व्यवहारेण क्रोधादिकषाय जयेन जितकषायः, निश्चयेन चाकषायभावनारतः। ................ अतः एतदायातं – व्यवहारेण यद्बहिर्विषये व्याख्यानं कृतं तेन सविकल्पसम्यग्दर्शनज्ञानचारित्रत्रययौगपद्यं ग्राह्यम्, अभ्यन्तरव्याख्यानेन तु निर्विकल्पात्मज्ञानं ग्राह्यमिति सविकल्पयौगपद्यं निर्विकल्पात्मज्ञानं च घटत इति।

प्रवचनसार तात्त्पर्यवृत्ति, गाथा – 240

स्वरूप है और बालतप मात्र है।[167]

सम्यग्चारित्र के इस अन्तरंग बहिरंग उभय पक्षों में व्याप्त अनेकान्तात्मक स्वरूप का भाषा द्वारा वर्णन किया जा सकना सम्भव नहीं है। इसलिये आप्त पुरुष प्रत्येक वाक्य के प्रारम्भ में स्यात् शब्द के प्रयोग पूर्वक इसके इस अनेकान्तात्मक स्वरूप की ओर संकेत करते हैं। तदुपरान्त वे इसके एक पक्ष को प्रमुखता से लेते हुए तथा दूसरे पक्ष को गौण करते हुए इसके दोनों पक्षों का क्रमिक रूप से वर्णन करते हैं। जैसे तत्त्वार्थसूत्र, मूलाचार आदि ग्रन्थों में सभ्यग्चारित्र के आध्यात्मिक पक्ष को गौण करके उसके बहिरंग पक्ष का विस्तार से वर्णन किया गया है। इन ग्रन्थों में सभ्यग्चारित्र के विभिन्न प्रकारों - अहिंसादि व्रत, समिति, गुप्ति, परिषह जय आदि के मन, वचन और शरीर की क्रियाओं से सम्बन्धित बाह्य पक्ष के स्वरूप का विस्तार से वर्णन किया गया है। इन ग्रन्थों में इन क्रियाओं के नियमों और इन नियमों का उल्लंघन होने पर आलोचना, प्रतिक्रमण, प्रत्याख्यानादि का विधान किया गया है। समयसार, प्रवचनसार आदि आध्यात्मिक ग्रन्थों में व्रत, समिति आदि क्रियाओं के बाह्य पक्ष को गौण करके इनको सम्पादित करते समय किये जाने वाले आध्यात्मिक पुरुषार्थ का विस्तार से वर्णन किया गया है। इन ग्रन्थों में आध्यात्मिक क्रिया के उस विशिष्ट स्वरूप का ही वर्णन किया गया है जिसका सद्भाव होने पर ही अहिंसादि व्रत, उपवासादि तप आदि सम्यग्चारित्ररूपता प्राप्त करते हैं, परम्परा से मोक्ष का साधन हैं तथा जिसका अभाव होने पर ये व्रत, समिति आदि मात्र पुण्यार्जन का साधन और इसलिये बाल तप स्वरूप हैं।[168]

जैन दर्शन में अन्तरंग-बहिरंग उभय पक्षों में व्याप्त चारित्र को व्यवहार चारित्र तथा अपने अनन्तज्ञानादि शक्तियों से सम्पन्न, अजर, अमर, अविनाशी, शुद्धचैतन्य स्वरूप के शब्दातीत, चिन्तनातीत, निष्कंप अनुभूतिमय ध्यानावस्था को निश्चयचारित्र कहा गया है। यह ध्यानावस्था रूप निश्चयचारित्र शुद्धात्मस्वरूप की अनुभूति, निश्चय

---

167. स्वकीय शुद्धात्मभावनोत्पन्न सुखामृताहारेण तृप्तत्वान्न विद्यते एषणामाकाँक्षा यस्य स भवत्वनेषणः तस्य तदेव निश्चयेन निराहारात्मभावनारुपमुपवासलक्षणं तपः।

प्रवचनसार तात्त्पर्यवृत्ति; गाथा - 227

समयसार; गाथा - 152

168. यस्तु शुद्धात्मभावनासाधनार्थं बहिरंगव्रततपश्चरणदानपुजादिकं करोति स परम्परया मोक्षं लभते .....1

समयसार तात्त्पर्यवृत्ति, गाथा - 146

वीतरागसम्यक्त्वरूपां शुद्धात्मोपादेयभावनां बिना व्रततपश्चरणादिकं पुण्यकारणमेव भवति तद्भावनासहितं पुनर्बहिरंगसाधकत्वेन परम्परया मुक्तिकारणं चेति ................।

समयसार तात्त्पर्यवृत्ति; गाथा - 154

और उसमें अवस्थिति रूप अभेद रत्नत्रय स्वरूप है तथा यह समस्त कर्मों की निर्जरा का एकमात्र साधन होने के कारण साक्षात मोक्ष मार्ग है। अन्तरंग-बहिरंग उभय पक्षों में व्याप्त व्यवहारचारित्र इस निश्चयचारित्र की सिद्धि का साधन है। अहिंसादि व्रत, समिति, गुप्ति, परिषह जय आदि रूप व्यवहार चारित्र में विद्यमान अपने अनन्तज्ञानादि शक्तियों से सम्पन्न शुद्धात्मस्वरूप की भावना ही वह बीज है जो इस चारित्र की साधना करते हुए निरन्तर पकाया जाता है; इस साधना द्वारा यह बीज ही निरन्तर विकसित होते होते एक दिन अनन्तचतुष्टयमय शुद्धात्मस्वरूप की भावना से उत्पन्न परम तृप्ति रूप निश्चयचारित्ररूपता को और अन्त में अनन्तदर्शनज्ञान और वीर्य से सम्पन्न अनन्त आनन्दमय मुक्तावस्था को प्राप्त करता है।[169] अथवा जिस प्रकार स्वर्ण पाषाण अग्नि में तपाये जाने पर निरन्तर अधिक शुद्ध होता जाता है तथा अन्त में शुद्ध स्वर्णरूपता प्राप्त करता है। इसी प्रकार व्यवहारचारित्र अग्नि के समान है। इस व्यवहारचारित्र में अन्तर्मग्न गुरुमुख से प्राप्त अपने अनन्तज्ञानादि शक्तियों से सम्पन्न शुद्धात्मस्वरूप का ज्ञान स्वर्ण पाषाण के समान है जो इस अन्तरंग बहिरंग उभय पक्षों में व्याप्त व्यवहारचारित्र रूपी अग्नि में तपते हुए निश्चयचारित्र रूप स्वर्णरूपता को प्राप्त करता है तथा अन्त में केवलज्ञानरूपता को प्राप्त करता है।[170] इस प्रकार निश्चय और व्यवहार नय परस्पर साध्यसाधन रूप से सम्बन्धित हैं तथा मोक्षमार्ग की यात्रा इन दोनों नयों के विषय को परस्पर सापेक्ष स्वरूप में जानने वाले प्रमाण ज्ञान द्वारा ही सम्भव है।[171]

व्यक्ति आप्त पुरुष के वचनों द्वारा सम्यग्चारित्र का यथार्थ ज्ञान तभी प्राप्त कर सकता है जबकि उसकी दृष्टि स्याद्वादनयसंस्कृत हो तथा वह परीक्षक और विचारवान हो। इन विशेषताओं से सम्पन्न व्यक्ति आप्त पुरुष द्वारा कथित प्रत्येक वाक्य को जानते समय यह ध्यान रखता है कि प्रत्येक वाक्य के पूर्व स्यात्

169. इदं तु व्यवहारचारित्रं बहिरंगसाधकत्वेन वीतरागचारित्रभावनोत्पन्नपरमात्मतृप्ति रूपस्य निश्चय सुखस्य बीजं तदपि निश्चयसुखं पुनरक्षयानन्तसुखस्य बीजमिति। पंचस्तिकाय तात्पर्यवृति गाथा– 107

170. एवं हि शुद्धद्रव्याश्रितमभिन्नसाध्यसाधनभावं निश्चयमाश्रित्य मोक्षमार्गप्ररुपणाम्। यत्तु पूर्वमुद्दिष्टं तत्स्वपरप्रत्ययपर्यायाश्रितं भिन्नसाध्यसाधनभावं व्यवहारनयमाश्रित्य प्ररुपितम्। न चैतद्विप्रतिषिद्धं निश्चयव्यवहारयो साध्यसाधनभावत्वात् सुवर्णसुवर्णपाषाणवत्। अत एवोभयनयायत्ता पारमेश्वरी तीर्थप्रवर्तनेति। पंचास्तिकाय समयव्याख्या टीका; गाथा – 159
धातुपाषाणे अग्निवत् साधको व्यवहारमोक्षमार्गः। सुवर्णस्थानीयनिर्विकारश्चोपलब्धिसाध्यरूपो निश्चयमोक्षमार्गः। वृहत्द्रव्यसंग्रह; गाथा – 39 पर ब्रह्मदेवसूरि वृत्ति

171. उभयनयविरोधध्वंसिनि स्यात्पदाङ्के, जिनवचसि रमन्ते ये स्वयं वान्तमोहाः।
सपदि समयसारं ते परं ज्योतिरुच्चैरनवमनयपक्षाक्षुण्णमीक्षन्त एव। समयसार कलश – 4

पद विद्यमान है। यह पद सामान्य रूप से सम्यग्चारित्र के अन्तरंग बहिरंग उभय पक्षों में व्याप्त और अनन्त विशेषताओं से सम्पन्न अनेकान्तात्मक स्वरूप की ओर संकेत कर रहा है तथा विशेषरूप से यह पद उस निश्चित विशिष्ट अपेक्षा का प्रतिपादन कर रहा है जिसके संदर्भ में ही वाक्य में उद्देश्य के प्रति किया जा रहा विधान सत्य है। साथ ही वह यह भी ध्यान रखता है कि यह वाक्य अनेकान्तात्मक वस्तु की मात्र एक विशेषता का ज्ञान कराने के कारण एक नय है। यह अपने आप में पूर्ण सत्य न होकर सत्यांश है तथा यह अन्य नयों से सापेक्ष रूप से ही सत्य है। एक स्याद्वादनय संस्कृत दृष्टि से सम्पन्न व्यक्ति के लिये एक नय की नयान्तर सापेक्ष दृष्टि एक सैद्धान्तिक स्वीकृति मात्र नहीं है। इसके विपरीत उसे एक नय के विषय को जानने के उपरान्त होने वाले प्रश्नों और समस्याओं तथा इनके समाधानार्थ किये गये अन्वेषणात्मक प्रयत्नों से इस तथ्य की अनुभूति होती है। जैसे आध्यात्मिक ग्रन्थों के अध्ययन पूर्वक व्यक्ति यह ज्ञान प्राप्त करता है कि उसका वास्तविक स्वरूप अनन्तदर्शन, अनन्तज्ञान, अनन्तसुख और अनन्तवीर्य से सम्पन्न शुद्ध चैतन्यरूपता है तथा अपने इस स्वरूप की प्राप्ति हेतु पुरुषार्थ ही परम पुरुषार्थ है; तो उसे यह जिज्ञासा होती है कि एक मुमुक्षू सामायिक काल में तो अपने अनन्तज्ञानादि शक्तियों से सम्पन्न शुद्धात्म स्वरूप का ध्यान करता है; लेकिन एक ज्ञान, दर्शन, सुख, वीर्यमय आत्मा के आराधक व्यक्ति का जीवन कैसा होना चाहिये; उसे विभिन्न शारीरिक, वाचसिक क्रियाओं का सम्पादन मात्र अपने अभीष्ट लौकिक लक्ष्यों को दृष्टि में रखकर करना चाहिये; तटस्थ, उदासीन, दृष्टाभाव से अपनी प्रत्येक क्रिया का सम्पादन करना चाहिये अथवा अपने प्रत्येक कार्य को पूर्ण जागरूकता, सम्वेदनशीलता और स्वपरकल्याण की भावना से युक्त होकर करना चाहिये। इन प्रश्नों का उत्तर उसे तत्त्वार्थसूत्रादि ग्रन्थों के अध्ययन पूर्वक प्राप्त होता है। इन ग्रन्थों के अध्ययन के पश्चात् विचार पूर्वक व्यक्ति यह निश्चय करता है कि एक मुमुक्षू को अपनी प्रत्येक क्रिया का सम्पादन अपने ज्ञानदर्शनमय स्वभाव की अनुभूति तथा इस स्वभाव के अनुरूप आचरण के संकल्प से युक्त होकर करना चाहिये। वह चले तो देख कर तथा मार्ग में आ रहे कीड़े आदि जीवों की रक्षा करते हुए चले, बोले तो हित, मित, प्रिय वचन बोले ......। इसी प्रकार जब व्यक्ति तत्त्वार्थसूत्रादि का अध्ययन करते समय यह वाक्य देखता है कि एक सम्यग्दृष्टि के निरन्तर कर्म निर्जश होती रहती है तो उसके समक्ष यह प्रश्न उत्पन्न होता है कि ऐसा क्यों होता है?

सम्यग्दृष्टि व्यक्ति में ऐसी क्या विशेषता है कि जिन कार्यों को करते हुए एक मिथ्यादृष्टि व्यक्ति निरन्तर कर्मों का बंध करता है उन्हीं कार्यों को करते हुए सम्यग्दृष्टि व्यक्ति निरन्तर कर्म निर्जरा करता रहता है। इस प्रश्न का उत्तर एक विचारवान और परीक्षक व्यक्ति को अष्टपाहुड आदि ग्रन्थों से अन्तरात्मा के स्वरूप, समयसार से ज्ञाता दृष्टाभाव और कर्त्ताभोक्ता भाव की अवधारणा, ............ आदि का ज्ञान प्राप्त करने तथा मुख्य गौण भाव से इन विभिन्न विशेषताओं के आन्तरिक सम्बन्धों को समझने पर प्राप्त होता है। पूज्यपाद कहते हैं कि जिस प्रकार परस्पर स्वतन्त्र तन्तु ओढ़ने, बिछाने आदि क्रियाओं को करने में असमर्थ हैं लेकिन जब मानव द्वारा उपकरणों की सहायता से उन्हीं तन्तुओं को आतानवितानी रूप से संयुक्त करके एक वस्त्ररूपता प्रदान की जाती हैं तो वे ही तन्तु ओढ़ने, पहनने आदि अर्थक्रियाओं के लिये उपयोगी हो जाते हैं। इसी प्रकार जब विभिन्न नय परस्पर स्वतन्त्र रूप से वस्तु की विभिन्न विशेषताओं का ज्ञान कराते हैं तो इस ज्ञान द्वारा लौकिक अथवा आध्यात्मिक किसी भी प्रकार के लक्ष्य की प्राप्ति सम्भव नहीं है, लेकिन जब मानव इन विभिन्न नयों के विषय को मुख्य गौणभाव से ग्रहण करते हुए इनके परस्पर सापेक्ष स्वरूप को समझता है तो उसका ज्ञान प्रमाण ज्ञान होता है तथा यह ज्ञान सम्यग्दर्शनादि की प्राप्ति का साधन है।[172] अन्तरंग बहिरंग उभय पक्षों में व्याप्त सम्यग्चारित्र अनन्तधर्मात्मक है। उसके ये अनन्त धर्म परस्पर सम्बन्धित होते हुए एक सम्यग्चारित्र हैं। इन उभय पक्षों और अनन्त विशेषताओं में व्याप्त सम्यग्चारित्र (अथवा किसी भी तत्त्व) के नयात्मक विधि से ज्ञानार्जन के स्वरूप को स्पष्ट करते हुए अमृतचन्द्र कहते हैं कि जिस प्रकार दधि मन्थन करने वाली गोपी मथानी की रस्सी के पहले छोर को ढीला छोड़कर दूसरे को खींचती है। फिर दूसरे छोर को ढीला छोड़कर पहले छोर को खींचती है। इस प्रकार पुनः पुनः और क्रमिक रूप से वह रस्सी एक छोर को ढीला छोड़ते हुए तथा दूसरे छोर को खींचते हुए दही को निरन्तर मथती है तथा अपने इष्ट तत्त्व मक्खन को प्राप्त करती है। इसी प्रकार एक सत्यान्वेषी व्यक्ति भी निश्चय और व्यवहार नयों में से क्रमिक रूप से और पुनः पुनः एक नय के विषय को प्रमुखता से लेता हुआ तथा दूसरे पक्ष के विषय को गौण करता हुआ विभिन्न नयों के परस्पर सापेक्ष स्वरूप का जानता हुआ प्रमाण ज्ञान

---

172. ..........नयाः ........। त एते गुणप्रधानतया परस्परतन्त्राः सम्यग्दर्शनहेतवः पुरुषार्थक्रियासाधनसामर्थ्यात्तन्त्वादय इव यथोपायं विनिवेश्यमानाः पटादिसंज्ञा स्वतन्त्राश्चासमर्थाः। सर्वार्थसिद्धि 1/33

प्राप्त करता है।[173] प्रस्तुत संदर्भ में वाक्य में वस्तु के जिस पक्ष या विशेषता को धर्मी या विशेष्य बनाया जा रहा है वह मुख्य और जिस विशेषता को धर्म या विशेषण बनाया जा रहा है वह गौण है।[174]

जैसा कि हम पूर्व में देख चुके हैं प्रत्येक पदार्थ और प्रत्येक तत्त्व अनन्त धर्मात्मक है। वह परस्पर निरपेक्ष अनन्त धर्मों का समूह मात्र नहीं है बल्कि उस धर्मी के समस्त धर्मों में नाम, लक्षण, प्रयोजन आदि की अपेक्षा भेद होते हुए भी तात्त्विक रूप से अभेद है। तात्त्विक रूप से एक धर्मी के प्रत्येक धर्म का स्वरूप धर्मी के अन्य समस्त धर्म हैं। एक धर्मी के समस्त धर्मों में विद्यमान इस धर्मधर्मी भाव को व्यक्ति विभिन्न नयों द्वारा मुख्य गौण भाव से जान सकता है। इस प्रक्रिया से अनन्त नयों द्वारा वस्तु की अनन्त विशेषताएं परस्पर एक दूसरे से सम्बन्धित होकर एक तत्त्व के रूप में ज्ञात हो सकती हैं।[175] व्यक्ति शब्द प्रमाण द्वारा वस्तु की कितनी अधिक विशेषताओं को जान सकता है यह उसके ज्ञानावरणीय और वीर्यान्तराय कर्म के क्षयोपशम और ज्ञानार्जन हेतु पुरुषार्थ पर निर्भर करता है।

## अनक्षरात्मक या अर्थलिंगज श्रुतज्ञान

जिस पदार्थ को चक्षुरादि इन्द्रियों अथवा शब्द प्रमाण द्वारा जान लिया गया है, उसका अवलम्बन लेकर उससे सम्बद्ध परोक्ष अर्थ का ज्ञान अर्थलिगज श्रुतज्ञान है। अनुमान स्पष्टतया अर्थलिंगज श्रुतज्ञान का एक प्रकार है। यद्यपि तत्त्वार्थ सूत्र में अनुमान को मतिज्ञान का एक प्रकार माना गया है तथा श्रुतज्ञान के भेदों का उल्लेख करते समय शब्द प्रमाण के ही भेद बताये गये हैं,[176] लेकिन तत्त्वार्थसूत्रकार द्वारा एक स्थान पर श्रुतज्ञान को वितर्क[177] के रूप में भी परिभाषित किया गया है। इसलिये टीकाकार

---

173. एकेनाकर्षन्ती श्लथयन्ती वस्तुतत्त्वमितरेण।
अन्तेन जयति जैनी नीतिर्मन्थाननेत्रमिव गोपी। पुरुषार्थसिद्ध्युपाय – श्लोक – 225

174. ततः क्रमेणानन्तरूपं यद्वस्तु तत तवांगांगिभावादेव वाग्वाच्यं बोद्धव्यम्।
अंगे हि अप्रधानमंगि प्रधानम्। तद्मावो गुणप्रधानभावात्तमाश्रित्य नानात्वैकत्ववचने
यथार्थामिधायित्वमेव वाच्यं व्यवतिष्ठते। युक्त्यानुशासन टीका; श्लोक – 50
(अंगी = धर्मी, अंग = धर्म)

175. नानात्मतामप्रजहत्तदेकमेकात्मतामप्रजध्च्च नाना।
अंगांगिभावात्तव वस्तु तद्मत् क्रमेण वाग्वाच्यमनन्तरूपम्। युक्त्यानुशावसन; पद – 50

176. श्रुतं मतिपूर्वं द्वयनेक द्वादशभेदम्। तत्त्वार्थसूत्र 1/20

177. वितर्कः श्रुतम्। तत्त्वार्थसूत्र 9/43

श्रुतज्ञान को शब्द प्रमाण तक ही सीमित नहीं मानते हुए भी इसके अन्य प्रकारों का स्पष्ट उल्लेख नहीं करते। षट्खण्डागम आदि ग्रन्थों में अनुमान को मतिज्ञान के अन्तर्गत न मानकर अर्थलिंगज श्रुतज्ञान माना गया है। वीरसेन कहते हैं, ''अवग्रह द्वारा ग्रहण किये गये पदार्थ से पृथग्भूत लिंग जनित बुद्धि को श्रुतज्ञान कहा गया है।''[178] इसके दृष्टान्त देते हुए वे कहते हैं, ''धूम के निमित्त से अग्नि का ज्ञान, नदीपूर के निमित्त से हुआ वृष्टि का ज्ञान, देशान्तर की प्राप्ति के निमित्त से उत्पन्न हुआ सूर्य का गमन विषयक ज्ञान... श्रुतज्ञान हैं।''[179]

अर्थ लिंगज श्रुतज्ञान मात्र अनुमान या निगमनात्मक तर्क तक ही सीमित नहीं है, अपितु चिन्तन या तर्कगा के द्वारा उत्पन्न हुआ समस्त ज्ञान इसके अन्तर्गत आता है। तत्त्वार्थवार्तिक की ये पंक्तियाँ, ''एक घट को इन्द्रिय तथा मन के द्वारा ''यह घट है'' इस प्रकार निश्चित करने के उपरान्त जो पहले नहीं जाने गये तज्जातीय तथा देशकालादि की दृष्टि से विलक्षण अनेक घटों को जानता है वह श्रुतज्ञान है'', अथवा ''एक अर्थ का अनेक प्रकार से प्ररूपण करना श्रुतज्ञान है'', आगमनात्मक तर्क अथवा किसी भी प्रकार की तर्कणा को, जिसके द्वारा पदार्थ के प्रति नवीन जानकारी प्राप्त हो रही हो, अर्थ लिंगज श्रुतज्ञान के अन्तर्गत रखती हैं।[180]

मानवीय ज्ञान के संदर्भ में तर्कणा के स्वरूप और महत्व को समझने की दृष्टि से नॉरमन एन.मन का यह कथन दृष्टव्य है, ''चिन्तन (तर्कणा) ज्ञानार्जन की एक उच्चस्तरीय प्रक्रिया है। चिन्तन हमारी अभी तक अर्जित की गयी जानकारियों के दायरे में सीमित होता है, लेकिन इसके द्वारा हम वस्तु के ऐसे पक्षों अथवा नवीन पदार्थों के बारे में जानते हैं जो पहले अज्ञात थे। किसी पदार्थ के प्रति किसी प्रकार की समस्या के समाधान के लिये व्यक्ति उस पदार्थ के बारे में उसे उपलब्ध सूचनाओं को विभिन्न प्रकार से संयोजित करता है तथा उनके द्वारा नवीन ज्ञान प्राप्त करता है। परमाणु वैज्ञानिकों ने चिन्तन की इसी सामान्य प्रक्रिया को अपना कर परमाणु विस्फोट के सिद्धान्त का आविष्कार किया था, तथा परमाणु विस्फोट के घटित होने से पूर्व ही उसकी उत्पत्ति की प्रक्रिया का पूर्वानुमान किया था।''[181]

श्रुतज्ञान मतिज्ञान पूर्वक होता है। हमें पदार्थ के सम्बन्ध में जो सूचनाएं उपलब्ध होती हैं, हम उन्हें एक प्रकार से संयोजित कर उसके निष्कर्षों पर विचार करते हैं तथा

---

178. धवला, पुस्तकह6, पृष्ठ–18

179. धवला, पुस्तकह13, पृष्ठ–210

180. तत्त्वार्थवत्तिक; पृष्ठ – 48–49

181. Psycology; Page-337

अवांछित परिणामों के प्राप्त होने पर उस संयोजन का परित्याग कर नवीन संयोजन का निर्माण करते हैं। यह प्रक्रिया अनुमान रूप ही होती है क्योंकि विशेष सूचनाओं के द्वारा किसी निष्कर्ष की प्राप्ति की प्रक्रिया में सामान्य सिद्धान्त या सूचनाओं के मध्य व्याप्ति संबंध अन्तर्निहित होता है। यह चिन्तनात्मक प्रक्रिया मतिज्ञान में ईहा के स्तर पर तथा शब्द प्रमाण में भी घटित होती है, लेकिन इन प्रमाणों में यह प्रक्रिया विषय बोध का स्वतन्त्र साधन न होकर उनकी उत्पत्ति में सहायक मात्र है। ईहा मतिज्ञान में चिन्तन ऐन्द्रियिक प्रयत्नों के लिये दिशा निर्देशक होता है तथा शब्द प्रमाण के स्तर पर यह आप्त पुरुष के वचनों का अर्थ समझने में सहायता करता है। इसके विपरीत शब्द प्रमाण आदि विभिन्न प्रमाणों से जाने गये पदार्थों के प्रति किसी प्रकार की समस्या उत्पन्न हो जाने पर चिन्तन प्रक्रिया द्वारा उसका समाधान अर्थ लिंगज श्रुतज्ञान है। यह प्रमाणनय संस्कृत होने पर ही यथार्थ हो सकता है। प्रमाण द्वारा गृहीत वस्तु में प्रयोजन के अनुसार वस्तु के एकांश के प्ररूपक ज्ञाता का अभिप्राय नय कहलाता है। प्रश्न उठता है कि जिस वस्तु को प्रमाण द्वारा जान लिया गया है उसे नय से जानने की क्या जरूरत है? प्रमाण से समग्र वस्तु का ग्रहण होता है। इसलिये इसके द्वारा वस्तु के एकांश का ग्रहण भी हो ही जाता है क्योंकि अंशों के अभाव में अंशी की सिद्धि नहीं होती। इसके उत्तर में अनन्तवीर्य कहते हैं, "स्वयं द्वारा साक्षात् रूप से जाने गये, अभिहित या वर्णन द्वारा जाने गये और अनुमित पदार्थ के प्रति भी किसी प्रकार का विवाद उत्पन्न हो जाने पर वस्तु के प्रति पुनः ऊहापोहात्मक चिन्तन के अभाव में भ्रम का निवारण नहीं होता। इसलिये आन्तरिक बाह्य सभी पदार्थों के प्रति नय का अनुष्ठान किया जाता है। इस विचारविमर्शात्मक नयात्मक ज्ञान के अभाव में तत्त्व भी अतत्त्व के समान ही प्रतीत होता है। यदि कहा जाय कि इस समस्या का निराकरण प्रत्यक्ष द्वारा हो जाता है तो यह उचित नहीं है क्योंकि प्रत्यक्ष विचार रहित ज्ञान है तथा इसके द्वारा अतत्त्व के निराकरण पूर्वक तत्त्व निर्णय किया जा सकना सम्भव नहीं है।"[182]

जैन दार्शनिकों के अनुसार मतिश्रुतज्ञान का सद्भाव प्राणीमात्र में होता है। प्रश्न उठता है कि जब श्रुतज्ञान मनोजन्य और तर्कणात्मक होता है तो मन रहित एकेन्द्रियादि प्राणियों में इसका अस्तित्व किस प्रकार हो सकता है ? इसका उत्तर देते हुए वीरसेन कहते हैं कि वहाँ जाति विशेष के कारण लिंग लिंगी विषयक ज्ञान मानने में कोई विरोध नहीं आता।[183] मलयगिरि कहते हैं कि हेतूपदेश श्रुतज्ञान समनस्कों को ही

182. सिद्धिविनिश्चय टीका; पृष्ठह्न667

183. धवला; पुस्तकह्न13, पृष्ठ–210

होता है। जिसके द्वारा अपने शरीर की रक्षार्थ इष्ट आहारादि में प्रवर्तन होता है तथा अनिष्ट पदार्थों में निवर्तन होता है, उसे हेतूपदेश कहा गया गया है। यह इष्ट अनिष्ट पदार्थों में प्रवृत्ति निवृत्ति चिन्तनात्मक है और यह मन के व्यापार के अभाव में सम्भव नहीं है। अतः द्वि-इन्द्रियादि प्राणियों में मन पूर्वक यह हेतूपदेश श्रुतज्ञान दृष्टिगोचर होता है। उनमें हेतूपदेश श्रुतज्ञान ही हो सकता है, कालिक्युपदेश श्रुतज्ञान नहीं क्योंकि वे वर्तमान कालीन पदार्थ के संबंध में ही चिन्तन कर सकते हैं, भूत, भविष्यकालीन पदार्थों के सम्बन्ध में नहीं।[184]

नन्दी सूत्र तथा अन्य ग्रन्थों में श्रुतज्ञान के अनेक भेद किये गये हैं। इनके विस्तार में न जाकर हम यहाँ इतना ही कहेंगे कि मन का विशेष कार्य स्मरण, शिक्षा, तर्कणा आदि हैं। जिन पंचेन्द्रिय प्राणियों में शिक्षित हो सकने, तर्कणा का अवलम्बन लेकर स्थितियों को परिवर्तित कर सकने की क्षमता होती है उन्हें समनस्क कहा जाता है। यह क्षमता पंचेन्द्रिय पशुओं में न्यून मात्रा में तथा मनुष्यों में बहुत अधिक मात्रा में पायी जाती है। चतुरिन्द्रियादि प्राणी अपनी कुछ जन्मजात प्रवृत्तियों से प्रेरित होकर कार्य करते हैं तथा उन्हें शिक्षित करके उनके कार्य करने की विधियों में परिवर्तन किया जाना सम्भव नहीं है। न ही उनमें यह सामर्थ्य है कि वे उन जन्मजात प्रवृत्तियों के अतिरिक्त अन्य क्षेत्रों में गुण-दोषों के विचार पूर्वक अथवा अनुभव द्वारा अन्वेषण पूर्वक नवीन जानकारी प्राप्त कर सकें और अपने कार्य करने के ढंग को परिवर्तित कर सकें। इतना होते हुए भी उनमें न्यूनाधिक मात्रा में तर्कणा शक्ति होती है, जिसकी सिद्धि खाद्य पदार्थ के इन्द्रिय प्रत्यक्ष पूर्वक उसे प्राप्त करने हेतु प्रवृत्ति, घातक स्थिति के निर्मित होने पर रक्षार्थ प्रवृत्ति आदि से होती है। इन क्रियाओं का सद्भाव तर्कणा पूर्वक ही हो सकता है जो इन जीवों में श्रुतज्ञान के सद्भाव को सिद्ध करता है।

## मतिज्ञान और श्रुतज्ञान का तुलनात्मक अध्ययन

समस्त संसारी जीवों में मतिज्ञान और श्रुतज्ञान का अस्तित्व अनिवार्यतया पाया जाता है। मतिज्ञान का विषय इन्द्रियों से सम्बद्ध, वर्तमानकालीन और स्थूल पदार्थ होता है। इसके द्वारा पृथक पृथक घटनाओं को ही जाना जा सकता है। जबकि श्रुतज्ञान इन्हें जानने के साथ ही साथ विभिन्न घटनाओं के मध्य विद्यमान सम्बन्ध, उनकी उत्पत्ति की व्याख्या, पदार्थो के सार्वभौमिक स्वरूप आदि को भी जानता है।

मन रहित जीवों में श्रुतज्ञान ही मतिज्ञान पर आश्रित होता है, जबकि समनस्क

---

184. नन्दीसूत्र, मलयगिरि वृत्ति, पृष्ठ384

प्राणियों, विशेषरूप से मनुष्यों में मतिज्ञान भी श्रुतज्ञान पर आश्रित होता है। तत्त्वार्थ सूत्र में श्रुतज्ञान को मतिपूर्वक कहा गया है।[185] इसे स्वीकार करने के साथ ही साथ नन्दी सूत्र,[186] विशेषावश्यक भाष्य[187] आदि में मतिज्ञान के श्रुतनिश्रित तथा अश्रुतनिश्रित ये दो भेद किये गये हैं। श्रुतनिश्रित का अर्थ स्पष्ट करते हुए अभयदेव कहते हैं कि जो श्रुत के द्वारा निष्पन्न हो, श्रुत पर आश्रित हो वह श्रुतनिश्रित है। जो अवग्रहादि मतिज्ञान श्रुतज्ञान पूर्वक ही अथवा उसकी सहायता से ही अथवा उसकी अपेक्षा पूर्वक ही विषय को जानते हैं वे श्रुतनिश्रित मतिज्ञान हैं। श्रोतृादि इन्द्रियों से उत्पन्न अथवा ओत्पत्यिकी आदि बुद्धि रूप से उत्पन्न जो मतिज्ञान पूर्णरूपेण क्षयोपशम जन्य होते हैं तथा जिनमें श्रुतज्ञान का कोई योगदान नहीं होता वे अश्रुतनिश्रित मतिज्ञान हैं। पूर्ववर्ती मतिज्ञान श्रुतज्ञान द्वारा परिकर्मित हैं तथा परवर्ती मतिज्ञान श्रुतातीत हैं।[188]

संज्ञी पंचेन्द्रिय, विशेषकर मानवीय संदर्भ में मतिज्ञान और श्रुतज्ञान परस्पर कारण कार्य रूप से संबंधित हैं। श्रुतज्ञान की उत्पत्ति मतिज्ञान पूर्वक तथा मतिज्ञान का विकास श्रुतज्ञान पूर्वक होता है। किसी व्यक्ति के कथनों का आशय हम हमारे अनुभवों का अवलम्बन लेकर ही समझ सकते हैं तथा शब्द प्रमाण के द्वारा हम वस्तु के नये पक्षों को पहचानना सीखते हैं। मतिश्रुतज्ञान की इस परस्पराश्रितता के सिद्धान्त में अन्योन्याश्रय दोष नहीं है, अपितु ये बीजांकुर न्याय से एक दूसरे को विकसित करते हैं।

मतिज्ञान प्राथमिक होता है तथा उसी के धरातल पर श्रुतज्ञान की उत्पत्ति होती है। यह प्रारम्भिक स्तर पर अश्रुतनिश्रित ही होता है। एक बहुत छोटा बच्चा रूप, रसादि की सम्वेदनाएँ प्राप्त करता हुआ धीरे धीरे उनके विशिष्ट स्वरूप को पहचानना सीखता है। इस स्तर पर मतिज्ञान का कारण ज्ञानावरणीय कर्म का क्षयोपशम तथा पूर्वानुभव के संस्कार होते हैं। मतिज्ञान का यह विकास बहुत ही स्थूल होता है तथा उसमें स्पष्टता तथा व्यापकता श्रुतज्ञान पूर्वक ही आती है। एक बच्चे को विभिन्न सम्प्रत्यय समाज में रहते हुए, अन्य व्यक्तियों के व्यवहार के निरीक्षण तथा प्रशिक्षण पूर्वक प्राप्त होते हैं। उसे अन्य व्यक्तियों द्वारा विभिन्न वस्तुओं को पहचानना सिखाया जाता है तथा इस प्रकार वह वस्तु को विशिष्ट, और विशिष्ट स्वरूप में पहचानना सीखता है। उदाहरण के लिये एक बच्चे को एक इन्द्रिय विशेष से सन्निकृष्ट पदार्थ के

---

185. तत्त्वार्थसूत्र 1/20
186. नन्दीसूत्र-46
187. विशेषावश्यक भाष्य; पृष्ठह195
188. स्थानांग सूत्र; भागह1, पृष्ठह50

रूप, आकारादि का मतिज्ञान अश्रुतनिश्रित रूप से होता है, लेकिन वह ''यह वृक्ष है,'' ''नीम का वृक्ष है'' आदि रूप से वस्तु का प्रत्यक्ष करना परोपदेश पूर्वक ही सीखता है। किसी क्षेत्र विशेष में, जैसे-रोगी का प्रत्यक्ष करते समय अथवा किसी कलाकृति का प्रत्यक्ष करते समय एक सामान्य व्यक्ति और एक विशेषज्ञ के प्रत्यक्ष में व्यापक अन्तर होता है जिसका कारण व्यक्ति के आवरण कर्मों के क्षयोपशम में अन्तर के साथ ही साथ उनकी शिक्षा का अन्तर भी है। यदि किसी बच्चे का पालन पोषण मानवीय समाज से दूर रख कर किया जाय अथवा उसकी शिक्षा पर समुचित ध्यान नहीं दिया जाय तो उसके मतिज्ञान का विकास असम्भव है।

यद्यपि व्यक्ति के मतिज्ञान के विकास में शिक्षा का बहुत महत्वपूर्ण स्थान होता है तथापि उसका समस्त मतिज्ञान प्रशिक्षण जन्य नहीं होता। उसमें बहुत से ज्ञान की क्षमता निरन्तर किसी कार्य को करते हुए अथवा गुरुजनों की विनय, सेवा आदि से उत्पन्न होती है तथा शिक्षा द्वारा यह क्षमता उत्पन्न नहीं की जा सकती। इस प्रकार के मतिज्ञान के चार भेद हैंह्न औत्पत्यिकी, वैनयिकी, कर्मजा और पारिणामिकी बुद्धि। किसी परिस्थिति विशेष में जो बुद्धि विशेष क्षयोपशम होने पर स्वतः उत्पन्न हो तथा शास्त्राभ्यास, किसी प्रक्रिया के निरन्तर सम्पादन आदि की अपेक्षा से रहित हो, उसे औत्पत्यिकी बुद्धि कहा जाता है। किसी विषय में जो योग्यता गुरु की विनय, सेवा आदि से उत्पन्न होती है, उसे वैनयिकी बुद्धि कहा जाता है, जो कार्य गुरु के उपदेश बिना किये जाते हैं उन्हें कर्म तथा जिन कार्यों के लिये प्रशिक्षण की आवश्यकता होती है उन्हें शिल्प कहा जाता है। कर्म नित्य तथा शिल्प कादाचित्क होते हैं। इनके निरन्तर अभ्यास पूर्वक जो इनके प्रति नवीन ज्ञान उत्पन्न होता है, उसे कर्मजा बुद्धि कहा जाता है। निरन्तर गमन करना परिणाम है। सुदीर्ध काल तक निरन्तर आलोचन पूर्वक जो विशिष्ट बुद्धि उत्पन्न होती है अथवा एक अनुभवी व्यक्ति की विषय के प्रति विशिष्ट समझ पारिणामिकी बुद्धि कहलाती है।[189] इस प्रकार की क्षमता व्यक्ति में परोपदेश पूर्वक उत्पन्न नहीं की जा सकती, इसलिये इन्हें अश्रुतनिश्रित मतिज्ञान कहा जाता है। श्रुतनिश्रित तथा अश्रुतनिश्रित मतिज्ञान दोनों ही क्षयोपशम जन्य होते हैं, लेकिन श्रुतनिश्रित मतिज्ञान की उत्पत्ति क्षयोपशम का सद्भाव होने पर भी परोपदेश पूर्वक होती है, जबकि अश्रुतनिश्रित मतिज्ञान परोपदेश निरपेक्ष होता है।

## अवधिज्ञान

अवधिज्ञानावरणीय और वीर्यान्तराय कर्म का क्षयोपशम होने पर इन्द्रिय, मन

189. नन्दीसूत्र, हरिभद्रसूरिवृत्ति, पृष्ठह्न47,48

आदि किसी बाह्य पदार्थ की सहायता के बिना आत्म मात्र सापेक्ष रूप से उत्पन्न होने वाला ज्ञान अवधिज्ञान कहलाता है। यह ज्ञान द्रव्य, क्षेत्र, काल, भाव की मर्यादा पूर्वक पुद्गल द्रव्यों को जानता है। व्यक्ति कितने अधिक व्यापक द्रव्य, क्षेत्र, काल, भाव के अन्तर्गत आने वाले पुद्गल द्रव्यों को जान सकता है यह उसके अवधिज्ञानावरणीय कर्म के क्षयोपशम पर निर्भर करता है। रूप, रस, गन्ध, स्पर्श वाले पुद्गल द्रव्यों की कुछ पर्यायों को जानने के अतिरिक्त अवधि ज्ञानी जीव के औदयिक, औपशमिक और क्षायोपशमिक भावों को भी जान सकता है, क्योंकि इनसे पुद्गल कर्म का सम्बन्ध है। वह क्षायिक भाव और धर्म, अधर्म आदि अरूपी द्रव्यों को नहीं जान सकता।[190]

अवधि ज्ञान के दो भेद हैंह्न भवप्रत्यय और गुणप्रत्यय। भव अर्थात् एक विशेष गति में जन्म ही जिसका कारण हो वह भवप्रत्यय अवधिज्ञान कहलाता है। देव, नारकी और चरमशरीरी (अन्तिम शरीर वाले) तीर्थंकरों में भवप्रत्यय अर्थात् जन्म से ही अवधिज्ञान होता है। यह अवधिज्ञान भी क्षयोपशम निमित्तक होता है पर इसमें एक विशेष गति में जन्म लेना ही अवधिज्ञानावरणीय कर्म के क्षयोपशम का कारण है। इसमें अवधिज्ञानावरण और वीर्यान्तराय कर्म का क्षयोपशम समस्त आत्म प्रदेशों में उत्पन्न होता है। इसलिये इसे सर्वांग से उत्पन्न कहा जाता है।[191] गुणप्रत्यय अवधिज्ञान की उत्पत्ति सम्यग्दर्शनादि गुणों की अपेक्षा पूर्वक होने वाले अवधिज्ञानावरणीय कर्म के क्षयोपशम से होती है। यह पर्याप्तक (सभी इन्द्रियों के निर्माण से युक्त) मनुष्यों और समनस्क तिर्यन्चों में उत्पन्न हो सकता है। यह शंख, पद्म, स्वस्तिक आदि शुभ चिन्हों से युक्त आकार में नाभि से ऊपर के आत्म प्रदेशों में उत्पन्न होता है।[192]

गुणप्रत्यय अवधिज्ञान अनुगामी, अननुगामी, वर्धमान, हीयमान, अवस्थित, अनवस्थित इन छः प्रकार का होता है। जो अवधिज्ञान सूर्य के प्रकाश की तरह पीछे पीछे भवान्तर तक साथ जाता है, वह अनुगामी है। जो अपने स्वामी का अनुगमन नहीं करता, वहीं रूक जाता है, वह अननुगामी है। जो अवधिज्ञान सम्यग्दर्शन आदि गुणों की विशुद्धि के कारण पत्तों में लगी हुई आग के समान निरन्तर वृद्धि को प्राप्त होता है वह वर्धमान तथा जो ईधन रहित अग्नि के समान निरन्तर कम होता रहता है वह हीयमान अवधिज्ञान है। जो अवधिज्ञान तिल आदि चिन्हों के समान सदैव एक

190. तत्त्वार्थवार्त्तिक, पृष्ठह्न326

191. गोम्मटसार–जीवकाण्ड, गाथाह्न371

192. गोम्मटसार–जीवकाण्ड, गाथाह्न370

सा रहता है, न कम होता है न बढ़ता है, वह अवस्थित तथा जो कभी कम होता है, कभी बढ़ता है वह अनवस्थित कहलाता है।[193]

## मनःपर्ययज्ञान

मनःपर्यय ज्ञान का शाब्दिक अर्थ हैह्न मन की पर्यायों को जानने वाला ज्ञान। इसे परिभाषित करते हुए अकलंक कहते हैंह्न वीर्यान्तराय तथा मनःपर्यय ज्ञानावरणीय कर्म का क्षयोपशम होने पर अपने और दूसरे के मन की अपेक्षा से होने वाला ज्ञान मनःपर्यय ज्ञान कहलाता है।[194] यह ज्ञान आत्म मात्र सापेक्ष होने के कारण प्रत्यक्ष है। इसे अपने मन की अपेक्षा से कहने का तात्पर्य मात्र यह है कि वहाँ के आत्म प्रदेशों में मनःपर्ययज्ञानावरणीय कर्म का क्षयोपशम होता है। जैसे चक्षु में अवधिज्ञानावरण का क्षयोपशम होने पर चक्षु की अपेक्षा होने मात्र से अवधिज्ञान को मतिज्ञान नहीं कहते, उसी प्रकार मनःपर्ययज्ञान भी मतिज्ञान नहीं है, क्योंकि वह इन्द्रिय और मन से उत्पन्न नहीं होता। यह ज्ञान अन्य व्यक्ति के मन का विषय बन रहे पदार्थ को जानता है। जैसे आकाश में चन्द्रमा को देखने के लिये आकाश साधारण सा निमित्त है, वह चन्द्र ज्ञान का उत्पादक कारण नहीं है उसी प्रकार अन्य व्यक्ति का मन मनःपर्ययज्ञान का साधारण सा आधार है, वह उसका उत्पादक नहीं है।[195] वीरसेन कहते हैं, ''दूसरे व्यक्ति के मन में स्थित पदार्थ मन कहलाता है। उसकी पर्यायों अर्थात् विशेषों को मनःपर्यय कहते है। उनको जो ज्ञान जानता है वह मनःपर्ययज्ञान है।''[196]

मनःपर्ययज्ञान अवधिज्ञान के समान स्वमुख से पदार्थों को नहीं जानता, अपितु अन्य व्यक्ति के मन के माध्यम से जानता है। मनःपर्ययज्ञान का विषय चिन्तित, अर्ध चिन्तित और अचिन्तित पदार्थ होते हैं। यह ज्ञान मनुष्य क्षेत्र (पृथ्वी) के भीतर स्थित समनस्क प्राणियों के द्वारा चिन्तित–जिसका भूतकाल में चिन्तन किया था, अचिन्तित–जिसका आगामी काल में चिन्तन किया जायेगा तथा अर्धचिन्तित – जिसका पूर्ण रूप से चिन्तन नहीं किया गया, पदार्थो को जानता है।[197] यह ज्ञान दूसरे के मन में स्थित संज्ञा (प्रत्यभिज्ञान) स्मृति, चिन्ता (तर्क), मति आदि ज्ञानों को तथा जीवों की जीवन, मरण, सुख, दुःख तथा नगर आदि का विनाश, अतिवृष्टि, सुवृष्टि, दुर्भिक्ष, सुभिक्ष, क्षेम, अक्षेम आदि पदार्थों को जानता है।[198] मनः पर्ययः ज्ञान विशिष्ट वर्धमान

193. तत्त्वार्थवार्तिक; पृष्ठह्न321
194. तत्त्वार्थवार्तिक; पृष्ठह्न84
195. तत्त्वार्थवार्तिक; पृष्ठह्न323
196. धवला; पुस्तकह्न6, पृष्ठह्न28
197. गोम्मटसार–जीवकाण्ड; गाथाह्न438
198. धवला; पुस्तकह्न13, पृष्ठह्न332

चरित्र के धारक, ऋद्धिधारी, छठे गुणस्थान तथा उससे ऊपर के गुणस्थानों में स्थित महामुनियों के ही होता है।[199]

मनःपर्ययज्ञान के भेद– मनःपर्ययज्ञान के दो प्रकार हैंह्न ऋजुमति मनःपर्ययज्ञान तथा विपुलमति मनःपर्ययज्ञान। ऋजु शब्द का अर्थ हैह्न सरल। जो पदार्थ जिस प्रकार से स्थित है उसका उसी प्रकार से चिन्तन करने वाला मन, उसका उसी प्रकार से ज्ञापन करने वाला वचन तथा उसका उसी प्रकार से अभिनय करके दिखाने वाली काय; इस प्रकार सरल मन, वचन और काय की क्रियाएं जिस मन का विषय हैं, उस मन की पर्यायों को जानने वाला ज्ञान ऋजुमति मनःपर्यय ज्ञान है। सरल मन के साथ ही साथ कुटिल मन, वचन और काय के द्वारा किया गया जो अर्थ दूसरे के मन में स्थित है, उसको जानने में सक्षम ज्ञान विपुलमति मनःपर्यय ज्ञान है।[200]

## केवलज्ञान

चार घातिया कर्मोंह्न ज्ञानावरणीय, दर्शनावरणीय, मोहनीय और अन्तराय के पूर्णरूपेण क्षय होने पर उत्पन्न होने वाला ज्ञान केवलज्ञान कहलाता है।[201] आत्मा स्वभावतः अनन्त ज्ञान सामर्थ्य से युक्त है, इसलिये समस्त प्रतिबन्धकों के पूर्णरूपेण नष्ट हो जाने पर वह समस्त द्रव्यों की समस्त पर्यायों को युगपत् जानता है।[202]

चार घातिया कर्मों, जो आत्मा की शक्तियों को लुप्त करते हैं, के समूल नाश हो जाने पर जीव का केवलज्ञान स्वभाव प्रकट हो जाता है जिसके फलस्वरूप वह प्रतिक्षण समस्त द्रव्यों की समस्त पर्यायों को युगपत् जानता है तथा किसी भी क्षण ज्ञान रहित नहीं होता। कुन्दकुन्द कहते हैं, ''केवलज्ञान समस्त द्रव्यों की विद्यमान–अविद्यमान समस्त पर्यायों को तात्कालिक पर्याय की भांति विशिष्टता पूर्वक अपने भिन्न भिन्न स्वरूप में जानता है।'' इसकी व्याख्या करते हुए अमृतचन्द्र कहते हैंह्न ''जिस प्रकार एक अल्पज्ञ जीव को एक भूतकालवर्ती पदार्थ का ज्ञान भूतकालवर्ती रूप से, वर्तमान कालवर्ती पदार्थ का ज्ञान वर्तमानकालवर्ती रूप से और भविष्य कालवर्ती पदार्थ का ज्ञान भविष्य कालवर्ती रूप से होता है; उसी प्रकार सर्वज्ञ को भी सभी द्रव्यों की भूत, भविष्य, वर्तमानकालीन पर्याय भूत, भविष्य, वर्तमान कालीन रूप से ही ज्ञात होती हैं। एक ही वस्तु की भूत, भविष्य, वर्तमान कालीन पर्यायों का भूत,

199. गोम्मटसार–जीवकाण्ड; गाथाह्न443
200. गोम्मटसार–जीवकाण्ड; पृष्ठह्न665
201. तत्त्वार्थसूत्र 10/31
202. तत्त्वार्थसूत्र 1/29

भविष्य, वर्तमान कालीन रूप से युगपत् ज्ञान असिद्ध नहीं है। एक अल्पज्ञ व्यक्ति को भी ''यह वही है'' रूप प्रत्यभिज्ञान होता है, जिसमें वस्तु की भूतकालीन और वर्तमानकालीन पर्यायों का उस रूप से ज्ञान होता है।''[203]

सर्वज्ञता के सम्प्रत्यय के प्रति अनेक प्रकार की आपत्तियाँ उठायी जाती हैं। पहली आपत्ति अतीन्द्रिय ज्ञान मात्र की सत्ता से सम्बन्धित है। इस पर हम तृतीय अध्याय में विचार कर चुके हैं। सर्वज्ञता के सम्बन्ध में एक आपत्ति यह की जाती है कि एक समय में एक ही पदार्थ का ज्ञान हो सकता है, अनेक पदार्थ एक साथ एक ज्ञान का विषय नहीं हो सकते, तब अनन्त पदार्थों को युगपत् जानने वाली सर्वज्ञता किस प्रकार सम्भव हो सकती है। जैन दार्शनिक कहते हैं कि यदि अनेक पदार्थ एक साथ एक ज्ञान का विषय नहीं बन सकते हों तो विभिन्न पदार्थों के मध्य तुलना, संशय आदि सम्भव नहीं हो सकते। एक साथ पाँच अंगुलियों का ज्ञान, अनेक व्यक्तियों का ज्ञान आदि सर्वप्रसिद्ध हैं। जब एक सामान्य व्यक्ति एक ही ज्ञान द्वारा अनेक वस्तुओं को जान सकता है तो अनन्त शक्ति सम्पन्न आत्मा अनन्त द्रव्यों को उनके पूर्णरूपेण वैशिष्ट्य के साथ युगपत् क्यों नहीं जान सकता।

ज्ञान के दो भेद किये जा सकते हैंह्न (1) किसी वस्तु के स्वरूप को जानना तथा (2) किसी कौशल को जानना। किसी वस्तु के स्वरूप का ज्ञान वर्णनात्मक ज्ञान होता है। हम किसी वस्तु के स्वरूप को जानते हैं, इसका अभिप्रायः यह है कि हम यह बता सकते हैं कि उसमें कौन कौन सी विशेषताएं हैं। किसी कौशल के ज्ञान में उसका क्रियात्मक पक्ष भी निहित रहता है। हम किसी कौशल, जैसे–संगीत को जानते हैं, यह तभी कहा जा सकता है जबकि हम गा सकने में सक्षम हों। यदि हम संगीत की बहुत सी विशेषताओं का वर्णन कर देंह्न यह बता दें कि इसमें कौन कौन से स्वर हैं, किन स्वरों के द्वारा कौन सी राग निर्मित होती है आदि, लेकिन हम स्वयं गाना नहीं जानते हों तो यह नहीं कहा जा सकता कि हमें संगीत का ज्ञान है। इस कौशल का ज्ञान शरीर से संयुक्त होने पर ही सम्भव है। सर्वज्ञ शरीर रहित होते हैं, इसलिये उन्हें किसी कौशल का ज्ञान किस प्रकार हो सकता है, यदि नहीं हो सकता तो उन्हें सर्वज्ञ किस प्रकार कहा जा सकता है ?

यदि हम इस आपत्ति पर थोड़ा गहराई से विचार करें तो हम पाते हैं कि सर्वज्ञ को मात्र ''क्या है'' आकार का ज्ञान नहीं होता अपितु ''कैसे'' अथवा कौशल का ज्ञान भी होता है। इसे हम एक दृष्टान्त द्वारा समझने का प्रयास करें। एक श्रेष्ठ संगीतज्ञ का, जो पूर्व में एक श्रेष्ठ गायक भी रहा है, किसी कारणवश गला खराब हो जाता

203. प्रवचनसार, पृष्ठह्न53

है तथा वह गाने में अक्षम हो जाता है। वह अब भी विभिन्न स्वरों के मध्य स्थित अन्तर को जानता है, विभिन्न रागों का स्वरूप क्या है तथा उन्हें किस प्रकार गाया जाता है, यह जानता है तथा अन्य व्यक्ति के गायन के गुण-दोषों का विश्लेषण कर सकता है। अब उसमें संगीत का ज्ञान स्वीकार किया जायेगा अथवा नहीं। यदि अब उसमें संगीत का ज्ञान स्वीकार नहीं किया जाय तो गले के पूरी तरह से ठीक हो जाने पर भी उसमें गाने की क्षमता नहीं होनी चाहिये। वास्तव में किसी कौशल को तभी ज्ञात कहा जा सकता है जबकि ज्ञाता उसे क्रिया रूप से परिणत करने में सक्षम हो। इसका आशय मात्र यही है कि व्यक्ति यह जानने के साथ ही साथ कि यह किस प्रकार की कला है, इसमें कौन कौन सी विशेषताएं हैं, यह भी जानता हो कि इस क्रिया के कौन कौन से उपकरण हैं तथा उन उपकरणों को किस प्रकार से काम में लाते हुए इस क्रिया को सम्पादित किया जाता है; और यदि वे समस्त उपकरण उसके पास हों तो वह उस क्रिया को करने में सक्षम हो। ये विशेषताएं सर्वज्ञ में होती हैं। वह विभिन्न कला कौशलों के वर्णनात्मक पक्ष को ही नहीं क्रियात्मक पक्ष को भी जानता है, तथा यदि उस क्रिया के समस्त उपकरण उसके पास हों तो वह उन्हें कार्य रूप में परिणत कर सकने में सक्षम है।

सर्वज्ञ के सम्बन्ध में एक समस्या यह है कि सर्वज्ञ वह है जो समस्त द्रव्यों की समस्त पर्यायों को जानता है। द्रव्य अनन्त हैं तथा काल के अनादि अनन्त होने के कारण उनकी पर्यायें अनन्तानन्त हैं। अनन्त को ''अनन्त'' रूप से तो जाना जा सकता है, लेकिन ''समस्त'' रूप से नहीं जाना जा सकता। यदि सर्वज्ञ ''समस्त'' को जानता है तो वह एक निश्चित सीमा के अन्तर्गत आ जाता है; तब उसे अन्त रहित, जो कभी समाप्त न हो, किस प्रकार कहा जा सकता है ? जैन दार्शनिक अनन्तों के परिमाणात्मक अन्तर स्वीकार करते हुए कहते हैं कि यद्यपि विश्व के द्रव्य तथा उनकी पर्यायें अनन्त हैं लेकिन केवलज्ञान की सामर्थ्य अनन्तानन्त है। उसमें इस लोक में विद्यमान अनन्त द्रव्यों की अनन्तानन्त पर्यायों को जानने की सामर्थ्य ही नहीं है अपितु ऐसे अनन्त लोकों के समस्त द्रव्यों को जानने की सामर्थ्य है। भले ही केवल ज्ञान में कितनी ही सामर्थ्य हो, लेकिन अनन्त पदार्थो को सम्पूर्णतः जानने का सिद्धान्त अन्तर्विरोध से युक्त है, क्योंकि अनन्त को सम्पूर्णतः कभी नहीं जाना जा सकता। उदाहरण के लिये द्रव्य की पर्यायें काल विशेष में अस्तित्व रखती हैं तथा काल अनादि अनन्त होता है, वह न तो कभी प्रारम्भ हुआ है और न ही कभी समाप्त होगा। सर्वज्ञ यदि द्रव्य की समस्त पर्यायों को जानता है तो वह उन्हें सामान्यतया ही अनन्त रूप से जान सकता है। यदि वह द्रव्य की समस्त पर्यायों को, प्रत्येक को

उसके पूर्णरूपेण विशिष्ट स्वरूप में जानते हुए जानता है तो यह तभी सम्भव हो सकता है, जबकि कोई पर्याय प्रथम तथा कोई अन्तिम हो। किसी भी पर्याय को प्रथम पर्याय नहीं कहा जा सकता, क्योंकि काल तथा द्रव्य के अनादि होने के कारण प्रत्येक पर्याय के पूर्व अनन्त पर्यायों का अस्तित्व होगा। यही समस्या अन्तिम पर्याय के प्रति भी होगी। जब अनन्त में प्रथम और अन्तिम हो ही नहीं सकता तो उसे सम्पूर्णतः किस प्रकार जाना जा सकता है? सर्वज्ञ की अवधारणा के अनेक समस्याओं से ग्रस्त होने पर भी यह मानवीय मन की सहज आकाँक्षा है। विश्व के अधिकांश धर्म और दर्शन ईश्वरवादी हैं। वे प्रत्येक जीव में सर्वज्ञता स्वीकार न करके मात्र ईश्वर को ही सर्वज्ञ मानते हैं। लेकिन जैन दर्शन के अनुसार प्रत्येक जीव में सर्वज्ञत्व शक्ति विद्यमान है तथा इसके अनुसार प्रत्येक मुक्तात्मा सर्वज्ञ होता है।

उपर्युक्त पांच ज्ञानों में से मतिश्रुतज्ञान की शक्ति रूप से सत्ता समस्त संसारी जीवों में पायी जाती है। इसके साथ ही उनमें अवधिज्ञान अथवा मनःपर्यय ज्ञान अथवा दोनों का भी अस्तित्व हो सकता है। शक्ति रूप से एकाधिक ज्ञान की युगपत् सत्ता होने पर भी व्यक्ति एक समय में एक ही ज्ञान के द्वारा विषय को जान सकता है तथा वह ज्ञान स्वभावी होने के कारण सदैव किसी न किसी ज्ञान रूप से परिणमन करता रहता है। मति, श्रुत, अवधि और मनःपर्यय ज्ञान क्षायोपशमिक ज्ञान हैं। ज्ञानावरणीय कर्म का पूर्ण रूपेण क्षय होने पर ये चारों ज्ञान समाप्त हो जाते हैं तथा आत्मा एक ज्ञान–केवलज्ञान स्वरूप होकर निरन्तर समस्त द्रव्यों को सम्पूर्णतः जानता रहता है।

□□□

# अध्याय-नौ

# ज्ञानार्जन के साधन-प्रमाण और नय

यथार्थ ज्ञान लौकिक और आध्यात्मिक सभी प्रकार के लक्ष्यों की प्राप्ति का अनिवार्य साधन है। व्यक्ति किसी भी क्षेत्र में कार्य करते हुए अभीष्ट लक्ष्य की प्राप्ति तभी कर सकता है जबकि उसका ज्ञान यथार्थ हो। यदि व्यक्ति का ज्ञान मिथ्या है तो उसे इस ज्ञान के अनुसार कार्य करने पर सफलता की प्राप्ति नहीं हो सकती। इस लक्ष्य को दृष्टि में रखते हुए उमास्वामी यथार्थ ज्ञान की प्राप्ति के साधनों का प्रतिपादन करते हुए कहते हैं, ''प्रमाण और नय यथार्थ ज्ञान की प्राप्ति के साधन हैं।''[1] यथार्थ ज्ञान को प्रमा कहा जाता है। जो प्रमा का करण अर्थात साधकतम कारण है, जिसका सद्भाव होने पर पदार्थ अनिवार्यतया यथार्थ रूप से ज्ञात होता है तथा जिसके अभाव में पदार्थ को यथार्थतया जानना असम्भव है, उसे प्रमाण कहा जाता है। न्यायवैशेषिक दर्शन के अनुसार इन्द्रियार्थ सन्निकर्ष[2] (साथ ही आप्त पुरुष के वचन आदि बाह्य कारण सामग्री), सांख्य दर्शन के अनुसार संशय, भ्रम और अनध्यवसाय से रहित चित्तवृत्ति[3] तथा बौद्ध दर्शन के अनुसार निर्विकल्पक प्रत्यक्ष प्रमाण हैं।[4] जैन दार्शनिक उपर्युक्त मतों को अस्वीकार करते हुए स्वार्थव्यवसायात्मक ज्ञान को ही प्रमाण स्वीकार करते हैं।[5] उनके अनुसार जो ज्ञान स्वयं का तथा अर्थ अर्थात विषय बन रही वस्तु के स्वरूप का यथार्थ रूप से निश्चय करता है वह ज्ञान स्वयं ही प्रमाण है।

---

1. प्रमाणनयैरधिगमः। तत्त्वार्थसूत्र 1/6
2. न्यायवार्तिक; भाग-1, पृष्ठ - 9-10
3. सांख्यतत्त्वकौमुदी; पृष्ठ-33
4. न्यायबिन्दु - 1/4 और 1/14
5. लधीयस्त्रय; पद-60

प्रमाण से प्रकाशित वस्तु की एक विशेषता का ज्ञान नय कहलाता है।[6] प्रश्न उठता है कि जिस वस्तु को प्रमाण द्वारा जान लिया गया है उसके प्रति नयात्मक ज्ञान की प्रवृत्ति की क्या उपादेयता है? इस प्रश्न के उत्तर में जैन दार्शनिक कहते हैं कि प्रत्यक्षादि प्रमाणों से एक वस्तु के जो विविध पक्ष ज्ञात होते हैं वे हमें अनेक बार परस्पर असंगत प्रतीत होते हैं। नयात्मक ज्ञान उनमें से एक एक पक्ष को क्रमिक रूप से विषय बना कर उनकी विभिन्न प्रमाणों से परीक्षा करता है तथा इन पक्षों में दृष्टिगोचर हो रही असंगति को दूर करके उनके परस्पर सापेक्ष और समन्वित स्वरूप को उद्घाटित करता है। जैसे प्रत्यक्ष, अनुमानादि प्रमाणों से हमें एक वस्तु की एकरूपता और अनेकरूपता, परिवर्तनशीलता और स्थायीत्व आदि सप्रतिपक्षी प्रतीत होने वाली विशेषताएँ एक साथ ज्ञात होती हैं। शब्द प्रमाण द्वारा धर्म, अर्थ और काम पुरुषार्थ का प्रतिपादन करते हुए व्यक्ति को धर्म पूर्वक धन कमाने और इच्छाओं को पूरा करने के लिये भी कहा जाता है[7] तथा साथ ही अपरिग्रह को एक उच्च आदर्श के रूप में भी प्रतिपादित किया जाता है[8], इच्छाओं को परिग्रह[9] और इच्छाओं की समाप्ति को तप[10] तथा आत्म कल्याण के लिये आवश्यक कहा जाता है। विभिन्न प्रमाणों से ज्ञात हो रहे पदार्थ के परस्पर विरोधी प्रतीत होने वाले ऐसे पक्षों को मात्र प्रमाणों द्वारा परस्पर निर्विरोध और समन्वित रूप से समझ पाना सम्भव नहीं है। यह ज्ञान पदार्थ की एक एक विशेषता को विषय बनाकर उसकी विभिन्न प्रमाणों से परीक्षा करते हुए, विभिन्न युक्तियों को सामने रखकर विचार करते हुए उस विशेषता के पदार्थ की अन्य विशेषताओं से सापेक्ष स्वरूप को उद्घाटित करने वाले नयात्मक ज्ञान द्वारा ही प्राप्त करना सम्भव है। इसलिये प्रमाण के साथ ही नय को भी ज्ञानार्जन का अनिवार्य साधन स्वीकार करना आवश्यक है। हेमचन्द्र उमास्वामी के सूत्र 'प्रमाणनयैरधिगमः' के महत्त्व को स्पष्ट करते हुए कहते हैं, "मोहग्रस्त संसारी व्यक्तियों के लिये और मोक्षाभिलाषी व्यक्तियों के लिये समस्त पुरुषार्थों का प्रतिपादन प्रमाणनयात्मक विधि से ही किया जा सकता है। इसलिये "प्रमाण और नय से ज्ञान होता है" यह विचार ही श्रेष्ठ है तथा केवल प्रमाण से ही होने वाला ज्ञान अपने प्रतिपक्षी ज्ञान का निराकरण करने वाला होने से वाक्‌छल

---

6. तत्त्वार्थवार्तिक; पृष्ठ–94
7. श्रावक धर्म प्रदीप; पृष्ठ–123
8. तत्त्वार्थसूत्र – 7/1–2
9. समयसार आत्मख्याति; गाथा – 290
10. धवला;पुस्तक–12, पृष्ठ–55

मात्र है। इसलिये प्रमाण और नय से परिशोधित विधि से ही प्रमेय का निश्चय होता है।[11] यतिवृषभ कहते हैं, ''जो प्रमाण, नय और निक्षेप से पदार्थ का सूक्ष्म समीक्षण नहीं करता उसे कभी युक्त भी अयुक्त और कभी अयुक्त भी युक्त प्रतीत होता है।''[12] माइल्लधवल कहते हैं, ''वस्तु युक्ति सिद्ध है तथा युक्ति नय और प्रमाण से सम्बद्ध है।''[13] इस प्रकार जैन दार्शनिकों के अनुसार प्रमाण के साथ ही साथ नय भी ज्ञानार्जन का अनिवार्य साधन है। आगे हम प्रमाण और नय के स्वरूप का क्रमशः वर्णन कर रहे हैं।

## प्रमाण का स्वरूप

### स्वार्थव्यवसायात्मक ज्ञान प्रमाण

जैन दार्शनिक सम्यग्ज्ञान को ही प्रमाण स्वीकार करते हैं। प्रमाण को परिभाषित करते हुए वे कहते हैं कि स्वार्थव्यवसायात्मक ज्ञान प्रमाण है।[14] जिसकी अर्थना की जाती है, जिसे चाहा जाता है उस प्रयोजनभूत पदार्थ को अर्थ कहा जाता है। यह अर्थ अभीष्ट, अनिष्ट अथवा उपेक्षणीय पदार्थ होता है।[15] जो ज्ञान अपना विषय बन रहे पदार्थ का संशय, भ्रम और अनध्यवसाय से रहित यथार्थ रूप से निश्चय करता है वह अर्थ व्यवसायात्मक ज्ञान है। यह अर्थव्यवसायात्मक ज्ञान ही अपने विषय बोध रूप स्वरूप को भी जानता है इसलिये यह स्वार्थव्यवसायात्मक ज्ञान है[16] प्रमाण वह होता है जो वस्तु के प्रति अज्ञान को समाप्त कर उसके यथार्थ स्वरूप का बोध कराये, जिसके द्वारा अभीष्ट और अनिष्ट पदार्थों को जाना जा सके तथा जिसके आधार पर अभीष्ट पदार्थ की प्राप्ति और अनिष्ट पदार्थ

---

11. तेन न प्रमाणमात्रस्यैव विचारोऽत्राधिकृतः, किन्तु तदेकदेशभूतानां दुर्नयनिराकरण द्वारेण परिशोधितमार्गाणां नयानामपि ''प्रमाणनयैरधिगमः'' इति हि वाचकमुख्यः, सकलपुरुषार्थेषु मूर्छाभिषिक्तस्य सोपायस्य सप्रतिपक्षस्य मोक्षस्य च। एवं हि पूजितो विचारो भवति। प्रमाणमात्रविचारस्तु प्रतिपक्षनिराकरणपर्यवसायी वाक्छलमात्रं स्यात्। ........प्रमाणमीमांसा; पृष्ठ-2
12. जोण पमाण-णयेहि णिक्खेवेणं णिरक्खदे अत्थं।
    तस्साजुतं जुत्तं जुत्तभजुत्तं च पडिहादि। तिलोय पण्णत्ति; 1/82
13. वत्थू जुत्तीसिद्धं जुत्ती पुण णयप्रमाणादौ। नयचक्र-72 उत्तरार्द्ध
14. व्यवसायात्मकं ज्ञानं आत्मार्थ ग्राहकं मतम्।
    ग्रहणं निर्णयस्तेन मुख्यं प्रामाण्यमश्नुते।। लघीयस्त्रय; गाथा-60
15. अर्थ्यतेऽभिलष्यते प्रयोजनार्थिभिरित्यर्थो हेय उपादेयश्च। उपेक्षणीयस्यापि परित्यजनीयत्वात् हेयत्वम्। प्रमेयकमलमार्तण्ड; पृष्ठ-4
16. प्रमेयरत्नमाला; पृष्ठ-20-21 तथा परीक्षामुखसूत्र 1/6,7

के परिहार हेतु प्रवृत्त होकर सफलता प्राप्त की जा सके।[17] ये सभी विशेषताएँ पदार्थ के यथार्थ स्वरूप के निर्णयात्मक ज्ञान में ही विद्यमान हैं और इसलिये ऐसा ज्ञान ही प्रमाण है।[18] ज्ञान की प्रमाणरूपता का परिचायक ज्ञान का अपने विषय से अविसंवाद है।[19] जो वस्तु जैसी है उसका उसी रूप में निश्चय होना ज्ञान का अपने विषय से अविसंवाद है और ऐसा अविसंवादी ज्ञान ही प्रमाण है।[20] जैन दार्शनिकों द्वारा प्रमाण के लक्षण में कहीं कहीं पर अपूर्वार्थ या अनधिगतार्थ विशेषण भी दिया गया है। इससे सम्बन्धित विश्लेषण हम अध्याय 10 में कर रहे हैं।

जैन दर्शन के अनुसार आत्मा एक ज्ञानस्वभावी द्रव्य है। उसमें स्वाभाविक रूप से अनन्तज्ञानशक्ति विद्यमान है तथा वह एक उपयोगमय द्रव्य है। जिस प्रकार सूर्य स्वभावत: स्वयं को और विश्व के समस्त पदार्थों को अन्य उपकरण की सहायता लिये बिना स्वाभाविक रूप से प्रकाशित करता है उसी प्रकार आत्मा भी मुक्तावस्था में विश्व के समस्त पदार्थों को एक साथ विषय बनाकर उन्हें सम्पूर्णत: जानता है। उसका यह केवलज्ञान प्रमा स्वरूप होने के साथ ही साथ स्वयं प्रमाण भी है। संसारी आत्मा की ज्ञानशक्ति के कर्मों से आवृत होकर मन्द हो जाने के कारण उसे इस अवस्था में पदार्थों को जानने के लिये इन्द्रिय और मन रूप बाह्य उपकरणों की आवश्यकता होती है लेकिन ये उपकरण प्रमा का साधकतम कारण या प्रमाण नहीं हैं क्योंकि इन उपकरणों का सद्भाव होने मात्र से आत्मा में ज्ञान उत्पन्न नहीं होता बल्कि ज्ञानोपयोगमय आत्मा इन उपकरणों के अवलम्बन पूर्वक जब जिस पदार्थ को, पदार्थ के जिस पक्ष को जानने के लिये प्रवृत होता है तब अपनी ज्ञानशक्ति के सद्भाव की मात्रा के अनुसार वह उस पदार्थ को न्युनाधिक रूप से जानता है। इस प्रकार आन्तरिक बाह्य कारणों के यथायोग्य सद्भाव में आत्मा की किसी पदार्थ को विषय बना कर उसे जानने हेतु प्रवृति रूप ज्ञानोपयोग ही सम्यक् ज्ञान का साधकतम कारण है। इस कारण का सद्भाव होने पर व्यक्ति को विषय अनिवार्यतया ज्ञात होता है। आन्तरिक बाह्य कारणों के सद्भाव में आत्मा का यह ज्ञानार्जन हेतु प्रवृति या ज्ञानोपयोग विषय के यथार्थ स्वरूप के निश्चयात्मक बोध स्वरूप होकर ही विद्यमान होता

---

17. हिताहितप्राप्तिपरिहारसमर्थं हि प्रमाणं ततो ज्ञानमेव तत्। परीक्षामुखसूत्र-1/2
18. प्रमेयकमलमार्तण्ड; पृष्ठ-27
19. अविसंवादकत्वं गृहीतार्थतथाभाव: तदायत्तं निर्णयायत्तं। न्यायकुमुदचन्द्र, भाग-2, पृष्ठ 680
20. लघीयस्त्रय स्ववृत्ति; गाथा - 70

है और इसलिये पदार्थ के स्वरूप का यथार्थ रूप से निश्चय करने वाला ज्ञान ही प्रमाण है।[21]

**न्यायवैशेषिक मत – इन्द्रियार्थसन्निकर्षादि बाह्य कारणों की प्रमाणरूपता**

प्रमाण के स्वरूप पर विचार करने का प्रयोजन ज्ञानार्जन की सम्यक् विधि का अन्वेषण है। प्रत्येक बुद्धिमान व्यक्ति को यह जिज्ञासा होती है कि वह किस प्रकार ज्ञानार्जन करे जिससे उसका ज्ञान यथार्थ ही हो तथा उस ज्ञान के अनुसार कार्य करने पर उसे अनिवार्यतया सफलता की प्राप्ति हो। इस समस्या का समाधान स्वयं प्रमा या सम्यग्ज्ञान को प्रमाण स्वीकार करने से नहीं हो सकता। इसलिये नैयायिक इन्द्रियार्थसन्निकर्ष, आप्तपुरुष के वचनों का श्रवण आदि को ज्ञानार्जन के साधकतम कारण या प्रमाण स्वीकार करते हैं। वे कहते हैं कि आत्मा को रूप, रस आदि गुणों का ज्ञान चक्षुरादि इन्द्रियों से देखकर, चखकर........ही हो सकता है। "यह घड़ा है" सामने स्थित पदार्थ के प्रति यह निश्चय व्यक्ति को तभी होता है और अनिवार्य रूप से होता है जबकि आत्मा का मन से, मन का इन्द्रिय से और इन्द्रिय का अपने विषय से संयोग हो। व्यक्ति आप्त पुरुष के वचनों को सुनकर अनिवार्यतया धर्म का ज्ञान प्राप्त करता है। इस प्रकार ज्ञानार्जन के साधकतम कारण होने के कारण इन्द्रियार्थ सन्निकर्षादि प्रमाण हैं।[22]

यथार्थ ज्ञान की प्राप्ति के साधकतम कारण या प्रमाण जड़ और चेतन दोनों ही प्रकार के पदार्थ होते हैं। इन्द्रियार्थसन्निकर्ष प्रत्यक्ष की उत्पत्ति का साधकतम कारण है[23] जबकि लिंगपरामर्श अनुमान का[24], आप्त पुरुष के वचन शब्द का[25] तथा सादृश्य ज्ञान उपमान प्रमा का साधकतम कारण या प्रमाण हैं।[26] प्रमा के

---

21. साधकतमस्वभावं हि प्रमाणम् स्वपररूपयोर्ज्ञप्तिलक्षणामज्ञाननिवृत्तिं निर्वर्त्तयति तत्रान्येनास्या निर्वर्त्तनाभावात्। साधकतमस्वभावत्वं चास्य स्वपरग्रहणव्यापार एव तद्ग्रहणाभिमुख्यलक्षणः। तद्धि स्वकारणकलापादुपजायमानं स्वपरग्रहणव्यापारलक्षणोपयोगरूपं सत्स्वार्थव्यवसायरुपतया परिणमते इत्यभेदेऽप्यनयोः कार्यकारणभावाऽविरोधः। प्रमेयकमलमार्तण्ड; पृष्ठ-625
22. आत्मेन्द्रियार्थसन्निकर्षाद्यन्निष्पद्यते तदन्यत्। वैशेषिक सूत्र 3/1/18
    उपलब्धिहेतुः प्रमाणम् ..........इन्द्रियार्थसन्निकर्षस्य करणभावात्।
    न्यायवार्तिक; भाग-1, पृ. 10-11
23. यदसाधारणंकारणं तदेव करणम्। तत्र प्रत्यक्षज्ञानकरणं प्रत्यक्षम्।
    इन्द्रियार्थसन्निकर्षजन्यं ज्ञानं प्रत्यक्षम्। तर्कसंग्रह; पृष्ठ-117
24. अनुमिति करणमनुमानम्। परामर्शजन्यं ज्ञानमनुमिति। वही; पृष्ठ – 127
25. आप्तवचनं शब्दः। वही; पृष्ठ – 182
26. उपमितिकरणमुपमानम्। संज्ञासंज्ञिज्ञानमुपमितिः। तत्करणं सादृश्यज्ञानम्। वही; पृष्ठ-178

इन ज्ञानात्मक करणों की उत्पत्ति भी इन्द्रियार्थसन्निकर्ष पूर्वक ही होती है। प्रमाण ज्ञान हो या इन्द्रियार्थसन्निकर्ष रूप जड. पदार्थ-वह सदैव प्रमा से भिन्न तत्त्व ही होता है तथा स्वयं प्रमा को प्रमाण नहीं कहा जा सकता।

वाचस्पतिमिश्र प्रमा से पृथक प्रमाण की सत्ता को सिद्ध करते हुए कहते हैं कि सर्वत्र कर्त्ता, कर्म, करण और क्रिया पृथक पृथक तत्त्व होते हैं। जैसे देवदत्त कुल्हाडी से वृक्ष को काटता है। यहाँ देवदत-कर्त्ता, वृक्ष-कर्म, कुल्हाडी-करण और काटना-क्रिया है। निश्चित रूप से कुल्हाड़ी के सद्भाव मात्र से क्रिया नहीं होती बल्कि जब देवदत्त कुल्हाड़ी को उठाकर उससे वृक्ष पर जोर से वार करता है तब वृक्ष कटता है; लेकिन कुल्हाड़ी से वृक्ष पर की गयी चोट ही वृक्ष के कटने का साधकतम कारण है और इसलिये कुल्हाड़ी काटना क्रिया का करण है। देवदत्त इस करण के द्वारा क्रिया किये बिना वृक्ष के कटने रूप फल को प्राप्त नहीं कर सकता। इसी प्रकार ज्ञप्ति क्रिया भी ज्ञाता आत्मा के प्रयत्न पूर्वक ही सम्पादित होती है; लेकिन इसके लिये इन्द्रियार्थ-सन्निकर्ष रूप करण का होना आवश्यक है तथा इसके अभाव में किसी पदार्थ को जानना असम्भव है। इसलिये इन्द्रियार्थसन्निकर्ष (आदि) ज्ञान का साधकतम कारण होने के कारण प्रमाण हैं।[27]

## जैन मत-इन्द्रियार्थसन्निकर्षादि बाह्य साधनों में प्रमाणरूपता का अभाव

जैन दार्शनिक न्यायवैशेषिक दर्शन के उपर्युक्त मत को अस्वीकार करते हुए कहते हैं कि एक संसारी प्राणी के लिये इन्द्रियार्थ सन्निकर्ष, आप्त पुरुष के वचन आदि ज्ञानार्जन के अनिवार्य साधन हैं, वह इनका अवलम्बन लिये बिना पदार्थों को नहीं जान सकता; लेकिन इसके आधार पर इन्हें प्रमाण नहीं कहा जा सकता। प्रमाण वह होता है जो ज्ञानार्जन का साक्षात और साधकतम कारण हो, जिसका सद्भाव होने पर व्यक्ति को अनिवार्यतया पदार्थ का यथार्थ ज्ञान हो। ऐसा नहीं हो सकता कि प्रमाण का सद्भाव हो तथा व्यक्ति को पदार्थ

---

27. सर्वः कर्त्ता करणगोचरव्यापारो न साक्षात्फले व्याप्रियते। करणं च द्विधा सिद्धमसिद्धं, ---न तु साक्षात्कर्तृव्यापारगोचरो दारूद्वैधीभावः किंतु स्पर्शवद्वेगवतः करणीभूतस्य परशोः संयोग-स्योद्यमननिपातनलक्षणस्तु कर्तृव्यापारः परशुगोचर एव। --- तद्वदिहापि सिद्धमिन्द्रियादि असिद्धं च तत्सन्निकर्षादि व्यापारयन्नुत्पादयन्करण एव चरितार्थः। करणं त्विन्द्रियादि तत्सन्निकर्षादि वा नान्यत्र चरितार्थमिति साक्षादुपलब्धावेव फले व्याप्रियते।---यत्राप्यस्य हेतुभावः प्रत्यक्षेऽभिप्रेयते तत्रापीन्द्रियसंबन्धमात्र उपयुज्यते प्रमेयम्। इन्द्रियमेव तत्तत्सन्निकर्षादिना साक्षात्प्रमाहेतुः।
न्यायवार्तिकतात्पर्यटीका; पृष्ठ-22

यथार्थतया ज्ञात नहीं हो। ज्ञानार्जन के लिये यह साक्षात और साधकतम कारणरूपता की विशेषता इन्द्रियार्थसन्निकर्ष आदि बाह्य कारणों में विद्यमान नहीं है। इनके सद्भाव पूर्वक व्यक्ति किसी पदार्थ को तभी और उतनी ही मात्रा में जान सकता है जितनी मात्रा में उसमें जानने की क्षमता का सद्भाव हो और वह ज्ञानार्जन हेतु प्रयत्नशील अथवा ज्ञानोपयोग स्वरूप हो।[28] यदि ऐसा नहीं माना जाय तथा इन्द्रियार्थसन्निकर्ष, आप्त पुरुष के वचन आदि को ही प्रमाण स्वीकार किया जाय, और इनका सद्भाव होने पर व्यक्ति में अनिवार्यत: ज्ञानोत्पत्ति स्वीकार की जाय तो यह कारण सामग्री तो बालक-वृद्ध, मनुष्य-पशु, गुरु-शिष्य आदि सभी के पास समान रूप से विद्यमान है। ऐसी स्थिति में इन सभी को पदार्थ का समान ज्ञान होना चाहिये; फिर विभिन्न व्यक्तियों के ज्ञान में दिन रात का अन्तर क्यों दृष्टिगोचर होता है? उदाहरण के लिये विभिन्न व्यक्ति इन्द्रियों से समान पदार्थ का साक्षात्कार करते हैं; एक व्यक्ति उसे मात्र लकडी के रूप में पहचान पाता है जबकि दूसरा व्यक्ति उसे शीशम की लकडी रूप विशिष्ट स्वरूप में पहचानता है। विभिन्न व्यक्ति आप्त पुरुष के वचनों को समान रूप से सुनते हैं, एक व्यक्ति को कुछ भी समझ में नहीं आता, दूसरा व्यक्ति इन वाक्यों के गहन अर्थों को समझने में सफल होता है। ज्ञानार्जन की कारण सामग्री-इन्द्रियार्थसन्निकर्षादि विभिन्न व्यक्तियों के पास समान रूप से उपलब्ध होने पर भी उन व्यक्तियों के ज्ञान में विद्यमान यह अन्तर यह सिद्ध करता है कि यह कारण सामग्री प्रमाण नहीं है। इनके सद्भाव पूर्वक व्यक्ति को पदार्थ तभी और उतनी ही मात्रा में ज्ञात हो सकता है जितनी मात्रा में उसमें ज्ञान शक्ति का सद्भाव हो। जिस प्रकार एक अंधे व्यक्ति के लिये दीपक का प्रकाश अकिंचित्कर है; उसी प्रकार जिस व्यक्ति में किसी पदार्थ को जानने की स्वाभाविक योग्यता का पूर्णतया अभाव है उस व्यक्ति में इन्द्रिय, मन, प्रकाश, उपदेशादि ज्ञानार्जन के श्रेष्ठतम साधनों के सद्भाव मात्र से ज्ञानोत्पत्ति होना असम्भव है।[29] व्यक्ति को ज्ञानशक्ति का सद्भाव होने मात्र से भी पदार्थ ज्ञात नहीं हो सकता है। बल्कि वह जब इन्द्रियादि के अवलम्बन पूर्वक उनके विषय को जानने के लिये प्रवृत्त होता है तब अपनी स्वाभाविक ज्ञान शक्ति की अभिव्यक्ति की मात्रा के अनुसार उसे जानता है। इस प्रकार ज्ञानार्जन हेतु प्रवृत्ति या ज्ञानोपयोग ही प्रमाण है। यह ज्ञानोपयोग किसी पदार्थ को विषय बनाकर उसे जानने स्वरूप ही होता है। इसलिये निर्णयात्मक

---

28. प्रमेयकमलमार्तण्ड; पृष्ठ-16
29. तत्त्वार्थवार्तिक; पृष्ठ-46

ज्ञान ही प्रमाण है।

चेतन कर्ता द्वारा सम्पादित किसी भी क्रिया का साधकतम कारण उस क्रिया का जड. उपकरण नहीं हो सकता बल्कि कर्ता द्वारा उस उपकरण के अवलम्बन पूर्वक कार्य सम्पादन हेतु किया गया उद्यम ही उस क्रिया का साधकतम कारण होता है। जैसे व्यक्ति पैन के द्वारा ही लेखन क्रिया का सम्पादन करता है; लेकिन लेखन कार्य का स्वरूप और स्तर क्या होगा यह पैन और कागज के संयोग मात्र से निर्धारित नहीं होता और इसलिये इस संयोग को लेखन क्रिया का साधकतम कारण नहीं कहा जा सकता। लेखन क्रिया के स्वरूप का सम्पूर्णतः नियामक चेतन व्यक्ति है। वह अपनी बौद्धिक क्षमता, योजना और लक्ष्य के अनुसार स्वतन्त्रतया यह निर्धारित करता है कि वह पैन से कागज पर क्या लिखेगा और किस प्रकार लिखेगा, व्यक्ति के इस निर्धारण पूर्वक पैन द्वारा कागज पर लिखने हेतु प्रवृत्ति ही लेखन क्रिया का साधकतम कारण है। इस प्रवृति के सद्भाव में लेखन क्रिया अनिवार्यतया उत्पन्न होती है तथा इसका अभाव होने पर लेखन क्रिया का सद्भाव असम्भव है।

जिस प्रकार जड़ पैन, कागज का सद्भाव और इन दोनों का संयोग व्यक्ति की लेखन क्रिया के सद्भाव और स्वरूप को निर्धारित नहीं कर सकता; उसी प्रकार पदार्थ, इन्द्रिय और मन तीनों जड. हैं तथा इन जड. पदार्थों का आत्मा से संयोग आत्मा में ज्ञानोत्पत्ति के सद्भाव और स्वरूप को निर्धारित नहीं कर सकता। आत्मा इस संयोग पूर्वक पदार्थ को जानेगा या नहीं जानेगा तथा यदि जानेगा तो उसका ज्ञान किस स्तर का होगा यह उसकी ज्ञान शक्ति के सद्भाव और ज्ञानार्जन हेतु किये गये प्रयत्न के स्तर पर निर्भर करता है।[30] यदि व्यक्ति की क्षमता और रुचि मात्र दैनिक जीवन की सामान्य आवश्यकताओं को पूरा करने तक सीमित होती है तो वह प्रत्यक्ष, अनुमानादि के द्वारा पदार्थों की स्थूल विशेषताओं के ज्ञान को अर्जित करने हेतु प्रवृत होता है; लेकिन यदि वह किसी क्षेत्र विशेष में विशेषज्ञ बनना चाहता है तो वह ज्ञानार्जन की सक्रिय, अन्वेषणात्मक और परीक्षात्मक विधि को अपनाकर ज्ञानार्जन हेतु पुरुषार्थ करता है तथा उस क्षेत्र विशेष में दक्षता प्राप्त करता है। इस प्रकार इन्द्रियार्थसन्निकर्षादि बाह्य कारणों द्वारा ज्ञप्ति क्रिया का सद्भाव और विशिष्ट स्वरूप दोनों ही निर्धारित नहीं होते बल्कि इसका निर्धारण आत्मा द्वारा ज्ञानार्जन हेतु किये गये पुरुषार्थ के विशिष्ट

30. तत्त्वार्थवार्तिक; पृष्ठ–46–47

स्वरूप द्वारा होता है। इस तथ्य को दृष्टि में रखते हुए विद्यानन्दि कहते हैं, ''जो आत्मा प्रमिति (यथार्थ ज्ञान) की उत्पत्ति हेतु उद्यमशील होता है वही आत्मा प्रमिति का कारण है, अन्य नहीं। इसलिये वही प्रमिति का साधकतम कारण होने के कारण प्रमाण है।''[31] इस तथ्य को और अधिक स्पष्ट करते हुए प्रभाचन्द्र कहते हैं, ''प्रमाण से पदार्थ की संसिद्धि अर्थात् समीचीन रूप से सिद्धि होती है। ----यहाँ द्रव्य-आत्मा और पर्याय-ज्ञान में भेदाभेद सम्बन्ध होने के कारण प्रमाण शब्द का कर्तृसाधन, करणसाधन और भावसाधन इन तीनों अर्थों में प्रयोग किया गया है तथा ऐसा करने पर स्वतन्त्र रूप से साधकतमादि विवक्षा भेद से प्रमाण शब्द का तीनों अर्थों में प्रयोग करने में कोई विरोध नहीं है। यहां ज्ञानावरणीय कर्म के विशेष क्षयोपक्षम के होने पर जो स्वतन्त्रतया स्वयं के और ज्ञेय पदार्थ के स्वरूप को यथावत जानता है वह आत्मा कर्तृसाधनकरण के रूप में प्रमाण है। जिस प्रकार स्वपर को स्वतन्त्ररूप से प्रकाशित करने वाले दीपक को प्रकाशस्वरूप ही कह दिया जाता है उसी प्रकार स्वतन्त्र रूप से स्वपर के ज्ञान रूप से परिणत आत्मा को कर्तृसाधन के रूप में प्रमाण शब्द से सम्बोधित किया जाता है। साधकतम करणादि की अपेक्षा से जिस के द्वारा पदार्थ को यथार्थतया जाना जाता है वह प्रमाण है; इस अर्थ में तो आत्मा में ज्ञानावरणीय कर्म के क्षयोपशम पूर्वक जो ज्ञान पर्याय प्रादुर्भूत हुई है वह ज्ञानपर्याय ही प्रमाण है; जैसे कि दीपक की लौ को ही प्रकाशक कहा जाता है।[32]

प्रश्न उठता है कि प्रमाण और प्रमा में तो कार्यकारण सम्बन्ध होता है। यदि आत्मा को ही प्रमाण और प्रमिति दोनों स्वीकार किया जाय तो प्रमाता, प्रमाण और प्रमिति की व्यवस्था किस प्रकार बन सकती है? इसके उत्तर में प्रभाचन्द्र कहते हैं कि आत्मा जब किसी पदार्थ को जानने के लिये प्रयत्नशील होता है तो वह स्वयं विषयबोध रूप से परिणमित होता हुआ पदार्थ को जानता

---

31. यदात्मा प्रमित्युत्पत्तौव्याप्रियते तदैव तत्कारणं नान्यदा इत्यसाधारणहेतुरस्तु।

तत्त्वार्थश्लोकवार्तिक; पृष्ठ-169

32. ''प्रमाणादर्थसंसिद्धि'' .......... अत्र प्रमाणशब्दः कर्तृकरणभावसाधनः-द्रव्यपर्याययोभेदाऽभेदात्मकत्वात् स्वातन्त्र्यसाधकतमत्वादिविवक्षापेक्षया तद्भावाऽविरोधात्। तत्र क्षयोपशमविशेषवशात् 'स्वपरप्रमेयस्वरूपं प्रभिमीते यथावज्ञ्जानाति' इति प्रमाणमात्मा, स्वपरग्रहणपरिणतस्यापरतन्त्रस्यात्मन एव हि कर्तृसाधनप्रमाणशब्देनामिधानं स्वातन्त्र्येण विवक्षितत्वात्-स्वपरप्रकाशात्मकस्य प्रदीपादेः प्रकाशाभिधानवत्। साधकतमत्वादिविवक्षायां तु-प्रमीयते येन तत्प्रमाणं प्रमितिमात्रं वाप्रतिबन्धापाये प्रादुर्भूतविज्ञानपर्यायस्य प्राधान्येनाश्रयणात् प्रदीपादेः प्रभाभारात्मकप्रकाशवत्।

प्रमेथकमलमार्तण्ड; पृष्ठ-3-4

है। इसलिये प्रमाता, प्रमाण और प्रमिति में तात्त्विक रूप से अभेद है; लेकिन लक्षण की अपेक्षा इनमें भेद भी है और इसलिये इन तीनों का अलग अलग स्वरूप प्रतिपादित करने में कोई विरोध नहीं है। आत्मा ज्ञप्ति क्रिया का कर्तृसाधन होने के कारण प्रमाता है, आत्मा की ज्ञानार्जन हेतु प्रवृत्ति या ज्ञानोपयोग करणसाधन होने के कारण प्रमाण है तथा आत्मा की ज्ञप्ति क्रिया भावसाधनकरण होने के कारण प्रमा है। इस प्रकार आत्मा, उसके ज्ञानोपयोगमय स्वभाव और ज्ञप्ति क्रिया में तात्त्विक रूप से अभेद होते हुए भी लक्षण की अपेक्षा भेद होने के कारण इनमें कारण कार्य सम्बन्ध स्वीकार करने में कोई विरोध नहीं है।[33]

उपर्युक्त विवेचन से स्पष्ट है कि इन्द्रियार्थ सन्निकर्ष, आप्त पुरुष के वचनों का श्रवण आदि विषयबोध के साधकतम कारण नहीं हैं। इसके विपरीत चेतन आत्मा का आन्तरिक बाह्य कारणों के अवलम्बन पूर्वक ज्ञानार्जन हेतु उद्यम या ज्ञानोपयोग ही ज्ञानार्जन का साधकतम कारण है। यह ज्ञानोपयोग किसी पदार्थ को विषय बनाकर उसे जानने स्वरूप ही होता है। इसलिये पदार्थ के यथार्थ स्वरूप का निर्णयात्मक ज्ञान ही प्रमाण है।[34]

व्यक्ति का पदार्थ विषयक ज्ञान यथार्थ है या मिथ्या, निम्नस्तरीय है या उत्कृष्ट यह इस बात से निर्धारित होता है कि व्यक्ति के ज्ञानार्जन की प्रक्रिया का विशिष्ट स्वरूप क्या है। यदि प्रत्यक्षादि प्रमाणों से कुछ तथ्यों के ज्ञात होने के साथ ही व्यक्ति की बुद्धि सक्रिय हो जाती है तथा वह अनेक अपरीक्षित मान्यताओं और पूर्वाग्रहों के आरोपण पूर्वक उन तथ्यों की व्याख्या करता है तो उसका यह ज्ञान बौद्धिक संरचना मात्र, मिथ्या और इसलिये अप्रमाण है। यदि व्यक्ति इन्द्रियार्थसन्निकर्ष, आप्तपुरुष के वचन आदि के द्वारा निष्क्रिय रूप से सूचनाओं का संग्रह मात्र करता रहता हैं तो उसका ज्ञान बहुत सतही होता है। वह दैनिक जीवन की सामान्य आवश्यकताओं को पूरा करने की दृष्टि से तो प्रमाण है लेकिन जीवन में विभिन्न क्षेत्रों में सामने आने वाली जटिल समस्याओं का सामना करने की दृष्टि से उसका ज्ञान अप्रमाण है। यदि व्यक्ति प्रमाणनयसंस्कृत विधि से ज्ञानार्जन हेतु पुरुषार्थ करता है तो उसका ज्ञान निरन्तर अधिक विकासमान तथा निरन्तर अधिक उत्कृष्ट स्तर का प्रमाण ज्ञान होता है। हम आगे प्रमाण

33. प्रमेयकमलमार्तण्ड : पृष्ठ – 626

34. तत्त्वतस्तु यत्फलं प्रत्यन्यन्ताव्यवहितव्यापारं तदेव साधकं साधकतमम्। अत एव च प्रमाणम्। तच्च नोपयोगादपरमुपपद्यते। अयं चोपयोगःस्वपरप्रमितिरूपस्तस्या एव व्यापारांशमाश्रित्य प्रमाणताव्यवहारादिति ज्ञानमेव प्रमाणम्। स्याद्वादरत्नाकर; भाग–1, पृष्ठ–58

और नय के स्वरूप का पृथक पृथक वर्णन करने के साथ ही ज्ञानार्जन की प्रमाणनयसंस्कृत विधि का भी अध्ययन कर रहे हैं।

## प्रमाण का सकलादेशी ज्ञानमय स्वरूप

जैन दार्शनिकों के अनुसार वस्तु के सकलादेशी स्वरूप का ज्ञान प्रमाण कहलाता है।[35] वस्तु के सकलादेशी ज्ञान का अर्थ है उसके सर्वांगीण स्वरूप का ज्ञान। इसकी दो परिभाषाएँ दी गयी हैं -(1) वस्तु का अनन्त धर्मात्मक स्वरूप उसका सकल स्वरूप है तथा उसे सम्पूर्णतः जानने वाला ज्ञान सकलादेशी प्रमाण ज्ञान है।[36] (2) वस्तु के अनेकान्तात्मक-एकानेकात्मक, भेदाभेदात्मक, सामान्यविशेषात्मक स्वरूप का ज्ञान सकलादेशी प्रमाण ज्ञान है।[37] प्रत्येक पदार्थ अपने परस्पर सापेक्ष अनन्त धर्मों में व्याप्त एक अखण्ड सता है तथा जो ज्ञान उसके इस स्वरूप को सम्पूर्णतः जानता है वह सर्वोत्कृष्ट प्रमाण ज्ञान है। यह ज्ञान मुक्तात्माओं को ही होता है। संसारी जीवों की ज्ञानशक्ति के कर्मों से आवृत्त होकर मन्द हो जाने के कारण उनमें इस स्तर का प्रमाण ज्ञान प्राप्त करने की सामर्थ्य नहीं है। वे मतिज्ञान, श्रुतज्ञान, अवधिज्ञान या मनःपर्ययज्ञान द्वारा वस्तु की जितनी विशेषताओं को यथार्थतया जान पाते हैं उनका ज्ञान उसी स्तर का प्रमाण ज्ञान है। आत्मा केवलज्ञान द्वारा अनन्त धर्मात्मक एक वस्तु को जान रहा हो अथवा मतिज्ञानादि के द्वारा अनेक धर्मात्मक एक वस्तु को जान रहा हो; दोनों ही स्तरों पर उसका ज्ञान वस्तु के अनेकान्तात्मक-एकानेकात्मक, भेदाभेदात्मक, सामान्यविशेषात्मक स्वरूप का ज्ञान होने पर प्रमाण ज्ञान होता है। उदाहरण के लिये हम रासन प्रत्यक्ष द्वारा मात्र एक सरल गुण-रस को नहीं जानते बल्कि इस प्रत्यक्ष द्वारा हम मीठे, चिपचिपे, ठोस, शीतल आदि अनेक गुणात्मक एक द्रव्य-गुड़ को जानते हैं। इस ज्ञान द्वारा ज्ञात हो रहे मिठास, चिपचिपापन आदि अनेक गुण अपने परस्पर भिन्न भिन्न विशिष्ट स्वरूप में ज्ञात होने के साथ ही परस्पर तादात्म्य सम्बन्ध से युक्त होकर एक द्रव्य-गुड़ रूप से भी ज्ञात होते हैं। जब हम एक वस्त्र का प्रत्यक्ष

---

35. सकलादेशः प्रमाणाधीनो विकलादेशो नयाधीनः। — तत्त्वार्थवार्तिक पृष्ठ-33
36. साकल्यं अनन्तधर्मात्मकता। वैकल्यं धर्मान्तराविवक्षातः। — लघीयस्त्रयस्ववृत्ति-62
37. तदनेकान्तप्रतिपत्तिः प्रमाणमेकधर्मप्रतिपत्तिर्नयस्तत्प्रत्यनीकप्रतिक्षेपो दुर्नयः। — अष्टसहस्री; पृष्ठ-290

एकत्र सप्रतिपक्षानेकधर्मस्वरूपनिरुपणो युक्त्यागमाभ्यामविरुद्धः सम्यगनेकान्तः।...... सम्यगनेकान्तः प्रमाणम्। — तत्त्वार्थवार्तिक; पृष्ठ- 35

अनेकान्तोऽप्यनेकान्तः प्रमाणनयसाधनः।
अनेकान्तः प्रमाणात्ते तदेकान्तोऽर्पितान्नयात्। — स्वयम्भूस्त्रोत -18/18

करते हैं तो हमें परस्पर सम्बद्ध अनेक अवयव-तन्तु ही एक अवयवी- वस्त्र के रूप में ज्ञात होते हैं। इस प्रकार परस्पर सापेक्ष अनेक विशेषताओं में व्याप्त एक वस्तु का ज्ञान सकलादेशी प्रमाण ज्ञान है।[38] विद्यानन्दि कहते हैं, ''जिस ज्ञान द्वारा एक धर्मी और उसके अनेक धर्म दोनों समान रूप से या प्रधानतया ज्ञात होते हैं उसे सकलादेशी प्रमाण ज्ञान कहा जाता है।'' ''प्रमाण को सकलादेशी ज्ञान कहने का अर्थ यह नहीं है कि इसके द्वारा वस्तु सम्पूर्णतः ज्ञात हो गयी है, बल्कि इसका अर्थ मात्र यह है कि प्रत्यक्षादि किसी भी प्रमाण से एक द्रव्य की जितनी भी पर्यायें ज्ञात होती हैं वे अनेक पर्यायात्मक एक द्रव्य रूप से ही ज्ञात होती हैं।''[39] वस्तु के इस धर्मधर्म्यात्मक स्वरूप का निश्चय उसके सामान्यविशेषात्मक स्वरूप को पहचानने पर ही सम्भव होता है। इसलिये माणिक्यनन्दी कहते हैं, ''प्रमाण का विषय सामान्यविशेषात्मक वस्तु है।''[40]

जैसा कि हम अध्याय 7 में देख चुके हैं अनेकान्तवाद के अनुसार एक वस्तु का स्वरूप उसकी अनेक विशेषताएं हैं, लेकिन ये विशेषताएं वस्तु में परस्पर निरपेक्ष या स्वतन्त्र रूप से विद्यमान नहीं हैं; बल्कि ये अनेक विशेषताएं ही परस्पर सापेक्ष अस्तित्व से युक्त होकर, परस्पराश्रित होकर एक वस्तु रूप में अवस्थित हैं। इसलिये व्यक्ति का ज्ञान एक वस्तु की अनेक विशेषताओं को परस्पर निरपेक्ष रूप से जान लेने मात्र से प्रमाण नहीं होता बल्कि यह उन अनेक विशेषताओं को परस्पर सापेक्ष स्वरूपमय एक वस्तु रूप में जानने पर ही सकलादेशी प्रमाण ज्ञान होता है। हमें प्रत्यक्ष, अनुमानादि प्रमाणों से अनेक अवयवों और गुणों में व्याप्त और अनेक क्रमवर्ती पयायों रूप से परिणमित हो रही स्थिर, स्थूल वस्तु ज्ञात होती है। हम उस वस्तु के सामान्यविशेषात्मक स्वरूप को पहचानते हुए उसे वस्त्र, जल आदि विशिष्ट स्वरूप में पहचानते हैं तथा अपने इस ज्ञान के आधार पर प्रवृत्त होकर ओढ़ने, पहनने, प्यास बुझाने जैसी दैनिक जीवन की

---

38. भेदस्याभेदोपश्लिष्टस्यैव प्रमाणेन प्रतीयते। न्यायविनिश्चयविवरण; भाग-1, पृष्ठ-489
39. धर्मीधर्मसमूहस्य प्राधान्यार्पणयाविदः। प्रमाणत्वेन निर्णीतेः प्रमाणादपरोनयः।
तत्त्वार्थश्लोकवार्तिक -1/6/20
प्रत्यक्षादेस्ततः.......कतिपयपर्यायात्मकद्रव्ये तस्य तत्त्वोपगमात्। तथैव सकलादेशित्वप्रमाणत्वेनाभि-धानात्। सकलादेशः प्रमाणाधीनः इति। वही; पृष्ठ -123
प्रमाणमनेकधर्मधर्मिस्वभावं सकलमर्थमादिशति। तत्त्वार्थश्लोकवार्तिक; पृष्ठ-118
40. सामान्यविशेषात्मा तदर्थो विषयः।
परस्परेक्षान्वयभेदलिङ्गतः प्रसिद्धसामान्यविशेषयोस्तव। परीक्षामुखसूत्र-4/1
समग्रताऽस्ति स्वपरावभासकं यथा प्रमाणं भुवि बुद्धि लक्षणम्।। स्वयम्भूस्त्रोत-13/3

सामान्य आवश्यकताओं को पूरा करने में सफल होते हैं। प्रत्यक्ष, अनुमानादि प्रमाणों से हम वस्तु के अनेकान्तात्मक स्वरूप को बहुत स्थूल रूप से ही जान पाते हैं। लेकिन इन प्रमाणों से हम इसके प्रति पूरी दक्षता अर्जित नहीं कर पाते; हम यह नहीं जान पाते कि एक अवयवी के अनेक अवयवों की, एक गुणी के अनेक गुणों की पारस्परिक सापेक्षता का विशिष्ट स्वरूप क्या है? एक अवयवी के विभिन्न अवयव परस्पर किस विशिष्ट प्रकार से सम्बन्धित हैं? वस्तुतः एक अवयवी का स्वरूप उसके समस्त अवयव हैं; लेकिन एक अवयवी का प्रत्येक अवयव भी जिस विशिष्ट स्वरूप में अवस्थित है उस रूप में वह अपने अस्तित्व के लिये सम्पूर्ण अवयवी पर, अवयवी के अन्य अवयवों के विशिष्ट स्वरूप, उनके कार्यों आदि पर निर्भर है। जो व्यक्ति वस्तु की विभिन्न विशेषताओं में व्याप्त आन्तरिक सम्बन्धों को जितनी अधिक स्पष्टता के साथ जानता है, उसका ज्ञान उतने ही ऊँचे स्तर का प्रमाण ज्ञान है। इस ज्ञान के आधार पर व्यक्ति एक क्षेत्र विशेष में उतने ही उत्कृष्ट कार्यों को सम्पादित करने में सफलता प्राप्त कर सकता है। उदाहरण के लिये एक महिला एक वस्तु को सिलाई मशीन के रूप में जानती है तो उसका यह ज्ञान परस्पर विशिष्ट रूप से संयुक्त अनेक अंशों में व्याप्त एक अंशी–सिलाई मशीन का ज्ञान है। वह सिलाई की क्रिया को सम्पादित करने के लिये आवश्यक कुछ अंशों की परस्पर सापेक्ष कार्यप्रणाली को जानती है तथा उसका यह ज्ञान वस्तु को सिलाई मशीन के रूप में पहचानने तथा उसके द्वारा कपड़ों की सिलाई करने हेतु प्रवृत्त होकर उस कार्य में सफलता प्राप्त करने की अपेक्षा से सकलादेशी प्रमाण ज्ञान है। लेकिन महिला का यह ज्ञान मशीन में किसी प्रकार की खराबी हो जाने पर उसे ठीक करने की अपेक्षा से अप्रमाण है। इस दृष्टि से उसी व्यक्ति का ज्ञान प्रमाण है जो मशीन की आन्तरिक संरचना के संघठक अंशों के परस्पर सापेक्ष स्वरूप को अधिक व्यापक रूप से जानता है, जो यह जानता है कि मशीन का एक अंश मशीन के अन्य अंशों से किस प्रकार से सम्बन्धित है, वह मशीन के अन्य अंशों के स्वरूप और कार्यों को किस प्रकार प्रभावित कर रहा है तथा मशीन के अन्य अंशों के स्वरूप और कार्यों पर उसका क्या प्रभाव पड. रहा है। इस ज्ञान से युक्त व्यक्ति ही मशीन के विभिन्न अंशों में आयी हुई खराबी के कारण को पहचान कर उसे ठीक कर सकता है। यह सम्भव है कि मशीन का वह विशेषज्ञ मशीन के समस्त अवयवों और उनकी सम्पूर्ण कार्य प्रणाली से अपरिचित हो तथा वह मशीन की आन्तरिक संरचना के बहुत थोड़े से हिस्से को जानता हो; लेकिन

फिर भी उसका यह ज्ञान सकलादेशी प्रमाण ज्ञान है क्योंकि वह मशीन के ज्ञात अंशों के परस्पर सापेक्ष विशिष्ट स्वरूप को जानता है तथा उसके आधार पर मशीन में आयी हुई खराबी को ठीक कर सकता है। निश्चित रूप से उस व्यक्ति के समक्ष मशीन ठीक करते समय रोज नयी समस्याएं आती हैं तथा वह इन समस्याओं का समाधान मशीन के अब तक ज्ञात अंशों के स्वरूप और उनके पारस्परिक सम्बन्धों के ज्ञान के आधार पर नहीं कर पाता; इसलिये वह उन समस्याओं के समाधान हेतु मशीन के अब तक अज्ञात अंशों के स्वरूप तथा उनके पूर्व ज्ञात अंशों से सम्बन्ध का ज्ञान अर्जित करता है तथा इस ज्ञान के द्वारा वह मशीन को ठीक करने हेतु प्रवृत्त होकर अपने कार्य में सफलता प्राप्त करता है। इस प्रकार एक वस्तु न तो पूर्णतया सरल तत्त्व है और न ही वह परस्पर निरपेक्ष अनेक विशेषताओं का समूह मात्र या उनसे भिन्न उनका आश्रय मात्र है; बल्कि वह परस्पर सापेक्ष रूप से अवस्थित अनेक विशेषताओं में व्याप्त एक जटिल संरचना है। जो व्यक्ति वस्तु के इस स्वरूप को जितना अधिक जानता है उसका ज्ञान उतने ही उत्कृष्ट स्तर का प्रमाण ज्ञान है तथा इसके द्वारा व्यक्ति उतने ही उच्च स्तर के कार्यों की सम्पादित करने में सफल हो सकता है।[41] इसके विपरीत यदि कोई व्यक्ति वस्तु की समस्त विशेषताओं को तो जानता है लेकिन वह उन्हें परस्पर असम्बद्ध रूप से ही जानता है तो उसका यह ज्ञान मिथ्या है तथा इसके आधार पर कार्य किये जाने पर व्यक्ति को सफलता की प्राप्ति असम्भव है।[42] जैसे जो व्यक्ति मशीन के समस्त अंशों की जानकारी रखता है, उनकी पूरी सूची बना सकता है लेकिन वह मशीन के उन समस्त अंशों को परस्पर निरपेक्ष रूप से ही जानता है, उसे उन अनेक अंशों के परस्पर विशिष्ट रूप से सम्बद्ध होकर एक मशीन रूप से अवस्थित स्वरूप का ज्ञान नहीं है तो उसका यह ज्ञान मिथ्या है। इस मिथ्याज्ञानी को यदि मशीन ठीक करने के लिये दे दी जाय तो वह उसे ठीक करने के स्थान पर और ज्यादा खराब कर देगा। व्यक्ति किसी क्षेत्र विशेष में विशेषज्ञता का अर्जन इन्द्रिय प्रत्यक्ष, अनुमानादि मतिज्ञान के विभिन्न प्रकारों से नहीं कर सकता बल्कि इस स्तर का ज्ञान श्रुतज्ञान

41. मिथोऽनपेक्षाः पुरुषार्थहेतुनांशा न चांशी पृथगस्ति तेभ्यः।
परस्परेक्षाः पुरुषार्थहेतुर्दृष्टा नयास्तद्वदसि क्रियायाम्।। युक्त्यानुशासन–51

42. नयोपनयैकान्तानां त्रिकालानां समुच्चयः।
अविभ्राड्भावसम्बन्धो द्रव्यमेकमनेकधा।
मिथ्या समूहो मिथ्या चेन्न मिथ्यैकान्ततास्ति नः।
निरपेक्षा नया मिथ्या सापेक्षा वस्तु तेऽर्थकृत्। आप्तमीमांसा–107 और 108

या शब्द प्रमाण द्वारा विषय को स्याद्वादनय संस्कृत विधि से ग्रहण करने पर ही सम्भव हो सकता है। इसलिये प्रमाण के साथ ही साथ नय भी मानव के ज्ञानार्जन का महत्त्वपूर्ण साधन है।

## नय का विकलादेशी स्वरूप

एक वस्तु की परस्पर सापेक्ष अनेक विशेषताओं का ज्ञान सकलादेशी प्रमाणज्ञान कहलाता है। इसके विपरीत वस्तु की एक विशेषता को जानने वाला ज्ञाता का अभिप्राय नय कहलाता है। यह वस्तु की एक विशेषता का ज्ञान होने के कारण विकलादेशी ज्ञान है। जैसा कि हम देख चुके हैं, न केवल एक वस्तु का स्वरूप ही उसकी अनेक विशेषताएं हैं, बल्कि वस्तु की एक विशेषता भी जिस निश्चित विशिष्ट स्वरूप से युक्त होकर अवस्थित होती है उस स्वरूप में अपने अस्तित्व के लिये वह सम्पूर्ण वस्तु पर, वस्तु की अन्य विशेषताओं पर निर्भर है। इसलिये न केवल एक वस्तु का ज्ञान उसकी अनेक विशेषताओं के ज्ञान पूर्वक होता है, बल्कि वस्तु की एक विशेषता के विशिष्ट स्वरूप को भी उसकी अन्य विशेषताओं से सापेक्ष रूप से ही समझा जा सकता है तथा जैसे जैसे व्यक्ति की समग्र वस्तु के ज्ञान में वृद्धि होती जाती है, उसमें वस्तु की एक विशेषता के और अधिक विशिष्ट स्वरूप को समझने की क्षमता विकसित होती जाती है। वस्तु और उसकी विशेषताओं में विद्यमान इस पारस्परिक सापेक्षता को दृष्टि में रखकर नय की परिभाषा दी गयी है, ''प्रमाण से प्रकाशित वस्तु की एक विशेषता का प्ररूपक ज्ञान नय कहलाता है।''[43] तथा ''स्याद्वाद से प्रविभक्त (विशेषित) अनेकान्तात्मक वस्तु के एक विशेष अंश का व्यंजक (प्रकाशक, प्ररूपक) ज्ञान नय कहलाता है।''[44] यह नयात्मक ज्ञान प्रमाण द्वारा जानी गयी वस्तु की एक एक विशेषता के स्वरूप को विभिन्न युक्तियों के द्वारा विभिन्न प्रमाणों से परीक्षा पूर्वक जानने की विधि है।[45] नय की इन परिभाषाओं के स्वरूप और उद्देश्य पर हम श्रुतज्ञान के स्याद्वादनयसंस्कृत स्वरूप का अध्ययन करते समय विस्तार से विचार कर चुके हैं। हम यह देख चुके हैं कि आप्त पुरुष के वचनों द्वारा व्यक्ति अनिवार्य रूप से यथार्थ ज्ञान ही प्राप्त करे इसके लिये व्यक्ति की दृष्टि

---

43. प्रमाणप्रकाशितार्थविशेषप्ररूपको नयः। तत्त्वार्थकार्तिक; भाग-1, पृष्ठ-94
44. स्याद्वादप्रविभक्ताऽर्थविशेषव्यंजको नयः। आप्तमीमांसा-106 उत्तरार्द्ध
45. देखें इस अध्याय के सन्दर्भ संख्या, 80, 81 और 82

स्याद्वादनयसंस्कृत होनी आवश्यक है। इस दृष्टि से युक्त व्यक्ति प्रत्येक वाक्य के पूर्व स्यात् पद के प्रयोग द्वारा प्रारम्भ से ही सामान्य रूप से वर्णित पदार्थ के अनेकान्तात्मक स्वरूप को स्वीकार करता है; तदुपरान्त वह क्रमिक रूप से एक एक वाक्य द्वारा वस्तु की एक एक विशेषता का पृथक पृथक ज्ञान प्राप्त करता हुआ उसके सर्वांगीण स्वरूप को जानता है। इस प्रथम स्तरीय प्रमाण ज्ञान की प्राप्ति के उपरान्त जब व्यक्ति वस्तु की एक एक विशेषता के अन्य विशेषताओं से सापेक्ष स्वरूप को समझने के लिये उनकी विभिन्न प्रमाणों से विभिन्न प्रकार से परीक्षा करता है तथा विचार पूर्वक और युक्तिपरक ढंग से उन विशेषताओं के मध्य विद्यमान अन्तर्सम्बन्धों को समझने के लिये प्रवृत्त होता है तब व्यक्ति उस वस्तु के प्रति विशेषज्ञता को अर्जित करता हुआ उसका उच्च स्तरीय प्रमाण ज्ञान प्राप्त करता है।[46] उस ज्ञान को प्राप्त करके जब व्यक्ति जीवन में कार्य करते समय नयी समस्याओं का सामना करता है तो उन समस्याओं के समाधान हेतु वह पुनः परीक्षाप्रवण, विचारात्मक और युक्तिपरक नयात्मक ज्ञान की शरण में जाता है तथा विभिन्न नयों से वस्तु की विभिन्न विशेषताओं के आन्तरिक सम्बन्धों को और उच्च स्तर पर जानता हुआ वस्तु का अधिक उत्कृष्ट प्रमाण ज्ञान प्राप्त करता है। इस प्रकार प्रमाण से नय की उत्पति होती है तथा विभिन्न नयों से विभिन्न विशेषताओं के परस्पर सापेक्ष अधिक विशिष्ट स्वरूप को जानते हुए अधिक उत्कृष्ट प्रमाण ज्ञात उत्पन्न होता है। इस प्रमाण द्वारा जाने गये विषय में भी किसी प्रकार की समस्या का सामना करने, किसी प्रकार का विवाद उत्पन्न होने पर पुनः नयात्मक ज्ञान........। इस प्रकार ज्ञानार्जन की यह प्रमाणनय संस्कृत विधि एक बुद्धिमान और परीक्षक व्यक्ति के ज्ञानार्जन की विकासमान प्रक्रिया का परिचायक है।

नय वस्तु की एक विशेषता का ज्ञान है। वस्तु की एक विशेषता का अपना स्वतन्त्र अस्तित्व नहीं होता बल्कि अनेक विशेषताओं में व्याप्त एक वस्तु की सत्ता होती है; उसी से विभिन्न आवश्यकताओं की पूर्ति होती है, विभिन्न क्रियाओं का सम्पादन होता है और इसलिये उसका (अनेक विशेषताओं में व्याप्त एक वस्तु का) ज्ञान सकलादेशी प्रमाण ज्ञान है। नय वस्तु की एक विशेषता का ज्ञापक होने के कारण स्वयं प्रमाण न होकर प्रमाणांश और इसलिये सत्यांश

46. नानास्वभावसंयुक्तं द्रव्यं ज्ञात्वा प्रमाणतः।
तच्च सापेक्षसिद्यर्थ स्यान्नयमिश्रितं कुरू। द्रव्यस्वभावप्रकाशक नयचक्र; पृष्ठ–223

है।[47] इसके प्रमाणंश और सत्यांश होने का अर्थ यह है कि एक विचारवान और परीक्षक व्यक्ति वस्तु की एक विशेषता के सम्बन्ध में हो रहे ज्ञान की अपूर्णता का, सत्यांश रूपता का अनुभव करता है। उसका यह नयात्मक ज्ञान अपनी विषयभूत विशेषता से अपरिहार्य रूप से सम्बद्ध अन्य विशेषताओं के ज्ञान की अपेक्षा करता है, आकांक्षा करता है, माँग करता है।[48] इस माँग का परिचायक है इस ज्ञान में विषय बन रही विशेषता के प्रति इस सन्दर्भ में अनेक प्रश्नों और जिज्ञासाओं का सद्भाव। उदाहरण के लिये कृषि करने का अभिलाषी व्यक्ति जब आप्त पुरुष से कृषि का प्रमाण ज्ञान प्राप्त करने हेतु प्रयत्न करते समय इस वाक्य को सुनता है कि "कृषि करने के लिये खेत में बीज बोया जाता है" तो वह व्यक्ति स्पष्ट रूप से यह जानता है कि यह वाक्य कृषि क्रिया के सम्बन्ध में न तो सत्य है, न ही असत्य है; बल्कि सत्यांश है तथा इस आंशिक ज्ञान के आधार पर खेती नहीं की जा सकती। इस वाक्य को सुनने पर उसके समक्ष ये प्रश्न खड़े होते हैं कि एक विशेष धान की खेती के लिये बीज कैसे बोया जाता है, बीज बोने से पहले क्या किया जाता है, बोये हुए बीज की देखभाल कैसे की जाती है.....। इन अनेक प्रश्नों का सद्भाव इस नयात्मक ज्ञान की नयान्तर सापेक्षता का सूचक है तथा यह नय अन्य नयों की विषयभूत विशेषताओं या चरणों तथा बीज बोने की क्रिया के मध्य विद्यमान सम्बन्ध के ज्ञान की अपेक्षा करता है, आकाँक्षा करता है, माँग करता है। इस माँग की पूर्ति हेतु व्यक्ति उस नय की विषयभूत विशेषता का पदार्थ की अन्य विशेषताओं से सम्बन्ध को जानने के लिये प्रवृत होता है तथा विभिन्न प्रमाणों से परीक्षा पूर्वक इन सम्बन्धों को जानता है। नयान्तर सापेक्ष ज्ञान को सुनय कहा जाता है।[49] इस सुनय द्वारा व्यक्ति को कृषि कार्य के मात्र एक चरण-बीजारोपण के ही विशिष्ट स्वरूप का ज्ञान होता है तथा कृषि के अन्य चरणों-जमीन की जुताई, सिंचाई, निराई आदि का ज्ञान अन्य नयों से ही होता है; लेकिन जब कृषि के समस्त चरणों का ज्ञान इसी

---

47. स्वार्थनिश्चायकत्वेन प्रमाणं नय इत्यसत्।
स्वार्थैकदेशनिर्णीतिलक्षणो हि नयः स्मृतः।। तत्त्वार्थश्लोकवार्तिक 1/6/4
नायं वस्तु न चावस्तु वस्त्वंशः कथ्यते यतः।
नासमुद्रः समुद्रो वा समुद्रांशो यथोच्यते। वही 1/6/5
नाप्रमाणं प्रमाणं वा नयो ज्ञानात्मको मतः।
स्यात्प्रमाणैकदेशस्तु सर्वथाप्यविरोधतः।। वही 1/6/21/

48. अपेक्षा प्रतिपक्षधर्माकांक्षा लघीयस्त्रय तात्पर्य; पृष्ठ -50
न्यायकुमुदचन्द्र भाग - 2, पृष्ठ - 605 पर संकलित

49. सापेक्षाणां तु सुनयत्वात्तद्विषयाणामर्थक्रियाकारित्वात्। अष्टसहस्री, पृष्ठ-290

प्रकार से विचारात्मक प्रक्रिया द्वारा परस्पर सम्बद्ध स्वरूप में प्राप्त किया जाता है तो व्यक्ति इन परस्पर सापेक्ष नयों के द्वारा कृषि का प्रमाण ज्ञान प्राप्त करता है; तथा इस ज्ञान के अनुसार कार्य करके खेती करने में सफलता प्राप्त करता है। जिस प्रकार व्यक्ति परस्पर सापेक्ष अनेक नयों के द्वारा अनेक क्रमवर्ती चरणों में व्याप्त एक कृषि क्रिया का प्रमाण ज्ञान प्राप्त करता है उसी प्रकार जब वह एक अवयवी और गुणी के अनेक अवयवों और गुणों को परस्पर सापेक्ष अनेक नयों द्वारा क्रमिक रूप से जानता है तो वह उन अनेक अवयवों और गुणों की एक अवयवीरूपता और गुणीरूपता का प्रमाण ज्ञान प्राप्त करता है। नयात्मक ज्ञान के इस स्वरूप को स्पष्ट करते हुए पूज्यपाद कहते हैं, "जिस प्रकार अनेक तन्तु परस्पर आतानवितान रूप से संयुक्त होकर एक वस्त्ररूपता को प्राप्त करते हैं तो उस वस्त्र के द्वारा ओढ़ने, बिछाने आदि कार्य सम्पन्न हो सकते हैं, लेकिन परस्पर स्वतन्त्र रूप से अवस्थित तन्तुओं के ढेर में यह सामर्थ्य नहीं है; उसी प्रकार जब परस्पर सापेक्ष अनेक नयों द्वारा क्रमिक रूप से वस्तु की एक एक विशेषता को मुख्यता से ग्रहण करते हुए तथा अन्यों को गौण करते हुए जाना जाता है तो यह अनेक नयों से प्राप्त ज्ञान ही सकलादेशी प्रमाणज्ञानरूपता को प्राप्त करता हुआ सम्यग्दर्शन की प्राप्ति का साधन तथा अन्य समस्त पुरुषार्थों को सिद्ध करने वाला होता है।"[50]

## बौद्ध मत–निर्विकल्पक प्रत्यक्ष की प्रमाणरूपता तथा निर्णयात्मक (सविकल्पक) ज्ञान के मिथ्यात्व की सिद्धि

बौद्ध दार्शनिक जैन दर्शन के मत निर्णयात्मक ज्ञान की प्रमाणरूपता को अस्वीकार करते हैं। वे कहते हैं कि जो ज्ञान वस्तु से साक्षात रूप से उत्पन्न होता है और उसके आकार वाला होता है वह ज्ञान प्रमाण है। ये विशेषताएँ सविकल्पक ज्ञान में विद्यमान नहीं हैं। इस ज्ञान की उत्पत्ति अपने विषय बन रहे पदार्थ से साक्षात रूप से नहीं होती बल्कि इसकी उत्पत्ति निर्विकल्पक प्रत्यक्ष के उपरान्त उसके सदृश पूर्व दृष्ट वस्तु के स्मरण पूर्वक होती है। जैसे एक पदार्थ के प्रत्यक्ष के उपरान्त " यह गाय है" यह निश्चयात्मक ज्ञान व्यक्ति को तभी हो सकता है जबकि उसे यह स्मृति हो कि ऐसा पदार्थ उसने पहले भी देखा था और उसे गाय कहा गया था। इस स्मृति के आधार पर दृश्य पदार्थ के प्रति गाय के विकल्प के आरोपण और 'गाय' शब्द के प्रयोग पूर्वक व्यक्ति उस पदार्थ

---

50. ..........नयाः ........। त एते गुणप्रधानतया परस्परतन्त्राः सम्यग्दर्शनहेतवः पुरुषार्थक्रियासाधनसामर्थ्यात्तन्त्वादय इव यथोपायं विनिवेश्यमानाः पटादिसंज्ञा स्वतन्त्राश्चासमर्थाः। सर्वार्थसिद्धि 1/33

को ''यह गाय है'' रूप से जानता है। इस प्रकार सविकल्पक ज्ञान साक्षात रूप से वस्तु से उत्पन्न न होकर पूर्वानुभवों के संस्कारों से उत्पन्न होता है तथा उसमें विषयाकारता का भी अभाव होता है। इसलिये यह ज्ञान प्रमाण नहीं है।[51] पारमार्थिक रूप से निर्विकल्पक प्रत्यक्ष ही प्रमाण है क्योंकि यह पदार्थ के यथावस्थित स्वरूप की भ्रान्ति रहित साक्षात्कारात्मक अनुभूति है।[52] यह ज्ञान अपने विषय से उत्पन्न होता है, उसके आकार वाला होता है[53] तथा इसके विषय के प्रति किसी भी प्रकार के शब्द का प्रयोग सम्भव नहीं है।[54]

निर्विकल्पक प्रत्यक्ष का विषय स्वलक्षण होता है।[55] जगत का प्रत्येक पदार्थ क्षणिक होता है तथा वह अन्य समस्त सजातीय विजातीय पदार्थों से पूर्णरूपेण विलक्षण होता है। इसलिये उसे स्वलक्षण कहा जाता है।[56] निर्विकल्पक प्रत्यक्ष स्वलक्षण की पूर्णतया निश्चय रहित साक्षात्कारात्मक अनुभूति है। इसमें स्वयं के प्रति और अपना विषय बन रहे पदार्थ के स्वरूप के प्रति किसी भी प्रकार के निर्णय का पूर्णतया अभाव होता है। इस प्रत्यक्ष द्वारा क्या ज्ञात हुआ यह व्यक्ति को उतने ही अंशों में ज्ञात हो सकता है जितने अंशों में इसके प्रति अनन्तरवर्ती क्षण में सविकल्पक ज्ञान की उत्पत्ति हो।[57] यह सविकल्पक ज्ञान निर्विकल्पक प्रत्यक्ष के विषय पर घट, पुस्तक, जल आदि सामान्याकारों के आरोपण पूर्वक उत्पन्न होता है। ये सामान्याकार वस्तुजन्य न होकर अनादि वासना जन्य होते हैं।[58] इसलिये इनसे युक्त होने के कारण समस्त सविकल्पक ज्ञान भ्रमात्मक तथा

---

51. न्यायबिन्दु टीका; पृष्ठ-45-46
52. न्यायबिन्दुटीका; पृष्ठ-34
53. अर्थसारूप्यमस्य प्रमाणम्। न्यायबिन्दु 1/20
    अर्थेन सह यत् सारूप्यं सादृश्यम् अस्य ज्ञानस्य् तत् प्रमाणम्। इह यस्माद् विषयाद् विज्ञानम् उदेति तद्विषयसदृशं तद् भवति। न्यायबिन्दु टीका 1/20
54. तत्र प्रत्यक्षं कल्पनापोढमभ्रान्तम्।
    अभिलापसंसर्गयोग्यप्रतिभासा प्रतीति कल्पना। न्यायबिन्दु 1/4 और 5
55. तस्य विषयः स्वलक्षणम्। न्यायबिन्दु- 1/12
56. तस्य स्वलक्षणस्य रुपं सर्वतः सजातीयात् विजातीयात् भिन्नम्।
    प्रमाणवार्तिक मनोरथ नन्दिवृति 3/91
57. व्यवस्थापकश्च विकल्पप्रत्ययः प्रत्यक्षवलोत्पन्नो दृष्टव्यः। न तु निर्विकल्पकत्वात् प्रत्यक्षमेव नीलबोधरूपत्वेनात्मानम् अवस्थापयितुं शक्नोति। निश्चयप्रत्ययेनाव्यवस्थापितं सद् अपि नीलबोधरूपं विज्ञानम् असत्कल्पम् एव। तस्मान्निश्चयेन नीलबोधरूपं व्यवस्थापितं विज्ञानं नीलबोधात्मना सद् भवति। न्यायबिन्दु टीका; पृष्ठ 91
58. यस्मिन् रूपे प्रत्यक्षस्य साक्षात्कारीव्यापारो विकल्पेन अनुगम्यते तत् प्रत्यक्षम्।
    न्यायबिन्दु टीका; पृष्ठ - 63

पारमार्थिक रूप से मिथ्या है।[59] यह सविकल्पक ज्ञान समस्त लोक व्यवहार का आधार है इसलिये इसे संवृति सत्य स्वीकार किया जाता है।[60]

निर्णयात्मक ज्ञान विषयप्रकाशक न होकर बौद्धिक कल्पना मात्र है। बुद्धि निर्विकल्पक प्रत्यक्ष के विषय पर अपने अभ्यास, प्रकरण, पाटव और अर्थित्व के अनुसार विभिन्न सम्प्रत्ययों को आरोपित करके उसकी विभिन्न प्रकार से संरचना करती है। इसका प्रमाण यह है कि एक ही वस्तु का प्रत्यक्ष करने के उपरान्त विभिन्न व्यक्ति उसके स्वरूप का भिन्न भिन्न प्रकार से निश्चय करते हैं। जैसे एक वेश्या के मृत शरीर का प्रत्यक्ष होने पर एक कामी पुरुष उसे भोग्य पदार्थ के रूप में, एक चमगादड. उसे खाद्य पदार्थ के रूप में और एक सन्यासी उसे घृणित पदार्थ के रूप में देखता है।[61] जंगलों की अंधाधुंध कटाई और शहरों का विस्तार एक पर्यावरणविद् को विनाश के रूप में और एक भौतिकता की चकाचौंध से ग्रस्त व्यक्ति को विकास के रूप में दृष्टिगोचर होता है। विभिन्न व्यक्तियों द्वारा समान रूप से प्रत्यक्ष किये गये पदार्थ के प्रति उनके निर्णयात्मक ज्ञान में दृष्टिगोचर हो रही इस विचित्रता का कारण यह है कि प्रत्येक व्यक्ति के अपने अनेक पूर्वाग्रह होते हैं, उसका अपना विश्वासों का एक तन्त्र होता है। व्यक्ति का विश्वासों का यह तन्त्र भाषा द्वारा सृजित होता है तथा भाषा पारमार्थिक सत्ता को विषय न करके सामान्याकार रूप विकल्पों को सूचित करती है। वस्तुतः शब्द और विकल्प परस्पर सम्बन्धित हैं। शब्दों की उत्पत्ति सामान्याकार रूप विकल्पों से और विकल्पों की उत्पत्ति शब्दों से होती है तथा वस्तुस्थिति से इन दोनों का ही कोई सम्बन्ध नहीं है।[62] एक बच्चा जब जन्म लेता है तब उसके पास भाषा और उससे सम्बद्ध विकल्प दोनों का ही अभाव होता है। पारिवारिक, सामाजिक परिवेश और गुरु द्वारा उसे भाषा के माध्यम से विभिन्न

---

59. भवन्तु नाम तस्य (सामान्यस्य) ज्ञानानि निर्विषयाणि। निर्विषयत्वेऽपि तदनुकारी प्रतिभासः। तद्रूपानुभवाहितवासनोत्पतेरात्मभूत एव विज्ञानस्य। स्वार्थानुमान परिच्छेद; पृष्ठ–35
विकल्प एव हि अविद्या। सा स्वभावेनैव विपर्यस्यति। वही; पृष्ठ –33

60. अविकल्पमपि ज्ञानं विकल्पोत्पत्तिशक्तिमत्।
निश्शेषव्यवहारांगं तद्वारेण भवत्वतः। तत्त्वसंग्रह; श्लोक–1306

61. अनुभवो हि यथा विकल्पाभ्यासं निश्चयप्रत्ययान् जनयति। यथा रूपदर्शनाविशेषेऽपि कुणप–कामिनी–भक्ष्यविकल्पाः। तत्र बुद्धिपाटवम्, तद्वासनाभ्यासः प्रकरणमित्यादयोऽनुभवात् भेदनिश्चयोत्पत्तिसहकारिणः। – स्वार्थानुमान परिच्छेद, पृष्ठ 20–21

62. सामान्यवाचिनः शब्दास्तदेकार्था च कल्पना।
अभावे निर्विकल्पस्य विशेषाधिगमः कथम्।। – प्रमाणवार्तिक 2/183

वस्तुओं को विभिन्न प्रकार से पहचानना सिखाया जाता है, विभिन्न प्रकार की सामान्य अवधारणाओं से संस्कारित किया जाता है। व्यक्ति को होने वाला किसी भी प्रकार का प्रत्यक्ष प्रथम क्षण में नवजात शिशु के प्रथम प्रत्यक्ष के समान पूर्णतया शब्द रहित और विकल्प रहित होता है। इस समय व्यक्ति पदार्थ का पूर्णरूपेण अद्वितीय ओर विशिष्ट स्वरूप में साक्षात्कार करता है। द्वितीयादि क्षणों में व्यक्ति की बुद्धि सक्रिय हो जाती है तथा वह अपनी पूर्वार्जित भाषा जनित समझ को वस्तु पर आरोपित करके उसे विभिन्न प्रकार से समझता है। जैसे वर्णव्यवस्था से युक्त भारतीय समाज में जब प्रारम्भ से ही बच्चे को यह सिखाया जाता है कि ब्राह्मण श्रेष्ठ होता है, पूजनीय होता है, उसे दान देने से पुण्य होता है......। एक व्यक्ति का शूद्र रूप से जन्म उसके पूर्वकृत पापों के परिणामस्वरूप हुआ है तथा उसके लिये सद्गति का एकमात्र उपाय सवर्णों की सेवा करना है......। ये सामान्य सिद्धान्त भाषा जनित हैं तथा यथार्थ से इनका कोई सम्बन्ध नहीं है। यथार्थ में एक जाति के समस्त सदस्य पूर्णतया समान नहीं होते, बल्कि प्रत्येक व्यक्ति पूर्णतया विलक्षण होता है। जिसे ब्राह्मण कहा जा रहा है, सम्भव है वह बहुत बड़ा मूर्ख हो तथा उसमें सेवा कार्य के अतिरिक्त कुछ और करने की सामर्थ्य ही नहीं हो तथा जिसे शूद्र कहा जा रहा है, हो सकता है उसमें बहुत बड़ा विद्वान और उत्कृष्ट ऋषि बनने की क्षमता विद्यमान हो। व्यक्ति को प्रत्यक्ष द्वारा किसी भी मानव की जाति का ज्ञान न होकर उसके पूर्णत: विलक्षण व्यक्तित्व का ही साक्षात्कार होता है। लेकिन एक विशेष प्रकार से प्रशिक्षित बुद्धि से ग्रस्त होने के कारण वह उसके इस विशिष्ट स्वरूप का निश्चय नहीं कर पाता तथा अपनी पूर्वार्जित सामान्य धारणाओं के अनुसार ही उसके स्वरूप का निर्णय करता है। यदि वह जनेऊ, सिर पर चोटी आदि चिह्नों से युक्त मानव को देखता है तो उसका ब्राह्मण रूप से निश्चय करके उसका सम्मान करने लग जाता है तथा हाथ में झाड़ू एवं मैले–कुचले वस्त्रों से युक्त व्यक्ति को देखने पर उसे शूद्र समझकर उसके प्रति तिरस्कार पूर्ण दृष्टि रखता है। व्यक्ति अपने पूर्वार्जित विश्वासों के तंत्र से बद्ध होकर अन्यों के प्रति ही अपने व्यवहार को निर्धारित नहीं करता, बल्कि इसके कारण वह स्वयं के प्रति भी एक विशेष दृष्टिकोण का विकास कर लेता है। जैसे एक शूद्र परिवार में जन्मा व्यक्ति इसे अपना कर्मफलभोग और सहजभाव से सवर्णों की सेवा को ही अपना धर्म स्वीकार कर लेता है तथा उनकी सेवा करते हुए अपना जीवन व्यतीत कर देता है। इस कार्य के अतिरिक्त स्वयं के आर्थिक, बौद्धिक, आध्यात्मिक आदि किसी भी प्रकार

के विकास हेतु पुरुषार्थ करने की ओर उसकी कभी दृष्टि ही नहीं जाती। इस प्रकार समस्त लोक व्यवहार ऐसे निश्चयात्मक ज्ञान से चलता रहता है जो परस्पर सम्बद्ध शब्दों और विकल्पों से संरचित बौद्धिक कलपना मात्र है तथा जिसका वस्तुस्थिति से कोई सम्बन्ध नहीं है।[63] वस्तुस्थिति के अनुरूप नहीं होने के कारण पारमार्थिक रूप से तो यह समस्त सविकल्पक ज्ञान मिथ्या ही है। व्यक्ति जन्म के पश्चात अपने पारिवारिक, सामाजिक परिवेश से अर्जित संस्कारों के अनुसार दृश्य विषय को ही विविध प्रकार से नहीं समझता बल्कि उसमें अनादिकालीन मिथ्यात्व और उसके कारण उत्पन्न होने वाले राग, द्वेषादि भाव भी होते हैं। वह बाह्य जगत में इष्ट अनिष्ट बुद्धि से युक्त होकर प्रवृत्ति करता है। यह सम्पूर्ण प्रवृत्ति व्यक्ति के अनादिकालीन मिथ्याज्ञान के प्रवाह का परिणाम है तथा प्रत्यक्ष द्वारा दृष्ट पदार्थ में इन विशेषताओं का पूर्णतः अभाव है। इस प्रकार समस्त सविकल्पक ज्ञान निर्विकल्पक प्रत्यक्ष के विषय पर अनादि अविद्या जनित बौद्धिक विकल्पों के आरोपण पूर्वक उत्पन्न होता है। इसलिये यह ज्ञान बौद्धिक कल्पना मात्र तथा मिथ्या है।

सविकल्पक ज्ञान समस्त प्रवृत्ति का आधार है। इसलिये इसमें विद्यमान भ्रमों की निवृत्ति हेतु प्रयास आवश्यक है। इन भ्रमों की निवृत्ति हेतु प्रत्यक्ष के साथ ही साथ अनुमान को भी प्रमाण स्वीकार किया गया है। धर्मकीर्ति कहते हैं कि प्रत्येक वस्तु एक स्वभावी होती है तथा वह प्रत्यक्ष द्वारा सम्पूर्णतः ही ज्ञात होती है। इस प्रत्यक्ष द्वारा जाने गये पदार्थ के प्रति किसी प्रकार का भ्रम उत्पन्न हो जाने पर उसके निराकरण हेतु अनुमान की प्रवृत्ति होती है। जैसे किसी वस्तु का प्रत्यक्ष होने पर व्यक्ति को उसकी नीलरूपता का तो यथार्थ बोध हो जाता है लेकिन अनेक क्रमवर्ती नीलक्षणों में विद्यमान सादृश्य के कारण उसे उसके प्रति नित्यता का भ्रम हो जाता है। इस भ्रम की निवृत्ति हेतु अनुमान की प्रवृत्ति होती है जिसमें नील के सत्त्वधर्म को हेतु बनाकर उसकी क्षणिकता की सिद्धि की जाती है।[64] अनुमान का विषय स्वलक्षण न होकर सामान्य लक्षण है।[65]

---

63. न तत् वस्त्वभिधेयत्वात् साफलयादक्षसंहतेः।
नामादिवचने वक्तृश्रोतृवाच्यानुबन्धिनि।। – प्रमाणवार्तिक, 2/11

64. एकस्यार्थस्वभावस्य प्रत्यक्षस्य सतः स्वयम्।
कोऽन्यो भागो न दृष्टः स्याद् यः प्रमाणैः परीक्ष्यते।।
तस्माद् दृष्टस्य भावस्य दृष्ट एवाखिलो गुणः।
भ्रान्तेर्निश्चीयते नेति साधनं सम्प्रवर्तते।। प्रमाणवार्तिक 3/43 और 45

65. न्यायबिन्दु 1/16-17

सामान्य भावात्मक सत्ता न होकर शब्द मात्र है तथा इसका केवल निषेधात्मक अर्थ है। इसलिये अनुमान का विषय सत्ता का भावात्मक स्वरूप न होकर उसका अभावात्मक पक्ष होता है। वस्तु के प्रति विजातीय विशेषताओं का निषेध व्यक्ति में उसके प्रति विद्यमान भ्रमों को तो समाप्त कर देता है, लेकिन इससे वस्तु के भावात्मक स्वरूप का यथार्थ बोध नहीं होता। यह ज्ञान तो निर्विकल्पक प्रत्यक्ष द्वारा ही होता है।

बौद्ध भ्रमों की निवृत्ति के लिये शास्त्र की प्रामाणिकता को भी स्वीकार करते हैं लेकिन वे इसे स्वतन्त्र प्रमाण न मानकर अनुमान के ही अन्तर्गत रखते हैं। शास्त्र की प्रामाणिकता का अनुमान वक्ता की आप्तता के द्वारा किया जाता है। वक्ता में ज्ञान, वैराग्य आदि गुणों के होने पर इनकी सत्यता का तथा इनका अभाव होने पर इनकी असत्यता का अनुमान किया जाता है।[66] शास्त्र से प्राप्त ज्ञान भी शब्दात्मक होने के कारण मात्र मोह की निवृत्ति ही कर पाता है तथा सत्ता के भावात्मक स्वरूप का ज्ञान कराने की सामर्थ्य शास्त्र में भी नहीं है।[67] जब व्यक्ति शास्त्र से नैरात्म्यवाद, चार आर्यसत्य आदि का ज्ञान प्राप्त करके इनकी निरन्तर भावना करता है तो उस भावना के प्रकर्ष के परिणाम स्वरूप जो योगज प्रत्यक्ष होता है उसके द्वारा ही उसे सत्ता के भावात्मक स्वरूप का पूर्णतः यथार्थ ज्ञान होता है।[68]

इस प्रकार बौद्ध दर्शन के अनुसार दो ही प्रमाण हैं – प्रत्यक्ष और अनुमान। प्रत्यक्ष का विषय स्वलक्षण है जो अर्थक्रियाकारित्व से युक्त होने के कारण वास्तविक सत्ता है। इसके विपरीत अनुमान का विषय सामान्य लक्षण है जो कि वस्तु न होकर अवस्तु है। प्रत्यक्ष भावात्मक पदार्थ को जानता है जबकि अनुमान का विषय अभाव है। इसके द्वारा मात्र यही ज्ञात हो सकता है कि वस्तु क्या नहीं है। इस निषेधात्मक ज्ञान के द्वारा सत्ता के स्वरूप के प्रति उत्पन्न हुए विभिन्न भ्रमों की निवृत्ति के उपरान्त उत्पन्न हुए इन्द्रिय प्रत्यक्ष, मानस प्रत्यक्ष, योगज प्रत्यक्ष और स्वसंवेदन प्रत्यक्ष द्वारा ही वस्तु के भावात्मक पक्ष का ज्ञान होता है। इस प्रकार निर्विकल्पक प्रत्यक्ष ही पारमार्थिक रूप से सत्य ज्ञान है। इस ज्ञान के विषय को भावात्मक रूप से जानने हेतु प्रवृत्त हुआ समस्त निर्णयात्मक ज्ञान

---

66. प्रत्यक्षस्य भावमात्रविषयत्वात्, प्रमाणान्तरस्य च अभावात्।
प्रमाणवार्तिक, मनोरथनन्दिवृति 2/89
67. प्रमाणवार्त्तिक 1/5 और 1/9 और उस पर मनोरथनन्दिवृत्ति।
68. प्रमाणवार्त्तिक 2/281

बौद्धिक संरचना मात्र है और इसलिये पारमार्थिक रूप से मिथ्या है।

**जैन मत– ज्ञानार्जन की प्रमाणनयसंस्कृत विधि और निर्णयात्मक ज्ञान का विषय प्रकाशक स्वरूप**

जैन दार्शनिक बौद्ध दर्शन के मत–निर्विकल्पन प्रत्यक्ष की प्रमाणरूपता तथा सविकल्पक ज्ञान के मिथ्यात्व को अस्वीकार करते हुए कहते हैं कि प्रमाण उसे कहा जाता है जिसके द्वारा पदार्थ के प्रति संशय, भ्रम और अज्ञान की समाप्ति हो तथा जो वस्तु जैसी है उसका उसी रूप में निश्चय हो। यह विशेषता व्यवसायात्मक या पदार्थ के स्वरूप का यथार्थ रूप से निश्चय करने वाले ज्ञान में ही विद्यमान है। इसलिये यह निश्चयात्मक ज्ञान ही प्रमाण है।[69] निश्चित रूप से एक सामान्य व्यक्ति का ज्ञान अनेक भ्रान्तियों से युक्त होता है। अनेक व्यक्ति ऐसे होते हैं जिनके लिये देखी हुई वस्तु भी नहीं देखी हुई के समान होती है तथा वे दृश्य पदार्थ की व्याख्या अनेक पूर्वाग्रहों और मिथ्या मान्यताओं के आधार पर करते हैं। इसलिये उनका सविकल्पक ज्ञान बौद्धिक संरचना मात्र और मिथ्या ही होता है। सामान्य व्यक्ति के ज्ञान के इस स्वरूप के आधार पर समस्त सविकल्पक ज्ञान के मिथ्यात्व तथा निर्विकल्पक ज्ञान की पारमार्थिक रूप से प्रमाणरूपता की स्वीकृति एक पलायनवादी दृष्टिकोण है। जिस प्रकार एक व्यक्ति जीवन की समस्याओं और कष्टों से त्रस्त हो तथा इनसे बचने के लिये सो जाय तो इससे उसकी समस्याएं समाप्त नहीं हो जातीं, बल्कि जागने पर उसे पुनः उनका सामना करना ही पड़ता है; उसी प्रकार निर्णयात्मक ज्ञान की भ्रमात्मकता की समस्या का समाधान निर्विकल्पक प्रत्यक्ष को पारमार्थिक रूप से प्रमाण मानने से नहीं हो सकता। इस समस्या का एकमात्र समाधान है ज्ञानार्जन की प्रमाणनयसंस्कृत विधि। यह ज्ञानार्जन की अनुभवाश्रित, अन्वेषणात्मक, विचारात्मक और परीक्षाप्रवण विधि है और इस विधि द्वारा अर्जित ज्ञान पदार्थ के यथावस्थित स्वरूप का निर्णयात्मक बोध होने के कारण प्रमाण है। इस विधि द्वारा अर्जित ज्ञान के द्वारा ही व्यक्ति अपने लौकिक और आध्यात्मिक–सभी प्रकार के लक्ष्यों को प्राप्त करने में सफल हो सकता है।

यदि उपर्युक्त मत को अस्वीकार किया जाय, निर्विकल्पक प्रत्यक्ष को ही पारमार्थिक रूप से प्रमाण तथा सविकल्पक ज्ञान को अनादि वासना जनित मिथ्याज्ञान ही स्वीकार किया जाय तो यथार्थ ज्ञान के अर्जन की समस्त सम्भावनाएं पूर्णतया

---

69. सिद्धिविनिश्चय टीका; भाग – 2, पृष्ठ – 685

समाप्त हो जाती हैं। इसका कारण यह है कि निर्विकल्पक प्रत्यक्ष वस्तुनिष्ठ लेकिन अज्ञात है। यह पदार्थ की ऐसी साक्षात्कारात्मक अनुभूति है जो पूर्णतया अनिर्णयात्मक है। इसके द्वारा न तो स्वयं इसका और न ही इसके विषय के स्वरूप का कोई निश्चय होता है। निर्विकल्पक प्रत्यक्ष द्वारा क्या जाना गया, यह उतने ही अंशों में ज्ञात हो सकता है जितने अंशों में उसके पश्चात उत्पन्न होने वाले सविकल्पक ज्ञान द्वारा उसके विषय का निश्चय किया जाय। इस प्रकार निर्विकल्पक प्रत्यक्ष स्वयं किसी वस्तु का ज्ञान कराने में सक्षम नहीं है। इसके पश्चात उत्पन्न होने वाले सविकल्पक ज्ञान द्वारा भी किसी वस्तु को यथार्थतया नहीं जाना जा सकता क्योंकि यह निर्विकल्पक प्रत्यक्ष के विषय पर अनादि वासना जनित सामान्याकारों के आरोपण पूर्वक उत्पन्न होने वाला मिथ्या ज्ञान है तथा वस्तुस्थिति से इसका कोई सम्बन्ध नहीं है। ऐसी स्थिति में किसी भी पदार्थ के यथार्थ ज्ञान को प्राप्त कर पाना पूर्णतया असम्भव है।[70]

निर्विकल्पक प्रत्यक्ष न तो स्वयं पदार्थ के यथार्थ स्वरूप का निश्चयात्मक ज्ञान है और न ही वह निश्चयात्मक ज्ञान को उत्पन्न करने का साधकतम कारण है; बल्कि वह अज्ञानी व्यक्ति के विष दर्शन के समान अकिंचित्कर है।[71] जिस प्रकार एक अज्ञानी व्यक्ति विष का निर्विकल्पक प्रत्यक्ष होने मात्र से, उसे 'यह विष है' रूप से नहीं पहचान पाता तथा भ्रमवश उसे दवा समझकर उसका सेवन कर सकता है और मृत्यु को प्राप्त हो सकता है। इसी प्रकार सर्वत्र निर्विकल्पक प्रत्यक्ष एक अज्ञानमय अवस्था है तथा इसमें लौकिक और आध्यात्मिक किसी भी प्रकार के विषय का यथार्थ निश्चय कराने की सामर्थ्य नहीं है। यदि ऐसा न मानकर निर्विकल्पक प्रत्यक्ष को ही पारमार्थिक रूप से प्रमाण स्वीकार किया जाय तथा इसके द्वारा पदार्थ को सम्पूर्णतः ज्ञात माना जाय तो यह प्रत्यक्ष तो बालक, पशु, वयस्क व्यक्ति सभी को समान रूप से होता है। इसलिये सभी प्राणी सर्वज्ञ होने चाहियें। ऐसी स्थिति में रोग के निदान हेतु चिकित्सा विज्ञान के क्षेत्र में अनुसंधान कार्य, ग्रन्थ रचना तथा इन ग्रन्थों के अध्ययन अध्यापन की कोई आवश्यकता नहीं होनी चाहिये। लेकिन ऐसा नहीं होता। रोग की रोग के रूप में पहचान तथा उसकी समाप्ति हेतु दवा का निर्धारण किसी अनिर्णयात्मक साक्षात्कार के आधार पर न किया जाकर व्यक्ति के प्रयत्न पूर्वक अर्जित निर्णयात्मक

---

70. निर्विकल्पात् कुतः सिद्धिः? सिद्धिश्चेन्निर्णयात्मिका।
सविकल्पात् कुतः सिद्धिः? तत्त्वं चेन्नास्य गोचरः।। सिद्धिविनिश्चय 12/9

71. सिद्धिविनिश्चय 1/24

ज्ञान द्वारा होता है।[72] प्रमाण का लक्षण अविसंवादित्व इस निर्णयात्मक ज्ञान पर ही लागू होता है। यदि इस ज्ञान के अनुसार कार्य करने पर व्यक्ति को सफलता मिलती है तो यह वस्तु के अनुरूप और इसलिये प्रमाण है; तथा यदि नहीं मिलती तो अप्रमाण है।[73] लौकिक समस्याओं के साथ ही साथ स्वयं के अस्तित्व सम्बन्धी प्रश्नों "मेरा मूल स्वरूप क्या है", "मेरा जीवन इतने कष्टों से भरा हुआ क्यों है" तथा "इनसे मैं सदा के लिये छुटकारा किस प्रकार प्राप्त करूँ " का समाधान भी निर्विकल्पक प्रत्यक्ष द्वारा प्राप्त किया जा सकना सम्भव नहीं है। इसलिये स्वयं बौद्ध भी अनुमान के साथ ही साथ गौतम बुद्ध के वचनों को भी प्रमाण स्वीकार करते हैं। उनके द्वारा अनुमान और बुद्ध के वचनों को प्रमाण मानने का कारण यह है कि धर्म, अर्थ, काम और मोक्ष इन चारों पुरुषार्थों की सिद्धि निर्णयात्मक ज्ञान द्वारा ही होती है। इस ज्ञान के भ्रमात्मक होने पर अभीष्ट लक्ष्य की प्राप्ति ही सम्भव नहीं है। वस्तुतः किसी ज्ञान की भ्रमात्मकता का निश्चय तथा उस भ्रम की निवृत्ति वस्तु के यथार्थ स्वरूप के निश्चय पूर्वक ही सम्भव है। "यह साँप है" इस ज्ञान की भ्रमात्मकता का ज्ञान तथा इस भ्रम की निवृति तभी सम्भव है जबकि व्यक्ति को वस्तु के यथार्थ स्वरूप का "यह साँप नहीं, रस्सी है" रूप से निश्चयात्मक ज्ञान हो। जब तक सत्य भावात्मक रूप से निर्णयात्मक ज्ञान द्वारा नहीं जाना गया हो तब तक किसी ज्ञान को भ्रमात्मक नहीं कहा जा सकता।[74]

प्रत्यक्ष समस्त मानवीय ज्ञान का आधार होने के कारण सर्वाधिक महत्त्वपूर्ण प्रमाण है लेकिन यह निर्विकल्पक न होकर सविकल्पक-सम्प्रत्ययात्मक और निर्णयात्मक ही होता है। अनुमान, शब्द आदि किसी भी प्रमाण से तत्त्वनिर्णय की सम्भावना प्रत्यक्ष के सविकल्पक ज्ञान रूप होने पर ही सम्भव है। अनुमान हेतु के प्रत्यक्ष तथा हेतु और साध्य के मध्य व्याप्ति सम्बन्ध के स्मरण पूर्वक होने वाला साध्य का ज्ञान है। व्याप्ति सम्बन्ध का स्मरण उसी व्यक्ति को हो सकता है जिसने पहले हेतु और साध्य के अनेक अन्वयव्यतिरेकी दृष्टान्तों का प्रत्यक्ष किया हो। यदि प्रत्यक्ष से इन दृष्टान्तों का यथार्थ निश्चयात्मक बोध नहीं हो तथा व्याप्ति सम्बन्ध की स्थापना भी अनादि वासना जनित बौद्धिक कल्पना मात्र हो तो यह अनुमान स्वयं भ्रमात्मक ज्ञान होगा तथा इसके द्वारा किसी भी

72. न्यायविनिश्चय विवरण; भाग-2, पृष्ठ-6
73. सिद्धिविनिश्चय स्ववृति 1/26
74. सिद्धिविनिश्चय टीका; भाग-1; पृष्ठ - 141

प्रकार के भ्रम की निवृत्ति सम्भव नहीं होगी।[75] इसी प्रकार शब्द प्रमाण का सद्भाव भी प्रत्यक्ष के निर्णयात्मक स्वरूप की अपेक्षा रखता है। यह माना जाता है कि आप्त पुरुष को योगज प्रत्यक्ष के द्वारा सत्ता के स्वरूप का पूर्णतः यथार्थ ज्ञान होता है। इसके कारण उसके वचन प्रामाणिक तथा मोह की निवृत्ति करने वाले होते हैं। लेकिन यह मत तभी उचित हो सकता है जबकि आप्त पुरुष को योगज प्रत्यक्ष के द्वारा सत्ता के यथार्थ स्वरूप का अनिर्णयात्मक साक्षात्कार मात्र न होकर निश्चयात्मक बोध हुआ हो। यदि इस प्रत्यक्ष में "सत्ता क्षणिक ही है, नित्य नहीं" इत्यादि रूप निश्चयात्मक ज्ञानरूपता का अभाव है तो आप्त पुरुष के वचन भी वस्तुस्थिति से निरपेक्ष और शब्दजनित सामान्य अवधारणाओं के सूचक मात्र होंगे और इसलिये ये मिथ्या ही होंगे।[76] इस प्रकार प्रत्यक्ष को निर्विकल्पक ही स्वीकार करने पर कभी भी किसी भी प्रमाण से यथार्थ ज्ञान प्राप्त करने की कल्पना भी नहीं की जा सकती।

बौद्ध दर्शन द्वारा निर्णयात्मक ज्ञान को अनादि वासना जनित तथा मिथ्या मानने का आधार यह दिया जाता है कि यह ज्ञान विकल्प योजना पूर्वक होता है तथा इस विकल्प योजना से पूर्व वस्तु का निर्विकल्पक प्रत्यक्ष होना आवश्यक है। विकल्प (सम्प्रत्यय या अवधरणा) सामान्य आकार रूप होने के कारण निर्विकल्पक प्रत्यक्ष द्वारा प्राप्त नहीं किये जा सकते। ये अनादि वासना जनित होते हैं तथा इन विकल्पों पर आधारित होने के कारण सविकल्पक ज्ञान मिथ्या है। जैन दार्शनिक इस मत को अस्वीकार करते हैं। वे कहते है कि व्यक्ति के पास सम्प्रत्ययों का प्रागानुभविक और जन्मजात भण्डार नहीं होता बल्कि वह प्रत्यक्षादि प्रमाणों द्वारा ही समस्त सम्प्रत्ययों को अर्जित करता है। इसका कारण यह है कि प्रत्येक आत्मा एक ज्ञानस्वभावी द्रव्य है। उसमें विषय बन रहे पदार्थ के सामान्यविशेषात्मक स्वरूप को पहचानने की क्षमता स्वाभाविक रूप से विद्यमान है। उसकी यह क्षमता जितनी मात्रा में प्रकट होती है उसके अनुसार वह किसी पदार्थ का एक या एकाधिक बार प्रत्यक्ष होने पर उसके विशिष्ट स्वरूप को पहचानना सीखता है। उष्ण पदार्थ का स्पर्श नहीं होने तक बच्चे को यह कह कर कितना भी डराया जाय कि "यह गर्म है, इसे मत छूओ, जल जाओगे" उसे समझ में नहीं आता। लेकिन एक बार उष्ण पदार्थ का स्पर्श होने पर उसे समझ में आ जाता है कि उष्णता क्या होती है, उष्ण पदार्थ को छूने पर कैसी जलन होती है तथा

75. न्यायविनिश्चय विवरण; भाग-1, पृष्ठ-195
76. न्यायविनिश्चय विवरण; भाग- 1 पृष्ठ-28

उसके पश्चात बच्चा उष्ण पदार्थ को छूने से डरता है। एक जन्मांध व्यक्ति ने कभी रंग नहीं देखा, प्रकाश नहीं देखा। इसलिये उसके पास इनके सम्प्रत्यय भी नहीं होते। उसे भाषा द्वारा रंग और प्रकाश के स्वरूप को समझाने का कितना भी प्रयास किया जाय वह इन गुणों को कोमल, कठोर, ठण्डा, गरम आदि अन्य इन्द्रियों से ज्ञात गुणों से सादृश्य के आधार पर ही समझने का प्रयास करेगा लेकिन वह किसी भी प्रकार से यह नहीं समझ पायेगा कि रंग और प्रकाश का कोमल आदि गुणों से ऐसा विलक्षण स्वरूप है जो रंग आदि के सभी दृष्टान्तों में समान रूप से विद्यमान है। किसी भी वस्तु का सम्प्रत्यय उसके सभी दृष्टान्तों में विद्यमान सामान्यविशेषात्मक स्वरूप का ज्ञान है तथा इस ज्ञान का अर्जन उस वस्तु के कुछ दृष्टान्तों के प्रत्यक्ष पूर्वक ही सम्भव है। व्यक्ति अनुभव द्वारा सम्प्रत्ययों का अर्जन मात्र ही नहीं करता बल्कि उसके ज्ञान में हो रही निरन्तर वृद्धि उसके सम्प्रत्ययों के भण्डार को समृद्ध करते हुए, परिष्कृत करते हुए ही घटित होती है। लेकिन यह तभी होता है जबकि व्यक्ति पूर्वाग्रहों और अन्धविश्वासों से रहित हो तथा प्रत्यक्षादि प्रमाणों से वस्तु के यथावस्थित स्वरूप को जानने के लिये तत्पर हो। यदि व्यक्ति ने अपनी ज्ञानार्जन की प्रक्रिया को अवरुद्ध कर दिया है तथा अपने सम्प्रत्ययों के भण्डार को समृद्ध और परिष्कृत करने की प्रक्रिया को रोक दिया है; उसके लिये देखी हुई वस्तु भी नहीं देखी हुई के समान ही है तथा वह अपने प्रत्येक अनुभव की व्याख्या कुछ पूर्वार्जित सामान्य धारणाओं द्वारा ही करता है तो फिर उसका निश्चयात्मक ज्ञान बौद्धिक कल्पना मात्र और मिथ्या ही होगा और इसलिये वह अप्रमाण ही होगा।

व्यक्ति का सविकल्पक ज्ञान विषय के यथार्थ स्वरूप का प्रकाशक और प्रमाण ही हो, इस उद्देश्य से जैन दार्शनिक इस बात पर बल देते हैं कि व्यक्ति का ज्ञान अनुभवाश्रित हो, उसके ज्ञानार्जन की प्रक्रिया सक्रिय और अन्वेषणात्मक हो तथा वह परीक्षक और विचारवान हो। ज्ञानार्जन की प्रक्रिया में इन तत्त्वों को समाहित करने हेतु वे जनसामान्य द्वारा इन्द्रिय प्रत्यक्ष और शब्द प्रमाण के रूप में पहचाने जाने वाले ज्ञानों को क्रमशः मतिज्ञान और श्रुतज्ञान के रूप में परिभाषित करते हैं। इन्द्रिय प्रत्यक्ष और शब्द प्रमाण की अवधारणाओं में निष्क्रियता और संग्रहात्मकता के तत्त्व विद्यमान हैं। यह माना जाता है कि जब पदार्थ का इन्द्रिय से, इन्द्रिय का मन से और मन का आत्मा से संयोग होता है तब आत्मा को पदार्थ का प्रत्यक्ष होता है। इस प्रक्रिया में आत्मा पूर्णतया निष्क्रिय होती है तथा वह विभिन्न इन्द्रियों से प्रत्यक्ष द्वारा पदार्थ के सम्बन्ध में विभिन्न जानकारियों

को प्राप्त करती हुई उनका संग्रह मात्र करती है। इसी प्रकार शब्द प्रमाण द्वारा विभिन्न वाक्यों को पढ़ते हुए या सुनते हुए व्यक्ति उन वाक्यों द्वारा वर्णित विषय को निष्क्रिय रूप से जानता है। इन्द्रिय प्रत्यक्ष और शब्द प्रमाण की अवधारणाओं में विद्यमान इस निष्क्रियता और संग्रहात्मकता की प्रवृति के निषेध और सक्रियता, अन्वेषणात्मकता तथा परीक्षा प्रवणता के तत्त्वों पर जोर देने के लिये जैन दार्शनिक इन ज्ञानों के लिये क्रमशः मतिज्ञान और श्रुतज्ञान पदों का प्रयोग करते हैं।

मति शब्द मननात्मक या विचारात्मक बुद्धि का परिचायक है। इन्द्रिय और मन के अवलम्बन पूर्वक उत्पन्न होने वाले पदार्थ के साक्षात्कारात्मक ज्ञान को मतिज्ञान कहा जाता है। यह ज्ञान मननात्मक या विचारात्मक होता है। इस मनन की प्रक्रिया के द्वारा व्यक्ति वस्तु के सामान्य धर्मों को जानने के उपरान्त उसके विशेष धर्मों का अवलोकन करता है।[77] मतिज्ञान के विकास की यह प्रक्रिया ईहा पूर्वक घटित होती है। इन्द्रिय और पदार्थ के सन्निधान (योग्यदेश अवस्थिति) के उपरान्त जो पदार्थ के सामान्य स्वरूप का निश्चय होता है उसे अवग्रह कहा जाता है। इस अवगृहीत पदार्थ के विशेष स्वरूप के प्रति जब व्यक्ति को संशय होता है तो इस संशय की समाप्ति और वस्तु के विशेष स्वरूप के निश्चय के लिये किये गये अन्वेषणात्मक प्रयत्न को ईहा कहा जाता है। इसमें वस्तु के विशेष स्वरूप के प्रति पक्ष और विपक्ष में अनेक विकल्पों को उठाते हुए इन्द्रिय प्रत्यक्ष द्वारा उनकी परीक्षा की जाती है तथा इस प्रकार के ऊहापोहात्मक प्रयत्नों द्वारा वस्तु के विशेष स्वरूप का ज्ञान प्राप्त किया जाता है।[78] मतिज्ञान के विकास की ईहा से युक्त सक्रिय और अन्वेषणात्मक प्रक्रिया को स्पष्टतः समझने के लिये हम पिछले अध्याय में वर्णित दृष्टान्त पर पुनः दृष्टिपात करें। डॉ. फ्लेमिंग अपने उद्यान में पौधों का निरीक्षण कर रहे थे। उन्होंने एक पौधे पर फफूंदी आयी हुई देखी तथा कुछ फफूंदी को नष्ट होते हुए देखा। इस दृश्य ने उनमें यह जिज्ञासा उत्पन्न की कि इस फफूंदी को नष्ट होने के क्या कारण हैं? इसके कारण को जानने की उत्सुकता से युक्त होकर वे प्रयोगशाला में अन्वेषण कार्य में लग गये। उन्होंने फफूंदी को नष्ट होने के कारण का पता लगाया तथा पेनिसिलिन का आविष्कार किया। डॉ. फ्लेमिंग ने अन्वेषण की इस प्रक्रिया में फफूंदी के नष्ट होने का ''यह कारण होना चाहिये'' रूप से कई प्राक्कल्पनाओं का निर्माण किया, उनका नियन्त्रित परिस्थितियों में सत्यापन किया तथा उनके असत्य पाये

---

77. देखे अध्याय 8 में मतिज्ञान विषयक चर्चा
78. अध्याय 8 में ईहा विषयक सन्दर्भ

जाने पर नयी प्राक्कल्पनाओं का निर्माण किया। यह प्रक्रिया तब तक चलती रही जब तक कि वे इस निष्कर्ष पर नहीं पहुँच गये कि ये विशेष जीवाणु ही फफूंदी के नष्ट होने के कारण हैं। प्रथम प्रत्यक्ष या अवग्रह के पश्चात उत्पन्न होने वाले प्रश्नों और जिज्ञासाओं के समाधान प्राप्त करने हेतु घटित होने वाली यह अन्वेषणात्मक प्रक्रिया ही ईहा है जो स्वयं निर्णय स्वरूप न होकर निर्णय हेतु प्रयत्न है। ईहा के षटखण्डागम में 6 नाम बताये गये हैं – ईहा, ऊहा, अपोहा, मार्गणा, (अन्वेषण करना), गवेषणा (खोज करना) और मीमांसा।[79] डॉ. फ्लेमिंग ने अवगृहीत पदार्थ के प्रति उत्पन्न हुए प्रश्नों का समाधान खोज पूर्ण प्रयत्नों से किया और मानवता को पेनिसिलिन का उपहार प्रदान किया। उनका यह आविष्कार इन प्रयत्नों के उपरान्त हुए उनके निश्चयात्मक ज्ञान की विषय प्रकाशकता और यथार्थता को सिद्ध करता है। यदि डॉ. फ्लेमिंग ने अपनी जिज्ञासा का समाधान पूर्वमान्यता रहित होकर, सक्रिय और अन्वेषणात्मक विधि से न करके किसी दैवी शक्ति की कल्पना या अपने किसी अन्य अंधविश्वास के आधार पर कर लिया होता तो उनका निर्णयात्मक ज्ञान विषय प्रकाशक न होकर बौद्धिक कल्पना मात्र ही होता तथा इसलिये वह मिथ्या ही होता।

ज्ञान का विषयभूत पदार्थ अनेकान्तात्मक – एकानेकात्मक, भेदाभेदात्मक, सामान्यविशेषात्मक वस्तु है। सामान्य मानव में वस्तु के सम्पूर्ण स्वरूप को एक साथ जान सकने की सामर्थ्य नहीं है। वह एक समय में वस्तु की कुछ ही विशेषताओं को जान सकता है। उसका यह ज्ञान न केवल वस्तु का, बल्कि उसकी ज्ञात हो रही विशेषताओं का भी आंशिक ज्ञान है तथा यह अपनी व्याख्या के लिये वस्तु की अब तक अज्ञात विशेषताओं के ज्ञान की माँग करता है। इस माँग की अभिव्यक्ति वस्तु की कुछ विशेषताओं के ज्ञान के उपरान्त उठने वाले संशयों, प्रश्नों और जिज्ञासाओं के रूप में होती है। यदि इन प्रश्नों के समाधान हेतु व्यक्ति की कल्पना शक्ति सक्रिय हो जाती है तथा वह अपनी अपरीक्षित पूर्वमान्यताओं के आधार पर वस्तु के अभी तक अज्ञात और वर्तमान में जिज्ञासित पक्षों के विशिष्ट स्वरूप को निर्धारित करता हुआ वस्तु को समग्रता में देखता है तो उसका ज्ञान बौद्धिक कल्पना मात्र होने के कारण मिथ्या है। इसके विपरीत यदि वह वस्तु के ज्ञात पक्षों और अज्ञात पक्षों के प्रति विवेक से युक्त होता है, अज्ञात पक्षों के प्रति उत्पन्न हो रही जिज्ञासाओं की तृप्ति हेतु पुनः पुनः प्रत्यक्षादि प्रमाणों की शरण में जाता है तो ऐसी स्थिति में उसका

79. अध्याय-8, सन्दर्भ -52

विषयज्ञान निरन्तर अधिक विकसित और परिष्कृत होते हुए विषय के यथार्थ स्वरूप का प्रकाशक होता है और इसलिये वह निर्णयात्मक ज्ञान प्रमाण है।

न केवल मतिज्ञान ही सक्रिय और अन्वेषणात्मक प्रयत्नों से अर्जित होने पर प्रमाण होता है बल्कि व्यक्ति का श्रुतज्ञान भी तभी प्रमाण होता है जबकि वह आप्त पुरुष के वचनों को जिज्ञासा पूर्ण और परीक्षा प्रवण प्रयत्नों द्वारा समझने के लिये उद्यत हो। यदि व्यक्ति आप्त पुरुष के वचनों को पूर्णतः श्रद्धा भाव से, बिना विचार किये, सर्वथा सत्य मानकर समझता है तो वह वक्ता के अभिप्राय को यथार्थतया नहीं समझ सकता। इसलिये उसका श्रुतज्ञान मिथ्या ही होगा। उदाहरण के लिये व्यक्ति आप्त पुरुष के इस कथन ''क्रोध का परित्याग करो'' को सुनकर इसे श्रद्धाभाव से सत्य स्वीकार कर लेता है तो व्यक्ति का यह ज्ञान मिथ्या है। इसका कारण यह है कि क्रोध का परित्याग एक स्वभावी क्रिया न होकर बहुआयामी क्रिया है तथा इसके कई रूप हो सकते हैं। इस वाक्य का अनुसरण करते हुए व्यक्ति पलायनवादी दृष्टि अपना सकता है तथा क्रोध का निमित्त बन सकने वाले व्यक्तियों और परिस्थितियों से दूर रहने हेतु प्रयत्नरत हो सकता है। अपनी इस पलायनवादी दृष्टि के कारण व्यक्ति अपने आप को बहुत दब्बू, कमजोर तथा अत्याचारी के प्रति किसी भी प्रकार की प्रतिक्रिया करने की शक्ति से रहित बना लेता है। इसके विपरीत ''क्रोध का परित्याग करे'' वाक्य को समझ कर इसका अनुसरण करने का एक रूप यह भी हो सकता है कि व्यक्ति अपनी आध्यात्मिक शक्तियों का अनुभव करते हुए तथा इनका विकास करते हुए क्रोध पर विजय प्राप्त करने हेतु उद्यत हो। इसके लिये वह क्रोध का कारण बन रहे व्यक्ति के प्रति मैत्री भाव का विकास करे; क्रोध की कारणभूत परिस्थितियों का सामना विवेक, सम्वेदनशीलता, धैर्य और शान्ति से करे तथा अपने क्रोध पर नियन्त्रण स्थापित करते हुए उसे क्षमा में रूपान्तरित करे। प्रथम प्रकार से क्रोध के परित्याग की क्रिया व्यक्ति की ज्ञानादि शक्तियों को मन्द करती है; इसलिये उसके विनाश का कारण है। द्वितीय स्थिति में यह क्रिया उसकी आध्यात्मिक शक्तियों को जागृत करती है; इसलिये उसके आत्म विकास का साधन है। व्यक्ति आप्त पुरुष के इस वाक्य ''क्रोध का परित्याग करो'' के आशय को यथार्थतः तभी समझ सकता है जबकि वह इस क्रिया के विभिन्न पक्षों को समझने के लिये इन जिज्ञासाओं से युक्त हो कि क्रोध क्या होता है, इसकी उत्पत्ति के क्या कारण हैं, हम इस क्रिया का परित्याग कैसे करें और क्यों करें.......? इन प्रश्नों का समाधान प्राप्त करने के लिये वह आप्त पुरुष के अन्य कथनों

का अध्ययन करे तथा इस कथन तथा अन्य कथनों में विद्यमान आन्तरिक सम्बन्धों को समझते हुए वक्ता के आशय को भली प्रकार समझे। आप्त पुरुष के कथनों के आशय को समझने की यह प्रक्रिया परीक्षात्मक और विचारात्मक प्रक्रिया है। जिस प्रकार एक भवन का निर्माण उसकी सामग्री-ईंट, सीमेन्ट, बजरी, पानी आदि द्वारा ही होता है, लेकिन यह सामग्री अपने आप भवनरूपता प्राप्त नहीं करती, बल्कि एक कुशल कारीगर इस सामग्री को विभिन्न प्रकार से संयोजित करके भवन का निर्माण करता है; उसी प्रकार व्यक्ति का अध्ययन या श्रवण के माध्यम से आप्त पुरुष के विभिन्न वाक्यों का अर्जन भी श्रुतज्ञानरूपता तभी प्राप्त करता है जबकि वह युक्तिपूर्ण चिन्तन प्रक्रिया के द्वारा आप्त पुरुष के विभिन्न वाक्यों की पारम्परिक सापेक्षता को समझता हुआ उनकी विभिन्न प्रकार से व्याख्या करता है। इस युक्तिपूर्ण, परीक्षात्मक और विचारात्मक प्रक्रिया को नयात्मक ज्ञान कहा जाता है।

जैन दार्शनिक प्रमाण को ही यथार्थ ज्ञान की प्राप्ति का एकमात्र साधन स्वीकार नहीं करते बल्कि वे प्रमाण के साथ ही साथ नयात्मक ज्ञान को भी यथार्थ ज्ञान की प्राप्ति के अनिवार्य साधन के रूप में प्रतिपादित करते हैं। यह नयात्मक ज्ञान प्रमाण द्वारा जानी गयी वस्तु की एक एक विशेषता के स्वरूप को युक्तियों के द्वारा परीक्षा पूर्वक जानने की विधि है।[80] परीक्षा = परि + ईक्षा अर्थात् देखी हुई वस्तु को पुनः पुनः देखना। यह परीक्षा तर्कणा परक होती है तथा इसके द्वारा विभिन्न प्रमाणों के अवलम्बन पूर्वक वस्तु की एक एक विशेषता को सब ओर से देखा जाता है।[81] वस्तु की एक एक विशेषता की परीक्षा करते समय विभिन्न विकल्पों को सामने रखकर उन विकल्पों के पक्ष और विपक्ष में प्रमाणों के अवलम्बन पूर्वक यह विचार किया जाता है कि यदि ऐसा हो तो ऐसा होना चाहिये तथा यदि ऐसा हो तो ऐसा नहीं होना चाहिये।[82] परीक्षाप्रवण विचार की यह प्रक्रिया ज्ञानार्जन की प्रमाणनयसंस्कृत प्रक्रिया या स्याद्वादनयसंस्कृत प्रक्रिया है। इस प्रक्रिया से ज्ञान अर्जित करने वाले व्यक्ति का ज्ञान ही विषय प्रकाशक

80. स्यात् प्रमाणात्मकत्वेऽपि प्रमाणप्रभवो नयः।
विचारो निर्णयोपायः परीक्षेत्यवगम्यताम्। — सिद्धिविनिश्चय-10/3
नयो ज्ञातुरभिप्रायो युक्तितोऽर्थपरिग्रहः। — लघीयस्त्रय - 52

81. परीक्षा तर्कः, परि समन्तात् अशेषविशेषणं ईक्षणं यत्रार्थानामिति व्युत्पत्तेः
प्रमेयकमल मार्तण्ड; पृष्ठ-693

82. विरुद्धनानायुक्तिप्राबल्यदौर्बल्यावधारणाय प्रवर्तमानो विचारः परीक्षा। सा खल्वेवं चेदेवं स्यादेवं चेदेवं न स्यादित्येवं प्रवर्तते। — न्यायदीपिका; पृष्ठ-8

और यथार्थ हो सकता है। इस सत्य को प्रतिपादित करते हुए यतिवृषभ कहते हैं, "प्रमाण, नय और निक्षेप से परिशोधित ज्ञान से ही वस्तु स्वरूप का ज्ञान होता है। जो व्यक्ति प्रमाण, नय और निक्षेप से पदार्थ की सूक्ष्म समीक्षा नहीं करता उस व्यक्ति का ज्ञान उसे कभी युक्त होते हुए भी अयुक्त और कभी अयुक्त होते हुए भी युक्त प्रतीत होता है।[83] वीरसेन कहते हैं कि जो शिष्य युक्ति की अपेक्षा किये बिना मात्र गुरुवचन से प्रवृत्ति करता है उसे प्रमाणानुसारी मानने में विरोध आता है।[84]

ज्ञानार्जन की प्रमाणनय संस्कृत विधि श्रुतज्ञान के विषय को यथार्थतया जानने का उपाय मात्र ही नहीं है बल्कि प्रत्यक्ष के विषय में किसी प्रकार का विवाद उत्पन्न होने पर अथवा प्रत्यक्ष द्वारा परस्पर विरोधी प्रतीत होने वाले तथ्यों का साक्षात्कार होने पर उनके विरोध का निराकरण भी इसी विधि के द्वारा होता है। अकलंक कहते हैं, "स्वयं द्वारा साक्षात रूप से जाने गये या अनुमानादि अन्य प्रमाणों द्वारा जाने गये पदार्थ के प्रति किसी भी प्रकार का विवाद हो जाने पर ऊहापोहात्मक चिन्तन के अवलम्बन के बिना तत्त्व के प्रति अज्ञान की निवृत्ति नहीं होती। इसलिये यह चिन्तनात्मक विधि सर्वत्र उपयोगी है। यदि कहा जाय कि प्रत्यक्ष द्वारा ही इस विवाद का निराकरण हो जाय तो यह सम्भव नहीं है, क्योंकि प्रत्यक्ष द्वारा पदार्थ परीक्षक और अपरीक्षक दोनों को समान रूप से उपलब्ध हो रहा है तथा इसके द्वारा पदार्थ के यथार्थ स्वरूप की सिद्धि पूर्वक तत्त्वज्ञान प्राप्त करना सम्भव नहीं है।"[85] प्रत्यक्ष द्वारा हमें अनेक विरोधी प्रतीत होने वाले तथ्यों का ज्ञान होता है, लेकिन इसके द्वारा हम यह नहीं समझ पाते कि ये एक साथ सत्य कैसे हो सकते हैं। जैसे हम देखते हैं कि विषपान से मृत्यु हो जाती है। साथ ही हमें विष सेवन से अनेक असाध्य रोग ठीक होने के दृष्टान्त भी उपलब्ध होते हैं। हमें प्रत्यक्ष द्वारा एक ही वस्तु में परिवर्तन और स्थायित्व दोनों विशेषताएं ज्ञात होती हैं। हमें यह नहीं समझ में आता कि एक ही वस्तु एक साथ जीवनदायक और जीवन नाशक कैसे हो सकती है, परिवर्तनशील और स्थायी कैसे हो सकती है? नयात्मक विधि चिन्तन की द्वन्दात्मक विधि है। यह पक्ष और विपक्ष में विभिन्न प्रमाणों से परीक्षा करते हुए इन विरोधी प्रतीत होने वाली विशेषताओं की निर्विरोध व्याख्या करती है। वस्तु स्वरूप को समझने की

83. तिलोय पण्णति 1/82
84. जयधवला; पुस्तक-1, पृष्ठ-6
85. सिद्धिविनिश्चय स्ववृति-10/3

इस द्वन्दात्मक विधि के स्वरूप और महत्त्व को स्पष्ट करते हुए अमृतचन्द्र कहते हैं, ''जिस प्रकार दधिमन्थन करने वाली गोपी मथानी की रस्सी के एक छोर के आकर्षण और अन्य छोर के शिथिलीकरण द्वारा इष्ट तत्त्व घृत को प्राप्त करती है, उसी प्रकार विचार की स्याद्वादनयसंस्कृत विधि भी वस्तु की एक विशेषता को मुख्यता से लेकर तथा दूसरी को गौण करते हुए, पुनः दूसरी विशेषता को प्रमुखता से लेकर पहली को गौण करते हुए-वस्तु की इन दोनों विशेषताओं के परस्पर निर्विरोध रूप से अवस्थित यथार्थ स्वरूप को सिद्ध करती है।''[86]

यदि व्यक्ति प्रत्यक्षजन्य बौद्धिक समस्याओं के समाधान हेतु विचार की द्वन्दात्मक विधि को अपनाता है तथा पक्ष और विपक्ष में प्रमाणों से परीक्षा करते हुए समस्याओं का समाधान प्राप्त करता है तो उसका ज्ञान विषय प्रकाशक तथा यथार्थ होता है तथा उसके अनुसार कार्य करने पर उसे सफलता की प्राप्ति होती है। इसके विपरीत यदि व्यक्ति पूर्वाग्रहों से ग्रस्त होकर अनुभव के एक पक्ष को यथार्थ और दूसरे को मिथ्या मान लेता है तथा अपने इस अपरीक्षित मत की सिद्धि हेतु तर्कणा शक्ति का उपयोग करता है तो उसका निर्णयात्मक ज्ञान बौद्धिक कल्पना मात्र है तथा उसके अनुसार कार्य करने पर उसे सफलता की प्राप्ति नहीं हो सकती। जैसे जो व्यक्ति प्रत्यक्ष द्वारा ज्ञात हो रहे विष के जीवनदायक और जीवननाशक धर्मों की व्याख्या हेतु सभी प्रकार के पूर्वाग्रहों से मुक्त होता है तथा विभिन्न प्रमाणों से विष के इन दोनों धर्मों की परीक्षा करता हुआ यह जानकारी प्राप्त करता है कि किन परिस्थितियों में विष सेवन मृत्यु का कारण है और कब वह दवा का काम भी करता है; वह व्यक्ति रूग्णावस्था में उसका विशेष प्रकार से सेवन करके रोग से मुक्ति भी प्राप्त करता है तथा अन्य परिस्थितियों में उसके सेवन से बचकर मृत्यु को भी प्राप्त नहीं होता। लेकिन जब कोई व्यक्ति अपनी इस पूर्वधारणा से बद्ध होकर कि ''विष सेवन से मृत्यु हो जाती है'' विष के औषधीय प्रयोग को पूर्णतया अस्वीकार कर देता है तथा डॉक्टर द्वारा निर्देश दिये जाने पर भी वह इसके सेवन हेतु तैयार नहीं होता; तो वह रुग्णावस्था से मुक्ति नहीं प्राप्त कर पाता तथा अन्त में मृत्यु को प्राप्त हो जाता है।

## प्रमाण और नय के प्रकार -

जैन दार्शनिकों के अनुसार प्रमाण के दो भेद किये गये हैं - प्रत्यक्ष और

86. एकेनाकर्षन्ती श्लथयन्ती वस्तुतत्त्वमितरेण।
अन्तेन जयति जैनी नीतिर्मन्थाननेत्रमिव गोपी।। पुरुषार्थसिध्युपाय-225

परोक्ष। आत्मा को जो ज्ञान इन्द्रिय, मन आदि पर पदार्थों का अवलम्बन लिये बिना साक्षात रूप से होता है उसे पारमार्थिक रूप से प्रत्यक्ष प्रमाण कहा जाता है। इस अर्थ में अवधिज्ञान, मनःपर्ययज्ञान और केवलज्ञान प्रत्यक्ष प्रमाण हैं। मतिज्ञान या इन्द्रियप्रत्यक्ष को लोकव्यवहार में प्रत्यक्ष कहा जाता है इसलिये जैन दार्शनिक इसे साम्व्यवहारिक प्रत्यक्ष कहते हैं। स्मृति, प्रत्यभिज्ञान, तर्क, अनुमान और आगम या शब्द प्रमाण को परोक्ष प्रमाण कहा जाता है। हम प्रमाण के इन सभी प्रकारों की 'ज्ञान के प्रकार' अध्याय में विस्तार से चर्चा कर चुके हैं।

नय के स्थूल रूप से दो भेद किये जाते हैं – द्रव्यार्थिक नय और पर्यायार्थिक नय। जो नय अनेक विशेषताओं में व्याप्त एक वस्तु के एकात्मक, अभेदात्मक, सामान्य रूप और स्थायी पक्ष को जानता है वह द्रव्यार्थिक नय तथा जो उसके अनेकात्मक, भेदात्मक, विशेषरूप और परिवर्तनशील पक्ष को जानता है वह पर्यायार्थिक नय कहलाता है। सूक्ष्म रूप से वस्तु में विद्यमान अनन्त विशेषताओं को जानने वाले अनन्त नयों का सद्भाव हो सकता है। नय वस्तु की एक विशेषता या एक पक्ष का ज्ञान है। यदि यह वस्तु की अन्य विशेषताओं या पक्षों के प्रतिपादक नयों से सापेक्ष होता है तो उसे सुनय कहा जाता है तथा यदि यह अन्य नयों से निरपेक्ष होता है तो इसे दुर्नय कहा जाता है। यदि व्यक्ति परस्पर सापेक्ष अनेक नयों से वस्तु का सकलादेशी प्रमाण ज्ञान प्राप्त करता है तो उस ज्ञान के अनुसार कार्य करने पर उसे सफलता की प्राप्ति होती है। इसलिये प्रमाण के साथ ही साथ नय भी व्यक्ति के लौकिक और आध्यात्मिक सभी क्षेत्रों में अभीष्ट लक्ष्यों की प्राप्ति और अनिष्ट पदार्थों की निवृत्ति का साधन है।

□□□

# अध्याय-दस

# ज्ञान की प्रामाणिकता का स्वरूप

ज्ञान दो प्रकार का होता है - यथार्थ और अयथार्थ। वस्तु को यथाअवस्थित रूप में अर्थात, जो वस्तु जैसी है उसे उसी रूप में जानने वाला ज्ञान यथार्थ तथा अन्य ज्ञान अयथार्थ कहलाता है। इन्हें क्रमश: प्रमा और अप्रमा कहा जाता है। संशय, विपर्यय और अनध्यवसाय अप्रमा के अन्तर्गत आते हैं। ज्ञान आत्मा का स्वभाव है। अपनी विशुद्ध अवस्था में आत्मा, इन्द्रिय, मन आदि पर पदार्थों से निरपेक्ष रूप से विषय को सदैव यथार्थत: ही जानता है। **अवधि**, मन:पर्यय और केवलज्ञान आत्म मात्र सापेक्ष ज्ञान हैं तथा निर्दोष कारण जन्य होने के कारण सदैव यथार्थ रूप से ही उत्पन्न होते हैं। मति और श्रुतज्ञान इन्द्रिय और मन की सहायता तथा प्रकाश, उपदेशादि अन्य बाह्य कारणों के सद्भाव में विषय को जानते हैं। इन कारणों के दोष युक्त होने पर, जैसे इन्द्रियों के रोगादि दोषों से युक्त होने पर तथा इनका समुचित सद्भाव नहीं होने पर ये ज्ञान अयथार्थ भी होते हैं। ज्ञाता के ज्ञानावरणीय कर्म के उदय रूप दोष से युक्त होने, इन्द्रियादि कारणों के दोषयुक्त होने तथा ज्ञान के समुचित कारणों का अभाव होने के कारण ऐन्द्रियिक ज्ञान के क्षेत्र में ही संशय, विपर्यय और अनध्यवसाय की उत्पत्ति होती है।[1]

---

1. **टिप्पणी**–जैन दर्शन में ज्ञान की प्रामाणिकता के स्वरूप पर दो दृष्टियों से विचार किया गया है। आध्यात्मिक दृष्टि से सम्यग्दर्शन से युक्त ज्ञान सम्यक् तथा इससे रहित ज्ञान मिथ्या होता है। इस अपेक्षा से मन:पर्यय और केवलज्ञान सम्यग्दर्शन सहित ही होने के कारण सम्यक् ही होते हैं। इसके विपरीत मति, श्रुत और अवधिज्ञान सम्यग्दर्शन सहित होने पर सम्यक्, अन्यथा मिथ्या होते हैं। तथ्यपरक दृष्टि से जो ज्ञान अविसंवादी है वह यथार्थ है। इस अपेक्षा से अवधि मन:पर्यय और केवलज्ञान सदैव यथार्थ ही होते हैं, लेकिन मतिज्ञान और श्रुतज्ञान यथार्थ भी हो सकते हैं और अयथार्थ भी हो सकते हैं। यहाँ हम ज्ञान की प्रामाणिकता के स्वरूप का तथ्यपरक दृष्टि से ही अध्ययन कर रहे हैं।

वस्तु के प्रति द्विकोटिक ज्ञान 'यह स्थाणू है या पुरुष' संशय कहलाता है। जो वस्तु का स्वरूप नहीं है उस रूप में उसका निश्चय करने वाला ज्ञान, जैसे स्थाणू को पुरुष समझ लेना, भ्रम कहलाता है। अनध्यवसाय में वस्तु के स्वरूप के प्रति अनिश्चयात्मक स्थिति होती है। जैसे रास्ते में जाते हुए पैरों से तिनकों का स्पर्श होने पर 'कुछ है', इस प्रकार की प्रतीति होना अनध्यवसाय कहलाता है। इसमें यह बोध नहीं होता कि वस्तु क्या है। इन तीनों प्रकार के ज्ञान में या तो वस्तु के प्रति निश्चय का अभाव होता है अथवा विपरीत निश्चय होता है, इसलिये ये अप्रमा कहलाते हैं। संशय और अनध्यवसाय की अयथार्थता का बोध उनकी उत्पत्ति के साथ ही हो जाता है; लेकिन भ्रमात्मक ज्ञान प्रारंभ में यथार्थ ज्ञान के समान ही निश्चयात्मक रूप से ज्ञात होता है तथा उसकी भ्रमात्मकता का बोध कालान्तर में उसके अन्य ज्ञान से वाधित होने पर होता है। ऐन्द्रियिक ज्ञान के भ्रमात्मक होने की सम्भावना यह समस्या उत्पन्न करती है कि यथार्थ ज्ञान और भ्रमात्मक ज्ञान में अंतर किस प्रकार किया जाय, यह निश्चय किस प्रकार किया जाय कि वस्तु जिस रूप में ज्ञात हो रही है, वास्तव में वह उसी रूप में अवस्थित है या अन्य रूप में। इस समस्या पर विचार करने से पूर्व हम जैन दार्शनिकों के प्रमा के स्वरूप से सम्बन्धित विचारों का अध्ययन करेंगे।

## प्रमा का स्वरूप

जैन दर्शन में प्रमा को ही प्रमाण कहा गया है क्योंकि वही वस्तु के स्वरूप के निश्चय तथा उसके प्रति अज्ञान की निवृत्ति का साधकतम कारण है। प्रमाण के परीक्षा मुख सूत्र में ''स्वापूर्वार्थव्यवसायात्मक ज्ञान'' के रूप में परिभाषित किया गया है।[2] इस परिभाषा में विद्यमान ''अपूर्व'' पद विवादास्पद होते हुए भी शेष ''स्वार्थ व्यवसायात्मक ज्ञान प्रमाण है'' जैन दर्शन में सर्वमान्य है। इस परिभाषा में 'स्व' और 'अर्थ' पद ज्ञान की स्वसम्वेदनता और परसम्वेदनता के द्योतक हैं। जिस पदार्थ को पहले नहीं जाना गया है वह ''अपूर्व'' है। ''व्यवसायात्मक'' के द्वारा संशय, विपर्यय और अनध्यवसाय की प्रमाणरूपता का निषेध किया जा रहा है। इनसे रहित रूप से अर्थ के स्वरूप का निश्चय करने वाला स्वसम्वेदी ज्ञान प्रमाण है। इस परिभाषा में विद्यमान ''अपूर्व'' पद जैन दार्शनिकों के मध्य विवादास्पद रहा है तथा अधिकांश आचार्यों द्वारा प्रमाण की परिभाषा ''स्वार्थ व्यवसायात्मक ज्ञान प्रमाण है'' ही स्वीकार की गयी है।

2. स्वापूर्वार्थव्यवसायात्मकं ज्ञानं प्रमाणं। परीक्षामुखसूत्र 1/1

प्राय: जैनेत्तर भारतीय दार्शनिक स्मृति को भी अप्रमा मानते हैं तथा इसे प्रमा से पृथक करने के लिये प्रमा के लक्षण में ''अनधिगत'', ''अगृहीतग्राही'', ''अज्ञातार्थ प्रकाशक'' जैसे विशेषण शामिल करते हैं। जैन दार्शनिक स्मृति को अप्रमा नहीं मानते। प्रभाचन्द्र स्मृति में प्रमात्व की सिद्धि करते हुए कहते हैं कि सभी ज्ञान अविसंवादक होने पर प्रमा होते हैं तथा जिसमें जहाँ विसंवाद की प्राप्ति होती है उसे वहाँ अयथार्थ कहा जाता है। यह बात स्मृति पर भी लागू होती है। यदि स्मृति को प्रमाण नहीं माना जाय तो अनुमान सम्भव ही नहीं हो सकता; क्योंकि वह हेतु और साध्य के मध्य पूर्व में निश्चित किये गये व्याप्ति सम्बन्ध के स्मरणपूर्वक होता है।[3]

स्मृति हमारे समस्त ज्ञान और प्रवृत्ति की आधारशिला है तथा इसे अयथार्थ कहने पर किसी भी ज्ञान को यथार्थ कहना सम्भव नहीं है। हमारा समस्त नवीन ज्ञान पूर्वानुभव के धरातल पर ही उत्पन्न होता है। यदि पूर्वानुभव के संस्कारों से उत्पन्न होने के कारण स्मृति को अप्रमा कहा जाय तो प्रत्यक्ष, अनुमानादि समस्त ज्ञानों में उसका प्रभाव रहने के कारण किसी भी ज्ञान को प्रमा नहीं कहा जा सकता। यदि स्मृति को अयथार्थ माना जाय तो प्रत्यक्षादि समस्त ज्ञानों में प्रमा-अप्रमा रूप भेद किया जाना सम्भव नहीं है। ये ज्ञान क्षणिक होते हैं तथा इन्हें स्वत: प्रामाण्यवाद को स्वीकार करके ही यथार्थ कहा जा सकता है, लेकिन ऐसी स्थिति में प्रमा और भ्रम में अंतर नहीं किया जा सकता। यदि परत: प्रामाण्यवाद को स्वीकार किया जाय तो किसी ज्ञान को यथार्थ कहा ही नहीं जा सकता क्योंकि वे उत्पत्ति के साथ ही नष्ट हो जाते हैं तथा कालान्तर में उनकी स्मृति ही शेष रहती है जो स्वरूपत: अयथार्थ होती है। वास्तव में प्रत्यक्षादि प्रमाणों के द्वारा ज्ञानार्जन का महत्त्व तथा उपयोगिता कालांतर में उनकी स्मृति रहने पर ही हो सकती है, क्योंकि ये क्षणिक होने के कारण भविष्य में स्मृति के रूप में ही अस्तित्व रख सकते हैं तथा उसी के द्वारा हम व्यवहार में प्रवृत्त होकर अर्थक्रियासमर्थ वस्तु को प्राप्त कर सकते हैं।

अकलंक अष्टशती में प्रमाण को ''अनधिगतार्थग्राही अविसंवादी ज्ञान'' के रूप में परिभाषित करते हैं[4] तथा उनका अनुसरण करते हुए माणिक्यनन्दी प्रमाण के लक्षण में ''अपूर्व'' विशेषण को शामिल करते हैं। इस लक्षण के द्वारा वे स्मृति के प्रमात्व का निषेध नहीं करते अपितु धारावाहिक ज्ञान के उत्तरवर्ती क्षणों

---

3. न्यायकुमुदचन्द्र; पृष्ठ-410-411
4. अष्टशती अष्टसहस्री; पृष्ठ-175

के ज्ञान को, जिनमें प्राथमिक क्षणों द्वारा जान लिये गये पदार्थ की कोई नयी विशेषता नहीं जानी जा रही हो, अप्रमाण के क्षेत्र में रखते हैं। यदि वह ज्ञान अवग्रह, ईहा, अवाय, धारणा के क्रम से विकसित हो रहा हो तो अवाय और धारणा को गृहीतग्राही नहीं कहा जा सकता क्योंकि वे अवगृहीत पदार्थ के अधिक विशिष्ट स्वरूप को जानते हैं। धारावाहिक ज्ञान के प्रारम्भिक क्षणों में जिस पदार्थ को घट रूप से जान लिया गया है, परवर्ती क्षणों में उसे निरन्तर इसी रूप में जाना जाता है। उनमें प्रथम क्षणों के ज्ञान की अपेक्षा कोई विशेषता नहीं होने के कारण धारावाहिक ज्ञान अप्रमाण ही है।[5]

यद्यपि प्रमाण का महत्त्व अनिश्चित अर्थ को अथवा निश्चित अर्थ के अनिश्चित पक्ष को जानने में है तथा जिस पदार्थ को उच्च स्तरीय प्रमाण, जैसे प्रत्यक्ष से जान लिया गया है उसके प्रति अनुमान, शब्दादि निम्नस्तरीय प्रमाण निरर्थक हैं। ''अनधिगत'' विशेषण का यह महत्त्व होते हुए भी किसी ज्ञान को गृहीतग्राही होने मात्र से अयथार्थ नहीं कहा जा सकता। इसलिये अकलंक अष्टशती में ''अनधिगतता'' को प्रमाण के लक्षण में शामिल करने पर भी स्वयं ही उसका खण्डन करते हुए कहते हैं, ''प्रमाण का लक्षण अपूर्वाधिगम ठीक नहीं है-- । जैसे अंधकार में रखे हुए पदार्थों को दीपक तत्काल ही प्रकाशित कर देता है फिर भी वह बाद में भी प्रकाशक ही कहलाता है। पदार्थों को निरन्तर प्रकाशित करते रहने के कारण उसे परवर्ती क्षणों में अप्रकाशक नहीं कहा जा सकता क्योंकि उन क्षणों में दीपक द्वारा प्रकाशित करने पर ही पदार्थों की अवस्थिति का बोध होता है, उसी प्रकार ज्ञान भी घटादि पदार्थों का अवभासक होकर प्रमाण कहलाने के बाद ''प्रमाण'' इस नाम को छोड नहीं देता।[6]

हेमचन्द्र गृहीतग्राही ज्ञान को अप्रमाण मानने के सिद्धांत की पूर्णरूपेण निरर्थकता को सिद्ध करते हुए कहते हैं, ''द्रव्यापेक्षया गृहीतग्राही ज्ञान के प्रामाण्य का निषेध किया जाता है या पर्यायापेक्षया, यदि द्रव्यापेक्षया गृहीतग्राही ज्ञान को अप्रमाण कहा जाय तो यह उचित नहीं है क्योंकि द्रव्यापेक्षया सभी ज्ञान गृहीतग्राही होते हैं, यदि पर्यायापेक्षया गृहीतग्राही ज्ञान को अप्रमाण कहा जाय तो यह भी उचित नहीं है क्योंकि पर्याय के क्षणिक होने के कारण प्रत्येक ज्ञान नवीन अर्थ को ग्रहण करने वाला होता है।[7] इस प्रकार ज्ञान गृहीतग्राही हो या अगृहीतग्राही संशय,

---

5. प्रमेयरत्नमाला; पृष्ठ–22
6. तत्त्वार्थवार्तिक; पृष्ठ–56
7. प्रमाणमीमांसा; पृष्ठ–4

विपर्यय और अनध्यवसाय से रहित तथा वस्तु के यथाअवस्थित स्वरूप का ग्रहण करने वाला होने पर ही यथार्थ होता है।

ज्ञान विषय के स्वरूप को यथार्थतः ग्रहण कर रहा है अथवा नहीं, इसके निश्चय का एकमात्र आधार उसका व्यवहार में अविसंवादी सिद्ध होना है। अकलंक कहते हैं "प्रत्यक्ष, स्मृति, प्रत्यभिज्ञान आदि समस्त ज्ञान व्यवहार में अविसंवादी सिद्ध होने पर प्रमाण, अन्यथा अप्रमाण कहे जाते हैं।[8] व्यवहार अर्थ, अभिधान और प्रत्ययात्मक होता है।[9] वचनों में पूर्वापर विरोध वचनात्मक व्यवहार में विसंवाद तथा एक ज्ञान का अन्य प्रमाणों से विरोध प्रत्ययात्मक व्यवहार में विसंवाद है। ज्ञान का अनुसरण कर अर्थ प्राप्ति हेतु की गयी प्रवृत्ति में सफलता अर्थात्मक व्यवहार में अविसंवाद तथा असफलता अर्थात्मक व्यवहार में विसंवाद है।

प्रश्न उठता है कि "यदि ज्ञान, वस्तु जैसी है उसे उसी रूप में जाने तभी यथार्थ होता है, अन्यथा अयथार्थ" यथार्थ ज्ञान के इस स्वरूप के आधार पर सीधे सीधे यही कहा जाना चाहिये कि जो ज्ञान पदार्थ से संवाद रखता है वह प्रमा तथा जो विसंवाद रखता है वह अप्रमा है, प्रमा का लक्षण व्यवहार में अविसवादी ज्ञान देने की क्या आवश्यकता है?

ज्ञान को व्यवहार में अविसंवादी होने पर ही प्रमा कहने का कारण यह है कि ज्ञान ही विषय प्रकाशक होता है। हम ज्ञान से स्वतंत्र रूप से विषय का साक्षात्कार करके यह निश्चय नहीं कर सकते कि ज्ञान विषय को यथार्थतः प्रकाशित कर रहा है अथवा नहीं। इसका निश्चय ज्ञान में ही आन्तरिक संगति की प्राप्ति के आधार पर किया जा सकता है। प्रत्येक वस्तु के अपने निश्चित गुण, शक्तियाँ और उपयोगिताएँ होती हैं। हम जिस वस्तु को जान रहे हैं उसे यथार्थतः जान रहे हैं अथवा नहीं, यह संशय होने पर उस ज्ञान के अनुसार प्रवृत्त होकर पदार्थ की प्राप्ति होने या न होने के आधार पर उसकी यथार्थता अयथार्थता का निश्चय किया जा सकता है। उदाहरण के लिये सामने स्थित पदार्थ के प्रति "यह जल है" यह निश्चय होने पर यदि हमें इस बोध की यथार्थता के प्रति किसी प्रकार का संशय हो तो हम जल को छूकर, पीकर, स्नानादि के द्वारा उसकी सत्यता का परीक्षण कर सकते हैं। यदि उसे छूने, पीने आदि से जल में विद्यमान स्पर्श की, स्वाद की अनुभूति होती है, प्यास बुझती है तो हम हमारे जल ज्ञान को यथार्थ, अन्यथा अयथार्थ स्वीकार करते हैं। लेकिन

---

8. लघीयस्त्रय; श्लोक–25
9. लघीयस्त्रय स्ववृत्ति; श्लोक–42

स्वाद की अनुभूति आदि भी तो ज्ञान ही हैं तथा वे भी अयथार्थ हो सकते हैं, तब उनसे विरूद्धता अविरूद्धता के आधार पर पूर्ववर्ती ज्ञान को यथार्थ अयथार्थ किस प्रकार कहा जा सकता है? इस समस्या पर विचार करने के लिये हम जैन दार्शनिकों के प्रामाण्यवाद से संबंधित विचारों का अध्ययन करें।

## ज्ञान की प्रामाणिकता के निश्चय का आधार

भारतीय दर्शन में ज्ञान के प्रामाण्य और अप्रामाण्य के संबंध में दो दृष्टियों से विचार किया गया है- उत्पत्ति की दृष्टि से तथा ज्ञप्ति की दृष्टि से। इन दोनों ही दृष्टियों से प्रामाण्य और अप्रामाण्य के सम्बंध में दो मान्यताएँ हैं- स्वतः प्रामाण्यवाद तथा स्वतः अप्रामाण्यवाद और परतः प्रामाण्यवाद तथा परतः अप्रामाण्यवाद। इनके प्रति उत्पत्ति और ज्ञप्ति की अपेक्षा भिन्न भिन्न सिद्धान्त स्वीकार किये जा सकते हैं। उत्पत्ति की अपेक्षा प्रामाण्य अप्रामाण्य को स्वतः कहने का अभिप्राय यह है कि जिन कारणों से ज्ञान की उत्पत्ति होती है उन्हीं से उनके प्रामाण्य या अप्रामाण्य की भी उत्पत्ति होती है तथा जब ज्ञान के कारणों से भिन्न कारणों के द्वारा प्रामाण्य अथवा अप्रामाण्य की उत्पत्ति स्वीकार की जाती है तब उन्हें परतः कहा जाता है। ज्ञान के ज्ञात होने के साथ ही उसके प्रामाण्य अप्रामाण्य का ज्ञान होने पर उन्हें ज्ञप्ति की अपेक्षा स्वतः तथा एक ज्ञान की यथार्थता अयथार्थता के अन्य ज्ञान द्वारा ज्ञात होने पर उन्हें ज्ञप्ति की अपेक्षा परतः कहा जाता है। कुछ दार्शनिक प्रामाण्य और अप्रामाण्य दोनों को स्वतः, कुछ दोनों को परतः तथा कुछ एक को स्वतः, अन्य को परतः स्वीकार करते हैं। जैन दार्शनिक प्रामाण्य तथा अप्रामाण्य दोनों को ज्ञप्ति की अपेक्षा अभ्यस्त दशा में स्वतः तथा अनभ्यस्त दशा में परतः स्वीकार करते हैं।[10]

नैयायिक कहते हैं कि ज्ञान में प्रामाण्य अप्रामाण्य की उत्पत्ति और ज्ञप्ति परतः होती है। ज्ञान की उत्पत्ति इन्द्रियों से होती है। इन्द्रियों में विद्यमान निर्मलता आदि गुण ज्ञान में यथार्थता की तथा रोगादि दोष अयथार्थता की उत्पत्ति करते हैं। ज्ञान की यथार्थता अयथार्थता का ज्ञान भी परतः होता है। प्रारम्भ में ज्ञान प्रमात्व अप्रमात्व से रहित रूप से ही ज्ञात होता है। उसके प्रामाण्य अप्रामाण्य का निश्चय अन्य ज्ञान के द्वारा होता है। यदि उस ज्ञान के अनुसार प्रवृत्त होने पर सफलता की प्राप्ति होती है तो उसे यथार्थ, अन्यथा अयथार्थ कहा जाता है।

---

10. तत्प्रामाण्यं स्वतः परतश्च। परीक्षामुखसूत्र 1/13
अभ्यासदशायां स्वतोऽनभ्यासदशायां च परत इति। प्रमेयरत्नमाला; पृष्ठ-30

भाट्ट मीमांसक कहते हैं कि यदि प्रत्येक ज्ञान की यथार्थता का निश्चय संवादी ज्ञान की प्राप्ति पूर्वक किया जाय तो संवादी ज्ञान की यथार्थता के निश्चय के लिये अन्य ज्ञान की आवश्यकता होगी, उसकी यथार्थता के निश्चय के लिये अन्य ज्ञान की, इस प्रकार परतः प्रामाण्यवाद को स्वीकार करने पर अनवस्था दोष आता है। वास्तव में ज्ञान में प्रामाण्य की उत्पत्ति स्वतः तथाा अप्रामाण्य की उत्पत्ति परतः होती है। ज्ञान के कारण इन्द्रियादि स्वरूपतः यथार्थ ज्ञान को उत्पन्न करते हैं तथा ज्ञान में अप्रामाण्य की उत्पत्ति कारण दोष, अर्थात इन्द्रियों में विद्यमान रोगादि दोष पूर्वक होती है जो उनका स्वरूप न होने के कारण उनसे भिन्न हैं। उदाहरण के लिये चक्षु स्वभावतः रंग के यथार्थ ज्ञान को उत्पन्न करते हैं तथा रंग ज्ञान में अयथार्थता का कारण तिमिरादि रोग हैं जो चक्षु का स्वरूप न होने के कारण उससे भिन्न हैं। इसी प्रकार ज्ञान की यथार्थता का बोध स्वतः ही अर्थात उसी ज्ञान के द्वारा ही हो जाता है लेकिन उसकी अयथार्थता का बोध परतः अर्थात बाधक ज्ञान की उपलब्धि पूर्वक होता है, ''जिसे हमने सर्प समझा था वह वास्तव में रज्जू है'', सर्पज्ञान की भ्रमात्मकता का यह बोध रज्जू की उपलब्धि पूर्वक होता है।

जैन दार्शनिक कहते हैं कि ऐन्द्रियिक ज्ञान में यथार्थता अयथार्थता दोनों की उत्पत्ति परतः होती है।[11] इन्द्रियादि सामान्य रूप से ज्ञान सामान्य की उत्पत्ति के कारण हैं। इनके द्वारा ज्ञान में यथार्थत्व अयथार्थत्व विशेषण की उत्पत्ति नहीं हो सकती, क्योंकि विशिष्ट कार्य की उत्पत्ति विशिष्ट कारण पूर्वक होती है।[12] इन्द्रियादि में विद्यमान गुण ज्ञान में यथार्थत्व विशेषण की तथा दोष अयथार्थत्व विशेषण की उत्पत्ति करते हैं। यह नहीं कहा जा सकता कि गुण इन्द्रियों का स्वरूप तथा दोष उनसे भिन्न हैं। गुण और दोष परस्पर परिहार रूप से अवस्थित हैं। गुणों का सद्भाव दोषों का अभाव तथा दोषों का सद्भाव ही गुणों का अभाव है। यदि ऐसा न मानकर गुणों को ज्ञान कारणों का स्वरूप कहा जाता है तो दोषों को उनका स्वरूपाभाव कहा जाना चाहिये।[13] हेतु में साध्य से अविनाभाव रूप गुण का सद्भाव होने पर ही हेतु को सद्हेतु कहा जाता है। इस गुण का अभाव ही हेतु की दोष युक्तता है। यदि अविनाभाव को हेतु का स्वरूप कहा

---

11. प्रमेयकमलमार्तण्ड; पृष्ठ–149
12. वही; पृष्ठ–150
13. वही; पृष्ठ–163

जाय तो अविनाभाव के अभाव को हेतु की स्वरूप रहितता कहा जाना चाहिये।[14]

यदि गुणों को इन्द्रियादि का स्वरूप माना जाय तथा ज्ञान में प्रामाण्य की उत्पत्ति ज्ञान कारणों से स्वरूपत: होने के कारण स्वत: मानी जाय तो इसी आधार पर अप्रामाण्य की उत्पत्ति को भी स्वत: ही मानना पड़ेगा क्योंकि गुण युक्तता के समान ही दोष युक्तता भी इन्द्रियों का ही स्वरूप होता है। गुण और दोष दोनों ही समान रूप से आगन्तुक अथवा स्वाभाविक होते हैं क्योंकि इन्द्रियों की उत्पत्ति विशेष कारणों से होती है। एक प्रकार के कारण सदोष इन्द्रियों को उत्पन्न करते हैं तथा दूसरे प्रकार के कारण गुण युक्त इन्द्रियों को। गुण और दोष इन्द्रियों का स्वरूप होने के कारण उनसे अभिन्न होते हुए भी संज्ञा, संख्या, लक्षण आदि की अपेक्षा भिन्न हैं। इसलिये ऐन्द्रियिक ज्ञान में प्रामाण्य तथा अप्रामाण्य दोनों की उत्पत्ति परत: होती है।

ज्ञान में यथार्थत्व अयथार्थत्व के ज्ञान को भी सर्वथा स्वत: अथवा सर्वथा परत: नहीं कहा जा सकता। यदि प्रत्येक ज्ञान की यथार्थता का निश्चय अन्य ज्ञान द्वारा ही स्वीकार किया जाय तो इसमें अनवस्था दोष आता है, यदि स्वत: ही स्वीकार किया जाय तो संशय और विपर्यय भी यथार्थ रूप से ज्ञात होते हैं। यद्यपि एक सामान्य व्यक्ति संशय और अनध्यवसाय के अतिरिक्त प्रत्येक ज्ञान को स्वत: यथार्थ स्वीकार करता है लेकिन कुछ ज्ञानों की भ्रमात्मकता की उपलब्धि एक बुद्धिमान पुरुष को भ्रम से बचने के लिये स्वत: प्रामाण्यवाद का परित्याग कर ज्ञान के परीक्षण पूर्वक उसकी यथार्थता के निश्चय के लिये प्रेरित करती है। साथ ही कुछ ज्ञानों की, जिन्हें पूर्व में यथार्थ रूप से जाना गया था, भ्रमात्मकता की सिद्धि के कारण ज्ञान मात्र के प्रति संशयात्मक दृष्टिकोण अपना कर प्रत्येक ज्ञान को अयथार्थ भी नहीं कहा जा सकता। इसलिये जैन दार्शनिक ज्ञान के प्रामाण्य का ज्ञान अभ्यस्त दशा में स्वत: तथा अनभ्यस्त दशा में परत: स्वीकार करते हैं।[15] प्रामाण्य के समान ही अप्रामाण्य भी अभ्यस्त दशा में स्वत: तथा अनभ्यस्त दशा में परत: ज्ञात होता है।[16]

हमें अभ्यस्त दशा में ज्ञान के उत्पन्न होने के साथ ही उसकी यथार्थता अयथार्थता का ज्ञान भी स्वत: ही हो जाता है जबकि अनभ्यस्त दशा में वह इन दोनों विशेषताओं से रहित रूप से ज्ञात होता है। अनभ्यस्त दशा में उसकी

---

14. वही; पृष्ठ–165
15. प्रमेयकमलमार्तण्ड; पृष्ठ–149
16. प्रमेयरत्नमाला, पृष्ठ–40

यथार्थता अयथार्थता कर निश्चय अन्य ज्ञान के द्वारा होता है। इस सिद्धांत में अनवस्था दोष नहीं आता क्योंकि एक ज्ञान के प्रामाण्य का निश्चय जिस अन्य ज्ञान के द्वारा किया जाता है वह अन्य ज्ञान अभ्यस्त दशा जन्य होने के कारण स्वतः प्रामाणिक है। 'अभ्यस्त दशा' का क्या अर्थ है तथा इसे निर्धारित करने वाले कौन कौन से घटक हैं, इसे जैन आचार्यों ने कहीं स्पष्ट नहीं किया है। इसके अर्थ को स्पष्ट करने के लिये हम आचार्यों द्वारा प्रस्तुत किये गये कुछ दृष्टान्तों का अध्ययन करें। प्रभाचन्द्र कहते हैं कि जिन बीजादि के प्रति किसान अनभ्यस्त है उनकी बीज–अबीजरूपता का निश्चय वह उन्हें गमले आदि में बोकर करता है। तत्पश्चात् उनसे समानजातीय बीजों की शक्ति के प्रति निशंकित होकर उपयोग हेतु अथवा त्याग हेतु प्रवृत्त होता है।[17] अनन्तवीर्य कहते हैं, "प्रमाण का कार्य जो अपने विषय को जानना तथा प्रवृत्ति करना है उसमें क्वचित् किसी अभ्यस्त (परिचित) प्रदेश में पर की अपेक्षा नहीं होती, किन्तु अनभ्यस्त (अपरिचित) ऐसे जल और मरीचिका वाले साधारण प्रदेश में जल ज्ञान पर की अपेक्षा से ही यथार्थतः ज्ञात होता है। इसका अनुमान प्रयोग इस प्रकार है। इस स्थान पर जल है, क्योंकि यह विशिष्ट आकार का धारक है । यहाँ पर घटचेटिकाओं का समूह है, मेंढकों के टर्राने की आवाज आ रही है, कमलों की सुगंध आ रही है। इन सब कारणों से सिद्ध है कि हमारा जल ज्ञान सत्य है। इस प्रकार स्वतः सिद्ध प्रमाणता वाले अनुमान ज्ञान से और जल द्वारा स्नानपानादि अर्थक्रिया के ज्ञान से पूर्व में ज्ञात हुए जल ज्ञान की सत्यता रूप प्रमाणता कल्पकाल पर्यन्त सिद्ध होती है।[18]

आचार्य प्रभाचन्द्र ने अनभ्यस्त दशा के स्वरूप को स्पष्ट करने के लिये अपरिचित विषय का जो दृष्टान्त दिया है वह आपत्तिजनक है। इसमें जिसे अनभ्यस्त विषय कहा जा रहा है वास्तव में व्यक्ति को उसका ज्ञान ही नहीं है। किसान जिसे बीज रूप से जान रहा है या तो वह उसकी उत्पादन सामर्थ्य से अपरिचित है अथवा उसके प्रति सशंकित है। दोनों ही स्थितियों में परवर्ती ज्ञान बीज की उत्पादन सामर्थ्य के ज्ञान की यथार्थता का निश्चय करने में असमर्थ है क्योंकि उसकी सत्ता ही नहीं है। परवर्ती ज्ञान या तो उसके प्रति अज्ञान की निवृत्ति करता है या संशय को समाप्त करता है। वास्तव में भ्रम की उत्पत्ति अभ्यस्त विषय के प्रति ही होती है। जिस पदार्थ को हमने पहले कई बार देखा है, जिसे हम

17. प्रमेयकमलमार्तण्ड; पृष्ठ–167–168
18. प्रमेयरत्नमाला; पृष्ठ–38

अच्छी तरह जानते हैं उसी के प्रति भ्रम होता है। जैसे स्थाणु और पुरुष दोनों हमारे लिये सुपरिचित हैं। इसलिये हम स्थाणु को पुरुष समझ लेते हैं। इस प्रकार का भ्रम किसी अनभ्यस्त विषय के प्रति नहीं हो सकता।

अनन्तवीर्य अपने दृष्टान्त में विषय के साथ ही साथ उस प्रदेश को भी अभ्यस्त दशा के अन्तर्गत स्वीकार करते हैं जिसमें विषय जाना जा रहा है। यहाँ परिचित प्रदेश से आशय स्थान विशेष का पूर्वज्ञान होना मात्र न होकर एक प्रकार के स्थान की विशेष संरचना का ज्ञान है। रेगिस्तान में जल का भ्रम जल की परिचितता तथा रेगिस्तान के विशिष्ट स्वरूप से अपरिचय के कारण होता है। इस स्थिति में जलज्ञान के अनभ्यस्त दशा जन्य होने के कारण उसकी यथार्थता परतः ज्ञात होती है तथा उस स्थान विशेष पर पुनः जल का प्रत्यक्ष होने पर उसकी अयथार्थता उस ज्ञान के अभ्यस्त दशा जन्य होने के कारण स्वतः ज्ञात हो जाती है। इसी प्रकार किसी उद्यान, पर्वत आदि में जल ज्ञान की यथार्थता स्वतः ज्ञात हो जाती है क्योंकि वह अभ्यस्त प्रदेश, ऐसे प्रदेश जिसके बारे में हम यह अच्छी तरह जानते हैं कि यहाँ जलाभाव में जल की प्रतीति नहीं हो सकती, में उत्पन्न हुई है। इसके विपरीत किसी नवीन रेगिस्तानी प्रदेश में इसकी यथार्थता परतः निश्चित होती है क्योंकि वह अनभ्यस्त प्रदेश है। वहाँ जल के सद्भाव और अभाव दोनों में जल का प्रत्यक्ष हो सकता है तथा हम उसकी विशेष स्थिति को नहीं जानते।

यद्यपि कहीं कहीं प्रदेश की अनभ्यस्तता भी भ्रम का कारण बनती है लेकिन अधिकांशतः भ्रम की उत्पत्ति का कारण विषय या स्थान से अपरिचितता न होकर ज्ञानोत्पत्ति की विशेष स्थितियाँ हैं। रज्जू में सर्प की प्रतीति अभ्यस्त विषय के अभ्यस्त प्रदेश में स्थित होने पर ही होती है। इसकी उत्पत्ति का कारण है रज्जू और सर्प में समान रूप से पाये जाने वाले धर्मों का प्रत्यक्ष होना तथा रज्जू को सर्प से पृथक करने वाले विशेष धर्मों का प्रत्यक्ष नहीं होना जो इन्द्रियों की दोषयुक्तता, विषय का अत्यधिक दूरी पर स्थित होना, समुचित प्रकाश का अभाव, उदासीनता पूर्वक प्रत्यक्ष आदि कारणों से होता है। इस प्रकार भ्रम का एक प्रमुख कारण ज्ञानोत्पत्ति की स्थितियाँ हैं।

अभ्यस्त दशा के अन्तर्गत परिचित विषय, परिचित स्थान के साथ ही साथ ज्ञानोपत्ति की परिचित स्थितियाँ भी आती हैं। जिन स्थितियों में किसी ज्ञान की उत्पत्ति हुई प्रारम्भ में हम उनकी भ्रमोत्पादन सामर्थ्य से अपरिचित होते हैं। ऐसी स्थिति में उस ज्ञान की अयथार्थता परतः अर्थात बाधक ज्ञान की उपलब्धि पूर्वक ज्ञात होती है लेकिन एक बार जिन स्थितियों में विषय का भ्रमात्मक बोध हो चुका है, पुनः उसी प्रकार की स्थितियों में विषय के ज्ञात होने पर हम उसकी

यथार्थता के प्रति सशंकित हो जाते हैं तथा अन्य ज्ञान द्वारा अर्थात अधिक सावधानी पूर्वक विषय का निरीक्षण करके अथवा अन्य प्रकार से परीक्षण पूर्वक उसकी यथार्थता अयथार्थता का निश्चय करते हैं।

दैनिक जीवन में हम देखते हैं कि अभ्यस्त दशा में ज्ञान के प्रामाण्य अप्रामाण्य का निश्चय स्वत: तथा अनभ्यस्त दशा में परत: किया जाना एक सर्वमान्य सिद्धान्त है। कोई भी समझदार व्यक्ति न तो प्रत्येक ज्ञान को यथार्थ स्वीकार करता है और न ही प्रत्येक ज्ञान के प्रति संशयात्मक दृष्टिकोण अपनाता है। व्यक्ति प्रयत्न और भूल की विधि के द्वारा निरन्तर भ्रम और यथार्थ ज्ञान में अंतर करना सीखता है तथा पूर्वानुभवों से प्राप्त प्रशिक्षण के द्वारा किसी ज्ञान की भ्रमात्मकता को स्वत: जानने में दक्ष होता जाता है। एक तिमिर रोग से ग्रस्त रोगी अपनी रूग्णावस्था के ज्ञात होने के कारण अपने द्विचन्द्र ज्ञान में चन्द्र ज्ञान की यथार्थता तथा उसके द्वित्व संख्या के ज्ञान की अयथार्थता को स्वत: जानता है।

प्रामाण्यवाद सम्बंधी यह सिद्धांत भी भ्रम की समस्या का पूर्णरूपेण समाधान नहीं कर सकता। ज्ञान की यथार्थता के निश्चय का महत्त्व उसके अनुसार प्रवृत्त होकर सफलता प्राप्ति में है। यथार्थ ज्ञान पूर्वक प्रवृत्त होने पर सफलता तथा अयथार्थ ज्ञान पूर्वक असफलता की प्राप्ति होती है। भ्रमात्मक ज्ञान न केवल किसी कार्य में असफलता का कारण बनता है बल्कि वह प्राणघातक भी हो सकता है। अत: ज्ञान के अनुसार प्रवृत्त होने से पूर्व ही इस बात का निश्चय करने की आवश्यकता होती है कि यह ज्ञान यथार्थ है या भ्रमात्मक। प्रामाण्यवाद संबंधी जैन सिद्धांत भी इस आवश्यकता की पूर्ति नहीं कर पाता। इसका कारण यह है कि ज्ञान की उत्पत्ति के साथ ही यह निश्चय नहीं किया जा सकता कि यह ज्ञान अभ्यस्त दशा जन्य है अथवा अनभ्यस्त दशा जन्य। रेगिस्तान में होने वाले जल ज्ञान में जल पूर्व परिचित होता है, हम अच्छी तरह जानते हैं कि इस प्रकार के रूप से युक्त पदार्थ को जल कहा जाता है इसलिये उस समय हम उस ज्ञान को यथार्थ स्वीकार करते हैं। कालान्तर में हमें ज्ञात होता है कि हम रेगिसतान की जल के भ्रम को उत्पन्न करने वाली विशिष्ट सरंचना से अपरिचित थे। रज्जू में सर्प का भ्रम होते समय हमें सर्प ज्ञान यथार्थ लगता है। इसका कारण है कि हमें ज्ञान अभ्यस्त विषय के प्रति अभ्यस्त प्रदेश में हो रहा है लेकिन जब हमें यह बोध होता है कि 'जिसे हम सर्प समझ रहे थे वह वास्तव में रस्सी है' तब हमें यह ज्ञात होता है कि हमें जिन स्थितियों में सर्प ज्ञान हुआ, हम उनकी भ्रमोत्पादन सामर्थ्य से अपरिचित थे।

यदि हम ज्ञानोत्पत्ति की अभ्यस्त दशा के स्वरूप को पूर्णरूपेण निर्धारित

कर भी लें तथा ज्ञान के उत्पन्न होने के साथ ही उसे पहचान भी जायें तब भी भ्रम से नहीं बचा जा सकता। रसोई में जिस स्थान पर नमक रखा हुआ रहता है उस स्थान पर सोडा अथवा नमक के सदृश अन्य श्वेत पदार्थ रखा हुआ हो सकता है तथा हम उसे नमक समझ कर उसको काम में ले लेते हैं। यहाँ विषय को अनभ्यस्त नहीं कहा जा सकता। प्रदेश भी सुपरिचित है तथा विषय को जानने की क्रिया भी पूरी सजगता के साथ, समुचित प्रकाश के सद्भाव में, विषय को निकट से देखकर की गयी है। ज्ञान के सभी प्रकार से अभ्यस्त दशा जन्य होने पर भी हमें उसकी अयथार्थता का स्वतः बोध नहीं हो पाता।

वास्तव में भ्रम का मूल कारण व्यक्ति की ज्ञान शक्ति की मंदता है। जिन बाहरी कारणों से भ्रम उत्पन्न होता है, व्यक्ति उन्हें पहचान सकता है तथा अयथार्थ बोध को यथार्थ समझने की भ्रांति से बच सकता है। जैसे ऐन्द्रियिक ज्ञान सदैव आंशिक रूप से ही सत्य होता है। चक्षु के द्वारा मेज का प्रत्यक्ष किये जाने पर उसका मेज रूप में ज्ञान यथार्थ होता है, लेकिन उसकी लम्बाई चौड़ाई भिन्न भिन्न स्थानों से देखने पर भिन्न भिन्न दिखायी देती है तथा चक्षु द्वारा उसका यथार्थ बोध नहीं हो सकता। व्यक्ति इस बात को जानता है तथा ज्ञान जिस अंश में यथार्थ है उसे उसी अंश में यथार्थ स्वीकार करता है।[19] कुछ सीमा तक भ्रमोत्पादक कारणों, जैसे - रोगादि पर नियंत्रण करके भ्रम की उत्पत्ति को रोका भी जा सकता है। लेकिन कई स्थितियों में व्यक्ति में विषय के वैशिष्ट्र्य को ग्रहण करने की क्षमता के अभाव के कारण भ्रम की उत्पत्ति होती है। जैसे - नमक और सोडे के श्वेत रंग, आकार आदि में सूक्ष्म अंतर होता है। यदि व्यक्ति में उस अंतर को ग्रहण करने की क्षमता है तो उसे सोडे के प्रत्यक्ष पूर्वक नमक का भ्रम होना सम्भव नहीं है। इस सन्दर्भ में अकलंक देव का यह कथन दृष्टव्य है, "ज्ञान स्वभावी आत्मा स्वरूपतः समस्त वस्तुओं को यथार्थतः जानने की सामर्थ्य से परिपूर्ण है। उसमें भ्रम की उत्पत्ति परतः-ज्ञानावरणीय कर्म के उदय से होती है। जैसे जैसे भ्रम के कारण ज्ञानावरणीय कर्म समाप्त होते जाते है, व्यक्ति की विषय ग्रहण सामर्थ्य प्रखर होती जाती है जिसका सद्भाव होने पर तथा भ्रमोत्पादक बाहरी कारणों का अभाव होने पर व्यक्ति पदार्थों को यथावत् ही जानता है।"[20]

❑❑❑

---

19. यथा यत्राविसंवादस्तथा तत्र प्रमाणता। तत्त्वार्थश्लोकवार्तिक; 1/10/38

20. मिथ्याज्ञानं विसंवादादप्रमाणं विषादिवत्।
ज्ञातुरावरणोद्भूतेः दोषहेतोः स्वतः सतः।। सिद्धिविनिश्चय 4/2
स्वतः प्रमाणभूतस्य आत्मनः परतो विपर्यासोपपत्तेः मत्तमूर्च्छितादिवत्।
सिद्धिविनिश्चय स्ववृत्ति 4/2

# संदर्भ ग्रन्थ सूची


| | | |
|---|---|---|
| 1 | अपोह सिद्धि | सं. डां. गोविन्द चन्द्र पाण्डे; जयपुर; दर्शन प्रतिष्ठान; 1971 |
| 2 | अष्टपाहुड (दर्शन पाहुड, भाव पाहुड तथा मोक्ष, पाहुड, टीका सहित) | स. पन्नालाल साहित्याचार्य; भारतवर्षीय अनेकान्त विद्वत् परिषद्; 1995 |
| 3 | अष्टशती | अकलंक कृत, अष्टसहस्री में गर्भित |
| 4 | अष्टसहस्री | सं. पं. बंशीधर शास्त्री: निर्णय सागर प्रेस; 1915 |
| 5 | आप्त परीक्षा | सं. डां. दरबारी लाल कोटिया; भारतवर्षीय: अनेकान्त विद्वत परिसद्, 1992 |
| 6 | आप्तमीमांसा | सं. प्रो. उदय चन्द्र जैन; श्री गणेश वर्णी दिगम्बर जैन संस्थान; 1974 |
| 7 | आलापपद्धति | अनु प. रतनचन्द्र जैन; भारतवर्षीय अनेकान्त विद्वत परिषद्; 1989 |
| 8 | गोम्मटसार: कर्मकाण्ड | सं. डां. आदिनाथ नेमिनाथ उपाध्ये तथा कैलाश चन्द्र शास्त्री; दिल्ली: भारतीय ज्ञानपीठ प्रकाशन, प्रथम संस्करण |
| 9 | गोम्मटसार: जीवनकाण्ड | सं. डां. आदिनाथ नेमिनाथ उपाध्ये तथा कैलाश चन्द्र शास्त्री; दिल्ली: भारतीय ज्ञानपीठ, 1979 |
| 10 | छान्दोग्य उपनिषद | (शांकर भाष्य सहित) प्र. गीता प्रेस, गोरखपुर |
| 11 | जयधवला | सं. फूलचन्द्र सिद्धान्त शास्त्री, भारतीय दिगम्बर जैन संघ, चौरासी, मथुरा, 1983 |
| 12 | जैन लक्षणावली | सं. बालचन्द्र सिद्धान्त शास्त्री; दिल्ली: वीर सेवा मन्दिर, 1979 |
| 13 | तर्कभाषा | सं. बदरीनाथ शुक्ल; दिल्ली; मोतीलाल बनारसीदास; 1976 |
| 14 | तत्वसंग्रह पंजिका सहित | सं. स्वामी द्वारिकादास शास्त्री; वाराणसी; बौद्ध भारती ग्रन्थमाला; 1981 |
| 15 | तत्वार्थवृति | सं. महेन्द्र कुमार जैन, काशी: भारतीय ज्ञानपीठ, प्रथम संस्करण |
| 16 | तत्वार्थवार्तिक भाग- 1 और 2 | सं. पं. महेन्द्र कुमार जैन, काशी: भारतीय ज्ञानपीठ; 1944, 1957 |

| | | |
|---|---|---|
| 17 | तत्वार्थश्लोकवार्तिक | सं. पं. मनोहरलाल शास्त्री, निर्णय सागर प्रेस, 1918 |
| 18 | तत्त्ववैशारदी सांख्ययोगदर्शनम् शीर्षक के अन्तर्गत संकलित | सं. गोस्वामी दामोदर शास्त्री, चौखम्बा संस्कृत संस्थान, वाराणसी, 1990 |
| 19 | धवला | सं. हीरालाल जैन, प्र. श्रीमन्त शेठ शिलावराय लक्ष्मीचन्द्र, जैन साहित्योद्धारक फ्रंट कार्यालय, अमरावती, मेलसा, प्रथम संस्करण |
| 20 | नन्दीसूत्र | देववाचक कृत, हरिभद्र सूरि वृति के साथ प्रकाशित |
| 21 | नन्दीसूत्र मलयागिरी टीका | प्र. राम धनपति सिंह बहादुर आगम संग्रह; प्रथम संस्करण |
| 22 | नन्दीसूत्र हरिभद्रसूरि वृति | सं. मुनि श्री पुण्यविजय जी; वाराणसी: प्राकृत टेक्स्ट सीरिज, 1966 |
| 23 | नियमसार पद्मप्रभमलधारिदेव कृत टीका सहित | बम्बई: श्री सेठी दिगम्बर जैन ग्रन्थमाला, 1960 |
| 24 | न्यायकन्दली | सं. अ. पं. दुर्गाधर झा, वाराणसी: सम्पूर्णानन्द संस्कृत विश्वविद्यालय, 1977 |
| 25 | न्यायकुमुदचन्द्र | सं. पं. महेन्द्र कुमार शास्त्री, बम्बई माणिक्य चन्द्र दिगम्बर जैन ग्रन्थमाला, 1938 तथा 1941 |
| 26 | न्यायकोष | भीमाचार्य कृत |
| 27 | न्यायमंजरी | स. सूर्यनारायण शुक्ल; काशी, चोखम्वा प्रकाशन, 1971 |
| 28 | न्यायदीपिका | सं. पं. दरबारी लाल कोटिया, दिल्ली: वीर सेवा मन्दिर, 1968 |
| 29 | न्यायवार्तिक | सं. श्रीनिवासशास्त्री; इण्डो - विजनप्राइवेट लिमिटेड, गाजियाबाद, 1986 |
| 30 | न्यायवार्तिक़तात्पर्य-टीका | सं. प. राजेश्वर शास्त्री द्रविड; वाराणसी, चौरवम्बा संस्कृत संस्थान; 1989 |
| 31 | न्यायबिन्दु टीका | सं. डॉ. श्रीनिवास शास्त्री, मेरठ: साहित्य भण्डार, 1975 |
| 32 | न्यायभाष्य | स. स्वामी द्वारिका दास शास्त्री; वाराणसी, बौद्ध भारती प्रकाशन, 1976 |
| 33 | न्यायविनिश्चय | न्यायविनिश्चयविवरण के अन्तर्गत प्रकाशित |
| 34 | न्यायविनिश्चयविवरण भाग 1 तथा 2 | सं. पं. महेन्द्र कुमार शास्त्री, काशी: भारतीय ज्ञानपीठ 1949, 1954 |

| | | |
|---|---|---|
| 35 | न्याय सिद्धान्त मुक्तावली | अ. डॉ.धर्मेन्द्र नाथ शास्त्री, दिल्ली: मोतीलाल बनारसीदास, 1977 |
| 36 | न्यायावतार | सं. पं. विजयमूर्ति शास्त्राचार्य, अगास (गुजरात) श्रीमद् राजचन्द्र आश्रम, 1976 |
| 37 | पंचसंग्रह | सं. पं. हीरालाल जैन, काशी: भारतीय ज्ञानपीठ, 1960 |
| 38 | पंचास्तिकाय संग्रह समयव्याख्या टीका और तात्पर्यवृति टीका सहित | अनु. श्रीलाल जैन न्यायतीर्थ; भारतवर्षीय अनेकान्त विद्वत् परिषद्, 1988 |
| 39 | परमात्मप्रकाश ब्रह्म देवसूरि कृत वृति सहित | स. चेतन प्रकाश पाटनी; भारतवर्षीय अनेकान्त विद्वत् परिषद्, सोनागिर, 1990 |
| 40 | परीक्षामुखसूत्र | प्रमेयरत्नमाला के अन्तर्गत प्रकाशित |
| 41 | पुरुषार्थ सिद्धि उपाय | अ. श्री गम्भीर चन्द्र जैन, सोनगढ; श्री दिगम्बर जैन स्वाध्याय मन्दिर ट्रस्ट, वि. सं. 2035 |
| 42 | प्रमाणनयतत्वालो -कालंकार | स्याद्वाद रत्नाकर के अन्तर्गत प्रकाशित |
| 43 | प्रमाणमीमांसा | सं. पं. सुखलाल सिंघवी आदि, अहमदाबाद सिंघी जैन ग्रन्थमाला |
| 44 | प्रमाणवार्तिक मनोरथनंदी वृति सहित | सं. पं. द्वारिका दास शास्त्री, वाराणसी: बौद्ध भारती ग्रन्थमाला, 1968 |
| 45 | प्रमाणवार्तिकालंकार | सं. राहुल सांस्कृत्यायन, पटना: काशीप्रसाद जायसवाल रिसर्च इंस्टीट्यूट, 1953 |
| 46 | प्रमेयकमलमार्तण्ड | सं. पं. महेन्द्र कुमार शास्त्री, बम्बई: निर्णय सागर प्रेस, 1941 |
| 47 | प्रमेयरत्नमाला | स. प. हीरालाल शास्त्री; काशी: चौखम्बा संस्कृत संस्थान, 1964 |
| 48 | प्रवचनसार, तत्वप्रदीपिका और तात्पर्यवृति टीका सहित | स. श्री हिम्मतलाल जेठालाल शाह, श्री कुन्दकुन्द कहान सर्वोदय ट्रस्ट, जयपुर; 1992 |
| 49 | प्रशस्तपादभाष्य | श्री डुण्डिराज शास्त्री, वाराणसी: चौखम्बा संस्कृत संस्थान |
| 50 | प्रशस्तपादभाष्य व्योमवतीटीका | स. गोपीनाथ कविराज, चौखम्बा सुरभारती प्रकाशन, 1983 |

| | | |
|---|---|---|
| 51 | योगवार्तिक | स. गोस्वामी दामोदर शास्त्री चौखम्बा संस्कृत संस्थान, वाराणसी पातजलयोगदर्शनम् के अन्तर्गत संकलित |
| 52 | योगसार प्राभृत | स. जुगल किशोर मुख्तार, भारतीय ज्ञानपीठ; 1999 |
| 53 | योगसूत्र | सांख्ययोग दर्शनम् में प्रकाशित |
| 54 | रत्नकरण्ड श्रावकाचार | स. आर्थिका श्री स्याद्वादमति माताजी; भारतवर्षीय अनेकान्त विद्वत् परिषद्, 1997 |
| 55 | वृहत् द्रव्य संग्रह ब्रह्मदेव सूरि वृति सहित | स. श्री राजकिशोर जी जैन, भावनगर श्री वीतराग सत् साहित्य मण्डल, 1977 |
| 56 | वृहती, पंजिका सहित | प्रभाकर कृत; मद्रास, मद्रास युनिवर्सिटी प्रेस, 1929 |
| 57 | वृहदारण्यक उपनिषद्, शांकर भाष्य सहित | गीता प्रेस, गोरखपुर |
| 58 | वाक्यपदीय | सं. सूर्यनारायण शास्त्री; चौखम्बा संस्कृत संस्थान; 1984 |
| 59 | विशेषावश्यकभाष्य | सं. डॉ. नथमल टाटिया, वैशाली (विहार) अहिंसा, प्राकृत तथा जैन शोध संस्थान |
| 60 | वैशेषिकसूत्र | प्रशस्तपाद भाष्य के अन्तर्गत प्रकाशित |
| 61 | लधीयस्त्रय स्ववृति सहित | न्याय कुमुद चन्द्र के अन्तर्गत प्रकाशित |
| 62 | लघुतत्वस्फोट | स. श्री ज्ञानचन्द्र विल्टीवाला; भारतवर्षीय अनेकान्त विद्वत - परिषद्, 1993 |
| 63 | शावरभाष्य | शवरस्वामी कृत, वृहती के साथ प्रकाशित |
| 64 | श्लोकवार्तिक | स. दुर्गाधर झा; कामेश्वर प्रसाद सिंह दरभंगा संस्कृत विश्वविद्यालय; दरभंगा; 1979 |
| 65 | षट् दर्शन समुच्चय | सं. डॉ. महेन्द्र कुमार जैन; दिल्लीः भारतीय ज्ञानपीठ, 1981 |
| 66 | समयसार आत्मख्यातिटीका और तात्पर्यवृत्तिटीका सहित | सं. श्री पन्नालाल जैनः श्रीमद् राजचन्द्र आश्रम, आगास, 1982 |
| 67 | समाधितन्त्र, टीका सहित | स. जुगल किशोर मुख्तार; दिल्लीः वीरसेवा मन्दिर; 1954 |
| 68 | सर्वदर्शन संग्रह | अनु. डॉ. उमाशंकर शर्मा 'श्रृषि'; वाराणसी; चौखम्बा प्रकाशन, 1978 |
| 69 | सर्वार्थसिद्धि | सं. पं. फुलचन्द्र शास्त्री, काशीः भारतीय ज्ञानपीठः 1976 |

| | | |
|---|---|---|
| 70 | सांख्यकारिका | ले. ईश्वरकृष्ण |
| 71 | साँख्यकारिका गौडपादभाष्य | सं. वैजनाथ पाण्डेय; दिल्ली; भारतीय विद्या प्रकाशन; 1985 |
| 72 | सांख्यतत्वकौमुदी | सं. रामशंकर भट्टाचार्य: दिल्ली: मोतीलाल बनारसीदास, 1976 |
| 73 | सामायिक पाठ | ले. अमितगति |
| 74 | सिद्धिविनिश्चय | सिद्धिविनिश्चय टीका के अन्तर्गत प्रकाशित |
| 75 | सिद्धिविनिश्चय टीका | स. महेन्द्र कुमार जैन, काशी: भारतीय ज्ञानपीठ |
| 76 | सौगत सिद्धान्त सार संग्रह | बौद्ध भारती प्रकाशन, वाराणसी |
| 77 | स्थानांग सूत्र- अभयदेव सूरि वृति | प्र. आगमोदय समिति, महसाना, 1975 |
| 78 | स्वयम्भूस्त्रोत | सं. जुगल किशोर मुख्तार; सहारनपुर वीर सेवा मन्दिर |
| 79 | स्याद्वादमंजरी | सं. डॉ. जगदीशचन्द्र जैन; आगास श्रीमद् राजचन्द्र आश्रम |
| 80 | स्याद्वादरत्नाकर | प्र. भारतीय विद्या प्रकाशन, दिल्ली, 1988 |
| 81 | युक्तिदीपिका | सं. गोस्वामी दामोदर शास्त्री, डॉ. रमाशंकर त्रिपाठी प्र. कृष्णादास अकादमी वाराणसी, 1999 |
| 82 | योगवार्तिक | प्र. चौखम्बा संस्कृत संस्थान, वाराणसी, 1990 |
| 83 | Buddhist Logic | Strcherbatrky, F. Th., New York, Dover Publication, 1962 |
| 84 | Encyclopedia of Indian Philosophy Vol. III | Ed. Potter Karl, Motilal Banarasidas |
| 85 | Epistemotogy of Bhatt School of Purva Mimamsa | Bhatt G. P.; The Choukhamba Sanskrit Series Office, 1962 |
| 86 | Psychology | Munn N.; Oxford and IBH Publishing Company, Calcutta, 1967 |
| 87 | Problem of Universals in Indian Philosophy | Dravid R. S.; Motilal Banarasidas |
| 88 | The Prabhakara School of Purva Mimamsa | Jha G.N.; Motilal Banarasaidas; 1978 |

णाणं पयासयं

वीर नि.सं. 2470

ई. सन 1944

भारतीय ज्ञानपीठ